KB023683

듣다보면 외워지는 2656 아재샘 보카

불량교생 레볼루션
不良教生 Revolution

뻔한 보카는 가라!
아이디어와
재치가 샘솟는 보카로
대한민국
영어 어휘를 접수한다!

듣다보면 외워지는

아재쌤 보카

내신 향상을 위한 중고등 통합 어휘 수록

수능 마인드를 위한 역대 기출의 고난도 어휘 수록

영작 실력의 획기적 도약을 위한 재미있는 예문 수록

어휘력 확장을 위한 파생어 및 연관 단어 수록

불량교생 지음

푸른e미디어

영어 단어 학습의 아이돌, 아재샘 보카!

아재샘 보카는

B. G. M(BackGround Music)이 있다.

B. G. M은 B. T. S. 의 IDOL이다.

왜?

아이돌

아하♪ 단어를 문장이랑

이렇게 엮으면서 머리를, 두뇌를

돌리란 말씀!!!

IDOL

I

Do keep

On trying to

Link words and sentences.

[해석] 나 정말 계속 노력할 거야, 단어랑 문장을 연결하려고 말이야.

그래서 아재샘 보카의 비지엠은 아이돌이다!

얼쑤 좋다 ♬♪ You can't stop me lovin' myself

지화자 좋다 ♬♪ You can't stop me lovin' myself

Oh oh oh oh Oh oh oh oh oh oh Oh oh oh oh

덩기덕 쿵더러러 ♬♪ 얼쑤 ♬♪

Oh oh oh oh Oh oh oh oh oh oh Oh oh oh oh

덩기덕 쿵더러러 ♬♪ 얼쑤 ♬♪

하고 싶은 말은 이거다.
TV 속에 나오는 '흔한' 아이돌이 아니다.
세상에 유일무이唯一無二한 아이돌이다.

누가?

그건…

바로 너야!

중·고등학교 필수 영단어를 책임져 주는 책

이 책은 중학교·고등학교 6년 동안 볼 수 있는 책이다. 처음에는 어려울 수 있는 단어들이 많다. 처음부터 욕심을 내서 다 외우려고 하지 말고 우선은 쉬운 단어부터 차근차근 익히면서 주위의 어려운 단어들은 일단 눈으로 익숙해지도록 한다. 그렇게 익숙해지면 나중에 본격적으로 외울 때 부담을 줄일 수 있을 것이다. 요즈음에는 조기 교육의 성과(?)로 이미 다수의 학생들이 어렸을 때부터 어려운 고난도高難度 단어들에 노출이 되고 있는 현실이기 때문에 중고등 통합 어휘가 중학생들에게 감당堪當할 수 없을 정도의 고난苦難이 되지는 않으리라 본다.

영작 마인드를 키울 수 있는 책

이 책은 대부분의 영단어 책들과는 달리 한글 해석을 먼저 소개하고 그 뒤에 영어 예문을 달았다. 그러므로 한글을 보고 학생들이 스스로 영어 표현을 생각할 수 있는 기회를 제공한다. 영어에 자신이 있는 학생들은 자신이 생각한 예문과 필자가 마련한 예문을 비교하며 보기를 추천한다. 그러나 영어에 자신감이 없는 학생들은 일단 여기에 수록된 예문들을 외우자. 그렇게 영어에 자신감이 생기면 스스로 영작하는 앞의 과정을 거치기 바란다.

개인 과외 교사 생활을 하며 뼈저리게 느낀 문제의식은 다수의 학생들이 서술형에 치명적인 약점을 지니고 있다는 사실이었다. 영작 마인드에 눈을 뜨게 할 수 있는 이 책은 그러한 서술형의 약점을 극복하는 교본서의 대안이 될 것이다.

예문이 재미있어 빠짐없이 다 챙겨볼 수 있는 책

기존의 단어책들은 예문들이 워낙 훌륭(?)해서 학생들이 미처 예문들을 못 보고 넘기는 경우가 허다하다. 무슨 말이냐면, 책들은 훌륭한데 그 훌륭한 예문들을 학생들에게 보다 수월하게 전달하려는 노력은 그다지 훌륭하지 못하다는 말이다. 그런데 책만 훌륭하면 뭐 하나? 책을 읽는 독자들, 학생들이 훌륭해야지! 학생들이 훌륭해지도록 가슴에 팍팍 와닿는 예문들이어야지!

이 책의 예문들은 우리말의 묘미妙味를 활용한 학생들이 빠뜨리지 않고 탐독耽讀할 만한 문장들이고, 그동안 멀기만 했던 영어 문장들에 가까워지는 계기를 마련해 준다.

시험 문제 없는 영단어책

시험에 찌든 대한민국 교육 현실에서 시험 문제가 담겨 있는 않는 수험서를 내놓는다. 문제 중심, 시험 중심의 기존 어휘책과는 다른 어휘 접근법으로 보다 근본적인 영어 단어 접근 방법을 고민한다. 너무 중요해서 또 한 번 강조하는 그 근본적인 방법은 '단어만 암기 No! 문장도 암기 Yes!'이다.

연상의 여유를 누려라

또한 이 책에는 역대 수능·평가원·학력평가 기출문제들 중에 나온 가장 어려웠던 단어들을 상당수 수록해 놓았으며, 파생어 등 연관 단어들을 꼼꼼히 수록했다.
단어 하나를 알면 그 단어와 관련된 단어들을 여럿 연상聯想할 수 있도록 했다. 연상하는 자세는 불량교생이 학생들이 꼭 지니기를 바라는 좋은 습관이다. 단어 하나를 놓고 씨름하는 와중渦中에 '가만 보니, 이 단어에서 저 단어가 떠오르는' 마음의 여유餘裕를 누리기 바란다.

단어 외울때 문장 외우는 습관을 들여라

나의 메시지는 단순하다. 영어 단어를 외울 때 문장과 같이 외우라는 이야기다. 단어를 문장과 접목하여 이해하는 것이 가장 바람직한 단어 학습이다. 우리말의 묘미를 살려 재미있는 문장들을 잔뜩 마련했으니 맛있게 잘 씹어 삼키기 바란다. 너무 중요한 말이라 다시 한번 강조한다. 단어만 외우지 말고 그 단어가 들어간 문장을 함께 외워라! (어렵고도) 긴 문장들이 수두룩한 수능 독해를 위해서라도 부디 문장을 외우는 습관을 들이라고 간곡하게 당부한다.

문장을 외우는 요령은 그 문장이 길든 짧든 소리 내어 여러 번 읽는다. 문장이 길면 의미 단위인 주어, 서술어, 목적어, 보어, 수식어로 끊어서 읽는 것이 좋다. 끊어서 외우든 한꺼번에 외우든 안 보고 읊을 때까지 외운다. 여기서 강조할 사항은, 버벅거리며 겨우겨우 외운 정도로는 외웠다고 생각하면 안 된다는 점이다. 매끄럽게 문장의 첫 단어부터 마지막 단어까지 한숨에, 단숨에 쫙(!) 읊을 수 있을 정도까지 되어야만 '아, 이 문장이 내 것이 되었구나'라고 느낄 것이다.

그리고 이 책에서 제공하는 원어민 음원 mp3 파일도 적극적으로 활용하기 바란다. 문장 외우는 습관을 들이는데 이 듣기 파일이 크게 도움이 되리라 믿는다.

자신의 단어장을 만들자

그리고 여기에 표제어 단어에 딸린 단어들을 연상하고 분류한 것은 불량교생의 분류일 뿐이다. 사람마다 다 생각하는 방식이 다르고 떠올리는 연상도 모두 다르기 마련이다. 따라서 이 책을 읽는 학생들은 자신의 머리에 떠오르는 연상 단어들을 반추하며 자기만의 단어장을 만들기를 강력하게 추천한다. 어차피 정답은 없다. 자신만의 단어장을 만들어라! 바로 그 단어장은 시중에 나온 그 어느 단어책들보다 값진 최고의 단어책이 될 것이다.

아재샘 보카 사용 설명서

"이봐, 자네, 영어에 자신이 있는가?"

Yes. 네, 자신 있어요!

영어에 자신이 있는 학생들은 한글 예문을 보며 자신이 먼저 영어 문장을 영작해 본다.
그리고 나서 자신이 생각한 예문과 불량교생님이 마련한 예문을 비교하며 아재샘 보카의 문장을 외운다.
"에이, 어때요? 불량교생님 예문보다 제께 낫죠?"라고 자신 있게 말할 수 있길 바란다.

No. 아니요, 자신 없어요.

영어에 자신감이 없는 학생들은 일단 여기 영어 예문들을 무작정 외운다.
외울 때 버벅거리며 겨우겨우 외운 정도로는 외웠다고 생각하면 안 된다.
매끄럽게 문장의 첫 단어부터 마지막 단어까지 한숨에, 단숨에 쫙(!) 읊을 수 있을 정도까지 될 때까지 외운다.
그렇게 영어에 자신감을 키우고 나서는, 옆의 과정으로 도약한다.

▼

자신의 머리로 연상하며 자신의 영어 단어장을 채워나가면서

아재샘 보카 본문 구성 예시

NAVER 푸른영토

MP3
원어민 MP3 파일 다운로드 안내
푸른영토 홈페이지
www.blueterritory.com의
자료실에서
다운로드 받으실 수 있습니다.

❶  ❷ **abortion** [əbɔ́ːrʃən] ❸

❹ **n.** 유산(流産), 낙태(落胎)

❺ *ex.* **낙태**는 삶의 **낙**을 **태**아에게서 뺏는 것이다.

❻ MP3 **Abortion** is taking away an unborn baby's pleasure of life.

❼
- abort [əbɔ́ːrt] **v.** 유산하다, 낙태하다
- abortive [əbɔ́ːrtiv] **a.** 수포(水泡)로 돌아간, 유산의, 낙태의

≠pro-choice 낙태의 합법화를 주장하는, 임신 중절 합법화에 찬성하는

❶ 암기 단어 체크 박스 ❷ 핵심 단어 ❸ 발음 ❹ 단어 뜻 ❺ 한글 해석
❻ 원어민 MP3 예문 ❼ 관련 단어

차례

B

F

G

J

K

L

M

S

W

일러두기

발음이 미국식과 영국식이 나뉘어지기도 하는데 이 책에서는 미국식 발음을 따랐습니다.

[약어 설명]

pl.	plural [plúərəl] **n.** 복수형(複數形)
aux.	auxiliary [ɔːgzíljəri] **n.** 조동사(助動詞)
v.	verb [vəːrb] **n.** 동사(動詞)
n.	noun [naun] **n.** 명사(名詞)
pron.	pronoun [próunàun] **n.** 대명사(代名詞)
a.	adjective [ǽdʒiktiv] **n.** 형용사(形容詞)
ad.	adverb [ǽdvəːrb] **n.** 부사
prep.	preposition [prèpəzíʃən] **n.** 전치사(前置詞)
conj.	conjunction [kəndʒʌ́ŋkʃən] **n.** 접속사(接續詞)
interj.	interjection [ìntərdʒékʃən] **n.** 감탄사(感歎詞)

[발음기호 설명]

자음

1 무성음 (목청을 떨지 않는, 성대를 울리지 않는 소리)

[p]	ㅍ (다문 입을 터뜨리면서)
[t]	ㅌ
[k]	ㅋ
[f]	ㅍ (윗니로 아랫입술을 물고 숨을 내쉬며)
[θ]	ㄸ (윗니와 아랫니 사이에 혀를 끼었다가)
[s]	ㅅ
[ʃ]	쉬
[ʧ]	취
[h]	ㅎ

2 유성음 (목청을 떠는, 성대를 울리는 소리)

[b]	ㅂ (다문 입을 터뜨리면서)
[d]	ㄷ
[g]	ㄱ
[v]	ㅂ (윗니로 아랫입술을 물고 숨을 내쉬며)
[ð]	ㄸ (윗니와 아랫니 사이에 혀를 끼었다가)
[z]	ㅈ (공기가 나오는 통로를 작게 하여 숨을 뱉으며)

[ʒ]	**쥐**
[dʒ]	**쮜**
[l]	**ㄹ** (혀가 입천장에 닿으며)
[r]	**ㄹ** (혀를 말아 입천장에 닿지 않으며)
[j]	**이** (단모음과 함께 '야, 여, 요, 유' 소리를 낸다)
[w]	**우**
[m]	**ㅁ**
[n]	**ㄴ**
[ŋ]	**'받침 ㅇ'** 소리를 낸다

모음

1 단모음(장모음)

[ː]가 붙지 않으면 짧게 발음하는 단모음, [ː]가 붙으면 길게 발음하는 장모음

[ɑ]	**아**
[æ]	**애**
[e]	**에**
[i]	**이**
[ʌ]	**어** (강하게 발음하는 경우가 많다)
[ə]	**어** (상대적으로 약하게 발음한다)
[ɔ]	**어** ('오'에 가까운 '어' 발음이다)
[u]	**우**

2 이중모음

[ai]	**아이**
[au]	**아우**
[ɔi]	**어이**
[ei]	**에이**
[ɛə]	**에어**
[iə]	**이어**
[ou]	**오우**
[uə]	**우어**

A

☐ abandon [əbǽndən]

v. 버리다, 단념(斷念)하다 **n.** 방종(放縱)

ex. 그들은 **버린** 집을 허는 작업을 **벌인**다.

MP3 They are taking down the **abandoned** house.

∮ forsake [fərséik] **v.** forsake - forsook - forsaken (저)버리다
- ditch [ditʃ] **n.** 도랑, 배수로 **v.** 버리다
- trench [trentʃ] **n.** 참호(塹壕), 도랑
- entrenched [intréntʃt] **a.** 굳어버린, 참호에 둘러싸인

☐ abbreviate [əbríːvièit]

v. 줄여 쓰다, 단축하다, 축약하다

ex. **줄**줄이 **여**성 팬들을 **쓰**나미처럼 몰고 **다**니는 방탄소년단을 BTS로 **줄여 쓴다**.

MP3 BangTanSonyeondan is **abbreviated** to BTS who attracts female fans in a row like a tsunami.

- abbreviated [əbríːvièitid] **a.** 단축된, 축약된
- abbreviation [əbrìːviéiʃən] **n.** 축약어, 약어

☐ abhor [æbhɔ́ːr]

v. 혐오(嫌惡)하다

ex. 그는 **혐**의(嫌疑)도, **오**심(誤審)도 모두 **혐오**한다.

MP3 He **abhors** both suspicion and misjudgment.

- abhorrence [æbhɔ́ːrəns] **n.** 혐오, 질색

∮ abominate [əbάmənèit] **v.** 몹시 싫어하다, 질색이다
- abominable [əbάmənəbl] **a.** 질색인, 가증스러운
- averse [əvə́ːrs] **a.** (to) ~을 싫어하는
- aversion [əvə́ːrʒən] **n.** 반감, 혐오

☐ ability [əbíləti]

n. 능력, 재능

ex. "우린 경쟁으로 **재능**을 **재능**겨(='재는 거야'의 사투리)."

MP3 "We measure **ability** through competition."

- inability [inəbíləti] **n.** 무능, 무능력
- disability [dìsəbíləti] **n.** 무능력, 심신의 장애

∮ handicap [hǽndikæp] **n.** (신체적·정신적) 장애, 불리한 조건 **v.** 불리한 입장에 놓다
- meritocracy [mèritάkrəsi] 능력주의, 실력주의
- meritocratic [mèritəkrǽtik] **a.** 능력주의의
- merit [mérit] **n.** 장점, 훌륭한 점, 가치
- demerit [dimérit] **n.** 단점, 결점, 벌점

☐ able [éibl]

a. 할 수 있는, 능력 있는, 유능한

ex. 함께**할 수**미가 **있어** 우리는 배구 경기를 **할 수 있다**.

MP3 As Sumi joins us, we are **able** to play volleyball.

- enable [inéibl] **v.** 할 수 있게 하다, 가능하게 하다
- unable [ʌnéibl] **a.** …할 수 없는
- disable [diséibl] **v.** 장애를 입히다, 능력을 상실시키다
- disabled [diséibld] **a.** 장애를 입은, 능력이 없어진

∮ cripple [krípl] **v.** 무력하게 만들다, 불구로 만들다, (기능을 못할 정도로) 손상하다
- hamstring [hǽstriŋ] **v.** 무력하게 하다, 방해하다 **n.** 오금의 힘줄

☐ abolish [əbάliʃ]

n. 폐지하다, (단체 등을) 없애다

ex. "**폐**하, 장애인들을 위하여 **지**금 그 제도를 **폐지**하소서."

MP3 "Your Majesty, please **abolish** the institution now for the disabled."

- abolishment [əbάliʃmənt] **n.** 폐지
- abolition [æbəlíʃən] **n.** 폐지, 노예 제도 폐지

☐ abortion [əbɔ́ːrʃən]

n. 유산(流産), 낙태(落胎)

ex. **낙태**는 삶의 **낙**을 **태**아에게서 뺏는 것이다.

MP3 **Abortion** is taking away an unborn baby's pleasure of life.

- abort [əbɔ́ːrt] **v.** 유산하다, 낙태하다
- abortive [əbɔ́ːrtiv] **a.** 수포(水泡)로 돌아간, 유산의, 낙태의

≠ pro-choice 낙태의 합법화를 주장하는, 임신 중절 합법화에 찬성하는

☐ about [əbáut]

ad. 대략, 약, 주위에 **prep.** ~에 대한, ~에 관한, ~의 주위에

ex. 우리는 **대한**민국에 **대한** 그들의 인식을 막 바꾸려 하고 있다.

MP3 We are **about** to change their perception **about** Korea.

- be about to … 막 …하려고 하다

☐ abreast [əbrést]

ad. 나란히

ex. "**나란** 사람은, **히**히히히, 최신 트렌드에 뒤쳐지지 않고 **나란히** 가지."

MP3 "I, hihihihi, can keep **abreast** of the latest trend."

☐ abroad [əbrɔ́ːd]

ad. 해외에, 해외로

ex. 여러 **해 외로**웠던 그는 **해외로** 가고 싶었다.

MP3 He, who was lonely for several years, wanted to go **abroad**.

- overseas [òuvərsíz] **a.** 해외의 **ad.** 해외로

≠ diaspora [daiǽspərə] **n.** 디아스포라(이주하여 해외에 사는 사람들 또는 그 집단)

- exodus [éksədəs] **n.** (대규모) 출국, 탈출
- expatriate [ekspéitriət] **n.** 국외 거주자

☐ absent [ǽbsənt]

a. 없는, (정신이) 없는, 결석(缺席)한, 부재한 **v.** 결석하다

ex. "은**결**, **석** 달 동안 네가 학교에 **결석**했던 이유가 뭐야?" "할 말 없네."

MP3 "Eungyeol, why were you **absent** from school for three months?" "No comment."

- absence [ǽbsəns] **n.** 결석, 부재(不在)
- absentee [æbsəntíː] **n.** 결석자, 부재자

☐ absolute [ǽbsəlùːt]

a. 절대적인, 완전한

ex. "전 **절대적인** 힘을 얻었습니다. **절 대적**할 **인**간은 없습니다. 동물들도 마찬가집니다."

MP3 "I've got **absolute** power. Nobody can stand against me. Neither can animals."

- absolutely [ǽbsəlùːtli] **ad.** 절대적으로, 완전히

☐ absorb [æbzɔ́ːrb]

v. 흡수(吸收)하다, 몰입시키다, (마음을) 빼앗다

ex. "호**흡**(呼吸)할 **수** 있으니까 우리는 산소를 **흡수**하지."

MP3 "As we can breathe, we **absorb** oxygen."

- absorbing [æbzɔ́ːrbiŋ] **a.** (마음을) 빼앗는, 몰입시키는, 아주 재미있는

≠ engrossing [ingróusiŋ] **a.** 열중하게 하는, 몰두하게 하는

- engross [ingróus] **v.** 열중하게 하다, 몰두하게 하다

☐ abstain [æbstéin]

v. 삼가다, 자제(自制)하다, 기권하다

ex. "내가 **삼갈** 것들을 세보겠다. 일, 이, **삼**, … 내가 **갈** 길이 멀구나."

MP3 "I'll count the things I should **abstain**

from doing. There are one, two, three, …
I have a long way to go."

• abstinence [ǽbstənəns] **n.** 자제, 금욕
≠ temperance [témpərəns] **n.** 절제, 자제, 금주
• refrain [rifréin] **v.** 삼가다, 자제하다 **n.** (노래 등의) 후렴

☐ abstract [ǽbstrækt]

a. 추상적(抽象的)인 **n.** 추상화, 개요, 요약 **v.** [æbstrǽkt] 추출(抽出)하다, 요약하다

ex. **추상**적인 그림을 보면 우리는 그 의미를 **추**리(推理)하고 **상**상(想像)해야 한다.

MP3 **Abstract** art makes us infer and imagine the meaning.

• abstraction [æbstrǽkʃən] **n.** 추상적 관념, 추출
≠ concrete [kánkriːt] **a.** 구체적인, 콘크리트의 **n.** 콘크리트

☐ absurd [æbsə́ːrd]

a. 부조리(不條理)한, 불합리한

ex. 그는 **부조리**를 **부**정하며 마음 **졸이**고 있다.

MP3 He is anxious, denying the **absurd** things.

• absurdity [æbsə́ːrdəti] **n.** 부조리, 불합리

☐ abundant [əbʌ́ndənt]

a. 풍부(豊富)한

ex. "**풍부**한 자원을 가진 **풍**토(風土), 우린 **부**러워."

MP3 "We envy the natural characteristics of **abundant** resources."

• abundance [əbʌ́ndəns] **n.** 풍부
• abound [əbáund] **v.** 풍부하다

☐ abuse [əbjúːz]

v. 학대(虐待)하다, 남용(濫用)하다, 욕하다 **n.** [əbjúːs] 학대, 남용, 욕

ex. "우리가 **학대**받은 **학**생을 **대**할 때 무엇을 주의해야 하는가?"

MP3 "What should we note when we treat a student who has been **abused**?"

• abusive [əbjúːsiv] **a.** 학대하는, 남용하는, 욕하는
≠ misuse [misjúːs] **n.** 오용(誤用), 악용, 남용 **v.** [misjúːz] 오용하다, 악용하다, 남용하다, 잘못 쓰다

☐ academy [əkǽdəmi]

n. 아카데미, 학교, 학원, 학회, 협회

ex. "**아**, 내 조**카** **데미**안은 **아카데미**에 다녀."

MP3 "Ah, my nephew, Demian, goes to an **academy**."

• academic [ækədémik] **a.** 학문의, 학교의, 학원의

☐ accelerate [ækséləreìt]

v. 가속(加速)하다

ex. "자동차**가** **속**도를 늦추나요?" "아니오. 자동차는 **가속**하고 있습니다."

MP3 "Is the car getting slower?" "No, it is **accelerating**."

• acceleration [æksèləréiʃən] **n.** 가속
≠ expedite [ékspədàit] **v.** 신속히 처리하다, 촉진(促進)하다

☐ accent [ǽksent]

n. 악센트, 강세, 강조

ex. **강**하지 못한 소녀가 **세**심한 마음으로 말한다. "너의 **강세**가 내게 거슬려."

MP3 A girl who is not strong says sensitively, "Your **accents** are getting on my nerves."

• accentuate [ækséntʃuèit] **v.** 강조하다

☐ accept [əksépt]

v. 받아들이다, 인정하다

ex. "**봤냐**? 그는 내 **아들이다**. 그를 **받아들여라**!"

MP3 "See? He is my son. **Accept** him!"

- acceptance [əkséptəns] n. 받아들임, 승인
- acceptable [əkséptəbl] a. 받아들일 수 있는
- unacceptable [ʌnəkséptəbl] a. 받아들일 수 없는

☐ access [ǽkses]

n. 접근(接近), 이용 v. …에 접근하다

ex. "**저 없**을 때 **근**사하게 그 건물에 **접근**하셨더군요."

MP3 "You gained **access** to the building nicely when I was absent"

- accessible [æksésəbl] a. 접근 가능한, 이용 가능한
- inaccessible [ìnəksésəbl] a. 접근할 수 없는, 접근하기 어려운

☐ accident [ǽksidənt]

n. 사고, 우연

ex. 그녀는 생필품을 **사고** 오던 길에 **사고**가 났다.

MP3 She had an **accident** on her way home after buying commodities.

- accidental [æksədéntl] a. 우연한, 부수적(附隨的)인
- accidentally [æksədéntəli] ad. 우연히, 부수적으로
- ≠ incidence [ínsədəns] n. (사건의) 발생, 발생률, (빛의) 입사
- incident [ínsədənt] n. (우발적) 사건 a. 입사하는
- incident wave 입사파(入射波)
- incidental [ìnsədéntl] a. 부수적인
- incidentally [ìnsədéntəli] ad. 부수적으로, 그런데
- inadvertently [ìnədvə́ːrtntli] ad. 무심코, 우연히
- mishap [míshæp] n. 작은 사고, 불상사

☐ accommodate [əkámədèit]

v. 숙박(宿泊)시키다, 수용하다, 부응하다, 순응하다

ex. 그들은 **숙**녀(淑女)를 **박**대(薄待)하며 **숙박**시켰다.

MP3 They **accommodated** the lady, treating her coldly.

- accommodation [əkàmədéiʃən] n. 숙박, 순응, 합의
- accommodating [əkámədèitiŋ] a. 쉽게 부응(副應)하는, 협조적인
- ≠ inn [in] n. 여관, 선술집

☐ accompany [əkʌ́mpəni]

v. 동행하다, 동반하다, (피아노로) 반주를 하다

ex. "네가 안**동행** 기차를 탈 때까지 난 너와 **동행**할 거야." "난 문경을 경유할 건데, 괜찮겠어?"

MP3 "I will **accompany** you until you get on the train for Andong." "I'll be there by way of Munkyung. Is it OK?"

☐ accomplish [əkámpliʃ]

v. 성취하다, 완수하다

ex. "일은 **완**전히 끝났다. **수**고**했다**! 우리는 목적한 바를 **완수했다**."

MP3 "It's completely over. Well done! We've **accomplished** our purpose."

- accomplishment [əkámpliʃmənt] n. 성취, 완수, 업적, 기량

☐ accord [əkɔ́ːrd]

n. 일치, 합의, 협정 v. 일치하다, 부여하다

ex. "우리 이제 뭐 **하냐**?" "**뷔**의 댄스를 보자." "좋지." 소녀들은 그 제안에 쉽게 **합의**했다.

MP3 "What should we do now?" "Let's see V's dance." "OK." The girls were in **accord** with the suggestion easily.

- accordance [əkɔ́ːrdns] n. 일치, 수여, 허가
- according [əkɔ́ːrdiŋ] ad. …에 따라서 (according to…, according as…)

• accordingly [əkɔ́:rdiŋli] **ad.** 그에 맞게, 따라서

☐ accent [əkáunt]

n. 이야기, 설명, 이유, 계좌 **v.** 설명하다, 원인이 되다, 차지하다, 간주하다

ex. "**설**날의 사고를 **명**백히 **설명**하시오. 무슨 일이 있어도 당신은 사실을 숨기지 마시오."

MP3 "You should clearly **account** for the incident that occurred on New Year's Day. On no **account** should you hide the fact."

• account executive (광고 회사의) 영업 담당 임원
• accountant [əkáuntənt] **n.** 회계사

☐ accumulate [əkjú:mjulèit]

v. 축적(蓄積)하다, 누적(累積)하다

ex. 그들은 **누**누이 **적**자(赤字)가 나며 빚이 **누적**되었다. 그들은 그것이 중요하지 않은 것처럼 행동했지만 누가 보아도 심각했다.

MP3 They were repeatedly in deficit and debts were **accumulated**. They behaved as if it were of no account, but it was serious by all accounts.

• accumulation [əkjù:mjuléiʃən] **n.** 축적, 누적
≠cumulate [kjú:mjulèit] **v.** 쌓아올리다 **a.** [kjú:mjulət] 쌓아올린
• cumulation [kjù:mjuléiʃən] **n.** 쌓아올림, 누적, 축적
• cumulative [kjú:mjulətiv] **a.** 누적되는

☐ accurate [ǽkjurət]

a. 정확한, 정밀(精密)한

ex. "화살이 **정확**히 말해서 **정**중앙에 맞은 게 **확**실하다."

MP3 "It is certain that the arrow hit the target, to be **accurate**, in the center."

• accurately [ǽkjurətli] **ad.** 정확히, 정확하게, 정밀하게
• accuracy [ǽkjurəsi] **n.** 정확, 정밀
• inaccurate [inǽkjərit] **a.** 정확하지 않은, 부정확한
≠exact [igzǽkt] **a.** 정확한, 정밀한 **v.** 요구해서 받아내다
• exactly [igzǽktli] **ad.** 정확히, 정밀히
• plumb [plʌm] **ad.** 정확히, 바로 **v.** 헤아리다 **n.** 추

☐ accuse [əkjú:z]

v. 고소(告訴)하다, 고발하다, 기소하다, 비난하다

ex. "그가 살인죄로 **고소**당했어." "그것 참 난 **고소**하군. 피고로서 그는 무슨 말을 할까?"

MP3 "He was **accused** of murder." "I'm very pleased to hear that. What would he say as the **accused**?"

• accused [əkjú:zd] **a.** 고소된, 고발된, 기소된 **n.** 피고인, 피의자
• accusation [ækjuzéiʃən] **n.** 고소, 고발, 기소, 비난

☐ accustom [əkʌ́stəm]

v. 익숙하게 하다

ex. 우리의 세대는 **익**명(匿名)과 조**숙**(早熟)에 **익숙**하다.

MP3 Our generation is **accustomed** to being anonymous and premature.

• accustomed [əkʌ́stəmd] **a.** 익숙한

☐ ache [eik]

v. 아프다, 하고 싶어 못 견디다 **n.** 아픔

ex. "**아**, 나는 슬**프다**. 그녀의 병 때문에 내 머리가 **아프다**."

MP3 "Ah, I'm sad. My head **aches** on account of her illness."

• backache [bǽkèik] **n.** 요통(腰痛)
• neckache [nékèik] **n.** 목의 통증

☐ achieve [ətʃí:v]

v. 성취하다, 달성하다

ex. "나는 세 **달** 안에 **성공하기**로 목표를 정하고 **달성하**겠**다**."

MP3 "I will set a goal of succeeding in three months and **achieve** it."

- achievement [ətʃíːvmənt] **n.** 성취, 달성, 업적
- achievable [ətʃíːvəbl] **a.** 성취할 수 있는, 달성할 수 있는

☐ acid [ǽsid]

n. 산(酸), 산성(酸性) **a.** 산의, 산성의, 신맛의

ex. 이 **산**의 **성**질은 **산성** 토양이다.

MP3 **Acid** soils characterize this mountain.

- acid rain 산성비

∮hydrocyanic acid [hàidrousaiǽnik ǽsid] **n.** 시안화수소산

- sour [sauər] **a.** 신, 시큼한

☐ acknowledge [æknálidʒ]

v. 인정(認定)하다, (공적으로) 감사의 뜻을 밝히다

ex. 그 사실을 **인정하고** 고개를 숙인 **정하다**.

MP3 Jeongha dropped his head after he **acknowledged** the fact.

- acknowledg(e)ment [æknálidʒmənt] **n.** 인정, 감사

☐ acne [ǽkni]

n. 여드름

ex. "저 **여**자들, **음**···, **여드름**이 났군."

MP3 "Those girls, uhm···, have **acne**."

∮pimple [pímpl] **n.** 뾰루지, 여드름

☐ acquaintance [əkwéintəns]

n. 아는 사람, 지인(知人), 지식

ex. "**지인**이는 그저 **지인**일 뿐이다."

MP3 "Jiin is just an **acquaintance**."

- acquaint [əkwéint] **v.** 알게 하다, 숙지시키다
- acquainted [əkwéintid] **a.** 알고 있는

☐ acquire [əkwáiər]

v. 획득(獲得)하다, 습득(習得)하다

ex. 그 회사는 **획**기적인 아이디어를 **득**의만만하게 자랑하는 브랜드를 **획득**했다.

MP3 The company **acquired** the brand that is triumphantly showing off groundbreaking ideas.

- acquisition [ækwizíʃən] **n.** 획득, 습득
- acquired [əkwáiərd] **a.** 획득한, 습득한, 후천적(後天的)인
- Acquired Immune Deficiency Syndrome 후천성 면역 결핍증(AIDS)

∮garner [gáːrnər] **v.** 얻다, 모으다

☐ across [əkrɔ́ːs]

ad. prep. 건너서, 가로질러

ex. "네가 운동에 합류하려고? 길을 **가로질러** 가거나 길**가로** 가서 소리 **질러**!"

MP3 "Will you join in the movement? Shout **across** the road or at the roadside!"

☐ act [ækt]

n. 행동, 법률, (연극의) 막(幕) **v.** 행동하다, 연기(演技)하다

ex. 그녀는 영화에서 **연기하는** 일을 **연기**(延期)**했다**.

MP3 She delayed **acting** in a film.

- action [ǽkʃən] **n.** 행동, 작용, 작전, 소송
- active [ǽktiv] **a.** 활동적인, 활발한, 유효한
- interactive [intərǽktiv] **a.** 상호적인, 상호 작용을 하는, 대화식의
- inactive [inǽktiv] **a.** 활동적이지 않은, 비활성의
- activity [æktívəti] **n.** 활동, 활기
- hyperactivity [hàipəræktíviti] **n.** 과잉 행동
- activate [ǽktəvèit] **v.** 활성화하다
- activist [ǽktəvist] **n.** 활동가, 운동가

∮inert [inə́ːrt] **a.** 비활성의

- inertia [inə́ːrʃə] 관성(慣性), 타성(惰性)
- passive [pǽsiv] **a.** 수동적인, 소극적인 **n.** 수동태

☐ actor [ǽktər]

n. 배우(俳優)

ex. 남자 **배우**가 연기하는 법 이외에 그 화장하는 법도 **배우**고 있다.

MP3 An **actor** is learning how to put on his makeup in addition to how to act.

• actress [ǽktris] **n.** 여배우

☐ acupuncture [ǽkjupʌ̀ŋktʃər]

n. 침술(鍼術)

ex. 아이는 **침**을 꿀꺽 삼키고 **술술 침술**을 받았다.

MP3 The child took a gulp and received **acupuncture** without any trouble.

• acupoint [ǽkjupɔ̀int] **n.** 침놓는 자리

☐ acute [əkjúːt]

a. 날카로운, 극심한, 급성의, 예리(銳利)한, 예각의

ex. "**얘**가 제**리**야. 그는 **예리**한 관찰자야."

MP3 "This boy is Jerry. He is an **acute** observer."

• sharp [ʃɑːrp] **a.** 날카로운, 뾰족한, 가파른, 또렷한, 통렬한, 반음 높은

☐ adapt [ədǽpt]

v. 적응(適應)하다, 각색(脚色)하다

ex. "옛날 옛**적**에 **응**삼이는 그의 새로운 환경에 **적응**하기 힘들었단다."

MP3 "Once upon a time Eungsam had a hard time **adapting** to his new surroundings."

• adapter [ədǽptər] **n.** 어댑터, 개작자
• adaptation [ædəptéiʃən] **n.** 적응, 각색
• adaptive [ədǽptiv] **a.** 적응성의
• adaptive unconscious 적응 무의식

cf. modify [mάdəfài] **v.** 수정하다, 수식하다
• modification [mὰdəfikéiʃən] **n.** 수정, 변경, 수식
• modifier [mάdəfàiər] **n.** 수식어, 한정어

☐ add [æd]

v. 더하다

ex. "나는 일을 **더 할래!**"하며 나는 일을 **더 한다**.

MP3 I **add** work, saying "I will do more work!".

• addition [ədíʃən] **n.** 추가, 부가, 덧셈
• additional [ədíʃənl] **a.** 추가의, 부가의

☐ addict [ǽdikt]

n. 중독자(中毒者) **v.** [ədíkt] 중독시키다

ex. **그중 유독** 그가 자신의 휴대폰에 **중독**될 가능성이 높았다.

MP3 Among them, it was he who had a high possibility of getting **addicted** to his cell phone.

• addicted [ədíktid] **a.** 중독된
• addictive [ədíktiv] **a.** 중독성의
• addiction [ədíkʃən] **n.** 중독

☐ address [ədrés, ǽdres]

n. 주소(住所), 연설 **v.** [ədrés] 주소를 쓰다, 연설하다, (호칭으로) 부르다, ~에게 말을 걸다, 제기(신청)하다, 착수(着手)하다, (문제 등을) 힘써서 다루다

ex. "당신의 이메일 **주소**를 제게 알려**주소**"

MP3 "Please let me know your email **address**."

• misaddress [mìsədrés] **v.** 수신인의 주소를 틀리다, 말을 잘못 걸다

☐ adequate [ǽdikwət]

a. 적당한, 적절한, 충분한

ex. "시험 공부하기에 **적당한** 서**적**을 보는 게 **당**연**해**."

MP3 "It is natural to read books which are **adequate** to study for an exam."

• adequately [ǽdikwitli] **ad.** 적당히, 적절히, 충분히
• adequacy [ǽdikwəsi] **n.** 적당함, 적절함, 타당성,

충분함
• inadequate [inǽdikwət] a. 부적당한, 불충분한

☐ adhere [ədhíər]

v. 들러붙다, 지지하다, 고수(固守)하다, 고집(固執)하다

ex. "그는 친구 집에 잠깐 **들러**서, 어쨌든 그때**부터** 그는 친구에게 **들러붙어** 있어."

MP3 "He stopped by his friend's house. However, he's **adhered** to his friend since then."

• adherence [ədhíːərəns] n. 지지, 신봉, 고수, 충성
• adherent [ədhíːərənt] n. 지지자, 신봉자
• adhesive [ədhíːsiv] a. 들러붙는 n. 접착제
• adhesive tape 접착테이프
cf. glue [gluː] n. 접착제, 풀, 아교 v. (접착제로) 붙이다

☐ adjust [ədʒʌ́st]

v. 조정하다, 조절하다, 맞추다, 적응하다, 순응하다

ex. "이제 우리 뭐하**죠**?" "우리가 **정**해야지, 가격을 어떻게 **조정**할지를."

MP3 "What should we do now?" "We should decide how to **adjust** the price."

• adjustment [ədʒʌ́stmənt] n. 조정, 조절, 적응, 순응
• maladjusted [mæ̀lədʒʌ́stid] n. 조정이 잘 안되는, 적응하지 못하는
cf. phenotypic plasticity [fiːnətípik plæstísəti] 표현형 적응성

☐ administration [ədmìnistréiʃən]

n. 행정(行政), (미국) 행정부, 관리, 집행, 투약

ex. **행정부**가 실**행**한 **정**책의 일**부**는 여론을 무시하고 있다.

MP3 The part of the policy carried out by the **administration** is in disregard of public opinion.

• administer [ədmínistər] v. 관리하다, 집행하다, 투약하다, 가하다
cf. bureaucracy [bjuərákrəsi] n. 관료제(官僚制)
• bureaucrat [bjúərəkræ̀t] n. 관료

☐ admire [ædmáiər]

v. 존경하다, 감탄(感歎)하다, 칭찬하다

ex. 사람들은 세계적인 그룹인 **감탄**소년단에 **감탄**한다.

People **admire** a world-class group, GamtanSonyeondan.

• admirable [ǽdmərəbl] a. 존경할 만한, 감탄할 만한, 칭찬할 만한
• admiration [æ̀dməréiʃən] n. 존경, 감탄, 칭찬
cf. admiral [ǽdmərəl] n. 해군 대장, 제독

☐ admit [ædmít]

v. 인정(認定)하다, 시인(是認)하다, 입장을 허가하다, 입학을 허가하다

ex. 그는 자신의 잘못을 **인정하기**가 꺼려졌다. 모**인** 사람들 앞에서 그는 마음을 **정하기**가 쉽지 않았다.

MP3 He had a reluctance to **admit** his mistake. It was difficult for him to make up his mind in front of the crowd.

• admitted [ædmítid] a. 공식적으로 인정된
• admittable [ædmítəbl] a. 인정될 만한
• admittance [ædmítns] n. 입장 허가, 입장
• admission [ædmíʃən] n. 입장, 입학, 입장료, 인정
cf. concede [kənsíːd] v. (진실, 패배 등을) 인정하다, 용인하다, 양보하다
• concession [kənséʃən] n. 양보, 인정
• concession fee 영업 허가비; 자릿세

☐ adolescent [æ̀dəlésnt]

a. 사춘기(思春期)의, 청소년기(青少年期)의 n. 청소년

ex. 집안 **청소**(清掃)하는 그**녀**가 **언**젠가 집에 돌아온 **청소년**이다.

MP3 A girl who is cleaning the house is an **adolescent** who has come back home before.

- adolescence [ædəlésns] **n.** 사춘기, 청소년기

ℊ juvenile delinquency 미성년 비행, 청소년 범죄
- juvenile [dʒúːvənl] **a.** 성장기의, 청소년의, 유치한
- delinquency [dilíŋkwənsi] **n.** 비행, 범죄
- puberty [pjúːbərti] **n.** 사춘기
- teenage [tínèidʒ] **a.** 십대의
- teenager [tíːnèidʒər] **n.** 십대

☐ adopt [ədápt]

v. 채택(採擇)하다, 입양(入養)하다

ex. 소년을 **입양**하려던 **입**장이었던 마릴라는 한 걸음을 **양**보하였다.

MP3 Marilla who had intended to **adopt** a boy took one step back.

- adoptive [ədáptiv] **a.** 양자(養子) 관계의, 채용의
- adoption [ədápʃən] **n.** 채택, 입양
- adoption agency 입양 기관

ℊ foster [fɔ́ːstər] **v.** 조성(造成)하다, 조장(助長)하다, (수양 자식을) 기르다 **a.** 양(養)···
- foster home 양부모의 집, 보호 시설
- foster parent 양부모, 수양부모
- foster kid 위탁 아동

☐ adorable [ədɔ́ːrəbl]

a. 사랑스러운

ex. 집**사랑** 함께 있는 탐**스러운** 고양이. 사람들이 첫눈에 반하는 **사랑스러운** 고양이.

MP3 An attractive cat with its owner called butler. An **adorable** cat that people fall in love at first sight.

- adore [ədɔ́ːr] **v.** 아주 좋아하다, 흠모(欽慕)하다

☐ adult [ədʌ́lt, ǽdʌlt]

n. 어른, 성인 **a.** 성인의

ex. 다 컸지만 **얼** 스탠은 스스로 **어른**이라 여기지 않는다.

MP3 Erle Stan doesn't look upon himself as an **adult** although he is a grown-up.

☐ advance [ædvǽns]

v. 나아가다, 전진(前進)하다, 승진하다, 진행하다, 미리 자금을 대주다 **n.** 전진, 승진, 진행 **a.** 앞선, 사전(事前)의

ex. "**전 진**다해도 한걸음한걸음 **전진**합니다."

MP3 "I **advance** step by step even if I lose."

- advanced [ædvǽnst] **a.** 앞선, 선진의, 상급의, 진보의, 진행된
- advanced class 심화반, 상급반, 고급반
- advancement [ædvǽnsmənt] **n.** 진보, 승진

ℊ sophisticated [səfístəkèitid] **a.** 세련된, 교양 있는, 정교한, 수준 높은
- sophistication [səfìstəkéiʃən] **n.** 세련, 교양, 정교함

☐ advantage [ædvǽntidʒ]

n. 유리한 점, 이점

ex. **율이** 따낸 **한 점**이 우리에게 **유리한 점**이다. 그녀는 그들의 약점을 이용했다.

MP3 A score Yul has got is to our **advantage**. She took **advantage** of their weak point.

- advantageous [ædvəntéidʒəs] **a.** 유리한, 이로운
- disadvantage [dìsədvǽntidʒ] **n.** 불리한 점

ℊ pros and cons 유리한 점과 불리한 점, 장단점, 찬반양론

☐ advent [ǽdvent]

n. 도래(到來), 출현(出現)

ex. "새 시대가 **도래**하는 구**도래**."

MP3 "It is said that the **advent** of a new era is the situation."

☐ adventure [ædvéntʃər]

n. 모험(冒險)

ex. **모**든 위**험**천만한 일이 가득한 **모험**!

MP3 An **adventure** full of all things that are extremely dangerous!

• adventurous [ædvéntʃərəs] a. 모험적인

☐ advertise [ǽdvərtàiz]

v. 광고(廣告)하다

ex. "그 상품을 **광고**하는 사람들은 미치**광**이하**고** 똑같아."

MP3 "People who **advertise** the products are equal to lunatics."

• advertisement [ædvərtáizmənt, ædvə́:rtismənt] n. 광고
• advertising [ǽdvərtàiziŋ] n. 광고하기, 광고업, 광고
∉ hype [haip] n. 과대광고(선전)
• blitz [blits] n. 대선전, 집중 공세 v. 집중 공격을 퍼붓다
• tout [taut] v. 권유하다

☐ advice [ædváis]

n. 충고, 조언

ex. "내가 마음을 터놓는 것은 힘들지만, 나는 너의 **충고**를 **충**분히 **고**려하겠다."

MP3 "I'll take your **advice** into account sincerely though I find it hard to open up."

• advise [ædváiz] v. 충고하다, 조언하다
∉ admonish [ædmániʃ] v. 책망(責望)하다, 훈계(訓戒)하다
• exhortation [ègzɔ:rtéiʃən] n. (간곡한) 권고, 충고

☐ advocate [ǽdvəkèit]

v. 옹호(擁護)하다, 지지하다 n. [ǽdvəkət] 옹호자, 지지자, 변호사

ex. 그의 계획을 **옹호하는** 사람들이 **옹**기종기 모여 그를 보**호한다**.

MP3 People who **advocate** his plan stand around in huddles and protect him.

• advocacy [ǽdvəkəsi] n. 옹호, 지지, 변호
∉ proponent [prəpóunənt] n. 옹호자, 지지자

☐ aerobic [εəróubik]

a. 유산소의, 호기성(好氣性)의, 에어로빅의

ex. "어디**에**? **어**디**로** 가서 **빅** 브라더가 **에어로빅** 운동을 할까?"

MP3 "Where? Where will Big Brother go to do an **aerobic** exercise?"

• aerobic capacity 유산소 능력

☐ aesthetic [esθétik]

a. 미학(美學)의, 심미적(審美的)인

ex. "당신들 뭐 하**심**? 당신들은 **미**인의 **심미**적 매력에 빠지심?"

MP3 "What are you doing? Are you attracted by the **aesthetic** appeal of a beauty?"

• aesthetically [esθétikəli] ad. 미학적으로, 심미적으로
• aesthetics [esθétiks] n. 미학
• aestheticism [esθétisìzm] n. 유미주의(唯美主義), 탐미주의(耽美主義), 예술 지상주의

☐ affair [əfέər]

n. 일, 문제, 사건, 불륜(不倫)

ex. "그 **일**이 **일**어났죠, 그렇죠?" "네." 그들은 긍정적으로 대답했다.

MP3 "The **affair** was real, wasn't it?" "Yes." They answered in the affirmative.

☐ affection [əfékʃən]

n. 애정

ex. 서울에 대한 **애정**을 갖고 그들은 서울**에 정**착했다.

MP3 They settled in Seoul, having **affection** for Seoul.

• affectionate [əfékʃənət] a. 애정 어린
• affective [əféktiv] a. 정서적(情緖的)인, 감정의

- affect [əfékt] **v.** 영향을 미치다, 감동시키다, 감염시키다, 가장(假裝)하다, 꾸미다
- affectation [æfektéiʃən] **n.** 가장, 허식(虛飾)

☐ affirm [əfə́ːrm]

v. 단언(斷言)하다, 확언(確言)하다

ex. **확**실한 날짜는 말하지 않고 **언**젠가 돌아올 거라고 터미네이터는 **확언**했다.

MP3 Terminator **affirmed** that he would certainly come back someday, without saying a word on a definite date.

- affirmation [æfərméiʃən] **a.** 단언, 확언, 긍정
- affirmative [əfə́ːrmətiv] **a.** 긍정적인 **n.** 긍정
- affirmative action (소수민족이나 여성의) 차별 철폐(撤廢) 조치

∉ apartheid [əpáːrtheit] **n.** (남아프리카 공화국의) 인종차별 정책

☐ afflict [əflíkt]

v. 괴롭히다, 고통을 주다

ex. 가난이 **괴물로 피**어나고 있**다**. 그것이 많은 사람들을 **괴롭히**고 있**다**. 사회가 괴물을 창조한다.

MP3 Poverty turns into a monster, which **afflicts** many people. Society creates a monster.

- affliction [əflíkʃən] **n.** 고통

☐ afford [əfɔ́ːrd]

v. …할 여유가 있다, 제공하다

ex. "우리는 새 차를 살 **여유**가 있는 거**여유**?"

MP3 "Can we **afford** a new car?"

- affordable [əfɔ́ːrdəbl] **a.** 입수(入手) 가능한, (가격이) 알맞은, 감당(堪當)할 수 있는

☐ afraid [əfréid]

a. 두려워하는, 무서워하는, 걱정하는, 염려(念慮)하는

ex. **두** 남자가 어**려워하는** 여자는 거미를 **두려워하는** 사람이다.

MP3 The woman with whom two men feel ill at ease is **afraid** of spiders.

☐ against [əgénst]

prep. …에 반대하여, 불리한, 대비(對備)하여, 기대어, …을 배경으로

ex. 탈레**반**에 **대하여** 정부가 내세운 정책에 **반대하여** 사람들이 모였다.

MP3 People who gathered were **against** the policy of the government on Taliban.

☐ age [eidʒ]

n. 나이, 시기, 시대 **v.** 나이를 먹다, 늙다, 노화(老化)하다, 노화시키다

ex. 그녀가 나에게 **나이**를 물어 "**나 이**십 살이야."라고 나는 대답했다.

MP3 As she asked me about my **age**, I answered, "I am 20 years old."

∉ epoch [épək] **n.** 시대, 신기원(新紀元), 획기적(劃期的)인 사건

- epoch-making 신기원을 이루는, 획기적인
- era [íərə, érə] **n.** (역사적) 시대
- medieval [mìːdiíːvəl] **a.** 중세의

☐ agency [éidʒənsi]

n. 대리점(代理店), 대행사, 정부 기관, 국(局), 청(廳)

ex. (미**국**의) 중앙 정보**국**은 미국에서 그에 관한 정보를 수집해 왔다.

MP3 The Central Intelligence **Agency** has been collecting information on him in America.

- agent [éidʒənt] **n.** 대리인, 에이전트, 요원(要員), 행위자

□ agenda [ədʒéndə]
n. 의제(議題), 안건(案件)

ex. 사람들은 **의**회에서 **제**시된 **의제**를 반대하였다. 숨은 의도가 있었기 때문이다.

MP3 People turned thumbs down on the **agenda** put forward in Congress. That's because there was a hidden **agenda**.

□ agitate [ǽdʒitèit]
v. (정치적·사회적 변화를) 공개적으로 강력히 주장하다, 선동(煽動)하다

ex. "우**선**(于先) **동**네 사람들을 **선동**하시오."

MP3 "First of all, **agitate** villagers."

- agitation [ædʒitéiʃən] n. 불안, 동요, 소요, 선동적 주장
- agitator [ǽdʒitèitər] n. 선동자, 선동가
- ∯propaganda [pràpəgǽndə] n. (부정적인 뉘앙스로 정치적) 선전
- propagate [prάpəgèit] v. 전파하다, 선전(宣傳)하다, 번식하다, 증식하다
- propagation [pràpəgéiʃən] n. 선전, 번식

□ agree [əgríː]
v. 동의(同意)하다, 일치하다

ex. 여러 **동**(棟)**의** 아파트 주민들이 자선을 위한 이 사안에 **동의**하고 있다.

MP3 The residents of several buildings in the apartment complex **agree** on this issue in aid of charity.

- agreed [əgríːd] a. 동의된, 동의하는
- agreeable [əgríːəbl] a. 기꺼이 동의하는, 기분 좋은, 적합한
- agreement [əgríːmənt] n. 동의, 합의, 협정, 일치
- disagree [dìsəgríː] v. 동의하지 않다
- disagreeable [dìsəgríːəbl] a. 기분 나쁜
- disagreement [dìsəgríːmənt] n. 의견의 불일치
- ∯concur [kənkə́ːr] v. 동의하다, 일치하다

□ agriculture [ǽgrəkʌltʃər]
n. 농업(農業), 농사

ex. **농업**: **농**부의 **업**적.

MP3 **Agriculture**: Farmers' achievements.

- agricultural [ægrikʌ́ltʃərəl] a. 농업의, 농사의
- ∯farmer [fάːrmər] n. 농부, 농장주
- farming [fάːrmiŋ] n. 농업, 농사
- peasant [péznt] n. 소농(小農), 소작농(小作農)
- farm [fαːrm] n. 농장 v. 농사를 짓다, 가축을 기르다
- farmhouse [fάːrmhàus] n. 농가
- ranch [ræntʃ] n. 목장, 대농장
- farm animal 가축
- fodder [fάdər] n. 사료, 꼴
- fallow [fǽlou] n. 휴경(休耕)
- plow [plau] n. 쟁기 v. 쟁기질하다, 경작하다
- tractor [trǽktər] n. 트랙터, 견인차

□ ahead [əhéd]
ad. 앞에, 앞서, 미리

ex. "누가 사람들 **앞**에 **서**나?" "자신의 분야에서 **앞서**는 사람들이다."

MP3 "Who stands in front of people?" "Those who get **ahead** in their career."

- ∯anterior [æntíəriər] a. 앞쪽의
- posterior [pαstíəriər] a. 뒤쪽의

□ aid [eid]
n. 도움, 원조, 보조, 보조 기구 v. 돕다

ex. **도움**을 못 받아 그녀**도 움**니다.

MP3 Receiving no **aid**, she is crying, too.

- first aid 응급 처치
- first-aid kit 구급상자
- ∯cardiopulmonary resuscitation [kὰːrdiəpʌ́lmənèri risʌsətéiʃən] n. (CPR) 심폐 소생술
- paramedic [pærəmèdik] n. 응급 구조대원
- help [help] v. 돕다 n. 도움
- helpful [hélpfəl] a. 도움이 되는
- helpless [hélplis] a. 무력한

☐ aim [eim]

n. 겨냥, 조준(照準), 목표 **v.** 겨냥하다, 겨누다, 목표로 하다

ex. 그들은 한 선수만 **겨냥**하여 그녀가 **견**딜 수 없을 **양**의 서브를 넣었다.

MP3 They served **aiming** at one player, which was too much for her to handle.

☐ air [ɛər]

n. 공기(空氣), 대기, 공중, 방송 **v.** 환기하다

ex. **공기** 괴물이 항**공기**(航空機)를 삼킨다.

MP3 The **air** monster swallows an aircraft.

- ambient air 주변의 공기
- ambient [ǽmbiənt] **a.** 주변의
- air out (옷에) 바람을 쐬다

ℊ aerodynamic [ɛəroudainǽmik] **a.** 공기 역학의
- aerodynamics [ɛəroudainǽmiks] **n.** 공기 역학

☐ airplane [ɛ́ərplin]

n. 비행기(飛行機)

ex. 그 **비행**(非行) 청소년의 **기**분은 **비행기**에 타는 듯한 기분이었다.

MP3 The juvenile delinquent felt as if he were getting on the **airplane**.

- airport [ɛ́ərpɔ̀rt] **n.** 공항
- aircraft [ɛ́ərkræ̀ft] **n.** 항공기
- aeronautics [ɛ̀ərənɔ́tiks] **n.** 항공학, 항공술

ℊ deplane [diːpléin] **v.** 비행기에서 내리다
- hangar [hǽŋər] **n.** 격납고(格納庫)
- helicopter [hélikɑ̀ptər] **n.** 헬리콥터
- rudder [rʌ́dər] **n.** (비행기 등의) 방향타

☐ aisle [ail]

n. (버스, 기차 등 좌석 사이의) 통로

ex. 원**통 로**봇이 **통로**에서 경계를 서고 있다.

MP3 A cylindrical robot is on the alert in the **aisle**.

ℊ corridor [kɔ́ːridər] 통로, 복도
- passageway [pǽsidʒwèi] **n.** 통로
- passage [pǽsidʒ] **n.** 통로, 구절, 악절

☐ alarm [əlɑ́ːrm]

n. 놀람, 불안, 공포, 경보, 경보기(警報器), 자명종(自鳴鐘)

ex. "**경**찰이 **보기**에 **경보기**를 울린 사람이 누구일까?" "만일 제인이 그랬다면 사람들은 놀라서 소리지를 거야."

MP3 "Who do the police think set off the **alarm**?" "If Jane had done so, people would cry out in **alarm**."

☐ album [ǽlbəm]

n. 앨범, 음악 앨범, 사진첩

ex. "그 **앨** 주려고 **범**상치 않은 이 **앨범**을 마련했어."

MP3 "I bought this extraordinary **album** to give to the child."

☐ alchemist [ǽlkəmist]

n. 연금술사(鍊金術師)

ex. **연금술사**가 그의 **연금**을 받아 **술 사**먹는다.

MP3 An **alchemist** receives his pension and goes for a drink.

- alchemy [ǽlkəmi] **n.** 연금술

☐ alcohol [ǽlkəhɔ̀ːl]

n. 알코올, 술

ex. "**알코올** 멀리해. **알**지? 너의 오뚝한 **코**로 냄새도 들어**올** 수 없게 해."

MP3 "Keep off **alcohol**, will you? You should never even smell it with your sharp nose."

- alcoholic [ælkəhɔ́ːlik] **a.** 알코올의 **n.** 알코올 중독자

☐ alert [əlɔ́ːrt]

a. 기민(機敏)한, 경계하는 **n.** 경계, 경보 **v.** 경보를 발하다

ex. 우리는 보안 **경보**로 **경**찰이 공항으로 출동하는 것을 **보**았다.

MP3 We saw the security **alert** bring the police to the airport.

☐ alien [éiliən]

n. 외국인, 외계인 **a.** 외국의, 외계의, 이질적인

ex. "그 종이를 너는 **왜 구긴** 거야?" "**외국인**이 쓴 글씨라 내가 알아볼 수가 있어야지."

MP3 "Why did you crumple the paper?" "Because It was written by an **alien** and I couldn't read it at all."

- alienate [éiljənèit] **v.** 소외시키다, 양도하다
- alienation [èiljənéiʃən] **n.** 소외, 양도
- inalienable [inéiljənəbl] **a.** 양도할 수 없는

∮ heterogeneous [hètərədʒíːniəs] **a.** 이질적인
- heterogeneity [hètəroudʒəníːəti] **n.** 이질성(異質性)
- homogeneous [hòumədʒíːniəs] **a.** 동종의, 동질의, 동질적인
- homogeneity [hòumədʒəníːəti] **n.** 동질성(同質性)

☐ allergy [ǽlərdʒi]

n. 알레르기, 거부 반응

ex. "당신은 **알**고 있나요, 보들**레르**가 거**기**서 무엇에 **알레르기** 반응이 있었는지?"

MP3 "Do you know to what Baudelaire had an **allergy** there?"

- allergic [əlɔ́ːrdʒik] **a.** 알레르기의, 거부 반응을 보이는

☐ alley [ǽli]

n. 골목

ex. "비좁은 **골목**길을 뛰듯 곧장 **골**을 **목**적으로 뛰어라!"

MP3 "Run straight to score a goal as if you were running in the narrow **alley**!"

☐ alliance [əláiəns]

n. 동맹(同盟), 연합

ex. 그것은 **동**(東)쪽 나라들이 결성하기로 **맹**세한 **동맹**이었다.

MP3 It was an **alliance** that eastern countries swore to form.

- ally [əlái] **v.** 동맹하다, 연합하다 **n.** [ǽlai] 동맹국, 협력자

∮ league [liːg] **n.** 연맹, 동맹, (스포츠) 리그

☐ allow [əláu]

v. 허락(許諾)하다, 허용(許容)하다

ex. 그의 부모는 그들의 아들이 **허**투루 그의 **용**돈을 쓰는 것을 **허용**하지 않는다.

MP3 His parents won't **allow** their son to waste his allowance.

- allowance [əláuəns] **n.** 수당(手當), 용돈

☐ alone [əlóun]

a. 혼자인, 외로운 **ad.** 혼자, 홀로, 외로이

ex. 그는 **홀로** 들어갔다. 그곳은 그가 **홀로** 살았던 곳이다.

MP3 He went into a hall. It was where he lived **alone**.

∮ solitary [sɑ́lətèri] **a.** 혼자의, 단 하나의
- solitude [sɑ́lətjùːd] **n.** (혼자 있는 시간을 누리는) 고독(孤獨)
- solo [sóulou] **n.** 독주, 독창 **a.** 독주의, 독창의

☐ alphabet [ǽlfəbèt]

n. 알파벳

ex. "**알파**(=α)?" 엘리자**벳**이 물었다. "이것도 **알파벳**이야?"

MP3 "Alpha?" Elizabeth asked, "Is this the letter of the **alphabet**, too?"

☐ alternate [ɔ́ːltərnèit]

v. 번갈아 나오다, 교대(交代)로 나오게 하다 **a.** [ɔ́ːltərnət] 번갈아 나오는

ex. "검은 머리의 소녀가 공부와 놀이를 **번갈아 하는**데 **번**번이 옷을 **갈아**입으며 **하네**."

MP3 "A dark haired girl **alternates** playing with studying, changing her clothes each time."

- alternation [ɔ̀ːltərnéiʃən] **n.** 교대, 교체
- alternator [ɔ́ːltərnèitər] **n.** 교류(交流) 발전기

☐ alternative [ɔːltə́ːrnətiv]

n. 대안(代案), 양자택일(兩者擇一) **a.** 대체 가능한, 양자택일의

ex. "**대**학을 **안** 가는 **대안**이 있는가?"

MP3 "Is there an **alternative** to university?"

- alternative energy 대체 에너지
- alternative medicine 대체 의학
- alter [ɔ́ːltər] **v.** 바꾸다, 변하다
- alteration [ɔ̀ːltəréiʃən] **n.** 변화, 변경
- cyclic alterations 궤도상의 변화
- alterative [ɔ́ːltərèitiv] **a.** 바꾸는

☐ altitude [ǽltətjùːd]

n. 고도(高度), 높이, 고지

ex. 이미 높은 **고도**로 날**고도** 인간들은 더 높이 날기를 원한다.

MP3 Humans want to fly much higher even if they are already flying at high **altitude**.

☐ altruism [ǽltruːìzm]

n. 이타주의(利他主義)

ex. "내가 **이** 기**타**를 이즈미에게 **주**면 그 **의**미를 넌 이해하겠니?" "그걸 내가 **이타주의**라고 불러도 되니?"

MP3 "Can you understand the meaning if I give Izumi a guitar?" "Can I call it **altruism**?"

- altruistic [æltruːístik] **a.** 이타적인
- altruist [ǽltruist] **n.** 이타주의자

≠ ego [íːgou] **n.** 자아, 자존심

- egocentric [iːgouséntrik] **a.** 자기중심적인

☐ amateur [ǽmətʃùər]

n. 아마추어, 비전문가(非專門家) **a.** 아마추어의, 비전문가의

ex. "비와이에스는 **아마추어**로서 **아마 춤추어**."

MP3 "Maybe BYS dances as an **amateur**."

☐ amazing [əméiziŋ]

a. 놀라운, 굉장한

ex. "**놀**다가 **나 운** 적이 있어. 온 세상이 **놀라운** 일투성이란 사실에 나는 감동받았거든. 그동안 우리 주위에 있는 **놀라운** 것들을 난 너무 당연하게 받아들였나 봐."

MP3 "I've cried when playing. I've been touched by the fact that the world is full of **amazing** things. Until then I had taken it for granted that those things are around us."

- amaze [əméiz] **v.** 놀랍게 하다
- amazement [əméizmənt] **n.** 놀라움

☐ ambassador [æmbǽsədər]

n. 대사(大使), 사절(使節)

ex. **대사**관에서 **대사**에게 그런 **대사**건이 일어났다.

MP3 Such a big incident happened to the **ambassador** at the embassy.

- embassy [émbəsi] **n.** 대사관

□ ambiguous [æmbígjuəs]

a. 애매(曖昧)한, 모호(模糊)한

ex. "**애매한** 나이네. 어른? **애**? **매한**가지긴 하지만 구별하기 어렵군."

MP3 "It is an **ambiguous** age. Adult? Child? It doesn't make any difference, but it's difficult to distinguish between them."

- ambiguity [æmbigjúːəti] **n.** 애매함, 모호함
- disambiguate [dìsæmbígjuèit] **v.** 명확하게 하다
- unambiguous [ʌ̀næmbígjuəs] **a.** 애매하지 않은, 모호하지 않은, 분명한, 확실한

□ ambitious [æmbíʃəs]

a. 야망(野望)을 품은, 야심 찬

ex. "친구**야**, **망**(亡)했냐? 괜찮아. 다시 **야망**을 품어라!"

MP3 "Hey, friend, did you fail? That's OK. Be **ambitious**, again!"

- ambition [æmbíʃən] **n.** 야망, 야심

□ amend [əménd]

v. 수정(修正)하다

ex. "50명에서 100명의 범위 내에서 이 법을 **수정**할 사람들의 **수**를 **정**하시오."

MP3 "Fix the number of people who will **amend** this law in the range of 50 to 100."

- amendment [əméndmənt] **n.** 수정, (미국) 수정 헌법

cf. amends [əméndz] **n.** 보상

□ among [əmʌ́ŋ]

prep. … 사이에

ex. 그녀는 책을 **사**려고 **이**층**에**서 사람들 **사이에** 있었다.

MP3 In order to buy a book, she was **among** people on the second floor.

- amid [əmíd] **prep.** … 가운데에, …로 둘러싸인

□ amount [əmáunt]

n. 양(量) **v.** 양이 …가 되다

ex. **양**(羊)고기 **양**이 많다.

MP3 The **amount** of lamb is large.

□ amuse [əmjúːz]

v. 즐겁게 하다, 재미나게 하다

ex. "사람들을 **재미나게 하기** 위하여 **재**주와 **미**모를 겸비한 여인을 TV 쇼에 **나**가**게 하자**."

MP3 "Let a woman with both talent and beauty appear in a TV show to **amuse** people."

- amusing [əmjúːziŋ] **a.** 즐거운, 재미나게 하는
- amused [əmjúːzd] **a.** 즐거워하는, 재미있어 하는
- amusement [əmjúːzmənt] **n.** 즐거움, 재미, 오락(娛樂)

cf. tickle [tíkl] **v.** 간지럼을 태우다, 재미있게 하다, 즐겁게 하다 **n.** 간지럽히기

□ analogy [ənǽlədʒi]

n. 유추(類推), 유사(類似), 유사성, 유사점, 비유(比喩), 비교

ex. 그 비극에서 **유추**하여 **유**리코는 한 편의 **추**리(推理) 소설을 썼다.

MP3 By **analogy** with the tragedy, Yuriko wrote a mystery novel.

- analogous [ənǽləgəs] **a.** 유사한
- analogical [ænəlɑ́dʒikəl] **a.** 유추의
- analogize [ənǽlədʒàiz] **v.** 유추하다

cf. metaphor [métəfɔ̀ːr] **n.** 은유(隱喩), 비유

- metaphorical [mètəfɔ́ːrikəl] **a.** 은유적인, 비유의
- metonymy [mitɑ́nəmi] **n.** 환유(換喩)

□ analyze [ǽnəlàiz]

v. 분석(分析)하다

ex. "여러분, 석 장의 도면을 분석하세요."
MP3 "You guys, **analyze** three charts."

- analytic [æ̀nəlítik] a. 분석적인
- analysis [ənǽləsis] n. 분석

☐ anarchy [ǽnərki]

n. 무정부 (상태)

ex. "정부도 없는데 무슨 정부?" "무정부!"
MP3 "What government despite no government?" "**Anarchy**!"

☐ anatomy [ənǽtəmi]

n. 해부학(解剖學), 해부, (해부학적) 구조

ex. 인체의 해부에 해박한 사람은 바로 부교수다.
MP3 It is an associate professor who has extensive knowledge on human **anatomy**.

- anatomize [ənǽtəmàiz] v. 해부하다
- anatomic [æ̀nətámik] a. 해부의
- anatomical [æ̀nətámikəl] a. 해부학적인
- anatomically [æ̀nətámikəli] ad. 해부학적으로

≠ dissect [daisékt] v. 해부하다, 절개(切開)하다

☐ ancestor [ǽnsestər]

n. 조상(祖上), 선조

ex. "조상님의 위대함을 조금만 더 상상해 봐!"
MP3 "Imagine the greatness of our **ancestors** a little more!"

- ancestry [ǽnsèstri] n. 가계(家系), 가문, 혈통

≠ forefather [fɔ́rfɑ̀ðər] n. (남자) 선조, 조상

- lineage [líniidʒ] n. 혈통, 계보

☐ anchor [ǽŋkər]

n. 닻, 앵커 v. (닻을 내려) 고정시키다

ex. 닻이 바닥에 닿았다.
MP3 The **anchor** touched the floor.

☐ ancient [éinʃənt]

a. 고대(古代)의 n. 고대인

ex. "고대의 사람들의 삶을 검토하는 일을 나는 고대(苦待)하는 중이야. 그것은 의미 있는 일이지."
MP3 "I'm expecting to go over **ancient** people's lives. It is meaningful."

≠ immemorial [ìməmɔ́ːriəl] a. 태고의, 먼 옛날의

- primeval [praimíːvəl] a. 원시의, 원시 시대의
- primordial [praimɔ́ːrdiəl] a. 원시의
- primitive [prímətiv] a. 원시적인
- primitive man 원시인
- primitive society 원시 사회
- the Primitive Age 원시 시대
- primitive colors 원색
- primitively [prímətivli] ad. 원시적으로, 소박하게

☐ anecdote [ǽnikdòut]

n. 일화(逸話)

ex. 일본인이 화난 일화에서 일본인 남자는 중국인 남자를 노려보았다.
MP3 In an **anecdote** about an angry Japanese, the Japanese man glared at the Chinese man.

≠ episode [épəsòud] n. 에피소드, 삽화(插話), (방송 시리즈의) 1회분

☐ angel [éindʒəl]

n. 천사

ex. 천사 년 만에 천사가 하늘에서 떨어진다.
MP3 An **angel** is falling out of the sky in 1004 years.

☐ anger [ǽŋgər]

n. 화, 분노(憤怒) v. 화나게 하다

ex. "네가 비록 화를 느끼더라도 화악(=확)

표출하지 말고 침착해라."

MP3 "Even if you feel **anger**, hold your horses."

- angry [ǽŋgri] a. 화난, 성난

☐ angle [ǽŋgl]

n. 각, 각도, 시각, 관점

ex. "**각각**의 **각**은 무엇인가?" "예**각**, 직**각**, 둔**각**이다."

MP3 "What is each **angle**?" "An acute **angle**, a right **angle**, and an obtuse **angle**."

- angular [ǽŋgjulər] a. 각의, 각진, 모난, 앙상한
- ∮triangle [tráiæŋgl] n. 삼각형, 삼각관계
- triangular [traiǽŋgjulər] a. 삼각형의, 삼각관계의

☐ animal [ǽnəməl]

n. 동물, 짐승

ex. 그 **동**그란 **물**건을 취한 **동물**은 캥거루를 닮은 것으로 판명되었다.

MP3 An **animal** that took the round thing turned out to be the **animal** that looked like a kangaroo.

- ∮ethologist [i:θálədʒist] n. 동물행동학자
- ethological [i:θəládʒikəl] a. 동물행동학의

☐ animation [ænəméiʃən]

n. 만화 영화, 애니메이션, 생기, 활기

ex. "네가 **애니**? 넌 **매**일 **이**렇게 TV만 보셔? **언**제나 **애니메이션**만?"

MP3 "Are you a child? Do you watch TV like this everyday? Always only an **animation**?"

- animate [ǽnəmèit] v. 생명을 불어넣다, 생기를 불어넣다
- reanimate [riːǽnəmèit] v. 다시 생명을 불어넣다, 되살리다
- animism [ǽnəmìzm] n. 애니미즘, 물활론
- inanimate [inǽnəmət] a. 생명이 없는, 생기가 없는, 무생물의
- inanimation [inænəméiʃən] n. 생명이 없음, 무기력
- ∮lethargic [ləθáːrdʒik] a. 무기력한

☐ ankle [ǽŋkl]

n. 발목

ex. 그의 **발목**을 삐게 하려는 것이 그녀가 그의 **발**을 건 **목**적이었다.

MP3 She tripped him to make him sprain his **ankle**.

☐ anniversary [ænəvə́ːrsəri]

n. 기념일

ex. "그 날을 **기념일**로서 **기**억해, 네가 그**녀**와 **밀**당한 날을."

MP3 "Remember the day as an **anniversary** when you played games with her, pushing and pulling."

☐ announce [ənáuns]

v. (공식적으로) 발표하다, (공중에게) 안내 방송하다

ex. "제**발** 투**표**자들을 위해 출마하겠다고 **발표**하시게나."

MP3 "Please **announce** plans to run for office for voters."

- announcement [ənáunsmənt] n. 발표
- announcer [ənáunsər] n. 아나운서, 방송 진행자
- ∮communiqué [kəmjùːnikéi] n. 공식 발표

☐ annoy [ənɔ́i]

v. 짜증나게 하다

ex. "그의 말이 진**짜 증**가해서 사람들을 **나**가**게 했어**. 정말 **짜증나게 했어**."

MP3 "He talked more and more indeed, which made people go out. It was really **annoying**."

- annoyance [ənɔ́iəns] **n.** 짜증
- annoyed [ənɔ́id] **a.** 짜증난
- annoying [ənɔ́iiŋ] **a.** 짜증나게 하는

∮harass [hərǽs] **v.** 괴롭히다, 희롱(戲弄)하다
- harassment [hərǽsmənt] **n.** 괴롭힘, 희롱

☐ annual [ǽnjuəl]

a. 1년의, 1년생의, 연간의, 연례의, 해마다의 **n.** 1년생 식물

ex. 이것이 그가 **연간** 소득 1억 원의 문을 **연 간**단한 방법이었다.

MP3 This was a simple method that made it possible for him to earn an **annual** income of one hundred million won.

- annual ring 나이테
- annually [ǽnjuəli] **ad.** 해마다, 1년에 한 번씩

∮biannual [baiǽnjuəl] **a.** 1년에 두 번의
- biennial [baiéniəl] **a.** 2년마다의, 격년의, 2년생의 **n.** 2년생 식물
- triennial [traiéniəl] **a.** 3년마다의
- triannual [traiǽnjuəl] **a.** 1년에 세 번의
- perennial [pəréniəl] **a.** 영원한, 다년생의 **n.** 다년생 식물
- semiannual [sèmiǽnjuəl] **a.** 반년마다의

☐ anonymous [ənɑ́nəməs]

a. 익명(匿名)의

ex. 현대인들은 **익명**에 **익**숙한 것이 **명**백하다.

MP3 It is certain that modern people are accustomed to being **anonymous**.

- anonymously [ənɑ́nəməsli] **ad.** 익명으로
- anonymity [æ̀nəníməti] **n.** 익명, 익명성
- anonym [ǽnənim] **n.** 익명의 인물, 무명씨

∮pen name 필명(筆名)
- pseudonym [sú:dənim] **n.** 필명, 가명
- pseudonymous [su:dɑ́nəməs] 필명의, 유사 익명성의
- stage name (배우의) 예명(藝名)

☐ answer [ǽnsər]

n. 대답 **v.** 대답하다

ex. 기업을 책임지고 있는 앤서니 씨가 **대**단히 **답**답하게 **대답**한다. 그는 결과에 대해 책임을 져야 한다.

MP3 Anthony who is in charge of the company is **answering** in an extremely annoying manner. He must **answer** for the consequences.

∮reply [riplái] **v.** 대답하다, 응답하다, 대응하다 **n.** 대답, 응답, 대응
- retort [ritɔ́:rt] **v.** 대꾸하다, 말대꾸하다, 반박하다 **n.** 말대꾸, 반박
- refute [rifjú:t] **v.** 논박하다, 반박하다
- refutation [rèfjutéiʃən] **n.** 논박, 반박

☐ ant [ænt]

n. 개미

ex. "일**개 미**미한 존재인 **개미**를 무시하지 마라."

MP3 "Don't ignore an **ant** that is merely trivial."

∮termite [tə́:rmait] **n.** 흰개미

☐ antagonist [æntǽgənist]

n. 적대자, 악역

ex. 그가 그의 **적대자**를 마주할 **적**에 **대자**연이 배경이 된다.

MP3 He meets his **antagonist** against the background of Mother Nature.

- antagonize [æntǽgənàiz] **v.** 적대감을 생기게 하다

☐ antarctic [æntɑ́:rktik]

a. 남극(南極)의 **n.** (the Antarctic) 남극

ex. **남**자의 **극**적(劇的)인 **남극** 탐험은 인상적이다.

MP3 The **Antarctic** exploration that the

man is carrying out dramatically is impressive.

- the Antarctic Ocean 남극해
- Antarctica [æntɑ́:rktikə] **n.** 남극 대륙
- arctic [ɑ́:rktik] **a.** 북극(北極)의 **n.** (the Arctic) 북극
- the Arctic Ocean 북극해
- Arctic tern [ɑ́:rktik tə:rn] **n.** 북극 제비갈매기

∮ penguin [péŋgwin] **n.** 펭귄
- pole [poul] **n.** 극, 막대기
- polar [póulər] **a.** 북극의, 남극의, 극성의, 극과 극의
- polar bear 북극곰, 흰곰
- polar zone 극지방
- polarize [póuləràiz] **v.** 양극화하다
- polarization [pòulərizéiʃən] **n.** 극단화, 양극화

☐ anthem [ǽnθəm]

n. 성가(聖歌), 찬송가, 축가

ex. 그들은 **성**(城)에 **가**서 **성가**를 불렀다.

MP3 They sung an **anthem** at the castle.

- national anthem 국가(國歌), 애국가

∮ flag [flæg] **n.** 깃발, 국기
- flag-draped 깃발이 드리워진

☐ anthropology [æ̀nθrəpɑ́lədʒi]

n. 인류학(人類學)

ex. 그녀는 **인류학**의 **일류**(一流) **학**자다.

MP3 She is an eminent scholar in **anthropology**.

- anthropological [æ̀nθrəpəlɑ́dʒikəl] **a.** 인류학의
- anthropologist [æ̀nθrəpɑ́lədʒist] **n.** 인류학자

☐ antibiotic [æ̀ntibaiɑ́tik]

n. 항생(抗生) 물질, (antibiotics) 항생제 **a.** 항생 물질의

ex. 그는 **항생제**를 **항**상 **생**각하는 **제**약 회사 직원이다.

MP3 He is a researcher who works for the pharmaceutical company, thinking of **antibiotics** all the time.

- antibiotic-resistant 항생제에 내성(耐性)이 있는
- antibody [ǽntibɑ̀di] **n.** 항체

☐ anticipate [æntísəpèit]

v. 예상(豫想)하다, 예측(豫測)하다, 기대하다

ex. "선생님들은 **애**가 영어가 향**상**(向上)할 거라고 **예상**해."

MP3 "Teachers **anticipate** that this boy will improve his English."

- anticipation [æntìsəpéiʃən] **n.** 예상, 예측, 기대

☐ antidote [ǽntidòut]

n. 해독제(解毒劑), 해결책

ex. "그 **해독제**가 독**해**. 그래서 그것은 **독**을 **제**거(除去)해."

MP3 "It is a potent **antidote**. So it stops the poisonous effects."

☐ antique [æntí:k]

a. 골동품(骨董品)의 **n.** 골동품

ex. "**골**짜기에서 나의 여**동**생이 그녀의 **품**에 안고 있다, **골동품**을."

MP3 "My sister carries an **antique** in her arms in the valley."

- antiquity [æntíkwəti] **n.** 오래됨, (antiquities) 고대의 유물

☐ antonym [ǽntənìm]

n. 반의어(反義語)

ex. "이 단어가 **반의어**라고?" 그녀는 반신**반의**(半信半疑)한다. "**어**디 한번 네가 설명해 봐, 나에게."

MP3 "Is this an **antonym**?" She is half in doubt. "I'd like to see you explain it."

∮ synonym [sínənim] **n.** 동의어(同義語), 유의어(類義語)
- synonymous [sinɑ́nəməs] **a.** 밀접한 연관을 갖는, 동의어인, 유의어인

☐ anxious [ǽŋkʃəs]

a. 걱정하는, 불안한, 열망하는, 갈망하는

ex. "친구**여**, 자네 **얼마**나 **앙**상**해**진 건가!" "그 정도로 나는 잃어버린 시간을 보상하길 **열망한다**네."

MP3 "My friend, you are so skinny!" "I'm **anxious** to make up for lost time that much."

- anxiety [æŋzáiəti] **n.** 걱정, 불안, 열망, 갈망

☐ anybody [énibàdi]

pron. (부정문) 아무도, (의문문·조건문) 누군가, (긍정문) 누구든지 **n.** 보잘것없는 사람

ex. "**누**누이 **군가**를 부를 **누군가**가 있습니까?"

MP3 "Is there **anybody** who will sing military songs over and over?"

☐ apart [əpάːrt]

ad. 떨어져, 산산이

ex. 1년을 **산 사**치**니** 부부의 관계는 **산산이** 깨졌다. 그들의 관계 파탄은 예견되었던 일이다.

MP3 After living together for a year, Sachini's marriage fell **apart**. They were expected to break off the relationship.

☐ apartment [əpάːrtmənt]

n. 아파트

ex. **아파트** 앞에서 **아파**하던 브래드 피**트**가 사라졌다.

MP3 Brad Pitt who had felt a pain in front of the **apartment** faded away.

☐ apologize [əpάlədʒàiz]

v. 사과(謝過)하다, 사죄(謝罪)하다

ex. "그녀에게 **사과**를 주며 **사과**할 기회를 얻는 건 어때? 네게 기회가 될 시간일 거야."

MP3 "Why don't you give her an apple and get a chance to **apologize**? It'll be time to open a gap for you."

- apology [əpάlədʒi] **n.** 사과, 사죄
- apologetic [əpὰlədʒétik] **a.** 사과하는, 사죄하는

☐ appeal [əpíːl]

n. 호소(呼訴), 애원, 상소, 매력 **v.** 호소하다, 애원하다, 상소하다, 매력적이다

ex. 그가 그들의 동정에 **호소**하자 그들에게서 **호**의적(好意的)인 목**소**리들이 나왔다.

MP3 When he **appealed** to their sympathy, they showed a favorable attitude.

- appealing [əpíːliŋ] **a.** 매력적인, 호소하는, 애원하는

☐ appear [əpíər]

v. 나타나다, …인 것 같다

ex. "**나타**샤냐?" "아니, **나다**." 메리가 **나타난다**. "너 머리에 손질 좀 했구나."

MP3 "Is it Natasha?" "No, it's me." Mary **appears**. "You have your hair done."

- appearance [əpíərəns] **n.** 나타남, 출현, 등장, 외모, 겉모습
- disappear [dìsəpíər] **v.** 사라지다, 실종(失踪)되다
- disappearance [dìsəpíːərəns] **n.** 사라짐, 소멸, 실종
- ∉ aparent [əpǽrənt] **a.** 외견상의, ~인 것으로 보이는, 분명한, 명백한
- apparently [əpǽrəntli] **ad.** 겉보기에, 분명히
- semblance [sémbləns] **n.** 외관, 겉모습, 유사, 비슷함
- seem [siːm] **v.** …인 것 같다, …처럼 보이다
- seemingly [síːmiŋli] **ad.** 겉보기에는, 외견상으로
- ostensibly [ɑsténsəbli] **ad.** 표면상으로

☐ appendix [əpéndiks]

n. 부록(附錄), 충수, 맹장

ex. **부록**의 일**부**를 **록**키는 찢어냈다.

MP3 Rocky ripped out a part of the **appendix**.

- append [əpénd] **v.** 덧붙이다, 매달다

∮ appendectomy [æpəndéktəmi] **n.** 맹장 수술, 충수[맹장] 절제술

- appendicitis [əpèndəsáitis] **n.** 맹장염

☐ appetite [ǽpətàit]

n. 식욕(食慾), 욕구

ex. 휴**식**하고 목**욕**하니 그에게 **식욕**이 생겼다.

MP3 Taking a rest and a shower gave him an **appetite**.

- appetizer [ǽpitàizər] **n.** 애피타이저, 식욕을 돋구는 것

☐ applause [əplɔ́ːz]

n. 박수갈채(拍手喝采)

ex. 그녀는 **박수갈채**를 받으며 **밖**으로 **수**줍게 **갈 채**비를 했다.

MP3 Given a big round of **applause**, she shyly made preparations to go out.

- applaud [əplɔ́ːd] **v.** 박수갈채하다
- applausive [əplɔ́ːziv] **a.** 박수갈채하는

∮ standing ovation 기립 박수

- ovation [ouvéiʃən] **n.** 열렬한 박수

☐ apple [ǽpl]

n. 사과

ex. **4과: 사과**.

MP3 Lesson Four: An **Apple**.

☐ apply [əplái]

v. (to) 적용(適用)하다, 적용되다, 응용하다, 바르다, (for) 신청하다, 지원하다

ex. "너의 **적**(敵)이 사**용**하는 기술을 바로 그 적을 공격할 때 **적용**하라."

MP3 "**Apply** the skill that your enemy uses to attacking the very enemy."

- application [æpləkéiʃən] **n.** 적용, 응용 프로그램, 앱, 바르기, 신청, 지원서
- applicable [ǽplikəbl, əplíkəbl] **a.** 적용할 수 있는, 응용할 수 있는
- applicant [ǽplikənt] **n.** 신청자, 지원자
- appliance [əpláiəns] **n.** (가정용) 전기 제품

☐ appoint [əpɔ́int]

v. 임명(任命)하다, 지명하다, (약속을) 정하다

ex. 그는 **임**시(臨時)지만 지원서를 넣었던 학교에 **명**색(名色)이 선생님으로 **임명**되었다. 물론 그는 학생들을 가르칠 자격이 있었다.

MP3 He was **appointed** as a so-called teacher, though temporarily, at the school where he had filled out an application. Of course he was eligible to teach students.

- appointment [əpɔ́intmənt] **n.** 임명, 약속

☐ appreciate [əpríːʃièit]

v. 감사(感謝)하다, 감상(鑑賞)하다, 감정(鑑定)하다, 진가를 인정하다

ex. "(당신이 저에게) **감 사**줘서 (저는 그것을) **감사**해요."

MP3 "You've bought me a persimmon. I **appreciate** it."

- appreciation [əpriːʃiéiʃən] **n.** 감사, 감상, 감정, 진가의 인식
- appreciative [əpríːʃətiv] **a.** 감사하는, 감상하는, 진가를 인식하는 안목이 있는
- appreciable [əpríːʃiəbl] **a.** 인식이 용이한, 눈에 띌 정도로 두드러진
- underappreciated [ʌndərəpríːʃieitid] **a.** 인정을 받지 못하는, 제대로 평가받지 못하는

∮ thank [θæŋk] **v.** 감사하다, 고마워하다

• thankful [θǽŋkfəl] **a.** 감사하는, 고맙게 생각하는

☐ apprehend [æprihénd]

v. 체포(逮捕)하다, 염려(念慮)하다

ex. **체**육(體育)을 전공한 남학생이 자신의 공**포**(恐怖)를 극복하고 범인을 **체포**하는 것을 도왔다.

MP3 A student who majored in physical education overcame his fear and helped to **apprehend** the culprit.

• apprehension [æprihénʃən] **n.** 체포, 염려
• apprehensive [æprihénsiv] **a.** 염려하는
ʃ detain [ditéin] **v.** 구류하다, 구금하다, 유치하다

☐ apprentice [əpréntis]

n. 도제(徒弟), 수습공(修習工), 수습생(修習生), 견습생(見習生)

ex. "**수습**생의 실수를 **수습**(收拾)하시오."

MP3 "Correct the mistake the **apprentice** has made."

☐ approach [əpróutʃ]

v. …에 접근(接近)하다, 다가가다

ex. 여성들에게 **접근**해서 주**접**을 떨었다, 상**근**이가 항상.

MP3 Sanggeun always **approached** girls and behaved disgracefully.

• approachable [əpróutʃəbl] **a.** 접근 가능한, 가까이하기 쉬운

☐ appropriate [əpróupriət]

a. 적절한, 적합(適合)한 **v.** 책정(策定)하다, 충당(充當)하다, 도용(盜用)하다

ex. "**저** 로보**캅**이 **적합**한 방위(防衛) 수단이야."

MP3 "That RoboCop is an **appropriate** method of defense."

• appropriately [əpróupriətli] **ad.** 적절하게, 적합하게
• inappropriate [inəpróupriət] **ad.** 부적절한, 부적합한

☐ approve [əprúːv]

v. 승인(承認)하다, 찬성하다

ex. "식품의약품안전처가 **승인**할 **승**산(勝算)을 **인**내(忍耐)하며 따져 보자."

MP3 "Let's patiently examine the chance that the Ministry of Food and Drug Safety will **approve** it"

• approval [əprúːvəl] **n.** 승인, 찬성
• disapproval [dìsəprúːvəl] **n.** 불승인, 불찬성
• disapprove [dìsəprúːv] **v.** 승인하지 않다, 마음에 들지 않다

☐ approximate [əprɑ́ksəmət]

a. 대략의, 근사치(近似値)의 **v.** [əprɑ́ksəmèit] 대략 어림잡다, 대략 가깝다

ex. "**근사**치인 숫자가 **근사**하다."

MP3 "An **approximate** number is wonderful."

• approximately [əprɑ́ksəmətli] **ad.** 대략, 거의
• approximation [əprɑ̀ksəméiʃən] **n.** 근사치, 근접한 것
ʃ nearly [níərli] **ad.** 거의
• nearby [nìərbái] **a.** 가까이의, 근처의 **ad.** 가까이에, 근처에
• near [niər] **a.** 가까운 **ad.** 가까이 **prep.** …의 가까이에

☐ apron [éiprən]

n. 앞치마

ex. "우리 **앞**에 있는 여자를 **치**지 **마**! **앞치마**를 입은 여자 말이야."

MP3 "Don't hit the woman in front of us! The woman who is wearing an **apron**."

☐ apt [æpt]

a. …하기 쉬운, …하는 경향이 있는, 적절한

ex. **경**아는 모든 방**향** 감각을 잃어버리는 **경향**이 있다.

MP3 Kyungah is **apt** to lose all sense of direction.

- aptitude [ǽptətjùːd] **n.** 적성(適性), 소질, 경향

☐ aquarium [əkwέəriəm]

n. 수족관(水族館)

ex. 그것은 그의 **수족**(手足)이 **관**심을 갖는 **수족관**이다.

MP3 It is an **aquarium** his right-hand man is interested in.

☐ arbitrary [ɑ́ːrbətrèri]

a. 임의(任意)의, 제멋대로의, 독단적(獨斷的)인

ex. 그것이 그가 **독단적인 독**재자(獨裁者)라는 **단적**(端的)**인** 예이다.

MP3 It is the clear example showing that he is a dictator who makes an **arbitrary** decision.

- arbitrarily [ɑ́ːrbiətrèrəli] **ad.** 임의로, 제멋대로, 독단적으로
- ≠ indulgent [indʌ́ldʒənt] **a.** 멋대로 하게 하는, (남의 잘못에) 관대한
- indulgence [indʌ́ldʒəns] **n.** 탐닉, 제멋대로 함, 제멋대로 하게 함
- indulge [indʌ́ldʒ] **v.** 탐닉하다, 마음껏 하다, (아이가) 제멋대로 하게 하다
- random [rǽndəm] **a.** 임의의, 무작위의, 닥치는 대로의
- randomly [rǽndəmli] **ad.** 임의로, 무작위로, 닥치는 대로

☐ arch [ɑːrtʃ]

n. 아치, 아치형 구조물 **v.** (몸을) 아치 모양으로 구부리다

ex. 항상 학생들을 괴롭히는 양**아치**가 몸을 **아치** 모양으로 구부린다.

MP3 A bully who always picks on other students is **arching**.

- arc [ɑːrk] **n.** 둥근[활] 모양, 호(弧), 포물선(抛物線)
- archer [ɑ́ːrtʃər] **n.** 활 쏘는 사람, 궁수

☐ archaeology [ɑ̀ːrkiɑ́lədʒi]

n. 고고학(考古學)

ex. **고고학**을 공부하는 학생들이 "**고고**싱!" 하며 **학**교 밖 어딘가로 떠난다.

MP3 Students who study **archaeology** are leaving for somewhere out of school, shouting "Go! Go!".

- archaeologist [ɑ̀ːrkiɑ́lədʒist] **n.** 고고학자
- archaeological [ɑ̀ːrkiəlɑ́dʒikəl] **a.** 고고학의, 고고학적인

☐ architect [ɑ́ːrkətèkt]

n. 건축가(建築家), 설계자

ex. "**그건 축가**(祝歌)야. **건축가**가 부를 거야."

MP3 "It is the song at the wedding. An **architect** will sing it."

- architecture [ɑ́ːrkitèktʃər] **n.** 건축, 건축학, 건축양식

☐ area [έəriə]

n. 지역(地域), 분야, 면적

ex. "조**지 역**시(亦是) 그 **지역**에 살아."

MP3 "George also lives in the **area**."

- ≠ district [dístrikt] **n.** 지역, 지구
- lot [lɑt] **n.** 많음, 무리, 부지, 대지, 운명
- local [lóukəl] **a.** 지역의, 지방의, 현지의, (특정) 신체 부위의 **n.** (특정) 지역에 사는 사람
- locale [loukǽl] **n.** 현장, 장소
- region [ríːdʒən] **n.** 지역, 지방, (신체) 부위
- regional [ríːdʒənl] **a.** 지역의, 지방의

☐ argue [ɑ́ːrgjuː]

v. 논쟁하다, 주장하다

ex. "**논**리의 **쟁**반을 들고 나는 당신과 뜨겁게 **논쟁**하겠소."

MP3 "I will hotly **argue** with you bearing trays of logics."

- argument [ɑ́ːrgjumənt] **n.** 논쟁, 논거, 주장
- ∮dispute [dispjúːt] **n.** 분쟁, 논쟁 **v.** 분쟁하다, 반론하다

☐ arid [ǽrid]

a. 건조(乾燥)한, 무미건조한

ex. 그 **건**물(建物)은 **조**금 **건조**한 지역에 있다.

MP3 The building is in the area that is a little **arid**.

- aridly [ǽridli] **ad.** 건조하여, 건조하게
- semiarid [sèmiǽrid] **a.** 반건조성의, 반건조 기후의

☐ arise [əráiz]

v. arise - arose - arisen 발생하다, 일어나다, 생기다

ex. 잘**생긴** 얼굴에서 자신감이 **다 생긴다**.

MP3 Self-confidence all **arises** from handsome face.

☐ arm [ɑːrm]

n. 팔 **v.** 무장(武裝)시키다

ex. "넌 **팔**팔한 **팔**놀림이구나."

MP3 "You are briskly moving your **arms**."

- arms [ɑːrmz] **n.** 무기
- armament [ɑ́ːrməmənt] **n.** (armaments) 무기, 군비
- armor [ɑ́ːrmər] **n.** 갑옷
- armpit [ɑ́ːrmpit] **n.** 겨드랑이
- forearm [fɔ́ːrɑːrm] **n.** 팔뚝, 전완(前腕)
- ∮sleeve [sliːv] **n.** (옷의) 소매 **v.** 소매를 달다
- sleeveless [slíːvlis] **a.** 소매가 없는

☐ army [ɑ́ːrmi]

n. 군대

ex. "**군**소리 말고 **대**학 가고 **군대** 가라." 그녀가 그의 부모님을 대신해서 그에게 충고했다.

MP3 "Don't say a word, just go to college and go into the **army**." She advised him on behalf of his parents.

- ∮battalion [bətǽljən] **n.** 대대
- conscript [kənskrípt] **n.** 징집병(徵集兵), 군인 **v.** 징집하다
- draft [dræft] **n.** 외풍(外風), 징병, 원고 초안, 신인 선수 선발 **v.** 징집하다, 선발하다, 원고 초안을 작성하다
- antidraft [æntidrǽft] **a.** 징병 반대의
- corps [kɔːr] **n.** (**pl.** corps [kɔːrz]) 군단, 부대
- squadron [skwɑ́drən] **n.** 비행 중대, 소함대

☐ around [əráund]

ad. prep. … 주위에, 대략

ex. "아**주 위**급할 때 너의 **주위**를 둘러 봐."

MP3 "Look **around** you in time of extreme emergency."

☐ arouse [əráuz]

v. 불러일으키다, 각성시키다, (성적으로) 자극하다

ex. 남**자**는 **극**도로 **자극**받았다.

MP3 The man felt extremely **aroused**.

- arousal [əráuzəl] **n.** 각성, (성적인) 자극

☐ arrange [əréindʒ]

v. 배열(配列)하다, 준비하다, 정하다, 조정하다, 편곡하다

ex. "**배 열** 개를 **배열**하시오."

MP3 "**Arrange** ten pears."

- arrangement [əréindʒmənt] **n.** 배열, 준비, 협의, 조정, 편곡
- ∮align [əláin] **v.** (일직선으로) 맞추다, (정치적으로) 제휴하다
- realign [rìəláin] **v.** 재정렬하다, 재조정하다

• alignment [əláinmənt] **n.** (일렬로) 정렬, (정치적) 제휴
• array [əréi] **v.** 배열하다, 진열하다 **n.** 배열, 진열
• configuration [kənfigjuréiʃən] **n.** 배치, 배열
• configurative [kənfigjurətiv] **a.** 상대적으로 배치하는

☐ arrest [ərést]

v. 체포(逮捕)하다 **n.** 체포

ex. "경찰은 **대체** 언제 공**포**스러운 그 남자를 **체포**할까?"

MP3 "Exactly when will the police **arrest** the terrible man?"

☐ arrive [əráiv]

v. 도착하다

ex. 막 **도착한** 혜진이**도 착하다**.

MP3 Hyejin who has just **arrived** is good-natured, too.

• arrival [əráivəl] **n.** 도착
≠ influx [ínflʌks] **n.** 쇄도(殺到), 유입, 밀어닥침

☐ arrogant [ǽrəgənt]

a. 거만(倨慢)한, 오만(傲慢)한

ex. 그가 **오만한** 이유가 **오만한**(=5,0001) 가지다.

MP3 There are fifty thousand and one reasons why he is **arrogant**.

• arrogance [ǽrəgəns] **n.** 거만, 오만

☐ arrow [ǽrou]

n. 화살, 화살표

ex. 그녀는 **화살**을 쏘다 **화**가 **살**살 났다.

MP3 She got a little angry while shooting an **arrow**.

≠ target [tá:rgit] **n.** 과녁, 표적, 목표 **v.** 겨냥하다, 표적으로 삼다

☐ art [ɑ:rt]

n. 예술(藝術), 미술, 기술

ex. 선생님은 **예술**의 **예**(例)를 **술**술 들어주셨다.

MP3 Teacher easily showed examples of **art**.

• artful [á:rtfəl] **a.** 교묘한, 기교적인
• artist [á:rtist] **n.** 아티스트, 예술가, 화가
• artistic [ɑ:rtístik] **a.** 예술의, 예술적인
• artwork [á:rtwə̀rk] **n.** 예술 작품

☐ artery [á:rtəri]

n. 동맥(動脈)

ex. **동맥**은 **동**그란 **맥**이다.

MP3 An **artery** is round.

☐ article [á:rtikl]

n. 기사, 조항, 물품, 관사(冠詞)

ex. 그녀는 중세 **기사**에 관한 신문 **기사**를 읽었다.

MP3 She read a newspaper **article** about medieval knights.

☐ artificial [à:rtəfíʃəl]

a. 인공(人工)의, 인공적인, 인위적(人爲的)인

ex. 이것이 주**인공**(主人公)의 **인공** 위성이다.

MP3 This is the **artificial** satellite of the hero.

• artificial respiration 인공 호흡
• artificial limb 의수, 의족
• artifact [á:rtəfækt] **n.** 가공물, 가공품, 인공물, 창작물
≠ man-made 사람이 만든, 인공의

☐ ash [æʃ]

n. 재

ex. 그 화**재**로 **재**가 생겼다.

MP3 **Ashes** resulted from the fire.

- ashy [ǽʃi] **a.** 재의, 회색의
- ashtray [ǽʃtrèi] **n.** 재떨이

☐ ashamed [əʃéimd]

a. 부끄러운, 부끄러워하는

ex. "제가 한 짓이 **부끄러운** 심정이었어요. 제 **부**모님이 절 물**끄러**미 보시니 저는 기**운**이 빠졌어요."

MP3 "I was **ashamed** of my behavior. My parents stared at me and I felt low."

- shame [ʃeim] **n.** 수치심(羞恥心), 부끄러움, 창피 **v.** 수치스럽게 하다, 망신을 주다

≠ stigma [stígmə] **n.** 오명(汚名), 치욕, 불명예, 암술머리

☐ Asia [éiʒə]

n. 아시아

ex. "당신은 **아시아 아시**나?" "**아**니오."

MP3 "Do you know **Asia**?" "No."

- Asia Minor 소아시아
- Asian [éiʒən] **a.** 아시아의 **n.** 아시아인

☐ ask [æsk]

v. 묻다, 질문하다, 부탁하다, 요청하다

ex. "그녀는 나에게 그가 너를 **물었**는**지 물었어**."

MP3 "She **asked** me if he bit you."

≠ pester [péstər] **v.** (반복적으로 부탁하며) 조르다

- pester power 부모에게 떼를 써서 물건을 구매하게 하는 힘
- quiz [kwiz] **n.** 퀴즈 **v.** 자세히 질문하다, 심문하다, 간단히 테스트하다

☐ asleep [əslíːp]

a. 잠든, 잠들어 있는, 저린, 마비된

ex. **잠든** 아기가 **잠**깐 그녀의 손을 **든**다.

MP3 A baby who is **asleep** puts her hands up for a moment.

☐ aspect [ǽspekt]

n. 면, 측면, 양상(樣相)

ex. "우리가 그를 **측**은히 여겨 그가 이 일에서 **면**제된 **측면**도 있어. 동정심 **측면**에서 말이야."

MP3 "Because we feel sorry for him, he is exempted from this work. It means that there is an **aspect** of sympathy."

☐ aspire [əspáiər]

v. 열망(熱望)하다

ex. 명성을 **열망**하는 바보가 **열**심히 **망**상(妄想)한다.

MP3 A fool who **aspires** to fame seriously indulges in fantasies.

- aspiration [æ̀spəréiʃən] **n.** 열망

☐ assassin [əsǽsn]

n. 암살자(暗殺者), 암살범

ex. **암살자**는 **암**에 걸렸지만 **살자**고 분투했다.

MP3 The **assassin** got cancer but strove to live.

- assassinator [əsǽsənèitər] **n.** 암살자
- assassinate [əsǽsənèit] **v.** 암살하다
- assassination [əsæ̀sənéiʃən] **n.** 암살

☐ assemble [əsémbl]

v. 모으다, 집합시키다, 조립(組立)하다, 모이다

ex. "복수자들, **모여**! 이**모**, **여**기 주문요!"

MP3 "Avengers, **assemble**! Aunt, please take our order!"

- assembly [əsémbli] **n.** 집회(集會), 의회, 조립

- assembly hall 강당, 회의장, 조립 공장
- ∮congress [káŋgris] **n.** 회의, (Congress) 의회
- rally [ræli] **n.** 집회, 회복 **v.** 집회하다, 회복하다

☐ assent [əsént]

v. 찬성(贊成)하다, 동의하다 **n.** 찬성, 동의

ex. "**찬**반토론은 **성**공적이었어. 그들이 나의 제안에 **찬성**했거든."

MP3 "The pros-and-cons debate was successful, for they **assented** to my suggestion."

- ∮dissent [disént] **v.** 반대하다 **n.** 반대
- dissenter [diséntər] **n.** 반대자

☐ assert [əsə́ːrt]

v. 주장하다, 단언하다

ex. "그는 **단언**한**다**, 모든 면에서 **넌** 그의 꺼라고."

MP3 "He **asserts** that you belong to him from every aspect."

- assertion [əsə́ːrʃən] **n.** 주장, 단언
- assertive [əsə́ːrtiv] **a.** 자기주장이 강한, 단정적인
- ∮allege [əlédʒ] **v.** (증거 없이) 주장하다, 단언하다, 의혹을 제기하다
- alleged [əlédʒid] **a.** (증거 없이) 주장된, 의혹이 제기된
- allegation [æligéiʃən] **n.** (증거 없는) 주장, 단언, 의혹, 혐의
- predicate [prédəkèit] **v.** 단정하다, 근거하다, 서술하다
- predication [prèdəkéiʃən] **n.** 단언, 단정, 술어

☐ assess [əsés]

v. 평가(評價)하다, 사정(査定)하다

ex. "비**평가**(批評家)는 뭘 **평가**해?"

MP3 "What does a critic **assess**?"

- assessment [əsésmənt] **n.** 평가, 사정

☐ asset [æset]

n. 자산(資産), 재산

ex. "주요 **자산**은 **자사**(自社)는 **안**심할 만합니다."

MP3 "Major **assets** to our company are secured."

- ∮finance [fáinæns] **n.** 재정, 재무, 재원 **v.** 재정을 처리하다, 자금을 조달하다
- financial [fənǽnʃəl] **a.** 재정의, 재무의, 금융의
- financial literacy 재무 분야에 대한 지식, 이해력
- financing [finǽnsiŋ] **n.** 자금 조달, 조달된 자금, 융자(融資)

☐ assign [əsáin]

v. (일·책임 등을) 맡기다, 배정(配定)하다, 선임(選任)하다

ex. "그에게 맡길 일을 남들보다 두 **배**(倍) 더 **정해서 배정하라**."

MP3 "**Assign** him twice as much work as others' work."

- assignment [əsáinmənt] **n.** 배정, 임무, 과제
- ∮allocate [ǽləkèit] **v.** 할당(割當)하다
- allocation [æləkéiʃən] **n.** 할당, 할당량, 할당액
- allot [əlát] **v.** 할당하다
- earmark [írmàrk] **v.** 책정(策定)하다, 배정하다

☐ assist [əsíst]

v. 보조(補助)하다, 거들다 **n.** 보조, 어시스트

ex. "그가 그 여성을 어떻게 **보조**하는지 **보죠**."

MP3 "Let's see how he will **assist** the lady."

- assistant [əsístənt] **n.** 조수 **a.** 보조의
- assistance [əsístəns] **n.** 도움, 지원, 원조

☐ associate [əsóuʃièit]

v. 연상(聯想)하다, 제휴(提携)하다

ex. "군대 하면 우린 자**연**스럽게 **상하** 관계를 **다**들 **연상하지**."

MP3 "We all naturally **associate** the

military with the pecking order."

- association [əsòuʃiéiʃən] **n.** 연상, 제휴, 협회

☐ assume [əsúːm]

v. 추정하다, 가정(假定)하다, 가장(假裝)하다, 떠맡다, 인수하다

ex. "네**가 정**말 최악을 **가정**하는구나."

MP3 "Really you are **assuming** the worst."

- assumption [əsʌ́mpʃən] **n.** 추정, 가정, 가장, 떠맡음, 인수
- assumed [əsúːmd] **a.** 추정된, 가정한, 가장한
- assumed name 가명
- assumably [əsúːməbli] **ad.** 아마

☐ asterisk [ǽstərisk]

n. 별표(*) **v.** 별표(*)를 달다

ex. 그 **별표**는 **별**로 **표**도 안 나고 아름답지도 않다.

MP3 The **asterisk** is neither conspicuous nor beautiful.

⊄ astroid [ǽstrɔid] **n.** 성망형(星芒形)

☐ astonish [əstániʃ]

v. 깜짝 놀라게 하다

ex. "**깜**깜한 밤에 나는 나의 방**짝**이랑 **놀**았다. **다락에** 오르려 **하다**가 나는 그를 **깜짝 놀라게 하**였다."

MP3 "I played with my roommate on a dark night. While getting into the attic, I **astonished** him."

- astonishing [əstániʃiŋ] **a.** 깜짝 놀라게 하는
- astonishment [əstániʃmənt] **n.** 깜짝 놀람

⊄ astound [əstáund] **v.** 대단히 놀라게 하다, 경악시키다

- astounding [əstáundiŋ] **a.** 대단히 놀라운, 경악스러운

☐ astrology [əstrálədʒi]

n. 점성술(占星術), 점성학

ex. "우리 한번 **점성술**로 **점**쳐서 우리가 **성**공해서 일이 **술**술 풀릴지 알아볼까?"

MP3 "Using **astrology**, shall we tell our fortunes to know whether we'll succeed and everything will be fine?"

- astrological [æstrəládʒikəl] **a.** 점성술의, 점성학의
- astrological sign 점성술의 별자리

⊄ horoscope [hɔ́ːrəskòup] **n.** 별자리 운세, 점성술

☐ astronaut [ǽstrənɔ̀ːt]

n. 우주 비행사

ex. "**우주 비행사**는 **우주**를 **비행**하는 **사**람이에요?"

MP3 "Is an **astronaut** a person who flies in space?"

☐ astronomer [əstránəmər]

n. 천문학자(天文學者)

ex. **천문학자**들은 **천**체가 **문**제인 과**학자**들이다.

MP3 **Astronomers** are scientists whose questions are on heavenly bodies.

- astronomy [əstránəmi] **n.** 천문학
- astronomical [æstrənámikəl] **a.** 천문학의, 천문학적인, 어마어마한
- astronomical readings 천문 관측(觀測) 내용

☐ athlete [ǽθliːt]

n. 운동선수

ex. 한 **운동선수**가 **운** 좋게 **동선**을 확보할 **수** 있었다.

MP3 An **athlete** could secure the space for his movements luckily.

- athletic [æθlétik] **a.** 운동의, 체육의

⊄ pentathlon [pentǽθlən] **n.** 5종 경기

- sprinter [sprintər] n. 단거리 주자
- sprint [sprint] n. 단거리 경주 v. 전력 질주하다
- spurt [spəːrt] v. 스퍼트하다, 갑자기 전속력으로 달리다, 뿜다, 분출(噴出)하다 n. 분출, 스퍼트
- in spurts 여러 번에 걸쳐 힘껏

☐ Atlantic [ætlǽntik]

a. 대서양의 **n.** (the Atlantic) 대서양

ex. "이 **대**학에 다니는 **서양**인은 **대서양** 제도(諸島) 출신이에요."

MP3 "A westerner in this college came from one of the **Atlantic** islands."

- transatlantic [trӕnzətlǽntik] a. 대서양을 횡단하는
- ∮ Pacific [pəsífik] a. 태평양의, (pacific) 평화로운 n. (the Pacific) 태평양
- Indian Ocean 인도양

☐ atmosphere [ǽtməsfiər]

n. 대기(大氣), 공기, 분위기

ex. 슈퍼맨이 **대기** 중으로 이륙하려고 **대기**(待機) 중이다.

MP3 Superman is waiting for take-off into the **atmosphere**.

- atmospheric [ætməsférik] a. 대기의, 분위기 있는
- atmospheric pressure 기압
- ∮ aura [ɔ́ːrə] n. 기운, 분위기
- aura of mystery 신비감
- stratosphere [strǽtəsfiər] n. 성층권(成層圈)
- ionosphere [aiɑ́nəsfiər] n. 전리층(電離層)

☐ attach [ətǽtʃ]

v. 붙이다, 첨부(添附)하다, 애착하게 하다

ex. 그들은 그에게 일부러 **부**딪**쳐서** 그에게 꼬리표를 **붙였다**.

MP3 They bumped into him on purpose and **attached** a label to him.

- attached [ətǽtʃt] a. 부착된, 애착하는
- attachment [ətǽtʃmənt] n. 부착, 애착
- ∮ detach [ditǽtʃ] v. 분리하다, 떼다
- detachment [ditǽtʃmənt] n. 분리, 이탈(離脫), 관여하지 않음

☐ attack [ətǽk]

v. 공격하다 **n.** 공격, 발발(勃發), 발병

ex. "스포츠 선수들이 **공**을 **격하게 공격하는** 거 같아염(=같아요)."

MP3 "Sports players seem to **attack** their own ball furiously."

- counterattack [káuntərətæ̀k] n. 반격 v. [kàuntərətǽk] 반격하다
- ∮ aggress [əgrés] v. 공격하다
- aggression [əgréʃən] n. 공격, 침략
- aggressive [əgrésiv] 공격적인, 침략적인, 매우 적극적인
- assault [əsɔ́ːlt] n. 공격, 습격, 폭행 v. 공격하다, 습격하다, 폭행하다

☐ attain [ətéin]

v. 성취하다, 달성하다, 이루다, 도달하다

ex. "나의 목표를 **성취**하여 나 너무 기쁜 마음이라 오늘은 난 이**성**의 끈을 놓고 **취**하련다."

MP3 "I'm so pleased to **attain** my goal, so I'll get drunk, beside myself."

- attainment [ətéinmənt] n. 성과, 성취
- attainable [ətéinəbl] a. 성취할 수 있는
- unattainable [ənətéinəbəl] a. 성취할 수 없는

☐ attempt [ətémpt]

v. (어려운 일을) 시도(試圖)하다, 기도(企圖)하다 **n.** 시도, 기도, 미수(未遂)

ex. "네가 공부를 하려고 **시도하니**? 너는 **시**(詩)**도 하니**(=공부하니)?"

MP3 "Are you **attempting** to study? Do you intend to study poetry, too?"

- ∮ foray [fɔ́ːrei] n. 시도, 급습, 습격(襲擊), 약탈(掠奪)
- essay [ései] n. 에세이, 과제, 소론(小論), 논평, 시도, 기도

☐ attend [əténd]

v. 참석하다, 주의하다, 돌보다, 수반(隨伴)하다

ex. "우리가 모임에 **참석**하는 것을 **참**은 지 **석** 달째다."

MP3 "It is three months since we restrained ourselves from **attending** a meeting."

- attention [əténʃən] **n.** 주의, 주목, 차려
- attentive [əténtiv] **a.** 주의하는, 세심하게 신경을 쓰는, 정중한, 친절한
- attendance [əténdəns] **n.** 참석, 출석, 참석자, 출석자, 간호, 간병
- attendant [əténdənt] **n.** 종업원, 안내원, 수행원 **a.** 수반하는

☐ attic [ǽtik]

n. 다락, 다락방

ex. 그는 **다락**에 오르**다** 마루에 추**락**했다.

MP3 While going up to the **attic**, he fell to the floor.

☐ attitude [ǽtitjùːd]

n. 태도, 자세

ex. "너의 태만한 **태도**를 없애고 다시 **태**어나라. 그러면 내가 너를 **도**와주겠다."

MP3 "Get rid of your lazy **attitude** and be born again. Then I'll help you."

☐ attract [ətrǽkt]

v. 끌다, 끌어당기다, 마음을 끌다

ex. "미인은 남자들을 **끌어당기지**. 남자들은 그녀 앞에서 무릎 **꿇어, 당**연히, **기**어 **다**녀."

MP3 "A beautiful woman **attracts** men. Men will kneel, of course, and crawl in front of her."

- attraction [ətrǽkʃən] **n.** 매력(魅力), 매력적인 장소, 명소
- attractive [ətrǽktiv] **a.** 매력적인
- ∉ allure [əlúər] **n.** (성적) 매력 **v.** 매혹하다
- glamorous [glǽmərəs] **a.** 매력이 넘치는
- fascinate [fǽsənèit] **v.** 마음을 사로잡다, 매료하다

☐ attribute [ətríbjuːt]

v. (~ to…) ~을 …의 탓으로 돌리다, ~을 …에 속한다고 여기다 **n.** [ǽtrəbjùːt] 속성(屬性)

ex. **타**이슨은 **스스로** 고개를 **돌리며** 잘못을 자신의 **탓으로 돌렸다**.

MP3 Tyson turned his head by himself and **attributed** the fault to himself.

- attribution [ætrəbjúːʃən] **n.** 귀속(歸屬)
- ∉ ascribe [əskráib] **v.** (~ to…) ~을 …에 속하는 것으로 생각하다, …로 돌리다
- impute [impjúːt] **v.** 귀속시키다, 전가(轉嫁)하다

☐ auction [ɔ́ːkʃən]

n. 경매(競賣) **v.** 경매하다

ex. 원근법에 의한 **경**치가 **매**우 아름다운 그림의 **경매**가 진행 중이다.

MP3 They are selling the painting of a very scenic landscape in perspective at **auction**.

- ∉ Christie's [krístiz] **n.** 크리스티 (미술품 · 골동품) 경매

☐ audience [ɔ́ːdiəns]

n. 청중, 관중, 시청자

ex. **청중**들은 멍**청**한 **중**학생을 보았다.

MP3 The **audience** saw a middle school student who was foolish.

- audible [ɔ́ːdəbl] **a.** 들리는
- inaudible [inɔ́ːdəbl] **a.** 들리지 않는
- audio [ɔ́ːdiòu] **a.** 가청 주파의, 음성의 **n.** 음성, 오디오
- auditorium [ɔ̀ːditɔ́ːriəm] **n.** 강당, 객석, 청중석
- auditory [ɔ́ːditɔ̀ːri] **a.** 청각의
- auditory cortex 청각 피질

- aural [ɔ́ːrəl] a. 청각의

✐ audit [ɔ́ːdit] n. 회계 감사(會計監査) v. 회계 감사를 하다
- auditor [ɔ́ːditər] n. 회계 감사관

☐ audition [ɔːdíʃən]

n. 오디션 v. 오디션을 하다, 오디션을 받다

ex. "**오디션**을 보는 **오**늘 너의 컨**디션**은 어때?"

MP3 "Today you will be **auditioning**. How are you feeling?"

☐ aunt [ænt]

n. 고모, 이모, 숙모, 아주머니, 아줌마

ex. "앤 **아줌마**가 톰 **아**저씨에게 **줍**니다, **마**늘 한 쪽을."

MP3 "**Aunt** Ann is giving Uncle Tom a piece of garlic."

✐ cousin [kʌ́zn] n. 사촌

☐ author [ɔ́ːθər]

n. 저자(著者), 작가(作家)

ex. "**저 자**신이 **저자**랍니다. **작**년에 제**가** 글을 쓰고 싶어 몸이 근질근질했죠." **작가**가 말했다.

MP3 An **author** said, "I myself am an **author**. I had an itch for writing last year."

☐ authority [əθɔ́ːrəti]

n. 권한, 권위(權威), 권위자, (authorities) 당국

ex. "당신이 그 일에서 기**권**(棄權)하면 당신은 **위**험해. 당신의 **권위**에 영향을 끼칠 수 있거든."

MP3 "If you stay away from the project, you'll have a risk. It may have an impact on your **authority**."

- authorities concerned 관계 당국
- authorize [ɔ́ːθəràiz] v. 권한을 인정하다, 인가하다
- authoritative [əθɔ́ːrətèitiv] a. 권위 있는, 권위적인

✐ mandate [mǽndeit] n. 위임된 권한, 위임 v. 위임하다, 권한을 주다

☐ autobiography [ɔ̀ːtəbaiɑ́grəfi]

n. 자서전(自敍傳)

ex. "**자**리에서 일어서**서 전** 그녀의 **자서전**을 한 시간 내내 읽었어요."

MP3 "Standing up, I read her **autobiography** for an hour at a stretch."

☐ automatic [ɔ̀ːtəmǽtik]

a. 자동(自動)의

ex. "**자동의** 문을 설치하는 것에, **자**, 모두들 **동의**(同意)들 하십니까?"

MP3 "Well, do everybody agree to install **automatic** doors?"

- automate [ɔ́ːtəmèit] v. 자동화하다
- automation [ɔ̀ːtəméiʃən] n. 자동화
- automobile [ɔ̀ːtəməbíːl] n. 자동차

☐ autonomy [ɔːtɑ́nəmi]

n. 자율(自律), 자율성, 자주, 자치

ex. "우리의 이른바 **자율** 학습은 **자율**이 아닙니다!" 어느 학생이 소리쳤지만 아무 소용이 없었다.

MP3 "What we call self-studying is against **autonomy**!" A student cried out, but to no avail.

✐ municipal [mjuːnísəpəl] a. 시(市)의, 지방 자치의
- municipality [mjuːnisəpǽləti] n. 지방 자치제
- province [prɑ́vins] n. 주(州), 도(道), 지방
- provincial [prəvínʃəl] a. 주(州)의, 도(道)의, 지방의

☐ autumn [ɔ́ːtəm]

n. 가을

ex. "그녀**가 을**마나(='얼마나'의 사투리) 낙엽과 **가을**을 좋아하는지 너는 아니?"

MP3 "Do you know how much she likes fallen leaves and **autumn**?"

☐ available [əvéiləbl]

a. 이용 가능한

ex. "**이 용**으로 **가능**한 일이면 자네는 이 용이 **이용 가능**해." "나는 그 기회를 이용하겠네."

MP3 "If you can do something with this dragon, this dragon is **available** to you." "I will avail myself of the opportunity."

- avail [əvéil] **v.** 이익이 되다, 쓸모 있다 **n.** 이익, 쓸모
- availability [əvèiləbíləti] **n.** 이용 가능성, 유용성
- availability heuristic 가용성 추단법 (특정 보기가 어느 정도 기억해 내기 쉬운지 그 정도를 기초로 확률을 추정하는 전략)

☐ avalanche [ǽvəlæntʃ]

n. 눈사태, 쇄도(殺到)

ex. "**눈사태**가 난 것을 당신들 **눈**으로 직접 **사태**를 확인하라."

MP3 "Make certain that there was an **avalanche** with your own eyes."

- an avalanche of 많은, 쇄도하는

∮ tsunami [tsunáːmi] **n.** 쓰나미, (지진 등에 의한) 엄청난 해일

☐ average [ǽvəridʒ]

a. 평균(平均)의 **n.** 평균 **v.** 평균이다

ex. **평**소 허**균**은 하루에 **평균** 열 시간을 일한다.

MP3 Ten hours is Heo Gyun's **average** working time for a usual day.

∮ ordinary [ɔ́ːrdənèri] **a.** 보통의, 통상의

- extraordinary [ikstrɔ́ːrdənèri] **a.** 예사롭지 않은, 보통이 아닌, 비범(非凡)한, 임시의
- ordinarily [ɔ̀ːrdənéərəli] **ad.** 보통, 통상

☐ avoid [əvɔ́id]

v. 피하다

ex. 그는 가격(加擊)을 못 **피하고 피**를 토**했다**.

MP3 He couldn't **avoid** being hit and vomited blood.

- avoidance [əvɔ́idəns] **n.** 회피(回避)
- avoidable [əvɔ́idəbl] **a.** 피할 수 있는
- unavoidable [ə̀nəvɔ́idəbəl] **a.** 피할 수 없는, 불가피한

∮ dodge [dɑdʒ] **v.** 날쌔게 피하다 **n.** (탈세 등의) 책략

- evade [ivéid] **v.** 피하다
- evasion [ivéiʒən] **n.** 회피, 모면(謀免)
- elude [ilúːd] **v.** 교묘하게 벗어나다, 교묘하게 피하다

☐ awake [əwéik]

v. awake - awoke - awoken/awaked 깨다, 깨우다, 자각(自覺)시키다 **a.** 깨어 있는

ex. "함**께** 우리 **다**시 아이를 **깨우자**."

MP3 "Let's **awake** the child again."

- awaken [əwéikən] **v.** 깨다, 깨우다, 각성(覺醒)시키다
- reawaken [riəwéikən] **v.** 다시 일깨우다
- awakening [əwéikəniŋ] **a.** 자각시키는, 각성시키는 **n.** 자각, 각성

☐ award [əwɔ́ːrd]

n. 상 **v.** (상을) 수여(授與)하다

ex. "수**상**자(受賞者)에게 **상**당(相當)한 박수를 주세요."

MP3 "Please give a big hand for the **award** winner."

∮ medal [médl] **n.** 메달, 훈장 **v.** 메달을 따다, 메달

을 수여하다
• prize [praiz] **n.** 상, 상품, 경품

☐ aware [əwέər]

a. 알고 있는, 잘 알고 있는, 정통(精通)한, 의식하는

ex. **알고**(=R 고등학교) 다니고 **있는** 아리는 **알고 있는** 사실이다.

MP3 It is the fact of which Ari, who is an R high school student, is **aware**.

• unaware [ənəwέər] **a.** 알지 못하는, 의식하지 못한
• awareness [əwέərnis] **n.** 의식, 인식
≠ oblivious [əblíviəs] **a.** 알아차리지 못하는
• oblivion [əblíviən] **n.** 의식하지 못하는 상태, 망각(忘却)

☐ awe [ɔː]

n. 경외감(敬畏感), 공경하고 두려워하는 마음 **v.** 경외감을 갖게 하다

ex. 사람들은 피터 **경**을 **왜 경외**하나? 그의 업적에 깊은 감명을 받고 있어서다.

MP3 Why do they have a sense of **awe** toward Lord Peter? That's because they are in **awe** of his feats.

• awe-inspiring 경외감을 불러일으키는
• awesome [ɔ́ːsəm] **a.** 너무 멋진
• awful [ɔ́ːfəl] **a.** 끔찍한

☐ awkward [ɔ́ːkwərd]

a. 어색한, 서투른, 불편(不便)한

ex. **어**린이가 **색**안경을 끼니 **어색**한 모습이다.

MP3 Wearing sunglasses, a child looks **awkward**.

≠ tinker with ~을 서투르게 고치다
• tinker [tíŋkər] **n.** 땜장이 **v.** 땜질하다

☐ awry [ərái]

a. ad. 빗나간, 빗나가, 비뚤어져

ex. **빛**처럼 빨리 **나간** 화살이 **빗나간**다.

MP3 An arrow that travels like light goes **awry**.

• go awry 빗나가다

☐ ax [æks]

n. 도끼

ex. "살 것들 중에 **도끼도 끼**어 있다."

MP3 "An **ax** is also on the shopping list."

☐ axis [ǽksis]

n. 축(軸), 중심축, 대칭축

ex. **축**구(蹴球)공이 그 **축**을 중심으로 회전한다.

MP3 The soccer ball is spinning on its **axis**.

B

☐ baby [béibi]

n. 아기

ex. "**아기**? **아, 기**는 아이!"

MP3 "A **baby**? Ah, a crawling child!"

≠ diaper [dáiəpər] **n.** 기저귀
• pacifier [pǽsəfàiər] **n.** (유아용) 고무젖꼭지, 갓난아기에게 빨리는 장난감
• toddler [tádlər] **n.** (걸음마를 배우는) 아기
• toddle [tádl] **v.** 걸음마를 타다, 아장아장 걷다
• fetus [fíːtəs] **n.** 태아(임신 9주 이후)
• foetal [fíːtl] **a.** 태아의
• embryo [émbriòu] **n.** 태아(임신 8주까지), 배아

☐ background [bǽkgràund]

n. 배경(背景)

ex. "네가 그 **배경**을 안 보고 **배겨**, **엉**?"

MP3 "You can't help seeing the **background**, can you?"

cf. foreground [fɔ́rgràund] **n.** 전경(前景)

☐ bad [bæd]

a. bad - worse - worst 나쁜

ex. **나쁜**인 생각은 **나쁜** 생각이다.

MP3 Extremely selfish thought is a **bad** one.

- badly [bǽdli] **ad.** 나쁘게, 몹시, 심하게

cf. egregious [igrí:dʒəs] **a.** 매우 나쁜

- lousy [láuzi] **a.** (아주) 나쁜
- terrible [térəbl] **a.** 아주 나쁜, 끔찍한, 지독한
- terribly [térəbli] **ad.** 끔찍하게, 지독하게

☐ badminton [bǽdmintn]

n. 배드민턴

ex. **배드민턴**을 **배**우려는 마음이 **듬**, **인턴**들에게.

MP3 The interns want to learn how to play **badminton**.

☐ bag [bæg]

n. 가방, 봉지(封紙), 봉투(封套)

ex. "거인국에 **가방**(=가봐). 우리 아버지, **가방**에 들어가셩."

MP3 "If our fathers were in giants' country, they could enter the **bag**."

- backpack [bǽkpæ̀k] **n.** 배낭(背囊)

cf. pocket [pákit] **n.** 주머니, 호주머니 **v.** 주머니에 넣다

☐ baggage [bǽgidʒ]

n. 수하물(手荷物), (여행할 때) 짐, 가방

ex. "내가 여행할 **수** 없는데 **하물**며 내가 **수하물**을 준비하랴?"

MP3 "Should I think of **baggage** even when I can't travel?"

- baggage claim (area) 수하물 찾는 곳

cf. luggage [lʌ́gidʒ] **n.** 수하물

- overhead compartment 머리 위 짐칸
- overhead [óuvərhèd] **a.** 머리 위의 **ad.** 머리 위에

☐ bait [beit]

n. 미끼 **v.** 미끼를 놓다

ex. "그것이 **미끼**라니 내게는 **믿기**지 않는군."

MP3 "I can't believe that it is a **bait**."

cf. lure [luər] **v.** 꾀다, 유혹(誘惑)하다 **n.** 유혹, 매력, 미끼, 가짜 미끼

- decoy [dí:kɔi] **n.** 미끼 **v.** 유인(誘引)하다

☐ balance [bǽləns]

n. 균형(均衡), 저울, 수지, 잔액, 나머지 **v.** 균형을 잡다

ex. "정**규**적인 **운**동 습관을 **형**성하여 생활의 **균형**을 잡아라."

MP3 "Have a **balanced** life, forming a habit of regular exercise."

- balanced [bǽlənst] **a.** 균형 잡힌

cf. disparity [dispǽrəti] **n.** 불균형, (불공정한) 차이

- offset [ɔ́:fsèt] **v.** offset - offset - offset 상쇄(相殺)하다 **n.** 상쇄하는 것
- equilibrium [ì:kwəlíbriəm] **n.** 평형 상태, 평형, 균형, 균형 상태
- poise [pɔiz] **n.** 균형, 평형, 평정 **v.** 균형을 잡다, 자세를 취하다

☐ bald [bɔ:ld]

a. 대머리의

ex. "**대**, **머리**! 어, 너 **대머리**네?"

MP3 "Put your head! Eh, are you **bald**?"

☐ ball [bɔ:l]

n. 공, 무도회(舞蹈會)

ex. "**공공**칠의 **공**을 **공**유하자."

MP3 "Let's share 007's **ball**."

☐ balloon [bəlúːn]

n. 풍선(風船), 기구(氣球)

ex. 말**풍선**과 **풍선**은 다르다.

MP3 A speech bubble is different from a **balloon**.

☐ bamboo [bæmbúː]

n. 대나무

ex. "**댄**은 **아무**래도 **대나무**숲에 있는 거 같아."

MP3 "Dan only seems to be in the **bamboo** forest."

☐ ban [bæn]

v. 금지(禁止)하다 **n.** 금지

ex. "네가 지**금 지**니고 있는 건 **금지**된 책이냐?"

MP3 "Do you have a **banned** book now?"

☐ band [bænd]

n. (음악) 밴드, 띠, 끈, 무리, 주파수대

ex. **밴드**는 **밴**을 **드**디어 구했다.

MP3 The **band** finally purchased their own van.

- band shell (뒤쪽이 반원형인) 음악당
- bandage [bǽndidʒ] **n.** 붕대 **v.** 붕대를 감다
- bandwidth [bǽndwidθ] **n.** (주파수의) 대역폭

≠ belt [belt] **n.** 벨트, 허리띠, 띠

- sash [sæʃ] **n.** 띠, 끈

☐ bank [bæŋk]

n. 은행(銀行), 둑, 제방(堤防)

ex. "사람들이 파산 직전이라도 **은행은 냉**담한 결정을 해."

MP3 "A **bank** will make a cold-hearted decision even though people are on the brink of bankruptcy."

☐ bankrupt [bǽŋkrʌpt]

a. 파산(破産)한 **n.** 파산자

ex. 그는 돈이 다 떨어져 **파산**했다. 지금 그는 **파**손된 집에서 **산**다. 수중에 돈이 하나도 없다.

MP3 He ran out of money and went **bankrupt**. Now he lives in a damaged house. He doesn't have any money in hand.

- bankruptcy [bǽŋkrəptsi] **n.** 파산

≠ insolvent [insɑ́lvənt] **a.** 지급 불능의, 파산한

- strapped [stræpt] 돈에 궁(窮)한, 돈에 쪼들리는

☐ banner [bǽnər]

n. 현수막(懸垂幕), 플래카드

ex. **현수**가 **막 현수막**을 보았다.

MP3 Hyunsoo has just seen the **banner**.

≠ placard [plǽkɑːrd] **n.** 플래카드

☐ banquet [bǽŋkwit]

n. 연회(宴會), 만찬, 축하연

ex. 저것은 **연회**비(年會費)를 내는 사람들의 **연회**다.

MP3 That is a **banquet** for people who pay an annual fee.

≠ feast [fiːst] **n.** 축제(祝祭), 연회, 잔치 **v.** 대접하다, 실컷 먹다, (안구를) 정화하다

☐ bar [bɑːr]

n. 바, 술집, (악보의) 마디, 막대기, 빗장, 장애물 **v.** 빗장을 지르다, 막다 **prep.** ~을 제외하고

ex. "저 **바를 봐**."
"Look at that **bar**."

- barbell [báːrbèl] **n.** 바벨, 역기
- barrier [bǽriər] **n.** 장벽, 장애물

∉ rod [rɑd] **n.** 막대, 막대기

☐ barbarian [bɑːrbέəriən]

n. 야만인(野蠻人), 미개인(未開人)

ex. "푸틴은 **야만인**이야. **만인**(萬人)이 보기에 그래."

MP3 "Pootin is a **barbarian**. Everyone seems to think so."

- barbaric [bɑːrbǽrik] **a.** 야만적인, 미개한
- barbarous [báːrbərəs] **a.** 야만스러운, 잔혹한
- barbarism [báːrbərìzm] **n.** 야만, 미개

☐ barber [báːrbər]

n. 이발사(發射)(理髮師)

ex. **이발사**가 **이** 총을 **발사**(發射)했다.

MP3 A **barber** fired this gun.

- barbershop [báːrbərʃɑ̀p] n. 이발소

☐ bare [bεər]

a. 벌거벗은, 맨… **v.** 드러내다

ex. "그 아이는 **맨**날 **맨**손으로 물건들을 집어 든다."

MP3 "The child always picks up things with **bare** hands."

- barely [bέərli] **ad.** 간신히, 거의 …않게
- barefoot [bérfùt] **a.** 맨발의 **ad.** 맨발로

∉ sole [soul] **n.** 발바닥 **a.** 유일한, 혼자의

- solely [sóulli] **ad.** 오직, 오로지, 혼자서, 단독으로
- naked [néikid] **a.** 벌거벗은, 적나라한

☐ bargain [báːrgən]

n. 싸게 사는 물건, 흥정 **v.** 흥정하다

ex. "**흥**, 가격을 미리 **정**하지 마시고 우리 **흥정**합시다."

MP3 "Humph, do not fix the price in advance and let's **bargain**."

☐ bark [bɑːrk]

n. 나무껍질, 개 짖는 소리 **v.** (개가) 짖다

ex. 개 **짖는** 소리를 주제로 아이가 글을 **짓는**다.

MP3 A child is writing about the dog **barking**.

∉ howl [haul] **v.** 울부짖다 **n.** 울부짖음

☐ barometer [bərámitər]

n. 기압계, 지표(指標), 바로미터

ex. "이것이 우리의 경제적 상황을 보여주는 **지표지**. **표**로 내가 만들어봤지."

MP3 "This is the **barometer** of our economic conditions. I've made a graph."

- barometric [bærəmétrik] **a.** 기압의

☐ barren [bǽrən]

a. 불모(不毛)의, 메마른, 척박(瘠薄)한

ex. 그곳은 반복해서 **불**러도 **모**일 사람이 없는 **불모**의 땅이다.

MP3 It is a **barren** land where there is no one to gather despite repeated calls.

☐ barter [báːrtər]

v. 물물 교환(物物交換)을 하다, **n.** 물물 교환

ex. "당신과 내가 **물물 교환**을 합시다. 이 **물**건과 그 건**물**을 **교환**합시다." 그는 즉석에서 말했다.

MP3 "Let me **barter** with you. Let's exchange these goods for that building." He said offhand.

☐ base [beis]

n. 기초(基礎), 기반(基盤), 기점, 기지 **a.** 천한, 비열한, 야비한

ex. "왜 그녀에게는 폭넓은 지지 **기반**이 있나요?" "그녀의 **기**예에 **반**한 사람들이 많거든요."

MP3 "Why does she have a broad **base** of support?" "Many people are fascinated by her arts."

- base material 원재료, 원료
- baseball [béisbɔ̀ːl] **n.** 야구, 야구공
- basement [béismənt] **n.** 지하, 지하층, 지하실

☐ basic [béisik]

a. 기본적(基本的)인, 기초적인 **n.** 기본, 기초

ex. "거**기**서 **본 기본**적인 프로그램이 뭐였냐?"

MP3 "What was the **basic** program you saw there?"

- basically [béisikəli] **ad.** 기본적으로, 근본적으로, 원래

≠ fundamental [fʌndəméntl] **a.** 근본적(根本的)인, 기본적인, 핵심적인 **n.** 근본, 기본, 핵심

- fundamentally [fʌndəméntəli] **ad.** 근본적으로

☐ basis [béisis]

n. 기초, 기준, 근거

ex. 그는 매일 **근거**리를 **근거**로 일한다.

MP3 He works on the **basis** of close range on a daily **basis**.

☐ basket [bǽskit]

n. 바구니

ex. "**바구니**가 **바**로 있**군**. **이** 사과를 그 안에 담게."

MP3 "There is a **basket** near here. Put these apples in it."

- basketball [bǽskitbɔ̀ːl] **n.** 농구, 농구공

☐ bat [bæt]

n. (야구) 방망이, 배트, 박쥐

ex. "**박쥐**가 동굴 벽에 머리 **박쥐**(=박지)."

MP3 "A **bat** hits its head on the cave wall."

- at-bat 타석, 타수
- batter [bǽtər] **n.** 타자, 반죽 **v.** 두드리다, 강타(强打)하다

≠ racket [rǽkit] **n.** (테니스 등의) 라켓

☐ bath [bæθ]

n. 목욕(沐浴), 욕조(浴槽)

ex. **목요**일에 **옥**분이는 **목욕**한다.

MP3 Okbun has a **bath** on Thursdays.

- bathe [beið] **v.** 목욕시키다, 세척하다
- bathroom [bǽθrùːm] **n.** 욕실, 화장실
- bathtub [bǽθtʌb] **n.** 욕조, 목욕통

☐ battle [bǽtl]

n. 전투(戰鬪), 싸움 **v.** 싸우다

ex. "**전투**에서 **전 투**지(鬪志)를 불태우죠."

MP3 "I show fighting spirit at a **battle**."

- battle royal 대혼전(大混戰), 난투(亂鬪)

≠ combat [kɔ́mbæt] **n.** 전투 **v.** 싸우다

- combatant [kɔ́mbətənt] **n.** 전투원, 전투 부대

☐ bay [bei]

n. 만(灣), 궁지

ex. 허드슨 **만만** 보인다.

MP3 Only Hudson **Bay** is seen.

≠ gulf [gʌlf] **n.** 만

- inlet [ínlet] **n.** 작은 만, 후미, 주입구
- strait [streit] **n.** 해협(海峽)

☐ be [bi]

v. be(am·are·is) – was·were – been 이다, 있다, 되다

B

ex. "**이 다**람쥐는 틀림없이 동물**이다**." 아이가 말했다.

MP3 "This squirrel must **be** an animal." A child said.

- being [bíːiŋ] **n.** 존재(存在)

☐ beach [biːtʃ]

n. 해변(海邊), 바닷가

ex. "**바다**에, **앗**, **가**까워진다. **바닷가**가 보인다."

MP3 "The sea, ah, comes closer. The **beach** is seen."

- beachhead [bíːtʃhèd] **n.** (군사) 해안 교두보(橋頭堡)
- ∮ coast [koust] **n.** 해안 **v.** (과거의 실적에 기대어) 힘들이지 않고 살아가다
- coastal [kóustəl] **a.** 해안의

☐ beak [biːk]

n. (새의) 부리

ex. 저것은 **부리부리**한 눈을 가진 새의 **부리**다.

MP3 That is the **beak** of a bird that has big and sharp eyes.

- ∮ preen [priːn] (부리로) 다듬다, 몸치장을 하다

☐ bean [biːn]

n. 콩

ex. 그들은 **콩콩 콩**을 빻는다.

MP3 They are pounding the **beans**.

- beanbag [bíːnbæg] **n.** 콩 주머니
- ∮ legume [légjuːm] **n.** 콩과(科) 식물

☐ bear [bɛər]

v. bear - bore - born/borne 지니다, 견디다, 낳다 **n.** 곰

ex. 그의 말을 명심하며 **지니는** 원한을 **지니는**데⋯.

MP3 **Bearing** in mind what he said, Genie **bears** a grudge and ⋯.

- inborn [inbɔ́ːrn] **a.** 타고난, 선천적(先天的)인
- ∮ endure [indjúər] **v.** 견디다, 참다, 인내하다, 지속하다
- endurable [indjúərəbl] **a.** 견딜 수 있는
- endurance [indjúərəns] **n.** 인내(忍耐), 참을성

☐ beast [biːst]

n. 짐승

ex. "**짐**은 **승**질(=성질) 나오. 내 딸이 저런 **짐승**과 어울리다니 말이오." 왕은 심기가 불편하다.

MP3 "I get angry. My daughter is hanging out with that **beast**." The king feels bad.

- ∮ brute [bruːt] **n.** 짐승 같은 사람, 잔인한 사람
- brutal [brúːtl] **a.** 잔인한, 야만적인
- brutality [bruːtǽləti] **n.** 잔인성, 야만성

☐ beat [biːt]

v. beat - beat - beaten 치다, 때리다, 이기다 **n.** 타격, 고동, 박자

ex. **그때** 기다**리다** 지친 그는 행인을 **때린다**.

MP3 At that moment, tired of waiting, he **beats** a passerby.

- ∮ rhythm [ríðm] **n.** 리듬, 율동, 박자

☐ beautiful [bjúːtəfəl]

a. 아름다운

ex. "그랑 오래 사귀다니 **아름다운 아름**이 **답다**."

MP3 "It's just like **beautiful** Areum to go steady with him."

- beauty [bjúːti] **n.** 아름다움, 미(美), 미인
- ∮ gorgeous [gɔ́ːrdʒəs] **a.** 대단히 아름다운, 굉장히 즐거운
- pageant [pǽdʒənt] **n.** 화려한 행렬, 가장행렬(假裝行列), 미인 대회

□ **beckon** [békən]

v. 손짓하다, 손짓하여 부르다

ex. "삼**손**, **짖**지 말고 **손짓**해서 그녀를 불러."

MP3 "Samson, don't bark, but **beckon** to her."

□ **become** [bikʌ́m]

v. become - became - become 되다, 어울리다

ex. "네가 의사가 **되다**니 **되**게 **다**시 보인다."

MP3 "You've **become** a doctor, so you look totally different."

- misbecome [mìsbikʌ́m] **v.** misbecome - misbecame - misbecome 어울리지 않다

□ **bed** [bed]

n. 침대(寢臺), 바닥

ex. "**침대**에 **침**착하게 **대**자로 누워라."

MP3 "Sprawl calmly on the **bed**."

- embed [imbéd] **v.** 박아 넣다
- embedment [imbédmənt] **n.** 꽂아 넣기, 박아 넣기, 심기
- bedclothes [bédklouðz] **n.** 이부자리, 침구
- bedroom [bédrùːm] **n.** 침실 **a.** 정사(情事)의
- bedward [bédwərd] **ad.** 침대 쪽으로

ⓢ cradle [kréidl] **n.** 요람(搖籃), 아기 침대

- pillow [pílou] **n.** 베개

□ **beer** [biər]

n. 맥주

ex. **맥주** 한 잔에 **맥**을 못 추는 **주**인공이다.

MP3 The hero is out of his element after drinking a glass of **beer**.

□ **beggar** [bégər]

n. 거지

ex. "**거지**는 빈털털이인 **거지**. 그러나 그 **거지**는 자존심이 너무 세서 구걸하지 않지."

MP3 "A **beggar** is a person who is broke. But the **beggar** is too proud to beg."

- beg [beg] **v.** 빌다, 간청(懇請)하다, 구걸(求乞)하다

ⓢ implore [implɔ́ːr] **v.** 간청하다, 애원하다

- plead [pliːd] **v.** plead - pleaded/pled - pleaded/pled 애원하다, 변호하다, 변명하다, 주장하다
- plea [pliː] **n.** 애원, 변호, 변명, 주장

□ **begin** [bigín]

v. begin - began - begun 시작하다

ex. "나는 **시**의 **작**법을 공부하기 **시작**했어. 맨땅에 헤딩하고 있어."

MP3 "I have **begun** to study how to write poems. I have started from scratch."

ⓢ start [stɑːrt] **v.** 시작하다, 출발하다 **n.** 시작, 출발

- commence [kəméns] **v.** 시작하다, 시작되다
- onset [ɑ́nsèt] **n.** (나쁜 일의) 시작
- outset [áutsèt] **n.** 착수, 시작
- at the outset 처음에
- prelude [préljuːd] **n.** 서곡(序曲), 전주곡, 전조(前兆)

□ **behavior** [bihéivjər]

n. 행동, 처신(處身), 행위

ex. 그녀는 **행**사 중에 **위**험한 **행위**를 한 그를 호되게 나무랐다.

MP3 She came down on him about his dangerous **behavior** during the event.

- behave [bihéiv] **v.** 행동하다, 처신하다
- misbehave [mìsbihéiv] **v.** 버릇없이 굴다, 못된 짓을 하다

ⓢ demeanor [dimíːnər] 행동거지, 태도, 표정

□ **behind** [biháind]

prep. ad. (…) 뒤에

ex. 학업에서 **뒤**처지는 학생들을 위한 **뒤**늦은 정책은 시대에 **뒤**쳐져 있다.

MP3 A belated policy for students who are falling **behind** in their academics is out of date.

□ believe [bəlíːv]

v. 믿다

ex. "**미**영아, **더** 자신을 **믿어**라!"

MP3 "Miyeong, **believe** in yourself more!"

- belief [bəlíːf] n. 믿음
- believable [bəlíːvəbl] a. 믿을 만한
- unbelievable [ənbəlívəbəl] a. 믿기 힘든, 믿기 어려운

∮creed [kriːd] n. 신조, 교리
- doctrine [dɑ́ktrin] n. 교리, 신조, 주의, 정책
- indoctrinate [indɑ́ktrənèit] v. 주입(注入)시키다, 세뇌(洗腦)하다
- pious [páiəs] a. 독실한, 경건한
- piety [páiəti] n. 독실함, 경건함

□ bell [bel]

n. 벨, 종, 종소리

ex. "국**종**아, **소리** 들었냐?" "무슨 소리? **종소리**?"

MP3 "Kukjong, have you heard the sound?" "What sound? You mean the **bell**?"

∮knell [nel] n. 종소리, 조종(弔鐘), 징조

□ belong [bilɔ́ːŋ]

v. 속하다, 소속(所屬)하다

ex. "군대에 **속하여** 있다면 **속**(速)히 행동**하라**."

"If you **belong** to the army, try to be quick."

- belonging [bilɔ́ːŋiŋ] n. (belongings) 소유물, 소지품(所持品)

□ bend [bend]

v. bend - bent - bent 구부리다, 굽히다, 구부러지다 n. 구부러짐

ex. 그것은 **구부러진**, 구구 우는 비둘기의 **부리다**.

MP3 It is the **bent** beak of a pigeon that coos.

- unbend [ʌnbénd] v. unbend - unbent - unbent (구부러진 것을) 펴다, (긴장을) 누그러뜨리다

∮curly [kə́ːrli] a. 곱슬곱슬한, 동그랗게 말린
- curve [kəːrv] n. 곡선, 만곡부(彎曲部), 커브 v. 굽히다, 구부러지다
- curved [kəːrvd] a. 굽은, 곡선의
- crook [kruk] v. (손가락이나 팔을) 구부리다 n. 갈고리 모양의 막대, 사기꾼
- parabola [pərǽbələ] n. 포물선

□ benefit [bénəfit]

n. 이익, 혜택(惠澤) v. 이익이 되다

ex. "코미디언**이 익**살을 떨어 사람들을 웃기면 누가 **이익**을 보는가? 모두에게 **이익**이 되는가?"

MP3 "When a comedian plays a joke and makes people laugh, whom does it **benefit**? Is it of **benefit** to everyone?"

- beneficial [bènəfíʃəl] a. 이익이 되는, 이로운
- beneficent [bənéfəsənt] a. 자선하는
- benediction [bènədíkʃən] n. 축복, 축복의 기도

□ benevolent [bənévələnt]

a. 선의(善意)의, 자애로운, 자비로운

ex. 방**자**는 **외로운** 사람들에게 **자애로운** 태도를 보인다.

MP3 Bangja has a **benevolent** attitude towards lonely people.

∮malevolent [məlévələnt] a. 악의(惡意) 있는
- malignant [məlígnənt] a. 악의에 찬, 악성의
- malice [mǽlis] n. 악의, 적의

☐ beside [bisáid]

prep. … 옆에, …와 비교해

ex. 그녀 **옆에** 책이 펼쳐져 있었다. **여**전히 같은 **페**이지였다.

MP3 The book was lying open **beside** her. Still the same page was seen.

∮flank [flæŋk] **n.** 측면, 옆구리 **v.** 측면에 위치하다

☐ besides [bisáidz]

prep. … 이외에도 **ad.** 게다가

ex. "TV 시청 **이외에 도**현의 부모님은 **이 외**출**에도** 반대하셔."

MP3 "Dohyun's parents prevents him from going out like this, **besides** watching TV."

☐ bet [bet]

v. bet - bet - bet 돈을 걸다, 내기하다 **n.** 내기, 내기로 건 돈

ex. "**내**가 **기**억**한다**. 10원도 **내기한** 적은 없**다**."

MP3 "I remember that I haven't **bet** even 10 won."

∮stake [steik] **n.** 말뚝, 위험 부담, (stakes) 내기에 건 돈, (계획·행동 등의 성공 여부에) 걸려 있는 것 **v.** 말뚝을 박다

☐ betray [bitréi]

v. 배신(背信)하다, 배반하다, 넘겨주다, 누설하다, 무심코 드러내다

ex. "저 사람이 우리나라를 **배신**하고 우리 동료의 목을 **베신** 분이네." "그 사람 때문에 가장 중요한 정보가 적에게 누설되었지."

MP3 "That is the man who **betrayed** our country and cut off the neck of our colleague." "The most important information leaked out to the enemy owing to him."

• betrayal [bitréiəl] **n.** 배신, 배반

∮traitor [tréitər] **n.** 배신자

• leak [li:k] **v.** 새다, 누설(漏泄)하다, 누출되다 **n.** 새는 곳, 누설, 누출

• leaky [lí:ki] **a.** 새는, 비밀을 누설하는

☐ between [bitwí:n]

prep. … 사이에

ex. "우리 **사이에** 하는 얘기지만, 그들이 거기에 숨어 있던 **사이**코**에**게 다가갔어."

MP3 "**Between** ourselves, they approached the psycho hiding there."

☐ beverage [bévəridʒ]

n. (물 말고) 음료수, 마실 거리

ex. "우리가 **음**미할 **리** 없죠, 무려 **오**백 개의 **수**나 되는 **음료수**를 모두 다."

MP3 "We can't savor as many as 500 **beverages** thoroughly."

☐ beyond [bijánd]

prep. ad. 너머, 넘어

ex. "저 산 **너머**에서 터**너**는 **뭐** 하고 있니?"

MP3 "What is Turner doing **beyond** that mountain?"

∮above [əbʌ́v] **prep. ad.** (…보다) 위에, 이상으로, 넘어

☐ bias [báiəs]

n. 편견(偏見) **v.** 편견을 갖게 하다

ex. 그들은 상대**편**을 향한 **견**고한 **편견**이 있다.

MP3 They have a strong **bias** against the opponent.

• biased [báiəst] a. 편견을 가진

☐ bible [báibl]

n. 성경, 성서

ex. **성경**은 **성**스러운 **경**전으로 여겨진다.

MP3 The **Bible** is regarded as the holy book.

∉ the New Testament 신약 성서

☐ bicycle [báisikl]

n. 자전거(自轉車)

ex. "**자, 전 거**기까지 **자전거** 타고 갈게요."

MP3 "Well, I'll go there by **bicycle**."

- bike [baik] **n.** 자전거, 오토바이 **v.** 자전거를 타다, 오토바이를 타다
- BMX 묘기용 자전거 (bicycle motocross)

∉ tandem [tǽndəm] **n.** 2인승 자전거

- in tandem 동시에
- tricycle [tráisəkl] **n.** 세발자전거, 삼륜 오토바이
- pedal [pédl] **n.** (자전거 자동차 등의) 페달
- backpedal 페달을 뒤로 돌리다

☐ bid[1] [bid]

v. bid[1] - bid/bade - bid/bidden (인사, 명령 등을) 말하다

☐ bid[2] [bid]

v. bid[2] - bid - bid (경매) 입찰(入札)하다(원하는 경매가 격을 매기다), 값을 부르다, 노력하다 **n.** 입찰, 노력

ex. 정장을 차려 **입**은 **찰**리가 목청껏 그 그림에 **입찰**한다, 창문에 후두두 떨어지는 빗소리를 들으면서.

MP3 Charlie wearing a suit is **bidding** for the painting loudly, hearing the rain spattering on the window.

- bid for ~에 입찰하다
- bidder [bídər] **n.** 입찰자
- outbid [àutbíd] **v.** outbid - outbid - outbid (경매) 남보다 비싼 값을 부르다
- overbid [òuvərbíd] **v.** overbid - overbid - overbid (경매) 값어치 이상의 비싼 값을 부르다

☐ big [big]

a. 큰

ex. **큰** 소년은 콧등이 시**큰**했다.

MP3 The **big** boy was touched, close to tears.

- Big Bang 우주 (생성의) 대폭발
- Big Brother 독재자

∉ gigantic [dʒaigǽntik] **a.** 거대한

- giant [dʒáiənt] **n.** 거인 **a.** 거대한
- small [smɔːl] **a.** 작은
- tiny [táini] **a.** 아주 작은, 조그마한

☐ bill [bil]

n. 청구서(請求書), 계산서, 지폐, 법안(法案), 부리

ex. "그 **청구서**들을 구**청**별로 세 부류로 **구**별해**서** 놓아라."

MP3 "Sort the **bills** into three categories and distinguish them in each ward office."

- Bill of Rights 권리 장전(權利章典)

☐ billion [bíljən]

n. 10억 **a.** 10억의

ex. 그는 **10억** 달러를 훔치고 즉**시** 저**벅**저벅 걸어갔다.

MP3 He stole a **billion** dollar and immediately walked away with heavy steps.

- billionaire [bìljənέər] **n.** 억만장자

∉ million [míljən] **n.** 100만 **a.** 100만의

- millionaire [mìljənέər] **n.** 백만장자
- trillion [tríljən] **n.** (1,000,000,000,000) 조(兆)
- quadrillion [kwɑdríljən] **n.** 1,000조

☐ bind [baind]

v. bind - bound - bound 묶다, 구속(拘束)하다

ex. 그들은 한 단의 **무**가 **낀** 채로 **묶인** 채소다발을 제공한다.

MP3 They are offering a bundle of vegetables **bound** with a bunch of radishes.

- rebind [riːbáind] v. rebind - rebound - rebound 다시 묶다
- unbind [ʌnbáind] v. unbind - unbound - unbound 끄르다, 풀다, 석방(釋放)하다

☐ biography [baiágrəfi]

n. 전기(傳記)

ex. "레오나르도 다빈치의 **전기**를 **전 기**억해요."

MP3 "I remember a **biography** of Leonardo da Vinci."

- biographer [baiágrəfər] n. 전기 작가

☐ biology [baiálədʒi]

n. 생물학, 생명 활동

ex. **생물학**의 **생**명에는, **물**론, 인간의 생명도 **학**습 대상으로 포함된다.

MP3 **Biology** is the study of life, which of course includes human life.

- biologic [bàiəládʒik] a. 생물학의, 생명의
- biological [bàiəládʒikəl] a. 생물학의, 생명의
- biologist [baiálədʒist] n. 생물학자
- biochemistry [bàioukémistri] n. 생화학
- biotechnology [bàiouteknálədʒi] n. 생명 공학
- biotechnological [bàiouteknəládʒikəl] a. 생명 공학의
- biotechnologist [bàiouteknálədʒist] n. 생명 공학자
- bioluminescence [bàioulùːmənésns] n. 생물발광(發光)
- biomass [báioumæs] n. 생물량, 에너지로 사용 가능한 생물체
- biome [báioum] n. 생물군계
- biota [baióutə] n. 생물 군집
- biopsy [báiɑpsi] n. 생검(생체 조직 검사)
- biorhythm [báiouriðm] n. 바이오리듬, 생체 리듬
- symbiosis [sìmbaióusis] n. 공생, 공존
- symbiotic [sìmbaiátik] a. 공생의, 공생하는
- endosymbiont [endousímbiànt] a. 다른 생물의 체내에 공생하는

☐ bird [bəːrd]

n. 새

ex. **새**벽에 **새**하얀 **새**들이 날고 있었다.

MP3 White **birds** were flying at dawn.

- birdcage [bə́ːrdkèidʒ] n. 새장
- feather [féðər] n. 깃털
- plumage [plúːmidʒ] n. 깃털
- peck [pek] v. 쪼다, (모이를) 쪼아 먹다 n. 가벼운 입맞춤
- avian [éiviən] a. 조류의
- ornithologist [ɔ̀ːrnəθálədʒist] n. 조류학자

ℊ hummingbird [hʌ́miŋbə̀ːrd] n. 벌새

- cuckoo [kúːkuː] n. 뻐꾸기 v. 뻐꾹뻐꾹 울다
- duck [dʌk] n. 오리
- goose [guːs] n. (pl. geese [giːs]) 거위
- eagle [íːgl] n. 독수리
- turkey vulture [tə́ːrkivʌ̀ltʃər] 칠면조 독수리
- turkey [tə́ːrki] n. 칠면조, (Turkey) 터키 (공화국)
- falcon [fǽlkən] n. 매
- peregrine falcon [pérəgrin fǽlkən] n. 송골매
- hawk [hɔːk] n. 매, 강경파
- kiwi [kíːwi] n. 키위새
- least tern [liːst təːrn] 작은 제비갈매기
- ostrich [ɔ́ːstritʃ] n. 타조
- owl [aul] n. 올빼미, 부엉이
- peacock [píːkàk] n. (수컷) 공작
- pigeon [pídʒən] n. 비둘기
- robin [rábin] n. 울새
- skylark [skáilàːrk] n. 종다리, 종달새
- thrush [θrʌʃ] n. [조류] 개똥지빠귀

☐ birthday [bə́ːrθdèi]

n. 생일

ex. 그녀는 자신의 **생일**날 **생**생하게 **일**어났다.

MP3 She woke up cheerfully on her **birthday**.

- birth [bəːrθ] n. 탄생, 출생
- rebirth [ribə́rθ] n. 부활, 갱생(更生)
- birthplace [bə́rθplèis] n. 출생지, 생가, 발상지(發祥地)

ℊ natal [néitl] a. 출생의

☐ bishop [bíʃəp]

n. 주교(主敎), (체스) 비숍

ex. 그는 천**주교 주교**다.

MP3 He is a Catholic **bishop**.

☐ bit [bit]

n. 조금, 약간

ex. "제가 당신에게 **조금** 더 이야기하**죠, 금**요일에."

MP3 "I will tell you a **bit** more on Friday."

∮ slight [slait] **a.** 약간의, 조금의, 사소한, 가냘픈

☐ bite [bait]

v. bite - bit - bitten 물다 **n.** 물기

ex. 입술을 다**물**고 있던 **다**나가 입술을 깨**물었다**.

MP3 Dana **bit** her lips, with her mouth closed.

∮ nibble [níbl] **v.** 조금씩 뜯어 먹다
- nip [nip] **v.** 꼬집다, 물다
- pinch [pintʃ] **v.** 꼬집다, 죄다 **n.** 꼬집기
- snap [snæp] **v.** 덥석 물다, 탁 부러지다, 툭 부러뜨리다 **n.** 탁 소리, 스냅 사진 **a.** 쉬운

☐ bitter [bítər]

a. 맛이 쓴, 쓰라린, 혹독한

ex. **맛이 쓴** 커피를 **마시**는 **스**미스다. 그는 오늘**은** 피곤하다.

MP3 Smith is drinking a cup of **bitter** coffee. He is tired today.

∮ flavor [fléivər] **n.** 맛, 풍미, 조미료, 양념 **v.** 맛을 내다
- flavoring [fléivəriŋ] **n.** 조미료, 향신료, 양념

☐ black [blæk]

a. 검은, 어두운, 깜깜한, 시꺼먼, 흑인의 **n.** 검은색, 어둠

ex. "**검은 검**(劍)**은** 내 거다."

MP3 "The **black** sword is mine."

- BLACK HISTORY WEEK 흑인역사주간
- blackboard [blǽkbɔ̀ːrd] **n.** 칠판
- blackout [blǽkàut] **n.** 정전
- blacksmith [blǽksmìθ] **n.** 대장장이

∮ graphite [grǽfait] **n.** 흑연

☐ blade [bleid]

n. (칼)날, (풀)잎

ex. **칼**이 발**랄**하게 **칼날**을 휘두른다. 잎들이 나무에서 떨어진다.

MP3 Carl is briskly swinging the **blade**. The leaves are dropping off the trees.

☐ blame [bleim]

v. 비난(非難)하다, 탓하다 **n.** 비난, 탓, 책임

ex. "그로 인하여 내가 **비난**의 **비**를 맞아도 **난** 까딱하지 않아."

MP3 "I don't care whether I am showered with rain of **blame** for it."

☐ blanket [blǽŋkit]

n. 담요 **v.** 뒤덮다

ex. "당신 이 **담요** 살 거유?" "**담**(=다음)에**요**."

MP3 "Will you buy this **blanket**?" "Next time."

☐ blaze [bleiz]

v. (활활 타는) 불꽃, 불길 **n.** 활활 타다, 빛나다

ex. "**불길**한 **불길**을 잡아라, 건잡을 수 없게 되기 전에."

MP3 "Bring the sinister **blaze** under control before it is out of control."

∮ spark [spɑːrk] **n.** 불꽃, 불똥, (전기) 스파크 **v.** 불꽃

을 튀기다, 촉발하다

☐ bleach [bliːʧ]

v. 표백하다 **n.** 표백제(漂白劑)

ex. 그들은 **표**에 '**백제**(百濟)'라고 되어 있는 **표백제**를 쓴다.

MP3 They use **bleach** labelled 'Baekje'.

- bleachers 외야석

☐ bleed [bliːd]

v. bleed - bled - bled 피를 흘리다, 출혈하다

ex. "**피**해, **고흐**, 폭탄**을**! 내가 막으**리다**, 폭탄을." 친구를 위해 **피를 흘리다**.

MP3 "Gogh, avoid bombing! I will try to stop the bombs." **Bleeding** for a friend.

- blood [blʌd] **n.** 피, 혈액(血液), 혈통
- blood vessel 혈관
- blood clot 혈액 응고물, 혈전
- blood level 혈류 속의 콜레스테롤, 알코올 등의 농도
- blood plasma 혈장
- bloody [blʌ́di] **a.** 피의, 유혈의, 잔혹한
- bloody tissue 혈액 조직
- ⨍ clot [klɑt] **n.** (피의) 엉긴 덩어리
- hemolymph [híːməlìmf] **n.** 혈림프
- plasma [plǽzmə] **n.** 혈장
- transfusion [trænsfjúːʒən] **n.** 수혈, (자금의) 투입

☐ bless [bles]

v. bless - blessed/blest - blessed/blest 축복(祝福)하다, 축복을 빌다

ex. "**축**구하니, **복**길아? **축복**을 빌게."

MP3 "Bokgil, do you play soccer? God **bless** you."

☐ blind [blaind]

a. 눈이 먼, 맹목적(盲目的)인 **v.** 눈멀게 하다 **n.** 블라인드

ex. "네 **눈이 먼** 거였냐? **눈이 뭔** 죄였냐?"

MP3 "Did you go **blind**? What did the eyes do wrong?"

☐ blink [bliŋk]

v. (눈을) 깜박이다, 깜박거리다 **n.** 깜박임, 깜박거림

ex. **깜**깜한 **밖**의 **거리다**. 그녀는 눈을 **깜박거린다**.

MP3 It is the dark street outside. She is **blinking** her eyes.

☐ blizzard [blízərd]

n. 눈보라

ex. "**눈**을 **보라**. 또 다른 **눈보라**도 칠 거야."

MP3 "See the snow. Another **blizzard** is on its way, too."

☐ block [blɑk]

n. 블록, 덩어리, 구획(區劃), 단지(團地) **v.** 막다, 방해하다

ex. 그녀는 **단지**(但只) 그 **단지** 주위를 걸었다.

MP3 She just walked around the **block**.

- blocking [blɑ́kiŋ] **n.** 블로킹
- ⨍ compartment [kəmpɑ́ːrtmənt] **n.** 구획, 칸막이, 칸막이 객실
- compartmentalize [kəmpɑːrtméntəlàiz] **v.** 구획하다
- lump [lʌmp] **n.** 덩어리, 혹
- loaf [louf] **n.** (빵) 덩어리 **v.** 빈둥거리다, 어슬렁거리다
- plug [plʌg] **n.** (전기) 플러그 **v.** (구멍을) 막다

☐ blossom [blɑ́səm]

n. 꽃 **v.** 꽃피다

ex. "제가 지금 옆을 지나고 있는 대상이, **꽂꽂**이 서 있는 사람이 아니라 **꽃**이었네요."

MP3 "It is not a person standing upright but a **blossom** that I'm going past by."

∮ bloom [bluːm] **n.** 꽃 **v.** 꽃이 피다
• bloomer [blúːmər] **n.** 재능을 발휘하는 사람

☐ blow [blou]

v. blow - blew - blown/blowed 불다, 날리다, 폭파(爆破)하다 **n.** 타격

ex. "바람이 **분다**는 것을 여러**분 다** 느끼고 계시죠?"

MP3 "Do you all feel the wind **blowing**?"

• blowhole [blóuhòul] **n.** (고래의) 숨구멍, 분수공(噴水孔), 통풍구
• overblow [òuvərblóu] **v.** overblow - overblew - overblown 지나치게 중시(평가)하다, 지나치게 부풀리다

☐ blush [blʌʃ]

v. 얼굴을 붉히다 **n.** 얼굴을 붉힘, 홍조(紅潮)

ex. "방안의 **불**을 **키자**(='켜자'의 사투리) 여인은 얼굴을 **붉힌다**."

MP3 "When the light is turned on, the woman **blushes**."

∮ flush [flʌʃ] **v.** (얼굴이) 붉어지다, (변기의) 물을 내리다 **n.** 홍조, (감정의) 격앙(激昂), (새잎이) 돋아남

☐ board [bɔːrd]

n. 판자, 위원회 **v.** 탑승(搭乘)하다, 하숙(下宿)하다

ex. "이 **판자**를 **판 자**는 누구냐?"

MP3 "Who was it that sold this **board**?"

• boarding house [bɔ́rdiŋhàus] **n.** 하숙집
• boardwalk [bɔ́ːrdwɔ̀ːk] **n.** 판자를 깐 길
• billboard [bílbɔ̀rd] **n.** 옥외(屋外) 광고판, 게시판
• aboard [əbɔ́ːrd] **ad.** 탑승한, 타고서
∮ embark [imbáːrk] **v.** (배나 비행기에) 탑승하다, 승선(乘船)하다, 적재(積載)하다, 싣다
• embark on ~에 들어가다, 착수하다
• panel [pǽnl] **n.** (사각형) 판, (토론을 하는) 패널
• plank [plæŋk] **n.** 널빤지, 판자
• shingle [ʃíngl] 널판자, 지붕널, 조약돌
• slab [slæb] **n.** 널빤지, 석판

☐ boast [boust]

v. 자랑하다, 뽐내다 **n.** 자랑, 뽐냄

ex. "그녀는 '나 이**뽀**(=이뻐)?' 하며 **옴. 내**게 **다**시 자신의 미모를 **뽐내다**니 역시 그녀 다움."

MP3 "She's coming, saying 'Am I pretty?'. She's **boasting** of her beauty to me again. That's just like her."

• boastful [bóustfəl] **a.** 자랑하는, 뽐내는
∮ brag [bræg] **v.** 허풍(虛風) 떨다
• sport [spɔːrt] **v.** 자랑해 보이다 **n.** (sports) 스포츠

☐ boat [bout]

n. 보트, 배

ex. "**보트**가 **보**이니, 저 **트**인 바다 위에?"

MP3 "Is a **boat** seen on that open sea?"

∮ ferryboat [féribòut] **n.** 나룻배, 연락선(連絡船)
• ferry [féri] **n.** 연락선, 나룻배 **v.** (연락선으로) 나르다
• raft [ræft] **n.** 뗏목, 고무보트
• rafting [rǽftiŋ] **n.** 래프팅, 고무보트로 급류 타기
• fore [fɔːr] **ad.** (배, 비행기의) 앞쪽에, 이물 쪽에 **a.** 앞쪽의
• aft [æft] **ad.** (배, 비행기의) 뒤쪽에, 고물 쪽에, 선미(船尾) 쪽으로 **a.** 선미 쪽의, 뒤쪽의

☐ body [bádi]

n. 몸, 신체

ex. "당신 **몸**이 그게 **몹**니까(=뭡니까)!"

MP3 "What an awful **body** you have!"

• body language 몸짓 언어
• heavenly body 천체(天體)
• embody [imbádi] **v.** 구현하다, 포함하다
• disembodied [disembádid] **a.** 무형의, 육체에서 분리된
∮ gesture [dʒéstʃər] **n.** 몸짓 **v.** 몸짓을 하다
• torso [tɔ́ːrsou] **n.** 몸통, 토르소

☐ boil [bɔil]

v. 끓다, 끓이다

ex. "질질 **끌**지 않고 나 **타**잔은 물을 **끓**인**다**."

MP3 "I, Tarzan, don't delay **boiling** the water."

∮ simmer [símər] v. 은근히 끓이다, 부글부글 끓다 n. 부글부글 끓음
• furnace [fə́ːrnis] n. 용광로(鎔鑛爐)

☐ bold [bould]

a. 대담(大膽)한, 볼드체의

ex. **대담한** 학생을 인내심을 가지고 **대**하며 우리의 **담**임 선생님은 깊은 **한**숨을 쉬었다.

MP3 Our homeroom teacher sighed deeply, treating a **bold** student with patience.

• boldly [bóuldli] ad. 대담하게
• boldness [bóuldnis] n. 대담함

☐ bomb [bɑm]

n. 폭탄 v. 폭격하다, 폭발하다

ex. **폭**스 씨와 사**탄** 씨가 타고 있던 비행기에서 **폭탄**이 터졌다.

MP3 The **bomb** blew up in an airplane Fox and Satan was getting on.

∮ blast [blæst] n. 폭발, 돌풍 v. 폭발하다
• land mine 지뢰(地雷)

☐ bond [bɑnd]

n. 끈, 띠, 채권(債券), 유대(紐帶), 결속

ex. **유대**인을 혐오하는 사회에서 **유대**인들과 다른 사람들의 **유대**가 형성된다.

MP3 A **bond** is created between Jewish people and other people in a Jew-hating society.

• bondage [bɑ́ndidʒ] n. 속박(束縛)

☐ bone [boun]

n. 뼈

ex. "네 발목이 **삐어**버린 거니?" "아니, 내 생각에는 **뼈**가 부러진 거 같아."

MP3 "Have you sprained your ankle?" "No, I think I've broken a **bone**."

• bone marrow [boun mǽrou] n. (marrow) 골수(骨髓)
• backbone [bǽkbòun] n. 등뼈, 척추(脊椎)
∮ fracture [frǽktʃər] n. 골절 v. 골절되다, (뼈를) 부러뜨리다
• rib [rib] n. 갈비뼈, 갈비 고기
• skeleton [skélətn] n. 골격구조, 뼈대, 해골
• exoskeleton [èksouskélitn] n. 외골격
• skeletal [skélitl] a. 골격의, 뼈대의, 해골의
• skeletal muscle 골격근
• osteoporosis [ɑ̀stiəpəróusis] n. 골다공증(骨多孔症)
• pelvis [pélvis] 골반(骨盤), 골반 뼈

☐ bonus [bóunəs]

n. 보너스, 상여금(賞與金)

ex. 그는 **보너스**를 받아**보**고 **너스**레를 떨었다.

MP3 He became talkative as he received **bonus**.

☐ book [buk]

n. 책, 장부(帳簿) v. 예약하다

ex. "**책**방에서 베스트셀러인 그 **책**을 훑어보아라."

MP3 "Look through the **book** that has become the best seller at the bookstore."

• booklet [búklit] n. 소책자, 팸플릿
• bookcase [búkkèis] n. 책장, 책꽂이
• bookstore [búkstɔ̀r] n. 책방, 서점
• booking [búkiŋ] n. 예약, 장부 기입
∮ off-the-books part [ɔ́(ː)fðəbúks pɑːrt] 장부에 기장되지 않은(비공식적인) 부분

☐ boom [buːm]

n. 붐, (갑작스러운) 호황(好況), 쾅, 꽝, 탕, 쿵 (소리) v. 호

황을 일으키다

ex. "**호황**인 것 같아, **호**텔 산업이." "**황**실 분들이 고객인가? 투숙 절차를 밟는 사람들도 있고, 퇴실 절차를 밟는 사람들도 있군."

MP3 "There seems to be a **boom** in the hotel industry." "Are the guests royal families? Some check in, and others check out."

☐ boost [bu:st]

v. 북돋우다, 밀어올리다 **n.** 증가, 부양책(浮揚策), 밀어올리기

ex. 그는 **북**을 **또** 앞에 **두고** 치기 시작했다. 그는 병사들의 사기를 **북돋운** 것이었**다**.

MP3 He put a drum in front of him again and started beating the drum. He was **boosting** the morale of the soldiers.

≠ bolster [bóulstər] **v.** 강화하다, 북돋우다

☐ border [bɔ́:rdər]

n. 국경, 경계 **v.** 접하다, 가장자리를 두르다

ex. 그 가수의 **국**보급인 **경**이로운 목소리가 **국경**을 넘는다.

MP3 The singer's wonderful voice that is a national treasure goes beyond national **borders**.

≠ frontier [frʌntíər] **n.** 국경, 한계
- adjacent [ədʒéisnt] **a.** 인접(隣接)한
- adjacency [ədʒéisnsi] **n.** 인접

☐ bore [bɔ:r]

v. 지루하게 하다, 따분하게 하다

ex. "**지루**하게 보낸 시간의 **질**을 **우**린 높게 보지 않아."

MP3 "If we have a **boring** time, we think that the quality of that time is not high."

- bored [bɔ:rd] **a.** 지루한, 따분한, 지겨운
- boring [bɔ́:riŋ] **a.** 지루하게 하는, 따분하게 하는
- boredom [bɔ́:rdəm] **n.** 지루함, 따분함, 지겨움

≠ tedious [tí:diəs] **a.** 지루한, 싫증나는
- tediously [tí:diəsli] **ad.** 지루하게, 장황하게
- tedium [tí:diəm] **n.** 싫증, 지루함
- drudgery [drʌ́dʒəri] **n.** 지겨운 일, 고역

☐ boss [bɔ:s]

n. 보스, 우두머리, 사장, 상사

ex. "**우**리 **두** 사람은 책상**머리**에 있는 **우두머리**의 말에 동조하지 않아."

MP3 "Both of us don't go along with our **boss** behind the desk."

☐ botany [bátəni]

n. 식물학, 식물의 생태(生態)

ex. **식물학**은 **식물**에 관한 과**학**적 학문이다.

MP3 **Botany** is the scientific study of plants.

- botanical [bətǽnikəl] **a.** 식물의 (= botanic)
- botanical garden 식물원
- botanist [bátənist] **n.** 식물학자

☐ bother [báðər]

v. 폐를 끼치다, 성가시게 하다, 수고하다

ex. "아이는 어른들을 **성가시게 해서**, 그분들이 **성**질내며 **가시게 했다**."

MP3 "The child **bothered** the adults and made them go away with anger."

≠ disturb [distə́:rb] **v.** 방해하다, 어지럽히다
- disturbance [distə́:rbəns] **n.** 방해, 소란

☐ bottle [bátl]

n. 병 **v.** 병에 담다

ex. "**병**이 **비어** 있어, **엉**아(='형'의 사투리)."

MP3 "Hey, brother, the **bottle** is empty."

• bottleneck [bátlnèk] n. (길이 좁아져 교통 체증을 일으키는) 병(甁)목 지역
∮ opener [óupənər] n. 여는 도구, 따는 기구

☐ bottom [bátəm]

n. 아래쪽, 바닥 a. 아래쪽의, 바닥의

ex. 산호초 근처의 그 물고기는 태평양 **바다**의 험**악**한 **바닥**에 머문다.

MP3 The fish near a coral reef stays on the rugged **bottom** of the Pacific Ocean.

• bottom line 요점(要點)

☐ bound [baund]

a. 묶인, 구속된, …할 듯한, …를 행선지로 하는 v. bound - bounded - bounded 튀다, 되튀다, 껑충껑충 뛰다, 경계를 이루다 n. 경계

ex. **행선지**가 부산인 열차가 갑자기 운**행**을 멈추고 **선 지** 세 시간째다.

MP3 A train **bound** for Busan that stopped suddenly has been standing for three hours.

• rebound [ribáund] v. 다시 튀어오르다, 반등하다 n. [ríːbàund] 되튐, 반등, 리바운드
• boundary [báundəri] n. 경계, 경계선
• bounce [bauns] v. 튀다, 튕기다 n. 튐, 튀길심
• bounce off ~을 맞고 튕겨나가다

☐ bow [bau]

v. 절하다, 인사하다, 고개를 숙이다 n. 절, 인사, [bou] 활

ex. "그들은 **절**에서 그 밖에 뭐 **한대**?" "그들은 때때로 **절한대**."

MP3 "What else are they doing in the temple?" "They are **bowing** from time to time."

∮ greet [griːt] v. 맞이하다, 인사하다
• salute [səlúːt] v. 경례(敬禮)하다, 경의를 표하다 n. 경례, 경의의 표시

☐ bowl [boul]

n. (가운데가 둥그스름하고 깊게 패어있는) 그릇 v. 공을 굴리다

ex. "**그릇**이 직사각형이라는 게 네 말뜻이야? 그건 **그릇**된 생각이야."

MP3 "Do you mean that a **bowl** is rectangular? It's a wrong idea."

• bowling [bóuliŋ] n. 볼링

☐ box [bɑks]

n. 박스, 상자 v. 권투하다

ex. "**상자** 안에 뭐가 있을지 **상**상하**자**."

MP3 "Let's imagine what is inside the **box**."

• boxer [báksər] n. 복서, 권투 선수, (Boxer) 복서(개의 한 품종)
∮ crate [kreit] n. 나무 상자

☐ brain [brein]

n. 뇌(腦), 두뇌, 지능

ex. "이 **뇌**는 내 **뇌**네."

MP3 "This **brain** is mine."

∮ cortex [kɔ́ːrteks] n. 대뇌 피질
• frontal cortex 전두엽(前頭葉)
• frontal lobe (대뇌의) 전두엽
• medial orbitofrontal cortex 내측 안와(眼窩) 전두 피질
• visual cortex 시각령, 시각 피질
• amygdala [əmígdələ] n. 소뇌의 편도체
• cerebral [səríːbrəl] a. 뇌의, 대뇌의
• cerebral cortex [səríːbrəl kɔ́ːrteks] n. 대뇌 피질
• cerebral hemisphere [səríːbrəl hémisfiər] n. 대뇌 반구
• cerebral palsy [səríːbrəl pɔ́ːlzi] n. 뇌성마비(腦性麻痺)
• hippocampus [hìpəkǽmpəs] n. (뇌의) 해마

☐ branch [bræntʃ]

n. 나뭇가지, 가지, 지사(支社), 지점, 분과, 부서 v. 갈라지다

ex. "저 **나뭇가지**를 보고 **나**는 **묻**는다, 한

가지 질문을."

MP3 "Seeing that **branch**, I ask one question."

- branch office 지사, 지점

ㆍbough [bau] n.(나무의) 큰 가지

- twig [twig] n.(나무의) 잔가지
- department [dipá:rtmənt] n. 부서, 학과
- department store 백화점

☐ brand [brænd]

n. 상표(商標), 브랜드

ex. **상**아탑을 **표**시한 그 **상표**는 잘 알려져 있다.

MP3 The **brand** whose sign is an ivory tower is well known.

- brand-name 상표명, 브랜드명
- brand-new [brǽndnjú:] a. 신제품의, 아주 새로운
- name-brand 유명 상표의

☐ brave [breiv]

a. 용감한

ex. **용**형은 **감**히 **한**마디 한다. 그녀들이 **용감한** 소녀들이라고.

MP3 Yonghyeong dares to say a word. He says that they are **brave** girls.

- bravery [bréivəri] n. 용감함, 용기

ㆍdare [dɛər] v. 감히 …하다

☐ bread [bred]

n. 빵, 식빵

ex. "나는 버터 바른 **빵**으로 **빵빵**하게 내 배를 채웠어."

MP3 "I'm full after eating **bread** and butter."

- breadwinner [brédwinər] n. 생계를 책임지는 사람

ㆍbagel [béigəl] n. 베이글

- bake [beik] v.(빵을) 굽다, 구워지다
- baker [béikər] n. 제빵사, 빵집 주인
- bakery [béikəri] n. 빵집, 제과점
- confectioner [kənfék∫ənər] n. 제과업자

☐ break [breik]

v. break - broke - broken 깨다, 부수다, 어기다, 깨지다, 고장나다 n. 깨짐, 중단, 휴식, 휴가

ex. 그 **부**부는 **수다**로 유리를 **부수**었**다**.

MP3 The couple chattered, which **broke** the window.

- breakable [bréikəbl] a. 깨지기 쉬운
- unbroken [ʌnbróukən] a. 깨지지 않는, 중단되지 않는

ㆍfragile [frǽdʒəl] a. 취약한, 부서지기 쉬운

- fragility [frədʒíləti] n. 부서지기 쉬움, 연약함
- shatter [∫ǽtər] v. 산산이 부수다, 산산조각 나다
- shatter-proof [∫ǽtərprùf] a. 바스러지지 않는

☐ breakfast [brékfəst]

n. 아침, 아침 식사

ex. "**아침**에 기도하고 **아침** 먹으렴."

MP3 "Have **breakfast** after saying grace in the morning."

ㆍporridge [pɔ́:ridʒ] n.(아침 식사로 많이 먹는) 죽

☐ breakthrough [bréikθru:]

n. 돌파구(突破口)

ex. "그들은 **돌파구**로 **돌**을 **파구**(=파고) 있다."

MP3 "They are digging up the stones as a **breakthrough**."

☐ breast [brest]

n. 가슴, 유방(乳房)

ex. "엄마**가** **스**물두 살 때 **가슴** 질환**을** 치료받았다."

MP3 "Mom had treatment for her **breast** condition when she was 22 years old."

• breast-feed [bréstfiːd] v. breast-feed - breast-fed - breast-fed 모유를 먹이다
• breaststroke [bréststròuk] n. 평영(平泳)
∮bosom [búzəm] n. (여성의) 가슴
• chest [tʃest] n. 가슴, 흉부(胸部), (나무) 상자, 궤

☐ breath [breθ]

n. 숨, 호흡(呼吸), 입김

ex. 아이들이 **숨**어서 **숨**죽이고 있다. 그들은 조심스럽게 **숨**을 들이쉬고 내쉰다.

MP3 The children are hiding and holding their **breath**. They are **breathing** in and **breathing** out carefully.

• breathtaking [bréθtèikiŋ] a. 숨막히는, 아슬아슬한, 멋진
• breathe [briːð] v. 숨쉬다, 호흡하다
∮gill [gil] n. (gills) 아가미
• hiccup [híkʌp] n. 딸꾹질 v. 딸꾹질하다
• gasp [gæsp] v. 숨이 차다, 헐떡거리다 n. 헐떡거림
• pant [pænt] v. (숨을) 헐떡이다, 헐떡거리다 n. (pants) 바지

☐ breed [briːd]

v. breed - bred - bred (새끼를) 낳다, 사육(飼育)하다, 양육하다 n. 품종

ex. 가두어 기르는 그 동물들의 **사육** 방법이 **사**람들에게 교**육**된다. 그 사람들은 이계 교배에 대해서도 배운다.

MP3 People are educated about how to **breed** the animals in captivity. They also learn about **outbreeding**.

• breeding [bríːdiŋ] n. 사육, 양육, 번식
• captive breeding 포획(捕獲) 사육
• outbreed [àutbríːd] v. outbreed - outbred - outbred 이계 교배(異系交配)시키다
∮hybridization [hàibridəzéiʃən] n. (이종) 교배
• hybrid [háibrid] a. 잡종(雜種)의, 합성의 n. 잡종, 합성

☐ breeze [briːz]

n. 산들바람 v. 쉽게 해내다

ex. "**산들바람**은 **산**과 **들**에 부는 **바람**인가요?"

MP3 "Is the **breeze** a wind in the mountains and on the fields?"

☐ bribe [braib]

n. 뇌물(賂物) v. 뇌물을 주다, 매수하다

ex. "요컨대 그 공무원의 **뇌**에는 **물**론 **뇌물**이 들어 있겠지."

MP3 "In brief, there must be **bribes** in the official's brain, of course."

• bribery [bráibəri] n. 뇌물 수수(授受)

☐ brick [brik]

n. 벽돌

ex. "난 새**벽**부터 마치 **돌**에 맞은 듯 **벽돌** 벽에 부딪힌 듯한 난관에 봉착했네."

MP3 "I ran into a **brick** wall as if I were hit by a stone from dawn."

• brick-and-mortar [brìkənmɔ́ːrtər] a. 오프라인 거래의
∮adobe [ədóubi] n. 아도비 벽돌, 아도비 점토, 흙을 재료로 한 건축 양식의 일종

☐ bridge [bridʒ]

n. 다리

ex. "간단히 말해서, 기**다리**고 기**다리**던 그 **다리** 위의 데이트야."

MP3 "To be brief, it's the long-awaited date on the **bridge**."

∮link [liŋk] v. 잇다, 연결하다 n. 연결, 연결 고리
• linkage [líŋkidʒ] n. 연결, 연결 장치

☐ brief [briːf]

a. 간단한, 짧은 v. 개요(槪要)를 알려주다, 보고하다

ex. "나는 **간단한** 말을 중요하게 **간**주하지. **단 한**마디 말이면 더 좋지."

MP3 "I regard a **brief** word as important. Only a single word will be better."

- debrief [di:brí:f] v. 보고를 듣다
- briefing [brí:fiŋ] n. 간단한 보고, 상황 설명

∮ concise [kənsáis] a. 간결(簡潔)한
- succinct [səksíŋkt] a. 간결한

☐ bright [brait]

a. 밝은, 똑똑한

ex. "난 **밝은** 색의 신**발**이 은**근**히 좋아."

MP3 "I quietly like **bright** colored shoes."

∮ luminance [lú:mənəns] n. (빛의) 밝기

☐ brilliant [bríljənt]

a. 눈부신, 찬란(燦爛)한, 훌륭한

ex. "**눈**을 감고 그에 관해 **부**단히 생각하**신** 후에 선생님은 **눈부신** 아이디어를 생각해 내셨어."

MP3 "After thinking about it steadily with his eyes closed, my teacher came up with a **brilliant** idea."

- brilliantly [bríljəntli] ad. 눈부시게, 찬란히, 훌륭하게
- brilliance [bríljəns] n. 광채, 광명, 찬란함

∮ dazzle [dǽzl] v. 눈부시게 하다 n. 눈부심

☐ bring [briŋ]

v. bring - brought - brought 가져오다, 데려오다

ex. "은정이**가 저**에게 **오**이를 **다 가져오다**니 의외네요."

MP3 "Unexpectedly, Eunjeong has **brought** me all the cucumbers."

∮ fetch [fetʃ] v. 가서 가져오다, 가서 데려오다

☐ brisk [brisk]

a. 활발한

ex. **활**활 열기를 **발**산하듯 **활발**한 시장 상황이다.

MP3 There is a **brisk** market as if it released heat furiously.

☐ broad [brɔ:d]

a. 넓은

ex. "마음이 **넓은 널 따**라 난 **널따**란 바다로 갈래."

MP3 "Following you, a **broad**-minded person, I will go to **broad** ocean."

- broaden [brɔ́:dn] v. 넓히다, 넓어지다
- breadth [bredθ] n. 폭(幅), 너비

☐ broadcast [brɔ́:dkæst]

v. broadcast - broadcast/broadcasted - broadcast/broadcasted 방송(放送)하다 n. 방송

ex. **방송**이 모든 개인의 **방**으로 배**송**되고 있다.

MP3 **Broadcast** is delivered to every personal room.

- broadcaster [brɔ́dkæstər] n. 방송 진행자, 방송인

∮ channel [tʃǽnl] n. 채널, 주파수대, 경로, 수로, 해협
- relay [rí:lei] n. 릴레이 경주, (방송) 중계 v. [riléi] (방송을) 중계하다, 전달하다
- rerun [rirʌ́n] v. rerun - reran - rerun 재방송하다
- simulcast [sáiməlkæst] v. simulcast - simulcast - simulcast (TV와 라디오에서) 동시에 방송하다 n. 동시 방송
- studio [stjú:diòu] n. 방송실, 스튜디오, 작업실, 연습실

☐ bruise [bru:z]

v. 멍들게 하다, 타박상(打撲傷)을 입히다 n. 멍, 타박상

ex. "그 **타박상**은 뭐야?" "오토바이를 **타**다 **박**은 **상**처야."

MP3 "What is the **bruise**?" "It is an injury that has resulted from a motorcycle crash."

• bruised [bruːzd] a. 멍든, 타박상을 입은

☐ brush [brʌʃ]

n. 솔, 붓, 솔질, 붓질 v. 솔질하다, 붓질하다

ex. 이것은 그들의 의**붓**어머니의 **붓**이다.

MP3 This is a **brush** of their stepmother.

• brushwork [brʌ́ʃwə̀rk] n. (화가의) 화법, 붓놀림

☐ bubble [bʌ́bl]

n. 거품 v. 거품이 일다, 보글보글 끓다

ex. "**거품**이 **거**의 일**품**일세."

MP3 "The **bubbles** are almost unique."

ꟻ foam [foum] n. 거품 v. 거품이 일다

☐ bud [bʌd]

n. 싹, 꽃봉오리, 눈, 새 순 v. 싹트다

ex. "간단히 말해서, 나쁜 버릇의 **싹**을 **싹** 없애라."

MP3 "Briefly speaking, nip the bad habit in the **bud** entirely."

• redbud [rédbʌd] n. (미국) 박태기나무
ꟻ sprout [spraut] v. 싹트다 n. 싹, 새싹
• germinal [dʒə́ːrmənl] a. 초기의
• germinate [dʒə́ːrmənèit] 싹트다, 발아(發芽)하다
• germination [dʒə̀ːrmənéiʃən] n. 발아, 발생

☐ budget [bʌ́dʒit]

n. 예산(豫算) v. 예산을 짜다

ex. "새 **예산**을 창출하려던 우리의 **얘**기가 무**산**되었어. 우리는 수지(收支) 균형을 맞추기가 어려웠어."

MP3 "We failed to create a new **budget**. We had difficulty in balancing the **budget**."

☐ buffet [bəféi]

n. 뷔페

ex. **뷔**가 **페**스티발이 끝난 후 **뷔페** 식당에 있다.

MP3 V is at a **buffet** restaurant after the festival.

☐ build [bild]

v. build - built - built 짓다, 건축(建築)하다

ex. "그들이 집을 **짓는다**고? 그건 거**짓**말이**다**! 그건 사실과 다르다."

MP3 "They are **building** a house? That's a lie! That's at variance with the fact."

• building [bíldiŋ] n. 건물, 건축
• buildup [bíldʌ̀p] n. 증강, 강화
• rebuild [ribíld] v. rebuild - rebuilt - rebuilt 재건하다
• overbuild [òuvərbíld] v. overbuild - overbuilt - overbuilt 집을 지나치게 많이 짓다
ꟻ skyscraper [skáiskrèipər] n. 고층 건물
• scraper [skréipər] n. (흙 등을) 긁어내는 도구
• scrape [skreip] v. 긁다, 긁어내다 n. 긁기, 긁힌 자국, 긁힌 상처

☐ bulb [bʌlb]

n. 전구, (식물의) 구근(球根)

ex. "**전 구**하고 있어요, **전구**를요."

MP3 "I'm looking for a **bulb**."

• filament [fíləmənt] n. 필라멘트
ꟻ fluorescent [fluərésnt] a. 형광(螢光)성의
• fluorescent lamp 형광등
• fluorescent lighting 형광등, 형광 조명

☐ bully [búli]

v. 위협하다, 약자를 괴롭히다, 왕따를 시키다 n. 약자를 괴롭히는 사람, 불량배(不良輩)

ex. "**왕**에게 잘잘못을 **따**지다 난 **왕따**당했네."

MP3 "I was **bullied** when I pointed out what was wrong with the king."

• bullying [búliiŋ] n. 약자를 괴롭히기, 집단 괴롭힘

∮outcast [áutkæ̀st] n. 따돌림받는 사람, 버림받은 사람 a. 버림받은

☐ bump [bʌmp]

v. 부딪치다 n. 충돌(衝突), 쿵, 쾅, 탁 (소리), 혹

ex. 그는 그녀와 실수로 **부딪쳤다**. 그러나 그녀는 일**부**러 **뒤**를 **쳤다**고 화냈다.

MP3 He **bumped** into her by mistake. But she got angry because she thought he had hit her on the back on purpose.

- bumper [bʌ́mpər] n. 범퍼(자동차의 완충 장치)

∮buffering [bʌ́fəriŋ] a. 완화(緩和)하는

☐ bundle [bʌ́ndl]

n. 묶음, 꾸러미, 뭉치, 다발, 보따리 v. 서둘러 밀어넣다, 무리 짓다

ex. 무릎 **꿇어 미**정이는 번들거리는 책 한 **꾸러미**를 묶었다.

MP3 Mijeong, on her knees, tied up a **bundle** of shiny books.

∮bunch [bʌntʃ] n. 다발, 묶음, 송이

☐ burdensome [bə́ːrdnsəm]

a. 부담(負擔)스러운, 짐이 되는

ex. 경기에서 **짐**(=지는 것)이 마음의 **짐**이다.

MP3 Losing the game is mentally **burdensome**.

- burden [bə́ːrdn] n. 짐, 부담 v. 짐을 지우다, 부담을 주다
- overburden [òuvərbə́rdən] v. 너무 많은 짐을 지우다, 과중한 부담을 주다

∮onerous [ɑ́nərəs] 성가신, 짐스러운, 짐이 되는

☐ burglar [bə́ːrglər]

n. 절도범(竊盜犯), 밤도둑

ex. "그 집에 침입한 이 **절도범**은 **절**대 우리에게서 **도**망가지 못할 **범**인이다."

MP3 "This **burglar** who has broken into the house will be an offender who cannot run away from us."

- burglary [bə́ːrgləri] n. 절도, 밤도둑질

∮housebreaker [háusbrèikər] n. 가택 침입자, 침입강도

☐ burn [bəːrn]

v. burn - burned/burnt - burned/burnt (불)타다, (불)태우다

ex. "그녀는 쉽게 질투로 **불타**는 경향이 있**지**. 그녀는 갑자기 소리치지. **불**필요할 정도로 그녀는 애**타지**. 그녀는 녹초가 되지."

MP3 "She has an aptitude to **burn** with jealousy. She bursts out. She gets anxious unnecessarily. And she feels **burnt** out."

- burnout [bə́ːrnàut] n. 소진, (심신의) 소모, 극도의 피로

∮arson [ɑ́ːrsn] n. 방화(放火)(죄)

- combustion [kəmbʌ́stʃən] n. 연소(燃燒)
- combust [kəmbʌ́st] v. 연소하다 a. 태양에 가까워져 빛이 엷어진
- flare [flɛər] v. 확 타오르다 n. 확 타오름, (flares) 나팔바지
- ignite [ignáit] v. 불을 붙이다, 불이 붙다, 점화(點火)하다
- ignition [igníʃən] n. 발화, 점화 장치
- ignitability [ignàitəbíləti] n. 가연성, 점화 가능성
- incinerator [insínərèitər] n. 소각로(燒却爐)
- incineration [insìnəréiʃən] n. 소각
- kindle [kíndl] v. 불붙이다

☐ burst [bəːrst]

v. burst - burst - burst 터지다, 파열(破裂)하다, 갑자기 …하다 n. 갑자기 터짐, 파열

ex. 경기에서 **터**무니없이 **지자** 그들은 혈관이 **터지**듯 화냈**다**. 몇 명은 울음을 터뜨렸다.

MP3 As they lost the game ridiculously, they got angry as if they **burst** a blood vessel. Some **burst** into tears.

- outburst [áutbə̀rst] **n.** 돌발, 폭발

∮rupture [rʌ́ptʃər] **n.** 파열 **v.** 파열시키다, 파열되다

☐ bury [béri]

v. 묻다, 매장(埋葬)하다

ex. "그 무엇도 **묻지** 말고 그것을 **묻어**."

MP3 "**Bury** it without asking any question."

- burial [bériəl] **n.** 매장, 장례(葬禮)
- burial ground 매장지, 묘지

☐ bus [bʌs]

n. 버스

ex. 콜럼**버스**가 운전하는 **버스**는 제시간대로 운행되지 않는다.

MP3 The **bus** that Columbus is driving never runs on time.

☐ bush [buʃ]

n. 덤불, 관목(灌木)

ex. 아이들이 **덤불**에서 **덤블**링(=텀블링)하고 있었다.

MP3 The children were tumbling in the **bush**.

- bush buck [búʃbʌk] **n.** 부시벅(아프리카 영양)
- bushmeat 야생동물 고기

∮shrub [ʃrʌb] **n.** 관목

☐ business [bíznis]

n. 사업, 장사, 일

ex. 쉴 **사**이 **없**이 바쁘게 한 **사업**으로 그는 큰돈을 벌었다.

MP3 The **business**, which he did at full blast, brought him in a lot of money.

- businessman [bíznəsmæ̀n] **n.** 사업가, 실업가(實業家), 경영인

∮entrepreneur [ɑ̀:ntrəprənə́:r] **n.** 기업가, 사업가

- entrepreneurship [ɑ̀:ntrəprənə́:rʃip] **n.** 창업 의욕, 기업가 정신
- enterprise [éntərpràiz] 기업(체), 기획(企劃), 진취(進取)성
- enterprising [éntərpràiziŋ] **a.** 진취적인, 기업적인

☐ busy [bízi]

a. 바쁜

ex. **바**에서 이**쁜** 아가씨가 몹시 **바쁜** 모습이다.

MP3 A pretty girl looks **busy** as a beaver at the bar.

∮hectic [héktik] **a.** 매우 바쁜

- bustle [bʌ́sl] **v.** 분주히 움직이다, 북적이다 **n.** 북적거림, 부산함

☐ butterfly [bʌ́tərflài]

n. 나비

ex. "**나비**는 **나비**가 아니라 고양이에요."

MP3 "Nabi is not a **butterfly** but a cat."

- monarch butterfly 제주왕나비

∮caterpillar [kǽtərpìlər] **n.** (나비, 나방의) 유충(幼蟲), 애벌레

- moth [mɔ:θ] **n.** 나방

☐ button [bʌ́tən]

n. 단추, 버튼 **v.** 단추를 잠그다

ex. "너의 재킷의 **단추**를 **단**단히 잠궈. 밖이 **추**우니까."

MP3 "**Button** up your jacket tightly. It's cold outside."

☐ buy [bai]

v. buy - bought - bought 사다

ex. "**사**, 그것들을 **다**!" 늘 이런 식으로 말을 한 건 돈 많은 의**사다**.

MP3 "**Buy** them all!" It is a rich doctor

who always says like this.

- buyer [báiər] **n.** 구매자(購買者), 사는 사람, 바이어
- overbuy [òuvərbái] **v.** overbuy - overbought - overbought 너무 많이 사다

C

☐ cabbage [kǽbidʒ]

n. 양배추

ex. **양배추**를 먹고 나서 최 **양**의 **배**가 **추**할 정도로 불러 있다.

MP3 Miss Choi is full with ugly belly after eating **cabbage**.

∮cucumber [kjúːkʌmbər] **n.** 오이
- pickle [píkl] **n.** 피클, 오이절임

☐ cabin [kǽbin]

n. 오두막(집), 객실, 선실

ex. "**오두막**집으로 **오**시죠, **두**목." **막**내가 말했다.

MP3 "Come to the **cabin**, boss." The youngest man said.

∮cabinet [kǽbənit] **n.** 캐비닛, 장롱(欌籠), (정부의) 내각(內閣)
- cabinet reshuffle 내각 개편, 개각(改閣)
- hut [hʌt] **n.** 오두막

☐ cactus [kǽktəs]

n. (**pl.** cacti [kǽktai]) 선인장(仙人掌)

ex. **선인장**을 **선인**(善人)이 **장**만했다.

MP3 A good man has bought a **cactus**.

☐ cafeteria [kæ̀fətíəriə]

n. 식당

ex. "조**식**, **당**신의 이름을 따서 여기를 조식 **식당**으로 하셨군요."

MP3 "Jo Sik, you call this place as Jo Sik **Cafeteria** after your name."

☐ cage [keidʒ]

n. 우리, 새장 **v.** 우리에 넣다, 새장에 가두다

ex. "**우리**의 **우리** 안에 무엇이 있을까요?"

MP3 "What is in our **cage**?"

∮corral [kərǽl] **n.** 가축우리
- pen [pen] **n.** 펜, (가축) 우리, 축사(畜舍) **v.** (우리에) 가두다

☐ cake [keik]

n. 케이크

ex. "내게 **케이크** 한 조각 먹는 일이야 식은 죽 먹기지." 맥**케이**는 **크**롬웰에게 말했다.

MP3 "It is a piece of **cake** for me to eat a piece of cake." Mckay said to Cromwell.

- crumb [krʌm] **n.** (케이크, 빵 등의) 부스러기
- crumble [krʌ́mbl] **v.** 바스러지다, 바스러뜨리다, 부수다, 가루로 만들다

☐ calculate [kǽlkjulèit]

v. 계산(計算)하다, 산출하다

ex. "**계**획(計劃)이 있니, 두**산**아?" "난 그 비용을 **계산**할 생각이야. 우선 내가 1000에서 100을 빼고, …"

MP3 "Do you have a plan, Dusan?" "I'm going to **calculate** the cost. First of all, I will subtract 100 from 1000, …"

- calculation [kæ̀lkjuléiʃən] **n.** 계산, 산출
- calculator [kǽlkjulèitər] **n.** 계산기

∮calculus [kǽlkjuləs] **n.** 미적분, 미적분학, 미적법
- plus [plʌs] **prep.** 더하기, 더하여 **a.** 플러스의 **n.** 플러스
- minus [máinəs] **prep.** …을 뺀 **a.** 마이너스의 **n.** 마이너스

• subtract [səbtrǽkt] v. 빼다
• subtraction [səbtrǽkʃən] n. 빼기, 뺄셈

☐ calendar [kǽləndər]

n. 캘린더, 달력, 일정표

ex. "**달력**에 내가 **달려**야 할 날들이 **억수**로(='굉장히'의 사투리) 많이 표시되어 있다."

MP3 "A lot of dates when I should run are marked on the **calendar**."

☐ call [kɔːl]

v. 부르다, 전화하다 n. 전화, 요구

ex. "**전 화**났어요. 모르는 사람에게 수신자 부담 **전화**를 받았거든요. 그는 공짜로 얻어먹으려 했어요."

MP3 "I was angry because I had a collect **call** from a stranger. He tried to get something for nothing."

• recall [rikɔ́ːl] v. 기억해내다, 소환하다, (불량품을) 회수하다 n. 기억, 소환, 회수, 리콜
• calling [kɔ́ːliŋ] n. 소집, 소명(召命), 천직(天職), 직업

☐ calligraphy [kəlígrəfi]

n. 서예(書藝), 서법, 달필, 캘리그래피

ex. "예서의 **서예**는 여기**서 예**술(藝術)이구나." 마시로가 그녀의 재능에 감탄했다.

MP3 "Yeseo's **calligraphy** is an art here." Mashiro admired her talent.

☐ calm [kaːm]

a. 고요한, 잠잠한, 차분한, 침착한 v. 가라앉히다, 진정시키다 n. 고요, 평온

ex. "**고요한** 밤이**고요**. **한** 사람도 거리에 없고요."

MP3 "It is a **calm** night. There is no one on the street."

∮ tranquil [trǽŋkwil] a. 고요한, 평온한
• tranquility [træŋkwíləti] n. 고요함, 평온

☐ calorie [kǽləri]

n. 칼로리, 열량(熱量)

ex. 자**칼**과 **로리**는 **칼로리**가 높은 케이크 같이 **칼로리**가 높은 음식을 먹으며 살찌고 있다.

MP3 Jackal and Laurie are eating food that is high in **calories**, such as cakes loaded with **calories**, and putting on weight.

☐ camel [kǽməl]

n. 낙타

ex. "그의 **낙**(樂)은 **타**는 거야, **낙타**를."

MP3 "Riding on a **camel** is his pleasure."

∮ hump [hʌmp] n. (낙타의) 혹, 고비, 난관

☐ camera [kǽmərə]

n. 카메라, 사진기

ex. **카메라**를 **카**터 씨가 그의 아들에게 **매라**고 했더니 그 소년은 그것을 분해해 버렸다.

MP3 Carter told his son to fasten the **camera**, but the boy took it apart.

☐ camp [kæmp]

n. 캠프, 천막(天幕), 야영지(野營地), 수용소 v. 야영하다

ex. "나 **천막**을 처음 쳐봐." "**천**천히 해. **막** 하지 말고."

MP3 "I am setting up **camp** for the first time." "Take your time. Don't do it thoughtlessly."

• camping [kǽmpiŋ] n. 캠핑, 야영
• campfire [kǽmpfàiər] n. 캠프파이어, 모닥불

∮ tent [tent] **n.** 텐트, 천막

☐ campaign [kæmpéin]

n. 캠페인, 운동, 선거 운동, 전투 **v.** 캠페인을 벌이다

ex. **캠페인**이 끝난 후 **캠**벨은 왜 그가 당선자에게 패했는지 **패인**을 분석했다.

MP3 After the **campaign**, Campbell analyzed why he had been defeated by the elected leader.

∮ crusade [kruːséid] **n.** (신념을 이루기 위해 사회 변화를 추구하는) 운동, (Crusade) 십자군
- Crusader [kruːséidər] **n.** 십자군 전사
- election [ilékʃən] **n.** 선거, 당선
- elect [ilékt] **v.** 선거하다, 선출하다 **a.** 선출된, 당선된
- electorate [iléktərət] **n.** 유권자

☐ campus [kǽmpəs]

n. 캠퍼스, 대학의 구내, 교정

ex. "난 이른바 **캠퍼스** 커플의 비밀을 **캠**." "어떻게?" "난 그들의 **퍼스**널 컴퓨터를 킴." "범죄 아님?"

MP3 "I'm trying to reveal the secret of what is called **campus** couple." "How?" "I'm turning on their personal computer." "Isn't it a crime?"

☐ canal [kənǽl]

n. 운하(運河), 수로(水路)

ex. **운하**에 띄운 **하**알리 퀸의 몸이 관찰된다.

MP3 Harley Quinn's body floating in the **canal** is observed.

∮ aqueduct [ǽkwədʌkt] **n.** 수로

☐ cancel [kǽnsəl]

v. 취소(取消)하다

ex. "우리 모임을 **취소**할까?" "너 **취**(醉)했니? 헛**소**리하지 마."

MP3 "Shall we **cancel** the meeting?" "Are you drunk? Don't talk nonsense."

∮ revoke [rivóuk] **v.** (공식적으로) 취소하다, 철회(撤回)하다, 폐지하다

☐ cancer [kǽnsər]

n. 암(癌)

ex. "**암**요! **암**은 이겨내는 거예요. 당신은 할 수 있어요."

MP3 "Yes! **Cancer** can be defeated. You can overcome the **cancer** you have."

- cancer of the oral cavity 구강암
- colon cancer 결장암, 대장암

☐ candidate [kǽndidèt]

n. 후보자(候補者)

ex. "그 **후보자**가 세금 인하를 내세웠어." "과연 어떨지 당선 **후 보자**고."

MP3 "The **candidate** set forth his views on the tax cut." "Let's wait and see after the election."

- candid [kǽndid] **a.** 솔직(率直)한
- candidly [kǽndidli] **ad.** 솔직히

∮ honest [ánist] **a.** 정직한, 솔직한
- honesty [ánisti] **n.** 정직, 솔직성
- dishonest [disánist] **a.** 부정직한

☐ candle [kǽndl]

n. 양초, 초

ex. 박 **양**은 **초**연히 **양초**의 불을 껐다.

MP3 Miss Park composedly blew out the **candles**.

☐ cannon [kǽnən]

n. 대포

ex. **대포**는 군**대**에 대개 **포**함되어 있었다.

MP3 **Cannons** were usually among the

weapons of the army.

ℊ artillery [aːrtíləri] n. 대포

☐ cap [kæp]

n. (테 없는) 모자, 상한, 한도 v. 상한을 정하다, 한도를 정하다

ex. **모**든 남**자**들은 **모자**를 쓰고 있다.

MP3 Every man is wearing a **cap**.

- cap and trade 배출권 거래제

☐ capacity [kəpǽsəti]

n. 용량, 역량, 능력, 수용 능력

ex. **역**시 선**량**한 그 여성은 어려운 일을 해낼 **역량**이 있었다. 마치 그 상황을 준비하고 있었던 것 같았다.

MP3 As expected, the good-natured woman had a **capacity** for hard work. It was as if she had geared up for the situation.

- capable [kéipəbl] a. 수용할 수 있는, 역량 있는, 능력 있는
- capability [kèipəbíləti] n. 능력
- incapable [inkéipəbl] a. 할 수 없는, 무능한

☐ cape [keip]

n. 망토, 곶, 갑(岬)

ex. **망토**를 걸친 신사가 전**망**대에 **토**요일에 있었다.

MP3 There was a gentleman wearing a **cape** at the observatory on Saturday.

ℊ cloak [klouk] n. 망토 v. 가리다, 은폐(隱蔽)하다

☐ capital [kǽpətl]

n. 수도(首都), 자본, 대문자 a. 주요한, 자본의, 대문자의, 사형의

ex. "아시아의 **수도**의 **수**(數)**도** 너는 알아?"

MP3 "Do you also know the number of **capitals** in Asia?"

- capitalism [kǽpətəlìzm] n. 자본주의
- capitalist [kǽpitlist] n. 자본주의자, 자본가
- capitalize [kǽpətəlàiz] v. 대문자로 쓰다, 자본화하다, 자기 목적에 이용하다

ℊ Prague [praːg] n. 프라하(체코의 수도)

☐ captain [kǽptin]

n. 선장(船長), 기장, 함장, 주장, 우두머리

ex. **선장**은 그의 **선**원들과 **장**난치고 있다.

MP3 The **captain** is playing with his sailors.

☐ capture [kǽptʃər]

v. 붙잡다, 포로로 잡다, 포획(捕獲)하다, 포착(捕捉)하다
n. 포획, 포착

ex. 그들은 군인들을 **포로로 잡**으려**다** 노력이 수**포로** 돌아갔고, 그들이 반대**로 잡**혀 버렸**다**.

MP3 They tried to **capture** the soldiers, but in vain. Rather, they were held captive.

- captive [kǽptiv] a. 포획된 n. 포로
- captivity [kæptívəti] n. 포획, 감금(監禁)

☐ car [kaːr]

n. 차, 자동차, 객차

ex. "**차**도에서 **차** 조심해라. 음악에 넋을 잃지 마라."

MP3 "Look out for **cars** on the roadway. Don't be carried away by the music."

ℊ gear [giər] n. 기어, 장치, 장비 v. 기어를 넣다
- garage [gərάːdʒ] n. 차고, 주차장
- park [paːrk] n. 공원, 경기장 v. 주차하다

☐ carbon [kάːrbən]

n. 탄소

ex. 물질이 **탄**다, **소**량의 이산화**탄소**를 배

출하면서.

MP3 The material is burned, producing little **carbon** dioxide.

- carbon dioxide 이산화탄소(CO2)
- carbohydrate [kὰːrbouháidreit] n. 탄수화물

≠ greenhouse gas [gríːnhaus gæ̀s] n. (이산화탄소 같은) 온실 가스

- greenhouse [gríːnhàus] n. 온실
- sulfur dioxide 이산화황
- starch [stɑːrtʃ] n. 녹말, 전분, 탄수화물 v. 풀을 먹이다
- starchy [stáːrtʃi] a. 전분질의, 녹말의, 탄수화물이 많은

☐ card [kɑːrd]

n. 카드 v. (양털 등을) 빗질하여 다듬다

ex. **카드**캡터 하라는 비장의 **카드** 하나를 가지고 있다.

MP3 Cardcaptor Hara has a **card** up her sleeve.

☐ care [kɛər]

v. 신경쓰다, 돌보다 n. 근심, 주의, 돌봄

ex. 그녀는 자꾸 **돌아보며** 아기를 **돌본다.**

MP3 Turning her back again and again, she takes **care** of her baby.

- caring [kέəriŋ] a. 돌봐주는, 보살피는, 배려하는
- careful [kέərfəl] a. 주의깊은, 조심하는
- carefree [kέərfri] a. 근심 없는, 속 편한
- careless [kέərlis] a. 부주의한, 신경쓰지 않는

≠ heedless [híːdlis] a. 부주의한

- heed [hiːd] v. 주의를 기울이다 n. 주의

☐ career [kəríər]

n. 직업, 경력(經歷)

ex. "**경**건(敬虔)한 마음가짐으로 주**력**(主力)인 일에서 **경력**을 쌓아나가라. 너의 일을 계속 해나가라."

MP3 "Make a **career** of what you focus on piously. Carry on with your work."

☐ carnivore [káːrnəvɔ̀ːr]

n. 육식(肉食) 동물

ex. **육식 동물**이 살**육**(殺戮)하고 **식**사한다, 다른 **동물**들을.

MP3 A **carnivore** kills and eats other animals.

- carnivorous [kɑːrnívərəs] a. 육식성의

≠ omnivore [ámnivɔ̀ːr] n. 잡식(雜食) 동물

- omnivorous [àmnívərəs] a. 잡식성의

☐ carpenter [káːrpəntər]

n. 목수(木手)

ex. **목수**는 **목**요일과 **수**요일의 시간을 되돌리기를 헛되이 원했다.

MP3 The **carpenter** hoped to have turned back the hands of time on Thursday and on Wednesday.

☐ carrot [kǽrət]

n. 당근, 보상, 미끼

ex. "그건 **당근**이**당**. 나는 **근**무 시간에 그걸 치즈랑 먹는당."

MP3 "It is a **carrot**. I eat it with a piece of cheese while working."

☐ carry [kǽri]

v. 나르다, 옮기다, 지니다

ex. "상자들을 **나르러 나**가기에는 이**르다**."

MP3 "It is too early to go out to **carry** the boxes."

- carriage [kǽridʒ] n. 마차, 객차, 운반, 운송
- carrier [kǽriər] n. 나르는 것, 항공사, 운송 회사, 보균자(保菌者), 매개체

≠ porter [pɔ́ːrtər] n. 운반인, 짐꾼

- portable [pɔ́ːrtəbl] a. 휴대(携帶)할 수 있는, 휴대용의
- portability [pɔ̀ːrtəbíləti] n. 휴대성

☐ cart [kɑːrt]

n. 수레, 손수레, 카트 v. 수레로 나르다

ex. 그는 **술에** 취해 **수레**를 끈다.

MP3 He is drawing a **cart** while drunk.

☐ cartoon [kɑːrtúːn]

n. 만화, 시사(時事)만화, 만평

ex. 쿠키를 먹으며 **만화만** 성**화**는 본다.

MP3 Seonghwa only watches **cartoons**, eating cookies.

∮ comic [kámik] n. 만화, 만화 잡지, 코미디언 a. 코미디의, 희극의, 웃기는

☐ carve [kɑːrv]

v. 조각(彫刻)하다, 새기다

ex. "그녀는 **조각**하**죠**, **각**각(各各)의 얼굴을요."

MP3 "She is **carving** each face."

∮ etch [etʃ] v. 새기다
- sculpture [skʌ́lptʃər] n. 조각, 조소, 조각품
- sculptor [skʌ́lptər] n. 조각가
- statue [stǽtʃuː] n. 조각상, 동상(銅像)

☐ case [keis]

n. 경우, 사례, 사건, 주장, 격(格)

ex. 그 **경우**를 **경**험 많은 사람이 **우**려한다.

MP3 An experienced person is worried about the **case**.

- case ending 격 변화 어미
- casement [kéismənt] n. 여닫이 창(문)

☐ cash [kæʃ]

n. 현금(現金), 현찰(現札) v. 수표를 현금으로 바꾸다

ex. "내겐 **현금**이 **현**재 **금**과 같다."

MP3 "**Cash** is like gold to me now."

- cash register 금전 등록기
- cashier [kæʃíər] n. 현금 출납원, 계산원

☐ cast [kæst]

v. cast - cast - cast 던지다 n. 던지기, 배역(配役)

ex. 신들이 운명의 주사위를 **던진다**. 난파하**던** 사람들이 게임에서 **진다**.

MP3 The Gods **cast** a dice of destiny. People who are **cast** away lose the game.

- casting [kǽstiŋ] n. 캐스팅, 배역 선정
- miscast [miskǽst] v. 배역을 잘못 선정하다, 부적당한 역을 배정하다

☐ castle [kǽsl]

n. 성(城)

ex. "내 **성**님(='형님'의 사투리)의 **성**이 웅장(雄壯)해유."

MP3 "My brother has a grand **castle**."

☐ casual [kǽʒuəl]

a. 평상시(平常時)의, 무심한, 우연한, 임시의 n. 평상복

ex. "할아버지는 **평상시**의 옷차림으로 **평상**(平床)에 계**시**다."

MP3 "My grandfather wearing **casual** clothes is sitting on the wooden bench."

- casually [kǽʒuəli] ad. 무심코, 우연히, 임시로

☐ cat [kæt]

n. 고양이

ex. 그녀는 **고양이**를 보면 감정이 **고양**(高揚)**이** 된다.

MP3 Seeing a **cat** raises her spirit.

∮ feline [fíːlain] n. 고양잇과 동물 a. 고양잇과의
- mouse [maus] n. (몸집이 작은) 쥐, 생쥐
- rat [ræt] n. (몸집이 큰) 쥐
- rat race 치열하고 무의미한 경쟁
- rodent [róudnt] n. (쥐, 다람쥐 등이 속한) 설치류 동물

C

☐ catalyst [kǽtəlist]

n. 촉매(觸媒), 기폭제(起爆劑)

ex. 그들은 변화를 위한 **촉매**에 **촉**을 **매**우 곤두세운다.

MP3 They're paying much attention to a **catalyst** for change.

∮ enzyme [énzaim] **n.** 효소(酵素)

☐ catch [kæʧ]

v. catch - caught - caught 잡다, 발견하다, 이해하다, (병에) 걸리다,

ex. "날 따라**잡다**니 넌 역시 스티브 **잡스다**."

MP3 "You are Steve Jobs as expected seeing that you've **caught** up with me."

- catch phrase 유명 문구

∮ slogan [slóugən] **n.** 슬로건, 구호(口號), 표어
- motto [mάtou] **n.** 모토, 좌우명(座右銘), 표어

☐ category [kǽtəgɔ̀ːri]

n. 범주(範疇)

ex. 다른 **범주**를 침**범**한 **주**인공은 당당했다.

MP3 A protagonist who broke into a different **category** kept his chin up.

- categorical [kætəgɔ́ːrikəl] **a.** 단정적(斷定的)인, 범주의
- categorize [kǽtəgəràiz] **v.** 분류(分類)하다, 범주로 나누다

☐ cathedral [kəθíːdrəl]

n. 대성당(大聖堂)

ex. 그들은 **대성**(大成)해서 **당**당하게 **대성당** 안으로 들어갔다.

MP3 Being a great success, they entered the **cathedral** in an imposing manner.

∮ catholicism [kəθάlisìzm] **n.** 가톨릭교
- pope [poup] **n.** (the Pope) 교황(敎皇)

☐ cause [kɔːz]

n. 원인(原因), 대의명분(大義名分) **v.** 원인이 되다, 야기하다

ex. "뭐가 **원인**이라 결**원**(缺員)**인** 거였어?"

MP3 "What **caused** a vacancy?"

- cause-and-effect relationship 인과 관계(因果關係)
- causality [kɔːzǽləti] **n.** 인과 관계

∮ exogenously [eksάdʒənəsli] **ad.** 외적(外的)인 요인으로

☐ caution [kɔ́ːʃən]

n. 주의, 조심, 경고 **v.** 주의를 주다, 경고하다

ex. 그들은 **경**치만 보**고** 들판에 들어가지는 말라고 **경고**한다.

MP3 They **caution** against entering the field. Only looking at the scenery is allowed.

- cautious [kɔ́ːʃəs] **a.** 주의하는, 조심스러운, 신중한
- precaution [prikɔ́ːʃən] **n.** 예방(豫防) 조치, 예방책, 피임(避姙)
- precautionary [prikɔ́ːʃənèri] **a.** 예방 조치의
- precautious [prikɔ́ːʃəs] **a.** 조심하는, 신중한

☐ cave [keiv]

n. 동굴

ex. **동굴** 벽에 **동**그란 돌이 **굴**러가는 그림이 있다.

MP3 A round stone that is rolling is painted on the **cave** wall.

∮ tunnel [tʌ́nl] **n.** 터널, 굴 **v.** 터널을 뚫다, 굴을 파다

☐ cease [siːs]

v. 그만두다 **n.** 중지

ex. "내가 질리게 먹었던 **그 만두다**. 난 끊임없이 그것을 먹었다. 난 더이상 그걸 먹는 걸 **그만두**어야겠**다**."

MP3 "It is the dumpling that I was fed up with. I ate it without **cease**. I will

cease to eat it any more."

- ceasefire [sísfaiər] **n.** 사격 중지, 전투 중지, 정전(停戰)
- ceaseless [síːslis] **a.** 끊임없는
- incessant [insésnt] **a.** 끊임없는

cf stop [stɑp] **v.** 멈추다, 그만두다, 막다 **n.** 멈춤, 정류장
- pause [pɔːz] **v.** (일시적으로) 멈추다 **n.** (일시적인) 중지, 멈춤
- pausal [pɔ́ːzəl] **a.** 쉬는, 휴지(休止)의
- truce [truːs] **n.** 휴전(休戰)

☐ ceiling [síːliŋ]

n. 천장, 최고 한도

ex. **천장** 아래 **천 장**의 종이가 쌓여 있다.

MP3 A thousand pieces of paper are piled up under the **ceiling**.

☐ celebrity [səlébrəti]

n. 유명 인사(有名人士), 연예인, 명성(名聲)

ex. 몇몇 **연예인**들이 **연**이어 놀림당하는 모습을 **예인**이는 보았다. **유명 인사**들은 때때로 당황스러운 일을 겪는다.

MP3 Yein saw some **celebrities** being made fun of one after another. The **celebrated** are sometimes embarrassed.

- celebrate [séləbrèit] **v.** 기념(記念)하다, 축하하다, 찬양(讚揚)하다
- celebrated [séləbrèitid] **a.** 유명한

☐ cellphone [sélfoun]

n. 휴대(携帶) 전화, 휴대폰

ex. "**휴**식할 때 **대**개 **전** 평**화**롭게 **휴대 전화**를 끕니다."

MP3 "As usual, I turn off my **cellphone** peacefully when I take a rest."

- cellular phone 휴대 전화, 휴대폰
- cellular [séljulər] **a.** 세포의, 휴대 전화의
- cellar [sélər] **n.** 지하 저장실
- cell [sel] **n.** 세포, 작은 방

cf membrane [mémbrein] **n.** (해부학) 얇은 막, 세포막
- protoplasm [próutəplæzm] 원형질, 세포질
- mtDNA 미토콘드리아 DNA

☐ censor [sénsər]

v. 검열(檢閱)하다 **n.** 검열관

ex. **검**은 옷을 입은 남자가 **열** 편의 영화를 **검열**했다.

MP3 A man clothed in black **censored** ten films.

- censorship [sénsərʃip] **n.** 검열

☐ center [séntər]

n. 중심, 중앙 **v.** 중심에 두다

ex. 자신이 세상의 **중심**에 있다고 생각하는 **중**학생은 **심**란하다.

MP3 A middle school student thinking that he is in the **center** of the world is uneasy.

- central [séntrəl] **a.** 중심의, 중앙의

☐ century [séntʃəri]

n. 100년, 세기(世紀)

ex. 21**세기**의 **세 기**술자들이 언론에 보도되었다.

MP3 Three engineers in the 21st **century** were reported in the media.

- centurial [sentjúəriəl] **a.** 100년의, 1세기의

cf centennial [senténiəl] **n.** 100주년 **a.** 100년의

☐ ceremony [sérəmòuni]

n. 의식(儀式), 식(式)

ex. 그들은 그 **의식**을 **의식**(意識)한다.

MP3 They are conscious of the **ceremony**.

cf rite [rait] **n.** (종교적) 의식

- rite of passage 통과 의례(通過儀禮)
- ritual [rítʃuəl] **n.** (종교 등의) 의식 **a.** 의식의, 의례적인

☐ certificate [sərtífikeìt]

n. 증명서(證明書), 자격증

ex. **증명서**에 **증명**의 내용이 **서**면으로 작성되어 있다. 그 정보는 이로써 확인된다.

MP3 The contents of the certification are written in a **certificate**. The information is hereby certified.

- gift certificate 상품권
- GCSE 중등 교육 일반 증서 (General Certificate of Secondary Education)
- certification [sə̀ːrtəfikéiʃən] **n.** 증명, 보증, 증명서, 자격증
- certify [sə́ːrtəfài] **v.** 증명하다, 보증하다
- certifiable [sə́ːrtəfàiəbl] **a.** 증명할 수 있는, 정신이 이상하다고 여길 만한

≠ credentials [krədénʃlz] **n.** 자격, 자격증

☐ chain [tʃein]

n. 사슬, 연쇄(連鎖), 체인점, 속박(束縛) **v.** 사슬로 묶다

ex. 박**사**는 **슬**그머니 **사슬**에서 빠져나왔다.

MP3 The doctor broke free from the **chain** without being noticed.

- food chain 먹이 사슬, 먹이 연쇄
- chainsaw [tʃéinsɔː] **n.** 사슬톱, 기계톱

☐ chair [tʃεər]

n. 의자, 의장(議長) **v.** 의장을 맡다

ex. 이 **의자**는 그**의 자**랑거리다.

MP3 This **chair** is his pride.

- sedan chair [sidǽn tʃεər] 가마
- swivel chair [swívəl tʃεər] 회전의자

≠ bench [bentʃ] **n.** 벤치, 긴 의자

- couch [kautʃ] **n.** 소파(sofa), 긴 의자, 침상
- stool [stuːl] **n.** 등받이가 없는 의자

☐ chalk [tʃɔːk]

n. 분필(粉筆) **v.** 분필로 쓰다, 분필로 그리다

ex. **분필**로 쓰인 것을 학생들이 **분**발하여 **필**기한다.

MP3 Students are writing down with effort what is written with **chalk**.

chalkboard 칠판

☐ challenge [tʃǽlindʒ]

n. 도전(挑戰) **v.** 도전하다

ex. "챔피언**도 전 도전**할 거예요." "그래, 해 봐!"

MP3 "I will also **challenge** for the championship." "OK, give it a try!"

- challenging [tʃǽlindʒiŋ] **a.** 도전적인
- challengeable [tʃǽlindʒəbl] **a.** 도전할 수 있는

☐ chance [tʃæns]

n. 기회(機會), 가능성, 우연

ex. 그가 **기**다린다, 그녀와의 재**회**(再會)의 **기회**를.

MP3 He's been waiting for a **chance** to reunite with her.

≠ serendipitous [sèrəndípətəs] **a.** (재수 좋게) 우연히 얻은

☐ change [tʃeindʒ]

v. 바꾸다, 바뀌다 **n.** 변화, 잔돈, 거스름돈

ex. 소녀는 **바**앙구(=방귀)를 **꾸어** 공기를 **바꾸어** 놓았다.

MP3 The girl farted and **changed** the air.

- changeable [tʃéindʒəbl] **a.** 변하기 쉬운, 변덕스러운
- unchangeable [ʌntʃéindʒəbl] **a.** 바꿀 수 없는, 변하지 않는

≠ fluctuate [flʌ́ktʃuèit] **v.** 오르내리며 변하다

- convert [kənvə́ːrt] **v.** 전환(轉換)하다, 개종시키다 **n.** [kɔ́nvəːrt] 개종자

• converter [kənvə́ːrtər] n. 전환시키는 사람, 변환기
• convertible [kənvə́ːrtəbl] a. 전환할 수 있는 n. 컨버터블(지붕을 접거나 뗄 수 있는 자동차)
• conversion [kənvə́ːrʒən] n. 전환, 변환, 개조, 개종
• immutable [imjúːtəbl] a. 변치 않는
• switch [switʃ] n. 스위치, 전환 v. 전환하다

☐ chaos [kéiɑs]

n. 카오스, 무질서, 혼란(混亂), 혼돈(混沌)

ex. **혼돈** 상태에서 영**혼**(靈魂)들이 **돈**다.

MP3 Spirits are spinning in **chaos**.

• chaotic [keiɑ́tik] a. 무질서한, 혼란스러운, 혼돈의
≠ cosmos [kɑ́zməs] n. 우주, 질서(秩序), 코스모스

☐ character [kǽriktər]

n. 성격, 기질, 특성(特性), 특징, 등장인물, 문자

ex. 그 가족에게 **특**별(特別)한 **성**(姓)을 쓰는 **특성**이 있다.

MP3 The **character** of the family is using a unique family name.

• characteristic [kæriktərístik] a. 특유의, 특징적인 n. 특징, 특질
≠ trait [treit] n. 특성
• cuneiform [kjuːníəfɔːrm] n. 쐐기 문자(cuneiform script)
• protagonist [proutǽgənist] n. 주인공
• hero [híərou] n. 영웅, 남자 주인공
• heroine [hérouin] n. 여걸, 여주인공

☐ charge [tʃɑːrdʒ]

v. 부담(負擔)시키다, 청구(請求)하다, 기소하다, 비난하다, 충전하다 n. 부담, 요금, 기소, 비난, 책임

ex. 심**청**은 그들에게 **구**백만 원을 **청구**했다.

MP3 Shim Chung **charged** them nine million won.

• rechargeable [riːtʃɑ́ːrdʒəbl] a. 재충전할 수 있는
• overcharge [òuvərtʃɑ́rdʒ] v. (부당하게) 지나치게 청구하다, 바가지요금을 씌우다
• discharge [distʃɑ́ːrdʒ] v. (짐을) 내리다, 방출(放出)하다, 해방하다, 퇴원시키다 n. [dístʃɑːrdʒ] 방출, 해방, 퇴원
≠ indict [indáit] v. 기소하다

☐ charity [tʃǽrəti]

n. 자선(慈善), 자선 단체

ex. **자선** 단체에 당신의 돈을 기부하는 것은 당신 **자**신(自身)에게 **선**물(膳物)을 주는 것이다.

MP3 Giving away your money to **charity** is giving a present to yourself.

• charitable [tʃǽritəbl] a. 자선하는, 너그러운

☐ charm [tʃɑːrm]

n. 매력(魅力), 마력(魔力), 마법 v. 매혹하다

ex. "**말**할 필요도 없이 **역**시 그는 그녀의 **마력**에 홀려 버렸어."

MP3 "Needless to say, as expected, he fell a victim to her **charms**."

• charming [tʃɑ́ːrmiŋ] a. 매력적인, 마법을 거는

☐ chart [tʃɑːrt]

n. 차트, 도표(圖表), 인기 음반 순위표 v. 도표화하다, 지도화하다

ex. 그 연구원**도** 자신의 몸무게가 줄었는지 그동안 그녀가 **표**시한 **도표**를 보며 확인했다.

MP3 The researcher also made certain that she had lost weight, checking the **chart** that she had been making until then.

• uncharted waters 미개척(未開拓) 영역

☐ charter [tʃɑ́ːrtər]

n. 헌장(憲章)

ex. "유엔 **헌장**은 **헌 장**식(粧飾)인가요?"

MP3 "Is the UN **Charter** a useless decoration?"

☐ chase [tʃeis]

v. 추적(追跡)하다, 추구(追求)하다, 뒤쫓다, 좇다 **n.** 추적, 추구

ex. 그녀를 **뒤쫓은 뒤**에 그는 **쫓**겨났**다**.

MP3 After **chasing** her, he was **chased** away.

☐ chat [tʃæt]

v. 수다떨다, 잡담(雜談)하다, 채팅하다 **n.** 수다, 잡담

ex. 그녀는 **잡**스와 **담**장 근처에서 체스를 두며 **잡담**했다.

MP3 She **chatted** with Jobs near the fence, playing chess.

- chatting [tʃǽtiŋ] **n.** 채팅, 인터넷으로 나누는 대화

☐ cheap [tʃiːp]

a. (값이) 싼, 싸구려의, 저렴(低廉)한

ex. "값이 **싼** 책을 찾고 있나? 그 책은 **싼** 책이 전혀 아니다. 비**싼** 책이다."

MP3 "Are you looking for low-priced books? The book is anything but **cheap**. It is expensive."

∮ crummy [krʌ́mi] **a.** (품질이) 형편없는

☐ cheat [tʃiːt]

v. 부정행위(不正行爲)를 하다, 속이다 **n.** 부정행위, 속임수

ex. "너는 **부정행위**를 (하고도 이를) **부정**(否定)하는 **행위**를 하는구나. 너는 절대로 무사히 못 넘어간다."

MP3 "You are denying **cheating**. You can never get away with it."

☐ check [tʃek]

v. 점검(點檢)하다, 저지(沮止)하다 **n.** 점검, 저지, 수표

ex. "**저**들이 **지**금 우리를 계산대에서 **저지**하려고 하고 있어."

MP3 "They are holding us in **check** at the checkout counter now."

∮ monitor [mánətər] **v.** 감시(監視)하다, 모니터하다 **n.** 모니터, 화면, 감시 장치, 감시하는 사람
- postdate [pòustdéit] **v.** (수표 등에) 날짜를 실제보다 늦추어 적다

☐ cheek [tʃiːk]

n. 뺨, 볼

ex. **삐** 소리가 난 후 **암**흑 속에서 그녀의 **뺨**에 눈물이 흘러 내렸다.

MP3 After the tone, tears ran down her **cheeks** in the dark.

☐ cheer [tʃiər]

n. 응원(應援), 환호(歡呼) **v.** 응원하다, 환호하다

ex. "**응**, 난 **원**해요, 즉시 **응원**받기를."

MP3 "Yes, I want to be **cheered** up in an instant."

- cheerful [tʃíərfəl] **a.** 쾌활한

∮ gaiety [géiəti] **n.** 흥겨움, 쾌활함, 유쾌함
- morale [mərǽl] **n.** 사기(士氣), 의욕
- demoralize [dimɔ́ːrəlàiz] **v.** 사기를 꺾다, 의기소침하게 하다
- demoralization [dimɔ̀ːrəlizéiʃən] **n.** 사기 저하, 의기소침, 풍기 문란(紊亂)

☐ chemical [kémikəl]

a. 화학(化學)의 **n.** 화학 물질

ex. "**화학** 기호는 **화**가와 과**학**자에게 각각 어떤 의미일까?"

MP3 "What does the **chemical** symbol mean to an artist and to a scientist?"

- chemical formula 화학식
- chemistry [kéməstri] **n.** 화학, 화학 반응, (두 사람 사이의) 친화력

∮ chlorine [klɔ́ːriːn] **n.** [화학] 염소(Cl)
- silicate [sílikət] **n.** 규산염
- sodium [sóudiəm] **n.** 나트륨

☐ cherish [tʃériʃ]

v. 소중히 하다, 소중히 여기다

ex. **소중히 하는** 벚나무에 관해 담소 **중**에 급**히 하**윤이가 나갔**다**.

MP3 Hayoon hurriedly went out when talking about cherry trees she **cherishes**.

☐ chew [tʃuː]

v. 씹다 **n.** 씹기

ex. "윤비 **씨**, **입**에 무**어 씹어**?"

MP3 "Yoonbi, what are you **chewing** in your mouth?"

- chewing gum 껌

∮ gnaw [nɔː] **v.** gnaw - gnawed - gnawed/gnawn 물어뜯다, 갉아먹다

☐ chicken [tʃíkən]

n. 닭, 닭고기, 치킨

ex. "입 **닥**치고 **닭** 먹어."

MP3 "Shut up and eat **chicken**."

- chick [tʃik] **n.** 병아리

∮ hen [hen] **n.** 암탉

- cock [kɑk] **n.** 수탉
- crow [krou] **n.** 까마귀, 수탉의 울음소리
- poultry [póultri] **n.** 가금류(家禽類, 닭·오리·거위 등)

☐ chief [tʃiːf]

a. 주요(主要)한, 최고(의 지위)의 **n.** 최고의 지위, 우두머리, 장(長), 추장

ex. "**주요한** 이유를 말해**주**세**요**, **한** 선생님." 채현이가 말했다.

MP3 "Tell me the **chief** reason, Mr. Han." Chaehyun said.

- chiefly [tʃíːfli] **ad.** 주로

∮ staple [stéipl] **a.** 주요한 **n.** 주요 산물, 주된 식사, 철사 침, 꺾쇠 **v.** 스테이플러로 고정(固定)하다

- stapler [stéiplər] **n.** 스테이플러, 호치키스

☐ child [tʃaild]

n. 아이, 어린애

ex. "우리가 보는 게 **어린애**의 **얼인**가?" "우리는 그녀가 그것에 **애**쓰는 모습을 본다."

MP3 "Is it the **child's** spirit that we see?" "We see her working on it."

- childhood [tʃáildhùd] **n.** 어린 시절

☐ childish [tʃáildiʃ]

a. 어린애 같은, 유치(幼稚)한

ex. **유치한** 이**유**뿐인 **치한**(癡漢)이다.

MP3 A molester has nothing more than a **childish** reason.

- childlike [tʃáildlàik] **a.** 아이다운, 거짓 없고 순수한

☐ chimney [tʃímni]

n. 굴뚝

ex. **굴뚝** 위에 **굴뚝**새 한 마리가 있다.

MP3 There is a wren on the **chimney**.

☐ chin [tʃin]

n. 턱

ex. "공포로 숨이 **턱** 막히더라도 **턱**을 들어, 용기를 잃지 말고 기운 내!"

MP3 "Although you gasp with horror, keep your **chin** up!"

∮ jaw [dʒɔː] **n.** 턱

☐ chocolate [tʃɔ́ːkələt]

n. 초콜릿

ex. **초콜릿**을 주는 그 날은 2월 14일에 해당하는 날이다. **초**조한 니**콜**의 기분만큼 날씨도 흐**릿**하다.

MP3 The day when **chocolates** are given falls on February 14. Just as

C

Nicol is nervous, it is cloudy.

☐ choir [kwaiər]

n. 합창단(合唱團), 성가대(聖歌隊)

ex. 우리가 힘을 **합**해 **창단**한 **합창단**에서 그는 알토로, 그녀는 소프라노로 노래한다.

MP3 He sings as an alto and she sings as a soprano in the **choir** which we made together.

∮ chorus [kɔ́ːrəs] **n.** 코러스, 합창단, 합창, 후렴(後斂)

☐ choke [ʧouk]

v. 질식(窒息)시키다, 질식하다, 숨이 막히다

ex. **질**은 **식**사하던 중에 빵 한 조각에 **질식**할 뻔했다.

MP3 Jill came close to **choking** on a piece of bread at the table.

- choke on ~에 질식하다

∮ smother [smʌ́ðər] **v.** 질식시키다, (불을) 덮어 끄다
- stifle [stáifl] **v.** 억누르다, 질식시키다

☐ choose [ʧuːz]

v. choose - chose - chosen 선택(選擇)하다, 고르다

ex. "당신은 좋은 **선택**을 **하는** 것과 나쁜 **선택**을 **하는** 것 중에서 **선택**해야 **한다**."

MP3 "You should **choose** between making a good choice and making a bad choice."

- choice [ʧɔis] **n.** 선택
- mischoose [misʧúːz] **v.** mischoose - mischose - mischosen 선택을 그르치다, 잘못 선택하다

☐ chop [tʃap]

v. (토막으로) 썰다, 잘게 자르다 (장작 등을) 패다

ex. "소년이여." "옛, **썰**!" "**다 썰**어라, **다**앙근(=당근)들을." "옛, 썰!"

MP3 "Hey, boy." "Yes, sir!" "**Chop** all the carrots." "Yes, sir!"

- chopstick [ʧάpstik] **n.** 젓가락

∮ fork [fɔːrk] **n.** 포크, 갈래 **v.** 갈라지다
- tine [tain] **n.** 포크의 살
- spoon [spuːn] **n.** 숟가락, 스푼 **v.** 숟가락으로 뜨다

☐ chore [ʧɔːr]

n. 잡일, 허드렛일

ex. **잠**을 자던 **닐**이 깨자 그녀는 그에게 **잡일**을 시켰다.

MP3 When Neil woke up, she made him do the **chores**.

☐ chronic [krάnik]

a. 만성(慢性)의, 고질적(痼疾的)인

ex. "**만성** 질병**만** 치료에 **성**공하길 나는 바라고 있어."

MP3 "I hope that only the **chronic** disease will be treated successfully."

☐ chronology [krənάlədʒi]

n. 연대기(年代記), 연대표, 연표, 연대순

ex. "**연대기**에서 **연**도를 확인해봐, 그녀가 **대기**록을 언제 세웠는지."

MP3 "Check the year when she set a milestone in the **chronology**."

- chronological [krὰnəlάdʒikəl] **a.** 연대기의, 연대순의, 시간 순서의
- chronologically [krὰnəlάdʒikəli] **ad.** 연대순으로

∮ chronometer [krənάmətər] **n.** (천문·항해용) 정밀 시계
- synchronize [síŋkrənàiz] **v.** 동시에 움직이다, 동시에 발생하다
- synchronous [síŋkrənəs] **a.** 동시에 발생하는, 동시의, 같은 시간의
- synchronously [síŋkrənəsli] **a.** 동시에, 같은 시간에
- almanac [ɔ́ːlmənæk] **n.** 책력(冊曆), 연감(年鑑)
- annals [ǽnlz] **n.** 연대기, 연보

☐ church [tʃəːrtʃ]

n. 교회

ex. **교**인들조차 **회**의적(懷疑的)으로 그 **교회**를 외면한다.

MP3 Even believers turn away from the **church** doubtfully.

- churchman [tʃə́ːrtʃmən] **n.** 성직자, 목사
- ⊄ liturgical [litə́ːrdʒikəl] **a.** 예배용의
- surplice [sə́ːrplis] **n.** (교회에서 성직자나 성가대가 입는) 흰 가운

☐ circulate [sə́ːrkjulèit]

v. 순환(循環)하다, 유통(流通)되다, 유포(流布)하다

ex. 오염된 공기가 반복적으로 **순환**된다. 이것은 악**순환**이다.

MP3 Polluted air is **circulated** over and over. This is a vicious cycle.

- circulation [sə̀ːrkjuléiʃən] **n.** 순환, 유통, 발행 부수, 판매 부수
- circular [sə́ːrkjulər] **a.** 원형의, 순환하는 **n.** 안내문, 광고 전단
- circulatory [sə́ːrkjulətɔ̀ːri] **a.** (혈액) 순환의
- ⊄ circuit [sə́ːrkit] **n.** 회로, 순환
- circle [sə́ːrkl] **n.** 원, 원형 **v.** 원을 그리다, 돌다
- semicircle [sémisə̀ːrkl] **n.** 반원, 반원형
- circumference [sərkʌ́mfərəns] **n.** 원의 둘레, 원주
- cone [koun] **n.** 원뿔, 콘
- oval [óuvəl] **a.** 타원형의 **n.** 타원형, 계란형
- elliptical [ilíptikəl] 타원형의, 생략(省略)의

☐ circumstance [sə́ːrkəmstæns]

n. 상황(狀況), 환경(環境)

ex. 예외적인 **상황**을 **상**상하고 있는 **황**제는 현명하다.

MP3 An emperor who is imagining exceptional **circumstances** is wise.

☐ citizen [sítəzən]

n. 시민

ex. "당신은 **시민**의 적이**시**네요, **민**주주의 사회에서 말이에요."

MP3 "You are an enemy of the **citizens** in a democratic society."

- citizenship [sítizənʃip] **n.** 시민권, 시민의 신분, 시민의 지위
- city [síti] **n.** 도시, 시
- ⊄ metropolis [mitrɑ́pəlis] **n.** 주요 도시, 대도시
- metropolitan [mètrəpɑ́litən] **a.** 대도시의, 수도권의
- metro [métrou] **a.** 대도시의 **n.** 대도시, (파리의) 지하철

☐ civilization [sìvəlizéiʃən]

n. 문명(文明)

ex. **문명**의 **문**(門)이 **명**백히 열려 있다.

MP3 The door of **civilization** is evidently opened.

- civil [sívəl] **a.** 시민의, 민간인의, 예의 바른
- civilian [sivíljən] **n.** 시민, 민간인 **a.** 민간인의
- civilize [sívəlàiz] **v.** 문명으로 이끌다, 개화(開化)하다, 교화(敎化)하다
- civilized [sívəlàizd] **a.** 문명화된, 개화된, 교화된
- uncivilized [ʌnsívəlàizd] **a.** 미개(未開)한, 야만적(野蠻的)인

☐ claim [kleim]

v. 주장(主張)하다, 요구하다, 청구하다, (생명을) 앗아가다 **n.** 주장, 요구, 청구, 권리

ex. "우리 **주장**(主將)의 **주장**은 뭔데?"

MP3 "What **claim** does our captain make?"

- unclaimed luggage 찾아가지 않은 짐
- ⊄ reclaim [rikléim] **v.** 되찾다, 개간(開墾)하다, 복원하다, 교화하다
- reclamation [rèkləméiʃən] **n.** 개간, 간척(干拓), 갱생(更生), 교화

☐ clap [klæp]

v. 박수(拍手)를 치다, 손뼉을 치다 **n.** 박수, 쿵, 탕, 쾅 (소리)

ex. 영상에서 그가 **손뼉**을 **치다** **손**목이 **뼈**

(=삐어) 수억의 사람들이 미치게 웃었다.

MP3 Because he sprained his wrist when he was **clapping** in a video clip, hundreds of millions of people laughed hard.

- clapping [klǽpiŋ] n. 박수, 손뼉 치기
- cf. clatter [klǽtər] n. 땡그랑 소리, 덜거덕 소리 v. 땡그랑 소리를 내다, 덜거덕 소리를 내다
- clink [kliŋk] v. (부딪혀) 쨍 소리를 내다 n. 쨍 소리

☐ clash [klæʃ]

n. 충돌(衝突) v. 충돌하다

ex. "**충**실하게 준비해! **돌**발적으로 그들이 **충돌**할 가능성도 배제하지 마!"

MP3 "Prepare thoroughly! Don't rule out the possibility of their sudden **clash**!"

☐ class [klæs]

n. 부류, 계층, 계급, 등급, 반, 수업

ex. **계**획 없이 **층**계에 모여 노동자 **계층**의 사람들이 시간을 보내고 있다.

MP3 The working **class** people are hanging out at the stairs without a plan.

- classmate [klǽsmèit] n. 반 친구, 급우
- classroom [klǽsrù:m] n. 교실
- cf. caste [kæst] n. 카스트(인도의 세습 계급)
- stratum [stréitəm] n. 지층, (사회) 계층

☐ classic [klǽsik]

a. 일류의, 전형적(典型的)인, 고전(古典)의 n. 고전, 명작

ex. "현대 영화고 **고전** 영화**고** (간에) **전** 다 좋아해요. 그래서 전 그녀의 수업을 들었죠."

MP3 "I like all the movies, whether they are modern movies or **classic** movies. Thus, I sat in on her class."

- classical [klǽsikəl] a. 고전의, 클래식의

☐ classify [klǽsəfài]

v. 분류(分類)하다, 기밀(機密)로 취급하다

ex. "그를 **불**러 이것들을 세 가지 종**류**로 **분류**하게 하라."

MP3 "Call him and let him **classify** these items into three kinds."

- classified [klǽsəfàid] a. 분류된, 기밀로 취급되는
- classification [klæsəfikéiʃən] n. 분류
- cf. taxon [tǽksɑn] n. (pl. taxa [tǽksə]) 분류군

☐ clean [kli:n]

a. 깨끗한 v. 청소하다

ex. 알라딘이 **깨끗**한 참**깨 끝**부분을 보았다.

MP3 Aladdin saw the **clean** end of sesame.

- cleanly [klí:nli] ad. 깨끗이 a. [klénli] 청결한
- cleanliness [klénlinis] n. 청결
- cleanser [klénzər] n. 세제, 세척제(洗滌劑), 세정제
- cf. mop [mɑp] n. 대걸레 v. 대걸레로 닦다

☐ clear [kliər]

a. 분명(分明)한, 명백한, 맑은, 결백한 v. 치우다, 해결하다

ex. 클라리넷을 들으며 1**분 명**상(冥想), **분명**한 효과가 있다.

MP3 A one-minute meditation with clarinet music has a **clear** effect.

- clearly [klíərli] ad. 분명히, 명백히
- unclear [ʌnklír] a. 분명하지 않은, 명백하지 않은
- cf. clarify [klǽrəfài] v. 분명히 하다, 맑게 하다
- clarification [klærəfikéiʃən] n. 해명(解明), 설명, 정화(淨化)
- manifest [mǽnəfèst] a. 분명한 v. 분명히 나타내다
- manifestation [mænəfistéiʃən] n. 외적 형태, 표시, 표명

☐ clerk [klə:rk]

n. 사무원, 직원, 점원

ex. "**직원**들이 **직**장에서 **원**하는 것은?"
MP3 "What do the **clerks** want in their workplace?"

ꟙ staff [stæf] **n.** 직원, (군대의) 참모(參謀) **v.** 직원을 두다

☐ clever [klévər]

a. 영리(怜悧)한, 솜씨 좋은

ex. "**영**어를 못할 **리** 없어, **한**스는. 왜냐하면 그는 **영리한** 녀석이거든."
MP3 "It is impossible that Hans is poor at English, for he is a **clever** guy."

☐ client [kláiənt]

n. 고객(顧客), 손님, 의뢰인(依賴人)

ex. "그리**고 객**실의 **고객**을 방문하시오."
MP3 "And call on a **client** who is in a room."

☐ cliff [klif]

n. 절벽(絶壁), 낭떠러지

ex. "**낭떠러지** 끝에 가까이 가지 마." "왜?" "**낭**패니까, 네가 **떨어지**면."
MP3 "Keep away from the **cliff** edge." "Why?" "It would be troublesome if you fell off the **cliff**."

☐ climate [kláimit]

n. 기후(氣候), 분위기

ex. "경**기 후** 나는 **기후**가 따뜻한 곳에 있고 싶다."
MP3 "I want to be in a warm **climate** after the game."

ꟙ temperate [témpərət] **a.** 온화한, 절제하는
• temperate zone 온대
• tropic [trɑ́pik] **n.** 회귀선(回歸線), (the tropics) 열대 지방
• tropical [trɑ́pikəl] **a.** 열대의, 열대 지방의
• tropical zone 열대
• subtropics [sʌbtrɑ́:piks] **n.** 아열대(亞熱帶) 지방

☐ climb [klaim]

v. 기어오르다, 등반(登攀)하다

ex. 최고속 **기어**로 **오르**듯 그녀는 암벽을 **기어오른다**.
MP3 As if she were rising in top gear, she is **climbing** the rock face.

• climbing [kláimiŋ] **n.** 기어오르기, 등반

☐ clock [klɑk]

n. 시계(時計)

ex. 그녀는 두 **시**의 **계**획을 떠올리며 **시계**를 보았다.
MP3 She watched the **clock**, thinking of what she had planned to do at 2 o'**clock**.

• around the clock 24시간 내내

☐ close [klouz]

v. 닫다, 감다, 좁히다, 끝나다, 끝내다 **n.** 끝 **a.** [klous] 가까운 **ad.** 가까이

ex. 지훈이**가** 아**까운** 실패를 **가까운** 장래에 만회하려 한다. 그는 그들과의 격차를 줄이기를 원한다.
MP3 Jihoon intends to recover from the failure that was a pity in the near future. He wants to **close** the gap between him and them.

• closely [klóusli] **ad.** 바싹, 바짝
• closeness [klóusnis] **n.** 접근(接近), 친근
ꟙ proximity [prɑksíməti] **n.** 근접(近接)

☐ clothes [klou(ð)z]

n. 옷, 의복(衣服)

ex. 그들은 'ㅅ'(=시옷) 자가 쓰인 **옷**을 차려 입었다.

MP3 They were dressed up in **clothes** on which 'ㅅ(=siot)' is written.

- clothe [klouð] **v.** 옷을 입히다
- cloth [klɔːθ] **n.** 옷감, 천
- clothing [klóuðiŋ] **n.** 의복, 의류

∮apparel [əpǽrəl] 의류, 의복
- cotton [kátn] **n.** 목화, 무명, 면직물, 솜
- cotton candy 솜사탕
- dress [dres] **n.** 옷, 드레스 **v.** (옷을) 입히다, 입다
- garment [gáːrmənt] **n.** 의류, 의복, 옷
- outfit [áutfit] **n.** 옷, 복장, 의상, 장비

□ cloud [klaud]

n. 구름 **v.** 구름으로 덮다

ex. "나는 **구름** 바다에서 **구름**. 안 좋은 상황이지만 긍정의 끈을 놓지 않음."

MP3 "I'm rolling on the sea of **cloud**, believing that every **cloud** has a silver lining."

- cloudy [kláudi] **a.** 구름 낀, 흐린

∮overcast [òuvərkǽst] **v.** overcast - overcast - overcast 구름으로 뒤덮다 **a.** 구름이 끼어 흐린

□ clown [klaun]

n. 광대, 어릿광대

ex. **광대**들이 나온다. **광**경이 **대**단하다.

MP3 The **clowns** are here. The sights are great.

∮jester [dʒéstər] **n.** (중세의) 어릿광대, 농담하는 사람
- jest [dʒest] **n.** 농담, 익살 **v.** 농담하다
- jestbook [dʒéstbùk] **n.** 익살집, 소화집(笑話集), 만담집

□ club [klʌb]

n. 클럽, 동호회, 구단, 곤봉(棍棒) **v.** 곤봉으로 때리다

ex. "마이**클**은 춤추**러** 가고 **없**다. **클럽**에 있을 거다."

MP3 "Michael has gone out dancing. He must be at the **club**."

- club foot 선천적으로 안쪽으로 굽은 발

□ clue [kluː]

n. 단서(端緖), 실마리

ex. "사**실 마리**가 내게 **실마리**를 달라고 부탁했네."

MP3 "In fact, Marie asked me to give her a **clue**."

□ clumsy [klʌ́mzi]

a. 서투른, 어설픈

ex. 그녀는 서울말이 **서투른** 학생이다. 그녀의 말투는 **서**울 말**투**랑 다**른** 게 확실하다.

MP3 She is a student who is **clumsy** in a Seoul accent. It is obvious that her tone is different from that of Seoul.

∮fumble [fʌ́mbl] **v.** 서투르게 만지다, 더듬어 찾다, 더듬거리며 말하다

□ coach [koutʃ]

n. 코치, 대형 사륜마차(四輪馬車), 이등석(二等席) **v.** 코치하다

ex. 그는 **코치**의 **코**앞에서 수**치**(羞恥)스러웠다.

MP3 He felt shameful just in front of the **coach**.

□ coat [kout]

n. 코트, 외투(外套), (동물의) 털

ex. "넌 **왜 투**덜대니?" "난 그 **외투** 한번 입어보고 싶었다구."

MP3 "Why are you complaining?" "I wanted to try on the **coat**, but I couldn't."

∮molt [moult] **n.** 탈피, 털갈이 **v.** 털갈이하다

• poncho [pántʃou] **n.** 한 장의 천으로 된 외투, 판초

• incoherent [inkouhíərənt] **a.** 일관되지 않은

☐ code [koud]

n. 암호(暗號), 부호(符號), 법전

ex. "네가 **암호**를 알아냈어?" "**암**, **호**호호, 내가 그걸 알아냈지!"

MP3 "Have you found out the **code**?" "Of course, Ho, ho, ho, I have found it out!"

• encode [inkóud] **v.** 암호화하다, 부호화하다
• encoding [enkóudiŋ] **n.** 암호화, 부호화
• decode [diːkóud] **v.** 암호를 해독(解讀)하다
≠ decipher [disáifər] **v.** 판독(判讀)하다, (암호를) 해독하다
• cipher [sáifər] **n.** 암호
• cryptography [kriptágrəfi] **n.** 암호화 기법
• cryptic [kríptik] **a.** 비밀스러운
• crypsis [krípsis] **n.** 은폐(隱蔽)
• unencrypted [ʌninkríptid] **a.** 암호화되지 않은

☐ coffin [kɔ́(ː)fin]

n. 관(棺)

ex. "대**관**절(大關節) **관** 속의 시체는 어디로 간 걸까?"

MP3 "Where on earth is the dead body that is supposed to be in the **coffin**?"

• casket [kǽskit] **n.** 관(棺), (귀중품을 넣는) 작은 상자
≠ hearse [həːrs] **n.** 장의차(葬儀車), 영구차(靈柩車)

☐ coherent [kouhíərənt]

a. 시종일관(始終一貫)한, 논리적인

ex. "그분은 **시종일관한** 정책을 말씀하**시**고, **종일**(終日) 그에 **관**(關)**한** 생각을 하시죠."

MP3 "He talks about a **coherent** policy and thinks about it all day."

• cohere [kouhíər] **v.** 결합하다, 응집(凝集)하다, 논리정연(論理井然)하다
• cohesive [kouhíːsiv] **a.** 점착성(粘着性)의, 응집력이 있는
• cohesion [kouhíːʒən] **n.** 결속, 결합, 응집력

☐ coin [kɔin]

n. 동전(銅錢) **v.** [신조어(新造語)를] 만들다

ex. "이 **동전**을 네 **동**생에게 **전**해줘라."

MP3 "Hand this **coin** to your brother."

≠ dime [daim] **n.** 다임(10센트 은화)
• florin [flɔ́ːrin] **n.** 2실링짜리 옛날 영국 동전
• scudo [skúːdou] **n.** (**pl.** scudi [skúːdi]) 스쿠도화(이탈리아의 옛 은화 단위)

☐ coincide [kòuinsáid]

v. 동시에 일어나다, 일치하다

ex. "안**동시에**서 사고가 **일어났니**?" "응, 특히 사건 A와 사건 B가 **동시에 일어났어**. 완전히 우연이었어."

MP3 "Did accidents occur in Andong?" "Yes, especially accident A **coincided** with accident B. It happened completely by accident."

• coincidence [kouínsidəns] **n.** 동시 발생, (우연의) 일치
• coincident [kouínsidənt] **a.** 동시에 일어나는, 일치하는 **n.** 동시에 일어나는 일

☐ cold [kould]

a. 추운, 차가운 **n.** 추위, 감기(感氣)

ex. "너는 춤**추**냐? 아니면 **운**동하냐? **추운**데 장갑 끼고 옷 껴입어!"

MP3 "Are you going to dance? Or exercise? Because it's **cold**, wear gloves and bundle up!"

• cold reading 사전 지식 없이 빠르게 알아차리는 것
≠ chill [tʃil] **n.** 냉기 **v.** 쌀쌀해지다, 오싹하게 하다
• chilly [tʃíli] **a.** 쌀쌀한, 냉랭(冷冷)한, 냉담(冷淡)한
• frigid [frídʒid] **a.** 몹시 추운, 냉랭한, 냉담한, 불감증(不感症)의
• aloof [əlúːf] **ad.** 떨어져 **a.** 냉담한

☐ collaborate [kəlǽbərèit]

v. 협력(協力)하다, 공동으로 작업하다

ex. "최후의 수단으로 당신은 그들과 **협력해야** 한다. 나는 당신이 편**협**한 마음을 버리기를 강**력**히 요구**한다**."

MP3 "You must **collaborate** with them as a last resort. I strongly demand that you stop being narrow-minded."

- collaboration [kəlæbəréiʃən] n. 협력, 공동 작업
- ≠ concerted [kənsə́ːrtid] a. 합심한, 협력하는
- concert [kɑ́ːnsərt] n. 콘서트, 연주회
- synergy [sínərdʒi] n. 시너지 효과, 공동 작용, 상승효과
- teamwork [tímwə̀rk] n. 팀워크, 협력

☐ collapse [kəlǽps]

v. 붕괴(崩壞)하다, 무너지다 n. 붕괴

ex. 사람들은 **붕괴**된 지**붕**을 보고 **괴**상(怪常)하게 여겼다.

MP3 People thought it strange that the roof **collapsed**.

☐ colleague [kɑ́liːg]

n. (전문적인 직장) 동료(同僚)

ex. "우리는 **동**시에 직장 생활을 종**료**(終了)했지. 그 후에도 나는 내 직장 **동료**와 잘 지내고 있지."

MP3 "We quit the job at the same time. Thereafter, I get along with my **colleague**."

- ≠ coworker [kóuwə̀ːrkər] n. 직장에서 함께 일하는 사람
- comrade [kɑ́mræd] n. 동료, 동지, (공산당의 호칭) 동무
- fellow [félou] a. 동료의 n. 동료
- peer [piər] n. 또래, 동료 v. 응시하다, 유심히 보다
- peer pressure 또래나 동료로부터 받는 사회적 압력

☐ collect [kəlékt]

v. 모으다, 수집(蒐集)하다, 모이다

ex. **모**모는 **은**밀히 희귀한 우표들을 **다 모은다**.

MP3 Momo has been **collecting** rare stamps on the quiet.

- collection [kəlékʃən] n. 수집, 모금(募金), 수집품, 컬렉션
- ≠ collective [kəléktiv] n. 집단적인
- collectively [kəléktivli] ad. 집단적으로
- collectivism [kəléktəvìzm] n. 집산주의(集產主義)
- collectivize [kəléktəvàiz] v. 집산화하다
- recollect [rèkəlékt] v. 기억해내다, 회상(回想)하다
- recollection [rèkəlékʃən] n. 기억, 기억력, 회상

☐ college [kɑ́lidʒ]

n. 대학, 단과 대학, 학부

ex. "당신은 **대**단한 **학**교를 나오셨네요." "부모님이 저를 **대학** 졸업시키느라 애쓰셨죠."

MP3 "You graduated from a school that is great." "My parents managed to put me through **college**."

- college admission officer 대학 입학 사정관
- collegial [kəlíːdʒiəl] a. 대학의, 평등하게 책임을 지는

☐ collide [kəláid]

v. 충돌(衝突)하다, 부딪치다

ex. **충**신(忠臣)들**도 옳**고 그름에 관해 의견이 **충돌**한다.

MP3 Loyal subjects also **collide** with each other over right and wrong.

- collision [kəlíʒən] n. 충돌
- ≠ crash [kræʃ] v. 충돌하다, 추락(墜落)하다, 박살나다 n. 충돌, 추락, 요란한 소리
- crash-land [krǽʃlænd] v. 불시착(不時着)하다, 불시착시키다

☐ colony [kɑ́ləni]

n. 식민지(植民地), (개미, 벌 등의) 집단, 군집(群集)

ex. "**식민지** 사람들이 **식**생활 면에서 고**민**이**지**. 그들은 죽을 만큼 굶주리니까."

MP3 "**Colony** people are concerned about their diet. They are starving to death."

- colonial [kəlóuniəl] **a.** 식민지의
- colonize [kɑ́lənàiz] **v.** 식민지화하다, 대량 서식하다
- colonist [kɑ́lənist] **n.** 식민지 주민, 식민지 개척자, 식민지 이주자

☐ color [kʌ́lər]

n. 색, 색깔, 빛깔 **v.** 채색(彩色)하다

ex. **색**시는 수십 가지 **색**에 대한 감각이 있다.

MP3 The bride has a feel for dozens of **colors**.

- coloration [kʌ̀ləréiʃən] **n.** 채색, 천연색
- colored [kʌ́lərd] **a.** 채색된
- colorful [kʌ́lərfəl] **a.** 다채로운, 파란만장(波瀾萬丈)한
- ∮ tinted [tíntid] **a.** 색이 옅게 들어간
- pigment [pígmənt] **n.** 안료(顔料), 색소
- dye [dai] **v.** 염색(染色)하다 **n.** 염료
- dyeing [dáiiŋ] **n.** 염색
- brown [braun] **a.** 갈색의 **n.** 갈색
- drab [dræb] **a.** 칙칙한 갈색의
- chromatic [kroumǽtik] **a.** 유채색의, 반음계의
- crimson [krímzn] **n.** 진홍색 **a.** 진홍색의
- indigo [índigòu] **n.** (indigo blue) 남색, 쪽빛
- maroon [mərúːn] **n.** 밤색 **a.** 밤색의 **v.** (무인도에) 고립시키다
- purple [pə́ːrpl] **n.** 자주색 **a.** 자주색의

☐ combination [kɑ̀mbənéiʃən]

n. 결합(結合), 조합(組合)

ex. "재능과 노력의 **결합**으로 문제를 해**결합**시다."

MP3 "Let's solve the problem in a **combination** of talent and effort."

- combine [kəmbáin] **v.** 결합하다, 겸비하다 **n.** [kɑ́mbain] 연합체, 콤바인(농기계)
- ∮ conflate [kənfléit] **v.** 융합(融合)하다
- meld [meld] **v.** 섞다, 혼합하다

☐ come [kʌm]

v. come - came - come 오다, 되다

ex. **오다** 에이치로가 원피스와 함께 **오다**.

MP3 Eiichiro Oda **comes** with One Piece.

☐ comedy [kɑ́mədi]

n. 코미디, 희극(喜劇)

ex. **희**진의 인생은 **극**적인 **희극**이다.

MP3 Heejin's life is a dramatic **comedy**.

- comedian [kəmíːdiən] **n.** 코미디언, 희극 배우, 희극 작가, 익살꾼
- ∮ sitcom [sítkɑ̀m] **n.** 시트콤 (situation comedy)

☐ comet [kɑ́mit]

n. 혜성(彗星)

ex. 그것은 **혜성**은 이미 본 **혜성**이다.

MP3 It is the **comet** Hyesung has already seen.

- cometary [kɑ́mitèri] **a.** 혜성의, 혜성과 같은

☐ comfortable [kʌ́mfərtəbl]

a. 편안한

ex. 아**편 안 한** 사람은 **편안한** 상태다.

MP3 A person who is not addicted to opium is **comfortable**.

- comfortably [kʌ́mfərtəbli] **ad.** 편안하게
- comfort [kʌ́mfərt] **n.** 편안, 위안(慰安) **v.** 위안을 주다, 위로하다
- discomfort [diskʌ́mfərt] **n.** 불편 **v.** 불편하게 하다
- uncomfortable [ʌnkʌ́mfərtəbəl] **a.** 편안하지 않은, 불편한

C

☐ command [kəmǽnd]

v. 명령하다, 지휘(指揮)하다 n. 명령, 지휘, 언어 구사력(驅使力)

ex. "**명**옥, 안**녕**! 내가 **명령**하겠다."

MP3 "Hi, Myungok! I'll give a **command**."

- commander [kəmǽndər] n. 지휘관, 사령관(司令官)

☐ comment [kάment]

n. 논평(論評), 주석(註釋) v. 논평하다, 주석을 달다

ex. "우리는 그 논픽션에 관한 **논평**의 **논**리를 **평**소 비평하고 있소."

MP3 "We usually criticize the logic of the **comment** on the nonfiction."

- commentary [kάmәntèri] n. 논평, 해설, 실황(實況) 방송
- commentate [kάmәntèit] v. 실황 방송을 하다

∮ narration [næréiʃən] n. 해설, 내레이션
- narrate [nǽreit] v. 이야기하다, 내레이션을 하다, 해설하다
- narrative [nǽrətiv] n. 이야기, 서술
- narrator [nǽreitər] n. 이야기하는 사람, 내레이터, 해설하는 사람

☐ commerce [kάməːrs]

n. 상업(商業), 무역(貿易)

ex. **상업**은 **상**인의 **업**이다.

MP3 **Commerce** is a merchant's business.

- commercial [kəmə́ːrʃəl] a. 상업의, 상업적인, 영리적(營利的)인 n. (상업) 광고

∮ trade [treid] n. 무역, 거래, 교역, 직종 v. 무역하다, 거래하다, 교역하다, 교환하다

☐ commit [kəmít]

v. 저지르다, 맡기다, 전념(專念)하다, 약속하다

ex. 범죄를 **저지른** 남자를 가리키며 "**저** 놈 잡아라!"라고 사람들이 소리**지른다**.

MP3 "Catch him!" People shout, pointing to the man who has **committed** a crime.

- committed [kəmítid] a. 전념하는, 헌신적(獻身的)인
- commitment [kəmítmənt] n. 전념, 헌신, 약속
- commission [kəmíʃən] n. 위임(委任), 의뢰, 커미션, 수수료(手數料), 위원회 v. 위임하다, 의뢰하다
- committee [kəmíti] n. 위원회

∮ delegate [déligət] n. 대표 v. [déligèit] 위임하다
- delegation [dèligéiʃən] n. 위임, 대표단
- depute [dipjúːt] v. 위임하다, 대리자로 삼다
- deputy [dépjuti] n. 대리인 a. 대리의, 부(副)의

☐ common [kάmən]

a. 공동(共同)의, 보통의 n. (commons) 공동 자원, 공유지

ex. "이건 **공동의 공**이야. 너는 **동의**해?" "아니. 그건 일반적인 생각은 아니야."

MP3 "This is our **common** ball. Do you agree?" "No. It's not the **common** notion."

- uncommon [ʌnkάmən] a. 드문

☐ communicate [kəmjúːnəkèit]

v. 의사소통(意思疏通)하다, 전염(傳染)시키다

ex. 서로 **의사소통**을 하지 않으니 그는 그녀**의 사소**(些少)한 일은 **통** 알 수 없다.

MP3 Because they don't **communicate** with each other, he can't know trivial things about her at all.

- communication [kəmjùːnəkéiʃən] n. 의사소통, 통신, 연락
- communicative [kəmjúːnəkèitiv] a. 이야기하기 좋아하는, (외국어) 의사를 전달하는

∮ convey [kənvéi] v. (생각을) 전달하다, 전하다, 나르다, 운반하다
- conveyor belt 컨베이어 벨트
- media [míːdiə] n. 매체(媒體)
- medium [míːdiəm] n. (pl. media) 매체, 수단 a. 중간의
- node [noud] n. 통신 지점, (나무의) 마디
- telepathy [təlépəθi] n. 텔레파시, 정신 감응(感應)

□ communism [kámjunìzm]

n. 공산주의(共産主義)

ex. **공산주의**가 종식되었다. 그럴 **공산**(公算)이 컸으니 **주의**(注意)했었어야 했다.

MP3 **Communism** was brought to an end. There seemed to be a high probability, so they should have been more cautious.

- communist [kámjunist] **n.** 공산주의자
- communal [kəmjúːnəl] **a.** 공동의
- communality [kàmjunǽləti] **n.** 공동체의 상태

□ community [kəmjúːnəti]

n. 공동체, 지역 사회, 군집, 군락(群落)

ex. **공** 하나, **동**그란 공 하나로 **체**육 활동을 하며 **공동체** 의식이 싹튼다.

MP3 A ball, which is a round ball, in physical activities awakens a sense of **community**.

- community soup kitchen 지역 무료 급식소(給食所)

□ commute [kəmjúːt]

v. 통근(通勤)하다, 통학하다 **n.** 통근

ex. "누가 **통근**하는 사람이냐?" "**통**통한 **근**호다."

MP3 "Who **commutes**?" "Geunho, the chubby man, does."

- commuter [kəmjúːtər] **n.** 통근자 **a.** 통근(자)의
- ∮ home business 집에서 하는 개인 사업
- telecommute [tèləkəmjúːt] **v.** 재택근무(在宅勤務)하다
- telecommuting [teləkəmjútiŋ] **n.** 재택근무
- telecommuter [téləkəmjùtər] **n.** 재택근무자

□ compact [kəmpǽkt]

a. 소형의, 밀집(密集)한, 촘촘한, 옹골찬

ex. "**소형** 카메라를 보고 있**소**, **형**님?"

MP3 "Are you looking at the **compact** camera, brother?"

□ company [kʌ́mpəni]

n. 함께 함, 사람들의 모임, 회사(會社)

ex. "그 **회사** 직원이 **회 사**먹어."

MP3 "The **company** worker spends money on raw fish."

- ∮ companion [kəmpǽnjən] **n.** 동반자(同伴者), 친구, 벗
- companionate [kəmpǽnjənit] **a.** 친구의, 우애의
- companionship [kəmpǽnjənʃip] **n.** 교제(交際), 교우

□ compare [kəmpέər]

v. 비교(比較)하다, 비유(比喩)하다

ex. "저 나라와 **비교**해 봤을 때, 우리의 학생들은 남들과 **비교**당하기만 하는구나. 사람을 **비**참하게 만드는구나, 우리의 **교**육(教育)은."

MP3 "**Compared** with that nation, our students are only **compared** with others. Our education makes us miserable."

- comparison [kəmpǽrisn] **n.** 비교, 비유
- comparable [kámpərəbl] **a.** 비교할 만한, 필적(匹敵)하는
- comparative [kəmpǽrətiv] **a.** 비교의, 비교적인
- comparatively [kəmpǽrətivli] **ad.** 비교적
- incomparable [inkámpərəbl] **a.** 비할 데가 없는, 두드러지게 뛰어난
- incomparably [inkámpərəbli] **ad.** 비할 데가 없을 정도로

□ compass [kʌ́mpəs]

n. 나침반(羅針盤), (제도용) 컴퍼스

ex. "**나**에게는 길을 잃어 눈이 **침**침해질 때 반드시 볼 **나침반**이 있지."

MP3 "I have a **compass** that I can surely depend on when I get lost and go blind."

C

□ compatible [kəmpǽtəbl]

a. 양립(兩立)할 수 있는, 호환성(互換性)이 있는

ex. **양**쪽 **입**장은 **양립**할 수 있다.

MP3 Both positions are **compatible**.

- incompatible [inkəmpǽtəbl] **a.** 양립할 수 없는, 호환성이 없는

□ compel [kəmpél]

v. 강제(强制)하다, 강요(强要)하다

ex. "**강**룡이 **제**가 그것을 **하게 강제했**습니**다**."

MP3 "Kang Ryong **compelled** me to do it."

- compelling [kəmpéliŋ] **a.** 강렬한, 설득력이 있는
- compulsory [kəmpʌ́lsəri] **a.** 강제적인, 의무적인
- compulsive [kəmpʌ́lsiv] **a.** 강박적(强迫的)인, 조절이 힘든
- compulsion [kəmpʌ́lʃən] **n.** 강제, 강박, 충동
- mandatory [mǽndətɔ̀ːri] **a.** 의무적인
- mandate [mǽndeit] **n.** (정부의) 권한, 명령 **v.** 명령하다

□ compensate [kámpənsèit]

v. 보상(補償)하다

ex. "여**보**게, 서로의 **상**처를 **보상**하고 우리 그만 퉁치세." "손실을 **보상**하는 게 가능하겠는가?"

MP3 "Hey man, let's **compensate** for each other's injuries and call it even." "Is it possible to make amends for damage?"

- compensation [kàmpənséiʃən] **n.** 보상, 보상금

□ compete [kəmpíːt]

v. 경쟁(競爭)하다, 겨루다, 필적(匹敵)하다

ex. "**경**악(驚愕)할 만큼 **쟁**쟁(錚錚)한 상대들과 **경쟁**하라."

MP3 "**Compete** with astonishingly distinguished competitors."

- competition [kàmpətíʃən] **n.** 경쟁, 대회(大會)
- competitive [kəmpétətiv] **a.** 경쟁하는, 경쟁력 있는
- competitor [kəmpétətər] **n.** 경쟁자
- competence [kámpətəns] **n.** 능력(能力)
- competent [kámpətənt] **a.** 능력이 있는
- incompetent [inkámpətənt] **a.** 능력이 없는, 무능력한

□ compile [kəmpáil]

v. 편찬(編纂)하다, 편집(編輯)하다

ex. "나는 이번 **편**(篇)에는 **찬**성(贊成)하지만, 우리가 우리의 다음 책을 **편찬**할 때는 그렇지 않을 거야."

MP3 "I agree to this edition, but it won't be the same when we **compile** our next book."

- compilation [kàmpəléiʃən] n. 편찬, 편집, 편찬한 내용물

□ complain [kəmpléin]

v. 불평(不平)하다, 항의하다, 호소하다, 고소하다

ex. "나는 결정을 일단 보류하겠다. **불평**하지 마. 내가 그를 **불**러 상황을 **평**가해 볼 터이니."

MP3 "I will hold off making a decision. Don't **complain**. I will call him and judge the situation."

- complaint [kəmpléint] **n.** 불평, 항의, 호소, 고소
- grump [grʌmp] **n.** 불평가 **v.** 불평하다
- grumpy [grʌ́mpi] **a.** 기분이 언짢은
- nagging [nǽgiŋ] 성가시게 구는, 잔소리하는

□ complement [kámpləmənt]

v. 보완(補完)하다 **n.** 보완물, 보어

ex. "그들은 서로를 **보완**하죠. **보**세요, 그들은 모든 면에서 **완**벽해요!"

MP3 "They **complement** one another. Look, they are perfect in all aspects!"

• complementary [kὰmpləméntəri] a. 상호 보완적인

☐ complete [kəmplíːt]

a. 완전(完全)한 v. 완성하다

ex. 그것이 오비**완**이 **전한 완전한** 메시지다.

MP3 It is the **complete** message that Obi-Wan has sent.

• completely [kəmplíːtli] ad. 완전히
• completion [kəmplíːʃən] n. 완성
• incomplete [inkəmplíːt] a. 불완전한
≠ altogether [ɔ̀ːltəgéðər] ad. 완전히, 전적으로

☐ complex [kəmpléks, kάmpleks]

a. 복잡한 n. 복합 단지

ex. "그건 **복잡한** 문제가 아니야. 너의 **복**을 붙**잡**아, **한** 번만 더! 알았지?"

MP3 "It is not a **complex** problem. Catch your luck just once more! OK?"

• sports complex 스포츠 단지
• complexity [kəmpléksəti] n. 복잡성
≠ multi-faceted [mʌ̀ltifǽistid] a. 다면(多面)의

☐ complication [kὰmpləkéiʃən]

n. 복잡성, (complications) 합병증

ex. 그는 종**합 병**원에 입원 **중**에 **합병증**에 걸렸다.

MP3 When he was in the general hospital, he developed **complications**.

• complicate [kάmpləkèit] v. 복잡하게 하다, 악화시키다
• complicated [kάmpləkèitid] a. 복잡한
• uncomplicated [ʌnkάmpləkèitid] a. 복잡하지 않은, 단순한

☐ compliment [kάmpləmənt]

n. 찬사(讚辭), 칭찬 v. 칭찬하다

ex. "정의의 칼을 **찬 사**람에게 나는 **찬사**를 보냅니다!"

MP3 "My **compliments** to the man who is wearing a sword of justice!"

• complimentary [kὰmpləméntəri] a. 칭찬하는, 무료의

☐ comply [kəmplái]

v. 따르다, 준수(遵守)하다

ex. "너의 선생님이 **준 수**첩을 펼쳐라. 네가 **준수**해야 할 규칙들이 적혀 있을 거야."

MP3 "Open the notebook that your teacher gave you. The rules that you should **comply** with are written in it."

• compliant [kəmpláiənt] a. 고분고분한, 말랑말랑한
≠ abide by 따르다, 준수하다
• abide [əbáid] v. abide - abode/abided - abode/abided 참다, 머무르다
• meek [miːk] a. 온순한, 유순한

☐ compose [kəmpóuz]

v. 구성(構成)하다, 작곡하다, 작성하다

ex. "우리 팀은 아홉 명으로 **구성**되어 있어요." 그들은 이**구**동**성**으로 말했다.

MP3 "Our team is **composed** of nine players." They said in chorus.

• composer [kəmpóuzər] n. 작곡가, 작가
• component [kəmpóunənt] n. 구성 요소 a. 구성하는
• composition [kὰmpəzíʃən] n. 구성 성분, 구성, 작곡, 구도
• composite [kəmpάzit] a. 합성의 n. 합성물

☐ composure [kəmpóuʒər]

n. 평정심, 침착성(沈着性)

ex. 그는 인생의 부**침**(浮沈)에 **착**잡(錯雜)해 하지 않고 **침착**하게 살았다.

MP3 Not perplexed, he went through the vicissitudes of life with **composure**.

C

☐ compound [kɔ́mpaund]

a. 합성의, 복합의 **n.** 합성물, 혼합물, 화합물 (난민) 수용소 **v.** [kəmpáund] 혼합하다, 조합하다, 악화(惡化)시키다

ex. **화합물**은 **화**학 물질들이 **합**쳐진 **물**질이다.

MP3 A **compound** consists of chemical substances that are combined.

∮ aluminum sulfate 황산알루미늄 (화합물의 일종)

☐ comprehend [kàmprihénd]

v. 이해하다, 포함하다

ex. "사람들**이 해**마다 **이해**하기 어려워하는 것은 무엇인가?"

MP3 "What is it that people have difficulty **comprehending** every year?"

- comprehensive [kàmprihénsiv] **a.** 포괄적인, 종합적인, 이해력이 있는
- comprehension [kàmprihénʃən] **n.** 이해
- comprehensible [kàmprihénsəbl] **a.** 이해할 수 있는, 이해할 만한

☐ compress [kəmprés]

v. 압축(壓縮)하다, 압박(壓迫)하다 **n.** [kámpres] 압박 붕대

ex. "(컴퓨터 **앞**에서) **축**하**한다**! 네가 드디어 파일을 **압축했다**니." "나 이제 전송 버튼을 누르려고."

MP3 "(in front of the computer) Congratulation! You've finally **compressed** the file." "I'll click on the button to send the file."

- compression [kəmpréʃən] **n.** 압축, 압박

∮ constrict [kənstríkt] **v.** 압축하다, 수축하다, 죄다

- constriction [kənstríkʃən] **n.** 압축, 긴축(緊縮)

☐ comprise [kəmpráiz]

v. 구성(構成)되다, 구성하다

ex. 저 야**구**팀은 **성**공한 열 명의 선수들로 **구성**된다. 반면 이 야구팀은 열 명의 보통 선수들로 **구성**된다.

MP3 That baseball team **comprises** 10 successful players. On the other hand, this baseball team is **comprised** of 10 average players.

☐ compromise [kámprəmàiz]

n. 타협(妥協), 절충 **v.** 타협하다, 절충하다, 위태롭게 하다

ex. "우리 서로 **타협**합시다. 우리는 덜 **타**산적(打算的)이고 덜 편**협**(偏狹)하게 굴어야 합니다."

MP3 "Let's **compromise** with each other. We should be less selfish and less narrow-minded."

☐ computer [kəmpjúːtər]

n. 컴퓨터

ex. "**컴**컴한 라**퓨**타 섬의 일**터**랑 **컴퓨터**랑은 아무 상관이 없지."

MP3 "A workplace in the dark Laputa Island has nothing to do with a **computer**."

- compute [kəmpjúːt] **v.** 계산하다

∮ handheld 손에 쥘 만한 크기의 컴퓨터

- keyboard [kíbɔ̀rd] **n.** 키보드, 자판, 건반
- disc [disk] **n.** 디스크, 원반
- multimedia [mʌltimídiə] **n.** 멀티미디어

☐ conceit [kənsíːt]

n. 자만심(自慢心), 생각

ex. 탱**자만 심**하게 **자만심**을 가졌다.

MP3 Only Taengja had an awful **conceit**.

- conceited [kənsíːtid] **a.** 자만하는

∮ narcissism [náːrsəsizm] **n.** 자기도취(陶醉), 자아도취, 나르시시즘

- narcissist [náːrsisist] **n.** 자아도취자, 자기도취에 빠진 사람

☐ conceive [kənsíːv]

v. 품다, 상상하다, 임신(姙娠)하다

ex. "내가 **상상하는** 관계에는 항**상 상하** 관계가 없**다**."

MP3 "When I **conceive** a relationship, there is no hierarchy all the time."

- preconceive [priːkənsíːv] **v.** 미리 생각하다, 예상하다
- preconception [prikənsépʃən] **n.** 예상, 선입견
- misconception [miskənsépʃən] **n.** 오해, 잘못된 생각
- misconceive [miskənsív] **v.** 오해하다, 잘못 생각하다

∉ brood [bruːd] **v.** (알을) 품다, 곰곰이 생각하다 **n.** 한배의 병아리

- brood parasite (알을 대신 기르도록 하는) 탁란 동물

☐ concentrate [kánsəntrèit]

v. 집중(集中)하다, 농축(濃縮)하다

ex. "네가 **집**에서 할 **중**요한 일에 **집중**해."

MP3 "**Concentrate** on the important thing that you should do at home."

- concentration [kànsəntréiʃən] **n.** 집중, 농축, 농도

∉ concentric [kənséntrik] **a.** 동심원의, 중심이 같은

- converge [kənvə́ːrdʒ] **v.** 한데 모아지다, (한 곳에) 집중시키다, 수렴(收斂)하다
- convergence [kənvə́ːrdʒəns] **n.** 수렴, 합류점, 한 점으로 모임

☐ concept [kánsept]

n. 개념(槪念)

ex. "저 **개념**들이 서로 충돌해. 그리하여 그것들이 너무 여러 **개**라 나는 전**념**할 수 없어."

MP3 "Those **concepts** come into conflict with each other. So, they are too diverse for me to concentrate on."

- conception [kənsépʃən] **n.** 구상(構想), 수정(受精)

∉ notion [nóuʃən] **n.** 개념, 관념

☐ concern [kənsə́ːrn]

v. 관계하다, 걱정시키다 **n.** 관계, 관심, 걱정

ex. "**관계**된 세계**관**, **계**속 설명해 봐."

MP3 "Continue to explain a world view that is **concerned**."

- concerned [kənsə́ːrnd] **a.** 걱정하는, 관계하는, 관심 있는
- concerning [kənsə́ːrniŋ] **prep.** …에 관하여, …에 관한
- unconcern [ʌ̀nkənsə́rn] **n.** 무관심, 태연(泰然)

☐ conclusion [kənklúːʒən]

n. 결론, 결말, 체결

ex. "나는 상황을 이해하겠네. 다수**결론**(=로는) 우리의 **결론**이 안 난다네."

MP3 "I get the picture. We can't draw any **conclusions** with the majority vote."

- conclude [kənklúːd] **v.** 결론을 내리다, 종결하다, 체결하다
- concluding [kənklúːdiŋ] **a.** 종결의
- conclusive [kənklúːsiv] **a.** 결정적인

☐ condescend [kàndəsénd]

v. 생색내며 자신을 낮추다, 거들먹거리다

ex. "내 귀에 네가 **거들먹**거리는 **거** 들려. **먹**을 때 잘난 척 하지 마."

MP3 "I've heard you **condescend**. I don't want you to get a big head while eating."

☐ condition [kəndíʃən]

n. 컨디션, 상태, 조건(條件), (conditions) 환경 **v.** 조건화하다

ex. "**조건**(=저것은) **조건**이야."

MP3 "That is a **condition**."

- conditioned reflex 조건 반사

☐ conduct [kəndʌ́kt]

v. 실행하다, 행동하다, 지휘(指揮)하다, 안내하다, 전도(傳導)하다 **n.** [kándʌkt] 행동, 수행, 지도, 안내

ex. "**지**금 봉을 **휘**두르는 남자가 악단을 **지휘**하는 사람이네."

MP3 "The man who is wielding the baton now is the person who is **conducting** the band."

- conductor [kəndʌ́ktər] **n.** 지휘자, 차장, 전도체
- semiconductor [sèmikəndʌ́ktər] **n.** 반도체
- nonconductor [nànkəndʌ́ktər] **n.** 부도체, 절연체(絶緣體)
- superconductivity [su:pərkɑ:ndʌktívəti] **n.** 초전도성
- conduction [kəndʌ́kʃən] **n.** 전도
- conduit [kándju:it] **n.** 도관, 통로
- conducive [kəndjú:siv] **a.** 공헌하는

☐ conference [kánfərəns]

n. 회의(會議)

ex. "결론적으로 나는 그 **회의**에 **회의**적(懷疑的)이다."

MP3 "In conclusion, I'm skeptical about the **conference**."

- confer [kənfə́:r] **v.** 의논하다, 수여하다

∮ symposium [simpóuziəm] **n.** 심포지엄, 토론회

☐ confess [kənfés]

v. 고백하다, 자백하다

ex. 소년은 죄를 **고백**하고 **백**지처럼 하얀 얼굴이 되었다.

MP3 The boy **confessed** to the sin and turned as white as a sheet.

- confession [kənféʃən] **n.** 고백, 자백

☐ confide [kənfáid]

v. (비밀을) 털어놓다

ex. "**털**이…, **어**머!" **놓아** 보니 그녀는 자신의 털임을 **털어놓아** 버렸다.

MP3 "Hair…, why!" After putting it, she **confided** that it was her own hair.

☐ confidence [kánfədəns]

n. 신용(信用), 신뢰, 자신(감)

ex. "나는 당**신**을 **용**납(容納)하겠어. 나는 당신을 **신용**하니까."

MP3 "I accept you, for I have **confidence** in you."

- confident [kánfədənt] **a.** 자신 있는, 확신하는
- overconfident [òuvərkánfidnt] **a.** 지나치게 자신하는, 과신하는
- overconfidence [òuvərkánfidns] **n.** 과신, 지나친 자신, 자만

∮ exude [igzú:d] **v.** (자신감, 매력 등이) 흘러넘치다, (땀이나 냄새가) 흘러나오게 하다

☐ confidential [kànfədénʃəl]

a. 은밀한, 기밀의

ex. **기밀**을 **기**록한 문서가 **밀**실에 보관되어 있다.

MP3 A document in which **confidential** information is written is stored in a secret room.

- confidentially [kànfədénʃəli] **ad.** 은밀하게
- confidentiality [kànfədenʃiǽləti] **n.** 비밀 유지

☐ confine [kənfáin]

v. 국한(局限)하다, 가두다

ex. 그의 인기는 중**국**과 **한**국에 **국한**된다.

MP3 His popularity is **confined** to China and Korea.

- confined [kənfáind] **a.** 국한된, 갇힌, 막힌

☐ confirm [kənfə́:rm]

v. 확인(確認)하다, 확실하게 하다

ex. "정**화**가 **긴** 시간 동안 **확인**했던 것은

무엇이었는가?”

MP3 “What was **confirmed** by Junghwa who spent long hours?”

☐ conflict [kάnflikt]

n. 갈등(葛藤), 충돌 v. [kənflíkt] 상충하다

ex. “서로**가 알** 것들은 다 **등**장했으니 우리 이제 타협하고 **갈등**을 해결합시다.”

MP3 “It seems that now we know all that we should know. So, let's meet halfway and settle the **conflict**.”

- conflicting [kənflíktiŋ] a. 상충하는
- conflictive [kənflíktiv] a. 상충하는

≠ strife [straif] n. 갈등, 분쟁, 불화

☐ conform [kənfɔ́:rm]

v. 순응(順應)하다, 따르다, 일치하다

ex. 희**순**에게 **응**삼이 물었다. “너는 고정관념에 **순응**할래?”

MP3 Eungsam asked Heesoon, “Will you **conform** to the stereotype?”

- conformity [kənfɔ́:rməti] n. 순응, 유사, 일치
- conformist [kənfɔ́:rmist] n. 순응주의자

☐ confront [kənfrʌ́nt]

v. 직면(直面)하게 하다, 직면하다, 대결하게 하다, 맞서다

ex. 그녀는 잠깐 동안 **징**그러운 **면**상에 **직면**한 것처럼 행동했다.

MP3 She behaved as if she were **confronted** with a creepy face for a while.

- confrontation [kὰnfrəntéiʃən] n. 대립, 대결, 직면

☐ confuse [kənfjú:z]

v. 혼란을 주다, 혼동(混同)하다

ex. **혼**자 공부하던 내 남**동**생은 순간 정사각형과 직사각형을 **혼동**했다.

MP3 When my brother studied alone, he **confused** squares with rectangles for an instant.

- confusion [kənfjú:ʒən] n. 혼란, 혼동
- confused [kənfjú:zd] a. 혼란한, 혼란스러운
- confusing [kənfjú:ziŋ] a. 혼란스러운

≠ daze [deiz] v. 멍하게 하다, 당황하게 하다 n. 멍한 상태, 혼란스러운 상태

- muddled [mʌ́dld] a. 혼란스러운, 혼란한
- turmoil [tə́:rmɔil] n. 혼란, 소란, 소동

☐ congratulate [kəngrǽtʃulèit]

v. 축하(祝賀)하다

ex. 그들은 미스터 **추**가 스포츠**카**를 산 걸 **축하**했다. 그 차는 가장 수요가 많은 것이었다.

MP3 They **congratulated** Mr. Chu on buying a sports car. The car was the most sought after.

- congratulation [kəngrӕtʃuléiʃən] n. 축하

☐ connect [kənékt]

v. 연결(連結)하다, 관련짓다, 잇다, 이어지다

ex. **연**기가 **결**국 굴뚝과 **연결**된다. 아니 땐 굴뚝에 연기가 나지는 않는다.

MP3 Smoke is **connected** to the chimney after all. Where there is smoke, there is fire.

- connected [kənéktid] a. 연결된, 관련된
- connection [kənékʃən] n. 연결, 관련

≠ affiliate [əfílièit] v. 가입하다, 가맹하다, 제휴(提携)하다 n. [əfíliət] 계열사, 계열 회사

- affiliated [əfílièitid] a. 부속된, 계열의, 가맹한
- affiliated store 가맹점
- affiliation [əfìliéiʃən] n. 가입, 가맹, 제휴

☐ conquer [kάŋkər]

v. 정복(征服)하다

ex. "그 결과 넌 **정**말 **보케 정복해**?"

MP3 "Can you really **conquer** vocabulary in consequence?"

- conqueror [káŋkərər] **n.** 정복자
- conquest [káŋkwest] **n.** 정복

☐ conscience [kánʃəns]

n. 양심(良心)

ex. 그 일로 김 **양**은 **심**하게 **양심**의 가책을 느꼈다. 결국 그녀는 **양심**상 진실을 털어 놓았다.

MP3 It troubled Miss Kim's **conscience** severely. After all, she told the truth for **conscience's** sake.

- conscientious [kànʃiénʃəs] **a.** 양심적인, 성실한

☐ conscious [kánʃəs]

a. 의식(意識)하는, 의식적인

ex. 그녀는 남**의 식**사를 **의식**한다. 그녀는 남의 시선을 **의식**한다.

MP3 She is **conscious** of other people's meals. She is self-**conscious**.

- consciousness [kánʃəsnis] **n.** 의식, 인식
- unconscious [ʌnkánʃəs] **a.** 의식하지 못하는, 무의식적인
- unconsciousness [ʌnkánʃəsnəs] **n.** 무의식, 인사불성(人事不省)
- subconscious [səbkánʃəs] **a.** 잠재의식(潛在意識)의
- subconsciousness [səbkánʃəsnəs] **n.** 잠재의식

∮ coma [kóumə] **n.** 코마, 혼수상태(昏睡狀態)

☐ consequence [kánsəkwèns]

n. 결과(結果), 중요성

ex. 드디어 종**결! 과**연··· **결과**는?

MP3 In the end, it's finished! Really, what is the **consequence**?

- consequent [kánsəkwènt] **a.** 결과적인
- consequently [kánsəkwèntli] **ad.** 결과적으로
- consequential [kànsəkwénʃəl] **a.** 결과로서 일어나는, 중요한
- inconsequential [inkɑnsikwénʃəl] **a.** 중요하지 않은

∮ repercussion [rìpərkʌ́ʃən] **n.** 반향(反響), 영향(影響)

☐ conservation [kànsərvéiʃən]

n. 보호, 보존, 보전

ex. "**보**아라, 저 **호**랑이들을. 그들의 안녕은 자연 **보호**를 해야 할 이유 중 하나다."

MP3 "Look at those tigers. Their welfare is one of the reasons for nature **conservation**."

- conserve [kənsə́ːrv] **v.** 보호하다, 절약하다
- conservative [kənsə́ːrvətiv] **a.** 보수적(保守的)인 **n.** 보수주의자

☐ consider [kənsídər]

v. 고려(考慮)하다, 여기다

ex. "**고려**(高麗)라는 왕국의 이름을 지었을 때 그들이 중요하게 **고려**했던 사항을 너는 아니?"

MP3 "Do you know what they **considered** important when they were naming their kingdom, Goryeo?"

- consideration [kənsidəréiʃən] **n.** 고려, 사려, 배려
- considerate [kənsídərət] **a.** 사려 깊은, 배려심이 있는
- inconsiderate [inkənsídərət] **a.** 사려 깊지 못한, 배려심이 없는
- considerable [kənsídərəbl] **a.** 상당한, 많은 양의
- considerably [kənsídərəbli] **ad.** 상당히, 많이
- considering [kənsídəriŋ] **prep. conj.** ···을 고려하면

∮ deem [diːm] **v.** 여기다, 생각하다

☐ consist [kənsíst]

v. (of) ···로 이루어져 있다, (in) ···에 있다, 양립(兩立)하다, 일치하다

ex. **일우**가 **어제**께부터 **있는** 팀은 열 명으로 **이루어져 있다**.

MP3 The team Ilwoo has belonged

to since yesterday **consists** of 10 members.

- consistent [kənsístənt] a. 양립하는, 일치하는, 일관된
- consistently [kənsístəntli] ad. 일관적으로
- consistency [kənsístənsi] n. 양립 가능성, 일관성
- inconsistent [ìnkənsístənt] a. 양립하지 않는, 일치하지 않는, 일관성이 없는
- inconsistency [ìnkənsístənsi] n. 양립 불가능, 불일치, 모순(矛盾)

☐ console [kənsóul]

v. 위로(慰勞)하다, 위안을 주다 n. 콘솔, 제어 장치

ex. "높은 금액 단**위로** 날 **위로**해줘요!"

MP3 "Please **console** me with lots of money!"

- consolation [kὰnsəléiʃən] n. 위로, 위안

☐ conspicuous [kənspíkjuəs]

a. 눈에 잘 띄는, 돋보이는, 두드러진, 뚜렷한

ex. "**눈** 오는 밤**에** 사람들이 **잘** 시간에 **띄**우는 풍선이 **눈에 잘 띄는**구나."

MP3 "The balloon is **conspicuous** floating on air on a snowy night when people sleep."

- inconspicuous [ìnkənspíkjuəs] a. 눈에 띄지 않는

∮ salient [séiliənt] a. 현저(顯著)한, 두드러진

☐ conspire [kənspáiər]

v. 음모(陰謀)를 꾸미다, 공모(共謀)하다

ex. 그들은 **음**지에 **모**여 대통령을 타도(打倒)할 **음모**를 꾸몄다.

MP3 Gathering in the shade, they **conspired** against the president.

- conspiracy [kənspírəsi] n. 음모, 공모
- conspiratorial [kənspirətɔ́:riəl] a. 음모의, 공모의

∮ collude [kəlú:d] 결탁하다, 공모하다

- collusion [kəlú:ʒən] n. 공모, 담합
- complicit [kəmplísət] a. 공범인, 공모한
- complicity [kəmplísəti] n. 공범, 공모
- confederate [kənfédərət] n. 공모자, 공범 a. 공모한

☐ constant [kάnstənt]

a. 끊임없는, 변함없는 n. 상수(常數)

ex. "방해하려고 네가 불 **끄니**, **임**마누엘? 어림**없는** 수작이다! 우리의 **끊임없는** 움직임은 멈추지 않는다!"

MP3 "Immanuel, do you turn the light off to interfere? It is of no use! We will never stop our **constant** movement!"

- constantly [kάnstəntli] ad. 끊임없이, 계속

☐ constellation [kὰnstəléiʃən]

n. 별자리

ex. "**별자리**는 **별**들이 **자**는 자**리**에여(=에요)?" 은하의 천진난만(天眞爛漫)한 질문.

MP3 "Is a **constellation** a place where stars are sleeping?" Eunha's innocent question.

∮ star [stɑ:r] n. 별, 스타 v. 주연(主演)을 맡다, 주연을 맡기다

- galaxy [gǽləksi] n. 은하(銀河), 은하수, 은하계
- Milky Way n. (the Milky Way) 은하, 은하수, 은하계
- nebula [nébjələ] n. 성운(星雲)
- the Crab (천문) 게자리
- telescope [téləskòup] n. 망원경

☐ constitution [kὰnstətjú:ʃən]

n. 헌법(憲法), 구성, 체질

ex. "그 **헌법**은 **헌 법**이냐?" "그렇다. 사람들이 강제에 못 이겨 행동한다."

MP3 "Is the **Constitution** old and useless?" "Yes, it is. People act under constraint."

- constitutional [kὰnstətjú:ʃənl] a. 헌법의, 체질의
- constitute [kάnstətjù:t] v. 구성하다, 체질이다
- constituent [kənstítʃuənt] a. 구성하는 n. 유권자
- constituency [kənstítʃuənsi] n. 선거구, 유권자들

∮Magna Carta [mægnə káːrtə] n. 대헌장

☐ constrain [kənstréin]

v. 강요하다, 제약하다, 억제하다, 속박하다

ex. "저는 **제 약**의 효능에 **제약**을 받습니다. 저는 그것 없이는 지낼 수 없습니다."

MP3 "I am **constrained** by the effect of my medicine. I can't do without it."

- constraint [kənstréint] n. 강요, 제약, 억제, 속박

☐ construct [kənstrʌ́kt]

v. 건설하다, 구성하다

ex. "그녀가 그 영웅을 기념하여 무엇을 **건설**했는지 아니?" "그**건 설**마 다리는 아니겠지?"

MP3 "Do you know what she **constructed** in commemoration of the hero?" "It can't have been a bridge, surely?"

- construction [kənstrʌ́kʃən] n. 건설, 구성, 구조
- constructive [kənstrʌ́ktiv] a. 건설적인
- reconstruct [rikənstrʌ́kt] v. 재건하다, 재현하다, 복원하다, 재구성하다
- deconstruct [diːkənstrʌ́kt] v. 해체(解體)하다
- deconstruction [diːkənstrʌ́kʃən] n. 해체 이론

☐ consume [kənsúːm]

v. 소비(消費)하다, 소모(消耗)하다, 사로잡다

ex. **소**수의 사람들이 **비**싼 에너지를 **소비**한다.

MP3 A small number of people **consume** expensive energy.

- consumer [kənsúːmər] n. 소비자
- consumption [kənsʌ́mpʃən] n. 소비, 소모

☐ contact [kántækt]

n. 접촉(接觸), 연락(連絡) v. 연락하다

ex. "**저** **없**이 당신이 **촉**진(促進)했던 일이 뭐죠?" "잠깐 동안 그들과 **접촉**하는 일이었습니다."

MP3 "What did you hasten to do without me?" "It was to get in **contact** with them for a moment."

- contact lenses 콘택트렌즈

☐ contain [kəntéin]

v. 포함하다, 억누르다

ex. "당신의 여행지 목록에 목**포**도 **함**께 **포함**하시죠."

MP3 "Let the list **contain** Mokpo as your another destination."

- container [kəntéinər] n. 컨테이너, 용기, 그릇

∮barrel [bǽrəl] n. 통, 한 통의 양, 배럴
- bucket [bʌ́kit] n. 양동이
- bucket list 필생의 소원 목록
- pail [peil] n. 양동이, 들통
- cylinder [sílindər] n. 원통, 원기둥, 실린더
- jar [dʒaːr] n. (유리 등으로 된) 병, 단지, 항아리

☐ contaminate [kəntǽmənèit]

v. 오염(汚染)시키다

ex. "그들은 대기를 **오염**시켜왔다, **오**랫동안. 참으로 **염**치(廉恥)없는 행동이다!"

MP3 "They have been **contaminating** the air for a long time. What a shameless behavior!"

- contamination [kəntæmənéiʃən] n. 오염
- contaminant [kəntǽmənənt] n. 오염 물질

∮pollute [pəlúːt] v. 오염시키다, 더럽히다
- pollution [pəlúːʃən] n. 오염, 공해

☐ contemplate [kántəmplèit]

v. 심사숙고(深思熟考)하다, 응시(凝視)하다

ex. "순**심**아, **사숙**(私塾) 생활할지를 **고**민**해** 볼래?" "제가 그 문제를 **심사숙고해**볼게요."

MP3 "Soonsim, will you think about home

schooling?" "I will **contemplate** it."

- contemplation [kàntəmpléiʃən] **n.** 심사숙고, 응시
≑ stare [stεər] **v.** 응시하다, 빤히 쳐다보다, 말똥말똥 쳐다보다 **n.** 응시
- gaze [geiz] **v.** 응시하다 **n.** 응시
- ponder [pándər] **v.** 숙고하다, 곰곰이 생각하다
- ponderous [pándərəs] **a.** 묵직한, 답답한, 지루한

☐ contemporary [kəntémpərèri]

a. 동시대의, 당대의, 현대의 **n.** 동시대의 사람

ex. 희**동**이는 소년**시대**와 **동시대**의 사람이다.

MP3 Heedong is **contemporary** with Boys' Generation.

- contemporarily [kəntèmpərérili] **ad.** 동시대에, 당대에
- contemporize [kəntémpəràiz] **v.** 동시대에 두다

☐ contempt [kəntémpt]

n. 경멸(輕蔑)

ex. 피터 **경**은 마치 **멸**치를 보듯 그들을 **경멸**의 눈으로 보았다.

MP3 Lord Peter looked at them with **contempt** as if he saw anchovies.

- contemptuous [kəntémptʃuəs] **a.** 경멸적인
≑ scorn [skɔːrn] **n.** 경멸 **v.** 경멸하다
- snub [snʌb] **n.** 경멸 **v.** 무시(無視)하다

☐ contend [kənténd]

v. 주장하다, 다투다

ex. 온 세상이 **다** 전**투다**. 우리는 다른 사람들과 **다툰다**. 그것은 끝나지 않는다.

MP3 There are battles all over the world. We **contend** with other people. It will not be over.

- contention [kənténʃən] **n.** 주장, 논쟁, 다툼

☐ content[1] [kəntént]

a. 만족하는 **v.** 만족시키다 **n.** 만족

☐ content[2] [kántent]

n. 내용, 내용물, 목차

ex. "제게 만족스러운 **내용**이**네용**."

MP3 "I am **content** with the **contents**."

- contentment [kənténtmənt] **n.** 만족(감)
- discontent [dìskəntént] **a.** 불만스러운 **v.** 불만을 품게 하다 **n.** 불만

☐ contest [kántest]

n. 콘테스트, 대회, 시합, 경쟁 **v.** [kəntést] 경쟁하다, 겨루다

ex. 그것은 아이스크림**콘**과 캔디의 맛을 **테스트**하는 **콘테스트**다.

MP3 It is a **contest** for the most delicious ice cream cone and candy.

≑ emulation [èmjuléiʃən] **n.** 경쟁, 모방(模倣)
- emulate [émjulèit] **v.** 따라 하다, 모방하다, 열심히 배우다

☐ context [kántekst]

n. 문맥(文脈), 맥락(脈絡)

ex. "마치 네가 의사여서 **문**진(問診)하며 **맥**을 짚듯이 신중하게 **문맥**을 이용하라."

MP3 "Make use of **context** cautiously as if you were a doctor asking a patient about his or her condition and taking the pulse."

- contextual [kəntékstʃuəl] **a.** 문맥상의, 맥락의

☐ continent [kántənənt]

n. 대륙

ex. **대**단한 **륙**(=육)상 선수가 **대륙**을 가로질러 갔는데 옛 친구를 우연히 만났다.

MP3 A great athlete ran across the **continent** and ran across an old

C

friend.

- continental [kὰntənéntl] a. 대륙의
- transcontinental [trὰnzkɑntənéntl] a. 대륙 횡단의
∮ peninsula [pənínsjulə] n. 반도(半島)

☐ continue [kəntínjuː]

v. 계속하다, 계속되다

ex. 그는 이질적인 세**계 속**에서 일을 **계속** 했다.

MP3 He **continued** working in a different world.

- continual [kəntínjuəl] a. 거듭되는, 반복되는, 계속되는
- continually [kəntínjuəli] ad. 계속해서
- continuous [kəntínjuəs] a. 계속적인
- continuously [kəntínjuəsli] ad. 계속적으로
- continuum [kəntínjuəm] n. 연속(체)
- discontinue [dìskəntínjuː] v. 중단하다
∮ consecutive [kənsékjutiv] a. 연속되는, 연이은
- intermittent [ìntərmítnt] a. 간헐적(間歇的)인
- sporadic [spərǽdik] a. 산발적(散發的)인

☐ contraception [kὰntrəsépʃən]

n. 피임(避姙)

ex. "**피임**은 출산으로부터의 도**피임**."

MP3 "**Contraception** is an escape from childbirth."

☐ contract [kəntrǽkt]

n. 계약(契約), 계약서 v. 수축(收縮)하다, 수축시키다, 계약하다, (병에) 걸리다

ex. 이것이 세**계**가 아무런 조건 없이 **약**속했던 **계약**이다.

MP3 This is a **contract** that the world promised to sign with no strings attached.

- contraction [kəntrǽkʃən] n. 수축, 축소, 경련(痙攣), 진통
- contraction phase 경기 수축기(후퇴기)
- contractor [kάntræktər] n. 계약자, 도급업자(都給業者)
- subcontract [sʌbkάntrækt] v. 하청(下請)을 주다(일감을 다른 사람에게 맡기다), 하도급(下都給)을 주다 n. 하청, 하도급
∮ dilate [dailéit] v. (동공 등이) 확장(팽창)하다, 확장(팽창)시키다

☐ contradict [kὰntrədíkt]

v. 모순(矛盾)되다, 반박(反駁)하다, 부정하다

ex. "우리는 너의 **모**든 말을 **순**순히 받아들일 수 없어. 너의 말은 **모순**이니까."

MP3 "We cannot accept what you say obediently, for you **contradict** yourself."

- contradiction [kὰntrədíkʃən] n. 모순, 반박
- contradictory [kὰntrədíktəri] a. 모순되는
∮ paradox [pǽrədὰks] n. 패러독스, 역설(逆說), 모순
- paradoxical [pærədάksikəl] a. 역설(逆說)의, 모순적인

☐ contrary [kάntreri]

a. 반대의, 정반대의, 불리한 n. 정반대

ex. "**반대**로 **반**한 건 상**대**방이야."

MP3 "On the **contrary**, it is the other person who has fallen in love."

∮ invert [invə́ːrt] v. 뒤집다, 거꾸로 하다, 도치(倒置)시키다
- inverted [invə́ːrtid] a. 거꾸로 된, 반전된, 성도착(性倒錯)의
- inverse [invə́ːrs] a. 역의, 반대의 n. 역, 반대
- inversion [invə́ːrʒən] 도치, 전도(顚倒)
- porcupine [pɔ́ːrkjupàin] n. 호저, 고슴도치

☐ contrast [kəntrǽst]

v. 대조(對照)하다 n. [kάːntræst] 대조

ex. "**대조**영과 궁예를 **대조**하라."

MP3 "**Contrast** Dae Joyeong with Gung Ye."

☐ contribute [kəntríbjuːt]

v. 기부(寄附)하다, 기여(寄與)하다, 기고(寄稿)하다

ex. 그들은 저**기**랑 **여**기에서 멸종 위기의 동물들을 보호**하는** 데 **기여한다**.

MP3 They **contribute** to protecting endangered animals here and there.

- contribution [kɑ̀ntrəbjúːʃən] **n.** 기부, 기여, 공헌, 기고

☐ control [kəntróul]

n. 통제(統制), 통제 장치, 통제 집단, 통제소 **v.** 통제하다, 제어(制御)하다, 억제(抑制)하다

ex. "이 기계는 고장나지 않게끔 보**통 제**가 **통제**합니다." "그러나 그 기계가 고장이 났네요."

MP3 "I usually **control** this machine to ensure that it is not out of order." "But it has broken down."

- controlled atmosphere 저온 저장과 함께 공기의 농도를 조절하는 장치

∮ curb [kəːrb] **n.** 억제, 고삐, 재갈, 연석(緣石) **v.** 억제하다
- reins [reinz] **n.** 고삐
- rein [rein] **v.** 억제하다

☐ controversy [kɑ́ntrəvə̀ːrsi]

n. 논란(論難), 논쟁

ex. **놀란** 감독의 영화에 대한 **논란**은 해소되었다.

MP3 The **controversy** on a film directed by Nolan was resolved.

- controversial [kɑ̀ntrəvə́ːrʃəl] **a.** 논란의 여지가 있는, 논쟁의
- controversially [kɑ̀ntrəvə́ːrʃəli] **ad.** 논쟁적으로

☐ convenient [kənvíːnjənt]

a. 편리한

ex. "그가 **편리한** 자리를 **펼 리**가 없지."

MP3 "He can't make a **convenient** seat."

- convenience [kənvíːnjəns] **n.** 편의, 편리
- convenience store 편의점(便宜店)
- inconvenient [ìnkənvíːnjənt] **a.** 불편한

∮ amenities [əménətiz] **n.** 편의 시설

☐ conversation [kɑ̀nvərséiʃən]

n. 대화(對話), 회화(會話)

ex. **대**단히 **화**난 채 그들은 **대화**에 열중했다. 그들은 **대화**에 몰두하여 시간 가는 줄 몰랐다.

MP3 Being very angry, they were engaged in **conversation**. They were so engrossed in **conversation** that they lost all track of time.

- converse [kənvə́ːrs] **v.** 대화하다 **a.** 정반대의 **n.** 정반대, 역

∮ colloquial [kəlóukwiəl] **a.** 구어(체)의, 일상 회화의
- slang [slæŋ] **n.** 은어, 속어
- dialect [dáiəlèkt] **n.** 방언(方言), 사투리
- dialectal [dàiəléktəl] **a.** 방언의
- dialogue [dáiəlɔ̀ːg] **n.** (책이나 영화 속) 대화, (공식적) 대담
- discourse [dískɔːrs] **n.** 담론, 담화 **v.** [dìskɔ́ːrs] 담화하다

☐ convince [kənvíns]

v. 설득하다, 납득(納得)시키다, 확신시키다

ex. "어떻게 그들에게 나의 정직을 **납득**시킬지 전 생각**납**니다." "그럼 그들이 너를 지지하도록 설**득**해라."

MP3 "It occurs to me how I can **convince** them of my honesty." "Then persuade them to support you."

- convincible [kənvínsəbl] **a.** 설득할 수 있는
- conviction [kənvíkʃən] **n.** 확신, 유죄 선고
- convict [kənvíkt] **v.** 유죄 선고를 내리다 **n.** [kɑ́nvikt] 유죄 선고를 받은 사람
- ex-convict 전과자(前科者)

☐ cook [kuk]

v. 요리(料理)하다 **n.** 요리사

ex. "전 **요리사**예요. 제 이름은 **리사**예요."

MP3 "I'm a **cook**. My name is Lisa."

- cookery [kúkəri] **n.** 요리법
∮chef [ʃef] **n.** 주방장, 요리사
- cuisine [kwizíːn] **n.** 요리법, (비싼) 요리
- recipe [résəpi] **n.** 요리법, 조리법, 비법, 비결
- culinary [kʌ́linəri] **a.** 요리의
- gourmet [gúərmei] **n.** 미식가(美食家), 식도락가(食道樂家) **a.** 미식가를 위한
- gastronome [gǽstrənòum] **n.** 미식가
- epicure [épikjùər] **n.** 미식가, 식도락가
- fry [frai] **v.** (기름에) 튀기다, 굽다 **n.** 튀김, 프라이
- frying pan 프라이팬
- stir-fry **v.** (다진 고기를 재빨리) 볶다 **n.** 볶은 요리
- grill [gril] **n.** 석쇠 **v.** 석쇠에 굽다
- roast [roust] **v.** (오븐 등에) 굽다
- oven [ʌ́vən] **n.** 오븐

☐ cooperate [kouápərèit]

v. 협력하다, 협동하다, 협조하다

ex. **혀**의 **업**(業)은 **역**시 입에 **협력**하는 것이다.

MP3 The job of the tongue is to **cooperate** with the mouth, too.

- cooperation [kouàpəréiʃən] **n.** 협력, 협동, 협조
- cooperative [kouápərətiv] **a.** 협력하는, 협동하는, 협조하는
- uncooperative [ʌ̀nkouápərətiv] **a.** 협력하지 않는, 협동하지 않는, 협조하지 않는

☐ coordinate [kouɔ́ːrdənèit]

v. 조화시키다(with), 조정(調整)하다, 꾸미다 **n.** [kouɔ́ːrdənət] 조화를 이룬 것, 좌표

ex. "우리 이제 팀원들의 활동을 **조정하는** 조장을 **정하죠**."

MP3 "Let's select the team leader who **coordinates** members' activities."

- coordination [kouɔ̀ːrdənéiʃən] **n.** 조정, 조화
- coordinator [kouɔ́ːrdənèitər] **n.** 코디네이터, 조정자, 등위 접속사

☐ cop [kap]

n. 경찰관

ex. **경찰관**은 **경**계하며 순**찰**하는 **관**리다.

MP3 A **cop** is a police officer who patrols on alert.

∮policeman [pəlíːsmən] **n.** 경찰관
- police [pəlíːs] **n.** 경찰 **v.** 치안을 유지하다
- police station 경찰서
- patrol [pətróul] **v.** 순찰하다, 순찰을 돌다 **n.** 순찰
- sheriff [ʃérif] **n.** 보안관, (잉글랜드·웨일즈에서) 주 장관

☐ cope [koup]

v. 대처(對處)하다

ex. "그**대**의 **처**(妻)는 스트레스에 잘 **대처**하나요?"

MP3 "Do your wife **cope** with stress well?"

☐ copy [kápi]

v. 복사(複寫)하다, 복제(複製)하다, 베끼다 **n.** 복사(본), 원고

ex. 그를 **배**신하는 무리에 **끼어** 그녀는 디자인을 **베꼈다**.

MP3 She **copied** the design, joining a group that betrayed him.

- copyright [kápiràit] **n.** 저작권(著作權), 판권
∮clone [kloun] **n.** 클론, 복제 생물 **v.** 복제하다
- duplicate [djúːplikət] **a.** 꼭 닮은 **n.** 사본 **v.** [djúːplikèit] 복사하다, 복제하다
- duplication [djùːplikéiʃən] **n.** 복제, 복사
- plagiarism [pléidʒərìzm] **n.** 표절(剽竊)
- replica [réplikə] **n.** 복제품
- replicable [réplikəbl] **a.** 반복 가능한, 복제 가능한
- replicate [répləkèit] **v.** 복제하다, 모사(模寫)하다

☐ cord [kɔːrd]

n. 줄, 끈, (전기) 코드

ex. 그는 **끈끈**한 **끈**을 끊었다.

MP3 He cut a sticky **cord**.

- umbilical cord [ʌmbílikəl kɔːrd] **n.** 탯줄
∮discord [dískɔːrd] **n.** 불화, 불일치, 불협화음

☐ **cordial** [kɔ́ːrdʒəl]

a. 다정한, 진심 어린

ex. 어**진** 사람들이 **심**청 **어린**이에게 **진심 어린** 환영을 해주었다.

MP3 The generous people gave a **cordial** welcome to the child whose name was Shim Chung.

☐ **core** [kɔːr]

n. 핵심(核心), 중심 **a.** 핵심적인

ex. "시장의 **핵심**을 파악**해** 수입 **액**수(額數)를 **심**하게 늘려라."

MP3 "Get to the **core** of the market and increase your income extremely."

☐ **corporate** [kɔ́ːrpərət]

a. 기업(企業)의, 회사의, 법인의, 공동의

ex. 그 **기업** 전략은 **기**발함이 **없**었다.

MP3 The **corporate** strategy lacked in novelty.

- corporation [kɔ̀ːrpəréiʃən] **n.** 기업, 회사, 법인
- incorporate [inkɔ́ːrpərèit] **v.** 법인체를 설립하다, 회사를 만들다, 포함하다

☐ **correct** [kərékt]

a. 올바른, 정확한 **v.** 바로잡다, 정정(訂正)하다, 교정(矯正)하다

ex. "저에게 **올바른** 순서를 알려주세요." "일단 너의 수준을 **올려봐**. 그다음에 그른 답들을 고쳐봐."

MP3 "Tell me about the **correct** order." "First, raise your standard. **Correct** wrong answers next."

- incorrect [inkərékt] **a.** 정확하지 않은, 부정확한
- correction [kərékʃən] **n.** 정정, 수정, 교정

cf. proofread [prúːfriːd] **v.** 교정(校正)보다

- proofreading [prúːfriːdiŋ] **n.** 교정

- typo [táipou] **n.** 오타, 오식(誤植)
- typology [taipɑ́lədʒi] **n.** 유형학(類型學)

☐ **correspond** [kɔ̀ːrəspɑ́nd]

v. 해당(該當)하다, 일치하다, 편지를 주고받다

ex. "당신은 달에 **해당**하고, 저는 **해**에 **당**연히 **해당**합니다."

MP3 "You **correspond** to the moon, and, of course, I **correspond** to the sun."

- correspondence [kɔ̀ːrəspɑ́ndəns] **n.** 상응, 일치, 편지 왕래, 통신
- correspondent [kɔ̀ːrəspɑ́ndənt] **n.** 특파원, 기자

☐ **corrupt** [kərʌ́pt]

a. 부패(腐敗)한, 타락(墮落)한 **v.** 부패시키다, 타락시키다

ex. 그들은 **부패**한 정**부**의 실**패**(失敗)에 책임이 있다.

MP3 They are responsible for a failure of the **corrupt** government.

- corruption [kərʌ́pʃən] **n.** 부패, 타락, 비리
- corruptive [kərʌ́ptiv] **a.** 부패시키는

☐ **cosmetic** [kɑzmétik]

n. (cosmetics) 화장품(化粧品) **a.** 겉치레의, 성형(成形)의

ex. 그녀는 완**성형** 얼굴이라 **성형** 수술이 필요하지 않다.

MP3 Her face is perfect, so she doesn't need **cosmetic** surgery.

- cosmetic surgeon 성형외과 의사
- cosmetic surgery 성형외과, 성형 수술

cf. plastic surgery 성형 수술

- plastic [plǽstik] **n.** 플라스틱 **a.** 플라스틱의, 비닐의

☐ **cost** [kɔːst]

n. cost - cost/costed - cost/costed 비용(費用) **v.** 비용이 들다

ex. "용**비**, **용**비, 그 **비용**이 얼마인가?"

MP3 "Yongbi, Yongbi, how much does it

cost?"

- costly [kɔ́:stli] **a.** 값비싼 대가를 치르는

☐ costume [kástju:m]

n. 의상(衣裳), 복장, 분장(扮裝)

ex. "가장 좋은 **의상의 상**금은 얼마냐?"

MP3 "What is the prize money for the best **costume**?"

∮Halloween [hæloui:n] **n.** 핼러윈
- sari [sá:ri] **n.** 사리(인도 여성의 전통 의상)

☐ cottage [kátidʒ]

n. 오두막, 작은 집, 작은 별장(別莊)

ex. 그들이 **별**로 쓰지 않던 **장**소라서 그는 그 **별장**을 임대했다.

MP3 He rented out the **cottage** because they scarcely used it.

☐ cough [kɔ:f]

v. 기침하다 **n.** 기침

ex. "나는 **기침**을 못 참았고, 여**기**에 **침**을 튀겼네." "너 병원에 가야겠다."

MP3 "I couldn't stop **coughing**, sputtering here." "You should go to see a doctor."

∮sneeze [sni:z] **v.** 재채기하다 **n.** 재채기
- sneezy [sní:zi] **a.** 재채기가 나는

☐ counsel [káunsəl]

n. 상담(相談), 변호사 **v.** 상담하다, 조언하다

ex. 그 학생은 **상**당히 오래, 자신이 의지하는 **담**임 선생님과 **상담**했다.

MP3 The student took **counsel** with his homeroom teacher whom he counted on for quite a long time.

- counselor [káunsələr] **n.** 카운슬러, 상담역

∮consult [kənsʌ́lt] **v.** 상담하다, 상의하다, 참고하다
- consultant [kənsʌ́ltənt] **n.** 컨설턴트, 경영 자문인, 상담가
- consultation [kànsəltéiʃən] **n.** 상담, 상의, 자문, 참고, 협의, 회담

☐ count [kaunt]

v. 세다, 간주(看做)하다, 중요하다 **n.** 셈, 계산

ex. 그는 **셋**을 **셌**다. 그러더니….

MP3 He **counted** to three, and then ….

- countable [káuntəbl] **a.** 셀 수 있는 **n.** 가산 명사
- uncountable [ʌnkáuntəbl] **a.** 셀 수 없는 **n.** 불가산 명사
- countless [káuntlis] **a.** 셀 수 없이 많은, 무수한
- discount [diskáunt] **v.** 할인(割引)하다, 무시하다 **n.** [dískaunt] 할인

☐ counter [káuntər]

n. 계산대, 반대 **a.** 반대의 **ad.** 반대로

ex. "**개**, 뭐 **산대**. 그래서 그는 **계산대**로 간대."

MP3 "That child is going to buy something. So he is going to the **counter**."

- counterbalancing weight 평형을 잡는 추
- counterforce [káuntərfɔ̀:rs] **n.** 반대 세력
- counterclockwise [kàuntərklákwàiz] **a.** 반시계 방향의 **ad.** 반시계 방향으로

∮clockwise [klákwàiz] **a.** 시계 방향의 **ad.** 시계 방향으로

☐ counteract [kàuntərǽkt]

v. 반대로 작용하다, 중화(中和)하다

ex. "**반**만 **작**업했는데 **용**케 그 효력에 **반대**로 **작용**할 수 있었어."

MP3 "The job that was only half done could **counteract** the effect luckily."

- counteraction [kàuntərǽkʃən] **n.** 반작용, 중화 작용
- counteractive [kàuntərǽktiv] **a.** 반작용의, 중화성의 **n.** 반작용제, 중화제

□ counterfeit [káuntərfit]

a. 위조(僞造)의, 모조(模造)의 **n.** 위조품, 모조품 **v.** 위조하다

ex. "**위조**되어 있는 부분은 **위조**?"

MP3 "Is the upper part **counterfeit**?"

⊄ forge [fɔːrdʒ] **v.** 위조하다, 구축하다

□ counterpart [káuntərpὰːrt]

n. 상대방, 상대, 사본

ex. "그는 힘으로는 나에게 **상대**가 안 되는 **상대**다."

MP3 "He is not my **counterpart** in strength."

□ counterproductive [kàuntərprədʌ́ktiv]

a. 역효과(逆效果)의

ex. "**역**시 **효**정의 **과**한 행동은 **역효과**였어."

MP3 "As expected, Hyojeong's excessive action was **counterproductive**."

⊄ backfire [bǽkfàir] **v.** 역효과를 낳다, 역화(逆火)를 일으키다
- misfire [misfáiər] **v.** 불발(不發)하다, 의도한 효과를 못 얻다 **n.** 불발

□ courage [kə́ːridʒ]

n. 용기(勇氣)

ex. "당신이 남들을 포**용**하고 사**기**를 북돋는 **용기**를 요구함."

MP3 "A call for **courage** with which you embrace others and boost morale."

- courageous [kəréidʒəs] **a.** 용기 있는, 용감한

⊄ bravado [brəvάːdou] **n.** 허세

□ court [kɔːrt]

n. 법정(法廷), 궁정(宮廷), (테니스) 코트 **v.** 구애(求愛)하다

ex. "나는 더 **버**틸 수가 **없**군요, **정**말. 당신, **법정**에서 봅시다."

MP3 "Really I can't stand it anymore. I will take you to **court**."

- the Court of Chancery [ʧǽnsəri] (영국의) 대법관 법정
- courteous [kə́ːrtiəs] **a.** 예의 바른, 공손(恭遜)한
- courtesy [kə́ːrtəsi] **n.** 예의
- courtship [kɔ́ːrtʃip] **n.** 구애, 교제

□ cover [kʌ́vər]

v. 덮다, 담당하다, 취재(取材)하다, 보도(報道)하다 **n.** 덮개, 표지

ex. 소년은 이불 **덮고 덥다**고 한다.

MP3 The boy **covers** himself with a blanket and says that it's hot.

- covered [kʌ́vərd] **a.** 덮인
- coverage [kʌ́vəridʒ] **n.** 보도 범위, 보장 범위
- discover [diskʌ́vər] **v.** 발견하다
- discovery [diskʌ́vəri] **n.** 발견
- uncover [ʌnkʌ́vər] **v.** 덮개를 벗기다, 드러내다

⊄ gild [gild] **v.** gild - gilded/gilt - gilded/gilt 금을 입히다
- drape [dreip] **v.** 걸치다, 주름을 잡아 걸치다
- draped [dreipt] **a.** 주름이 잡혀 드리워진

□ cow [kau]

n. 소, 젖소

ex. "**젖소**가 **졌소**, 소선거구제(小選擧區制)의 선거에서."

MP3 "The **cow** has lost the election in a single-member district system."

- cowboy [káubɔ̀i] **n.** 카우보이, 목동
- mad cow disease 광우병(狂牛病)

⊄ calf [kæf] **n.** 송아지, 종아리
- bull [bul] **n.** 황소
- buffalo [bʌ́fəlòu] **n.** 버펄로, 아메리카들소
- bison [báisn] **n.** 들소
- cattle [kǽtl] **n.** (집합적) 소들

□ coward [káuərd]

n. 겁쟁이, 비겁자(卑怯者)

ex. "**비**밀이지만 그는 모험을 **겁**니다, **자**

주. **비겁자**가 절대 아니에요."

MP3 "Between ourselves, he often takes a risk. He is never a **coward**."

- cowardly [káuərdli] a. 겁이 많은, 비겁한
- cower [káuər] v. (겁을 먹고) 움츠리다, 웅크리다

≠cringe [krindʒ] v. (겁이 나서) 움츠리다

☐ cozy [kóuzi]

a. 아늑한

ex. **아**이가 **느**끼기에 **칸**막이방은 **아늑한** 곳이었다.

MP3 The child felt that the cubicle was a **cozy** place.

≠snug [snʌg] a. 아늑한, 포근한

☐ craftsman [krǽftsmən]

n. 장인(匠人), 공예가(工藝家)

ex. "중국인 **장인**(丈人) 어른이 **장인**이셔."

MP3 "My Chinese father-in-law is a **craftsman**."

- craftsmanship [krǽftsmənʃip] n. 손재주, 솜씨
- craftsperson [krǽftspə̀ːrsn] n. 장인, 공예가
- craft [kræft] n. 수공예, 기능, 기술, 선박, 항공기, 우주선

≠artisan [άːrtizən] n. 장인, 기능공, 공예가

- ceramic [sərǽmik] n. 도자기 a. 도자기의
- ceramics [sərǽmiks] n. 도자기들, 도예, 제도업
- china [tʃáinə] n. 자기, 도자기, (China) 중국
- potter [pάtər] n. 도공(陶工), 옹기장이, 도예가(陶藝家)
- pottery [pάtəri] n. 도자기 (그릇들), 도기류, 도예

☐ crawl [krɔːl]

v. 기다, 기어가다 n. 기어가기, (수영의) 크롤

ex. 거북이가 **기다**가 이**기다**.

MP3 The turtle **crawls** and wins.

- crawly [krɔ́ːli] a. 근질근질한

≠creepy [kríːpi] a. 기는, 기어다니는, 오싹한

- creep [kriːp] v. creep - crept - crept (살금살금) 기다, 살그머니 움직이다
- slink [sliŋk] v. slink - slunk - slunk 살금살금 움직이다

☐ crazy [kréizi]

a. 미친, 열광(熱狂)한

ex. "우리의 **미친 미**국 **친**구가 전진할 거야." "조물주(造物主)가 그를 본다면 어떨까?"

MP3 "Our **crazy** American friend will go forward." "What if the universal creator saw him?"

- craze [kreiz] v. 미치게 하다 n. (일시적) 열광, 대유행

≠deranged [diréindʒd] a. 제정신이 아닌, (정신병으로) 미친

- frantic [frǽntik] a. 광란(狂亂)의, 제정신이 아닌, 미친 듯이 허둥대는
- frantically [frǽntikəli] ad. 미친 듯이
- mad [mæd] a. 미친, 화난
- mania [méiniə] n. 열광

☐ create [kriéit]

v. 창조(創造)하다, 창작(創作)하다

ex. "그것은 유명한 디자이너가 **창조**한 **창**(窓)이**죠**."

MP3 "It is the window a famous designer **created**."

- creation [kriéiʃən] n. 창작, 창조, 창작물, 창조물
- creative [kriéitiv] a. 창의적인, 창조적인 n. 창의적인 사람
- creator [kriéitər] n. 창작자, 창조자, (the Creator) 창조주
- creature [kríːtʃər] n. 생명체, 생물, 피조물(被造物)

≠recreate [rékrièit] v. 기분 전환을 하다, 기운을 북돋다, 원기 회복을 하다

- recreation [rèkriéiʃən] n. 레크리에이션, 오락(娛樂), 기분 전환, 원기 회복

☐ credit [krédit]

n. 신용(信用), 명예, 학점 v. 믿다, 입금하다

ex. "당신이 사**신 용**품의 결제는 당신의 **신용**카드로 하시나요?"

MP3 "Will you pay for your purchases

with your **credit** card?"

- credit arrangement 신용 거래
- credit card 신용 카드

cf creditor [kréditər] **n.** 채권자(債權者)

- creditable [kréditəbl] **a.** 명예로운, 칭찬할 만한
- credible [krédəbl] a, 믿을 수 있는, 믿을 만한
- incredible [inkrédəbl] **a.** 믿을 수 없을 정도의, 놀라운
- incredibly [inkrédəbli] **ad.** 믿을 수 없을 정도로
- credulous [krédʒuləs] **a.** 남을 잘 믿는, 잘 속는, 속기 쉬운
- discredit [diskrédit] **v.** 믿음을 없애다, 믿지 않다 **n.** 불명예, 불신
- incredulous [inkrédʒuləs] **a.** 믿지 않는, 불신하는

☐ crew [kruː]

n. 승무원(乘務員), 선원, 팀, 조(組), 반(班)

ex. "**승무원**들이 **승무**(僧舞)를 **원**해."

MP3 "The **crew** members want a Buddhist dance."

☐ criminal [kríminl]

a. 범죄의, 형사(刑事)상의 **n.** 범죄자(犯罪者)

ex. 그 **범죄자**의 수중에 들어가면 평**범**한 물건도 **죄**다 **자**신의 범행 도구가 된다.

MP3 If a thing falls into the hands of the **criminal**, even a usual thing altogether turns into his tool for crimes.

- crime [kraim] **n.** 범죄
- criminate [kríməneit] **v.** …에게 죄를 씌우다
- incriminate [inkríməneit] **v.** 죄를 뒤집어씌우다
- recriminate [rikríməneit] **v.** (비난에 비난으로) 맞받아치다, 맞고소하다

cf forensic [fərénzik] **a.** 과학 수사의

- transgression [trænsgréʃən] **n.** 침범(侵犯), 위반(違反), 범죄

☐ crisis [kráisis]

n. 위기(危機)

ex. "우리에게는 아직 **위기** 상황이었지만 상황이 나아지리란 분**위기**(雰圍氣)였다."

MP3 "We were still in **crisis**, but it was expected that things would get better."

☐ criterion [kraitíəriən]

n. (**pl.** criteria [kraitíriə]) 기준(基準)

ex. "행동의 **기준**을 정하**기** 전에 검토할 자료를 **준**비하라."

MP3 "Prepare the data to examine before setting **criteria** for action."

☐ criticize [krítəsàiz]

v. 비평(批評)하다, 비판(批判)하다, 비난하다

ex. "**비**록 책이 **평**범**하지**만 제가 그 책을 **비평하**겠습니**다**."

MP3 "Although it is an ordinary book, I will **criticize** the book."

- criticism [krítəsizm] **n.** 비평, 비난
- critic [krítik] **n.** 비평가
- critical [krítikəl] **a.** 비판적인, 결정적인
- critical point 임계점(臨界點)

cf castigate [kǽstəgèit] **v.** 혹평(酷評)하다, 크게 책망(責望)하다

- chastisement [tʃǽstaizmənt] **n.** 신랄(辛辣)한 비난, 징벌(懲罰)

☐ cross [krɔːs]

v. 건너다, 교차(交叉)하다 **n.** 십자가

ex. "돌아오지 못할 강을 누가 **건너지**?" "**그건 너지**."

MP3 "Who should **cross** the river when he or she cannot **cross** in the opposite direction?" "It is you."

- crosswalk [krɔ́swɑ̀k] **n.** 횡단보도(橫斷步道)

cf jaywalker [dʒeiwɔ́ːkər] **n.** 무단(無斷) 횡단자

- intersect [intərsékt] **v.** 교차하다, 가로지르다
- intersection [intərsékʃən] **n.** 교차로, 교차점

☐ crowd [kraud]

n. 군중(群衆) v. 붐비다, 붐비게 하다

ex. **군**인들이 **중**간에서 **군중**의 접근을 막고 있었다.

MP3 Soldiers kept back the **crowds** halfway.

- crowded [kráudid] a. 붐비는
- ≠ congestion [kəndʒéstʃən] n. 혼잡
- congest [kəndʒést] v. 혼잡하게 하다
- mob [mɑb] n. 폭도, 군중 v. 떼를 지어 습격하다
- riot [ráiət] n. 폭동(暴動) v. 폭동을 일으키다
- throng [θrɔːŋ] n. 군중, 인파 v. 떼를 지어 모이다

☐ crucial [krúːʃəl]

a. 결정적(決定的)인, 아주 중요한

ex. "우리에게 **결정적**인 건 돈이라는 **결**론은 **정**말 달라진 **적**이 없어."

MP3 "We always come to the same conclusion that money is **crucial**."

☐ cruel [krúːəl]

a. 잔인(殘忍)한, 잔혹(殘酷)한

ex. "**잔인**하게 들릴지 모르겠지만 **자**넨 **닌**자가 될 수 없네."

MP3 "At the risk of sounding **cruel**, you cannot be a ninja."

- cruelty [krúːəlti] n. 잔인함, 잔인한 행위, 학대(虐待)
- ≠ sadistic [sədístik] a. 가학적(加虐的)인

☐ crush [krʌʃ]

v. 으깨다, 짓밟다 n. 짝사랑하는 대상, 홀딱 반함

ex. "너는 그녀에게 **홀딱 반한** 모양이구나. 네가 **홀**에서 그녀랑 **딱** 마주치면 **반**드시 **한** 마디라도 얘기를 나눠봐."

MP3 "You appear to have a **crush** on her. Have a word with her when you just happen to meet her in the hall."

- ≠ crumple [krʌ́mpl] v. 구겨서 뭉치다
- crumpled [krʌ́mpld] a. 구겨진
- mash [mæʃ] v. 짓이기다, 으깨다 n. 곤죽이 된 것

☐ cry [krai]

v. 울다, 울부짖다, 외치다 n. 울음, 고함, 비명

ex. 그녀는 **울다**가 술잔을 기**울**이**다**가를 반복한다.

MP3 She alternates between **crying** and filling up her glass.

- ≠ exclaim [ikskléim] v. 소리치다, 외치다, 감탄(感歎)하다
- exclamation [èkskləméiʃən] n. 외침, 절규(絶叫), 감탄, 감탄사
- exclamatory [iksklǽmətɔ̀ːri] a. 감탄을 나타내는, 감탄을 자아내는

☐ cue [kjuː]

n. 신호(信號), 암시(暗示)

ex. 그는 **신**중(愼重)하게 **호**시탐탐(虎視眈眈) 그녀에게 **신호**를 보낼 기회를 노렸다.

MP3 He was on the alert for a chance to give her the **cue** prudently.

- ≠ hint [hint] n. 힌트, 암시 v. 암시하다, 넌지시 말하다

☐ culture [kʌ́ltʃər]

n. 문화(文化), 재배(栽培), (세균 등의) 배양균(培養菌) v. 배양하다

ex. 서양 **문화**의 **문**을 열지 말지가 **화**두(話頭)였다.

MP3 The topic was whether to open the door of Western **culture**.

- cultural [kʌ́ltʃərəl] a. 문화의
- multicultural [mʌ̀ltikʌ́ltʃərəl] a. 다문화의
- intercultural [intərkʌ́ltʃərəl] a. 문화 간의
- cultured [kʌ́ltʃərd] a. 교양 있는
- culturology [kʌltʃərɑ́lədʒi] n. 문화학
- enculturate [inkʌ́ltʃərèit] v. 문화에 적응시키다, 문화화시키다
- cultivate [kʌ́ltəvèit] v. 경작(耕作)하다, 재배하다

• cultivated [kʌ́ltəvèitid] a. 경작된, 재배된, 교양 있는
• cultivation [kʌltəvéiʃən] n. 경작, 재배
• cultivator [kʌ́ltəvèitər] n. 경작자, 재배자
∮monoculture [mɑ́nəkʌltʃər] n. 단일 경작

☐ cure [kjuər]

v. 치료(治療)하다, 치유(治癒)하다 n. 치료, 치료제, 치료법, 치유

ex. "병을 **치료**하는 의사 **치**고는 허술하구**료**."

MP3 "The doctor who is supposed to **cure** disease doesn't seem to be professional."

• curable [kjúərəbl] a. 치료할 수 있는
• incurable [inkjúərəbl] a. 치료할 수 없는, 불치(不治)의
∮heal [hiːl] v. 치료하다, 치유하다, 낫다
• remedy [rémədi] n. 치료(약), 개선, 교정법, 해결책 v. 치료하다, 개선하다, 교정하다
• remedial [rimíːdiəl] a. 치료의, 개선의, 교정의, (학력을) 보충하는

☐ curiosity [kjùəriɑ́səti]

n. 호기심(好奇心), 진기(珍奇)한 것

ex. 그는 어떻게 성공할 **호기**(好機)를 잡을지 진**심**으로 **호기심**을 보였다.

MP3 He seriously showed **curiosity** about how he could have a golden opportunity to succeed.

• curious [kjúəriəs] a. 궁금한, 호기심이 많은, 호기심을 끄는, 진기한
∮intriguing [intríːgiŋ] a. 호기심을 자아내는, 아주 흥미로운

☐ current [kə́ːrənt]

a. 현재(現在)의, 통용(通用)되는 n. 흐름, 전류, 기류, 해류, 경향

ex. 새로운 **흐름**이 **흐**린 구**름** 같다.

MP3 A new **current** is like a gray cloud.

• currently [kə́ːrəntli] ad. 현재, 일반적으로
• currency [kə́ːrənsi] n. 통화, 통용, 유통
∮heretofore [hìrtəfɔ́r] ad. 지금까지

☐ custom [kʌ́stəm]

n. 관습(慣習), 습관(習慣)

ex. **관**리들의 이런 상**습**적인 **관습**은 18세기까지 거슬러 올라간다.

MP3 This **custom** the officials follow habitually goes back to the 18th century.

• customs [kʌ́stəmz] n. 세관(稅關), 관세(關稅)
• customer [kʌ́stəmər] n. 고객, 손님, 단골
∮custom app 사용자 지정 응용 프로그램

☐ cut [kʌt]

v. cut - cut - cut 자르다, 줄이다 n. 자르기, 잘린 것

ex. 그녀는 자기 사진에서 **잘 나**온 부분만 **잘라** 냈다. 그녀는 그것을 알맞은 크기로 **잘라** 냈다.

MP3 She **cut** off the part that looks good from her picture. She **cut** it down to size.

• cutting board 도마
• cutting edge 최첨단(最尖端)
• undercut [ʌ̀ndəkʌ́t] v. undercut - undercut - undercut …보다 가격을 낮추다, 약화시키다
∮amputate [ǽmpjutèit] v. (수술로 손이나 발을) 절단(切斷)하다
• trim [trim] v. 잘라내다, 다듬다 n. 정돈(整頓), 장식

☐ cynical [sínikəl]

a. 냉소적(冷笑的)인, 비꼬는

ex. **냉**랭한 목**소**리로 소진홍은 **적**대적**인** 태도를 보인다. 그는 **냉소적인** 모습이다.

MP3 So Jinhong shows a negative attitude in a cold voice. He is **cynical**.

• cynic [sínik] n. 냉소가, 조소가(嘲笑家)

D

☐ damage [dǽmidʒ]

n. 손해(損害), 피해(被害), 손해 보상 **v.** 손해를 입히다, 피해를 끼치다

ex. 부모들은 자식들이 **피해**를 **피해**가길 간절(懇切)히 바란다.

MP3 Parents are anxious for their children to avoid **damage**.

- damaged [dǽmidʒd] **a.** 손해를 입은, 피해를 당한
- undamaged [ʌndǽmidʒd] **a.** 손해를 입지 않은, 손상되지 않은

∉ detrimental [dètrəméntl] **a.** 유해한, 해로운
- intact [intǽkt] **a.** 손상되지 않은

☐ dance [dæns]

n. 춤, 무용 **v.** 춤추다

ex. "그녀가 갑자기 **춤**추다 멈**추**었**음**."

MP3 "She suddenly stopped **dancing**."

∉ prom [prɑm] **n.** 무도회(舞蹈會)
- pirouette [pìruét] **n.** 피루엣(한쪽 발로 서서 빠르게 도는 발레 동작)

☐ danger [déindʒər]

n. 위험(危險)

ex. 계단 **위**에 **험**상궂은 남자가 있었다. 그는 그녀가 **위험**할까 봐 마음을 졸였다.

MP3 There was a man who looked fierce on the steps. He was anxious about whether or not she would be in **danger**.

- dangerous [déindʒərəs] **a.** 위험한
- endanger [indéindʒər] **v.** 위험에 빠뜨리다, 위태롭게 하다
- endangered [indéindʒərd] **a.** 멸종 위기의

∉ hazard [hǽzərd] **n.** 위험 **v.** 위험을 무릅쓰다
- hazardous [hǽzərdəs] **a.** 위험한
- jeopardize [dʒépərdàiz] **v.** 위태롭게 하다, 위험에 빠뜨리다
- jeopardy [dʒépərdi] **n.** 위험, 유죄가 될 위험성
- peril [pérəl] **n.** (큰) 위험
- perilous [pérələs] **a.** (아주) 위험한
- imperil [impérəl] **v.** 위태롭게 하다, 위험에 빠뜨리다

☐ dark [dɑːrk]

a. 어두운, 캄캄한, 검은 **n.** 암흑

ex. "**어**서 마법의 구름인 근**두운**을 타고 **어두운** 하늘을 날아가라."

MP3 "Ride on a magic cloud, Geundoowoon, quickly and fly in the **dark** sky."

- darken [dɑ́ːrkən] **v.** 어둡게 하다, 어두워지다

∉ dim [dim] **a.** 어둑한, 흐릿한 **v.** 어둑하게 하다, 어둑해지다
- dingy [díndʒi] **a.** 어두컴컴한
- somber [sɑ́mbər] **a.** 어두컴컴한, 어두침침한, 침울한

☐ data [déitə]

n. 데이터, 자료, 정보

ex. "그런**데 이**제부**터** 어떻게 우리가 그 주장을 뒷받침할 **데이터**를 찾지?" 그가 끼어들어 말했다.

MP3 "By the way, how can we find the **data** to back up the claim from now on?" He cut in.

☐ daughter [dɔ́ːtər]

n. 딸

ex. "나는 **딸**린 장신구들은 나의 **딸**에게 물려줘야지."

MP3 "I will hand down the attached accessories to my **daughter**."

☐ dawn [dɔːn]

n. 새벽, 여명(黎明), 동틀 녘 **v.** 밝아지다, 이해되기 시작

하다

ex. "**새벽**에 **세** 개의 **벽**을 허물어라." "제가 **새벽**부터 해질 때까지 일을 해야겠네요."

MP3 "Break three walls at **dawn**." "I should work from **dawn** to dusk."

- ∮ dusk [dʌsk] **n.** 해 질 녘, 황혼(黃昏), 땅거미
- dusky [dʌ́ski] **a.** 어스름한, 어스레한, 어둑어둑한
- twilight [twáilàit] **n.** 해 질 녘, 황혼(黃昏), 땅거미

☐ day [dei]

n. 날, 하루, 낮

ex. "**할** 일이 많지만 **우**리 오늘 **하루**는 여기까지 하자."

MP3 "There are lots of things to do, but let's call it a **day**."

- daybreak [déibrèik] **n.** 새벽, 동틀 녘
- daydream [déidrìm] **n.** 백일몽, 몽상
- daily [déili] **a.** 매일의 **ad.** 매일
- ∮ heyday [héidèi] **n.** 전성기, 한창때

☐ deal [diːl]

v. deal - dealt - dealt (with) 다루다, 대하다, 거래하다, 카드를 도르다(돌리다) **n.** 거래, 대우, 취급, 카드 돌리기(도르기)

ex. 긴급 상황을 **다루**는 사람은 바로 **달우**다.

MP3 It is Dalwoo who **deals** with an emergency.

- dealer [díːlər] **n.** 상인, 중개인
- dealership [díːlərʃip] **n.** 판매 대리점
- misdeal [misdíːl] **v.** misdeal - misdealt - misdealt (카드) 패를 잘못 도르다(돌리다) **n.** 카드를 잘못 도르기(돌리기)
- ∮ handle [hǽndl] **v.** 다루다, 처리하다 **n.** 손잡이, 자루
- transact [trænzǽkt] **v.** 거래하다
- transaction [trænzǽkʃən] **n.** 거래, 처리
- transactional [trænzǽkʃənl] **a.** 거래의, 업무적인
- broker [bróukər] **n.** 중개인 **v.** 중개하다

☐ death [deθ]

n. 죽음

ex. 그는 눈을 감았다. 그것은 사형(死刑) 후 **죽 음**지에 놓일 **죽음**이었다.

MP3 He passed away. It was the **death** which would be placed in the shade all the time after **death** penalty.

- death sentence 사형 선고
- the Black Death 흑사병
- deathless [déθlis] **a.** 죽지 않는, 불사의, 불후(不朽)의
- dead [ded] **a.** 죽은
- deadly [dédli] **a.** 치명적인
- deadline [dédlàin] **n.** 마감일, 마감 시간, 최종 기한
- die [dai] **v.** 죽다
- dying [dáiiŋ] **a.** 죽어가는, 빈사(瀕死)의
- ∮ hereafter [hiərǽftər] **ad.** 이후로, 사후에 **n.** 사후 세계, 내세(來世)
- corpse [kɔːrps] **n.** 시체, 송장
- mummy [mʌ́mi] **n.** 미라
- mummify [mʌ́məfài] **v.** 미라로 만들다
- deceased [disíːst] **a.** 사망한 **n.** 고인
- decease [disíːs] **n.** 사망 **v.** 사망하다
- drown [draun] **v.** 물에 빠져 죽다, 익사(溺死)하다
- perish [périʃ] **v.** 죽다, 소멸하다, 멸망하다
- perishable [périʃəbl] **a.** 부패하기 쉬운, 썩기 쉬운

☐ debate [dibéit]

n. 논쟁, 토론, 토의 **v.** 논쟁하다, 토론하다, 토의하다

ex. "**논**의할 **쟁**점이 더 이상 없는 **논쟁**에 종지부(終止符)를 찍어라."

MP3 "Put an end to the **debate** because there are no more issues to discuss."

- ∮ discuss [diskʌ́s] **v.** 논의하다, 토론하다

☐ debt [det]

n. 빚, 부채(負債), 채무

ex. "**빚**지면 너에게 **빛**이 없어져."

MP3 "If you run into **debt**, there will be no shining light."

- debtor [détər] **n.** 빚진 사람, 채무자(債務者)
- ∮ default [difɔ́ːlt] **n.** 채무 불이행, (컴퓨터) 초기 설정 **v.** 채무를 이행하지 않다
- beholden [bihóuldən] **a.** 신세를 진

☐ decay [dikéi]

n. 부패(腐敗) **v.** 부패하다

ex. **부**루투스는 **패**기(覇氣) 있게 **부패**된 이빨, 즉 충치(蟲齒)를 뽑았다.

MP3 Brutus vigorously had a **decayed** tooth pulled out.

- decayed tooth 충치
- ∮compost [kámpoust] **n.** 퇴비, 두엄 **v.** 퇴비를 만들다, 두엄을 만들다
- compost heap 퇴비 더미
- composting [kámpoustiŋ] **n.** 퇴비화
- decompose [dìːkəmpóuz] **v.** 부패하다, 분해하다
- decomposition [dìːkɑmpəzíʃən] **n.** 부패, 분해
- manure [mənjúər] **n.** 거름
- muck [mʌk] **n.** 가축의 분뇨, 거름 **v.** 거름을 주다
- rot [rɑt] **v.** 썩다, 부패하다, 부패시키다 **n.** 부패

☐ deceive [disíːv]

v. 속이다, 기만(欺瞞)하다

ex. "네가 우리를 **속이다**니 우리는 **속이 다** 뒤집힌다. 너는 우리에게 속임수를 쓰지 말았어야 했다. 우리에게서 너는 못 벗어날 거다."

MP3 "We are upset because you **deceived** us. You should not have slipped one over on us. You can never get away from us."

- deceit [disíːt] **n.** 속임수, 기만
- deception [disépʃən] **n.** 속임, 기만
- ∮dissemble [disémbl] **v.** (감정, 생각을) 숨기다, 시치미떼다, 속이다
- cunning [kʌ́niŋ] **a.** 교활(狡猾)한 **n.** 교활함
- sly [slai] **a.** 교활한, 음흉(陰凶)한

☐ decent [díːsnt]

a. 버젓한, 상당한, 예의를 지키는

ex. "**버**려도 될, **저 탄** 음식을 먹는 것이 **버젓한** 생활이냐?"

MP3 "Is it a **decent** living to eat burnt food that should have been thrown away?"

- decency [díːsnsi] **n.** 예의, 체면
- indecent [indíːsnt] **a.** 추잡(醜雜)한, 음란(淫亂)한
- ∮decorous [dékərəs] 품위 있는, 예의 바른

☐ decide [disáid]

v. 결정하다, 결심하다

ex. 문학의 길로 나아가기로 **결심**하고 나니 그녀는 한**결 심**적 부담이 줄어들었다.

MP3 She felt much less pressured after she **decided** to make her way in literature.

- decision [disíʒən] **n.** 결정, 결심, 결단
- decisive [disáisiv] **a.** 결정적인, 과단성 있는
- indecision [indisídʒən] **n.** 결정을 못 내림, 망설임, 우유부단(優柔不斷)
- indecisive [indisáisiv] **a.** (성격이) 우유부단한, 결정을 내리지 못하는
- indecisiveness [indisáisivnis] **n.** 우유부단함, 결단성이 없음

☐ decimal [désəməl]

a. 10진법의, 소수의 **n.** 소수

ex. "**십진법**이 **쉽**지, **진**짜 다른 **법**들보다."

MP3 "The **decimal** system is really easier than any other system."

- decimal point 소수점
- ∮binary [báinəri] **a.** 2진법의

☐ decline [dikláin]

v. 기울다, 감소하다, 거절(拒絶)하다 **n.** 감소, 하락, 쇠퇴(衰退)

ex. "그 초대를 받아들여라. 너는 **그거 절**대로 **거절**하면 안 돼."

MP3 "You should accept the invitation. You should never **decline** it."

- declining [dikláiniŋ] **a.** 감소하는, 하락하는, 쇠퇴하는

☐ decorate [dékərèit]

v. 장식(粧飾)하다, 꾸미다, (훈장을) 수여하다

ex. "입**장식**(入場式)을 **하려면** 우리는 입구를 **장식해야** 해."

MP3 "If we hold a march-in ceremony, we should **decorate** the entrance."

- decoration [dèkəréiʃən] **n.** 장식, 장식품, 훈장, 메달

≠adorn [ədɔ́ːrn] **v.** 꾸미다, 장식하다
- adornment [ədɔ́ːrnmənt] **n.** 장식품, 장식
- embellish [imbéliʃ] **v.** 꾸미다, 윤색(潤色)하다
- ornament [ɔ́ːrnəmənt] **n.** 장식품 **v.** 장식하다
- ornamental [ɔ̀ːrnəméntl] **a.** 장식적인, 장식용의

☐ decrease [dikríːs]

v. 감소하다, 줄이다 **n.** 감소

ex. 수확량이 **감소**한 **감**이 **소**량만 공급된다. 그 수요도 점점 **감소**하고 있다.

MP3 Due to the **decrease** in yields, persimmons are supplied in small quantities. The demand for them is on the **decrease**.

≠diminish [díminiʃ] **v.** 줄이다, 줄어들다, 깎아내리다
- diminishing returns 수확 체감(收穫遞減)
- diminution [dìmənjúːʃən] **n.** 축소, 감소
- diminutive [dimínjutiv] **a.** 아주 작은
- lessen [lésn] **v.** 줄다, 줄이다

☐ deduction [didʌ́kʃən]

n. 추론, 연역법(演繹法), 공제(控除)

ex. **여**인은 저**녁**에 **연역**법을 공부한다.

MP3 A woman studies **deduction** in the evening.

- deduce [didʌ́kt] **v.** 추론하다, 연역하다
- deduct [didjúːs] **v.** 공제하다, 빼다

☐ deer [diər]

n. (pl. deer) 사슴

ex. "그들은 **사슴**을 **사**랑하고 있**습**니다."

MP3 "They love **deer**."

- reindeer [réindìər] **n.** 순록

≠antelope [ǽntəlòup] (동물) 영양(羚羊)
- fawn [fɔːn] **n.** 새끼 사슴, 엷은 황갈색 **a.** 엷은 황갈색의
- doe [dou] 암사슴
- stag [stæg] **n.** 수사슴

☐ defeat [difíːt]

v. 패배(敗北)시키다 **n.** 패배, 타도(打倒)

ex. **패**기와 **배**짱을 지닌 소영이가 챔피언을 **패배**시켰다. 그녀가 팀을 **패배**의 위기에서 승리의 문턱으로 이끌었다.

MP3 Soyoung who was bold and vigorous **defeated** the champion. She led the team, snatching victory from the jaws of **defeat**.

≠subdue [səbdjúː] **v.** 정복하다, 진압하다, 가라앉히다
- subdued [səbdjúːd] **a.** 약화된, 가라앉은, 정복된

☐ defect [difékt]

n. 결함(缺陷), 결점(缺點) **v.** (국가, 정당 등을) 버리다

ex. "우리는 **결함**이 있는 제품은 **결**코 판매를 안 **합**니다."

MP3 "We never sell a product that has a **defect**."

- defective [diféktiv] **a.** 결함이 있는, 결점이 있는
- defection [difékʃən] **n.** 이탈, 탈당

☐ defend [difénd]

v. 방어(防禦)하다, 옹호(擁護)하다, 변호(辯護)하다

ex. "두 시 **방**향(方向)에 **어**뢰(魚雷)다! **방어**하라!"

MP3 "A torpedo is coming from the two o'clock direction! **Defend**!"

- defense [diféns] **n.** 방어, 옹호, 변호

D

• defensive [difénsiv] **a.** 방어의, 방어적인
• defender [diféndər] **n.** 방어자, 옹호자
• defendant [diféndənt] **n.** 피고, 피고인
≠ plaintiff [pléintif] **n.** 원고, 고소인

☐ defer [difə́ːr]

v. 미루다, 연기하다, 존경하며 따르다

ex. 지**연**은 **기**분이 안 좋아 결정을 **연기**했다.

MP3 Jiyeon felt bad and **deferred** making a decision.

• deference [défərəns] 존경, 복종

☐ deficient [difíʃənt]

a. 결핍(缺乏)된, 모자라는

ex. "한**결 피**로가 풀린다, 내 **입**에 음식이 들어가니까. 난 비타민 **결핍**이었거든."

MP3 "I feel much more refreshed from fatigue after eating food. I have been **deficient** in vitamin."

• deficiency [difíʃənsi] **n.** 결핍, 결함

☐ define [difáin]

v. 정의(定義)하다

ex. "'**정의**(正義)'를 **정의**하시오."

MP3 "**Define** the term, 'justice'."

• definition [dèfəníʃən] **n.** 정의, 해상도
• definitive [difínətiv] **a.** 확정적인
• definite [défənit] **a.** 명확한, 확실한
• definitely [défənitli] **ad.** 명확하게, 확실하게
• indefinite [indéfənit] **a.** 무기한의, 분명히 규정되지 않은
• indefinitely [indéfənitli] **ad.** 무기한으로

☐ defy [difái]

v. 반항(反抗)하다, 저항하다, 거부하다, 무시하다

ex. **반**(班)에 **항**상(恒常) 선생님들에게 **반항**하는 학생들이 있다.

MP3 There are always students who **defy** their teachers in the class.

• defiance [difáiəns] **n.** 반항, 저항, 거부, 무시
• defiant [difáiənt] **a.** 반항하는, 저항하는, 거부하는, 무시하는
≠ rebel [ribél] **v.** 반란을 일으키다, 반항하다 **n.** [rébəl] 반역자
• rebellion [ribéljən] **n.** 반란, 반항
• rebellious [ribéljəs] **a.** 반항적인, 반체제의
• revolt [rivóult] **n.** 반란, 저항 **v.** 반란을 일으키다, 반발하다

☐ degree [digríː]

n. (각도, 온도 등의) 도(度), 정도, 학위

ex. "섭씨 영하 2**도**의 추위야, 오늘**도** 어제처럼." "차츰 따뜻해지겠지."

MP3 "It is minus 2 **degrees** Celsius today, as cold as yesterday." "It will get warmer by **degrees**."

≠ dissertation [dìsərtéiʃən] **n.** 학위 논문

☐ delay [diléi]

n. 지연(遲延), 지체(遲滯), 연기(延期), 늦춤 **v.** 지연시키다, 지체하다, 연기하다, 늦추다

ex. "이제 그만 시작하**지**? 신**체** 활동을 너는 언제까지 **지체**할 거야?"

MP3 "How about starting right now? How much longer will you **delay** doing your physical activity?"

≠ postpone [poustpóun] **v.** 미루다, 연기하다
• procrastinate [proukrǽstənèit] **v.** 미루다
• procrastination [proukræstənéiʃən] **n.** 미루는 버릇, (일의) 지연
• protract [proutrǽkt] **v.** (시간을) 오래 끌다, 연장하다

☐ deliberate [dilíbərət]

a. 고의적(故意的)인, 신중(愼重)한 **v.** [dilíbərèit] 심사숙고(深思熟考)하다

ex. 여**고의** 몇몇 학생들이 **고의**적인 장난을 치고 있다.

MP3 Some students are up to mischief

in a **deliberate** manner at girls' high school.

- deliberately [dilíbərətli] ad. 고의적으로, 신중히
- deliberation [dilìbəréiʃən] n. 심사숙고, 신중

☐ delicate [délikət]

a. 섬세(纖細)한, 연약한, 까다로운

ex. 그녀는 미묘한 차이를 표현하며 **섬**의 **세**계를 **섬세**한 손길로 그린다.

MP3 She is drawing the world of an island with a **delicate** touch, expressing a subtle difference.

- delicacy [délikəsi] n. 섬세함, 연약함, 까다로움
- ≠ subtle [sʌ́tl] a. 미묘한, 교묘한
- subtly [sʌ́tli] ad. 미묘하게
- subtleties [sʌ́tltiz] n. 중요한 세부 요소[사항]들

☐ deliver [dilívər]

v. 배달(配達)하다, 인도(引渡)하다, 출산을 돕다

ex. 이번 달에 **배달**할 상자가 저번 달의 두 **배**(倍)에 **달**했다.

MP3 The boxes that should be **delivered** this month have doubled in number compared to last month.

- delivery [dilívəri] n. 배달, 인도, 출산, 분만(分娩)

☐ delusion [dilú:ʒən]

n. 망상(妄想)

ex. "**망**할 **상**상이 **망상**이야. 너는 합리적으로 생각해야해."

MP3 "**Delusion** is an imagination that cannot be turned into reality. You are required to think rationally."

- delude [dilú:d] v. 망상에 빠지게 하다
- ≠ paranoid [pǽrənɔ̀id] a. 편집증(偏執症)의, 피해망상의 n. 편집증 환자

☐ demand [dimǽnd]

n. 요구(要求), 수요(需要) v. 요구하다

ex. "그의 **요구**에 응하여 우리가 대답할게요. 그는 너무 많이 **요구**해**요**. 몇몇은 **구**하기 어려운 것들이에요."

MP3 "We'll answer in response to his **demand**. He **demands** too much. Some are hard to find out."

- demanding [dimǽndiŋ] a. 요구가 심한, (일이) 힘든
- ≠ strenuous [strénjuəs] a. 힘이 많이 드는, 힘을 많이 쓰는, 분투적인
- require [rikwáiər] v. 요구하다, 필요로 하다
- requirement [rikwáiərmənt] n. 필요한 것, 필요조건
- requisite [rékwəzit] a. 필요한 n. 필수품
- requisition [rèkwəzíʃən] n. (공식적) 요구, 요청 v. 징발하다

☐ democracy [dimákrəsi]

n. 민주주의(民主主義)

ex. **민주주의**에 **민주**는 **주의**를 기울인다.

MP3 Minju pays attention to **democracy**.

- democratize [dimákrətàiz] v. 민주화하다
- democrat [déməkræt] n. 민주주의자, 민주당원
- ≠ republic [ripʌ́blik] n. 공화국(共和國)
- republican [ripʌ́blikən] n. 공화주의자

☐ demonstrate [démənstrèit]

v. (예를 들어) 보여주다, 설명하다, 입증(立證)하다, 시위(示威)하다

ex. 그들은 그의 수**입**이 **증**가**했다**는 사실을 **입증했다**.

MP3 They **demonstrated** that his income had increased.

- demonstration [dèmənstréiʃən] n. 설명, 표명, 입증, 시위
- demonstrative [dəmánstrətiv] a. (애정을) 숨김없이 드러내는 n. 지시사
- demonstrable [dimánstrəbl] a. 입증할 수 있는, 논증할 수 있는, 명백한
- demonstrably [dimánstrəbli] ad. 논증에 의하여, 명백하게

☐ dense [dens]

a. 밀집한, 빽빽한, 촘촘한

ex. **밀짚**모자를 보기 위해 **밀집**한 사람들 중에 말하자면 그의 친구들이 있다.

MP3 Among the **dense** crowd who want to see the straw hat are, so to speak, his friends.

- densely [dénsli] ad. 밀집하여, 빽빽이
- density [dénsəti] n. 밀도, 농도
- ≠ dilute [dilúːt] v. 희석(稀釋)시키다, 묽게 하다 a. 희석된
- dilution [dilúːʃən] n. 희석, 묽게 함

☐ dentist [déntist]

n. 치과 의사

ex. "**치과 의사**에게 가는 것에 관하여 말하자면, **치**료 **과**정**의** 비용이 **사**실 꽤 되지."

MP3 "When it comes to going to the **dentist**, dental treatment is very expensive in fact."

- dental [déntl] a. 이의, 치과의
- dent [dent] v. 움푹 들어가게 하다 n. 움푹 들어간 곳
- ≠ cavity [kǽvəti] n. 구멍, 구강(口腔), 충치(의 구멍)
- buccal cavity [bʌ́kəl kǽvəti] n. 입속, 구강

☐ deny [dinái]

v. 부정(否定)하다, 부인(否認)하다, 거부하다

ex. "그의 **부**모님이 **정**말 그 소문을 **부정**했니?"

MP3 "Did his parents really **deny** the rumor?"

- denial [dináiəl] n. 부정, 부인, 거부
- ≠ gainsay [géinsèi] v. gainsay - gainsaid - gainsaid 부정하다, 반대하다

☐ depart [dipάːrt]

v. 떠나다, 출발하다, 이탈(離脫)하다

ex. "나는 새벽에 **출발**했지. 일**출**과 함께 나는 **발**걸음을 옮겼지."

MP3 "I **departed** at dawn. While the sun was rising, I stepped forward."

- departure [dipάːrtʃər] n. 출발, 이탈

☐ deplete [diplíːt]

v. 고갈(枯渴)시키다

ex. 그들은 창**고**에 **갈** 필요가 없을 정도로 비축물(備蓄物)을 **고갈**시켰다.

MP3 They **depleted** the stocks in the warehouse so that they didn't have to go there.

- depletion [diplíːʃən] n. 고갈
- depletive [diplíːtiv] a. 고갈시키는

☐ depress [diprés]

v. 우울(憂鬱)하게 하다, 침체(沈滯)시키다, 아래로 누르다

ex. "**우**리 아빠는 **울**어, **우울**해서."

MP3 "My father is crying because he is **depressed**."

- depression [dipréʃən] n. 우울함, 우울증, 불경기, 불황
- the Great Depression (1929 미국에서 시작된) 세계 대공황
- depressed [diprést] a. 우울한, 울적한
- depressive [diprésiv] a. 우울증의 n. 우울증 환자
- ≠ blue [bluː] a. 파란, 푸른, 우울한 n. 파란색, 푸른색
- doldrums [dóuldrəmz] n. 침울, 침체
- mope [moup] v. 울적해하다
- slump [slʌmp] n. 폭락, 불황 v. 폭락하다, 털썩 주저앉다

☐ deprive [dipráiv]

v. 빼앗다, 박탈(剝奪)하다

ex. "그들이 우리더러 방을 **빼**라고 하네." "**앗**, 그들은 우리에게서 모든 걸 **다 빼앗아** 버리려 하는구나."

MP3 "They say we should vacate the room." "Oh my god, they will **deprive** us of everything."

- deprivation [dèprəvéiʃən] n. 결핍, 부족, 박탈

∮bereave [biríːv] v. bereave - bereaved/bereft - bereaved/bereft (죽음이) 앗아가다

☐ depth [depθ]

n. 깊이, 심도, 농도

ex. "내 두뇌는 **깊이** 있는 지식을 **기피**(忌避)한다."

MP3 "My brain dislikes knowledge in **depth**."

- depth perception 거리 감각
- deep [diːp] a. 깊은, 극심한 ad. 깊게 n. 깊은 곳, 심연
- deeply [díːpli] ad. 깊이, 깊게, 매우, 대단히
- deepen [díːpən] v. 깊어지다, 심화하다

∮profound [prəfáund] a. 심오한, 깊은

- profoundly [prəfáundli] ad. 깊이, 깊게, 완전히

☐ derive [diráiv]

v. 이끌어내다, 유래(由來)하다, 비롯되다, 파생(派生)하다

ex. **이**곳에 **꾸러**미를 보**내는** 것에서 여인은 즐거움을 **이끌어낸다**.

MP3 The lady **derives** pleasure from the delivery of the package to this place.

- derivation [dèrəvéiʃən] n. 파생, 어원
- derivative [dirívətiv] a. 파생된, 흉내에 그친 n. 파생물, 파생어

∮elicit [ilísit] v. (정보나 반응을) 이끌어내다

☐ descendant [diséndənt]

n. 후손(後孫), 자손

ex. "**후**회(後悔)해 봤자 소용없어요. **손**해(損害)를 볼 **후손**에 대한 보상으로 당신들은 얼마나 내실 건가요?"

MP3 "It is too late for regrets. How much will you pay in compensation for the damage to the **descendant**?"

- descend [disénd] v. 내려오다
- descent [disént] n. 하강, 혈통, 가계(家系)

∮offspring [ɔ́ːfspriŋ] n. 자식, 새끼, 자손

- ascend [əsénd] v. 오르다
- ascent [əsént] n. 상승

☐ describe [diskráib]

v. 묘사(描寫)하다, 기술(記述)하다

ex. "나는 **묘**목(苗木)을 **사**서 **묘사**하고 있어."

MP3 "I am **describing** a sapling which I bought."

- description [diskrípʃən] n. 묘사, 기술
- descriptive [diskríptiv] a. 묘사적인, 기술적인

∮adjective [ǽdʒiktiv] n. 형용사

- depict [dipíkt] v. 묘사하다, 서술하다
- depiction [dipíkʃən] n. 묘사, 서술

☐ desert [dézərt]

n. 사막 v. [dizə́rt] 버리다

ex. "**사막**에서 뭐든 **사**려 했는데 **막**상 살 게 없었어."

MP3 "I tried to buy anything in the **desert**, but in vain."

- deserted [dizə́ːrtid] a. 버려진, 인적이 없는
- desertification [dèzəːrtəfəkéiʃən] n. 사막화

∮caravan [kǽrəvæn] n. (사막을 건너는) 대상(隊商), 이동식 주택

- mirage [mirɑ́ːʒ] n. 신기루, 환각, 망상

☐ deserve [dizə́ːrv]

v. …을 받을 만하다, (…을 받을 만한) 가치가 있다, 자격이 있다

ex. 그것은 **바들바들** 떠는 그 남자가 **받을** 만한 벌이었다.

MP3 The trembling man **deserved** to be punished like that.

☐ design [dizáin]

v. 디자인하다, 설계(設計)하다 n. 디자인, 설계

ex. **설**날에 **계**획한다. 미래를 **설계**한다.

D

MP3 Planning on New Year's Day. **Designing** the future.

- designed [dizáind] a. 설계된, 의도적인
- designer [dizáinər] n. 디자이너, 설계자

☐ designate [dézignèit]

v. 지정하다, 지명하다

ex. "자연보호구역으로 **지정**된 곳은 이 **지**역이지." "**정**말이지?"

MP3 "It is this area that is **designated** as a nature reserve." "Is it true?"

- designated [dézignèitid] a. 지정된, 지명된
- designation [dèzignéiʃən] n. 지정, 지명

☐ desire [dizáiər]

v. 바라다, 욕망하다 n. 욕망, 욕구

ex. "당신의 **욕망**의 대상은?" "뉴**욕** 스타일. **망**각할 수 없어."

MP3 "What do you **desire**?" "A New York style. It is unforgettable."

- desirable [dizáiərəbl] a. 바람직한, 탐나는
- desirous [dizáiərəs] a. 바라는, 욕망하는

cf. lust [lʌst] n. 성적인 욕망, 강렬한 욕망

- covet [kʌ́vit] v. (남의 것을) 갈망하다, 탐내다
- coveted [kʌ́vitid] a. 탐내는, 부러움을 사는
- craving [kréiviŋ] n. 갈망, 욕구
- crave [kreiv] v. 갈망하다, 열망하다

☐ desk [desk]

n. 책상(冊床), 접수처

ex. 그는 **책상**을 떠날 때 그의 **책**들을 **상**시(常時) 제자리에 갖다 놓는다.

MP3 When he leaves the **desk**, he always puts his books back.

☐ desolate [désələt]

a. 황량(荒凉)한, 쓸쓸한

ex. **황량한** 거리를 **황**급(遑急)히 뛰어가는 중이던 선**량한** 시민은 다니엘 라벨이었다.

MP3 A good citizen who was hurriedly running on the **desolate** street was Daniel LaBelle.

☐ despair [dispέər]

n. 절망(絶望) v. 절망하다

ex. "당신이 **절** 실**망**시키시다니 전 **절망**에 빠집니다."

MP3 "I sink down in **despair** because you disappoint me."

cf. desperate [déspərət] a. 자포자기(自暴自棄)의, 간절히 원하는, 필사적인

- desperately [déspərətli] ad. 절망적으로, 필사적으로

☐ despise [dispáiz]

v. 경멸(輕蔑)하다

ex. **경멸**의 대상이 된 **경**찰과 **멸**시의 대상이 된 정부는 드문 일이 아니다.

MP3 The police that are **despised** and the government that has become the object of contempt are not unusual.

☐ despite [dispáit]

prep. ~임에도 불구(不拘)하고

ex. **불구**(不具)의 몸임에도 **불구**하고 그는 운동을 하기로 결심했다. 친구들은 아무도 만류(挽留)하지 않았다.

MP3 **Despite** his disability, he decided to do physical exercise. None of his friends stopped him from doing it.

- in spite of ~에도 불구하고
- spite [spait] n. 악의(惡意), 앙심(怏心) v. 악의적으로 괴롭히다

cf. nevertheless [nèvərðəlés] ad. 그럼에도 불구하고

- nonetheless [nʌnðəlés] ad. 그렇다 하더라도, 그럼에도 불구하고

☐ dessert [dizə́ːrt]

n. 디저트, 후식

ex. "방과**후**에 휴**식**하고 **후식**을 먹어라."

MP3 "Take a rest and have a **dessert** after school."

☐ destination [dèstənéiʃən]

n. 목적지(目的地)

ex. "최종 **목적지**까지 길**목**이 **적지**."

MP3 "There are few street corners through to our final **destination**."

☐ destiny [déstəni]

n. 운명

ex. **운명**이 불**운**한 **명**성이다. 왜? 그녀는 비극을 겪을 **운명**이니까.

MP3 Myungsung has a miserable **destiny**. Why? That's because she's **destined** to suffer a tragedy.

- destined [déstind] **a.** …할 운명인, …행인
- ≠ preordained [priɔrdéind] **a.** 미리 정해진, 운명지어진

☐ destroy [distrɔ́i]

v. 파괴(破壞)하다

ex. "**파괴**하라, **파**도 속 **괴**물을!"

MP3 "**Destroy** the monster beneath the waves!"

- destruction [distrʌ́kʃən] **n.** 파괴
- destructive [distrʌ́ktiv] **a.** 파괴적인
- ≠ annihilate [ənáiəlèit] **v.** 전멸시키다
- annihilation [ənàiəléiʃən] **n.** 전멸
- demolish [dimɑ́liʃ] **v.** (건물을) 철거하다, 파괴하다
- demolition [dèməlíʃən] **n.** 철거, 파괴
- devastate [dévəstèit] **v.** 황폐화시키다, 완전히 파괴하다
- devastating [dévəstèitiŋ] **a.** 황폐화시키는, 파괴적인
- devastation [dèvəstéiʃən] **n.** 황폐화, 참화, 파괴
- ravaged [rǽvidʒid] **a.** 황폐하게 된
- sabotage [sǽbətɑ̀ːʒ] **v.** (설비를) 파괴하다, 방해하다 **n.** 방해 행위, 고의적 설비 파괴

☐ detail [ditéil, díːteil]

n. 세부(細部) 사항, 상세(詳細)한 내용 **v.** 상세히 나타내다

ex. **세부** 섬에 관한 **세부** 사항이 적혀 있다.

MP3 **Details** on Cebu island are written.

- detailed [ditéild, díːteild] **a.** 상세한
- ≠ minute [mainjúːt] **a.** 아주 작은, 미세한, 상세한 **n.** [mínit] (시간 단위) 분, 잠깐
- minutiae [minjúːʃiː] **n.** 상세, 세목, 사소한 점

☐ detective [ditéktiv]

n. 탐정(探偵), 형사

ex. 상세하게 호시탐**탐**(虎視眈眈) **정**탐(偵探)하는 **탐정**은 브라운 신부다.

MP3 The **detective** who is alertly spying out the land at length is Father Brown.

- detect [ditékt] **v.** 탐지하다, 찾아내다
- detection [ditékʃən] **n.** 탐지, 찾기, 탐색
- smoke detector 화재경보기
- ≠ snoop [snuːp] **v.** 기웃거리다, 염탐(廉探)하다 **n.** 염탐, 염탐꾼

☐ determine [ditə́ːrmin]

v. 결정하다, 확정하다, 알아내다, 결심하다

ex. **결**국 **정**희는 무엇을 할지를 상세하게 **결정**하지 못했다.

MP3 After all, Jeonghee couldn't **determine** in detail what she should do.

- determination [ditə̀ːrmənéiʃən] **n.** 결심, 결의, 투지, 결정, 확정
- determined [ditə́ːrmind] **a.** 단호한, 결의에 찬
- deterministic [ditə̀ːrminístik] **a.** 결정론적인
- ≠ implacable [implǽkəbl] **a.** (반감 등이) 확고한
- implacably [implǽkəbli] **ad.** 확고히, 무자비하게

☐ develop [divéləp]

v. 개발하다, 발달하다

D

ex. 그는 로봇 **개**의 **발**을 **개발**했다. 그는 대부분의 시간을 그 프로젝트에 바쳤다.

MP3 He **developed** the foot of a robot dog. Most of his time was devoted to the project.

- development [divéləpmənt] **n.** 개발, 발달
- underdeveloped [ʌndərdivéləpt] **a.** 저개발의
- undeveloped [ʌndivéləpt] **a.** 미개발의

☐ devil [dévl]

n. 악마

ex. 그는 약속을 지켰던 **악마**와 **악**수하고 있다, **마**지막으로.

MP3 He is, in the end, shaking hands with the **devil** who kept his word.

∮ Tasmanian devil (호주 원산의) 주머니곰
- demon [díːmən] **n.** 악마, 악령
- exorcise [éksɔːrsàiz] **v.** 몰아내다, (악령을) 쫓아내다

☐ devote [divóut]

v. 헌신(獻身)하다, 바치다

ex. **헌 신**을 신고 그녀는 아들에게 **헌신**했다. 아들은 자신의 책을 그의 어머니께 바쳤다.

MP3 Wearing old shoes, she **devoted** herself to her son. The son dedicated his book to his mother.

- devoted [divóutid] **a.** 헌신적인
- devotion [divóuʃən] **n.** 헌신, 전념

∮ dedicate [dédikèit] **v.** 바치다, 헌신하다, 전념하다, 헌정하다
- dedicated [dédikèitid] **a.** 헌신하는, 전념하는
- dedication [dèdikéiʃən] **n.** 헌신, 전념, 헌정, 헌정사

☐ diagnose [dáiəgnòus]

v. 진단(診斷)하다

ex. 그녀는 암(癌)이라는 **진단**을 받았지만 결코 그 병에 **진단** 생각은 하지 않았다.

MP3 She was **diagnosed** with cancer, but she never gave in to the disease.

- diagnosis [dàiəgnóusis] **n.** 진단

∮ prescribe [priskráib] **v.** 처방하다, 규정하다
- prescription [priskrípʃən] **n.** 처방전, 처방된 약, 처방
- prescription drug 의사의 처방전이 필요한 약
- prognosis [prɑgnóusis] **n.** 예후(豫後)

☐ diary [dáiəri]

n. 일기(日記), 수첩

ex. **일기** 쓸 때 **일기**(日氣) 쓴다.

MP3 When you keep a **diary**, you include how the weather is.

☐ dictate [diktéit]

v. 받아쓰게 하다, (이래라저래라) 지시하다 **n.** [díkteit] 지시, 명령

ex. "종이 한 장 **받아**." "선생님은 또 제게 뭐 **쓰게** 하나 봐요." "나는 네가 편지를 **받아쓰게** 할 거다."

MP3 "Receive a sheet of paper." "It seems that you will make me write something." "I will **dictate** a letter to you."

- dictation [diktéiʃən] **n.** 받아쓰기
- dictator [díkteitər] **n.** 독재자(獨裁者)
- dictatorial [dìktətɔ́ːriəl] **a.** 독재적인

∮ autocracy [ɔːtɑ́krəsi] **n.** 독재 정치
- autocratic [ɔ̀ːtəkrǽtik] **a.** 독재적인
- tyranny [tírəni] **n.** 폭정(暴政), 전제, 압제, 독재
- tyrannical [tirǽnikəl] **a.** 폭군의, 전제적(專制的)인
- tyrant [táiərənt] **n.** 폭군, 폭군적인 사람

☐ dictionary [díkʃənèri]

n. 사전(辭典)

ex. "물어볼 **사람**도 없고, **전 사전**에서 그 단어를 찾아볼게요."

MP3 "I don't have anyone to ask, so I'll look up the word in a **dictionary**."

□ diet [dáiət]

n. 규정식, 식사, 식단, 음식, 다이어트

ex. 체중을 줄이기 위해 **다**시 **이어**서 케이**트**는 **다이어트**를 한다.

MP3 In order to shed weight Kate goes on a **diet** again after taking time off.

- dietary [dáiətèri] **a.** 규정식(規定食)의 **n.** 규정식
- dietary fiber 식이 섬유
- dietitian [dàiətíʃən] **n.** 영양사(營養士)

□ difference [dífərəns]

n. 다름, 차이(差異)

ex. "너의 **차 이**걸 타도 **차이**가 없어."

MP3 "Riding this car of yours makes no **difference**."

- different [dífərənt] **a.** 다른
- differently [dífərəntli] **ad.** 다르게
- differentiate [dìfərénʃièit] **v.** 구별하다
- differ [dífər] **v.** 다르다

∉ discriminate [diskrímənèit] **v.** 차별하다, 식별(識別)하다
- discrimination [diskrìmənéiʃən] **n.** 차별, 식별, 식별력
- indiscriminate [indiskrímənət] **a.** 마구잡이의, 무차별적인

□ difficult [dífikəlt]

a. 어려운

ex. "그는 너무 **어려**. 그게 바로 그가 **운**동 선수로 생계를 유지하기 **어려운** 이유야."

MP3 "He is too young. That's why it is **difficult** for him to make a living as a sports player."

- difficulty [dífikəlti] **n.** 어려움

∉ adversity [ædvə́ːrsəti] **n.** 역경
- predicament [pridíkəmənt] **n.** 곤경(困境)
- tough [tʌf] **a.** 어려운, 힘든, 튼튼한, 질긴

□ digest [daidʒést]

v. 소화(消化)하다, 이해하다 **n.** [dáidʒest] 다이제스트, 요약

ex. 에콰도르에서 **소**가 **화**난 모양을 **하고** 먹는 풀을 **소화한다**.

MP3 A cow looks angry and **digests** the grass it has eaten in Ecuador.

- digestion [daidʒéstʃən] **n.** 소화
- digestive [daidʒéstiv] **a.** 소화의
- digestive tract 소화관
- indigestion [ìndidʒéstʃən] **n.** 소화 불량

∉ belch [beltʃ] **v.** 트림하다, 내뿜다 **n.** 트림

□ digital [dídʒətl]

a. 디지털의

ex. "**디지털** 카메라가 어**디** 있**지**, **털**보야?"

MP3 "Hey, Hairy, where is the **digital** camera?"

- digit [dídʒit] **n.** 숫자, 자릿수

∉ analog [ǽnəlɔ̀ːg] **n.** 아날로그 **a.** 아날로그의, 유사의

□ dignity [dígnəti]

n. 위엄(威嚴), 존엄(尊嚴)

ex. **존** 왕은 **엄**청난 **존엄**을 지녔다.

MP3 King John has great **dignity**.

□ dilemma [dilémə]

n. 딜레마, 진퇴양난(進退兩難)

ex. "넌 어**딜** 갈**래**?" "**마**땅한 곳이 없어 난 **딜레마**야." "우리 그럼 집에서 먹을까?" "아냐, 그래도 외식이 낫겠어."

MP3 "Where will you go?" "I'm in a **dilemma** because there is no place to go to." "Then shall we dine in?" "No, dining out will be better, though."

□ diligent [dílədʒənt]

a. 부지런한, 근면(勤勉)한

ex. "아**부지**(='아버지'의 사투리)는 **런**닝맨이셔. **한**마디로 **부지런한** 분이셔서 오늘

아침도 더 일찍 뛰셨지."

MP3 "My father is a running man. He is **diligent** in a word, so he ran earlier this morning, too."

• diligence [dílidʒəns] a. 부지런, 근면

☐ dinner [dínər]

n. 정식, 정찬(正餐), 저녁 식사

ex. "**전 역시** 그런 일에 **익**숙한 **사**람으로서 평소처럼 **저녁 식사**를 차릴 거예요."

MP3 "Because I am familiar with things like that as well, I will set the table for **dinner** as usual."

• dine [dain] v. 정찬을 들다, 식사를 하다
∮ supper [sʌ́pər] n. 저녁 식사, 야식

☐ dinosaur [dáinəsɔ̀ːr]

n. 공룡

ex. "**공**중을 훌륭히 날고 있었구**료**오**옹**, **공룡**들이옹."

MP3 "**Dinosaurs** were flying magnificently in the air."

∮ Caudipteryx [kɔdípteriks] n. 깃털공룡

☐ direct [dirékt, dairékt]

a. 직접적(直接的)인 v. 지휘하다, 지시하다, 감독하다

ex. "**직**녀(織女)는 **접**때 견우(牽牛)와 **직접** 접촉했어."

MP3 "Jiknyeo came in **direct** contact with Gyeonwoo not long ago."

• direction [direkʃən, dairekʃən] n. 방향, 지휘, 지시, 감독
• director [diréktər, dairéktər] n. 관리자, 지휘자, 이사, 감독
• directly [diréktli, dairéktli] ad. 직접적으로, 곧장
• indirect [indərékt] a. 간접적(間接的)인, 우회(迂廻)하는
• indirectly [indəréktli] ad. 간접적으로, 우회하여

∮ detour [díːtuər] n. 우회로 v. 우회하다

☐ disappoint [dìsəpɔ́int]

v. 실망(失望)시키다

ex. "나의 사업은 **실**제로 **망**했어. 그것은 기대에 못 미쳤고 **실망**스러웠어."

MP3 "My business has really failed. It has not come up to expectations and has been **disappointing**."

• disappointed [disəpɔ́intid] a. 실망한
• disappointing [disəpɔ́intiŋ] a. 실망스러운, 실망시키는
• disappointment [dìsəpɔ́intmənt] n. 실망
∮ dismay [disméi] n. 실망, 경악 v. 실망시키다, 경악(驚愕)하게 하다

☐ disaster [dizǽstər]

n. 재난(災難), 재앙(災殃)

ex. "어**제 난 재난** 영화를 봤지. 부모님이랑 함께였지."

MP3 "I saw a **disaster** movie yesterday. I was accompanied by my parents."

• disastrous [dizǽstrəs] a. 처참한, 비참한
∮ calamity [kəlǽməti] n. 재앙, 재난
• catastrophe [kətǽstrəfi] n. 큰 재해, 대참사(大慘史)
• catastrophic [kætəstrɑ́fik] a. 큰 재해의, 대참사의

☐ discipline [dísəplin]

n. 훈련(訓練), 훈육(訓育), 규율, 기강, 자제력, (학문의) 분야 v. 훈련하다, 훈육하다, 통제하다, 징계(懲戒)하다

ex. "정**훈**의 교**육**? 그는 그의 자식을 자기 뜻대로 **훈육**하지."

MP3 "Jeonghun's education? He **disciplines** his child at his desire."

• self discipline [sèlfdísəplin] 자기 수양, 자기 훈련
• disciplined [dísəplind] a. 훈련된, 규율된, 기강(紀綱)이 잡힌
• disciplinable [dísəplinəbl] a. 훈련할 수 있는, 징계되어야 할

☐ disclose [disklóuz]

v. 공개하다, 폭로(暴露)하다

ex. 그녀는 그의 재산이 큰 **폭**(幅)**으로** 증가한 사실을 **폭로**했다.

MP3 She **disclosed** the fact that he greatly increased wealth.

- disclosure [disklóuʒər] **n.** (정보의) 공개, 공개 내용, 폭로

☐ discreet [diskríːt]

a. 신중(愼重)한

ex. "조심해! 그들은 **신중한** 자세로 모**신 중한** 손님들이야."

MP3 "Be careful! They are important guests who are invited in a **discreet** manner."

- discreetly [diskríːtli] **ad.** 신중하게
- discretion [diskréʃən] **n.** 신중함, 자유재량(自由裁量)
- indiscreet [ìndiskríːt] **a.** 조심성 없는
- indiscretion [ìndiskréʃən] **n.** 무분별, 경솔(輕率)

☐ discrete [diskríːt]

a. 별개(別個)의

ex. "따로따로 떨어진 **별개**의 **별 개**수를 세라."

MP3 "Count the number of **discrete** stars that are separate and unconnected."

- discretely [diskríːtli] **ad.** 별개로
- discreteness [diskríːtnis] **n.** 별개임
- indiscrete [ìndiskríːt] **a.** 갈라지지 않은

☐ disease [dizíːz]

n. 질병(疾病)

ex. 가난한 사람들은 **질병**에 걸리기 쉽다. 가난과 함께 온 **질병**이 질**질** 우리 사회를 **병**들게 한다.

MP3 The poor are prone to **disease**. The **disease** going with poverty harms our society chronically.

∮ Alzheimer's disease [ɑ́ːltshaimərz dizíːz] **n.** 노인성 치매

- Lou Gehrig's disease 루게릭병
- anemia [əníːmiə] **n.** 빈혈증
- asthma [ǽzmə] **n.** 천식
- asthmatic [æzmǽtik] **n.** 천식 환자
- cholera [kɑ́lərə] **n.** 콜레라
- dementia [diménʃə] **n.** 치매
- diabetes [dàiəbíːtiz] **n.** 당뇨병
- diabetic [dàiəbétik] **a.** 당뇨병의 **n.** 당뇨병 환자
- polio [póuliòu] **n.** 소아마비
- marasmus [mərǽzməs] **n.** (유아의) 소모증, 쇠약증
- measles [míːzlz] **n.** 홍역
- smallpox [smɔ́ːlpɑ̀ks] **n.** 천연두
- scurvy [skɔ́ːrvi] **n.** 괴혈병
- leukemia [ljukíːmiə] **n.** 백혈병
- tuberculosis [tjubə̀ːrkjulóusis] **n.** (TB) 폐결핵, 결핵
- tubercle [tjúːbərkl] **n.** 작은 돌기, 결절

☐ disguise [disgáiz]

v. 변장(變裝)하다, 위장(僞裝)하다, 숨기다 **n.** 변장, 위장

ex. **변**(變)을 피하고자 **장** 씨는 **변장**했다.

MP3 Mr. Jang **disguised** himself to avoid trouble.

- camouflage [kǽməflɑ̀ːʒ] **n.** 위장 **v.** 위장하다
- camouflaged **a.** 위장한

☐ dish [diʃ]

n. 접시, 음식, 요리

ex. "우린 **접**때 **시**연이랑 **접시** 닦는 설거지는 번갈아가며 하기로 했어."

MP3 "We decided to take turns doing the **dishes** with Siyeon the other day."

∮ plate [pleit] **n.** 접시, 판

- tray [trei] **n.** 쟁반

☐ dismiss [dismís]

v. 일축(一蹴)하다, 쫓아내다, 파직(罷職)하다, 해고하다, 해산시키다

D

ex. 그것은 **일축한** 사람이 **다**정이였던 생일 **축하다**.

MP3 It was a happy birthday that Dajeong **dismissed**.

- dismissal [dismísəl] **n.** 해고, 해산, 일축
- dismissive [dismísiv] **a.** 일축하는, 무시하는

∮displacement [displéismənt] 대체(代替), 해고, 치환(置換)

- displace [displéis] **v.** 대체하다, 쫓아내다, 치환하다
- displaceable [displéisəbl] **a.** 대체할 수 있는
- eject [idʒékt] **v.** 내쫓다, 내뿜다
- ejection [idʒékʃən] **n.** 방출
- severance [sévərəns] **n.** 해직, 단절

☐ dispatch [dispǽtʃ]

v. 파견(派遣)하다, 보내다, 신속히 처리하다 **n.** 파견, 발송, 신속한 처리

ex. **파견**된 군대가 **파**리에서 발**견**되었다.

MP3 Troops that had been **dispatched** were found in Paris.

☐ dispense [dispéns]

v. 나누어 주다, 분배하다, 내놓다, 조제하다, 시행하다, 면제하다

ex. 손님이 그의 짐을 **내려놓자**, 주인이 그에게 커피를 **내놓았다**. 그러나 손님은 커피 없이 지낸다고 말했다.

MP3 When the visitor put down his baggage, the host **dispensed** coffee to him. However, the visitor said that he **dispenses** with coffee.

- dispenser [dispénsər] **n.** 디스펜서, 일정량을 배분해 주는 장치
- dispensable [dispénsəbl] **a.** 없어도 되는, 불필요한
- indispensable [indispénsəbl] **a.** 없어서는 안 될, 필수적인, 꼭 필요한

∮forgo [fɔːrgóu] **v.** forgo - forwent - forgone 포기하다, …없이 지내다, 삼가다

☐ dispose [dispóuz]

v. 배치하다, 처리하다, …한 경향을 갖게 하다, …할 마음을 생기게 하다

ex. "쓰레기는 **철이**가 **처리**해." "난 별로 그러고 싶지 않은데." "아니, 넌 신속히 **처리**해야 할 거야."

MP3 "**Dispose** of trash, Chul." "I'm not **disposed** to do so." "No, you should do it with dispatch."

- disposed [dispóuzd] **a.** …한 경향이 있는, …할 마음이 있는
- disposition [dìspəzíʃən] **n.** 경향, 성향, 성질, 기질, 배치, 배열
- dispositional [dispəzíʃənəl] **a.** 성향적인, 성질의, 기질의
- predisposition [prìdispəzíʃən] **n.** 성향, 경향
- disposal [dispóuzəl] **n.** 처리, 처분
- disposable [dispóuzəbl] **a.** 처분할 수 있는, 일회용의

☐ disregard [dìsrigáːrd]

v. 무시하다 **n.** 무시

ex. 충**무시**에서 그의 제안은 **무시**당했다.

MP3 His recommendations were **disregarded** in Chungmu.

∮override [òuvərráid] **v.** override - overrode - overridden …을 무시하다, …에 우선하다

☐ distant [dístənt]

a. (거리가) 먼

ex. "**먼**저 저 **먼** 산에 올랐던 사람은 누구냐?"

MP3 "Who is the person who has climbed that **distant** mountain first?"

- distance [dístəns] **n.** 거리, 먼 거리

∮metric system 미터법

- meter [míːtər] **n.** (m) 미터, 계량기
- kilometer [kilámətər] **n.** (km) 킬로미터
- nanometer [nǽnəmìːtər] **n.** 나노미터(10억분의 1미터)

☐ distinguish [distíŋgwiʃ]

v. 구별(區別)하다

ex. "지구와 **별**을 **구별**하시오."

MP3 "**Distinguish** the earth from a star."

- distinguished [distíŋgwiʃt] a. 저명한, 기품 있는
- distinction [distíŋkʃən] n. 구별, 차이
- distinctive [distíŋktiv] a. 구별되는, 독특한
- distinct [distíŋkt] a. 뚜렷한, 별개의
- indistinct [indistíŋkt] a. 뚜렷하지 않은, 희미한, 흐릿한

☐ distort [distɔ́ːrt]

v. 왜곡(歪曲)하다, 곡해(曲解)하다, 비틀다, 뒤틀다

ex. "**왜** 너의 **곡**은 역사를 **왜곡**하느냐? 그 곡은 버려라!"

MP3 "Why does your song **distort** history? Do away with the song!"

- distorted [distɔ́ːrtid] a. 왜곡된, 곡해된, 뒤틀린
- distortion [distɔ́ːrʃən] n. 왜곡, 곡해

≠ perverse [pərvə́ːrs] a. 심술궂은, 비뚤어진, 뒤틀린

☐ distract [distrǽkt]

v. (마음 등을) 딴 데로 돌리다, 주의를 다른 데로 돌리다, 산만(散漫)하게 하다

ex. 소녀는 **산만**해져 먼 **산만** 바라보았다.

MP3 The girl was **distracted** and only looked out at the distant mountains.

- distracted [distrǽktid] a. (주의가) 산만한, (정신이) 산란(散亂)한
- distraction [distrǽkʃən] n. 주의를 산만하게 하는 것, 기분 전환, 오락

☐ distress [distrés]

n. 고통, 괴로움, 곤경 v. 고통을 주다, 괴롭히다

ex. 그녀는 **괴**이한 외**로움**으로 **괴로움**에 빠져 있다. 그가 그녀에게 다가간다. 어려울 때 친구가 진정한 친구란 말을 떠올리며.

MP3 She is in **distress** with the weird loneliness. He approaches her, thinking that a friend in need is a friend indeed.

- distress price 투매(投賣) 가격(판매자가 손해를 감수하는 매우 싼 가격)
- distressed [distrést] a. 고통받는, 괴로운, 곤경에 처한

≠ agony [ǽgəni] n. 극심한 고통

- agonizing [ǽgənàiziŋ] a. 극심한 고통에 몸부림치는
- agonize [ǽgənàiz] v. 괴로워하다, 고민하다
- anguish [ǽŋgwiʃ] n. 고통, 고뇌

☐ distribute [distríbjuːt]

v. 분배(分配)하다, 유통시키다

ex. "삼 인**분**인 음식을 네가 혼자 다 먹으니 당연히 **배**부르지. 너는 그 음식을 세 명에게 **분배**했어야지."

MP3 "It is no wonder that you are full because you've eaten food for three. You should have **distributed** the food to three."

- distribution [distrəbjúːʃən] n. 분배, 배급, 유통, 분포
- distributor [distríbjutər] n. 배급 업체

≠ intersperse [intərspə́ːrs] v. (~ 사이에) 배치하다

☐ diverse [divə́ːrs]

a. 다양한

ex. "**다양한** 의견이 나온**다**면 너는 **양보한**다, 안 한다?"

MP3 "If there are **diverse** viewpoints, will you strain a point?"

- diversify [divə́ːrsəfài] v. 다양화하다
- diversity [divə́ːrsəti] n. 다양성
- diversion [divə́ːrʒən] n. 전환, 오락
- divert [divə́ːrt] v. 방향을 전환하다, 기분을 즐겁게 하다
- diverge [daivə́ːrdʒ] v. 분기하다, 갈리다
- divergence [divə́ːrdʒəns] n. 분기, 분열, 일탈(逸脫)
- deviance [díːviəns] n. 일탈, 표준에서 벗어남
- deviant [díːviənt] a. 일탈한, 벗어난
- deviate [díːvièit] v. 빗나가다, 벗어나다
- deviation [dìːviéiʃən] n. 일탈, 탈선(脫線), 편차
- deviatory [díːviətɔ̀ri] a. 일탈한, 탈선한

≠ biodiversity [bàioudaivə́rsəti] n. 생물의 다양성

□ divide [diváid]

v. 나누다

ex. "**나**의 **누**나가 돈을 **다** 공정하게 **나누**었**다**."

MP3 "My big sister **divided** all the money fairly."

- divided [diváidid] **a.** 나뉜, 분열된
- division [divíʒən] **n.** 나눗셈, 분할, 분열, 부, 국
- dividend [dívədènd] **n.** 배당금

∮ Balkanization [bɔ̀:lkənəzéiʃən] **n.** (국가·지역 등의) 분열, 발칸화

□ divorce [divɔ́:rs]

n. 이혼(離婚) **v.** 이혼하다

ex. **이 혼**인(婚姻)은 **이혼**으로 결말이 났다.

MP3 This marriage ended in **divorce**.

∮ alimony [ǽləmòuni] **n.** 이혼 수당, 별거 수당

□ dizzy [dízi]

a. 어지러운, 현기증(眩氣症)이 나는

ex. "길**어질** 거 같아. **어**쩌다 우리의 **운**동 시간을 그들이 늘릴 것 같아." 호근이 말했다. "그 말을 들으니 **어지러운**데." 효주가 대답했다.

MP3 "It seems that they will increase our workout time somehow." Hogeun said. "I feel **dizzy** to hear that." Hyojoo answered.

□ do [du]

v. do·does - did - done 하다

ex. "숙제를 **하다** 다 간 나의 **하루였다**." "넌 잘 **했어**. 이젠 끝내는 게 마땅**하다**."

MP3 "I **did** my homework all day long." "You **did** well and will **do** well to finish it."

- deed [di:d] **n.** 행위, (소유권을 증명하는) 증서
- misdeed [misdí:d] **n.** 나쁜 짓, 비행(非行), 악행
- misdo [misdú:] **v.** misdo - misdid - misdone 잘못하다, 실수하다
- redo [ridú] **v.** redo - redid - redone 다시 하다
- overdo [òuvərdú] **v.** overdo - overdid - overdone 지나치게 하다, 지나치게 사용하다

□ doctor [dáktər]

n. 의사(醫師), 박사(博士)

ex. "내 생각에는 너**의 사**지(四肢)를 **의사**가 봐야 해."

MP3 "I think **doctor** should look at your four limbs."

- ENT Doctor 이비인후과(ear, nose and throat) 의사
- Ph. D [pì:eitʃdí:] **n.** 박사 학위
- doctorate [dáktərət] **n.** 박사 학위
- postdoctoral [pòustdáktərəl] **a.** 박사 학위 취득 후의

∮ intern [íntə:rn] **n.** 인턴 **v.** 인턴으로 근무하다

- quack [kwæk] **n.** 돌팔이 의사, (오리가 우는 소리) 꽥꽥
- pediatrician [pì:diətríʃən] **n.** 소아과 의사
- pediatric [pì:diǽtrik] **a.** 소아과의

□ document [dákjumənt]

n. 서류, 문서 **v.** 문서화하다, 기록하다

ex. 그는 **서**둘러 야생 조**류**에 관한 **서류**를 읽었다.

MP3 He quickly read the **document** about wild birds.

- documentary [dàkjuméntəri] **n.** 다큐멘터리, 기록물 **a.** 기록의, 문서의

∮ file [fail] **n.** 파일, 서류철, (소송을) 제기하다, (손톱을 다듬는) 줄 **v.** (날을) 갈다

□ dog [dɔ:g]

n. 개

ex. "너 뭐하**게**?" "난 나의 **개**랑 어슬렁거리며 산책하**게**."

MP3 "What are you going to do?" "I'm going for a crawl with my **dog**."

- dog tags (군인용) 인식표
- dogged [dɔ́:gid] a. 끈덕진

∮collar [kálər] n. 개목걸이, 옷의 깃, 칼라
- rabies [réibi:z] n. 광견병
- beagle [bí:gl] n. 비글(사냥개의 일종)
- Pekingese [pi:kiŋí:z] n. 페키니즈(애완용 작은 개)
- pit bull 핏불테리어, 맹견의 한 종류

☐ domestic [dəméstik]

a. 가정(家庭)의, 국내의, 길들여진

ex. "**가정** 폭력이 있다고 **가정**(假定)하자. 그리고 그것이 어떻게 없어질지 생각하자."

MP3 "Suppose **domestic** violence exists. And let's think about how it will cease to exist."

- domesticate [dəméstikèit] v. 길들이다

∮tame [teim] a. 길들여진, 유순한 v. 길들이다

☐ dominate [dámənèit]

v. 지배(支配)하다, 우세(優勢)하다

ex. "누가 **집에**서 분위기를 **지배**하는가?"

MP3 "Who **dominates** the atmosphere at home?"

- domination [dàmənéiʃən] n. 지배, 우세
- dominant [dámənənt] a. 지배적인, 우세한
- dominance [dámənəns] n. 우세, 우월
- predominance [pridámənəns] n. 우세, 우위
- predominant [pridámənənt] a. 우세한, 두드러진
- predominate [pridámənèit] v. 우세하다, 두드러지다

☐ donate [dóuneit]

v. 기부(寄附)하다, 기증(寄贈)하다, 헌혈하다

ex. "저**기**, 당신께 **부**탁이 있는데요." "당신들에게 내가 또 **기부**하라고요?"

MP3 "Excuse me, would you do me a favor?" "Do you want me to **donate** money to you again?"

- donation [dounéiʃən] 기부, 기증, 헌혈, 기부금
- donator [dóuneitər] n. 기부자, 기증자
- donor [dóunər] n. 기증자, 헌혈자

∮endow [indáu] v. 부여하다, 기부하다
- endowment [indáumənt] n. 기부, (부여받은) 재능
- philanthropist [filǽnθrəpist] n. 자선가(慈善家)

☐ donkey [dáŋki]

n. 당나귀

ex. "**당**연히 **나**의 **귀**는 **당나귀** 귀지." 임금님이 말했다.

MP3 "My ears are ones of a **donkey** by nature." A king said.

∮bray [brei] v. (당나귀가) 시끄럽게 울다

☐ doom [du:m]

n. 파멸(破滅), 종말, 불행한 운명 **v.** 불행한 운명을 짊어지우다

ex. **파**도(波濤) 속에서 **멸**치는 **파멸**을 맞았다. 짧게 생을 마감할 운명이었다.

MP3 The anchovy met its **doom** in the waves. It was **doomed** to live a short life.

- doomed [du:md] a. 운이 다한
- doomsday [dú:mzdèi] n. 최후의 심판일

☐ doubt [daut]

v. 의심(疑心)하다 **n.** 의심

ex. 그의 키에 관한 연견**의 심**한 **의심**은 합리적이다.

MP3 Serious **doubt** that Yeon gyeon is casting on his height is reasonable.

- doubtful [dáutfəl] a. 의심스러운, 의심하는
- undoubted [ʌndáutid] a. 의심할 여지가 없는, 확실한
- undoubtedly [ʌ̀ndáutidli] ad. 의심할 여지없이, 확실히

∮dubious [djú:biəs] a. 수상(殊常)한, 의심스러운
- skeptical [sképtikəl] a. 회의적(懷疑的)인, 의심 많은
- skepticism [sképtəsizm] n. 회의론, 무신론, 의심

D

☐ downtown [dauntáun]

n. 도심지 ad. 도심지로

ex. 신지**도 심지**가 굳게 **도심지**로 가고자 한다.

MP3 Shinji is determined to go **downtown**, too.

- uptown [ʌptáun] a. 도심지 외곽의 ad. 도심지 외곽으로
- town [taun] n. (작은) 도시, 읍(邑)

☐ draw [drɔː]

v. draw - drew - drawn 잡아당기다, 끌어당기다, 그리다

ex. "**자, 봐.** 내가 **당**당하게 **기다**란 끈을 **잡아당긴다.**"

MP3 "Hey, look. I grandly **draw** the long rope tight."

- drawer [drɔːr] n. 서랍
- drawing [drɔ́ːiŋ] n. 그림, 소묘, 데생, 제도(製圖)
- ℊ sketch [sketʃ] n. 스케치, 밑그림, 촌극(寸劇) v. 스케치하다, 밑그림을 그리다

☐ dream [driːm]

v. dream - dreamed/dreamt - dreamed/dreamt 꿈꾸다 n. 꿈

ex. "해는 다시 떠오르지. 내 **꿈**을 이루기 위해 나도 다시 **꿈**틀대지."

MP3 "The sun comes up again. Likewise, I'm trying to make my **dreams** come true once again."

☐ drink [driŋk]

v. drink - drank - drunk 마시다 n. 음료, 술

ex. "그거 **마시지 마. 시다**니까." 그러나 그는 그 충고를 듣지 않았고, 술에 취해서 음주 운전까지 했다.

MP3 "Don't **drink** it. It tastes sour." But he would not listen to the advice. He was in a drunken stupor and even drove while intoxicated.

- drunken [drʌ́ŋkən] a. 술에 취한
- overdrink [òuvərdríŋk] v. overdrink - overdrank - overdrunk 과음하다
- ℊ DWI 음주 운전(driving while intoxicated)
- intoxicate [intɑ́ksikèit] v. 취하게 하다
- potable [póutəbl] a. 음료로 적합한, 마셔도 괜찮은
- sip [sip] v. 홀짝홀짝 마시다, 조금씩 마시다 n. 한 모금
- slurp [sləːrp] v. 후루룩 소리를 내다
- toast [toust] n. 건배, 축배, 축사(祝辭), 토스트 v. 건배하다

☐ drive [draiv]

v. drive - drove - driven 몰다, 운전하다

ex. 그들은 낡은 것들을 **몰래 다 몰**아냈**다**.

MP3 They secretly **drove** out all the old things.

- driver [dráivər] n. 운전자, 기사
- driving [dráiviŋ] n. 운전 a. 몰아붙이는

☐ drop [drɑp]

v. 떨어뜨리다, 떨어지다 n. 방울, 소량, 하락, 감소

ex. "마이크를 **떨어뜨리면** 어**떨**까? **어**쩌면 그러면 흥분한 사람들을 쓰러**뜨릴지**도 몰라."

MP3 "How about **dropping** the mic? Perhaps, it could knock down people who are excited."

- droplet [drɑ́plit] n. 작은 물방울
- ℊ drip [drip] v. (물방울 등이) 뚝뚝 떨어지다 n. 뚝뚝 떨어지는 소리, (액체) 방울
- plummet [plʌ́mit] v. 똑바로 떨어지다, 폭락(暴落)하다, 곤두박질치다
- plunge [plʌndʒ] v. 급히 아래로 움직이다, 급락(急落)하다 n. 급락
- plunger [plʌ́ndʒər] n. 배수관용 청소 도구, 뛰어드는 사람
- trickle [tríkl] v. 가늘게 흐르다, 똑똑 떨어지다 n. 똑똑 떨어짐, 실개울

☐ drought [draut]

n. 가뭄

ex. **가뭄**이 들어 우물은 마르고 굶주린 개**가** 아무나 **물**니다.

MP3 During the **drought**, the wells have run dry and a hungry dog is about to bite anyone.

☐ drug [drʌg]

n. 약, 약물, 마약 **v.** 약물을 투여(投與)하다

ex. 그 **약물**은 서**양**에서 들여온 **물**건이다.

MP3 The **drug** is the substance brought from the West.

- druggedout 몽롱한, 취한
- drugstore [drʌ́gstɔ̀ːr] **n.** (일용 잡화까지 판매하는) 약국

∮dosage [dóusidʒ] **n.** (1회분의) 복용량(服用量), 투여량

- dose [dous] **n.** 복용량 **v.** (약을) 투여하다
- overdose [óuvərdòus] **n.** (약의) 과다 복용 **v.** [òuvərdóus] (약을) 과다 복용하다
- hemp [hemp] **n.** 대마
- placebo [pləsíbou] **n.** 위약(僞藥)

☐ dry [drai]

a. 마른, 건조(乾燥)한 **v.** 마르다, 말리다

ex. **마른** 옷을 입은 **마른** 남자가 수상해 보인다.

MP3 A thin man wearing **dry** clothes looks suspicious.

∮dehydrate [diːháidreit] **v.** 수분이 빠지다, 탈수(脫水)시키다, 건조시키다

- dehydration [dìːhaidréiʃən] **n.** 탈수, 건조
- dehydrator [diːháidreitər] **n.** 건조기, 탈수기
- hydrate [háidreit] **v.** 수분을 섭취하다, 수화(水化)시키다
- hydration [haidréiʃən] **n.** 수화(水化)
- hydrant [háidrənt] **n.** 소화전(消火栓), 급수전(給水栓)

☐ due [djuː]

a. 마땅히 치러야 할, 예정된, 만기(滿期)의 **n.** 당연히 누려야 할 권리

ex. **만기**의 지불 **만기**는 5월 31일이다. 그들이 그날 그를 방문할 예정이다.

MP3 Mangi's payment is **due** on May 31st. They are **due** to visit him that day.

- due to … 때문에
- overdue [òuvərdú] **a.** 기한이 지난, 연체된

☐ dull [dʌl]

a. 둔한, 무딘, 흐린, 따분한

ex. 그들 때문에 **따분한** 시간을 보낸 왕**따**는 **분한** 마음이 들었다.

MP3 The outcast who had a **dull** time due to them felt resentment.

∮blunt [blʌnt] **a.** 무딘, 뭉뚝한, 퉁명스러운, 직설적인

- dreary [dríəri] **a.** 황량한, 따분한

☐ dumb [dʌm]

a. 벙어리의, 멍청한

ex. "그녀가 싱글**벙**글 웃지. 그녀는 **어리**지. **벙어리**지. 말하자면, 말 못하지."

MP3 "She is smiling. She is young. And she is **dumb**. She can't speak, as it were."

☐ during [djúəriŋ]

prep. … 동안, … 내내

ex. "그분은 위기가 계속되는 **동안**에 **동**네에 **안** 계셨어. 그 위기 **동안**에 그는 외국에 계셨네."

MP3 "He was not in the village **during** the crisis. He was in a foreign country for the duration of the crisis."

- duration [djuréiʃən] **n.** 지속, 지속 기간

D

• durable [djúərəbl] a. 내구성(耐久性)이 있는, 내구력이 있는, 오래 가는
• durability [djúərəbíləti] n. 내구성, 내구력

☐ dust [dʌst]

n. 먼지, 티끌

ex. "**먼지**가 **뭔지** 너는 아니?"

MP3 "Do you know what the **dust** is?"

• dust mite 먼지진드기
• mite [mait] n. 진드기
• dustbin [dʌ́stbìn] n. 쓰레기통
• dustpan [dʌ́stpæn] n. 쓰레받기
• dustcloth [dʌstklɔ̀:θ] n. 걸레
• duster [dʌ́stər] n. 먼지떨이
• dusty [dʌ́sti] a. 먼지투성이의, 칙칙한
cf dirt [də:rt] n. 먼지, 때, 흙
• dirty [də́:rti] a. 더러운

☐ duty [djú:ti]

n. 의무(義務)

ex. "**으**즈마키 나루토가 **이**행(履行)하기에는 **무**리한 **의무**다. 불가능한 **의무**다."

MP3 "It is impossible for Euzumaki Naruto to fulfill his **duty**. It is out of the question."

• duty-free 면세(免稅)의, 면세품

E

☐ eager [í:gər]

a. 열망하는, 열렬(熱烈)히 바라는, 갈망하는

ex. **열**을 내며 일벌레인 **여리**는 **바**(=bar)**라**는 곳에서 술 마시기를 **열렬히 바란다**.

MP3 Yeori, who is an **eager** beaver, is **eager** to drink at the so-called bar.

• eagerly [í:gərli] ad. 열망하여
• eagerness [í:gərnis] n. 열망
cf fervent [fə́:rvənt] a. 열렬한, 강렬한

☐ ear [iər]

n. 귀, 청각(聽覺), 청력

ex. '**구이**'란 말에 **귀**가 번뜩!

MP3 'A grilled meat' makes **ears** wide open!

• earring [íriŋ] n. 귀걸이
• earache [iəreík] n. 귓병, 귀앓이
cf deaf [def] a. 청각 장애의, 귀먹은

☐ earth [ə:rθ]

n. 지구, 흙 v. 흙 속에 덮다

ex. "우리가 사는 **지구지**, 우리가 **구**해야 할 것은."

MP3 "What we should save is the **earth** we live on."

• earth-friendly [ə:rθfrèndli] a. 지구 친화적인, 친환경적인
• earthly [ə́:rθli] a. 세속적인, 도대체 지구상에서의
• unearth [ʌnə́rθ] v. 흙 속에서 파내다, 발굴(發掘)하다
cf latitude [lǽtətjù:d] n. 위도
• longitude [lándʒətjù:d] n. 경도
• soil [sɔil] n. 흙, 땅 v. 더럽히다
• topsoil [tápsɔ̀il] n. 맨 위층의 흙, 표토
• mud [mʌd] n. 진흙, 진창
• mudslide [mʌ́dslàid] n. 진흙 사태, 이류(泥流), 진흙의 흐름
• mantle [mǽntl] n. (지구의) 맨틀, 망토

☐ earthquake [ə́:rθkweik]

n. 지진(地震)

ex. "우리는 **대지**의 **진**동을 느꼈다. 즉, **지진**이 발생했다."

MP3 "We felt the vibration of the earth. Namely, an **earthquake** struck."

• seismic [sáizmik] a. 지진에 의한
• seismology [saizmálədʒi] n. 지진학

☐ ease [iːz]

n. 쉬움, 용이함 **v.** 편하게 하다, 편해지다

ex. 축구 경기에서 **손** 씨는 **쉬**익(=쉭) 운동장에서 **움**직이며 **손쉬**운 모양으로 골을 넣었고 골키퍼는 **움**찔했다.

MP3 At the soccer game Mr. Son moved quickly on the ground and scored a goal with **ease**, which made the goalkeeper start.

∮ alleviate [əlíːvièit] **v.** 완화(緩和)시키다, 경감(輕減)하다
- alleviative [əlíːvièitiv] **a.** 완화하는, 경감하는
- mitigate [mítəgèit] **v.** 완화하다
- mitigation [mìtəgéiʃən] **n.** 완화
- relieve [rilíːv] **v.** 경감시키다, 완화하다, 안심시키다, 구조하다
- relief [rilíːf] **n.** 경감, 완화, 안심, 안도, 구조, 구호품(救護品), (토지의) 고저, 기복

☐ easy [íːzi]

a. 쉬운, 편안한

ex. "**쉬!**" 그녀가 속삭인다. 그녀의 속삭임을 들은 아이들은 **입 다**물기 **쉽다**.

MP3 "Sh!" She whispers. It is **easy** for the children to shut the mouth when they hear her whisper.

- easily [íːzəli] **ad.** 쉽게, 거의 확실하게
- easygoing [izigóuiŋ] **a.** 느긋한, 태평한
- uneasy [ʌníːzi] **a.** 불안한, 불편한

☐ eat [iːt]

v. eat - ate - eaten 먹다

ex. "**뭐**? 넌 외식할 때 햄샌드위치랑 햄버**거**만 계속 **먹어**?" "난 수프도 한 그릇 **먹어**."

MP3 "What? You keep on **eating** only ham sandwiches and hamburgers when **eating** out?" "I'm **eating** a bowl of soup, too."

- eating utensil 식기 도구
- overeat [òuvəríːt] **v.** overeat - overate - overeaten 과식하다

∮ edible [édəbl] **a.** 먹을 수 있는, 식용의
- inedible [inédəbl] **a.** 먹을 수 없는

☐ echo [ékou]

n. 메아리, 공명(共鳴), 반향(反響) **v.** 메아리치다, 공명하다, 반향하다

ex. **메아리**로 어딘가에서 울리는 **매**의 소리를 **아리**는 들었다.

MP3 Ari heard the **echo** of a hawk from somewhere.

∮ resonance [rézənəns] **n.** 울림, 반향, 공명
- resonate [rézənèit] **v.** 공명하다, 울리다, 떠올리게 하다
- resonation [rèzənéiʃən] **n.** 반향, 공명

☐ eclipse [iklíps]

n. (해 · 달의) 식(蝕), 쇠퇴, 퇴색 **v.** 빛을 잃게 하다

ex. "**일식**(日蝕)에 **일식**(日食) 어때요?"

MP3 "How about Japanese food when an **eclipse** happens?"

- annular eclipse [ǽnjulər iklíps] 금환 일식
- lunar eclipse 월식
- solar eclipse 일식

☐ economy [ikánəmi]

n. 경제(經濟), 절약(節約)

ex. "우리의 **경제**가 이 지**경**이라 저는 초조해요. **제**일 중요한 것은 무엇일까요?"

MP3 "Our **economy** is so bad like this, so I'm on edge. What is the most important thing?"

- economics [èkənámiks] **n.** 경제학, (한 나라의) 경제 상태
- economic [èkənámik] **a.** 경제의
- economical [èkənámikəl] **a.** 경제적인, 절약하는

E

☐ **ecosystem** [íkousìstəm]

n. 생태계(生態系)

ex. **생태계**는 **생**물이 **태**어나는 세**계**다.

MP3 An **ecosystem** is the world where all living things are born.

- ecology [ikálədʒi] **n.** 생태, 생태학
- ecological [ìːkəládʒikəl] **a.** 생태의, 생태학의, 환경 보호의
- ecologist [ikálədʒist] **n.** 생태학자, 환경 운동가
- ∮ eco-friendly [ikoufréndli] **a.** 환경 친화적인, 친환경적인
- eco-activity [ikouæktívəti] **n.** 생태계 보전 활동, 환경 보호 운동

☐ **edge** [edʒ]

n. 가장자리, 테두리, 모서리, 우위, 위기 **v.** 테두리를 달다

ex. 마을의 **가장자리**에서 노자**가** 했던 말을 **장자**는 궁**리**했다.

MP3 Jangja considered what Noja had said on the **edge** of the village.

- ∮ rim [rim] **n.** (둥근 물건의) 가장자리, 테두리 **v.** 테두리를 하다
- periphery [pərífəri] **n.** 주변(周邊)
- peripheral [pərífərəl] **a.** 주변적인, 지엽적(枝葉的)인 **n.** 주변 장치

☐ **editor** [édətər]

n. 편집자(編輯者), 편집장(編輯長)

ex. "난 **편집자 편**을 들래. **집**에 가**자**, 이제."

MP3 "I will take the side of the **editor**. Let's go home now."

- editorial [èdətɔ́ːriəl] **a.** 편집의 **n.** 사설
- edit [édit] **v.** 편집하다
- edition [idíʃən] **n.** 판, (발행된) 1회분

☐ **education** [èdʒukéiʃən]

n. 교육(敎育)

ex. 중고**교 육** 년 동안 학생들은 사**교육**에 의존한다. 이것은 종종 심각한 문제로 인용된다.

MP3 Middle and high school students turn to private **education** for six years. This is often cited as a serious problem.

- educational [èdʒukéiʃənl] **a.** 교육의, 교육적인
- educator [édʒukèitər] **n.** 교육자
- educate [édʒukèit] **v.** 교육하다
- ∮ curriculum [kəríkjuləm] **n.** 커리큘럼, 교육 과정, 교과 과정
- secondary [sékəndèri] **a.** 중등 교육의, 이차적인

☐ **effect** [ifékt]

n. 영향, 효과(效果) **v.** 초래(招來)하다

ex. **효**리의 **과**장된 행동은 그녀의 친구들에게 **효과**가 있었다.

MP3 Hyori's exaggerated action had an **effect** on her friends.

- effective [iféktiv] **a.** 효과적인, 유효한
- effectively [iféktivli] **ad.** 효과적으로, 사실상
- ineffective [ìniféktiv] **a.** 효과가 없는
- ∮ aftereffect [ǽftərəfèkt] **n.** 여파(餘波), 후유증(後遺症)
- aftermath [ǽftərmæ̀θ] **n.** (전쟁, 재해 등의) 여파, 후유증
- side effect 부작용
- by-product [báipràdəkt] **n.** 부산물, 부작용
- incur [inkə́ːr] **v.** (나쁜 일을) 초래하다

☐ **efficient** [ifíʃənt]

a. 효율적(效率的)인, 능률적인

ex. 지**효**의 **율**동은 **효율**적이다.

MP3 Jihyo's dance routine is **efficient**.

- efficiently [ifíʃəntli] **ad.** 효율적으로, 능률적으로
- efficiency [ifíʃənsi] **n.** 효율, 능률
- inefficiency [ìnifíʃənsi] **n.** 비효율, 비능률
- inefficient [ìnifíʃənt] **a.** 비효율적인, 비능률적인
- ∮ self-efficacy [self éfikəsi] 자기 효능감(自己效能感)

☐ **effort** [éfərt]

n. 노력(努力), 수고(受苦)

ex. 우리는 목표를 **노려 억**세게 **노력**한 결실을 맺는다.

MP3 Our strong **efforts** to achieve a goal pay off.

□ egg [eg]

n. 알, 달걀, 난자(卵子)

ex. '**알**(=R)'이 쓰여 있던 **알**이 깨졌다.

MP3 An **egg** on which 'R' was written was broken.

- egg sac 알주머니
- eggplant [égplæ̀nt] **n.** 가지 (열매)
- ⊄ hatch [hætʃ] **v.** 부화(孵化)하다, 알을 깨고 나오다
- precocial [prikóuʃəl] **a.** 부화 후 곧 활동하는
- spawn [spɔːn] **v.** 알을 낳다 **n.** (물고기, 개구리 등의) 알덩어리
- ovum [óuvəm] **n.** 난자

□ elaborate [ilǽbərət]

a. 공들인, 정교(精巧)한 **v.** [ilǽbərèit] 공들이다, 상세히 말하다

ex. "이것들은 사실상 **공들인 공**(=ball)**들인** 거야."

MP3 "These are, in effect, **elaborate** balls."

- elaborately [ilǽbərətli] **ad.** 공들여서, 정교하게
- ⊄ exquisite [ikskwízit] **a.** 정교한, 절묘(絶妙)한, 예리한, 예민한

□ elbow [élbou]

n. 팔꿈치 **v.** 팔꿈치로 밀다

ex. **팔**계는 자신의 **꿈**에서 전우**치**의 **팔꿈치**를 쳤다.

MP3 Palgye hit Jeon Woochi's **elbow** in his dream.

- ⊄ nudge [nʌdʒ] **n.** 팔꿈치로 찌르기, 넌지시 권하기 **v.** 팔꿈치로 찌르다

□ electricity [ilektrísəti]

n. 전기(電氣)

ex. **전기**는 전체적으로 발**전기**에서 온다.

MP3 **Electricity** comes from a generator on the whole.

- electric [iléktrik] **a.** 전기의
- hydroelectric [hàidrouiléktrik] **a.** 수력 전기의, 수력 발전의
- electrical [iléktrikəl] **a.** 전기의
- electrical grid 전력망
- electrician [ilektríʃən] **n.** 전기 기사
- electroceptive [ilektroséptiv] **a.** 전기를 감지하는
- electrode [iléktroud] **n.** 전극
- electron [iléktran] **n.** 전자
- electronic [ilektránik] **a.** 전자의

□ elephant [éləfənt]

n. 코끼리

ex. "**코끼리**들의 **코**가 **끼리**."

MP3 "**Elephants** will lock trunks."

- ⊄ ivory [áivəri] **n.** 상아, 상아색, 아이보리
- tusk [tʌsk] **n.** (코끼리 등의) 엄니, 상아
- trunk [trʌŋk] **n.** (코끼리의) 코, (나무의) 몸통, 줄기
- pachyderm [pǽkidəːrm] **n.** (코끼리 하마 등) 후피(厚皮) 동물
- hippopotamus [hìpəpátəməs] **n.** (hippo) 하마
- rhinoceros [rainásərəs] **n.** 코뿔소

□ elevator [éləvèitər]

n. 엘리베이터, 승강기(昇降機)

ex. **엘리**스와 **베이**츠와 카**터**가 **엘리베이터**를 타고 있다.

MP3 Alice and Bates and Carter are taking the **elevator**.

- elevate [éləvèit] **v.** 올리다, 승진시키다
- elevated [éləvèitid] **a.** 높은
- elevation [èləvéiʃən] **n.** 높은 곳, 높이, 상승, 승진

□ eligible [élidʒəbl]

a. 자격(資格)이 있는, 적격(適格)의

ex. "**저**는 **억**지로 **격**식을 차리고 싶지 않습니다. 저는 그 일에 **적격**인 후보자가 아닙니다."

MP3 "I don't want to be formal against my will. I am not an **eligible** candidate for the job."

- eligibility [èlidʒəbíləti] 자격, 적격, 적임
- ineligible [inélidʒəbl] **a.** 자격이 없는, 부적격의

☐ eloquent [éləkwənt]

a. 웅변(雄辯)의, 웅변적인, 잘 표현하는, 잘 보여주는

ex. 그의 **웅**장한 **변**명이 그의 위선(僞善)을 **웅변**적으로 보여주었다.

MP3 His grand excuse was **eloquent** of his hypocrisy.

- eloquently [éləkwəntli] **ad.** 설득력 있게, 웅변으로
- eloquence [éləkwəns] **n.** 웅변, 능변, 달변
- ∮ rhetoric [rétərik] **n.** 수사(학), 수사법(修辭法), (부정적 의미로) 미사여구(美辭麗句)
- rhetorical [ritɔ́ːrikəl] **a.** 수사적인, 수사법의, 미사여구의

☐ embarrass [imbǽrəs]

v. 난처(難處)하게 하다, 당황(唐慌)하게 하다

ex. **당황**스러운 일을 **당**하자 그는 **황**급히 빠져나왔다.

MP3 When he found himself in an **embarrassing** situation, he left the place in a hurry.

- embarrassed [imbǽrəst] **a.** 난처한, 당황한
- embarrassing [imbǽrəsiŋ] **a.** 난처하게 하는, 당황하게 하는
- embarrassment [imbǽrəsmənt] **n.** 난처함, 당황스러움

☐ embrace [imbréis]

v. 포옹(抱擁)하다, 포용(包容)하다 **n.** 포옹, 포용

ex. "**포**기하지 말고 너의 **용**기를 내어 그들을 **포용**해라."

MP3 "Don't give up and pluck up your courage to **embrace** them."

- ∮ hug [hʌg] **v.** 껴안다, 포옹하다 **n.** 포옹
- cuddle [kʌ́dl] **v.** 꼭 껴안다 **n.** 꼭 껴안기

☐ emerge [imə́ːrdʒ]

v. 나타나다, 출현(出現)하다

ex. **출**중한 사람들이 **현**재 활약**하는** 새로운 시장이 **출현하**고 있**다**.

MP3 A new market is **emerging** where excellent people are active now.

- emerging [imə́ːrdʒiŋ] **a.** 신생의, 신흥의
- emergent [imə́ːrdʒənt] **a.** 나타나는, 출현하는, 신생의
- emergence [imə́ːrdʒəns] **n.** 출현, 발생

☐ emergency [imə́ːrdʒənsi]

n. 긴급(緊急) 상황, 비상사태

ex. "뭐하**긴**, **급**하게 내가 자금을 마련하는 거지. 자금이 부족한 **긴급** 상황이니까."

MP3 "What am I doing? I'm urgently involved in fundraising. That's because it's an **emergency** for want of fund."

- emergency room 응급실 (ER)

☐ emit [imít]

v. 내뿜다, 발하다

ex. 기차가 연기를 **내뿜**었**다**. 그 연기가 **내**내 **뿌**옇게 **움**직였**다**.

MP3 The train **emitted** smoke. The smoke moved dimly all the time.

- emission [imíʃən] **n.** 발산, 배출, 배기가스
- ∮ radiate [réidièit] **v.** 사방으로 퍼지다, 방사(放射)하다, 방출하다, 내뿜다
- radiation [rèidiéiʃən] **n.** 방사, 방사선, 복사(輻射)
- radial [réidiəl] **a.** 방사의
- radiant [réidiənt] **a.** 빛나는, 환한, 복사의
- radioactive [rèidiouǽktiv] **a.** 방사능의

• radioactivity [rèidiouæktívəti] n. 방사능

☐ emotion [imóuʃən]

n. 감정, 정서(情緖)

ex. "너 어디 **감**?" "나 **정**말 **감정**에 북받쳐서 바람 좀 쐬러 감."

MP3 "Where are you going?" "I'm going out for a fresh air with **emotion**."

• emotional [imóuʃənl] a. 감정의, 감정적인
• emotionally [imóuʃənli] ad. 감정적으로, 정서적으로
∉ evoke [ivóuk] v. (감정을) 불러일으키다
• evocative [ivάkətiv] a. 불러일으키는
• evocation [èvəkéiʃən] n. 불러냄, 환기

☐ emperor [émpərər]

n. 황제(皇帝), 제왕

ex. "**황제**를 당**황**(唐慌)하게 한 문**제**가 뭐였나?"

MP3 "What was the question that made the **emperor** embarrassed?"

• emperorship [émpərərʃip] n. 황제의 자리, 황제의 통치권
• empire [émpaiər] n. 제국, 왕국
∉ imperial [impíəriəl] a. 제국의, 황제의
• imperialism [impíəriəlizm] n. 제국주의, 제정(帝政)
• imperium [impíəriəm] n. 절대권, 주권
• Qin Shihuangdi 진시황제

☐ emphasize [émfəsàiz]

v. 강조(强調)하다

ex. "대한민국의 강? 한강! 한강이 대한민국의 대표적인 **강**!" 우리는 그것이 **조**금도 의심할 여지가 없는 사실임을 **강조**한다.

MP3 "Korean river? The Hangang River! It is a Korean representative river!" We **emphasize** that it is true without a doubt.

• emphasis [émfəsis] n. 강조
• emphatic [imfǽtik] a. 강조된, 단호한

☐ employ [implɔ́i]

v. 고용하다, 사용하다

ex. 종업원이 **고용**되어 일하**고 용**쓴다.

MP3 An employee is **employed** and doing his best in the work.

• employment [implɔ́imənt] n. 고용, 일자리
• employee [implɔ́iiː] n. 고용된 사람, 종업원
• employer [implɔ́iər] n. 고용한 사람, 고용주
• unemployment [ʌnimplɔ́imənt] n. 실업(失業)
• unemployment rate 실업률
• unemployed [ʌnemplɔ́id] a. 실업의, 실직한

☐ enchant [intʃǽnt]

v. 매혹(魅惑)하다, 황홀(恍惚)하게 하다, 마법을 걸다

ex. "너는 **매**우 비싼 차에 **혹**시(或是) **매혹** 되었니?"

MP3 "Are you **enchanted** by a very expensive car by any chance?"

• enchanted [intʃǽntid] a. 매혹된, 마법에 걸린
• enchanted castle 마법의 성
• enchantment [intʃǽntmənt] n. 매혹, 황홀
∉ chant [tʃænt] n. 성가(聖歌), 구호(口號) v. 성가를 부르다, 구호를 (반복해서) 외치다

☐ enclose [inklóuz]

v. 에워싸다, 둘러싸다, 동봉(同封)하다

ex. 작년**에** 서로 미**워 싸우다**가 그 결과로 그들은 높은 담에 **에워싸인** 교도소로 들어갔다.

MP3 They hated and fought each other last year. As a result, they were sent to the prison **enclosed** by high walls.

• enclosure [inklóuʒər] n. 에워쌈, 둘러싸인 곳, 울타리로 둘러싸인 구역, 울타리, 동봉

☐ encounter [inkáuntər]

v. 마주치다, 부딪치다 n. 마주침, 부딪침

E

ex. "**마**침내 나의 **주치**의랑 **다**시 **마주치다**니 놀랍군."

MP3 "It's surprising to have an **encounter** with my family doctor again at last"

□ encourage [inkə́ːridʒ]

v. 격려(激勵)하다, 고무(鼓舞)하다, 조장(助長)하다

ex. 사람들은 윤**경**이에게 미**녀** 대회에 나가라고 **격려**했다.

MP3 They **encouraged** Yoonkyung to take part in the beauty contest.

- encouragement [inkə́ːridʒmənt] **n.** 격려, 고무
- discourage [diskə́ːridʒ] **v.** 용기를 꺾다, 단념(斷念)시키다, 낙담(落膽)시키다

∮ deject [didʒékt] **v.** 낙담시키다, 기를 꺾다
- incitement [insáitmənt] **n.** 자극, 선동(煽動)
- pep talk 격려의 말

□ encumber [inkʌ́mbər]

v. 거치적거리다, 거추장스럽다, 방해(妨害)하다

ex. "**그거 추장**에겐 **거추장**스러울 걸?"

MP3 "The chief will be **encumbered** by it, won't he?"

- unencumbered [ʌ̀ninkʌ́mbərd] **a.** 구애(拘礙)되지 않은, 방해받지 않는, 방해 없는

∮ impede [impíːd] **v.** 방해하다

□ end [end]

n. 끝, 목적 **v.** 끝내다, 끝나다

ex. "난 **끝내** 그와의 관계를 못 **끝내**."

MP3 "I can't **end** the relationship with him to the last."

- never-ending [névəréndiŋ] **a.** 끝나지 않는, 끝없는
- endless [éndlis] **a.** 끝없는

∮ finish [finiʃ] **v.** 끝내다, 끝나다 **n.** 끝, 마무리
- everlasting [èvərlǽstiŋ] **a.** 영원(永遠)한, 끊임없는
- eternal [itə́ːrnəl] **a.** 영원한, 끝없는

□ enemy [énəmi]

n. 적(敵)

ex. "그는 **적**이 **적**어요."

MP3 "He has few **enemies**."

∮ foe [fou] **n.** 적
- adversary [ǽdvərsèri] **n.** 적, 적수
- adversarial [ædvəːrsέəriəl] **a.** 대립 관계의, 적대적인, 반대자의
- adverse [ædvə́ːrs] **a.** 거스르는, 역의, 부정적인, 불리한
- adverse effect 역효과, 부작용
- opponent [əpóunənt] **n.** 적수, 상대자

□ energy [énərdʒi]

n. 에너지, 정력(精力), 활발한 기운

ex. "누가 **에너지** 넘치는 **애**?" "그건 **너지**!"

MP3 "Who is full of **energy**?" "It is you!"

- energetic [ènərdʒétik] **a.** 정력적인, 활력이 넘치는

∮ stamina [stǽmənə] **n.** 스태미나, 체력, 정력

□ engage [ingéidʒ]

v. 종사(從事)시키다, 관여하다, 고용하다, 약속하다, 약혼시키다, 끌어들이다

ex. 그들은 **종**(鐘) **사**는 일에 **종사**한다.

MP3 They are **engaged** in buying bells.

- engagement [ingéidʒmənt] **n.** 종사, 관여, 고용, 약속, 약혼
- disengage [dìsengéidʒ] **v.** (묶여 있던 것을) 풀다, 놓다, 떼다, 철수하다

∮ fiancé [fìːɑːnséi] **n.** 약혼자

□ engineer [èndʒiníər]

n. 기사(技士), 기술자, 기관사

ex. **기수**는 **울**상이 되어 **자**신의 전화로 **기술자**를 불렀다.

MP3 Gisu, who was about to cry, called out an **engineer** on his phone.

- engineering [èndʒiníəriŋ] **n.** 공학, 공학 기술
- engine [éndʒin] **n.** 엔진, 기관차

∮ turbine [tə́ːrbàin] **n.** 터빈

• coolant [kúːlənt] **n.** 냉각수(冷却水)
• ergonomics [ə̀ːrgənámiks] **n.** 인체 공학
• ergonomically [ərgənámikli] **ad.** 인체 공학적으로
• ergonomist [ə̀ːrgánəmist] **n.** 인간 공학자

☐ engrave [ingréiv]

v. 새기다, 조각(彫刻)하다, 마음에 새기다

ex. "**새**가 **기다**리는 걸 **새기다**니 대단해."

MP3 "It is awesome to **engrave** a bird which is waiting."

• engraving [ingréiviŋ] **n.** 판화(版畫)
∉inscribe [inskráib] **v.** (비석 등에) 새기다, (마음속에) 아로새기다
• inscription [inskrípʃən] **n.** 새겨진 글, 명문(銘文), 비문(碑文)

☐ enhance [inhǽns]

v. 향상시키다, 강화하다

ex. "나는 높은 곳을 **향**하여 **상시**적으로 나의 능력을 **키운다**. 나는 나의 삶의 질을 **향상시킨다**."

MP3 "Aiming higher, I always develop my ability. I **enhance** the quality of my life."

• enhanced [inhǽnst] **a.** 향상된, 강화된
• enhancement [inhǽnsmənt] **n.** 향상, 강화

☐ enjoy [indʒɔ́i]

v. 즐기다, 누리다

ex. "나에게 **즐**거운 **기다**림이다. 나는 그녀를 기다리는 것을 **즐기**고 **있다**."

MP3 "I am pleasantly waiting. I **enjoy** waiting for her."

∉savor [séivər] **v.** 음미(吟味)하다, 맛보다, 맛을 내다 **n.** 맛, 풍미(風味)

☐ enlighten [inláitn]

v. 계몽(啓蒙)하다, 깨우치다

ex. 무지(無知)한 사람들을 **계몽**할 **계**획을 **몽**룡이가 세우고 있다.

MP3 Mongryong is planning to **enlighten** the ignorant.

• enlightened [inláitnd] **a.** 계몽된, 개화된, 깨우친
• enlightenment [inláitnmənt] **n.** 계몽, 개화, 깨우침

☐ enormous [inɔ́ːrməs]

a. 막대한, 거대한, 어마어마한

ex. "**어**느 **마**녀가 **어**제 **마**법을 부렸던 걸까? **어마어마**한 궁전이구나!"

MP3 "Which witch cast a spell yesterday? What an **enormous** palace!"

∉huge [hjuːdʒ] **a.** 막대한, 거대한, 엄청난
• immense [iméns] **a.** 거대한, 막대한, 어마어마한
• immensity [iménsəti] **n.** 엄청남, 방대함, 광대함, 어마어마함
• tremendous [triméndəs] **a.** 엄청난, 무시무시한
• tremendously [triméndəsli] **ad.** 엄청나게

☐ enroll [inróul]

v. 등록(登錄)하다

ex. 체육관에 **등록**한 후 **등**배 운동을 **록**키는 한다.

MP3 After **enrolling** in a fitness center, Rocky is doing back and stomach exercise.

• enrollment [inróulmənt] **n.** 등록
∉roll [roul] **v.** 구르다, 굴리다, 말다, 감다 **n.** 두루마리, 구르기, 굴리기, 명부, 출석부

☐ ensemble [ɑːnsɑ́ːmbl]

n. 앙상블, (소규모) 합주단, 합창단

ex. **앙상**한 **불**란서 음악가들로 **앙상블**이 구성된다. 그는 쨍하는 심벌즈 소리가 특히 좋다.

MP3 The **ensemble** consists of thin

French musicians. His favorite is a clash of cymbals.

☐ entangle [intǽŋgl]
v. 얽히게 하다, 꼼짝 못하게 하다

ex. "저 높은 그물에 **얽히다**니 그는 **얼**마나 **키다**리인 거냐!"

MP3 "How tall he is to be **entangled** in that high net!"

- entanglement [intǽŋglmənt] **n.** 얽힘, 얽힌 관계
- tanglement [tǽŋglmənt] **n.** 엉키게 함, 헝클어지게 함
- tangle [tǽŋgl] **v.** 얽히다, 엉키다 **n.** 얽힌 것, 엉킨 것
- disentangle [dìsentǽŋgl] **v.** 얽힌 것을 풀다, 구분하다

☐ enter [éntər]
v. 들어가다, 참가하다, 기입하다

ex. "그들이 **어디 가니**?" "그들은 그 집에 **들어간다**."

MP3 "Where are they going?" "They are **entering** the house."

- entry [éntri] **n.** 입장, 가입, 출전, 참가, 입구
- entrant [éntrənt] **n.** 참가자, 신입생, 입국자
- entrance [éntrəns] **n.** 입장, 입회, 입구, 출입구
- entrance fee 입장료, 입회금, 입학금

≠ porch [pɔːrtʃ] **n.** 현관, 출입구

☐ enthusiastic [inθùːziǽstik]
a. 열중한, 열광한, 열정적인

ex. "**여**기 이 **얼**굴이 **광**고에 나오면 사람들은 그의 성공을 부러워하며 **열광**할 것이다."

MP3 "If this face here appears in an advertisement, people will be **enthusiastic** in envy of his success."

- enthusiasm [inθúːziæzm] **n.** 열중, 열광, 열정
- enthuse [inθúːz] 열중하다, 열광하게 하다

☐ environment [inváiərənmənt]
n. 환경(環境)

ex. 그것이 지**환**이 **경**험한 **환경**이었다.

MP3 It was the **environment** Jihwan experienced.

- pro-environment 친환경

☐ envy [énvi]
n. 부러움, 선망 **v.** 부러워하다, 선망(羨望)하다

ex. "몹시 **부러워 부**를 잡으**러** 가는 너의 마음이 어두**워**."

MP3 "Because you are green with **envy**, you are going to catch the rich in a dark mood."

- envious [énviəs] **a.** 부러워하는, 선망하는

☐ epidemic [èpədémik]
n. 유행병, 전염병

ex. **전**혀 오**염**되지 않았던 **병**원에서조차 의사들이 **전염병**을 억제하려고 노력했다.

MP3 Doctors tried to keep the **epidemic** down even in hospitals that had never been polluted.

≠ plague [pleig] **n.** 전염병 **v.** 괴롭히다

☐ equal [íːkwəl]
a. 같은, 동일한, 동등한, 평등한 **n.** 동등한 것 **v.** 같다

ex. 다리**가 튼**튼한 **같은** 수의 남녀 육상 선수들이 있다.

MP3 There is an **equal** number of men and women athletes who have strong legs.

- equally [íːkwəli] **ad.** 똑같이, 동등하게
- equality [ikwáləti] **n.** 평등, 동등
- unequal [ʌníkwəl] **a.** 같지 않은, 불공평한
- inequality [ìnikwáləti] **n.** 불평등, 불균등

≠ egalitarian [igæ̀lətέəriən] **a.** 인류 평등주의의 **n.**

평등주의자
• egalitarianism [igæ̀lətέəriənizm] n. 평등주의
• equity [ékwəti] n. 공평, 공정 자산, 자기 자본
• inequity [inékwəti] n. 불공평
• equable [ékwəbl] a. 균등한, 침착한
• equability [èkwəbíləti] n. 균등성
• equanimity [èkwənímǝti] n. 마음의 침착, 마음의 평정
• equate [ikwéit] v. 동일시하다, 동등화하다
• equation [ikwéiʒən] n. 방정식, 등식, 동일시, 동등화
• equator [ikwéitər] n. 적도(赤道)
• equatorial [èkwətɔ́ːriəl] a. 적도의

☐ equipment [ikwípmənt]

n. 장비(裝備)

ex. **장비**가 그 **장비**를 가지고 있다.

MP3 Jangbi has the **equipment**.

• equip [ikwíp] v. 장비를 갖추게 하다
≠ apparatus [æ̀pərǽtəs] n. 기구, 도구, 장치
• furnish [fə́ːrniʃ] v. (필요한 것을) 갖추다, 제공하다, 가구(家具)를 비치하다
• furniture [fə́ːrnitʃər] n. 가구

☐ equivalent [ikwívələnt]

a. 동등한, 상당한 n. 동등한 것, 등가물

ex. "왜 너는 그의 **동**정(同情)을 **등한**시하니?" "그건 본질적으로 내게 모욕(侮辱)과 **동등한** 것이니까."

MP3 "Why are you ignoring his sympathy?" "Because, in essence, it is **equivalent** to an insult to me."

☐ equivocal [ikwívəkəl]

a. 애매(曖昧)한, 모호(模糊)한, 불분명한

ex. 여기**에** 있는 **매 한** 마리가 **애매한** 소리를 낸다.

MP3 A hawk here sounds **equivocal**.

• equivocate [ikwívəkèit] v. 애매하게 말하다, 얼버무리다
• unequivocal [ʌ̀nikwívəkəl] a. 분명한, 명료(明瞭)한

☐ errand [érənd]

n. 심부름, 용무(用務)

ex. "엄마는 **심**심하면 절 **부릅**니다. **심부름** 시키려고요."

MP3 "My mom calls me as often as possible and I have to run some **errands**."

• run errands 용무를 보다

☐ error [érər]

n. 잘못, 실수, 오류(誤謬)

ex. "**오**, **리우**에서 그 **오류**로 사고가 있었군요."

MP3 "Oh, the accident was caused by the **error** in Rio de Janeiro."

• erroneous [iróuniəs] a. 잘못된
• err [əːr] v. 잘못을 범하다
≠ fallacy [fǽləsi] n. 오류, 잘못된 생각, 틀린 생각

☐ escalator [éskəlèitər]

n. 에스컬레이터

ex. **에**피쿠로**스**와 맥**컬**리 컬킨과 **레이**먼드와 **터**미네이터가 **에스컬레이터**를 오르내리고 있다.

MP3 Epicurus and Macaulay Culkin and Raymond and the Terminator are going up and down the **escalator**.

• escalate [éskəlèit] v. 확대하다, 증대하다

☐ escape [iskéip]

v. 탈출(脫出)하다, 도망치다, 달아나다 n. 탈출, 도망, 도피

ex. 감옥에서 **탈출**하기 위해 **탈**을 쓴 남자가 방에서 **출**발한다.

MP3 To **escape** from the prison, a man wearing a mask is leaving the room.

≠ flee [fliː] v. flee - fled - fled 달아나다, 도망치다

☐ essence [ésns]

n. 본질(本質), 정수(精髓), 진수(眞髓)

ex. "네가 **본 질**이 **본질**이다."

MP3 "The quality you saw is the **essence**."

- essential [isénʃəl] **a.** 본질적인, 근본적인, 필수적인 **n.** 본질적인 요소
- essentially [isénʃəli] **ad.** 본질적으로, 근본적으로
- ≠ intrinsic [intrínzik] **a.** 내재적인, 본질적인, 고유한
- intrinsically [intrínzikəli] **ad.** 본질적으로
- extrinsic [ikstrínzik] **a.** 외적인, 비본질적인
- extrinsically [ikstrínzikəli] **ad.** 외적으로, 비본질적으로

☐ estimate [éstəmèit]

v. 추정(推定)하다, 어림잡다, 평가하다 **n.** 추정, 평가

ex. "그는 나이가 **어림. 자, 봐!** 대충 **어림잡아** 봐도 그는 열 살도 안 됨."

MP3 "He is young. Well, look! At a rough **estimate**, he is under 10 years old."

- estimation [èstəméiʃən] **n.** 평가, 존중
- overestimate [əuvəréstəmèit] **v.** 과대평가(過大評價)하다 **n.** 과대평가
- underestimate [ʌ̀ndəréstəmèit] **v.** 과소평가(過小評價)하다 **n.** 과소평가

☐ ethical [éθikəl]

a. 윤리(倫理)의, 도덕의

ex. "만일 당신이 자**유**롭게 남을 **울리**고 있다면 그것은 **윤리**적 문제가 될 것이다."

MP3 "If you make others cry at your will, it will raise an **ethical** issue."

- ethic [éθik] **n.** 윤리, 도덕 **a.** 윤리의, 도덕의
- ethics [éθiks] **n.** 윤리학, 윤리, 도덕

☐ ethnic [éθnik]

a. 민족의, 민족 고유의, 인종의

ex. "저 **민족**에는 머리를 **민 족**장님이 있지."

MP3 "In that **ethnic** group, there is a chief who has shaved his hair off."

- ethnic group 인종
- ethnically [éθnikəli] **ad.** 민족적으로, 인종적으로
- ethnicity [eθnísiti] **n.** 민족성
- ethnography [eθnágrəfi] **n.** 민족지학(民族誌學)
- ethos [í:θas] **n.** 민족(사회) 정신, (특정 집단의) 기풍

☐ Europe [júərəp]

n. 유럽

ex. "**유 럽 유럽**(=넌 유럽을 사랑해)."

MP3 "You love **Europe**."

- European [jùərəpíən] **a.** 유럽의 **n.** 유럽인
- ≠ Nordic [nɔ́:rdik] **a.** 북유럽 사람의 **n.** 북유럽 사람

☐ evaluate [ivǽljuèit]

v. 평가하다

ex. **평**소에 전문**가**들이 성과를 **평가**했다. 그들이 말하길, 이번에는 우리의 손해와 이익이 비슷하다고 했다.

MP3 Experts normally **evaluated** the performance. They said that we broke even this time.

- evaluation [ivæljuéiʃən] **n.** 평가
- ≠ appraise [əpréiz] **v.** 평가하다
- appraisal [əpréizəl] **n.** 평가

☐ even [í:vən]

ad. 심지어, …조차, 훨씬 **a.** 평평한, 균일한, 고른, 짝수의

ex. 보**조 차**량에 아이**조차** 못 탔다.

MP3 **Even** a child couldn't get on the second vehicle.

- ≠ flat [flæt] **a.** 평평한, 단호한, 펑크 난 **n.** 평평한 부분, 내림표(♭)
- level [lévəl] **n.** 수준 **a.** 평평한 **v.** 평평하게 하다

☐ event [ivént]

n. 사건(事件), 행사, 종목, 결과

ex. "이 **사**진(寫眞) 속의 **건**물(建物)은 그 **사**

건과 관계가 있어."

MP3 "The building in this photo is relevant to the **event**."

- eventual [ivéntʃuəl] **a.** 최후의, 최종적인
- eventually [ivéntʃuəli] **ad.** 최종적으로, 결국

≠ milestone [máilstòun] **n.** 획기적(劃期的)인 사건, 중대한 시점, 이정표(里程標)

- mile [mail] **n.** (거리 단위) 마일
- landmark [lǽndmὰːrk] **n.** 획기적인 사건, 랜드마크, (멀리서도 인식 가능한) 주요 지형지물

☐ evidence [évədəns]

n. 증거(證據), 증언(證言)

ex. "너의 **증**상(症狀) **그거**, 우리가 밝혀야 할 새로운 **증거**야."

MP3 "That symptom you have is the new **evidence** we should bring to light."

- evident [évədənt] **a.** 분명한
- evidently [évədəntli] **ad.** 분명히

☐ evil [íːvəl]

a. 사악한, 악마의 **n.** 악(惡)

ex. "**사**실 음**악**가들**한**테 **사악한** 말들을 많이 하지. 예를 들면, …."

MP3 "In fact, people speak **evil** of musicians very much. For example, …."

☐ evolution [èvəlúːʃən]

n. 진화(進化)

ex. **진**짜 시작된다, 전**화**(電話)의 **진화**가.

MP3 The **evolution** of the phone has really begun.

- evolutionary [èvəlúːʃənèri] **a.** 진화의
- evolve [ivάlv] **v.** 진화하다

☐ exaggerate [igzǽdʒərèit]

v. 과장(誇張)하다

ex. "**과장**(課長)님이 자신의 고민을 **과장**해."

MP3 "The chief **exaggerates** his troubles."

- exaggeration [igzæ̀dʒəréiʃən] **n.** 과장, 과장된 표현
- exaggerative [igzǽdʒərèitiv] **a.** 과장적인, 침소봉대(針小棒大)하는

☐ exam [igzǽm]

n. 시험(試驗), 검사(檢査)

ex. "**시험**을 통과하는 기쁨을 **시**급히 경**험**하라."

MP3 "Experience the joy of getting through the **exam** as soon as possible."

- examination [igzæ̀mənéiʃən] **n.** 조사, 검사, 시험
- examine [igzǽmin] **v.** 조사하다, 검사하다, 시험하다
- examiner [igzǽmənər] **n.** 조사관, 심사 위원

≠ proctor [prάktər] **n.** 시험 감독관

- scrutinize [skrúːtənàiz] **v.** 면밀(綿密)히 조사하다
- scrutiny [skrúːtəni] **n.** 면밀한 조사
- test [test] **n.** 시험, 검사, 실험 **v.** 시험하다, 검사하다, 실험하다

☐ example [igzǽmpl]

n. 예(例), 사례(事例), 본보기, 모범(模範)

ex. "**예**, 그 **예**가 맞는 **예**입니다."

MP3 "Yes, the **example** is a correct one."

- exemplary [igzémpləri] **a.** 모범적인, 본보기의, 본보기를 보이기 위한
- exemplify [igzémpləfài] **v.** 예를 들다, 전형적(典型的)인 예가 되다

≠ instance [ínstəns] **n.** 사례, 경우

- invoke [invóuk] **v.** 예로서 인용하다, (법이나 규칙 등을) 들먹이다

☐ exceed [iksíːd]

v. 초과하다, 넘다, 넘어서다

ex. "불과 몇 **초**만에? **과**연 너는 제한 속도를 **초과**했구나."

MP3 "In a few seconds? Indeed, you've **exceeded** the speed limit."

□ excel [iksél]

v. 탁월(卓越)하다, 뛰어나다, 능가(凌駕)하다

ex. "자네 지금 뭐 하**능가**? 그렇게 해서 자네가 자네 반 친구들을 **능가**하겠**능가**?"

MP3 "What are you doing? Can you **excel** your classmates if you do so?"

- excellent [éksələnt] a. 탁월한, 훌륭한

≠ surpass [sərpǽs] v. 능가하다, 뛰어넘다

- surpassing [sərpǽsiŋ] a. 뛰어난, 빼어난, 출중(出衆)한
- outdo [aùtdú] v. outdo - outdid - outdone 능가하다, 이기다

□ exception [iksépʃən]

n. 예외(例外)

ex. "**얘**는 **왜 예외**인가요? 이 사실만 빼면 전 당신에게 동의해요." "그가 그 자리에 자격이 없다는 말밖에 난 할 말이 없네."

MP3 "Why is this boy treated as an **exception**? I agree with you **except** for this fact." "I can't say anything **except** that he is not qualified for the position."

- exceptional [iksépʃənl] a. 예외적인, 이례적(異例的)인, 아주 뛰어난
- except [iksépt] prep. …을 제외하고 conj. (that) 제외하고는 v. 제외하다

□ excessive [iksésiv]

a. 지나친, 과도한

ex. **지나**의 **친**구들은, 톰을 제외하고는, 그녀의 사생활에 대한 **지나친** 간섭을 피한다.

MP3 Jina's friends, except Tom, avoid **excessive** interference with her privacy.

- excessively [iksésivli] ad. 지나치게
- excess [iksés] 초과, 과잉(過剩)

≠ overly [óuvərli] ad. 지나치게, 너무

- plethora [pléθərə] n. 과다, 과잉, 적혈구 과다증
- superfluous [supə́ːrfluəs] a. 여분의, 과잉의, 불필요한

□ exchange [ikstʃéindʒ]

v. 교환(交換)하다 n. 교환, 환전(換錢)

ex. 학**교**가 **환**하다. 어두운 것들이 흰색으로 **교환**되었기 때문이다.

MP3 The school is bright. That's because they've arranged white things in **exchange** for dark ones.

□ excited [iksáitid]

a. 신이 난, 흥분(興奮)된

ex. **신이 난 신**(神)**이 난**다.

MP3 God who is **excited** is flying.

- exciting [iksáitiŋ] a. 신나게 하는, 흥분시키는
- excitement [iksáitmənt] n. 흥분, 신남, 자극
- excite [iksáit] v. 흥분시키다, 일어나게 하다

≠ ecstasy [ékstəsi] n. 황홀, 황홀경(恍惚境)

- rapture [rǽptʃər] n. 환희, 황홀, 무아지경(無我之境)
- thrill [θril] n. 황홀, 전율(戰慄) v. 오싹하게 하다, 설레게 하다

□ exclude [iksklúːd]

v. 배제(排除)하다, 제외(除外)하다

ex. "저는 그들을 **배제**하고 **배구**(排球)를 **제** 친구들과 하겠습니다."

MP3 "I will **exclude** them and play volleyball with my friends."

- excluding [iksklúːdiŋ] prep. …을 제외하고
- exclusion [iksklúːʒən] n. 배제, 제외
- exclusive [iksklúːsiv] a. 배타적(排他的)인, 독점적(獨占的)인, 고급의
- exclusively [iksklúːsivli] ad. 배타적으로, 독점적으로

☐ excursion [ikskə́ːrʒən]

n. 짧은 여행(旅行), 소풍(消風)

ex. 사람들이 **소**란(騷亂)스럽게 **풍**악을 울리며 **소풍**을 떠났다.

MP3 Playing noisy music, people set out on an **excursion**.

∮outing [áutiŋ] **n.** 소풍, 야유회(野遊會)
• picnic [píknik] **n.** 소풍 **v.** 소풍하다

☐ excuse [ikskjúːz]

v. 용서(容恕)하다, 변명(辨明)하다 **n.** 변명, 핑계

ex. 사고가 난다면 **변**변치 못하게 **미**래는 **엉**뚱한 **변명**을 꾸며낼 거다.

MP3 In the event of an accident, Mirae will make up an irrelevant **excuse** badly.

• excusable [ikskjúːzəbl] **a.** 용서할 수 있는, 변명이 되는
∮nominal [námənl] **a.** 명목상(名目上)의
• nominally [námənəli] **ad.** 명목상으로

☐ executive [igzékjutiv]

n. (기업의) 임원, 중역, 간부(幹部) **a.** 집행의, 행정의, 경영의

ex. "그 **간부**는 **간**이 **부**었다."

MP3 "The **executive** is too bold."

• execute [éksikjùːt] **v.** 실행하다, 집행하다, 사형하다, 처형하다
• execution [èksikjúːʃən] **n.** 실행, 집행, 사형 집행, 처형
∮executor [igzékjutər] **n.** 유언 집행자

☐ exercise [éksərsàiz]

n. 운동, 연습, 행사 **v.** 운동하다, 연습시키다, 행사하다

ex. "**운동**하고 나니 나 좋말(=정말) 개**운**하네!" 호**동**이가 말했다.

MP3 "I really feel refreshed after **exercise**!" Hodong said.

☐ exert [igzə́ːrt]

v. 행사(行使)하다, 발휘(發揮)하다, 노력하다

ex. "제**발** 당신의 권력을 부당하게 **휘**두르지 마세요. 당신의 온 힘을 국민을 위해 **발휘**하세요."

MP3 "Please don't wield your power unduly. **Exert** all your powers for the people."

• exertion [igzə́ːrʃən] **n.** 행사, 발휘, 노력
• exertive [igzə́ːrtiv] **a.** 행사하는, 발휘하는, 노력하는
∮muster [mʌ́stər] **v.** 발휘하다, 모으다, 소집하다

☐ exhibition [èksəbíʃən]

n. 전시회(展示會), 전람회

ex. "그림들이 전시 중이에요. **전시회**는 5월 15일까지 열리는데, **전** 그 **시**기(時期)에 **회**의적(懷疑的)이에요."

MP3 "The paintings are on exhibit. The **exhibition** will run through May 15, but I am skeptical about the period."

• exhibit [igzíbit] **v.** 전시하다 **n.** 전시, 전시물

☐ exist [igzíst]

v. 존재(存在)하다, 실재(實在)하다

ex. **존**엄성(尊嚴性)이 부**재**(不在)한 인간은 **존재**하지 않는다.

MP3 No human being **exists** without dignity.

• existence [igzístəns] **n.** 존재, 실재
• existent [igzístənt] **a.** 존재하는, 실재하는
• existential [ègzisténʃəl] **a.** 실존주의(實存主義)의, 존재의
• existentialism [ègzisténʃəlìzm] **n.** 실존주의
• coexist [kòuigzíst] **v.** 공존하다
• coexistence [kòuigzístəns] **n.** 공존
∮entity [éntəti] **n.** 실체, 실재, 실재물, 독립체

E

☐ expand [ikspǽnd]

v. 확대(擴大)하다, 확장(擴張)하다, 팽창(膨脹)하다

ex. "자네가 그녀의 역할을 **확대**한 만큼 **확**실하게 그녀를 존중하는 태도로 **대**우하도록."

MP3 "As you've **expanded** her role, be sure to treat her with respect."

- expansion [ikspǽnʃən] n. 확대, 확장, 팽창
- expanse [ikspǽns] n. 광대한 공간

☐ expect [ikspékt]

v. 기대(期待)하다, 예상하다, 임신하고 있다

ex. 그 학생은 저**기** 저 **대**학에 입학하기를 **기대**하고 있다.

MP3 The student **expects** to be admitted to that college.

- expectation [èkspektéiʃən] n. 기대, 예상
- expectant [ikspéktənt] a. 기대하는, 출산 예정인
- expected [ikspéktid] a. 기대되는, 예상되는
- unexpected [ʌ̀nikspéktid] a. 예상하지 못한
- unexpectedly [ʌ̀nikspéktidli] ad. 예상 밖으로

☐ expel [ikspél]

v. 추방(追放)하다, 방출하다

ex. **추**문(醜聞)을 일으킨 자가 **방**금 **추방**되었다.

MP3 The person who caused a scandal has just been **expelled**.

≠ banish [bǽniʃ] v. (처벌로써 국외로) 추방하다
- banishment [bǽniʃmənt] n. 추방
- deport [dipɔ́ːrt] v. (외국인 불법 체류자를) 국외로 추방하다
- exile [égzail] n. 추방, 망명, 추방된 사람, 망명자 v. 추방하다
- expulsion [ikspʌ́lʃən] n. 추방, 축출(逐出), 제명, 방출
- ostracize [ɑ́strəsàiz] v. 추방하다

☐ expend [ikspénd]

v. 소비(消費)하다, 소모(消耗)하다, 지출하다

ex. "**소**소한 것들을 **비**하**하지** 말고 정성껏 시간을 **소비하라**."

MP3 "Never belittle small things and **expend** your time sincerely."

- expendable [ikspéndəbl] a. 소모성의
- expenditure [ikspénditʃər] n. 소비, 소모, 지출, 비용
- expense [ikspéns] n. 비용
- expensive [ikspénsiv] a. 비용이 많이 드는, 비싼
- inexpensive [ìnikspénsiv] a. 비싸지 않은, 값싼

☐ experience [ikspíəriəns]

n. 경험(經驗), 체험(體驗) v. 경험하다, 겪다

ex. 그 **경**찰관은 **험**한 **경험**을 했다.

MP3 The police man had a severe **experience**.

- experienced [ikspíəriənst] a. 경험이 풍부한, 능숙한, 숙달된
- inexperienced [ìnikspíəriənst] a. 경험이 없는, 미숙한

≠ empirical [impírikəl] a. 경험에 의한, 경험적인, 경험주의의
- empirically [impírikəli] ad. 경험적으로
- empiricism [impírəsìzm] 경험주의(經驗主義), 경험론
- empiricist [impírəsist] n. 경험주의자

☐ experiment [ikspérəmənt]

n. 실험(實驗) v. 실험하다

ex. **실험**실의 **실험**은 **실**제로 **험**하다.

MP3 An **experiment** in a laboratory is actually a dangerous one.

- experimental [ikspèrəméntl] a. 실험의, 실험적인

☐ expert [ékspəːrt]

n. 전문가(專門家) a. 전문적인

ex. "**전** 그 그림이 진짜인 줄 알았어요." **문가**에 있던 **전문가**가 말했다.

MP3 "I took the painting for a genuine one." An **expert** at the door said.

- expertise [èkspərtíːz] n. 전문 지식, 전문 기술

☐ expire [ikspáiər]

v. 기한(期限)이 다 되다, 만료(滿了)하다, 만기(滿期)가 되다

ex. **만기**의 임기가 8월 말에 **만기**가 된다.

MP3 Mangi's term of office **expires** at the end of August.

- expiration [èkspəréiʃən] n. (기한의) 만기, 만료

☐ explain [ikspléin]

v. 설명(說明)하다, 해명(解明)하다

ex. 설렁**설**렁 **명**주는 규칙을 **설명**했다.

MP3 Myungju carelessly **explained** the rules.

- explanation [èksplənéiʃən] n. 설명, 해명
- explainable [ikspléinəbl] a. 설명할 수 있는
- explanatory [iksplǽnətɔ̀ːri] a. 설명을 위한

ⓢ explicable [iksplíkəbl] a. 설명할 수 있는, 납득이 가는

- inexplicable [inéksplikəbl] a. 설명할 수 없는, 불가해한

☐ exploit [iksplɔ́it]

v. 이용하다, 부당하게 사용하다, 착취(搾取)하다 n. [éksplɔit] 위업(偉業), 공훈(功勳), 공적(功績)

ex. 그 상사(上司)는 부하들을 **착취한다**. 그는 그들에게 **착** 달라붙어 이익을 **취한다**.

MP3 The boss **exploits** his men. He sticks to them and gains profit.

☐ explore [iksplɔ́ːr]

v. 탐험(探險)하다, 탐구(探究)하다

ex. **탐**정이 **험**난한 경로를 **탐험**한다.

MP3 A detective **explores** a perilous path.

- exploration [èkspləréiʃən] n. 탐험, 탐구
- explorer [iksplɔ́ːrər] n. 탐험가

☐ explosion [iksplóuʒən]

n. 폭발, (폭발적) 증가

ex. **폭**넓게 **발**생한 **폭발**이었다.

MP3 It was the **explosion** that widely occurred.

- explode [iksplóud] v. 폭발하다, 터지다, 폭발시키다
- explosive [iksplóusiv] a. 폭발하는 n. 폭발물

☐ export [ikspɔ́ːrt]

v. 수출(輸出)하다 n. [ékspɔːrt] 수출

ex. 그 회사는 **수**십(數十) 개의 물품을 그 나라에 **출**입하며 **수출**한다.

MP3 The company **exports** tens of products, entering the country.

- import [impɔ́ːrt] v. 수입하다, 내포(內包)하다 n. [ímpɔːrt] 수입, 의미
- port [pɔːrt] n. 항구

ⓢ embargo [imbáːrgou] n. 수출 금지

- contraband [kántrəbæ̀nd] n. 밀수품(密輸品)
- smuggle [smʌ́gl] v. 밀수하다

☐ expose [ikspóuz]

v. 드러내다, 폭로(暴露)하다, 노출(露出)시키다

ex. 부당한 **노**동의 **출**현은 자본주의의 자기모순(自己矛盾)을 **노출**시킨다.

MP3 Appearance of unfair labor **exposes** self-contradiction of capitalism.

- exposure [ikspóuʒər] n. 드러냄, 폭로, 노출
- exposition [èkspəzíʃən] n. 전시회, 박람회, 상세한 설명

ⓢ expound [ikspáund] v. 상세하게 설명하다

☐ express [iksprés]

v. 표현하다, 짜내다 a. 명시된, 급행의

E

ex. "우리는 별표로 현재 중요하다는 것을 **표현한다**."

MP3 "We use an asterisk to **express** the current importance."

- expression [ikspréʃən] n. 표현, 표정
- expressive [iksprésiv] a. 표현하는
- ∮articulate [ɑːrtíkjulèit] v. 분명히 표현하다, 또렷이 발음하다 a. [ɑːrtíkjulət] 분명히 표현한, 발음이 또렷한
- articulation [ɑːrtikjuléiʃən] n. 분명한 표현, 또렷한 발음

extend [iksténd]

v. 확장(擴張)하다, 연장(延長)하다

ex. "그들이 사업을 **확장**할지 네가 미리 **확**인했구나. **장**하다."

MP3 "You've checked in advance whether they will **extend** business or not. What a good job."

- extension [ikstén∫ən] n. 확장, 연장, 내선, 구내 전화
- extensive [iksténsiv] a. 광범위한
- extent [ikstént] n. 규모, 범위, 정도
- ∮extra-inning game (야구의) 연장전 경기
- extrapolation [ikstræpəléiʃən] n. 연장(延長)

extinct [ikstíŋkt]

a. 멸종(滅種)된, 사라진

ex. "**멸종**된 **멸**치 **종**이 '종의 기원'이란 책에 나오나?"

MP3 "Is a species of anchovy that has become **extinct** written in 'The Origin of Species'?"

- extinction [ikstíŋkʃən] n. 멸종, 사라짐
- extinctive [ikstíŋktiv] a. 소멸성의

extinguish [ikstíŋgwiʃ]

v. (불을) 끄다, 소멸(消滅)시키다

ex. "그는 불을 **끄다**가 얼굴이 **끄**을렸**다**(='그을렸다'의 사투리)."

MP3 "He had his face scorched while **extinguishing** the fire."

extra [ékstrə]

a. 추가(追加)의, 여분(餘分)의 n. 추가, 여분, 엑스트라

ex. 일의 귀**추**(歸趨)**가** 주목되고 있던 가운데 그는 **추가** 비용으로 돈을 좀 챙겨 놓았다.

MP3 While there was much attention towards what was going on, he set aside some money as an **extra** cost.

- ∮extracurricular [èkstrəkəríkjələr] a. 과외(課外)의
- extracurricular activity 과외 활동
- extraterrestrial [èkstrətəréstriəl] a. 외계의 n. (E.T.) 외계인

extract [ikstrǽkt]

v. 뽑아내다, 추출(抽出)하다, 발췌(拔萃)하다 n. [ékstrækt] 뽑아낸 것, 추출물, 발췌

ex. 남자는 여자에게 **뽀**뽀하며 **바**라던 정보 **내용을 다 뽑아냈다**.

MP3 The man kissed the woman and **extracted** all the information he wanted from her.

- extraction [ikstrǽkʃən] n. 뽑아냄, 추출, 발치, 혈통, 가문
- ∮excerpt [éksəːrpt] n. 발췌, 발췌곡, 인용(引用)

extreme [ikstríːm]

a. 극단적(極端的)인, 극도의 n. 극단, 극도

ex. **극단**(劇團) 사람들이 **극단**으로 치닫는다.

MP3 The members of the troupe go to **extremes**.

- extremely [ikstríːmli] ad. 극단적으로, 극도로

eye [ai]

n. 눈 v. 눈여겨보다

ex. "**눈**사람이 내 **눈**을 똑바로 보고 있었다."
MP3 "The snowman was looking me in the **eyes**."

• eyebrow [áibràu] **n.** 눈썹
• eyelash [áilæ̀ʃ] **n.** 속눈썹
• eyelid [áilìd] **n.** 눈꺼풀
• lid [lid] **n.** 뚜껑, 눈꺼풀
• eyesore [áisɔ̀r] **n.** 눈에 거슬리는 것
• eyewitness [aiwítnis] **n.** 목격자, 증인
∉ cornea [kɔ́ːrniə] **n.** 각막
• iris [áiəris] (안구의) 홍채, 붓꽃
• pupil [pjúːpl] **n.** 동공, 눈동자, 학생
• retina [rétənə] **n.** (눈의) 망막
• retinal [rétənəl] **a.** 망막의
• fovea [fóuviə] **n.** (망막의) 중심와(窩)
• monocular [mənákjulər] **a.** 단안(單眼)의, 외눈의

F

☐ fable [féibl]

n. (동물이 나오는) 우화(寓話)

ex. "이솝 **우화**에 관해 **우**리 대**화**해 볼까?" "아니, 전혀 그러고 싶지 않은데."
MP3 "Shall we talk about Aesop's **Fables**?" "Not in this lifetime."

∉ allegory [ǽligɔ̀ːri] **n.** 우화, 풍자(諷刺)
• parable [pǽrəbl] **n.** (성경의) 우화

☐ face [feis]

n. 얼굴 **v.** 마주하다, 대면(對面)하다

ex. "**데면데면**한 사이인 사람들과 **대면**하라."
MP3 "**Face** those who are not close to you."

• preface [préfis] **n.** 서문(序文)

☐ facility [fəsíləti]

n. 용이(容易)함, 재능, 편의, (facilities) 시설물(施設物), (편의) 시설

ex. "이것은 **시**에서 용이하게 **설**치한 **시설**입니다."
MP3 "These are the **facilities** the city has built with **facility**."

• facilitate [fəsílətèit] **v.** 용이하게 하다, 쉽게 하다

☐ fact [fækt]

n. 사실

ex. "**사실**은 우리의 사장님은 **사장실**에서 **사실** 겁니다."
"As a matter of **fact**, our boss will live in the president's office."

• de facto [diː fǽktou] (법적은 아니더라도) 사실상
• factual [fǽktʃuəl] **a.** 사실의, 사실에 기반한

☐ factor [fǽktər]

n. 요인(要因), 인수(因數)

ex. 중**요**한 **인**물인 짐 캐리가 중요한 **요인**들을 고려하고 있다.
MP3 Jim Carrey, a man of importance, is taking the chief **factors** into consideration.

☐ faculty [fǽkəlti]

n. 능력, 학부, 교수진(敎授陣)

ex. "그 **교수**는 **진**짜 **교수진**에서 괴짜야."
MP3 "The professor is really an eccentric member of the **faculty**."

☐ fad [fæd]

n. (일시적인) 유행(열광)

ex. "한국 음악이 외국인들 사이에서 **유행**하는데, 이것은 우리에게 **유**리한 **행**동이다."

F

MP3 "Foreigners have a **fad** for Korean music, which is working to our advantage."

- fad words 유행어

cf buzzword [bʌ́zwə̀rd] n. 유행어

□ fail [feil]

v. 실패(失敗)하다

ex. "저는 **실패**할까 봐 걱정되요." "네가 어떤 일에 **실패**하더라도 현**실**에서 **패**기 있게 더 노력하면 된다."

MP3 "I'm afraid lest I should **fail**." "Even if you **fail** at something, you have only to make more vigorous efforts in real life."

- failure [féiljər] n. 실패

cf downfall [dáunfɔ̀l] n. 몰락, 폭우, 폭설

- streak [striːk] n. (성공이나 실패의) 연속, 줄무늬

□ fair [fɛər]

a. 공정한, 상당한, 피부가 흰, 금발의 n. 장터, 박람회

ex. **공정한** 심판이 **공**을 **정한**다.

MP3 A **fair** referee chooses the ball.

- fairly [fɛ́ərli] ad. 상당히, 꽤, 공정하게
- unfair [ʌnfɛ́ər] a. 불공정한, 불공평한

□ faith [feiθ]

n. 믿음, 신앙

ex. **미**호크는 **듬**직한 친구에 대한 **믿음**이 있다.

MP3 Mihawk has a **faith** in his reliable friend.

- faithful [féiθfəl] a. 충실한, 성실한, 바람을 피우지 않는

cf chastity [tʃǽstəti] n. 정결, 순결(純潔), 정절(貞節)

□ fake [feik]

a. 가짜의 v. 조작(造作)하다

ex. "이 데이터**가 짜**증나게 **가짜**다."

MP3 "Annoyingly, this is a **fake** data."

□ fall [fɔːl]

v. fall - fell - fallen 떨어지다 n. 가을, 폭포

ex. "성적이 **떨어지면** 너의 눈을 **떠**! **얼**마나, **어**디를 네가 더 해야 할지 봐! 네가 그래야만 너의 수준이 나아**지지**."

MP3 "If your grades **fall**, open your eyes! See how and where you should try more! Only if you do so, you'll improve yourself."

cf fell [fel] v. 베어 넘어뜨리다 a. 악랄(惡辣)한, 맹렬한

- swoop [swuːp] v. 급강하하다, 급습하다 n. 급강하, 급습
- at one fell swoop 단번에, 일거에
- tumble [tʌ́mbl] v. 굴러 떨어지다, 뒹굴다, 폭락하다, 텀블링하다 n. 굴러 떨어짐, 폭락

□ false [fɔːls]

a. 틀린, 가짜의, 위조(僞造)의

ex. 그것은 **틀린** 정보에 근거한 뒤**틀린** 사실이었다.

MP3 It was a distorted truth based on **false** information.

- falsehood [fɔ́ːlshùd] n. 거짓임, 거짓
- falsify [fɔ́ːlsəfài] v. 거짓임을 입증하다, 위조하다
- falsifiable [fɔ́ːlsəfàiəbl] a. 속일 수 있는, 위조할 수 있는
- falsification [fɔ̀ːlsəfikéiʃən] n. 위조, 변조

cf spurious [spjúəriəs] a. 허위의, 가짜의

□ familiar [fəmíljər]

a. 친밀한, 잘 아는

ex. 그것은 그 지역에서 **자라는** 아이들이 **잘 아는** 언어다.

MP3 It is the language with which children who grow in that area are **familiar**.

• familiarity [fəmìliǽrəti] n. 친밀함, 친숙함, 정통함
• unfamiliar [ʌnfəmíljər] a. 친숙하지 않은, 생소한
• unfamiliarity [ʌ̀nfəmiljérəti] n. 친숙하지 않음, 생소함

☐ family [fǽməli]

n. 가족(家族), (동식물 분류상의) 과(科)

ex. "그 **가족**이 거기 **가**면 **족**(足)하다."

MP3 "It is enough for the **family** to go there."

• father [fɑ́ːðər] n. 아버지
• mother [mʌ́ðər] n. 어머니 v. (어머니처럼) 보살피다
• grandparent [grǽndpɛərənt] n. 조부모
• grandfather [grǽndfɑ̀ːðər] n. 할아버지, 조부
• grandmother [grǽndmʌðər] n. 할머니, 조모
• grandchild [grǽndʧàild] n. 손주
• sister [sístər] n. 자매, 언니, 누나, 여동생
• brother [brʌ́ðər] n. 형제, 형, 오빠, 아우, 남동생
• brotherhood [brʌ́ðərhùd] n. 형제지간, 형제애
• sibling [síbliŋ] n. 형제, 자매, 형제자매 a. 형제의, 자매의
• nephew [néfjuː] n. (남자) 조카
• niece [niːs] n. 조카딸

≠ clan [klæn] n. 씨족, 문중
• clansman [klǽnzmən] n. 씨족 구성원, 문중 사람

☐ famous [féiməs]

a. 유명(有名)한

ex. "이 남자는**유**, **명**사(名士)여유. **한**마디로 **유명한** 사람이여유."

MP3 "This man is a celebrity. He is **famous** in a word."

• famed [feimd] a. 유명한
• fame [feim] n. 명성

≠ eminence [émənəns] n. 명성, 저명
• eminent [émənənt] a. 저명(著名)한, 탁월(卓越)한
• eminently [émənəntli] ad. 현저히, 탁월하게
• renowned [rináund] a. 유명한, 명성 있는

☐ fancy [fǽnsi]

n. 공상(空想), 변덕, 기호 a. 장식적인, 고급의 v. 공상하다

ex. 소년은 허**공**에 책**상**들이 떠있는 **공상**을 했다.

MP3 The boy **fancied** that the desks were floating in the air.

≠ high-end 최고급의
• low-end 저가의, 값이 싼

☐ fantasy [fǽntəsi]

n. 공상, 상상, 환상(幻想)

ex. **환상**의 세계는 늘 **환**한 세**상**이다.

MP3 A world of **fantasy** is always bright.

• fantastic [fæntǽstik] a. 환상적인, 공상적인
• fantasmatic [fæntæzmǽtik] a. 환상의

☐ fare [fɛər]

n. (교통) 요금

ex. "저는 **요** 근방에서 **금**방 버스를 타고 **요금**을 냈어요."

MP3 "I soon got on the bus and paid the **fare** around here."

≠ fee [fiː] n. 요금, 회비, (전문직에 지불하는) 수수료, 수업료
• toll [toul] n. (도로) 통행료, 사상자(死傷者) 수

☐ farewell [fɛərwél]

n. 작별 인사 interj. 안녕

ex. "**안녕**, 나의 친구여." "**안**부 소식을 내게 계속 전해주시게. 정**녕** 작별이라니?" 그들은 서로에게 작별을 고했다.

MP3 "**Farewell**, my friend." "Keep me posted. Is this truly a **farewell**?" They bid **farewell** to each other.

☐ fashion [fǽʃən]

n. 유행, 방식 v. 만들다

ex. "최신 **유행**을 따르는 데 있어서 **유**연하게 **행**동하라." 패션 디자이너가 말했다.

F

MP3 "Be flexible in keeping up with the latest **fashions**." A **fashion** designer said.

- fashionable [fǽʃənəbl] a. 유행의

∮style [stail] n. 스타일, 방식, 양식, 유행

☐ fast [fæst]

a. 빠른 ad. 빨리, 꽉, 꼭 v. 단식(斷食)하다 n. 단식

ex. 우리는 규칙들을 (그것들이) **꽉** 끼듯 **꽉** 붙든다.

MP3 We hold **fast** to the rules as if they were tightened.

- fast food 패스트푸드, 즉석식
- fasten [fǽsn] v. 매다, 고정시키다, 잠그다
- fasting [fǽstiŋ] n. 단식 a. 단식의

∮rapid [rǽpid] a. 빠른 n. (rapids) 급류

- rapidity [rəpídəti] n. 빠름, 신속, 급속

☐ fat [fæt]

a. 살찐, 뚱뚱한, 두툼한 n. 지방(脂肪), 기름

ex. "어이, **뚱뚱한** 친구, 자네 **뚱**한 표정이군. 자네 왜 **뚱한** 거냐?" "전 제 여자 친구랑 헤어졌어요."

MP3 "Hey, **fat** boy, you look angry. Why are you angry?" "I've broken up with my girlfriend."

- fat-free 무지방의

∮grease [gri:s] n. 기름, 지방

- chubby [tʃʌ́bi] a. 통통한, 토실토실한
- stout [staut] a. 뚱뚱한, 튼튼한

☐ fatigue [fətí:g]

n. 피로(疲勞)

ex. 결혼식 **피로**연(披露宴)이 늦어져서 그녀는 **피로**를 느꼈다.

MP3 As the wedding reception ran late, she felt **fatigue**.

∮exhaustion [igzɔ́:stʃən] n. 극도의 피로, 소진, 고갈, 탈진, 기진맥진(氣盡脈盡)

- exhaust [igzɔ́:st] v. 다 써버리다, 소모하다, 고갈시키다, 기진맥진하게 하다, 철저히 규명하다 n. 배기(排氣)가스
- exhaust fumes 배기가스
- exhausted [igzɔ́:stid] a. 다 써버린, 고갈된, 기진맥진한

☐ fault [fɔ:lt]

n. 결함(缺陷), 결점, 단점, 흠, (지질) 단층 v. 흠잡다

ex. 그녀의 **결함**에도 불구하고, 그는 **결**심했다. 그녀와 **함**께 하기로.

MP3 For all her **faults**, he decided to be with her.

- faultless [fɔ́:ltlis] a. 결함이 없는, 무결점의, 흠잡을 데 없는
- faulty [fɔ́:lti] a. 결함이 있는, 그릇된, 잘못된

∮flaw [flɔ:] n. 결점, 결함, 흠

- flawless [flɔ́:lis] a. 흠잡을 데 없는, 완벽한
- drawback [drɔ́bæ̀k] n. 결점

☐ favor [féivər]

n. 호의(好意), 부탁, 친절 v. 호의를 베풀다, 편들다, 찬성(贊成)하다

ex. 아기 공룡 둘리의 '**호이**'는 **호의**다.

MP3 'Hoy' that Dooly the little dinosaur says is a **favor**.

- favorable [féivərəbl] a. 호의적인, 유리한
- favorite [féivərit] a. 아주 좋아하는 n. 아주 좋아하는 대상

☐ fear [fiər]

n. 두려움, 무서움, 공포(恐怖) v. 두려워하다, 무서워하다

ex. 그녀는 **공포**탄 발포에 **공포**를 느끼지 않는다.

MP3 She has no **fear** of firing blanks.

∮dread [dred] v. 두려워하다 n. 두려움

- dreadful [drédfəl] a. 두려운, 끔찍한
- horrible [hɔ́:rəbl] a. 끔찍한, 소름 끼치는
- horror [hɔ́:rər] n. 공포
- trepidation [trèpədéiʃən] n. 두려움, 공포, 전율(戰慄)

☐ feat [fiːt]

n. 위업(偉業), 공적(功績), 뛰어난 솜씨, 재주, 묘기

ex. 눈부신 **위업**이다. 그녀의 **위**로 아무도 **없**을 정도다.

MP3 It is a brilliant **feat**. No one is better than her.

♂ acrobatic [ækrəbǽtik] **a.** 곡예를 부리는
- flying acrobatics 곡예비행
- juggler [dʒʌ́glər] **n.** 던지기 곡예사
- juggle [dʒʌ́gl] **v.** 저글링하다, 여러 물체를 연속적으로 공중에 던지며 받는 묘기를 하다

☐ feature [fiːtʃər]

n. 특징(特徵), 특집, 이목구비(耳目口鼻) **v.** 특징을 이루다, 특징으로 하다

ex. 그는 몸에 독**특**하게 **징**그러운 문신을 **특징**으로 가지고 있다.

MP3 His body **features** the tattoos that are uniquely repulsive.

♂ hallmark [hɔ́ːlmàːrk] **n.** 증표, 특징, 특질

☐ feed [fiːd]

v. feed - fed - fed 먹이다, 먹을 것을 주다, 먹다 **n.** 먹이

ex. "**뭐**? **기다**란 빵을 아기에게 **먹이다**니?" "아무 문제없어. 나는 나의 아기를 잘 돌보고 있다네."

MP3 "What? Are you **feeding** your baby with a long piece of bread?" "There is no problem. I look after my baby well"

- feedback [fiːdbæk] **n.** 피드백
- overfeed [òuvərfiːd] **v.** overfeed - overfed - overfed 지나치게 많이 먹이다
- underfeed [ʌ̀ndərfiːd] **v.** underfeed - underfed - underfed 지나치게 적게 먹이다

☐ feel [fiːl]

v. feel - felt - felt 느끼다 **n.** 촉감(觸感), 감촉

ex. "이 스웨터는 **느**므(=너무) **끼는 느끼**임(=느낌)이**다**."

MP3 "I **feel** that this sweater is too tight."

- feeling [fiːliŋ] **n.** 느낌, 감정, 기분

☐ female [fiːmeil]

a. 여성의, 암컷의 **n.** 여성, 암컷

ex. "**암**만 **컸**어도 **암컷**과 수컷 고양이는 이 점이 달라."

MP3 "No matter how old they are, **female** cats and male cats differ in this respect."

- male [meil] **a.** 남성의, 수컷의 **n.** 남성, 수컷

♂ feminine [fémənin] **a.** 여자다운, 여성스러운
- masculine [mǽskjulin] **a.** 남자다운, 사내다운
- manhood [mǽnhùd] **n.** 남자다움
- maternal [mətə́ːrnl] **a.** 어머니다운, 모계(母系)의
- maternity [mətə́ːrnəti] **n.** 어머니임, 임신 상태
- paternal [pətə́ːrnl] **a.** 아버지다운, 부계(父系)의
- paternalistic [pətə̀ːrnəlístik] **a.** 가부장적인
- paternity [pətə́ːrnəti] **n.** 아버지임, 부계(父系)
- patriarchy [péitriàːrki] **n.** 가부장제
- patriarchal [pèitriáːrkəl] **a.** 가부장제의
- matriarchy [méitriàːrki] **n.** 모계 사회
- matriarchal [mèitriáːrkl] **a.** 모계 중심의

☐ fence [fens]

n. 울타리 **v.** 울타리를 치다

ex. "만일 네가 우**울**하면 너는 **탈이** 날 거다. 너는 **울타리**에 갇힌 느낌이 들지도 몰라."

MP3 "If you are gloomy, you'll get sick. You may feel **fenced** in."

♂ hedge [hedʒ] **n.** 산울타리, (금전 손실을 막는) 대비 **v.** 산울타리를 두르다
- hedgerow [hédʒrou] **n.** 산울타리

☐ fertile [fə́ːrtl]

a. 비옥(肥沃)한, 기름진, 다산(多産)의, 임신할 수 있는

ex. "**비옥한** 땅은 내가 **비**유(比喩)하자면 **옥**(玉)구슬이란다, **한**마디로."

F

MP3 "If I use a figure of speech, the **fertile** land is a jade bead in a word."

- fertility [fərtíləti] **n.** 비옥, 다산, 생식력
- fertility rate 출생률, 출산율
- fertilize [fə́ːrtəlàiz] **v.** 수정시키다, 비옥하게 하다, 비료를 주다
- fertilizer [fə́ːrtəlàizər] **n.** 비료
- nitrogen fertilizer [náitrədʒən fə́ːrtəlàizər] 질소 비료
- fertilization [fəːrtəlizéiʃən] **n.** 비옥화, 다산화, 수정
- infertile [infə́ːrtəl] **a.** 메마른, 불모의, 불임의

≠ prolific [prəlífik] **a.** 다산(多産)의, 다작의

□ festival [féstəvəl]

n. 축제(祝祭)

ex. "축축한 날씨지만 **제**가 **축제**에 참가하겠습니다."

MP3 "Although it is humid, I will take part in the **festival**."

- festive [féstiv] **a.** 축제의, 흥겨운
- festal [féstl] **a.** 축제의

□ fever [fíːvər]

n. 열, 열기

ex. "내가 어제 너무 **열**심히 놀았더니 오늘 아침 내게 **열**이 나네."

MP3 "As I played too hard yesterday I ran a **fever** this morning."

□ few [fjuː]

a. 거의 없는, (a few) 조금 있는, 몇몇의 **n.** 몇몇, 소수

ex. "**몇** 시야?" "**몇** 시에 그가 와?" 시간 관련 **몇몇** 질문들.

MP3 "What time is it?" "What time will he be here?" A **few** questions about time.

≠ several [sévərəl] **a.** (a few보다는 많은) 몇몇의, 각각의

- severally [sévərəli] **ad.** 각각, 따로따로

□ field [fiːld]

n. 들판, 현장, 경기장, 분야

ex. "이 남자**분**이 **야**구 **분야**에서 견줄 사람이 없는 분이시죠."

MP3 "This is the man who has no parallel in the **field** of baseball."

- field trip 견학, 현장 학습
- fieldwork [fíːldwə̀ːrk] **n.** 야외 작업, 현지 조사

≠ infielder [ínfiːldər] **n.** (야구의) 내야수

- stadium [stéidiəm] **n.** 스타디움, 경기장

□ fierce [fiərs]

a. 사나운, 난폭한, 맹렬한, 격렬한

ex. "내 집에 난 불이 **사나운** 열기를 내뿜는다. 이제 나는 어디서 **사나**? **운**도 없구나!"

MP3 "My house is on fire giving out a **fierce** heat. Where should I live? What a misfortune!"

≠ ferocious [fəróuʃəs] **a.** 사나운, 흉포(凶暴)한

□ fight [fait]

v. fight - fought - fought 싸우다 **n.** 싸움

ex. 그녀는 또 오빠랑 **싸운다**. 그녀는 분이 **쌓**여 또 **운다**. 그들은 서로를 이해하지 못한다.

MP3 She **fights** with her older brother again. Getting more angry, she cries again. They can't enter into each other's feelings.

- fighter [fáitər] **n.** 전투기, 전사

≠ gladiator [glǽdièitər] **n.** (고대 로마의) 검투사

- duel [djúːəl] **n.** 결투 **v.** 결투하다
- duelist [djúːəlist] **n.** 결투하는 사람
- martial [mɑ́ːrʃəl] **a.** 전쟁의, 싸움의
- martial art 무술

☐ figure [fígjər]

n. 수치(數値), 숫자, 몸매, 인물, 도형, 도표, (figure of speech) 비유적 표현 **v.** 중요하다, 생각하다, (figure out) 생각해 내다, 계산해 내다, 이해하다

ex. "이 **수치**는 **수치**(羞恥)스러워." 피겨 스케이트 선수가 말했다.

MP3 "This **figure** is shameful." The **figure** skater said.

- figure skating 피겨 스케이팅
- figurative [fígjurətiv] **a.** 비유적인
- disfigure [disfígjər] **v.** (외관을) 망가뜨리다

☐ fill [fil]

v. (가득) 채우다, 충족(充足)시키다

ex. 입을 다문 **채** 지**우**는 **다**른 채소들을 가방에 **채운다**.

MP3 Jiwoo is silently **filling** the bag with other vegetables.

- refill [riːfíl] **v.** 다시 채우다 **n.** [ríːfil] 리필, 다시 채운 것

cf fraught [frɔːt] **a.** ~으로 가득 찬

- cram [kræm] **v.** 밀어 넣다, (억지로) 쑤셔 넣다, 벼락치기로 공부하다
- stuff [stʌf] **v.** 채우다, (빽빽히) 채워 넣다, 쑤셔 넣다 **n.** 물질, 물건
- stuffing [stʌ́fiŋ] **n.** (쿠션에 넣는) 속
- stuffed [stʌft] **a.** 박제된, 속을 채운
- stuffy [stʌ́fi] **a.** (통풍이 안 되어) 답답한

☐ filter [fíltər]

v. 여과(濾過)하다. 걸러내다 **n.** 여과 장치, 필터

ex. "이 물은 **여과**되었어요." **여**자는 **과**장(誇張)되게 말했다.

MP3 "This water was **filtered**." The woman exaggerated.

cf colander [kʌ́ləndər] **n.** (음식 재료의 물을 빼는 데 쓰는) 체

- refine [rifáin] **v.** 정제(精製)하다, 정련하다, 제련하다, 세련되게 하다, 순수해지다
- refined [rifáind] **a.** 정제된, 제련된, 세련된
- refinement [rifáinmənt] **n.** 정제, 제련, 세련, 개선
- refinery [rifáinəri] **n.** 정유소, 제당 공장

☐ final [fáinl]

a. 최종적인, 최후의, 마지막의 **n.** 결승전, 기말 시험

ex. **최후**의 결정을 한 **최** 선생님은 그 결정을 **후**회했다.

MP3 After making a **final** decision, Mr. Choi regretted it.

- semifinal [sèmifáinl] **n.** 준결승전
- finally [fáinəli] **ad.** 최종적으로, 마지막으로, 마침내
- finale [finǽli] **n.** 피날레, 최후의 막, 대단원

☐ fine [fain]

a. 좋은, 미세(微細)한 **n.** 벌금 **v.** 벌금을 부과하다

ex. 할**미새 한** 마리가 **미세한** 자취를 남긴다.

MP3 A wagtail has left a **fine** trace.

☐ finger [fíŋgər]

n. 손가락

ex. "나의 **손가락** 끝에서 **손**오공이 **가락**에 맞춰 춤을 춘다네."

MP3 "I have Son Ogong who is dancing to the melody at the tips of my **fingers**."

- forefinger [fɔ́rfiŋgər] **n.** 집게손가락
- index finger 집게손가락

cf thumb [θʌm] **n.** 엄지손가락

☐ fire [faiər]

n. 불, 화재, 발포, 포화(砲火) **v.** 불 지르다, 발포하다, 해고하다

ex. 해고를 당한 **불**쌍한 사람이 건물에 **불**을 질렀다.

MP3 A poor guy who was sent to graze set **fire** to the building.

- fire station 소방서(消防署)
- fireman [fáiərmən] **n.** 소방관
- fire fighter 소방관
- fireplace [fáiərplèis] **n.** 벽난로
- firework [fáiərwəːrk] **n.** (fireworks) 불꽃놀이

F

• firecracker [fáiərkrӕ̀kər] n. 폭죽
• firefly [fáiərflài] n. 반딧불이, 개똥벌레
• fiery [fáiəri] a. 불타는, 불타는 듯한
∉ hire [haiər] v. 고용하다, 임차(賃借)하다 n. 임차

☐ firm [fəːrm]

a. 단단한 **n.** 회사

ex. "그 회사는 **단단**한 기초를 가지고 있어서 수**단**과 요르**단**에서 도산하진 않을 거야."

MP3 "The **firm**, with **firm** foundations, will not go under in Sudan and Jordan."

• firmly [fəːrmli] ad. 단단하게
• firmness [fəːrmnis] n. 단단함
∉ conglomerate [kənglɑ́mərit] n. 대기업, 재벌(財閥)

☐ first [fəːrst]

a. 처음의, 첫째의 **ad.** 첫째로, 우선 **n.** 처음, 첫째

ex. "내 **처**가 **음**대에 **처음** 갔던 날, '단단'이란 제목의 노래를 불렀지."

MP3 "When my wife went to the College of Music for the **first** time, she sang a song titled 'Dan Dan'."

• firsthand [fərsthǽnd] a. 직접의 ad. 직접
• first-rate 일류의, 최고의
∉ second [sékənd] a. 두 번째의 n. 두 번째, (시간 단위) 초, 순간, 잠깐
• third [θəːrd] a. 세 번째의 n. 세 번째

☐ fish [fiʃ]

n. 물고기, 어류 **v.** 낚시하다

ex. 어떤 사람이 **물고기**를 그의 입에 **물고 기**고 있다.

MP3 A person is crawling with a **fish** in his mouth.

• fisherman [fiʃərmən] n. 어부, 낚시꾼
• fishery [fiʃəri] n. 어업, 어장
• aquaculture [ǽkwəkʌltʃər] n. (해조류의) 양식(업)
• fishing rod 낚싯대
• hook [huk] n. 갈고리, 낚싯바늘 v. (갈고리로) 걸다, (낚싯바늘로) 낚다
• fishtank [fiʃtæŋk] n. 수조, 유치장
∉ fin [fin] n. 지느러미
• dorsal fin [dɔ́ːrsl fin] n. 등지느러미
• fathead minnow [fǽthèd mínou] n. 잉엇과의 물고기
• flounder [fláundər] n. 넙치류 v. 허둥대다, 허우적거리다
• minnow [mínou] n. 피라미
• salmon [sǽmən] n. 연어
• starfish [stɑ́rfiʃ] n. 불가사리
• ichthyologist [ikθiɑ́lədʒist] n. 어류학자

☐ fist [fist]

n. 주먹

ex. 자신의 **주먹**으로 여**주**인공이 악당들을 한 방 **먹**였다.

MP3 The heroine punched the villains with her **fist**.

∉ punch [pʌntʃ] v. 주먹으로 치다, 구멍을 내다 n. 주먹질, 펀치
• punch line (농담 등에서) 결정적인 대목
• thump [θʌmp] v. (주먹으로) 세게 치다 n. 강타, 탁(쿵) 소리

☐ fix [fiks]

v. 고정(固定)하다, 수리(修理)하다

ex. "그 일에 집착하지 마. **고정하고** 너의 시선을 네가 하던 일에 **고정하라**."

MP3 "Don't be fixated on that matter. Calm down and **fix** your eyes on what you have been doing."

• fixate [fikseit] v. 고정시키다
• fixated [fikseitid] a. 집착하는
∉ splint [splint] v. 부목(副木)을 대다 n. 부목

☐ flame [fleim]

n. 불길, 불꽃, 정열, 격정 **v.** 붉게 타오르다

ex. "그 **불길**은 **불길**(不吉)해."

MP3 "The **flame** is ominous."

☐ flatter [flǽtər]

v. 치켜세우다, 아첨(阿諂)하다, 알랑거리다

ex. "**아**니, 난 **첨**부터 너에게 **아첨**할 생각은 아니었어." "어쨌든 난 기분은 좋네."

MP3 "No, I didn't mean to **flatter** you at first." "Anyway, I'm **flattered**."

- flattery [flǽtəri] n. 아첨, 아부, 알랑방귀

☐ flesh [fleʃ]

n. 살, 고기, 피부(皮膚), 과육(果肉)

ex. "우리는 뼈와 **살** 없인 **살** 수 없다."

MP3 "We cannot live without **flesh** and bone."

≠ pulp [pʌlp] n. 펄프, 과육

☐ flexible [fléksəbl]

a. 유연(柔軟)한, 융통성(融通性) 있는

ex. 그 작가는 **유연한** 방식으로 **유**료 연재와 무료 **연**재를 **한**다.

MP3 The writer alternates paid work and unpaid work in serials in a **flexible** way.

- flexibility [flèksəbíləti] n. 유연성, 융통성
- inflexible [infléksəbl] a. 유연하지 않은, 융통성 없는

≠ elastic [ilǽstik] a. 탄력성 있는, 탄력 있는, 신축성 있는, 신축적인 n. 고무줄, 고무 밴드

- elasticity [ilæstísəti] n. 탄성, 탄력성, 신축성
- elastin [ilǽstin] n. 엘라스틴, 탄력소
- malleable [mǽliəbl] a. 순응성이 있는

☐ flip [flip]

v. (동전을) 던지다, (손가락으로) 튀기다, 획 뒤집다, 획 넘기다

ex. 그들은 동전을 **튀긴다**. 넘버 **투**가 **이긴다**. 그러나 다른 한편으로 넘버원이 그를 미워한다.

MP3 They **flip** a coin. No. 2 wins. However, on the **flip** side, No. 1 hates him.

- Flipped Learning 역진행(逆進行) 수업 방식, 거꾸로 교실
- flipper [flípər] n. 지느러미 발, 오리발

☐ float [flout]

v. 뜨다, 띄우다 n. 장식마차, 꽃수레

ex. "이 탈것들은 거뜬히 물 위에 **다 뜬다**. 적어도 100명의 사람들이 꽃수레에 탈 수 있다."

MP3 "All of these vehicles easily **float** on the water. Not less than one hundred people can be on the **float**."

- afloat [əflóut] a. 물에 뜬

≠ hover [hʌ́vər] v. (공중을) 맴돌다, 서성이다

- evenly-hovering attention 고르게 주의를 기울이는 것
- levitate [lévitèit] v. 공중에 뜨게 하다, 공중 부양(空中浮揚)을 하다

☐ flood [flʌd]

n. 홍수(洪水), 쇄도(殺到) v. 홍수가 밀어닥치다, 쇄도하다

ex. 그녀는 **홍수**에 대비하자고 **홍**조(紅潮)를 띠며 **수**차례 주장했다.

MP3 With her cheeks flushed, she insisted numerous times that we should prepare for **flooding**.

- flooded [flʌ́did] a. 물에 잠긴, 침수(沈水)된

☐ flourish [flə́:riʃ]

v. 번창(繁昌)하다, 번영(繁榮)하다

ex. 그는 **번**듯한 명함을 뿌린다. 그의 사업은 **창**창하게 **번창**하고 있다.

MP3 He is handing out his decent business cards. His business is **flourishing**, shining brightly.

- flourishing [flə́:riʃiŋ] a. 번창하는, 번영하는

F

∮ thrive [θraiv] v. 번창하다, 번성하다, 잘 자라다
• thriving [θráiviŋ] a. 번영하는, 번성하는, 무성한

☐ flow [flou]

v. 흐르다, 밀려오다 n. 흐름, 밀물

ex. **흐르는** 강물에서 바**흐**가 음악 실력을 기른**다**.

MP3 Bach is improving his musical ability in the **flowing** river.

∮ flux [flʌks] n. 흐름, 끊임없는 변화
• ebb [eb] n. 썰물 v. (물이) 빠지다
• drain [drein] v. 배수(排水)하다, 물을 흘러 나가게 해서 빼내다 n. 배수구
• drainage [dréinidʒ] n. 배수(排水), 배수 시설
• drift [drift] v. 표류하다 n. 표류

☐ flower [fláuər]

n. 꽃 v. 꽃을 피우다, 꽃피우다

ex. 그녀는 받은 **꽃** 한 다발을 **꽃**병에 **꽂**았다.

MP3 She put a bunch of **flowers** which she was given in a vase.

• florist [flɔ́:rist] n. 플로리스트, 꽃집
• horticultural [hɔ̀:rtəkʌ́ltʃərəl] a. 원예(학)의
∮ nectar [néktər] n. (꽃의) 꿀, 과즙
• rose [rouz] n. 장미꽃
• cornflower [kɔ́rnflàuər] n. 동자꽃, 수레국화
• petal [pétəl] n. 꽃잎
• pollen [pálən] n. 꽃가루, 화분(花粉)
• pollinate [pálənèit] v. 수분(受粉)하다
• pollinator [pálənèitər] n. 꽃가루 매개자, 꽃가루 받이를 하는 곤충
• pollination [pàlənéiʃən] 꽃가루받이, 수분 (작용)

☐ flu [flu:]

n. 유행성 감기, 독감

ex. "우리의 감**독**님이 **감**각이 예민한 분이시라 **독감**에 걸려 누우셨습니다."

MP3 "Our director, who is sensitive, has come down with the **flu**."

∮ influenza [influénzə] n. 유행성 감기, 독감

☐ fluent [flú:ənt]

a. 유창(流暢)한

ex. "저는 영어가 **유창한 유창한**입니다."

MP3 "I'm Yoo Changhan. I'm **fluent** in English."

• fluently [flú:əntli] ad. 유창하게
• fluency [flú:ənsi] n. 유창함

☐ fly [flai]

v. fly - flew/flied - flown/flied 날다, 비행하다, 날리다 n. 파리

ex. 어느 **날** 모두 **다 날**았**다**.

MP3 One day, everyone **flew**.

• flyer [fláiər] n. 비행사, 전단지(傳單紙)
• overfly [òuvərflái] v. overfly - overflew - overflown …의 위(상공)를 날다
∮ flight [flait] n. 비행, 항공편, 여행, 도피, 도주
• flight attendant (비행기) 승무원
• flight-path 비행경로(飛行經路)
• in-flight 비행 중의, 기내의
• glide [glaid] v. 미끄러지듯 움직이다, 활공하다, 날갯짓을 하지 않고 날다 n. 미끄러지는 듯한 움직임
• glider [gláidər] n. 글라이더 (항공기)
• land [lænd] v. 상륙하다, 착륙하다 n. 땅, 토지, 육지

☐ focus [fóukəs]

v. 초점(焦點)을 맞추다, 집중하다 n. 초점

ex. **초조**(焦燥)해진 **점**순이는 문제에 **초점**을 못 맞추었다.

MP3 Jumsoon who was irritated was not able to **focus** on the problem.

• focal [fóukəl] a. 초점의
• focalize [fóukəlàiz] v. 초점을 맞추다, 초점을 잡다

☐ fold [fould]

v. 접다 n. 주름, (양)우리

ex. "**저 버릴** 종이를 **접어**!"

MP3 "**Fold** that piece of paper to throw away!"

- folder [fóuldər] **n.** 폴더, 서류철
- unfold [ʌnfóuld] **v.** 펴다, 펼치다

☐ folk [fouk]

n. 사람들 **a.** 민속(民俗)의

ex. 지**민**이 마음**속**의 **민속** 음악은 그에게 익숙하다.

MP3 A **folk** song Jimin is thinking of is familiar to him.

- folklore [fóuklɔ̀ːr] **n.** 민속
- lore [lɔːr] **n.** (민간에서 전승되는) 지식
- folktale [fóuktèil] **n.** 민간 설화

☐ follow [fálou]

v. 따르다

ex. 사람들이 싯**다르타**를 **따르**고 있**다**. 처음에는 그러지 않았다.

MP3 People are **following** Siddhartha. They weren't at first.

- following [fálouiŋ] **a.** 다음의 **prep.** …의 다음에 **n.** 따르는 사람들

∮ensue [insúː] **v.** 잇따라 일어나다, 뒤따르다
- subsequent [sʌ́bsikwənt] **a.** 다음의, 뒤이은, (결과로서) 일어나는
- subsequently [sʌ́bsikwəntli] **ad.** 다음에, 뒤이어
- subsequence [sʌ́bsikwəns] **n.** 다음에 이어짐, 연속

☐ fond [fand]

a. 좋아하는, 애정을 품은

ex. "난 **조 아해**(=저 아이)를 **좋아해**." 바히에가 말했다.

MP3 "I am **fond** of that child." Bahie said.

☐ fool [fuːl]

n. 바보 **v.** 속이다, 놀리다

ex. "봐도 봐도 난 아는 **바**가 없어. **보**고 또 봐도 난 모르겠어. 난 **바보**야." "사람들이 너를 속일지도 모르겠다."

MP3 "No matter how many times I see it, I don't know it. Even though I repeatedly see it, I can't understand it. I am a **fool**." "People may throw you a curve."

- foolish [fúːliʃ] **a.** 바보 같은, 어리석은

∮savant [sævάːnt] **n.** 백치천재(白痴天才), 석학(碩學), 학자
- tease [tiːz] **v.** 놀리다, 집적대다, 괴롭히다 **n.** 놀리기

☐ foot [fut]

n. (**pl.** feet [fiːt]) 발, 피트

ex. "제**발** 네 **발** 씻어."

MP3 "Please wash your **feet**."

- footwear [fútwèr] **n.** 신발, 신발류
- football [fútbɔ̀l] **n.** 축구, 미식축구
- foot-and-mouth disease [fútənmáuθ dizíːz] **n.** 구제역(口蹄疫)

∮toe [tou] **n.** 발가락, 석유환산톤(Tonne of oil equivalent, 에너지 양을 나타내는 단위)
- heel [hiːl] **n.** 발뒤꿈치, (heels) 하이힐
- paw [pɔː] **n.** 동물의 발 **v.** 거칠게(함부로) 다루다
- sock [sak] **n.** (socks) 양말

☐ footprint [fútprìnt]

n. 발자국

ex. "제**발 자**신의 조**국**이 남긴 **발자국**을 따라 걸으시오."

MP3 "Please go for a walk, following the **footprint** of your own nation."

∮footstep [fútstèp] **n.** (footsteps) 발소리, 발자국

☐ forbid [fərbíd]

v. forbid - forbade/forbad - forbidden 금지(禁止)하다

ex. "**금**덩이를 돌덩이를 **지**닌 듯이 **하라**." 선생님은 학생들의 탐욕을 **금지한다**.

F

MP3 "Regard gold as stone." A teacher **forbids** students to have greed.

☐ force [fɔːrs]

n. 힘, 물리력, 폭력, 군사력, 효력 **v.** 강제하다

ex. 자연의 **힘**은 우리를 **힘**들게 한다.

MP3 The **forces** of nature make us suffer.

- net force 알짜 힘
- forceful [fɔ́ːrsfəl] **a.** 힘찬, 강제적인
- ≠ coerce [kouə́ːrs] **v.** 강요하다, 강제하다
- coercion [kouə́ːrʒən] **n.** 강압(强壓), 강제
- impel [impél] **v.** 억지로 …하게 하다

☐ forecast [fɔ́rkæ̀st]

n. 예보(豫報), 예측(豫測) **v.** forecast - forecast/forecasted - forecast/forecasted 예보하다, 예측하다

ex. "**예**, **보**세요! 일기**예보**가 또 틀렸어요."

MP3 "Yes, see! The weather **forecast** was wrong again."

☐ forehead [fɔ́ːrhèd]

n. 이마

ex. 앤**이 마**구 자기 손등으로 자신의 **이마**를 닦았다.

MP3 Ann wildly wiped up her **forehead** with the back of her hand.

- ≠ brow [brau] **n.** 이마, (brows) 눈썹
- temple [témpl] **n.** 관자놀이, 절, 신전

☐ foreign [fɔ́ːrən]

a. 외국의, 이질적(異質的)인

ex. "**왜** 종**국의** 집이 **외국의** 주소인 거냐?"

MP3 "Why does Jongkook have a **foreign** address?"

- foreigner [fɔ́ːrənər] **n.** 외국인, 이방인
- ≠ exotic [igzɑ́tik] **a.** 이국적인, 외국(산)의

☐ foresight [fɔ́rsàit]

n. 예지력(豫知力), 선견지명(先見之明)

ex. "**선견지명**을 우**선 견지**해라, **명**보야"

MP3 "First of all, have the **foresight**, Myungbo."

- foresee [fɔrsí] **v.** foresee - foresaw - foreseen 예견하다, 예지하다
- ≠ foreboding [fɔːrbóudiŋ] **n.** (불길한) 예감
- prescient [préʃənt] **a.** 선견지명이 있는

☐ forest [fɔ́ːrist]

n. 숲, 삼림(森林)

ex. 소녀는 **숲**에서 **수**도 없이 **웁**니다.

MP3 The girl cries many times in the **forest**.

- forestry [fɔ́ːrəstri] **n.** 임학, 삼림 관리
- afforestation [əfɔ̀ːristéiʃən] **n.** 숲 가꾸기, 조림
- deforest [diːfɔ́ːrist] **v.** 삼림을 벌채(伐採)하다
- deforestation [diːfɔ̀ːristéiʃən] **n.** 삼림 벌채
- ≠ grove [grouv] **n.** 작은 숲, 과수원
- jungle [dʒʌ́ŋgl] **n.** 밀림, 정글

☐ foretell [fɔrtél]

v. foretell - foretold - foretold 예언하다

ex. "**애**가 **언**제 결혼할지 **예언**해."

MP3 "**Foretell** when this boy will marry."

- ≠ foreshadow [fɔrʃǽdou] **v.** 전조(前兆)가 되다, 조짐(兆朕)을 보이다
- herald [hérəld] **v.** 예고하다, 알리다 **n.** 전조, 선구자(先驅者)
- premonition [premənίʃən] **n.** (불길한) 예감, 전조
- premonitory [prəmɑ́nətəri] **a.** 예고의, 전조의
- omen [óumən] **n.** 징조, 조짐, 전조

☐ forget [fərgét]

v. forget - forgot - forgotten 잊다, 잊어버리다

ex. "**이따**가 숙제할 일을 **잊다**니 너는 부주의하구나."

MP3 "It is careless of you to **forget** to do your homework later."

- forget-me-not [fərgétminàt] n. 물망초(勿忘草)

□ forgive [fərgív]

v. forgive - forgave - forgiven 용서(容恕)하다, 탕감(蕩減)하다

ex. "그녀를 **용서**하세**용**. **서**로를 위해서용."

MP3 "**Forgive** her for each other."

- forgiving [fərgíviŋ] a. 너그러운, 관대(寬大)한

≠ pardon [pá:rdn] v. 용서하다, 사면(赦免)하다 n. 용서, 사면

- amnesty [ǽmnəsti] n. 사면

□ formal [fɔ́:rməl]

a. 형식적(形式的)인, 공식적인

ex. "**형**, 의**식**(儀式)은 여기서만 차려. **저긴 형식적인** 일조차 필요가 없는 곳이야."

MP3 "Hey, brother, you should perform a ceremony only here. Even a **formal** matter is unnecessary when you are there."

- form [fɔ:rm] n. 형태 v. 형성하다
- formation [fɔ:rméiʃən] n. 형성, (형성된) 대형
- deform [difɔ́:rm] v. 기형(畸形)으로 만들다
- deformation [di:fɔ:rméiʃən] n. 기형
- deformed [difɔ́:rmd] a. 기형의

≠ informal [infɔ́:rməl] a. 격식을 차리지 않는, 일상적인

□ former [fɔ́:rmər]

a. 이전(以前)의, 전자(前者)의 n. (the former) 전자

ex. "**이 전의**(戰意)는 우리의 **이전의** 것만 못하다."

MP3 "This fighting spirit is not better than our **former** one."

- formerly [fɔ́:rmərli] ad. 이전에, 예전에

≠ latter [lǽtər] a. (둘 중에서) 후자의, 마지막의 n. (the latter) 후자, 마지막

□ formula [fɔ́:rmjulə]

n. 공식(公式), 유아용 분유

ex. "**공**부할 때 네가 **공식**을 이용하며 **공**부하는 방**식**도 괜찮아."

MP3 "It is good for you to use **formula** when you study."

- formulate [fɔ́:rmjulèit] v. 공식화하다, 명확히 표현하다, 고안하다
- formulation [fɔ:rmjuléiʃən] n. 공식화, 명확한 표현

□ fort [fɔ:rt]

n. 요새(要塞), 진지(陣地), 보루(堡壘)

ex. **요새** 그들은 그 **요새**를 방어한다.

MP3 Nowadays they are defending the **fort**.

- fortress [fɔ́:rtris] n. 요새
- fortify [fɔ́:rtəfài] v. 요새화하다, 강화하다

≠ bastion [bǽstʃən] n. 요새

□ fortune [fɔ́:rtʃən]

n. 운(運), 재산

ex. 그것은 실컷 **운** 다음에 온 **운**이었다.

MP3 It was the **fortune** that came after a good cry.

- fortunate [fɔ́:rtʃənət] a. 운 좋은
- unfortunate [ʌnfɔ́:rtʃənət] a. 운이 나쁜, 유감스러운
- unfortunately [ʌnfɔ́:rtʃənətli] ad. 운이 나쁘게도
- misfortune [misfɔ́:rtʃən] n. 불행, 불운

≠ mischance [mistʃǽns] n. 불운

□ forward [fɔ́:rwərd]

ad. 앞으로 a. 앞쪽을 향한 v. 보내다

ex. "**아프로**디테, **앞으로** 걸어가."

MP3 "Aphrodite, step **forward**."

≠ backward [bǽkwərd] ad. 뒤쪽으로 a. 뒤쪽을 향한

- upward [ʌ́pwərd] ad. 위쪽으로 a. 위쪽을 향한
- downward [dáunwərd] ad. 아래쪽으로 a. 아래쪽을 향하는

F

• outward [áutwərd] a. 밖으로 향하는, 표면상의
• inward [ínwərd] a. 안쪽의, 마음속의 ad. 안쪽으로
• eastward [í:stwərd] a. 동쪽의 ad. 동쪽으로 n. 동쪽
• westward [wéstwərd] a. 서쪽의 ad. 서쪽으로 n. 서쪽

☐ fossil [fásəl]

n. 화석(化石) a. 화석의

ex. "**화석**과 대**화**하고 있니, **석**봉아?"

MP3 "Seokbong, are you talking with the **fossils**?"

• fossil fuel 화석 연료(燃料)
∮ paleontology [pèiliəntálədʒi] n. 고생물학(古生物學)
• paleontologist [peiliəntálədʒist] n. 고생물학자

☐ found [faund]

v. 세우다, 설립(設立)하다, 기초(基礎)하다

ex. "**새 우**체국을 **네**가 **세우냐**?"

MP3 "Are you **founding** a new post office?"

• foundation [faundéiʃən] n. 설립, 기초, 토대, 재단(財團)
• founded [fáundid] a. 설립된, 기초로 한
• unfounded [ʌnfáundid] a. 근거(根據)가 없는, 사실무근(事實無根)인
∮ establish [istǽbliʃ] v. 설립하다, 확립하다
• establishment [istǽbliʃmənt] n. 설립, 확립, 시설, 기관

☐ fraction [frǽkʃən]

n. 일부, 분수(分數)

ex. 소녀는 **일부**러 숙제의 **일부**만 했다.

MP3 A girl did a **fraction** of her homework on purpose.

☐ fragrance [fréigrəns]

n. 향기, 향수, 방향(芳香)

ex. 그녀는 장미의 **향기**를 맡고 **향**상되는 **기**운을 느꼈다.

MP3 The **fragrance** of roses refreshed her.

• fragrant [fréigrənt] a. 향기로운
∮ aroma [əróumə] n. 향기, 방향(芳香)
• aromatic [ærəmǽtik] a. 향기로운
• perfume [pə́:rfju:m] 향수, 향기
• scent [sent] n. 향기, 냄새 v. 냄새 맡다, 냄새를 풍기다, 향기 나다

☐ frank [fræŋk]

a. 솔직(率直)한, 노골적(露骨的)인

ex. "**솔직한** 말씀을 당신에게 드리면, **솔지**는 **칸**을 옮겨야 해요."

MP3 "To be **frank** with you, Solji is in the wrong car."

∮ forthright [fɔ́rθràit] a. 솔직한, 거리낌 없는
• outspoken [àutspóukən] a. 거침없이 말하는, 까놓고 말하는, 솔직한
• outspeak [àutspí:k] v. outspeak - outspoke - outspoken …보다 잘(크게) 말하다, 솔직하게 말하다, 말로 이기다

☐ fraud [frɔ:d]

n. 사기(詐欺), 사기꾼

ex. **사기**로 기소되자 그는 **사기**(士氣)가 떨어졌다. 그는 타고난 **사기**꾼은 아니었다.

MP3 When he was charged with **fraud**, he suffered from low morale. He was not a **fraud** in grain.

• fraudulent [frɔ́:dʒulənt] a. 사기를 치는
∮ phishing [fiʃiŋ] n. (인터넷 등을 이용한) 피싱 사기 (private data + fishing)
• phisher [fiʃər] n. 피싱 사기꾼 (private data + fisher)
• swindle [swíndl] v. 사기 치다 n. 사기

☐ free [fri:]

a. 자유의, 자유로운, 무료의, 공짜의

ex. "그만 **자유**. 당신이 고정 관념을 벗어나면 **자유**로이 할 수 있는 일이 더 많아유."

MP3 "Stop sleeping. If you are **free** from stereotypes, you are **free** to do more things."

- freedom [fríːdəm] **n.** 자유

∮leeway [líwèi] **n.** 여지(餘地), 재량(裁量), 자유

- hitch [hitʃ] **v.** 공짜로 차를 얻어 타다 **n.** 작은 문제 (a slight problem or difficulty)

☐ freeze [friːz]

v. freeze - froze - frozen 얼다, 얼리다, 동결(凍結)하다 **n.** 동결

ex. "**얼**른 **다** 들어와. 그러다 너희들 **얼겠다**." 혹한(酷寒)의 바람에 그들은 정신이 번쩍 들었다.

MP3 "Come in quickly, or you'll be **frozen**." A **freezing** wind brought them to attention.

- freezer [fríːzər] **n.** 냉동실, 냉동고
- freezing [fríːziŋ] **a.** 꽁꽁 얼리는, 혹한의
- antifreeze [ǽntifrìːz] **n.** 부동액
- frozen food 냉동식품

∮refrigerator [rifrídʒərèitər] **n.** 냉장고, 냉동 장치

- refrigerant [rifrídʒərənt] **a.** 냉각하는, 냉동하는 **n.** 냉각제, 해열제

☐ freight [freit]

n. 화물(貨物) **v.** 화물로 운송하다

ex. 철도 **화물**이 **화**재로 **물**건이 손상되었다.

MP3 The railroad **freight** was damaged in the fire.

∮cargo [káːrgou] **n.** 화물, 짐

- load [loud] **n.** 짐, 화물, 무게 **v.** (짐을) 싣다, 적재하다
- overload [òuvərlóud] **v.** 너무 많은 짐을 싣다, 과적(過積)하다 **n.** [óuvərlòud] 과적, 과부하(過負荷)
- download [dáunlòud] **n.** 다운로드, 내려받기 **v.** 다운로드하다, 내려받다
- upload [ʌ́plòud] **n.** 업로드 **v.** 업로드하다

☐ frequent [fríːkwənt]

a. 잦은, 빈번(頻繁)한

ex. "다**빈**의 **번**호는 내겐 **빈번**한 숫자야."

MP3 "Dabin's number is a **frequent** one to me."

- frequently [fríːkwəntli] **ad.** 빈번히, 자주
- frequency [fríːkwənsi] **n.** 주파수, 진동수, 빈도, 빈발
- infrequent [infríːkwənt] **a.** 드문
- infrequently [infríːkwəntli] **ad.** 드물게, 어쩌다가

☐ fresh [freʃ]

a. 신선(新鮮)한, 산뜻한

ex. **신**(神)이 **선**(善)**한** 사람에게 공짜로 **신선한** 음식을 주었다.

MP3 God gave a good man **fresh** food for free.

- freshman [fréʃmən] **n.** 신입생, 1학년
- afresh [əfréʃ] **ad.** 새로이, 새롭게 다시
- refresh [rifréʃ] **v.** 기운이 나게 하다, 기억나게 하다
- refreshment [rifréʃmənt] **n.** 다과, 가벼운 식사, 원기 회복

∮sophomore [sáfəmɔ̀ːr] **n.** 2학년생

☐ friction [fríkʃən]

n. 마찰(摩擦)

ex. "친구와 **마찰**하지 **마!**" **찰**스는 소리쳤다.

MP3 "Avoid any **friction** between friends!" Charles shouted.

- frictional [fríkʃənl] **a.** 마찰의

☐ friend [frend]

n. 친구(親舊), 벗

ex. 그녀의 새 남**친**(=남자 친구)과 **구** 남친(=남자 친구)이 **친구**다.

MP3 Her new boy**friend** and ex-boy**friend** are **friends**.

- friendship [fréndʃip] **n.** 우정, 교우
- friendliness [fréndlinis] **n.** 우정, 친절
- friendly [fréndli] **a.** 친한, 우호적인, 사용하기 용이한, 친화적인

• unfriendly [ʌnfréndli] a. 우호적이지 않은
• befriend [bifrénd] v. 친구가 되다, 친구가 되어 도와주다
∮ rapport [ræpɔ́ːr] n. 친밀감, 친밀한(공감적인) 관계
• buddy [bʌ́di] n. (남자) 친구
• fraternity [frətə́ːrnəti] n. 동포애, 우애, 남학생들의 사교 단체
• congenial [kəndʒíːnjəl] a. 마음이 맞는, 마음에 드는, 알맞은
• intimate [íntəmət] a. 친밀한
• intimacy [íntəməsi] n. 친밀함, 육체관계
• pal [pæl] n. 친구
• pen pal 펜팔, 편지 친구

□ frighten [fráitn]

v. 겁주다, 겁먹게 하다, 무서워하게 하다, 소스라치게 하다

ex. 그들은 **검**과 주**먹**의 **게**임을 **한다**. 그들은 사람들을 **겁먹게 한다**.

MP3 They are playing a game of swords and fists. They are making people **frightened**.

• frightened [fráitnd] a. 겁먹은, 무서워하는
• fright [frait] n. 두려움, 공포, 놀람
• frightful [fráitfəl] a. 무시무시한, 끔찍한
∮ scare [skɛər] v. 무섭게 하다, 무서워하다 n. 두려움, 공포
• scarecrow [skɛ́ərkrou] n. 허수아비
• scared [skɛərd] a. 무서워하는, 두려워하는
• terrify [térəfài] v. 극도로 무섭게 하다, 몹시 겁나게 하다
• terrifying [térəfàiŋ] a. 극도로 겁나게 하는, 몹시 무서운

□ frog [frɔːg]

n. 개구리

ex. "스카프를 두른 **개구리**가 사는 우물은 안**개** 낀 **굴이**야."

MP3 "The well where a **frog** in a scarf lives is a foggy cave."

∮ amphibian [æmfíbiən] n. 양서류(兩棲類)

□ front [frʌnt]

n. 앞, 전선(戰線), 전선(前線)

ex. **앞**쪽의 **압**력은 높다.

MP3 The pressure on the **front** is high.

• cold front 한랭 전선
• upfront [ʌ̀pfrʌ́nt] a. 선행 투자의, 선불의, 솔직한
∮ facade [fəsɑ́ːd] n. 정면, 겉, (거짓된) 표면
• rear [riər] n. 뒤(쪽) a. 뒤쪽의 v. 기르다, 양육(養育)하다, 사육(飼育)하다
• rear sonar [riər sóunɑːr] n. 후면 음파탐지기
• hind [haind] a. (동물의 뒷다리를 가리킬 때) 뒤쪽의

□ fruit [fruːt]

n. 과일, 열매

ex. 그들은 **과**수원에서 **일**하며 **과일**을 땄다.

MP3 They worked at an orchard, picking **fruits**.

• fruitful [frúːtfəl] a. 결실이 많은
• fruitless [frúːtlis] a. 결실이 없는
∮ fig [fig] n. 무화과
• gourd [gɔːrd] n. (호리병)박
• mango [mǽŋgou] n. 망고
• orange [ɔ́ːrindʒ] n. 오렌지, 오렌지색
• tangerine [tændʒəríːn] n. 감귤
• persimmon [pəːrsímən] n. 감
• pear [pɛər] n. (서양의) 배
• plum [plʌm] n. 자두
• prune [pruːn] n. 자두 v. 잘라 내다
• pumpkin [pʌ́mpkin] n. 호박
• strawberry [strɔ́ːbèri] n. 딸기
• tomato [təméitou] n. 토마토

□ frustrate [frʌ́streit]

v. 좌절(挫折)시키다

ex. 단발머리의 유나는 **좌**석에 앉은 채 **절**대 **좌절**하지 않았다.

MP3 Yuna with bobbed-hair, seated in a chair, was never **frustrated**.

• frustrated [frʌ́streitid] a. 좌절된
• frustration [frʌstréiʃən] n. 좌절, 불만
∮ thwart [θwɔːrt] v. 꺾다, 제압하다, (계획을) 좌절시키다

☐ fuel [fjúːəl]

n. 연료(燃料) **v.** 연료를 공급하다, 부채질하다

ex. 그는 **연료** 공급을 **열**심히 종**료**하려고 했다.

MP3 He tried hard to finish supplying **fuel**.

∮biodiesel [bàioudíːzəl] **n.** 바이오디젤, 재활용 연료
- biofuel [báioufjùːəl] **n.** 바이오 연료
- coal [koul] **n.** 석탄
- fan [fæn] **n.** 부채, 선풍기, (연예인 등의) 팬 **v.** 부채질하다
- fanatic [fənǽtik] **n. n.** 열광적인 지지자, 광신도

☐ fume [fjuːm]

n. 냄새, 향기, 화, (fumes) 가스, 연기, 매연 **v.** 연기를 내뿜다, 화를 내다

ex. **가스**가 가득 찬 차**가** 그를 칠 듯이 **스**치자 그는 화가 났다.

MP3 When a **fume**-filled car nearly hit him and passed by, he was in a **fume**.

☐ fun [fʌn]

n. 재미, 장난 **a.** 즐거운

ex. "**재, 미**국에서 **재미**난 시간을 보냈대."

MP3 "That boy had **fun** in America."

- funny [fʌ́ni] **a.** 재미있는, 우스운, 희한한

☐ function [fʌ́ŋkʃən]

n. 기능(機能), 행사, 함수 **v.** 기능하다

ex. "그 **기계능**(=기계는) **기능**이 뭐얌(=뭐야)?"

MP3 "What is the **function** of the machine?"

- malfunction [mælfʌ́ŋkʃən] **v.** 제대로 작동하지 않다 **n.** 오작동(誤作動)

☐ fund [fʌnd]

n. 자금(資金), 기금(基金) **v.** 자금을 대다

ex. 그들이 **자금**을 모으**자 금**방 거덜났다.

MP3 They raised **fund**, all of which was quickly spent.

- refund [rifʌ́nd] **v.** 환불(還拂)하다 **n.** [ríːfʌnd] 환불

☐ funeral [fjúːnərəl]

n. 장례식(葬禮式) **a.** 장례의

ex. "대체로 결혼식**장**의 **예식**은 **장례식**이야." (남편들의 농담)

MP3 "A wedding ceremony is a **funeral** in general." (husbands' joke)

- funeral procession 장례행렬

∮condolence [kəndóuləns] **n.** 애도, 조위, 조의
- mourn [mɔːrn] **v.** 애도하다, 슬퍼하다

☐ fur [fəːr]

n. 털, 모피

ex. 토끼**털**이 **털**렸다.

MP3 Rabbit **fur** was stolen.

- furrier [fə́ːriər] **n.** 모피상, 모피 상인

∮shaggy [ʃǽgi] **a.** 털북숭이의, (머리카락이나 털이) 텁수룩한

☐ furiously [fjúəriəsli]

ad. 미친 듯이, 광적으로

ex. **화**재가 **난** 건물에서 **화난** 듯이 불길이 치솟는다.

MP3 Flames are **furiously** rising in the building on fire.

- furious [fjúəriəs] **a.** 몹시 화난, 광분(狂奔)한, 맹렬(猛烈)한
- fury [fjúəri] **n.** 광분, 격분(激忿)

∮exasperation [igzæ̀spəréiʃən] **n.** 격분

F

☐ future [fjúːtʃər]

n. 미래(未來), 장래성 **a.** 미래의

ex. "네가 **미**리 준비하**래. 미래**에 저절로 되는 일은 없으니까."

MP3 "You're supposed to get ready in advance. The **future** will not take care of itself."

- futuristic [fjùːtʃərístik] **a.** 미래적인, 초현대적인

G

☐ gain [gein]

v. 얻다, 늘다 **n.** 증가, 이득

ex. "네가 **늘 다**이어트를 하는 이유는?" "내 몸무게가 **늘**었**다**는 거야."

MP3 "Why do you repeatedly become a dieter?" "Because I **gain** weight."

- regain [rigéin] **v.** 되찾다, 회복하다, 되돌아오다

☐ gamble [gǽmbl]

v. 도박(賭博)하다 **n.** 도박

ex. 그는 **도박도 밖**에서 한다.

MP3 He also goes on the **gamble** outside.

∮lottery [látəri] **n.** 복권(福券)
- lotto [látou] **n.** 로토, 복권
- raffle [rǽfl] **n.** 복권 추첨(抽籤)

☐ gap [gæp]

n. 간격(間隔), 틈, 차이, 격차

ex. "우리가 절대 좁힐 수 없을 정도로 오늘날 부자와 빈자의 **간격**은 갈 데까지 **간** 건가!" 그는 **격**분했다.

MP3 "Nowadays we can never narrow the **gap** between the rich and the poor!" He was outraged.

∮interval [íntərvəl] **n.** (시간의) 간격, (연극 등의) 중간 휴식 시간

☐ garden [gáːrdn]

n. 정원(庭園)

ex. "나는 **정원**에서 산책하길 **정**말 **원**해요."

MP3 "I really want to take a walk in the **garden**."

- gardener [gáːrdnər] **n.** 정원사, 원예사

☐ gas [gæs]

n. 가스, 기체

ex. **가스가** 공기 중에 **스**며들었다.

MP3 The **gas** permeated the air.

∮hydrogen [háidrədʒən] **n.** 수소
- hydrogen sulfide [háidrədʒən sʌ́lfaid] **n.** 황화수소
- propane [próupein] **n.** 프로판(가스)
- distill [distíl] **v.** 증류하다
- distilled water 증류수

☐ gate [geit]

n. 문, 대문, 관문, 탑승구(搭乘口)

ex. 씨앗들을 주워 모으고 나서 담뱃**대**를 **문** 사내가 **대문** 쪽으로 향해 갔다.

MP3 A man with a pipe in his mouth who had gathered up the seeds made for the **gate**.

- gatekeeper [géitkìːpər] **n.** 문지기

∮door [dɔːr] **n.** 문
- doorkeeper [dɔ́ːrkìːpər] **n.** 문지기, 현관 경비원
- doorman [dɔ́ːrmən] **n.** (호텔 등의) 문지기

☐ gather [gǽðər]

v. 모이다, 모으다, 수확(收穫)하다, 늘다, 늘리다

ex. **모이**를 뿌린**다**. 새들이 다 **모인다**.

MP3 Birdseed is being sprinkled. All the birds are **gathering**.

- gathering [gǽðəriŋ] n. 모임, 수집(收集)

∮congregate [káŋgrigèit] v. 모이다

- glean [gliːn] v. 찾아내다, (정보를) 모으다, (이삭 등을) 주워 모으다
- round up ~을 몰다, 모아들이다, 모으다

☐ gender [dʒéndər]

n. 젠더, 성(性)

ex. "**잰 더 젠더** 문제에 관심이 있는 소녀야." "그건 민감(敏感)한 문제인데."

MP3 "That girl is more interested in **gender** issues." "They are thorny issues."

- transgender [trænsdʒéndər] a. 성전환의, 트렌스젠더의 n. 성전환자, 트렌스젠더

☐ gene [dʒiːn]

n. 유전자(遺傳子)

ex. "그게 바로 그 **유전자**이유. **진 자**신있게 말할 수 있어유."

MP3 "It is the very **gene**, I'm sure."

- genetic [dʒənétik] a. 유전의, 유전적인
- genetics [dʒənétiks] n. 유전학
- genetically modified 유전자 조작의 (GM)
- genealogy [dʒìːniǽlədʒi] n. 가계도, 계보, 족보
- transgenic [trænsdʒénik] a. 이식(移植) 유전자의 n. 유전자 이식

∮chromosome [króuməsòum] n. 염색체(染色體)

☐ general [dʒénərəl]

a. 일반적인, 대체적인, 총(總)··· n. 장군(將軍)

ex. "**일반**의 그 남자아이는 아마 너의 **적인** 걸. 이게 우리들의 **일반적인** 생각이야."

MP3 "The boy in class 1 may be your enemy. This is our **general** opinion."

- generally [dʒénərəli] ad. 일반적으로, 대체적으로
- generalize [dʒénərəlàiz] v. 일반화하다, 보편화(普遍化)하다

☐ generate [dʒénərèit]

v. 발생시키다

ex. "**발생시킨** 열을 제**발**, 선**생**님, **식혀** 주세요."

MP3 "Please cool the **generated** heat, sir."

- generator [dʒénərèitər] n. 발전기

∮genesis [dʒénəsis] n. 기원, 발생, (Genesis) 창세기(創世記)

☐ generation [dʒènəréiʃən]

n. 세대(世代)

ex. "일반적으로 말하면, 젊은 **세대**는 힘이 **세대**."

MP3 "Generally speaking, the younger **generation** is said to be strong."

☐ generous [dʒénərəs]

a. 너그러운, 관대(寬大)한, 넉넉한

ex. "**너그러운 너**는 **그러**면 여**운**(餘韻)을 남기겠구나."

MP3 "As you are **generous**, you will leave a long-lasting impression."

- generously [dʒénərəsli] ad. 너그러이, 관대하게, 넉넉하게
- generosity [dʒènərásəti] n. 너그러움, 관대함, 넉넉함

∮magnanimous [mægnǽnəməs] a. (적에게) 관대한

☐ genius [dʒíːnjəs]

n. 천재, 비범한 재능

ex. 그는 천**천**히 **재**능을 발휘하는 **천재**였다.

MP3 He was a **genius** who slowly showed his talent.

G

☐ genuine [dʒénjuin]

a. 진정한, 진짜의

ex. 그들이 경기에서 **진** 다음에 낸 **짜**증은 **진짜**였다.

MP3 Their irritation was **genuine** after they lost the game.

- genuinely [dʒénjuinli] **ad.** 진정으로, 진짜로
∮ actual [ǽktʃuəl] **a.** 실제의, 사실상의
- actually [ǽktʃuəli] **ad.** 실제로, 정말로, 사실은
- actuality [æktʃuǽləti] **n.** 실제, 현실, 사실
- authentic [ɔːθéntik] **a.** 진정한, 믿을 만한, 확실한
- authenticity [ɔːθentísəti] **n.** 진정함, 확실성

☐ geography [dʒiágrəfi]

n. 지리학(地理學), 지리, 지형

ex. **질이 지리**를 공부한다.

MP3 Jill is studying **geography**.

∮ geocentric [dʒiːouséntrik] **a.** 지구 중심의
- geothermal [dʒiːouθə́ːrməl] **a.** 지열(地熱)의
- geotherm [dʒíːouθəːrm] **n.** 지열

☐ geology [dʒiálədʒi]

n. 지질학(地質學), 지질

ex. "**지**구에 관해 **질**문 있나?" "네, 저는 **지질**에 대해 알고 싶습니다."

MP3 "Any question about the Earth?" "Yes, I want to know about the **geology**."

∮ Cenozoic [siːnəzóuik] **n.** (the Cenozoic) 신생대 **a.** 신생대의
- Cretaceous [kritéiʃəs] **n.** (the Cretaceous) 백악기(白堊紀)
- Paleozoic [pèiliəzóuik] **n.** (the Paleozoic) 고생대 **a.** 고생대의
- Mesozoic [mèzəzóuik] **n.** (the Mesozoic) 중생대 **a.** 중생대의
- Pleistocene [pláistəsiːn] **n.** (the Pleistocene) 홍적세(洪積世) **a.** 홍적세의

☐ geometry [dʒiámətri]

n. 기하학(幾何學)

ex. "너는 **기**억**하**니, **학**교에서 **기하학**을 배웠던 걸?"

MP3 "Do you remember learning **geometry** in school?"

- geometric(al) [dʒiːəmétrik(əl)] **a.** 기하학의
- geometric configuration 기하학적 형태

☐ get [get]

v. get - got - got/gotten 얻다, 받다, 이해하다, …되게 하다, 되다, 닿다

ex. "네가 **얻은** 책을 너는 **얻다**(=어디에다) 두었니?"

MP3 "Where did you put the book you had **got**?"

☐ ghetto [gétou]

n. (slum) 미국의 빈민가(貧民街)

ex. "이 **빈 민가**(民家)는 **빈민가**다."

MP3 "These empty local houses are in the **ghetto**."

☐ ghost [goust]

n. 유령(幽靈), 귀신, 환영(幻影)

ex. **유령**이 **유**별난 명**령**(命令)을 내렸다.

MP3 The **ghost** gave the unusual order.

∮ phantom [fǽntəm] **n.** 유령, 환영(幻影)
- haunt [hɔːnt] **v.** (귀신이나 유령이) 출몰하다 **n.** 자주 들르는 곳

☐ gift [gift]

n. 선물, 재능

ex. "**선물**을 사기 위해 줄 **선** 사람들이 있다. 그들은 무슨 **물**건을 **선물**로 고를까?

MP3 "People are standing in line to buy

gifts. What will they choose as **gifts**?"

- gifted [gíftid] a. (타고난) 재능이 있는
∉ talent [tælənt] n. 재능, 재주, 소질
- talented [tæləntid] a. 재능 있는

☐ give [giv]

v. give - gave - given 주다, (힘을 받아) 휘다

ex. 그는 그녀에게 선물을 **주**려**다**가 이번 **주**를 **다** 보냈다.

MP3 He spent all this week trying to **give** her a present.

- misgive [misgív] v. misgive - misgave - misgiven 걱정, 의심, 불안 등을 주다
- misgiving [misgíviŋ] n. 걱정, 의심, 불안

☐ glacier [gléiʃər]

n. 빙하(氷河)

ex. **빙하**가 해**빙**(解氷)한 **하**루였다.

MP3 It was a day when a **glacier** melt.

- glacial [gléiʃəl] a. 빙하의

☐ glance [glæns]

v. 흘끗 보다 n. 흘끗 봄

ex. 음악이 **흘**렀다, **끝**없이. 그는 그녀를 막 **보**려 하였**다**. 그러나 그녀가 그를 **흘끗 보**았고 그는 쫄아 버렸**다**. 그리고 음악은 작아졌다.

MP3 There was music played endlessly. He was about to see her. However, she **glanced** at him and he got cold feet. And then the music faded out.

∉ glimpse [glimps] n. 흘끗 봄, 언뜻 봄 v. 흘끗 보다, 언뜻 보다

☐ glass [glæs]

n. 유리

ex. **유리**창의 **유리**는 투명하다.

MP3 The **glass** of the window is transparent.

- glasses [glǽsəz] n. 안경(眼鏡)
∉ binoculars [bainɑ́kjulərz] n. 쌍안경
- binocular [bainɑ́kjulər] a. 두 눈의
- crystal [krístl] n. 크리스털, 결정체(結晶體), 수정
- crystal lattice [krístl lǽtis] n. 결정격자
- crystallization [krìstəlizéiʃən] n. 구체화(具體化), 결정화

☐ globe [gloub]

n. 지구본, 구체(球體)

ex. 우리는 **지구본**으로 **지구**를 **본**다.

MP3 We see the Earth by looking at a **globe**.

- global [glóubəl] a. 세계적인, 지구의
- global warming 지구 온난화
- the global South 제3세계
- globalization [glòubəlizéiʃən] n. 세계화, 국제화
∉ sphere [sfiər] n. 구(球), 구체, 영역
- hemisphere [hémisfiər] n. (지구, 뇌의) 반구
- Northern Hemisphere 북반구
- Southern hemisphere 남반구

☐ gloom [glu:m]

n. 어두침침함, 우울(憂鬱)함, 침울(沈鬱)함

ex. **어두침침한** 곳이라면 **어**디든 가서 **두** 사람은 **침**묵(沈黙) 속으로 **침**잠(沈潛)**한**다.

MP3 The two people will go anywhere if they are able to be in the **gloom** and they will remain in silence.

- gloomy [glú:mi] a. 어두침침한, 우울한, 침울한
∉ dismal [dízməl] a. 음울한, 형편없는
- melancholy [mélənkɑ̀li] n. 우울 a. 우울한, 구슬픈
- melancholia [mèlənkóuliə] n. 우울증
- melancholiac [mèlənkóuliæk] n. 우울증 환자 a. 우울증에 걸린

☐ glow [glou]

v. (불꽃 없이) 타다, 빛나다, 붉어지다 n. 붉은 빛, 홍조(紅潮)

ex. 언뜻 보기에는 미스 **홍**은 **조**금 **홍조**를

G

띤 얼굴이다.
MP3 Miss Hong's face is **glowing** a little at first glance.

☐ go [gou]
v. 가다 go - went - gone **n.** 바둑

ex. "곧장 **가다가 다**른 길로 꺾어라."
MP3 "**Go** straight and turn to the other side."

- ongoing [ɑ́ngòuiŋ] **a.** 계속 하는, 진행 중인

☐ goal [goul]
n. 골, 목표(目標)

ex. **골**리앗은 훌륭한 **골**키퍼였다. 그는 멋진 방어를 해냈다. **골**은 없었다.
MP3 Goliath was a great goalkeeper. He brought off a superb save. There was no **goal**.

- goalkeeper [góulkìːpər] **n.** 골키퍼

☐ god [gɑd]
n. 신(神)

ex. 그들은 우리에게 **신**을 믿으라고 **신신**당부(申申當付)한다.
MP3 They repeatedly ask us to believe in **God**.

- goddess [gɑ́dis] **n.** 여신
∉ deity [díːəti] **n.** 신(神)
- oracle [ɔ́ːrəkl] **n.** 신탁(神託), 신탁을 전하는 사람(신관)
- muse [mjuːz] **n.** (Muse) 예술적 영감을 주는 신 **v.** 골똘히 생각하다
- atheist [éiθiist] **n.** 무신론자
- profane [prəféin] **a.** 신성 모독(冒瀆)의, 속된
- profanation [prɑ̀fənéiʃən] **n.** 신성 모독, 오용, 악용

☐ good [gud]
a. 좋은 **n.** 선, 이익

ex. 우리 **조**원들**은 좋은** 배경을 가지고 있다. 잘생긴 남자들도 있고, 착한 여자들도 있다.
MP3 Our group members have **good** backgrounds. There are **good**-looking men and **good**-natured women.

∉ terrific [tərífik] **a.** 아주 좋은, 엄청난, 굉장한

☐ goods [gudz]
n. 상품(商品), 제품

ex. "물가가 내리면 저 **상품**을 **상품**(賞品)으로 줍시다."
MP3 "If prices go down, let's give those **goods** as prizes."

- commodity [kəmɑ́dəti] **n.** 상품, (commodities) 일용품

☐ goodwill [gúdwíl]
n. 친선, 선의(善意), 호의

ex. "시간이 지나면 사람들은 **선**장(船長)**의 선의**를 알게 될 거야."
MP3 "When time goes by, people will know the captain's **goodwill**."

☐ gossip [gɑ́səp]
n. 소문, 험담(險談) **v.** 험담하다

ex. 일이 잘못되자 위**험**을 느끼면서 사람들은 **담**당자를 **험담**하기 시작했다.
MP3 When things went wrong, People began to **gossip** about the person in charge, feeling they were in danger.

☐ government [gʌ́vərnmənt]
n. 정부

ex. "스스로 자제하시오. **정부**의 대표로서 부**정부**패(不正腐敗)를 척결하시오."

MP3 "Govern yourself. As a representative of the **government**, clean up corruption."

- govern [gʌ́vərn] v. 통치하다, 지배하다, 다스리다
- ≠ regime [reiʒíːm] n. 정권(政權), 제도, 체제

☐ grab [græb]

v. 움켜잡다, 거머쥐다, 와락 잡다 n. 와락 잡음, 낚아챔

ex. 소년이 이리 **와**서 오**락**기를 **잡다**한 물건들 사이에서 **와락 잡는다**.

MP3 A boy, having come here, is **grabbing** a game console among all kinds of stuff.

- ≠ grasp [græsp] v. 꽉 잡다, 움켜잡다, 파악하다, 이해하다 n. 꽉 잡음, 움켜쥠, 파악, 이해
- grip [grip] n. 꽉 쥠, 이해 v. 꽉 쥐다
- clutch [klʌtʃ] v. 꽉 움켜잡다 n. 움켜잡음, 클러치, 한배의 새끼들
- snatch [snætʃ] v. 잡아채다 n. 잡아챔, 잠깐 동안
- snatchy [snǽtʃi] a. 이따금의, 단속적(斷續的)인
- seize [siːz] v. 와락 붙잡다, 체포하다, 압수(押收)하다
- seizure [síːʒər] n. 압수, 몰수(沒收), (병의) 발작(發作)

☐ grace [greis]

n. 우아함, 예의, 유예 기간(猶豫期間) v. 장식하다

ex. "나의 이**우**, 아주 **우아**하지."

MP3 "My brother is a man of great **grace**."

- graceful [gréisfəl] a. 우아한, 품위를 유지하는
- gracious [gréiʃəs] a. 우아한, 예의바른
- graciously [gréiʃəsli] a. 우아하게, 예의바르게
- disgrace [disgréis] n. 수치스러움, 불명예, 망신(亡身) v. 망신시키다
- disgraceful [disgréisfəl] a. 수치스러운, 명예롭지 못한
- ≠ elegance [éligəns] n. 우아함, 고상함
- elegant [éligənt] a. 우아한, 고상한

☐ grade [greid]

n. 등급, 학년, 성적 v. 등급으로 나누다

ex. 꼴**등**이 **급**상승해서 일등으로 **등급** 상승! 그리고 다음 단계로!

MP3 A sudden increase in **grade** from the last to the first! And to the next level!

- gradient [gréidiənt] n. 변화도, 경사도
- graduated [grǽdʒuèitid] a. 등급을 나눈, 눈금을 매긴, 단계적인
- ≠ upgrade [ʌ̀pgréid] v. 기능을 향상시키다 n. [ʌ́pgrèid] 기능 향상
- degrade [digréid] v. (지위 등을) 떨어뜨리다, 비하(卑下)하다, 분해되다
- degradation [dègrədéiʃən] n. 저하, 비하, 분해
- biodegradable [bàioudigréidəbl] a. 생물 분해성의
- biodegradation [bàioudegrədéiʃən] n. 생물 분해
- biodegradability [bàioudegrəbíləti] n. 생물 분해성, 생분해성

☐ gradual [grǽdʒuəl]

a. 점진적(漸進的)인

ex. **점진적인** 변화로 점**점 진 적**이 없는 **인**간이 줄었다.

MP3 A **gradual** change has occurred and there are less people who never lose.

- gradually [grǽdʒuəli] ad. 점진적으로

☐ graduate [grǽdʒueit]

v. 졸업(卒業)하다, 졸업시키다 n. [grǽdʒuət] 졸업생, 대학원생

ex. 그들은 **졸업**하고 나니 **졸**지에 실**업**자(失業者)가 되어 버렸다.

MP3 After they **graduated** from school, they suddenly became unemployed.

- graduation [grædʒuéiʃən] n. 졸업, 졸업식
- undergraduate [ʌ̀ndərgrǽdʒuət] n. 대학 학부생, 재학생 a. 대학 학부생의, 재학생의
- ≠ alumni [əlʌ́mnai] n. 졸업생들
- alumni association 동창회
- alumna [əlʌ́mnə] n. 여자 졸업생
- alumnus [əlʌ́mnəs] n. 남자 졸업생

G

- Cum Laude [kum láudei] ad. 우등으로(대학 졸업생이 받는 명예)
- diploma [diplóumə] n. 졸업장, 수료증(修了證)

grain [grein]

n. 곡물, 낟알, (곡식, 모래 등의) 알갱이, 입자(粒子), 아주 작은 양

ex. 하락하는 **곡물** 가격, 농민들의 통**곡**, **물**··· 눈물 흘리는 농민들.

MP3 Because **grain** prices are falling, farmers lament and shed tears.

- grainy [gréini] a. 낟알이 많은, 입자가 거친
- ingrain [ingréin] a. 깊이 배어든 v. 배어들게 하다
- ingrained [ingréind] a. 깊이 배어든, 뿌리 깊은
- ∮ granary [gréinəri] n. 곡물 창고
- cereal [síəriəl] n. 곡물, 시리얼
- thresh [θreʃ] v. 타작(打作)하다, 탈곡(脫穀)하다

grammar [grǽmər]

n. 문법(文法)

ex. **문법**의 **문**(門)은 **법**칙으로 통하는 관문이다.

MP3 The door of **grammar** is the gateway to rules.

- grammatical [grəmǽtikəl] a. 문법의, 문법적인, 문법상 옳은
- grammatically [grəmǽtikəli] ad. 문법적으로
- ungrammatical [ʌngrəmǽtikəl] a. 비문법적인
- ungrammatically [ʌngrəmǽtikəli] ad. 비문법적으로

grand [grænd]

a. 웅장(雄壯)한, 장엄(莊嚴)한

ex. **웅장**한 배경 속에서 영**웅**이 **장**난치고 있다.

MP3 A hero is playing pranks in the **grand** background.

- grandeur [grǽndʒər] n. 위엄, 웅장함, 장엄함, 장관
- ∮ majestic [mədʒéstik] a. 장엄한, 위엄 있는
- majesty [mǽdʒəsti] n. 장엄함, 위엄, (Your Majesty) 폐하

grant [grænt]

v. 주다, 승인(承認)하다, 허가하다, 인정하다 n. (정부나 단체에서 주는) 보조금

ex. 승**승**장구(乘勝長驅) 중**인** 부서에 장려금으로 많은 돈이 **승인**되었다.

MP3 The department which was on a roll was **granted** huge money as an incentive.

- take ~ for granted ~을 당연시하다, ~을 당연하다고 생각하다

grape [greip]

n. 포도

ex. "김**포도** **포도**로 유명하니?"

"Is Gimpo also famous for **grapes**?"

grateful [gréitfəl]

a. 감사(感謝)하는, 고마워하는

ex. **감**동적인 **사**람에게 사람들은 **감사**한다.

MP3 People are **grateful** to a person who moves their heart.

- gratitude [grǽtətjùːd] n. 감사, 고마움, 사의
- ingratitude [ingrǽtətjùːd] n. 배은망덕(背恩忘德), 은혜를 모름, 고마움을 모름
- ∮ gratification [grætəfikéiʃən] n. 만족, 만족감, 희열(喜悅)
- gratify [grǽtəfài] v. 만족시키다, 기쁘게 하다

grave [greiv]

n. 무덤 a. 엄숙(嚴肅)한, 심각한, 중대한 v. grave - graved - graved/graven 새기다, 조각(彫刻)하다

ex. **무덤**가에서 **무덤**덤한 태도로 사람들이 서있었다.

MP3 People stood, with a calm attitude, around the **grave**.

- gravestone [gréivstòun] n. 묘비

• graveyard [gréivjὰːrd] n. 묘지
∉ cemetery [sémətèri] n. 묘지

☐ gravity [grǽvəti]

n. 중력(重力), 중대함, 심각함

ex. 톰 크루즈는 **중력**을 느끼는 **중**이다, 동**녘** 하늘에서.

MP3 Tom Cruise is feeling **gravity** in the east sky.

- gravitate [grǽvətèit] v. 중력으로 움직이다, 인력에 끌리다
- gravitation [grævətéiʃən] n. 중력, 인력, 만유인력(萬有引力)
- gravitational [grævətéiʃənl] a. 중력의

☐ graze [greiz]

v. 풀을 뜯다, 방목(放牧)하다, (피부가 긁혀) 까지게 하다
n. 까진 상처, 찰과상(擦過傷)

ex. **방**금 **목**수(木手)가 지역 주민들이 동물들을 **방목**하는 것을 보았다.

MP3 A carpenter has just seen local people **graze** their animals.

- grazing [gréiziŋ] n. 방목, 목초지
- grazing land 목초지, 방목지

∉ meadow [médou] n. 목초지, 초원
- pasture [pǽstʃər] n. 목초지, 방목장 v. 풀을 뜯도록 풀어놓다, 방목하다
- pastureland [pǽstʃərlæ̀nd] n. 목초지, 방목지
- prairie [prέəri] n. 대초원, 대평원

☐ greedy [gríːdi]

a. 탐욕(貪慾)스러운

ex. **탐욕**스러운 남자가 **탐**스러운 사과를 **욕**망하며 본다.

MP3 A **greedy** man is staring at the desirable apple, longing for it.

- greed [griːd] n. 탐욕(貪慾), 식탐

∉ gluttony [glʌ́təni] n. 폭식(暴食)
- gobble up 게걸스럽게 먹다
- gobble [gɑ́bl] v. 게걸스럽게 먹다, 달려들다, 잡아채다, (큰 회사가 작은 회사를) 인수(引受)하다

☐ grief [griːf]

n. 통탄(痛歎), 비통(悲痛)

ex. 그들은 **통탄**에 빠진 채 **통**나무배를 **탄**다.

MP3 Giving themselves over to **grief**, they are getting on a log boat.

- grieve [griːv] v. 통탄하다, 비통하다
- grievous [gríːvəs] a. 통탄할, 비통한

☐ ground [graund]

n. 땅, 근거(根據) v. ground - grounded - grounded 근거하다, 좌초(坐礁)시키다, 외출을 금지하다

ex. "이 **땅**이 마**땅**하다."

MP3 "This **ground** is suitable."

- get grounded 외출금지를 당하다
- groundbreaking [gráundbrèikiŋ] a. 획기적(劃期的)인
- groundless [gráundlis] a. 근거 없는

∉ grind [graind] v. grind - ground - ground 갈다, 빻다, 으깨다

☐ group [gruːp]

n. 그룹, 무리, 집단, 떼 v. 무리 짓다

ex. 정치적 견해는 **때때**로 사람들을 **떼**를 지어 **떼**어낸다.

MP3 Politics sometimes separate people into separate **groups**.

∉ gregarious [grigέəriəs] a. 군생(群生)하는, 사교적인
- cluster [klʌ́stər] n. 무리, 송이, 다발 v. 무리를 이루다
- clustered [klʌ́stərd] a. 무리를 이룬
- flock [flɑk] n. 무리, 떼 v. 떼를 지어 모이다
- herd [həːrd] n. 무리, 떼 v. 떼를 지어 이동시키다, 떼를 지어 이동하다
- herder [hə́ːrdər] n. 양치기, 목동
- member [mémbər] n. (집단의) 구성원, 회원, 멤버

☐ grow [grou]

v. grow - grew - grown 자라다, 성장하다, 커지다, 키우다, 재배(栽培)하다

G

ex. 그것은 식물의 성장 시기에 **자라는 자라다**.

MP3 It is a terrapin **growing** during **growing** season.

- outgrow [àutgróu] **v.** outgrow - outgrew - outgrown …보다 커지다, (사람의 몸이 성장하여 옷)보다 커지다, (나이를 먹으며) 벗어나다, 흥미를 잃다
- overgrow [òuvərgróu] **v.** overgrow - overgrew - overgrown 무성하게(지나치게) 자라다

∮ hydroponic [hàidrəpánik] **a.** 수중 재배의, 수경(水耕) 재배의

☐ grudge [grʌdʒ]

n. 원한(怨恨), 유감(遺憾) **v.** 아까워하다, 시기(猜忌)하다

ex. 그녀는 그에게 영**원**(永遠)**한 원한**을 가지고 있다.

MP3 She has a permanent **grudge** against him.

☐ grumble [grʌ́mbl]

v. 툴툴대다, 우르릉거리다 **n.** 툴툴, 우르릉

ex. "너는 왜 그를 싫어하는 거야?" "그는 **툴**을 다루는 게 너무 서**툴**러." 그녀는 **툴툴**댄다.

MP3 "What do you have against him?" "He's all thumbs when using tools." She **grumbles**.

☐ guess [ges]

v. 추측(推測)하다 **n.** 추측

ex. **추**녀(醜女)는 미녀(美女)가 왜 **측**은(惻隱)해 보이는지 **추측**했다.

MP3 An ugly woman **guessed** why the beautiful woman looked pitiful.

∮ conjecture [kəndʒéktʃər] **n.** 추측 **v.** 추측하다

- speculate [spékjulèit] **v.** 추측하다, 투기(投機)하다
- speculation [spèkjuléiʃən] **n.** 고찰(考察), 추측, 투기
- speculative [spékjulèitiv] **a.** 추측의, 이론상의, 투기적인
- surmise [sərmáiz] **v.** 추측하다 **n.** 추측

☐ guest [gest]

n. 손님, 투숙객(投宿客)

ex. "우리의 **손님**이 **손**예나**님**이야."

MP3 "Our **guest** is Son Yena."

∮ hospitality [hàspətǽləti] **n.** 환대, 후한 접대

- hospitable [háspitəbl] **a.** (손님 등을) 잘 대접하는, 친절한, (기후 등이) 알맞은, 쾌적한
- inhospitable [inháspitəbl] **a.** (손님) 대접이 나쁜, (기후가) 사람이 살기 힘든

☐ guide [gaid]

v. 안내(案內)하다, 인도(引導)하다, 지도하다 **n.** 안내서, 안내인

ex. "도시 **안**을 여기저기 **내**가 너에게 **안내**할게."

MP3 "I'll **guide** you around the city."

- misguide [misgáid] **v.** 잘못 인도하다, 잘못 지도하다

☐ guilty [gílti]

a. 죄책감(罪責感)의, 유죄의

ex. "**죄**다 **책**임**감**을 느끼지 않는다면 누가 **죄책감**을 느끼겠는가?"

MP3 "Who will feel **guilty** if everybody feels irresponsible?"

- guilt [gilt] **n.** 죄책감, 유죄
- guiltiness [gíltinis] **n.** 유죄

∮ culprit [kʌ́lprit] **n.** 범인(犯人), 장본인(張本人)

☐ gun [gʌn]

n. 총(銃)

ex. **총**(總) 열 자루의 **총**을 가진 남자가 유죄 판결을 받았다.

MP3 The man who had ten **guns** in total was found guilty.

• tranquilizer gun [trǽŋkwəlàizər gʌn] **n.** 마취총
• tranquilizer [trǽŋkwəlàizər] **a.** 진정제
∮bullet [búlit] **n.** 총알, 탄환
• bulletproof [búlətprùf] **a.** 방탄의
• cartridge [kɑ́ːrtridʒ] **n.** 탄약통, 작은 용기(통), 카트리지
• holster [hóulstər] **n.** 권총용 가죽 케이스, 권총집
• rifle [ráifl] **n.** 라이플총, 소총
• trigger [trígər] **n.** 방아쇠 **v.** 방아쇠를 당기다, 촉발하다, 유발하다

□ gym [dʒim]

n. 체육관(體育館), 체육

ex. 그는 **체육관**에서 하는 **체육**에 **관**심이 없다.

MP3 He is not interested in physical education in the **gym**.

• gymnasium [dʒimnéiziəm] **n.** 체육관, 실내 경기장, 김나지움
• gymnastic [dʒimnǽstik] **a.** 체육의, 체조의 **n.** 훈련
• gymnastics [dʒimnǽstiks] **n.** 체조, 체육
∮treadmill [trédmìl] **n.** 러닝머신, 회전식 벨트 위를 달리는 운동 기구
• tread [tred] **v.** tread - trod - trodden/trod (발을) 디디다, 밟다, 걷다 **n.** 발걸음
• jungle gym 정글짐

H

□ habit [hǽbit]

n. 습관(習慣), 버릇

ex. "학**습**과 **관**찰의 결과로 얻은 좋은 **습관**을 포기하지 마라."

MP3 "Don't give up a good **habit** that results from learning and observation."

• habitual [həbítʃuəl] **a.** 습관적인, 상습적인
∮quirk [kwəːrk] **n.** 기벽(奇癖), 기이한 버릇, 기이한 우연, 재치, 기발(奇拔)함

□ habitat [hǽbitæt]

n. 서식지(棲息地), 거주지(居住地)

ex. "동물들이 어디에**서** 휴**식**을 취하고 있**지**?" "그들의 **서식지**에서지."

MP3 "Where are the animals taking a rest?" "In their **habitats**."

• habitant [hǽbitənt] **n.** 거주자, 주민
• habitable [hǽbitəbl] **a.** 거주할 수 있는
• habitation [hæbitéiʃən] **n.** 거주

□ hair [hɛər]

n. 머리털, 머리카락, 털

ex. "금발 소녀야, 너의 얼굴에서 머리**털**을 **털**어라. 그런데, 너는 **털털**하니?"

MP3 "Hey, blonde girl, brush the **hair** off your face. By the way, are you easy-going?"

• hairdresser [héərdrèsər] **n.** 미용사, 헤어 디자이너
• hairless [héərlis] **a.** 털이 없는, 머리털이 없는
∮blond [blɑnd] **a.** 금발의 **n.** 금발머리 남성
• blonde [blɑnd] **a.** 금발의 **n.** 금발머리 여성
• braids [breidz] **n.** 땋은 머리
• fuzzy [fʌ́zi] **a.** 곱슬곱슬한, 흐릿한, 불분명한
• ponytail [póunitèil] **n.** 말꼬리 모양으로 뒤로 묶은 머리

□ half [hæf]

n. 반, 절반 **a.** 반의, 절반의 **ad.** 반쯤, 절반쯤

ex. "**절 반**드시 믿어주세요. 제가 그 일을 **절반**을 할게요." "어, 중간까지 네가 한다고? 어중간하게는 하지 마라."

MP3 "Please believe me without doubt. I will do **half** of the work." "Ah, will you do **half** of it? Don't do things by **halves**."

• halfway [hǽfwèi] **ad.** 중간에

☐ halt [hɔːlt]

n. 멈춤, 중단 **v.** 멈추다, 중단하다

ex. "우리는 **중**동에서 **단**호히 격한 폭력을 **중단**시킬 것입니다."

MP3 "We will resolutely bring the raging violence to a **halt** in the Mideast."

- halter [hɔ́ːltər] **n.** 고삐

☐ hand [hænd]

n. 손, 도움, 시계 바늘 **v.** 건네주다

ex. **손**오공이 가까이에 있는 사오정에게 **손**을 내밀어 도움을 준다.

MP3 Son Ogong gives a **hand** to Sha wujing close at **hand**.

- beforehand [bifɔ́ːrhænd] **ad.** 사전에, 미리
- ∮manual [mǽnjuəl] **a.** 손의, 수공의, 수동의, 육체 노동의 **n.** 안내책자, 설명서
- manually [mǽnjuəli] **ad.** 손으로, 수공으로, 수동으로
- palm [pɑːm] **n.** 손바닥, 야자나무
- palm oil 야자유

☐ handcuff [hǽndkʌ̀f]

n. 수갑(手匣) **v.** 수갑을 채우다

ex. 죄**수**에게 **갑**자기 **수갑**이 채워졌다.

MP3 The **handcuffs** were suddenly put on the prisoner.

- cuff [kʌf] **n.** 윗옷의 소매, (cuffs) 수갑
- uncuff [ʌnkʌ́f] **v.** 수갑을 풀다

☐ handkerchief [hǽŋkərtʃif]

n. 손수건

ex. 그녀가 그에게 그 **손수건**을 **손수 건**넸다.

MP3 She herself handed him the **handkerchief**.

- ∮napkin [nǽpkin] **n.** 냅킨, 작은 수건
- towel [táuəl] **n.** 수건, 타월 **v.** 수건으로 닦다

☐ handsome [hǽnsəm]

a. 잘생긴

ex. 그는 **잘생긴** 얼굴이지만 입이 가벼워 그로부터 소문이 **잘 생긴**다.

MP3 He has a **handsome** face, but also has a big mouth. So, he easily spreads rumors.

☐ hang[1] [hæŋ]

v. hang - hanged - hanged 교수형에 처하다

☐ hang[2] [hæŋ]

v. hang - hung - hung 걸다, 달다, 매달다, 매달리다

ex. 그는 외투를 옷걸이에 **걸고** 난 다음에 **걸**어 **다**녔다.

MP3 After **hanging** his coat on the hook, he walked around.

- overhang [òuvərhǽŋ] **v.** overhang - overhung - overhung … 위에 걸리다, … 위에 돌출(突出)하다 **n.** [óuvərhæ̀ŋ] 돌출부
- ∮dangle [dǽŋgl] **v.** 매달리다, 매달다
- protrude [proutrúːd] **v.** 튀어나오다, 돌출하다

☐ happen [hǽpən]

v. 일어나다, 발생(發生)하다, (to) 우연히 …하다

ex. "**발**각(發覺)될 경우를 **생**각해. 그런 경우는 우연히라도 분명히 **발생**할 테니까." "난 그런 경우를 생각하고 싶지 않아."

MP3 "Think about another scenario of detection. It is bound to **happen** even by chance." "I don't want to dwell on such a case."

- ∮recur [rikə́ːr] **v.** 다시 일어나다, 재발(再發)하다
- recurrence [rikə́ːrəns] **n.** 재발
- recurrent [rikə́ːrənt] **a.** 재발하는, 되풀이되는

☐ happiness [hǽpinis]

n. 행복(幸福)

ex. "**행복행**(行) **복**(福)이 터진 열차에 탑승(搭乘)합시다."

MP3 "Let's board the blessed train for **happiness**."

- happy [hǽpi] **a.** 행복한
- happily [hǽpili] **ad.** 행복하게, 다행히
- unhappy [ənhǽpi] **a.** 불행한

≠ bliss [blis] **n.** 더없는 행복

- rejoice [ridʒɔ́is] **v.** 크게 기뻐하다

☐ harbor [hɑ́ːrbər]

n. 항구(港口), 항만(港灣), 피난처 **v.** 피난처를 제공하다

ex. 그 배는 **항구**에 **항구**적(恒久的)으로 닻을 내렸다.

MP3 The ship was permanently anchored in the **harbor**.

≠ dock [dɑk] **n.** 부두(埠頭) **v.** 부두에 대다, (우주선이) 도킹하다

- pier [piər] **n.** 부두

☐ hard [hɑːrd]

a. 딱딱한, 어려운, 열심인

ex. "**딱딱한** 몽둥이로 **딱** 한 대를 맞았어, **딱한** 아이가."

MP3 "A poor child was hit exactly one time with a **hard** club."

- hardly [hɑ́ːrdli] **ad.** 거의 … 않은
- hardware [hɑ́rdwὲr] **n.** 하드웨어
- hard-working [hɑ́rdwə̀rkiŋ] **a.** 열심히 일하는
- hardship [hɑ́ːrdʃip] **n.** 어려움, 고난
- hardness [hɑ́ːrdnis] **n.** 딱딱함, 단단함

≠ crisp [krisp] **a.** 바삭바삭한, 아삭아삭한

- crispy [kríspi] **a.** 바삭바삭한, 아삭아삭한

☐ hare [hɛər]

n. 산토끼

ex. "이 **산토끼**는 어디서 **산 토끼**냐?"

MP3 "Where did you buy this **hare**?"

☐ harm [hɑːrm]

n. 해, 손해, 피해 **v.** 해를 끼치다

ex. "너에게 **해**를 **끼치는** 사람을 여러 **해** 동안 계속 **끼**고 살지 마라. 그가 너를 놓**치게** 하라."

MP3 "Don't live with a person who do any **harm** to you for several years on end. Make him have difficulty in finding you."

- harmful [hɑ́ːrmfəl] **a.** 해로운
- harmless [hɑ́ːrmlis] **a.** 해롭지 않은

≠ impair [impέər] **v.** 해치다, 손상시키다

- impairment [impέərmənt] **n.** 장애, 손상

☐ harmony [hɑ́ːrməni]

n. 조화(調和), 화합

ex. "그는 분위기와 **조화**를 이루며 하모니카를 연주했죠. **화**목했어요."

MP3 "He played the harmonica in **harmony** with the atmosphere. It was peaceful."

- harmonious [hɑːrmóuniəs] **a.** 조화로운, 화합하는
- disharmony [dishɑ́ːrməni] **n.** 부조화, 불협화음(不協和音)

☐ hasty [héisti]

a. 서두르는, 서두는

ex. **서**희는 붕대를 **두르는** 일을 **서두르는**데 시간은 이미 늦었다.

MP3 Seohee was already late although she wrapped a bandage in a **hasty** manner.

- haste [heist] **n.** 서두름
- hasten [héisn] **v.** 서두르다, 재촉하다

≠ prodding [prɑ́diŋ] **n.** 쿡 찌르기, 재촉하기

H

☐ hat [hæt]

n. (테가 있는) 모자

ex. **모자**(母子)의 **모자**가 서로 잘 어울린다.

MP3 The mother's **hat** goes well with the son's one.

∮helmet [hélmit] **n.** 헬멧

☐ hate [heit]

v. 매우 싫어하다, 질색(窒塞)하다, 혐오(嫌惡)하다

ex. "너희가 날 매우 싫어한다면 나에게 **질**척대지 마, 어**색**하니까. 꺼져, **질색**하는 사람들아. 난 너희가 신물이 나니까."

MP3 "Do not follow me tenaciously if you **hate** me. It's awkward. Get out of here, **haters**. I'm sick of you."

- hater [héitər] **n.** 매우 싫어하는 사람, 남을 헐뜯는 사람
- hatred [héitrid] **n.** 혐오, 증오

∮disgust [disgʌ́st] **v.** 혐오감을 일으키다
- disgusting [disgʌ́stiŋ] **a.** 역겨운, 혐오스러운
- detest [ditést] **v.** 몹시 싫어하다, 혐오하다
- detestation [dìːtestéiʃən] **n.** 혐오, 증오
- loathe [louð] **v.** 혐오하다, 질색하다, 몹시 싫어하다
- loathing [lóuðiŋ] **n.** 혐오, 질색

☐ have [həv, əv, hǽv]

v. have·has - had - had (has [həz, hǽz] 3인칭 단수·직설법·현재형) 가지다, 시키다, 당하다

ex. 그녀가 **가지고** 있는 것은 나뭇**가지다**.

MP3 It is a branch that she **has**.

☐ head [hed]

n. 머리, 두뇌, 우두머리 **v.** 향하다

ex. "**뭘 이**런 걸 다 **머리**로 하려고 하냐."

MP3 "You don't have to use your **head** on this matter."

- headquarters [hédkwɔ̀rtərz] **n.** 본부
- headline [hédlàin] **n.** 머리기사, 표제
- head-on **a.** 정면의, 정면으로
- headlong [hédlɔ̀ŋ] **ad.** 곤두박이치며, 저돌적(豬突的)으로
- headache [hédèik] **n.** 두통
- headmaster [hèdmǽstər] **n.** 교장
- headmastership [hédmǽstərʃip] **n.** 교장의 지위

∮parietal [pəráiətl] **a.** 정수리(부분)의

☐ health [helθ]

n. 건강(健康)

ex. "시가지(市街地)에서 시가를 피우는 사람들이**건 강**가에서 시가를 피우는 사람들이건 간에 모두 **건강**을 생각합시다." "정기적으로 **건강** 검진을 받으러 병원에 가는 게 좋죠."

MP3 "Whether they smoke a cigar in urban areas or they have a cigarette by the river, all must think of their **health**." "They had better go to hospital for a regular check-up."

- healthy [hélθi] **a.** 건강한, 건강에 좋은
- healthful [hélθfəl] **a.** 건강에 좋은

∮fitness [fítnis] **n.** 신체 건강, 적합성
- fit [fit] **v.** 맞다, 적합하다 **a.** 적합한, 알맞은, 건강한 **n.** 발작

☐ hear [hiər]

v. hear - heard - heard 듣다

ex. 뜨듯한 방에서 그들이 **다** 그의 말을 **듣다**가 잠들었다.

MP3 **Hearing** what he said, they all fell asleep in a warm room.

- mishear [mishír] **v.** mishear - misheard - misheard 잘못 (알아)듣다
- overhear [òuvərhír] **v.** overhear - overheard - overheard 우연히 엿듣다

☐ heart [hɑːrt]

n. 심장, 가슴, 마음

ex. "내 **심장**이 뛰어. 난 진**심**이야. **장**난이

아니야."

MP3 "My **heart** is beating. I'm serious. No joke."

- heartfelt [hártfèlt] a. 진심 어린

⨍ cardiac [kάːrdiæ̀k] a. 심장의
- cardiac pacemaker 심박 조율기(心搏調律器)
- cardiovascular [kὰːrdiəvǽskjulər] a. 심장 혈관의, 심혈관의
- cardiopulmonary resuscitation [kὰːrdiəpʌ́lmənèri risʌ̀sətéiʃən] n. 심폐소생술(CPR)

☐ heat [hiːt]

n. 열, 열기, 온도 v. 가열하다, 가열되다

ex. **열**람실은 사람들의 **열**남실(=열나는 방).

MP3 A reading room is the room which is **heated** by people.

- heatproof 내열성(耐熱性)의
- heatstroke 열사병
- heatwave 열파, 혹서

⨍ insulate [ínsəlèit] v. 단열(斷熱)하다, 절연(絶緣)하다, 보호하다
- insulation [ìnsəléiʃən] n. 단열, 절연, 단절

☐ heave [hiːv]

v. heave - heaved/hove - heaved/hove 들어 올리다, 내쉬다

ex. "내 말 잘 **들어**. 그리고 그것을 **올려**. 한 번에 **들어 올려**."

MP3 "Listen to me carefully and raise it. **Heave** it at one go."

- upheaval [ʌphíːvəl] n. 들어 올림, 융기(隆起), 격변(激變)

⨍ ridge [ridʒ] n. 산등성이, 산마루, 융기(돌출 부분)
- ridgy [rídʒi] a. 융기한, 등이 있는, 등성이 진

☐ heaven [hévən]

n. 천국, 천당, 하늘

ex. "금**천 국**수는 **천국**의 맛이로구나."

MP3 "Noodles in Geumcheon are like food in **heaven**."

⨍ celestial [səléstʃəl] a. 천체의, 천상의, 하늘의
- celestially [səléstʃəli] ad. 거룩하게, 신성하게
- Ptolemaic system 천동설, 지구 중심설
- Ptolemaic [tὰləméiik] a. 천동설의

☐ heir [ɛər]

n. 상속인(相續人), 후계자

ex. **상속인**이었다, 그 **상**인(商人)이 **속인** 사람은.

MP3 It was an **heir** whom the trader deceived.

- heiress [ɛ́əris] n. 상속녀

☐ hell [hel]

n. 지옥

ex. "옥조이**지**. **옥**조이지. **지옥** 같은 현실이 우리를 옥조이지."

MP3 "It chokes us. It chokes us. Reality that looks like **hell** chokes us."

⨍ Hades [héidiːz] n. (그리스 신화) 하데스, 저승의 지배자

☐ herb [əːrb]

n. 허브, 약초(藥草), 향초, 풀

ex. **약초**가 **약**간 **초**록색이다.

MP3 An **herb** has a little bit of green color.

- herbal [ə́ːrbəl] a. 허브의, 약초의, 풀의
- herbicide [hə́ːrbəsàid] n. 제초제
- herbivore [hə́ːrbəvɔ̀ːr] n. 초식 동물
- herbivorous [həːrbívərəs] a. 초식성의

⨍ coriander [kɔ́ːriæ̀ndər] n. 고수(미나릿과의 식물)

☐ hereditary [hərédətèri]

a. 유전(遺傳)의, 세습(世襲)의

ex. "그건 **유전의** 문제어**유**. 저의 **전**(前)**의** 의사가 그랬어유."

H

MP3 "It is a **hereditary** problem. My previous doctor said so."

- hereditary monarchy 세습 군주제
- heredity [hərédəti] **n.** 유전, 세습

☐ heritage [héritidʒ]

n. (문화) 유산

ex. "우리의 문화**유산**은 그들의 것과 **유사**하지 **않**다."

MP3 "Our cultural **heritage** is not similar to theirs."

☐ hesitate [hézətèit]

v. 주저(躊躇)하다, 망설이다

ex. "**주저**하지 말고 그거 **주**세요, **저**."

MP3 "Don't **hesitate** to give it to me."

- hesitation [hèzətéiʃən] **n.** 주저, 망설임
- hesitancy [hézətənsi] **n.** 주저, 망설임
- hesitant [hézətənt] **a.** 주저하는, 망설이는

☐ hide [haid]

v. hide - hid/hided - hidden/hid 숨기다, 감추다, 숨다 **n.** (짐승의) 가죽

ex. 영**수**는 진흙 **움**막에 있**기**로 했**다**. 그는 그곳에 **숨기**로 했**다**.

MP3 Yeongsu was expected to be in a mud hut. He promised to **hide** there.

∮ conceal [kənsíːl] **v.** 숨기다, 감추다
- concealment [kənsíːlmənt] **n.** 숨김, 은닉(隱匿), 은폐(隱蔽)
- lurk [ləːrk] **v.** (불순한 의도로) 숨어 있다, 잠복(潛伏)하다, (위험 등이) 도사리다

☐ high [hai]

a. 높은 **ad.** 높이

ex. 얼굴이 **노**랗게 될 정도로 아**픈** 아이가 **높은** 체온을 보인다.

MP3 A sick child whose face has even become yellow has a **high** body temperature.

- highly [háili] **ad.** 매우, 높이 평가하여
- high bar (체조의) 철봉
- high-tech 첨단 기술의

∮ height [hait] **n.** 높이, 신장, 정점, 최고조(最高潮)
- heighten [háitn] **v.** 높이다, 고조(高調)시키다, 고조되다
- aloft [əlɔ́ːft] **ad.** 높이
- lofty [lɔ́ːfti] **a.** 우뚝 솟은, (호감) 고귀한, 고상(高尙)한, (비호감) 오만(傲慢)한

☐ highlight [háilàit]

v. 강조(强調)하다 **n.** 하이라이트, 가장 중요한 부분

ex. "**하이라** 씨와 케**이트** 씨가 만나는 장면이 그 드라마의 **하이라이트**죠."

MP3 "The scene where Ha Eera and Kate meet is the **highlight** of the drama."

- highlighter [háilàitər] **n.** 형광펜

☐ highway [háiwèi]

n. 고속도로, 간선(幹線) 도로

ex. 최고 **속도로 고속도로**를 질주하는 자동차는 세단이다.

MP3 A car which is running at top speed on the **highway** is a sedan.

- a highway to success 성공 가도, 출세가도(出世街道)

∮ bypass 우회 도로
- overpass [óuvərpæ̀s] **n.** 고가(高架) 도로

☐ history [hístəri]

n. 역사(歷史)

ex. **역사**(驛舍)의 **역사**는 흥미롭다.

MP3 The **history** of the station building is interesting.

- historical [histɔ́ːrikəl] **a.** 역사의
- historic [histɔ́ːrik] **a.** 역사적으로 중요한

• prehistoric [prìhistɔ́rik] a. 선사 시대의
∉ pseudohistory [sú:douhistəri] n. 가짜 역사, 유사 역사학

☐ hit [hit]

v. hit - hit - hit 치다, n. 타격, (흥행) 성공

ex. "**치**수가 오**다**가 차에 **치**일 뻔했**다**. 아슬아슬했다."

MP3 "Chisu was almost **hit** by a car while coming here. It was a close call."

• hit on a plan 하나의 계획을 생각해 내다
∉ spank [spæŋk] v. (아이의 엉덩이를 체벌로) 찰싹 때리다
• smash [smæʃ] v. 박살내다, 힘껏 치다 n. 박살내기, (테니스, 탁구 등의) 스매시

☐ hobby [hábi]

n. 취미

ex. "나의 **취미**? 춤을 **추**는 **이미**지를 생각해." 케플러 양이 말했다.

MP3 "My **hobby**? Think of the image of dancing." Miss Kepler said.

∉ pastime [pǽstàim] n. 취미(趣味), 오락(娛樂)

☐ hold [hould]

v. hold - held - held 잡다, 수용하다, 개최하다

ex. "너의 눈물을 참아라. **자**, **바**라보지만 말고 **잡아**, 그 손을. 그 손은 너에게 해를 끼치지 않을 거야." 그는 침묵하고 있는 소녀에게 말했다.

MP3 "**Hold** back your tears. Well, don't just look at it. **Hold** the hand. It will do you no harm." He said to a girl who **held** her tongue.

∉ uphold [ʌphóuld] v. 지지하다, 확인하다

☐ hole [houl]

n. 구멍, 구덩이, 굴

ex. **굼**뜬 쥐가 최후의 수단으로 **엉**금엉금 **구멍**으로 들어가고 있다.

MP3 A sluggish rat is crawling into a **hole** in the last resort.

• pothole [páthòul] n. 도로에 난 구멍
∉ abyss [əbís] n. 매우 깊은 구멍, 심연, 나락
• burrow [bə́:rou] v. 굴을 파다 n. (동물의) 굴, 개미굴
• crater [kréitər] n. 분화구, (폭탄으로 생긴) 큰 구멍
• cratered [kréitərd] a. 분화구가 많은
• perforate [pə́:rfərèit] v. 구멍을 내다, 구멍을 뚫다
• puncture [pʌ́ŋktʃər] v. 구멍을 내다 n. 구멍
• punctured [pʌ́ŋktʃərd] a. 구멍이 있는
• porosity [pɔ:rásəti] n. 물질의 내부에 작은 구멍이 많은 성질, 다공성(多孔性)

☐ holiday [hálədèi]

n. 휴일, 휴가

ex. "**휴**! **가**고 싶다, **휴가**. 크리스마스이브에 말이야."

MP3 "Whew! I want to go on **holiday**. I mean, on Christmas Eve."

∉ resort [rizɔ́:rt] n. 리조트, 휴양지, 의지, 수단 v. (to) 의지하다

☐ holy [hóuli]

a. 신성(神聖)한, 성스러운, 독실한

ex. 여**성스러운** 소녀가 **성스러운** 장소에 있다.

MP3 A girl who looks feminine is at a **holy** place.

∉ divine [diváin] 신(神)의, 신성한
• divinity [dívínəti] n. 신성, 신학
• shrine [ʃrain] n. 성지
• enshrine [inʃráin] v. 소중히 하다, (신성하게) 모시다

☐ home [houm]

n. 집 ad. 집으로

ex. "은**지**야, 손님 **입**장이라 스스로 생각하지 말고 이 **집**을 네 **집**처럼 여기고 편하게 쉬어."

H

MP3 "Eunji, don't think yourself as a visitor and make yourself at **home**."

- hometown [hóumtàun] **n.** 고향
- homestead [hóumstèd] **n.** 정부 공여(供與) 농지
- home remedy 가정 요법
- home run 홈런
- homeroom teacher 담임 선생님
- homework [hóumwə̀rk] **n.** 숙제(宿題)

∮Be it ever so humble, there's no place like home. 아무리 누추해도 내 집이 가장 좋다.

□ homeland [hóumlæ̀nd]

n. 고국(故國), 조국(祖國)

ex. "그렇죠. 그루지야 **국**민들은 **조국** 사랑이 대단하죠."

MP3 "Yes. The Georgians have great love for their **homeland**."

□ honor [ánər]

n. 명예(名譽)

ex. "**명예**의 '**명**(名)'의 글자 뜻이 뭔지 너는 설명할 수 있나?" "**예**, 그것은 '이름'입니다."

MP3 "Can you explain the literal meaning of 'one component' in **honor**?" "Yes, it means 'name'."

- dishonor [disánər] **n.** 불명예

∮glory [glɔ́ːri] **n.** 영광, 장관(壯觀), 명예로운 것

□ hope [houp]

v. 희망(希望)하다 **n.** 희망

ex. "전 세계 일주를 **희망**해요, **희**미(稀微)한 미래에요. 이 꿈, 전 **망**각(忘却)하지 않을 거예요."

MP3 "I **hope** to go around the world in the uncertain future. I will not forget this dream."

- hopeful [hóupfəl] **a.** 희망 가득한

∮chimera [kaimíərə] **n.** 불가능한 희망, 키메라(사자 머리, 염소 몸, 뱀 꼬리의 신화 속 괴수)

□ horizon [həráizn]

n. 수평선(水平線), 지평선, 인식 범위, 시야

ex. **수평선** 위에 면적이 **수**십(數十) **평**(坪)인 **선**박(船舶)이 있다.

MP3 There is a ship whose area is at least over 30 square meters on the **horizon**.

- horizontal [hɔ̀ːrəzántl] a. 수평의

□ horse [hɔːrs]

n. 말

ex. "**말** 타지 **말**라고!"

MP3 "Don't ride a **horse**!"

∮harness [háːrnis] **n.** 마구(馬具) **v.** (동력으로) 이용하다

- hoof [huːf] **n.** 발굽
- hoofbeat [húfbìːt] **n.** 발굽 소리
- gallop [gǽləp] **v.** (말이) 질주하다, 전속력으로 말 달리다 **n.** 질주
- colt [koult] **n.** 수망아지, 콜트 권총
- saddle [sǽdl] **n.** (말, 자전거, 오토바이의) 안장 **v.** 안장을 얹다
- merry-go-round 회전목마
- merry [méri] **a.** 즐거운, 명랑한

□ hospital [háspitl]

n. 병원(病院)

ex. 그녀는 이 **병원**에 입원한 **병**철과 혜**원**의 안부를 물었다.

MP3 She inquired after Byeongchul and Hyewon who were in this **hospital**.

- hospital complex 종합 병원

∮clinic [klínik] **n.** 클리닉, 병원, 병동, 진료소

- sanatorium [sæ̀nətɔ́ːriəm] **n.** 요양소(療養所)
- fMRI 기능적 자기 공명 영상 (functional magnetic resonance imaging)
- endoscope [éndəskòup] **n.** 내시경(內視鏡)

☐ hostile [hástl, hɔ́stail]

a. 적의를 품은, 적대적(敵對的)인

ex. "**적의**를 **품은 적의** 인**품은** 어떠한지 당신은 확인할 수 있는가?"

MP3 "Can you identify the character of the **hostile** enemy?"

- hostility [hɑstíləti] **n.** 적의, 적대감

☐ house [haus]

n. 집, 주택 **v.** [hauz] 거처(居處)를 제공하다, 소장(所藏)하다

ex. 그들은 **집**에 **집**착(執着)한다.

MP3 They are obsessed with **houses**.

- household [háushòuld] **n.** 가구(세대), 가성
- housework [háuswə̀rk] **n.** 집안일, 가사
- househusband 전업(專業) 남편, 가사를 전업으로 하는 남편
- housewife [háuswàif] **n.** (전업) 주부
- housekeeper [háuskipər] **n.** 가정부
- housewarming [háuswɑ̀miŋ] **n.** 집들이

cf chalet [ʃæléi] **n.** 샬레, 산지 가옥(家屋)

- mansion [mǽnʃən] **n.** 대저택, 맨션

☐ human [hjúːmən]

a. 인간의, 인간적인 **n.** 인간, 사람

ex. 타**인 간**(間)의 **인간**은 그렇게 행동한다.

MP3 **Humans** among other **humans** behave that way.

- human being **n.** 인간
- human resources **n.** 인적 자원, (Human Resources, HR) 인사 부서
- humanism [hjúːmənìzm] **n.** 휴머니즘, 인본주의(人本主義)
- humanity [hjuːmǽnəti] **n.** 인류, 인간성, 인간애
- humanities 인문학
- inhuman [inhjúːmən] **a.** 비인간적인, 인간미 없는, 인간이 아닌

cf mankind [mæ̀nkáind] **n.** 인류

- hominid [hámənid] **n.** 사람과(科)의 동물, 진화 인류의 모체가 된 사람이나 동물
- hominin [hámənin] **n.** 호미닌, (분류학상) 인간의 조상으로 분류되는 종족
- hominin fossil 인류 화석
- Homo erectus [houmou iréktəs] **n.** 직립 원인(直立猿人), 호모에렉투스
- Homo sapiens [houmou séipiənz] **n.** 현생 인류(現生人類)

☐ humble [hʌ́mbl]

a. 겸손(謙遜)한, 초라한, 미천(微賤)한

ex. "**미천한** 출신이라 **미쳐, 난**."

MP3 "My **humble** origins make me crazy."

☐ humiliate [hjuːmílièit]

v. 굴욕(屈辱)스럽게 하다, 창피(猖披)를 주다

ex. **굴**뚝같은 **욕**망은 그 여성에게 **굴욕**감만 남겨주었다.

MP3 The woman's keen desire only **humiliated** her.

- humiliation [hjuːmìliéiʃən] **n.** 굴욕

☐ humility [hjuːmíləti]

n. 겸손(謙遜)

ex. **귀염**둥이 **손**님이 **겸손**했다.

MP3 A pretty child who came as a guest had **humility**.

☐ humor [hjúːmər]

n. 유머, 익살, 해학(諧謔)

ex. **익**숙함이 **살**짝 **익살**과 관련이 된다.

MP3 Familiarity has a little relevance to **humor**.

☐ hungry [hʌ́ŋgri]

a. 배고픈, 굶주리는, 갈구(渴求)하는, 갈망(渴望)하는

ex. "나 **배고픈**데 내 **배**에 뭘 넣**고픈**데."

MP3 "Since I'm getting **hungry**, I want

H

to put anything in my stomach."

- hunger [hʌ́ŋgər] n. 배고픔, 굶주림, 갈구, 갈망
∮ famine [fǽmin] n. 기근(饑饉), 기아(飢餓), 굶주림
- starvation [stɑːrvéiʃən] n. 굶주림, 기아
- starve [stɑːrv] v. 굶주리다, 굶어 죽다

☐ hunt [hʌnt]

v. 사냥하다, 물색(物色)하다 n. 사냥, 수색(搜索)

ex. "**사냥**한 게 **사**자들이**냥**?"

MP3 "Were Lions **hunted**?"

∮ game [geim] n. 게임, 경기, 야생의 사냥감
- forage [fɔ́ːridʒ] v. 먹이를 찾아다니다, 식량을 찾아다니다, 수렵 채집(狩獵採集)하다 n. 먹이, 사료
- forager [fɔ́ːridʒər] n. 수렵 채집 생활인, 수렵채집인
- foraging [fɔ́(ː)ridʒiŋ] n. 수렵 채집, (동물에 의한) 피식(被食)

☐ hurry [hə́ːri]

v. 서두르다 n. 서두름

ex. "여기에**서** 차들에 **둘러**싸이기 전에 **서둘러**라! 속도를 내라!"

MP3 "Before the traffic is bumper to bumper here, **hurry** up! Step on the gas!"

☐ hurt [həːrt]

v. hurt - hurt - hurt 상처를 주다, 다치게 하다, 다치다 a. 상처받은 n. 상처

ex. 두목은 강한 남자들이 **다** 약한 사람들을 **치게 해서** 약한 사람들을 **다치게 한다**.

MP3 The boss makes all the strong men hit and **hurt** the weak people.

- hurtful [hə́ːrtfəl] a. 상처를 주는

☐ husband [hʌ́zbənd]

n. 남편(男便)

ex. **남편**은 **남**의 **편**, 자기 아내 편이 아님.

MP3 **Husbands** are on the side of others, not of their wives.

☐ hypothesis [haipɑ́θəsis]

n. 가설(假說), 가정(假定)

ex. "그 **가설**을 증명하는 사실들을 은우**가 설**명해라."

MP3 "Eunwoo, explain the facts that bear out the **hypothesis**."

- hypothesize [haipɑ́θisàiz] v. 가설을 세우다
- hypothetical [hàipəθétikəl] a. 가설의, 가정의, 가언적인
∮ postulate [pɑ́stʃulèit] v. 가정하다

I

☐ ice [ais]

n. 얼음

ex. 소년은 **얼음**물을 중**얼**거리며 **음**미(吟味)했다.

MP3 The boy, who was murmuring, savored **ice** water.

- break the ice 서먹서먹한 분위기를 없애다
- icy [áisi] a. 얼음의, 얼음 같은
∮ frost [frɔːst] n. 서리, 성에 v. 서리가 내리다

☐ iceberg [áisbəːrg]

n. 빙산(氷山)

ex. 그들은 **빙산**을 빙**빙** 돌며 **산**다.

MP3 They live, moving round the **iceberg**.

- tip of the iceberg 빙산의 일각(一角)

☐ idea [aidíːə]

n. 아이디어, 생각, 발상

ex. 역**발상**(逆發想)의 **발상**은 탁월(卓越)했다.

MP3 The **idea** of thinking the other way around was excellent.

∮ brainchild [bréintʃàild] **n.** 창작물
- ideology [àidiálədʒi] **n.** 이념(理念), 이데올로기

☐ ideal [aidíːəl]

a. 이상적(理想的)인 **n.** 이상

ex. 사람들이 그의 **이상**(異常)한 **이상**을 좋아한다. 사람들은 그의 **이상**이 실현되리라고 믿는다.

MP3 People go for his strange **ideal**. They believe that the **ideal** will be realized.

- idealism [aidíːəlìzm] **n.** 이상주의
- idealist [aidíːəlist] **n.** 이상주의자
- idealistic [aidìːəlístik] **a.** 이상주의의
- idealize [aidíːəlàiz] **v.** 이상화하다

☐ identify [aidéntəfài]

v. (신원을) 확인(確認)하다, 동일시(同一視)하다

ex. 정**확**히 증**인**이 **확인**되었다. 그 남편은 자기 마누라에게 꼼짝 못했음이 증명되었다.

MP3 The witness was exactly **identified**. It was proved that the husband was tied to his wife's apron strings.

- identification [aidèntifəkéiʃən] **n.** 동일시, 신원(身元) 확인, 신원 증명, 신분증
- identity [aidéntəti] **n.** 동일성, 신원, 정체성(正體性)
- identical [aidéntikəl] **a.** 동일한
- identified [aidéntəfàid] **a.** 확인된
- unidentified [ʌnaidéntəfàid] **a.** 확인되지 않은

☐ idiot [ídiət]

n. 바보, 멍청이

ex. 온몸에 **멍**이 든 심**청이**는 결코 **멍청이**가 아니다.

MP3 Shim Chung who has bruises all over her body is by no means an **idiot**.

∮ booby [búːbi] **n.** 멍청이

☐ idle [áidl]

a. 게으른, 나태(懶怠)한, 한가(閑暇)한, 빈둥거리는 **v.** 빈둥거리다

ex. "**게으른** 아이들이 어떻**게 으른**(='어른'의 사투리)들의 말을 듣겠니?"

MP3 "How will the **idle** children listen to adults?"

∮ complacent [kəmpléisnt] **a.** 현실에 안주(安住)하는, 자기만족적인
- complacently [kəmpléisntli] **ad.** 현실에 안주하여, 자기만족적으로

☐ ignore [ignɔ́ːr]

v. 무시(無視)하다, 못 본 체하다

ex. 그녀는 그 **무시무시**한 사실을 **무시**할 수 없었다.

MP3 She couldn't **ignore** the terrible fact.

- ignorant [ígnərənt] **a.** 무지(無知)한, 무식(無識)한
- ignorance [ígnərəns] **n.** 무지, 무식

∮ Ignorance is bliss. 모르면 약(藥)이요.

☐ ill [il]

a. 아픈, 병(病)든, 나쁜 **ad.** 나쁘게

ex. **병든** 환자가 물**병**(甁)을 **든** 채 침대에 누워 있다.

MP3 An **ill** patient is in bed with a water bottle in his hand.

- illness [ílnis] **n.** 병, 질병(疾病)

∮ ailment [éilmənt] **n.** (가벼운) 질병

☐ illusion [ilú:ʒən]

n. 환상(幻想), 착각(錯覺), 오해(誤解)

ex. 정**환**은 **상**당한 시간 동안 그녀가 그의 친구라는 **환상**에 빠져 있었다.

MP3 For a long time, Junghwan was under the **illusion** that she was his friend.

- illusory [ilú:səri] **a.** 환상의, 착각의
- ≠ hallucination [həlù:sənéiʃən] **n.** 환각(幻覺), 환영(幻影)

☐ illustrate [íləstrèit]

v. 삽화(揷畵)를 넣다, (예를 들어) 설명하다

ex. **삽**시간(霎時間)에 **화를** 풀기 위해 도**넛 다**섯 개를 먹으며 그는 책에 **삽화를 넣**었**다**.

MP3 He **illustrated** the book while eating five doughnuts to let off steam in a moment.

- illustration [iləstréiʃən] **n.** 삽화, (설명을 돕는) 실례
- illustrator [íləstrèitər] **n.** 삽화가

☐ image [ímidʒ]

n. 이미지, 상, 심상(心象), 영상

ex. "이것**이 미지**(未知)의 세계의 **이미지**다."

MP3 "This is the **image** of the unknown world."

☐ imagine [imǽdʒin]

v. 상상(想像)하다

ex. "나는 이**상**적(理想的)인 사회를 항**상 상상**한다."

MP3 "I always **imagine** an ideal society."

- imagination [imæ̀dʒənéiʃən] **n.** 상상, 상상력
- imaginable [imǽdʒənəbl] **a.** 상상할 수 있는
- imaginary [imǽdʒənèri] **a.** 상상의, 허수(虛數)의 **n.** 허수
- imaginative [imǽdʒənətiv] **a.** 상상력이 풍부(豊富)한

☐ imitate [ímətèit]

v. 모방(模倣)하다, 흉내내다

ex. 그는 그녀의 스타일을 즉시 **모방**했고, 그러한 그의 행동은 **모**든 근**방**의 사람들에게 영향을 주었다.

MP3 He **imitated** her style at once, which had an effect on all the people around there.

- imitation [imətéiʃən] **n.** 모방, 흉내, 모조품(模造品)
- ≠ bandwagon effect 편승 효과(便乘效果)
- jump on the bandwagon (시대 흐름에) 편승하다
- mimic [mímik] **v.** (놀리거나 웃기려고) 흉내내다 **n.** 흉내쟁이
- mimicry [mímikri] **n.** 흉내, 모조품
- mock [mɑk] **v.** 흉내내며 놀리다 **a.** 모의(模擬)의
- mockery [mɑ́kəri] **n.** 조롱, 흉내만 낸 엉터리
- mockingbird [mɑ́kiŋbə̀rd] **n.** 흉내지빠귀
- simulate [símjulèit] **v.** 가장(假裝)하다, 모의실험을 하다, 시뮬레이션하다
- simulation [sìmjuléiʃən] **n.** 가장, 모의실험, 시뮬레이션

☐ immediately [imí:diətli]

ad. 즉시(卽時), 바로

ex. "새 규칙은 **즉시** 시행된다. **즉**, **시**간이 지체되는 일은 없다."

MP3 "The new rule comes into operation **immediately**. That is to say, there is not a moment to be lost."

- immediate [imí:diət] **a.** 즉시의, 바로 가까이의
- immediacy [imí:diəsi] **n.** 즉시성, 직접성
- ≠ straight [streit] **ad.** 똑바로, 곧장, 잇달아 **a.** 똑바른, 곧은, 연속한
- straightforward [streitfɔ́:rwərd] **a.** 간단하고 쉬운, 솔직한, 똑바른 **ad.** 똑바로

☐ imminent [ímənənt]

a. 임박(臨迫)한, (나쁜 일이) 코앞에 닥친, 일촉즉발(一觸卽發)의

ex. "우리에게 **임박**한 위험**임**. **밖**에 나가지 말 것."

MP3 "We are in **imminent** danger. Don't go out."

- imminently [ímənəntli] **ad.** 임박하여, 일촉즉발로
- imminence [ímənəns] **n.** 임박, 급박

≠impending [impéndiŋ] **a.** 임박한

- pending [péndiŋ] **a.** 임박한, 계류(繫留) 중인 **prep.** …까지

☐ immortal [imɔ́ːrtl]

a. 죽지 않는, 불멸(不滅)의, 불후(不朽)의

ex. "**죽**지 **않는** 삶을 꿈꾸는 사람들의 모습이 **죽 지**금과 같지는 **않아**."

MP3 "People who want to be **immortal** will not be the same as they are now."

- immortality [ìmɔːrtǽləti] **n.** 불멸, 불후
- mortal [mɔ́ːrtl] **a.** 반드시 죽는, 치명적(致命的)인
- mortality [mɔːrtǽləti] **n.** 반드시 죽음, 사망률

≠lethal [líːθəl] **a.** 치명적인 **n.** 치사 유전자

- lethally [líːθəli] **ad.** 치명적으로
- fatal [féitl] **a.** 치명적인
- fatality [feitǽləti] **n.** 치사율(致死率), 사망자(수)
- fate [feit] **n.** 운명

☐ immune [imjúːn]

a. 면역(免疫)의, 면제(免除)된

ex. "어떻게 하**면** 우리가 **역**병(疫病)에 **면역**이 될까?" "우리는 이 시스템을 단계적(段階的)으로 폐지(廢止)해야 해."

MP3 "How could we be **immune** to infection?" "We must phase out this system."

- immune system 면역 체계
- immunity [imjúːnəti] **n.** 면역, 면제
- immunization [ìmjunəzéiʃən] 예방 주사(豫防注射)

☐ impact [ímpækt]

n. 충돌(衝突), 충격(衝擊), 영향(影響) **v.** [impǽkt] 충돌하다, 충격을 주다, 영향을 끼치다

ex. 그는 대**충** 생각하면서 가**격** 변동이 시장에 가져올 **충격**을 얕잡아보고 있다.

MP3 He makes a rough guess and makes slight of the **impact** that price changes will have on the market.

☐ impart [impɑ́ːrt]

v. 나누어 주다, 전하다

ex. "그런 정보를 당신에게 **전하는** 일을 **전하**지 않겠습니**다**."

MP3 "I will not **impart** such information to you."

☐ implement [ímpləmənt]

n. 도구(道具) **v.** 이행(履行)하다, 실행(實行)하다

ex. "당신들 **이**렇게 **행**동 안 할 거요? 어서 정책을 **이행**하기 위해 조치를 취하시오!"

MP3 "Won't you take actions like this? Take measures to **implement** the policy quickly!"

- implemental [ìmpləméntl] **a.** 도구의
- implementation [ìmpləmentéiʃən] **n.** 이행, 실행

☐ imply [implái]

v. 암시(暗示)하다, 내포(內包)하다, 함축(含蓄)하다

ex. "그들의 침묵이 **암시**하는 것은?" "그들이 **암**묵적으로 동의하기 **시**작했단 뜻이야."

MP3 "What does their silence **imply**?" "It means that they begin to agree tacitly."

- implied [impláid] **a.** 암시된, 내포된, 함축된
- implicate [ímplikèit] **v.** 연관(聯關)시키다
- implication [ìmplikéiʃən] **n.** 연관, 영향, 시사점(示唆點)
- implicit [implísit] **a.** 암시적인, 내포되는, 절대적(絶對的)인

≠explicit [iksplísit] **a.** 명백한, 숨김없는, 노골적(露骨的)인

- explicitly [iksplísitli] **ad.** 명백히, 숨김없이, 노골적으로
- allude [əlúːd] **v.** (to) 암시하다, 넌지시 언급하다
- insinuate [insínjuèit] **v.** (불쾌한 일을) 넌지시 말하다, 암시하다

☐ important [impɔ́ːrtənt]

a. 중요한

ex. 성경 **중 요한**복음의 **중요한** 말씀이 있다.

MP3 The **important** sermons are in the Gospel of John in the Bible.

- importance [impɔ́ːrtəns] **n.** 중요성
- unimportant [ʌnimpɔ́rtənt] **a.** 중요하지 않은
- ≠ foremost [fɔ́rmòust] **a.** 가장 중요한, 최우선의 **ad.** 최우선으로
- first and foremost 무엇보다도 먼저
- prime [praim] **a.** 가장 중요한, 으뜸의 **n.** 전성기(全盛期) **v.** 준비시키다
- prime minister 수상, 국무총리
- primed [praimd] **a.** 준비가 되어 있는
- primary [práimeri] **a.** 첫째의, 최초의, 가장 중요한, 주요한
- primarily [praimérəli] **ad.** 첫째로, 주로

☐ impose [impóuz]

v. 부과(賦課)하다, 부여(附與)하다, 강요(强要)하다, 주제넘게 나서다

ex. 그들은 농**부**에게 **과**도한 벌금을 **부과**했다.

MP3 They **imposed** an excessive fine on the farmer.

☐ impress [imprés]

v. 인상(印象) 깊게 하다, 감명을 주다

ex. "가격을 **인상**(引上)하지 않았던 **깊은** 산속 가게가 우리에게 **인상 깊었다**."

MP3 "We were **impressed** by the store deep in the mountains that didn't increase prices."

- impression [impréʃən] **n.** 인상, 감명(感銘), (연예인의 유명인) 흉내
- first impression 첫인상
- impressive [imprésiv] **a.** 인상적인, 감명 깊은
- ≠ imprint [imprint] **v.** 강하게 인상지우다, 각인(刻印)시키다 **n.** (눌러서 생긴) 자국

☐ improve [imprúːv]

v. 개선(改善)하다, 향상(向上)시키다

ex. "**개**념(概念) 있게, **선**의로, 교육을 **개선**하는 일이 나의 주된 관심사다."

MP3 "I am mainly concerned with **improving** education, with a bright idea and good intentions."

☐ improvise [ímprəvàiz]

v. 즉흥 연주(卽興演奏)를 하다, 즉흥적으로 하다, 즉석(卽席)에서 하다

ex. "**즉, 흥**겨운 **연주**가 멜로디를 **즉흥 연주** 한단 말이구나." "네, 예림이가 그 친구 옆에서 드럼을 치고요." "히로미는 키보드를 치고요."

MP3 "That is, Yeonjoo who is cheerful is **improvising** melodies." "Yes, Yerim is playing the drum by the side of her friend." "Hiromi is playing the keyboard."

- improvisation [imprɑ̀vəzéiʃən] **n.** 즉흥 연주, 즉흥적으로 하는 것, 즉석에서 하는 것
- impromptu [imprάmptjuː] **a.** 즉석의 **ad.** 즉석에서
- ≠ ad-lib [æd líb] **a.** 애드리브의, 즉흥 연기(卽興演技)의 **v.** 즉흥 연기를 하다

☐ impulse [ímpʌls]

n. 충동(衝動), 충격, 자극(刺戟)

ex. 그는 **충**격적인 **동**물들에 관한 책을 사고 싶은 **충동**을 느꼈다.

MP3 He felt an **impulse** to buy the book on shocking animals.

- impulsive [impʌ́lsiv] **a.** 충동적인

☐ incline [inkláin]

v. (마음이) 기울다, 경사(傾斜)지게 하다 **n.** 경사, 경사면

ex. "나는 그녀를 신뢰하는 쪽으로 마음이 **기울어**." "**기**실(其實) 너의 마음에서 **우러**나온 말이냐? 아니면 충동적인 마음이냐?"

MP3 "I am **inclined** to trust her." "Are you really saying that from the heart? Or on the spur of the moment?"

- inclined [inkláind] **a.** (마음이) 기울어진, 내키는, 경향이 있는
- disinclined [dìsinkláind] **a.** 내키지 않는, 하고 싶지 않은
- inclination [ìnklənéiʃən] **n.** 성향(性向), 경향(傾向), 경사(도)

☐ include [inklú:d]

v. 포함(包含)하다

ex. 키 큰 효진이를 **포함**한 **포**로(捕虜)들이 **함**께 있었다.

MP3 There were prisoners of war, **including** Hyojin who was tall.

- inclusion [inklú:ʒən] **n.** 포함, 포함된 내용

≠ subsume [səbsú:m] **v.** 포섭(包攝)하다, 포함하다

☐ income [ínkʌm]

n. 소득(所得), 수입(收入)

ex. "당신의 **소득**이 늘겠**소**? **득**이 증가하겠소?" "틀림없이 그럴 것이오."

MP3 "Will there be a rise in your **income**, an increase in profits?" "Depend upon it, there will be."

☐ increase [inkrí:s]

v. 증가(增加)하다, 증가시키다, 늘리다 **n.** 증가

ex. 그 사건은 그 **증**인이 도망칠 **가**능성을 **증가**시켰다.

MP3 The incident **increased** the possibility that the witness would run away.

- increasingly [inkrí:siŋli] **ad.** 점점 더

≠ increment [ínkrəmənt] **n.** 증가

- incremental [ínkrəmentəl] **a.** 증가의, (점진적으로) 증가하는
- proliferation [prəlifəréiʃən] **n.** 급증, 증식(增殖), 확산(擴散)
- surge [sə:rdʒ] **v.** 밀려들다, 급등(急騰)하다, 급증하다 **n.** 밀려듦, 급등, 급증, 범람(氾濫)

☐ independence [ìndipéndəns]

n. 독립(獨立), 자립(自立)

ex. **독립**을 소망하며 **동**주는 기**립**(起立)했다. 그는 남들에게 의지하고 싶지 않았다.

MP3 Dongju stood up wishing for **independence**. He didn't want to depend on others.

- independent [ìndipéndənt] **a.** 독립된, 독립적인, 자립적인
- dependent [dipéndənt] **a.** 의지(依支)하는, 의존적(依存的)인
- dependence [dipéndəns] **n.** 의지, 의존, 종속(從屬)
- dependency [dipéndənsi] **n.** 의존, 종속, 속국
- depend [dipénd] **v.** (on, upon) 의지하다, 의존하다
- interdependence [ìntərdipéndəns] **n.** 상호 의존
- interdependent [ìntərdipéndənt] **a.** 상호 의존적인

≠ self-directed [sèlfdiréktid] **a.** 자기 주도적(自己主導的)인

☐ index [índeks]

n. 색인(索引), 지수(指數), 지표(指標)

ex. **색인**으로 **새** 책에서 그것을 찾**긴** 쉽다.

MP3 It is easy to look it up in the **index** of a new book.

≠ concordance [kankɔ́:rdns] **n.** 용어 색인, 일치(一致)

- concord [kɑ́nkɔ:rd] **n.** 일치

☐ indicate [índikèit]

v. 가리키다, 나타내다, 암시하다

I

ex. 모든 것이 **가리키는** 사실로 볼 때 사고의 책임자(責任者)**가 리키다**.

MP3 Everything **indicates** the fact that it is Ricky who is responsible for the accident.

- indication [ìndikéiʃən] n. 표시, 조짐(兆朕), 암시
- ≠ denotation [dìːnoutéiʃən] n. 지시, 명시적 의미, 외연(外延)
- denote [dinóut] v. 지시하다, (징후를) 나타내다
- connotation [kɑ̀nətéiʃən] n. 함축(含蓄), 내포(內包)
- connote [kənóut] v. 함축하다

☐ indifferent [indífərənt]

a. 무관심(無關心)한, 그저 그런

ex. 그 **무관**(武官)은 **심**하게 **무관심**하다.

MP3 The military officer is **indifferent** to everything.

- indifference [indífərəns] n. 무관심, 무심
- ≠ nonchalance [nɑ̀nʃəlɑ́ːns] n. 무관심, 태연(泰然)
- nonchalant [nɑ̀nʃəlɑ́ːnt] a. 무관심한, 무심한, 태연한

☐ indignation [ìndignéiʃən]

n. 분개(憤慨)

ex. 그들은 대중의 **분개**를 일으켰지만, 한 남자는 마음의 평정을 유지하며 **분**명히 **개**의치 않았다.

MP3 While they aroused public **indignation**, a man keeping his composure didn't care obviously.

- indignant [indígnənt] a. 분개한
- indignity [indígnəti] n. 모욕(侮辱)
- ≠ resent [rizént] v. 분개하다
- resentful [rizéntfəl] a. 분개하는
- resentment [rizéntmənt] n. 분개, 분노(憤怒)

☐ individual [ìndəvídʒuəl]

a. 개개(個個)의, 개인의, 개성적인 n. 개인

ex. 미**개인**(未開人)들이 **개인**적 필요를 돌본다.

MP3 The barbarians care for their **individual** needs.

- individually [ìndəvídʒuəli] a. 개인적으로, 개별적으로
- individuality [ìndəvìdʒuǽləti] n. 개성
- individualism [ìndəvídʒuəlìzm] n. 개인주의

☐ indoors [indɔ́ːrz]

ad. 실내(室內)에서

ex. "우리 **실내**에서 **쉴래**?"

MP3 "Shall we take a rest **indoors**?"

- indoor [índɔːr] a. 실내의
- outdoor [áutdɔ̀ːr] a. 옥외(屋外)의, 야외(野外)의
- outdoors [àutdɔ́ːrz] ad. 옥외에서, 야외에서 n. 야외

☐ induction [indʌ́kʃən]

n. 유도(誘導), 취임(就任), 귀납법(歸納法)

ex. "여러분들, **귀납**법 강의에 **귀**기울이지 않으면 혼**납**니다."

MP3 "If you do not carefully listen to the lecture on **induction**, you'll be scolded."

- inductive [indʌ́ktiv] a. 유도의, 귀납적인
- induce [indjúːs] v. 유도하다
- inducement [indjúːsmənt] n. 유도, 유인(誘引)

☐ industry [índəstri]

n. 산업(産業), 공업, 근면(勤勉), 부지런

ex. 그들은 쇠퇴(衰退)하는 영화 **산업** 속에 **산 업**자들이다.

MP3 They are the traders who work in the movie **industry** that has been in decline.

- industrious [indʌ́striəs] a. 근면한, 부지런한
- industrial [indʌ́striəl] a. 산업의, 공업의
- industrialize [indʌ́striəlàiz] v. 산업화하다, 공업화하다
- industrialization [indʌ̀striəlizéiʃən] n. 산업화,

공업화
∮ infrastructure [ínfrəstrʌ̀ktʃər] **n.** (산업) 기반 시설(基盤施設)

☐ inevitable [inévətəbl]

a. 불가피(不可避)한

ex. **불과** 물을 **피한** 그였지만 돌에 맞는 것은 그에게 **불가피한** 일이었다.

MP3 It was **inevitable** for him to be hit by a stone although he had escaped the fire and water.

- inevitably [inévitəbli] **ad.** 불가피하게
- evitable [évitəbl] **a.** 피할 수 있는

☐ infamous [ínfəməs]

a. 악명(惡名) 높은

ex. "**악**!" 소녀는 **명**랑한 **노**래를 부르다가 갑자기 소리쳤다. 슬**픈** 기분이 들었다. 노래 가사가 **악명 높은** 캐릭터를 떠오르게 했기 때문이다.

MP3 "Ah!" A girl singing like a bird suddenly shouted and felt sad. That was because the song lyrics brought back the memories of an **infamous** character.

☐ infant [ínfənt]

n. 유아(幼兒) **a.** 유아의, 초기(初期)의

ex. "그는 **유아**여유. **아**직 우리가 그를 돌봐야 해유."

MP3 "He is an **infant**. We should still take care of him."

- infancy [ínfənsi] **n.** 유아기, 초창기(草創期)

☐ infect [infékt]

v. 전염(傳染)시키다, 감염(感染)시키다, 오염(汚染)시키다, 타락(墮落)시키다

ex. "바이러스가 사람들에게 **전염**되는 것을 **전 염**려(念慮)해요."

MP3 "I'm concerned that the virus **infects** other people."

- infection [infékʃən] **n.** 전염, 감염, 전염병
- infectious [infékʃəs] **a.** 전염성의
- infectious disease 전염병

∮ contagion [kəntéidʒən] **n.** 감염, 전염
- contagious [kəntéidʒəs] **a.** 전염성이 있는, 전염성의, 전파하는

☐ infer [infə́ːr]

v. 추론(推論)하다, 추리(推理)하다

ex. 탐정(探偵)은 **추**잡(醜雜)한 결**론**(結論)을 **추론**했다.

MP3 The detective **inferred** a disgusting conclusion.

- inference [ínfərəns] **n.** 추론, 추리
- inferential [ìnfərénʃəl] **a.** 추론의, 추리의

☐ inferior [infíəriər]

a. 열등(劣等)한

ex. 학생들은 **열등**한 느낌에서 벗어나기 위해 **열**심히 **등**수를 올리려 한다.

MP3 Students are trying to reach the higher ranks in order that they may not feel **inferior** any more.

- inferiority [infìəriɔ́ːrəti] **n.** 열등
- inferiority complex 열등감, 열등의식

∮ mediocre [mìːdióukər] **a.** 썩 좋지 않은

☐ infinite [ínfənət]

a. 무한(無限)한 **n.** 무한

ex. **무**척 **화난** 소녀에게 필요한 건 바로 **무한한** 인내심이다.

MP3 It is **infinite** patience which a girl should have when she is very angry.

- infinity [infínəti] **n.** 무한, 무한대

I

• infinitive [infinətiv] n. 부정사(不定詞)
• finite [fáinait] a. 유한(有限)한, 제한된
∮ eon [íːən] n. 무한히 긴 시대, 영겁(永劫)

☐ inflate [infléit]

v. 부풀리다, 부풀다

ex. "**부**를 쌓으며 일이 뜻대로 **풀리며** 그녀가 지니는 **부풀리는** 자부심(自負心)을 상하게 하지 마라."

MP3 "Don't hurt the pride with which she is **inflated** while growing rich and controlling things as she wants."

• inflation [infléiʃən] n. 인플레이션, 물가 상승, 통화 팽창(通貨膨脹)
∮ deflation [difléiʃən] n. 디플레이션, 물가 하락, 통화 수축(通貨收縮)

☐ inflict [inflíkt]

v. (고통 등을) 가하다

ex. 철수**가** 나쁜 짓을 **하였다**. 그는 그의 친구에게 일격을 **가하였다**.

MP3 Chulsoo has done evil. He has **inflicted** a blow on his friend.

☐ influence [ínfluəns]

n. 영향(影響) v. 영향을 끼치다

ex. **영**국인들은 **향**후(向後) 그 사고의 **영향**을 받을 것이다.

MP3 The British people will henceforth fall under the **influence** of the accident.

• influential [influénʃəl] a. 크게 영향을 끼치는
∮ militate [mílətèit] v. (against) 불리하게 영향을 끼치다, (in favor of) 유리하게 작용하다

☐ inform [infɔ́ːrm]

v. 알리다, 통보(通報)하다

ex. "비상사태(非常事態)가 발생하면 그 정보는 **알리**가 우리에게 **알리**지?"

MP3 "Does Ali **inform** us of the information in case of emergency?"

• information [infərméiʃən] n. 정보(情報)
• informative [infɔ́ːrmətiv] a. 정보를 제공하는, 유익한
• informed [infɔ́ːrmd] a. 정보를 갖춘, 박식한
• informant [infɔ́ːrmənt] n. 정보원, 정보 제공자, 밀고자(密告者)
∮ snippet [snípit] n. 작은 정보, 단편, 토막

☐ ingenious [indʒíːnjəs]

a. 독창적(獨創的)인, 기발(奇拔)한

ex. "여**기**서 내가 **바란** 것은 **기발한** 생각이야."

MP3 "What I want here is an **ingenious** idea."

• ingenuity [indʒənjúːəti] n. 창의력, 창의성, 독창성
∮ ingenuous [indʒénjuəs] a. 순진(純眞)한, 솔직(率直)한

☐ ingredient [ingríːdiənt]

n. (요리) 재료(材料), 성분, 구성 요소(構成要素)

ex. "**재**는 **리오**(=리우) 데 자네이루에서 요리 **재료**를 구해와. 그의 친구들이 그 도시에 살아."

MP3 "He goes and gets the **ingredients** in Rio de Janeiro. His friends reside in the city."

∮ element [éləmənt] n. 요소, 성분, 원리, 기본, (elements) 악천후(惡天候)
• elemental [èləméntl] a. 기본적인, 자연력의
• elementary [èləméntəri] a. 초보(初步)의, 초등(初等)의

☐ inhabit [inhǽbit]

v. …에 거주(居住)하다, 서식(棲息)하다

ex. 저들은 자신들이 **서식**하는 곳에**서** 초**식**(草食)하는 동물들이다.

MP3 Those are the animals that eat plants in the area they **inhabit**.

- inhabitant [inhǽbətənt] **n.** 거주자, 주민, 서식 동물
- ≠ reside [rizáid] **v.** 살다, 거주하다
- residence [rézədəns] **n.** 주거(住居), 거주, 주택, 거주지
- resident [rézədnt] **n.** 주민, 거주자, 투숙객(投宿客), 레지던트(수련의) **a.** 거주하는, 상주하는
- residential [rèzədénʃəl] **a.** 주거의, 거주의

☐ inhale [inhéil]

v. 들이마시다, 흡입(吸入)하다

ex. 사람**들이** 몇몇은 물을 **마시**고 **다**른 몇몇은 신선한 공기를 **들이마신다**.

MP3 Some people are drinking water and others are **inhaling** fresh air.

- exhale [ekshéil] **v.** 내쉬다, 발산(發散)하다

☐ inherit [inhérit]

v. (유전으로) 물려받다, 상속(相續)하다

ex. "나는 내가 **물려받은** 재**물**을 간수하지 않고 오히**려 바다**에 버릴 거야."

MP3 "I would rather throw away the belongings I **inherited** into the sea than keep them."

- inheritance [inhérətəns] **n.** 상속, 유전(遺傳)
- inherent [inhíərənt] **a.** 타고난, 내재(內在)된
- inherence [inhíərəns] **n.** 타고남, 고유성(固有性), 내재성
- ≠ legacy [légəsi] **n.** 유산(遺産)
- bequest [bikwést] **n.** 유증(遺贈)

☐ inhibit [inhíbit]

v. 억제(抑制)하다, 억압(抑壓)하다

ex. "당신의 욕망을 **억제**하도록 일**억** 원을 **제**가 당신에게 내겠습니다."

MP3 "I will give you 100 million won to **inhibit** your desire."

- inhibition [inhəbíʃən] **n.** 억제, 억압

☐ initial [iníʃəl]

a. 처음의, 초기(初期)의, 머리글자의 **n.** 머리글자

ex. "이거 봐봐. 이게 뭐야?" "**뭘**? **이 글자**들? 그것들은 **머리글자**잖아."

MP3 "Look at this. What's this?" "What? These letters? They are **initials**."

☐ initiative [iníʃiətiv]

n. 새로운 계획, 진취적(進取的)인 정신, 주도권(主導權)

ex. "워싱턴 **주**(州)**도** 인**권** 신장(伸張)의 **주도권**을 잡아야 한다."

MP3 "Washington State also has to take the **initiative** in promoting human rights."

- initiate [iníʃièit] **v.** 개시(開始)하다, 입문(入門)시키다
- initiation [inìʃiéiʃən] **n.** 입문, 입회, 성인식(成人式)

☐ inject [indʒékt]

v. 주사(注射)하다, 주입(注入)하다

ex. "저는 **주** 4일 백신 **주사**를 놓는 일을 해요."

MP3 "My job is **injecting** vaccine four days a week."

- injection [indʒékʃən] **n.** 주사, 주입
- ≠ inculcate [inkʌ́lkeit] **v.** (생각을) 주입하다
- infuse [infjúːz] **v.** 주입하다, 불어넣다, 우려내다
- instill [instíl] **v.** (서서히) 주입하다

☐ innocent [ínəsənt]

a. 순진한, 천진(天眞)한, 결백(潔白)한, 무고(無辜)한

ex. "**천**사(天使)는 **진**짜 **천진**하나요?"

MP3 "Is an angel really **innocent**?"

- innocence [ínəsəns] **n.** 순진함, 천진함, 결백함, 무고함
- ≠ naive [nɑːíːv] **a.** 세상을 모르는, 순진무구(純眞無垢)한

I

□ innovate [ínəvèit]

v. 혁신(革新)하다

ex. **혁**이는 **신**나게 모든 것을 **혁신**한다.

MP3 Hyuk excitedly **innovates** everything.

- innovation [ìnəvéiʃən] n. 혁신, 쇄신(刷新), 획기적(劃期的)인 것
- innovative [ínəvèitiv] a. 혁신적인, 획기적인

□ inquire [inkwáiər]

v. 묻다, 문의(問議)하다, 조사하다

ex. 시마네 현(縣)이 독도(獨島)에 관하여 **무늬**만 **문의**인 **문의**를 했다.

MP3 Shimane **inquired** about Dokdo, which was a fake.

- inquiry [inkwáiəri, ínkwəri] a. 문의, 조사
- inquisition [ìnkwəzíʃən] n. 조사, 심문(審問)
- inquisitive [inkwízətiv] a. 캐어묻는, 탐구적(探究的)인

∮interrogate [intérəgèit] v. 심문하다, 추궁(追窮)하다
- interrogation [intèrəgéiʃən] n. 심문

□ insane [inséin]

a. 정신 이상(精神異常)의, 미친, 실성(失性)한

ex. "너, **실성**(失性)해서 거**실**에서 서**성**거리는구나. 그렇게 하는 일을 계속 고집하는구나."

MP3 "You are going **insane** and hanging around the living room. You insist on doing so."

- insanity [insǽnəti] n. 정신 이상
- sane [sein] a. 제정신의

∮lunatic [lúːnətik] a. 미친, 정신 이상의 n. 미치광이, 정신 이상자

□ insect [ínsekt]

n. 곤충(昆蟲), 벌레

ex. "나는 **곤충**들에 물리**곤** 했던 고**충**(苦衷)이 있었다. 나에게는 익숙한 고충이었다."

MP3 "I used to suffer from **insect** bites. I was used to the suffering."

- insect repellent 해충 퇴치제(退治劑)
- insecticide [inséktəsàid] n. 살충제(殺蟲劑)
- pesticide [péstisàid] n. 살충제, 농약(農藥)

∮beetle [bíːtl] n. 딱정벌레
- ladybug [léidibʌg] n. 무당벌레
- bug [bʌg] n. 곤충, 벌레, 가벼운 질병, (컴퓨터) 버그
- pillbug [pílbʌ̀g] n. 쥐며느리 (절지동물)
- dragonfly [drǽgənflài] n. 잠자리
- mosquito [məskíːtou] n. 모기

□ insert [insə́ːrt]

v. 삽입(揷入)하다, 끼우다, 끼워 넣다

ex. **사**랑이는 **비**슷한 글자들을 **파**란색 낱말들 앞에**다 삽입한다**.

MP3 Sarang **inserts** the similar words in front of blue ones.

- insertion [insə́ːrʃən] n. 삽입, 끼워 넣기

□ insight [ínsàit]

n. 통찰(洞察), 통찰력

ex. 보**통** 경**찰**들은 셜록의 **통찰**에 감탄한다.

MP3 Police officers usually marvel at the **insights** Sherlock shows.

- insightful [ínsàitfəl] a. 통찰력 있는

□ insist [insíst]

v. 주장(主張)하다, 고집(固執)하다, 우기다

ex. 그는 **주**민들이 그 **장**소에 머물러야 한다고 **주장**했다.

MP3 He **insisted** that the residents (should) stay in the place.

- insistent [insístənt] a. 주장하는, 고집하는, 우기는
- insistence [insístəns] n. 주장, 고집

□ inspect [inspékt]

v. 조사(調査)하다, 검사(檢査)하다, 점검(點檢)하다, 시찰(視察)하다

ex. "이제 저는 뭐 하**죠**?" "**사**건 현장을 **조사**해!"

MP3 "What should I do now?" "**Inspect** the scene of the accident!"

- inspection [inspékʃən] **n.** 조사, 검사, 점검, 시찰
- inspector [inspéktər] **n.** 조사관, 감독관, 경위(警衛)
- ∮ investigate [invéstəgèit] **v.** 조사하다, 수사(搜査)하다
- investigation [invèstəgéiʃən] **n.** 조사, 수사
- investigator [invéstəgèitər] **n.** 조사원, 수사관
- probe [proub] **v.** 탐색(探索)하다, 조사하다, 캐다 **n.** 탐사선(探査船), 조사

☐ inspire [inspáiər]

v. 고무(鼓舞)하다, 격려(激勵)하다, 영감(靈感)을 주다

ex. 그 **영감**이 그 여행에서 **영감**을 받았다.

MP3 The old man was **inspired** by the trip.

- inspiration [inspəréiʃən] **n.** 영감(靈感), 고무, 격려

☐ install [instɔ́ːl]

v. 설치(設置)하다, 취임(就任)시키다

ex. "왜 넌 그렇게 **설치**니?" "내가 프로그램을 **설치**해야 하거든."

MP3 "Why are you running wild?" "I should **install** a program."

- installation [instəléiʃən] **n.** 설치, 취임
- ∮ installment [instɔ́ːlmənt] **n.** 할부금(割賦金), (시리즈의) 1회분

☐ instant [ínstənt]

a. 인스턴트의, 즉각적(卽刻的)인 **n.** 순간

ex. **인스턴트** 커피에 중독(中毒)**인 스턴트**맨이 즉시 커피를 사러 갔다.

MP3 A stuntman who was addicted to **instant** coffee went out right away to buy coffee.

- instantly [ínstəntli] **ad.** 즉각, 즉시
- ∮ moment [móumənt] **n.** 순간, 잠깐
- momentary [móuməntèri] **a.** 순간적(瞬間的)인, 순간의, 잠깐의
- momentous [mouméntəs] **a.** 중대(重大)한
- momentum [mouméntəm] **n.** 여세(餘勢), 힘

☐ instinct [ínstiŋkt]

n. 본능(本能), 직감(直感)

ex. **본능**은 **본**인의 **능**력이다.

MP3 Your **instinct** is your ability.

- instinctive [instíŋktiv] **a.** 본능적인, 직감적인
- ∮ visceral [vísərəl] **a.** 마음속에서 느끼는, 본능적인, 내장(內臟)의

☐ institute [ínstətjùːt]

v. 시행(施行)하다, 도입(導入)하다 **n.** 기관(機關), 협회(協會), 연구소(硏究所), 이공계 대학

ex. 그 **기관**의 **기**능(機能)은 **관**계자들의 교육(敎育)이다.

MP3 The function of the **institute** is to educate the people involved.

- institution [instətjúːʃən] **n.** 시행, 제도(制度), 기관, 협회

☐ instruct [instrʌ́kt]

v. 가르치다, 지시(指示)하다, 설명(說明)하다, 알려주다

ex. "우리의 직원들에게 **지**금 당장 **시**급(時急)히 그 일을 **하라**고 **지시하라**."

MP3 "**Instruct** our employees to do the work urgently right now."

- instructor [instrʌ́ktər] **n.** 강사(講師)
- instruction [instrʌ́kʃən] **n.** 교수(敎授), 교육, 지시, 설명
- instructive [instrʌ́ktiv] **a.** 교육적인, 유익한

☐ instrument [ínstrəmənt]

n. 도구(道具), 기구(器具), 악기(樂器), 수단(手段)

ex. "그런 **도구도 구**하기 어려워."

MP3 "Such **instruments** are also difficult to find."

I

• instrumental [instrəméntl] **a.** (수단으로서) 중요한, 악기의
∮ percussion [pərkʌ́ʃən] **n.** 타악기(打樂器)
• percussion instrument 타악기
• stringed instrument 현악기(絃樂器)
• harp [hɑːrp] **n.** 하프
• wind instrument 관악기(管樂器)
• flute [fluːt] **n.** 플루트
• woodwind instrument 목관악기
• brass instrument 금관 악기
• trumpet [trʌ́mpit] **n.** 트럼펫
• tuba [tjúːbə] **n.** 튜바(금관 악기의 일종)

□ insult [insʌ́lt]

v. 모욕(侮辱)하다 **n.** [ínsʌlt] 모욕

ex. "**모욕**을 **모욕**으로 되갚고 싶나? **모**두들 그렇게 **욕**망(慾望)하나?"

MP3 "Does everybody have a desire to give back **insult** for **insult**?"

∮ affront [əfrʌ́nt] **n.** 모욕 **v.** 모욕하다

□ intake [íntèik]

n. 섭취(攝取), 흡입, 흡입구(吸入口)

ex. 알코올 **섭취** 후 산소를 흡입하며 그에게서 **서**서히 **없**어지는 **취**기(醉氣)였다.

MP3 He was slowly getting sober taking in oxygen after alcohol **intake**.

• intake provider 환자를 예진(豫診)하는 의료 종사자
∮ ingest [indʒést] **v.** 섭취하다
• suck [sʌk] **v.** 빨아들이다, 빨다, 빨아 먹다

□ integral [íntigrəl]

a. 없어서는 안 될, 불가결(不可缺)한, 완전(完全)한, (수학) 적분(積分)의

ex. 그들을 **불**러서 법안을 **가결**(可決)하는 것은 **불가결**한 절차다.

MP3 It is an **integral** procedure to call them and pass a vote of the bill.

• integrally [íntigrəli] **ad.** 완전하게, 불가결하게
• integrality [intəgrǽləti] **n.** 완전성, 불가결성

□ integrate [íntəgrèit]

v. 통합(統合)하다

ex. 보**통** 사람들이 **합**심하여 **통합**할 수 있다. 그들은 앞에 뭐가 있든 돌파(突破)할 수 있다.

MP3 Ordinary people can **integrate** with each other with one accord. They can break through whatever is in front of them.

• integration [intəgréiʃən] **n.** 통합, 인종 차별 철폐(人種差別撤廢)
• integrative [íntəgrèitiv] **a.** 통합하는, 인종 차별 폐지(廢止)의
• disintegrate [disíntəgrèit] **v.** 붕괴(崩壞)되다, 박살나다, 분해(分解)하다, 해체(解體)하다
∮ integrity [intégrəti] **n.** 정직성(正直性), 고결성(高潔性), 완전(完全)함

□ intellect [íntəlèkt]

n. 지성(知性), 지성인

ex. **지성**은 **지성**이 상당한 남자다.

MP3 Jisung is a man of considerable **intellect**.

• intellectual [intəléktʃuəl] **a.** 지적인 **n.** 지식인
• intellectual property 지적 재산(知的財産)
• intellectually [intəléktʃuəli] **ad.** 지적으로
• intelligence [intélədʒəns] **n.** 지능
• artificial intelligence 인공 지능(人工知能)
• intelligent [intélədʒənt] **a.** 지능적인, 총명(聰明)한
• intellective [intəléktiv] **a.** 지성의
• intelligible [intélədʒəbl] **a.** 이해하기 쉬운

□ intend [inténd]

v. 의도(意圖)하다

ex. "너희는 정**의**(正義)의 수호(守護)**도 의도**한 거냐?" "우리는 정의의 수호만 **의도**한 거야. 정의 자체가 목적이니까."

MP3 "Have you also **intended** to defend justice?" "It is only justice that we've **intended** to defend. Justice is an end in itself."

- intent [intént] **n.** 의도 **a.** 열중(熱中)하는
- intention [inténʃən] **n.** 의도, 고의(故意), 개념(概念)
- intentional [inténʃənl] **a.** 의도적인, 고의적인
- intentionally [inténʃənəli] **ad.** 의도적으로, 고의로, 일부러
- unintentional [ʌninténʃənəl] **a.** 의도하지 않은

□ intense [inténs]

a. 강렬(强烈)한

ex. **강렬한** 열기 속에 한**강** 위에서 열**렬**(熱烈)**한** 경쟁이 펼쳐진다.

MP3 The strenuous competition is held in the **intense** heat on the Han River.

- intensive [inténsiv] **a.** 집중적(集中的)인, 집약적(集約的)인
- intensively [inténsivli] **ad.** 집중적으로
- intension [inténʃən] **n.** 강화(强化), 내포(內包)
- intensity [inténsəti] **n.** 강렬함, 강도(强度)
- intensify [inténsəfài] **v.** 강렬해지다, 강화하다

□ interact [intərǽkt]

v. 상호 작용(相互作用)을 하다, 소통(疏通)하다

ex. **상**당히 큰 **호**랑이와 **작**은 **용**이 **상호 작용**을 한다.

MP3 A small dragon **interacts** with a considerably big tiger.

- interaction [intərǽkʃən] **n.** 상호 작용

□ interest [íntərəst]

n. 관심(關心), 흥미(興味), 이익, 이자(利子) **v.** 관심을 불러일으키다, 흥미를 끌다

ex. **이 자**(者)는 **이자**율에 관심이 있다.

MP3 This guy is **interested** in **interest** rates.

- interesting [íntərəstiŋ] **a.** 관심을 불러일으키는, 흥미를 끄는
- interested [íntərəstid] **a.** 관심이 있는, 흥미를 느끼는, 이해관계(利害關係)를 가진
- disinterested [disíntərèstid] **a.** 사심(私心)이 없는, 공정한, 객관적인, 무관심한, 냉담한
- uninterested [ʌníntrəstəd] **a.** 관심이 없는, 이해관계가 없는, 공평한
- self-interest 사리사욕(私利私慾), 이기심

≠ apathy [ǽpəθi] **n.** 무관심

□ interfere [intərfíər]

v. 참견(參見)하다, 간섭(干涉)하다, 방해(妨害)하다

ex. "직녀의 사생활에 **참견**하길 **참** 좋아하네, **견**우는."

MP3 "Gyeonwoo loves to **interfere** with Jiknyeo's private life."

- interference [intərfíərəns] **n.** 참견, 간섭, 방해

≠ meddle [médl] **v.** (in, with) 간섭하다, 참견하다

- intercept [intərsépt] **v.** 가로막다, 가로채다, 방해하다 **n.** 가로채기
- interceptive [intərséptiv] **a.** 가로막는, 방해하는

□ internal [intə́ːrnl]

a. 내부(內部)의, 내면의, 체내의

ex. "그건 **내부의 내** 신체 **부위**죠."

MP3 "It is the **internal** part of my body."

- internal combustion [intə́ːrnl kəmbʌ́stʃən] **a.** 내연식(內燃式)의
- interior [intíəriər] **a.** 내부의 **n.** 내부
- inside [insáid] **n.** 안(쪽) **a.** 안(쪽)의 **ad.** 안(쪽)에 **prep.** …의 안(쪽)에
- inner [ínər] **a.** 내부의, 내밀(內密)한
- innermost [ínərmòust] **a.** 가장 깊숙한, 가장 내밀한
- inmost [ínmòust] **a.** 맨 안쪽의, (마음속) 가장 깊숙한

≠ external [ikstə́ːrnl] **a.** 외부(外部)의, 외면의

- exterior [ikstíəriər] **a.** 외부의 **n.** 외부
- outside [àutsáid] **n.** 바깥(쪽) **a.** 바깥(쪽)의 **ad.** 바깥(쪽)에 **prep.** …의 바깥(쪽)에
- outer [áutər] **a.** 외부의, 바깥쪽의

□ international [intərnǽʃənəl]

a. 국제적(國際的)인 **n.** 국제 경기

ex. "미**국 제**품(製品)을 **적**당(適當)히 쓰면 우리가 **국제적**인 수준인 거냐?"

MP3 "Are we on an **international** level if we moderately use American products?"

- international aid organization 국제 원조 기구(機構)
- International Monetary Fund 국제 통화 기금 (IMF)

cf. cosmopolitan [kὰzməpάlətn] a. 국제적인, 세계적인 n. 세계주의자

- cosmopolis [kαzmάpəlis] n. 국제 도시
- diplomacy [diplóuməsi] n. 외교(술)
- diplomat [díplәmæt] n. 외교관(外交官)
- diplomatic [dìpləmǽtik] a. 외교의

☐ interpret [intə́ːrprit]

v. 해석(解釋)하다, 이해하다, 설명하다, 통역(通譯)하다

ex. 그 시를 **해석**하며 **해**철은 '보**석**'의 의미를 밝혔다.

MP3 **Interpreting** the poem, Haechul explained the meaning of the 'gem'.

- interpretation [intə̀ːrprətéiʃən] n. 해석, 이해, 설명, 통역
- interpretative [intə́ːrpritèitiv] a. 해석상의
- interpreter [intə́ːrpritər] n. 통역사, 해석하는 사람
- misinterpret [misintə́rprət] v. 잘못 해석하다

cf. hermeneutician [hə̀ːrmənjuːtíʃən] n. 해석학자

☐ interrupt [ìntərʌ́pt]

v. 중간에 끊다, 방해(妨害)하다

ex. "내가 말하던 **중 가**버린 **네**가 (내 말을 듣던) 사람들의 시선을 **끈** 것이었**다**. 내 말을 **중간에 끊**어버렸**다**."

MP3 "While I was talking, you went away, which distracted people from listening. You **interrupted** me."

- interrupted [intərʌ́ptid] a. 중간에 끊긴, 방해받은
- interruption [intərʌ́pʃən] n. 중단, 방해

cf. interpose [intərpóuz] v. 끼어들다, 방해하다, 사이에 두다

- interposition [intərpəzíʃən] n. 사이에 넣음, 개입(介入), 간섭(干涉), 방해

☐ intervene [ìntərvíːn]

v. 사이에 끼다, 개입하다, 중재(仲裁)하다, 간섭하다

ex. "너는 스스로 왜 끼어들었느냐? **개**처럼 **입** 벌리고 사람들이 싸우는 데 **개입**하지 마라."

MP3 "Why did you interpose yourself? Don't **intervene** in the quarrel in which people open their mouth like a dog."

- intervention [intərvénʃən] n. 개입, 중재, 간섭

cf. arbiter [άːrbətər] n. 중재인, 조정자(調停者)

- mediate [míːdièit] v. 중재하다, 조정하다
- mediator [míːdièitər] n. 중재인, 조정관
- intermediary [intərmíːdièri] a. 중개의 n. 중개인, 중재인

☐ interview [íntərvjùː]

n. 인터뷰, 면접(面接) v. 인터뷰하다, 면접을 보다

ex. "**면접**을 많이 보는 사람하**면 접**니다."

MP3 "It is I who have many **interviews**."

- interviewee [intərvjuíː] n. 인터뷰를 받는 사람, 면접 받는 사람
- interviewer [íntərvjùːər] n. 인터뷰하는 사람, 면접관, 회견(會見)하는 기자(記者)

☐ intricate [íntrikət]

a. 복잡(複雜)한, 뒤얽힌

ex. "이 문제는 **뒤얽힌** 매듭 같구나. **뒤**에 내게 **얼**마나 **힌**트가 있을까?"

MP3 "This puzzle is like **intricate** knots. How many hints can I get afterwards?"

☐ introduce [intrədjúːs]

v. 소개(紹介)하다, 도입(導入)하다

ex. "제 **소**와 **개**를 **소개**합니다."

MP3 "Let me **introduce** my dog and cow."

- introduction [intrədʌ́kʃən] n. 소개, 도입, 서론

(序論), 서문(序文), 입문서(入門書)
• introductory [intrədʌ́ktəri] a. 소개의, 서론의, 서문의, 입문의
∉prologue [próulɔ:g] n. 프롤로그, 머리말
• epilogue [épəlɔ̀:g] n. 에필로그, 끝맺음 말

☐ intrude [intrú:d]

v. 침입(侵入)하다, 침범(侵犯)하다, 침해(侵害)하다

ex. "그들이 나의 사생활을 **침해**했어." "일단 **침**착(沈着)**해**."

MP3 "They have **intruded** on my privacy." "Above all, calm down."

• intruder [intrú:dər] n. 침입자
• intrusion [intrú:ʒən] n. 침입, 침범, 방해
∉invade [invéid] v. 침략하다, 침입하다, 침해하다
• invader [invéidər] n. 침입자, 침략국(侵略國), 침략군
• invasion [invéiʒən] n. 침략, 침입, 쇄도(殺到)
• trespass [tréspəs] v. 무단(無斷)으로 침입하다 n. 무단 침입, 불법 침입

☐ intuition [intjuːíʃən]

n. 직관(直觀), 직감(直感)

ex. "경**직**(硬直)된 **관**찰(觀察)을 **직관**으로 극복하라."

MP3 "Overcome rigid observations by **intuition**."

• intuitive [intjú:ətiv] a. 직관적인, 직감적인

☐ invent [invént]

v. 발명(發明)하다, 날조(捏造)하다

ex. 무언가 **발명**하기 위해 장**발**장이 **명**상(冥想)에 잠긴다.

MP3 Jean Valjean is deep in meditation in order to **invent** something.

• invention [invénʃən] n. 발명, 발명품, 날조
• inventive [invéntiv] a. 발명의 재능이 있는, 창의적(創意的)인
• inventor [invéntər] n. 발명가, 창안자(創案者)
∉devise [diváiz] v. 고안(考案)하다, 궁리(窮理)하다, 창안하다 n. 유증(遺贈)
• device [diváis] n. (고안된) 장치(裝置), 계책(計策)
• patent [pǽtnt] n. 특허(特許), 특허권, 특허증 a. 특허의 v. 특허를 받다
• patent agent 변리사(辨理士)
• patent on a new device 실용신안(實用新案) 특허

☐ invest [invést]

v. 투자(投資)하다

ex. 넘치는 **투**지(鬪志)와 **자**신감(自信感)으로 그들은 그 회사를 인수하기 위해 많은 돈을 **투자**했다.

MP3 Full of fighting spirit and self-confidence, they **invested** a lot of money to take over the company.

• investment [invéstmənt] n. 투자, 투자액
• investor [invéstər] n. 투자자

☐ invite [inváit]

v. 초대(招待)하다, 초청(招請)하다

ex. "**초대**(初代) 대통령을 **초대**하시오. 파티를 엽시다." "우리가 좋은 시간을 보내겠군요."

MP3 "**Invite** the first president. Let's have a party." "We will have a good time."

• invitation [invitéiʃən] n. 초대, 초청, 유혹(誘惑)
∉host [houst] n. (초대한) 주인, 진행자, 숙주(宿主) v. 주최(主催)하다, 진행하다
• hostess [hóustis] n. (초대한) 여주인

☐ involve [inválv]

v. 말려들게 하다, 관여(關與)하게 하다

ex. "그들의 싸움을 **말리려**고 네가 **들**어가**게**? 그러다 너만 **말려들게** 될 걸."

MP3 "Are you trying to stop their fight? I'm afraid that you'll only get **involved**."

• involvement [inválvmənt] n. 말려 듦, 관여

I

☐ irony [áiərəni]

n. 반어(反語), 아이러니 **a.** 철(鐵)의, 쇠의

ex. "**반어**를 쓰는 건 **바**로 **너**야."

MP3 "It is you who use **irony**."

- iron [áiərn] **n.** 철, 쇠, 다리미
- the Iron Age 철기 시대(鐵器時代)

cf. ferrous [férəs] **a.** 철(쇠)의

☐ irritate [írətèit]

v. 짜증나게 하다, 분통(憤痛)을 터뜨리다, 염증(炎症)을 일으키다

ex. "그**분**이 **통** 골을 **터뜨리지** 못해 관중들은 **분통을 터뜨렸죠**."

MP3 "Because he totally failed to make a goal, spectators were **irritated**."

- irritation [irətéiʃən] **n.** 짜증, 염증
- irritable [írətəbl] **a.** 쉽게 짜증내는

cf. inflammation [infləméiʃən] **n.** 염증

- anti-inflammatory [æntiinflǽmətɔ̀:ri] **n.** 소염제(消炎劑)

☐ island [áilənd]

n. 섬

ex. **섬**뜩한 **섬**에 그들은 머리카락이 쭈뼛쭈뼛해졌다.

MP3 A frightening **island** made their hair stand on end.

cf. archipelago [ɑ̀:rkəpéləgòu] **n.** 다도해(多島海), 군도(群島)

☐ isolate [áisəlèit]

v. 고립(孤立)시키다, 격리(隔離)하다, 분리(分離)하다

ex. **고립**된 마을에서 한 남자 **고**등학생은 자**립**하고 싶었다.

MP3 A high school student wanted to stand on his own at an **isolated** village.

- isolated [áisəlèitid] **a.** 고립된, 격리된, 외딴
- isolation [àisəléiʃən] **n.** 고립, 격리, 분리

cf. reclusive [riklú:siv] **a.** 은둔(隱遁)한

- seclude [siklú:d] **v.** 은둔시키다, 고립시키다

☐ issue [íʃu:]

n. 쟁점(爭點), 문제점, 발행(發行), (발행되는) …호 **v.** 발행하다, 발급(發給)하다

ex. 논**쟁** 중에 **점**점(漸漸) **쟁점**이 부각(浮刻)되었다.

MP3 The **issue** has been gradually magnified during the debate.

☐ itch [itʃ]

v. 가렵다, 근질근질하다, 탐(貪)을 내다 **n.** 가려움, 근질근질함, 탐을 냄

ex. "내 등이 **가려운**데 말이야. 내**가** 긁기 어**려워**."

MP3 "I have an **itch** on my back, but it's difficult for me to scratch."

- itchy [ítʃi] **a.** 가려운, 근질근질한, 탐을 내는

☐ item [áitəm]

n. 아이템, 물품(物品), 품목(品目), 항목(項目)

ex. "**품**절(品切) 임박(臨迫)이라 나는 나의 **목**적을 못 이뤘어. 나는 기껏해야 열 개의 **품목**밖에 못 얻었어."

MP3 "It was almost sold out, so I failed to achieve my goal. I got ten **items** at the utmost."

J

☐ jacket [dʒǽkit]
n. 재킷, 상의, 반코트

ex. "**재키**는 입고 **있**어, **재킷**을. 그가 몹시 입고 싶어하던 옷이지."

MP3 "Jackie has a **jacket** on. He has been itching for it."

☐ jail [dʒeil]
n. 교도소(矯導所), 감옥(監獄) **v.** 투옥(投獄)하다, 수감(收監)하다

ex. **감옥**에 **감**. **옥**죄어 옴.

MP3 Being put in **jail**. Being choked.

☐ janitor [dʒǽnitər]
n. 수위, 문지기, 잡역부, 관리인

ex. **수위**는 **수**시로 **위**층으로 올라간다.

MP3 The **janitor** frequently goes upstairs.

☐ January [dʒǽnjuèri]
n. 1월

ex. "내가 **1월** 1일에 **월**급을 받는다면, …"

MP3 "If I received a salary on **January** 1, …"

∮ February [fébruèri] **n.** 2월 March [mɑːrtʃ] **n.** 3월
- April [éiprəl] **n.** 4월 May [mei] **n.** 5월
- June [dʒuːn] **n.** 6월 July [dʒuːlái] **n.** 7월
- August [ɔ́ːgəst] **n.** 8월 September [septémbər] **n.** 9월
- October [ɑktóubər] **n.** 10월
- November [nouvémbər] **n.** 11월
- December [disémbər] **n.** 12월

☐ jealous [dʒéləs]
a. 질투(嫉妬)하는, 시기(猜忌)하는

ex. "너는 그를 **질투**하는구나. 네가 **질** 것 같아 **투**정하는 거냐?"

MP3 "You are **jealous** of him. Are you fretful because you are going to lose?"

- jealousy [dʒéləsi] **n.** 질투, 시기

☐ jeans [dʒiːnz]
n. 청바지

ex. "**청바지**를 입은 심**청**이 **바**다로 가**지**."

MP3 "Shim Chung who wears **jeans** goes to the sea."

∮ trousers [tráuzərz] **n.** 바지

☐ jewel [dʒúːəl]
n. 보석(寶石)

ex. 그녀의 **보석**을 **보**고나서 그는 그녀와 **석**별(惜別)의 정을 나누기 싫어졌다.

MP3 After seeing her **jewels**, he didn't want to part from her.

- jewelry [dʒúːəlri] **n.** 보석류

∮ gem [dʒem] **n.** 보석
- amber [ǽmbər] **n.** 호박, 호박색
- bracelet [bréislit] **n.** 팔찌, (bracelets) 수갑
- brooch [broutʃ] **n.** 브로치, 장식핀
- diamond [dáiəmənd] **n.** 다이아몬드
- jade [dʒeid] **n.** 비취, 옥, 비취색
- pearl [pəːrl] **n.** 진주
- pendant [péndənt] **n.** 펜던트(목걸이 등에 거는 장식)

☐ job [dʒɑb]
n. 일, 일자리, 직업(職業)

ex. **지**금 **겁**먹은 사람들이 **직업**을 구하고 있다.

MP3 Now people who are scared are looking for **jobs**.

J

∮ task [tæsk] **n.** 일, 과업
• multitask [mʌltitǽsk] **v.** 한 번에 여러 가지 일을 처리하다
• multitasking [mʌ́ltitæ̀skiŋ] **n.** (한 번에 여러 가지를 처리하는) 다중 작업

☐ join [dʒɔin]

v. 일원이 되다, 합류하다, 가입하다, 합치다, 접합(接合)하다

ex. "당신이 우리랑 **합류합**니까, 이 책들을 분**류**하는 작업에?"

MP3 "Will you **join** us in sorting these books?"

☐ joint [dʒɔint]

a. 공동의 **n.** 관절(關節)

ex. "**관절**에 **관**하여 **절**대 말하지 마시오."

MP3 "Never say anything about the **joints**."

• Joint Security Area 공동경비구역 (JSA)
∮ arthritis [ɑːrθráitis] **n.** 관절염
• arthritic [ɑːrθrítik] **a.** 관절염의
• osteoarthritis [ɑ̀stiouɑːrθráitis] **n.** 골관절염

☐ joke [dʒouk]

n. 농담(弄談) **v.** 농담하다

ex. "그의 **농담**은 그녀에게 통하지 않았어. 그는 더 **농**도(濃度)가 솔직**담**백한 이야기를 했어야만 했네."

MP3 "His **jokes** didn't get across to her. He should have been more forthright."

☐ journal [dʒə́ːrnl]

n. 저널, 정기적으로 발행되는 전문적 잡지, 일지, 일기

ex. **저널**에 실린 **저**명한 학자의 글이 **널**리 읽힌다.

MP3 The article, written by an eminent scholar in the **journal**, is widely read.

• journalism [dʒə́ːrnəlìzm] **n.** 저널리즘
• journalist [dʒə́ːrnəlist] **n.** 저널리스트, 기자, 언론인
∮ log [lɔ(ː)g] **n.** 통나무, (항해, 운항 등의) 일지 **v.** 일지에 기록하다

☐ journey [dʒə́ːrni]

n. (장거리) 여행 **v.** (먼길을) 여행하다

ex. 그들은 부**여행** 기차를 타고 **여행**을 떠났다.

MP3 They went on a **journey** taking a train for Buyeo.

∮ expedition [èkspədíʃən] **n.** 탐험(探險), 원정(遠征), 탐험대, 원정대
• itinerary [aitínərèri] 여행 일정 계획, 여행 일정

☐ joy [dʒɔi]

n. 기쁨, 즐거움

ex. "여**기** 이 여자 이**뻐**. **기쁨**!"

MP3 "This girl here is pretty. What a **joy**!"

∮ delight [diláit] **n.** (큰) 기쁨, 즐거움 **v.** 큰 기쁨을 주다
• delighted [diláitid] **a.** 아주 기뻐하는, 즐거워하는

☐ judge [dʒʌdʒ]

n. 판사(判事), 심사위원 **v.** 판단하다, 재판(裁判)하다

ex. "너는 그의 겉모습에 정신 **판단** 말이야? 사람을 외모로 **판단**하지 말란 말이야!"

MP3 "Are you deceived by his appearance? Don't **judge** of a man by his looks!"

• judgement [dʒʌ́dʒmənt] **n.** 판단, 판결, 재판
∮ judiciary [dʒuːdíʃièri] **n.** 사법부, 사법 제도
• magistrate [mǽdʒəstrèit] **n.** 치안 판사
• summon [sʌ́mən] **v.** (법원으로) 소환(召喚)하다, (회의를) 소집(召集)하다
• summons [sʌ́mənz] **n.** (법원) 소환장, 호출

☐ jump rope [dʒʌmp roup]

n. 줄넘기, 줄넘기의 줄 **v.** 줄넘기하다

ex. **줄**리와 프**럼**은 **기**어이 **줄넘기**했다.

MP3 Julie and Fromm managed to **jump rope**.

- jump [dʒʌmp] **n.** 점프 **v.** 점프하다
- rope [roup] **n.** 밧줄, 로프 **v.** 밧줄로 묶다

∮hop [hɑp] **v.** (한 발로) 깡충깡충 뛰다 **n.** 깡충 뛰기

- leap [li:p] **v.** leap - leaped/leapt - leaped/leapt 높이 뛰다, 급상승하다 **n.** 높이 뜀, 급상승
- trampoline [træmpəlí:n] **n.** (도약용) 놀이 기구, 트램펄린

☐ jury [dʒúəri]

n. 배심, 배심원단(陪審員團)

ex. 사람들이 **배시**시 웃었다. 그들에게 **뭔** 소리가 들렸**단**다. **배심원단**이 무죄 평결을 내리는 소리가.

MP3 People smiled lightly. They seemed to hear something. The **jury** brought in a verdict of not guilty.

- juror [dʒúərər] **n.** 배심원

∮jurisdiction [dʒùərisdíkʃən] **n.** 사법권, 재판권, 재판 관할(管轄)

- jurisprudence [dʒùərisprú:dns] **n.** 법체계, 법학

☐ justice [dʒʌ́stis]

n. 공정함, 정당함, 정의(正義), 재판, 재판관

ex. 사람들은 법**정**(法廷)**의 정의**를 요구한다.

MP3 People demand **justice** that the court should defend.

- just [dʒʌst] **a.** 공정한 **ad.** 바로, 막, 단지
- unjust [ʌndʒʌ́st] **a.** 공정하지 않은
- injustice [indʒʌ́stis] **n.** 공정하지 않음, 부당함, 부정

∮obstruction of justice 사법 방해

☐ justify [dʒʌ́stəfài]

v. 정당화(正當化)하다

ex. 그들은 **정당**(政黨)을 통합**화하는** 것을 **정당화한다**.

MP3 They **justify** merging their parties.

- justification [dʒʌ̀stəfikéiʃən] **n.** 정당화, 정당한 이유

K

☐ keen [ki:n]

a. 날카로운, 예리(銳利)한, 명민한, 예민(銳敏)한, 열렬한, 간절(懇切)한

ex. "**그날** 딕슨 **카**가 어디**로 운**전했는지를 아는 **날카로운** 관찰자를 찾아라."

MP3 "Look for a **keen** observer who knows where Dickson Carr drove to reach on that day."

☐ keep [ki:p]

v. keep - kept - kept 지키다, 유지하다, 계속 …하다

ex. 그는 건강을 **지키기** 위해 **지**금 근육을 **키**우고 있**다**.

MP3 He is now building muscle in order to **keep** fit.

∮retain [ritéin] **v.** 유지하다

☐ kettle [kétl]

n. 주전자, 솥

ex. "**주**피터와 **전 자**주 **주전자**로 차를 끓입니다." "전 이따금씩 커피를 마시죠."

MP3 "Jupiter and I often put the **kettle** on for tea." "I drink coffee now and then."

☐ key [ki:]

n. 열쇠, 키, 실마리, 건반, 어조, (지도의) 기호 해설 **a.** 핵심적인, 아주 중요한

ex. "나는 그 **열쇠**로 **열**고 있**소**, **애**들이 잠

K

근 문을."
MP3 "I'm opening the door which the children have locked with the **key**."

☐ kick [kik]

v. (발로) 차다 n. 킥, 발길질

ex. "공을 **차다** 우린 숨이 **차다**."

MP3 "While **kicking** the ball, we are out of breath."

☐ kid [kid]

n. 아이 v. 농담하다

ex. "**아, 이 아이**가 바로 그 남자**아이**구나."

"Ah, this **kid** is the very boy."

☐ kidnap [kídnæp]

v. 납치(拉致)하다, 유괴(誘拐)하다

ex. 그는 **납치**되어 **납**작하게 엎드려 **치**를 떨었다.

MP3 He was **kidnapped** and lay flat, shivering.

cf hostage [hástidʒ] n. 인질(人質)
- ransom [rǽnsəm] n. 몸값 v. 몸값을 치르다
- abduct [æbdʌ́kt] v. 유괴하다, 납치하다
- hijack [háidʒæk] v. (비행기 등 운송 수단을) 납치하다, 강탈하다
- hijacker [háidʒækər] n. 공중 납치 등을 하는 범인
- hijackee [hàidʒækíː] n. 공중 납치 등을 당하는 피해자
- carjack [kάrdʒæk] v. 차량을 강탈하다
- carjacking [kάːrdʒækiŋ] n. 차량 강탈

☐ kill [kil]

v. 죽이다 n. 죽이기

ex. 사람들을 **죽이는** 일이 **죽 이**어**졌다**.

MP3 **Killing** people has been continued.

cf euthanize [júːθənàiz] v. 안락사(安樂死) 시키다
- euthanasia [jùːθənéiʒə] n. 안락사
- exterminate [ikstə́ːrmənèit] v. 몰살(沒殺)하다, 근절(根絶)하다
- terminate [tə́ːrmənèit] v. 종결하다, 끝나다, 끝내다
- termination [tə̀ːrmənéiʃən] n. 종료, 종결
- terminator [tə́ːrmənèitər] n. 종결자(終結者)
- terminal [tə́ːrmənl] n. 종점, 터미널 a. 말기의
- slay [slei] v. slay - slew - slain 죽이다
- strangle [strǽŋgl] v. 목 졸라 죽이다, 교살(絞殺)하다

☐ kind [kaind]

a. 친절한 n. 종류

ex. **친절한** 소녀가 **친**히 **절한**다.

MP3 The **kind** girl is bowing herself.

- kindness [káindnis] n. 친절
- unkind [ənkáind] a. 불친절한

cf sort [sɔːrt] n. 종류 v. 분류하다
- species [spíːʃiːz] n. (생물) 종(種)
- genus [dʒíːnəs] n. (생물) 속(屬)

☐ kindergarten [kíndərgὰːrtn]

n. 유치원(幼稚園)

ex. "우리가 **유치원**에 있었을 때 우린 참 **유치**한 **원**생들이었지."

MP3 "When we were in **kindergarten**, we were so childish."

☐ kiss [kis]

n. 키스 v. 키스하다

ex. 키 작은 소년과 **키** 큰 소녀가 **스**치며 **키스**를 할 뻔했다.

MP3 A short boy came close to **kissing** a tall girl.

☐ kitchen [kítʃən]

n. 부엌, 주방(廚房)

ex. **부억**에서 그의 **부**인은 수**억** 원을 벌었다.

MP3 His wife earned hundreds of millions of won in the **kitchen**.

☐ kite [kait]

n. 연(鳶)

ex. **연**인(戀人)들이 **연**을 날린다.

MP3 The lovers are flying a **kite**.

☐ kneel [niːl]

v. kneel - knelt/kneeled - knelt/kneeled 무릎을 꿇다

ex. 닐슨은 **무릎**을 **꿇고** 싶지 않다. 그렇지만 **무릎**을 **꿇은** 채, 쓴맛을 **무릅**쓰고 **꿀**물이 아닌 물을 마신**다**.

MP3 Neilson doesn't want to fall on his knees. However, while **kneeling**, he is drinking water that is not honey water even if it tastes bitter.

- knee [niː] **n.** 무릎
- kneejerk [níːdʒə̀ːrk] **a.** 반사적(反射的)인, 자동적으로 나온 **n.** 무릎 반사

∉ leg [leg] **n.** 다리
- leg room [légrum] **n.** 좌석 여유 공간
- thigh [θai] **n.** 넓적다리, 허벅지

☐ knife [naif]

n. (pl. knives) 칼

ex. "**칼**, 그는 **칼**을 들고 있어. 그를 저지해!"

MP3 "Carl, he has a **knife**. Keep him at bay!"

∉ dagger [dǽgər] **n.** (무기로 사용되는) 단도(短刀), 단검(短劍)
- sword [sɔːrd] **n.** (무기로 사용되는) 검, 칼
- stab [stæb] **v.** 찌르다 **n.** 찌르기, 시도

☐ knight [nait]

n. (중세의) 기사(騎士)

ex. **기사**의 **기사**도 정신은 그들에게 목적의식을 준다.

MP3 Chivalry which **knights** follow gives them a sense of purpose.

∉ chivalry [ʃívəlri] **n.** 기사도(騎士道)(정신)

☐ knock [nɑk]

v. 노크하다, 두드리다, 치다, 찧다 **n.** 노크, 타격(打擊)

ex. "문을 **두드려라**, **두** 번. 그리고 그에게 인사**드려라**."

MP3 "**Knock** at the door twice, and say hello to him."

∉ dab [dæb] **v.** 가볍게 두드리다 **n.** 가볍게 두드림, 소량
- tap [tæp] **v.** 가볍게 두드리다, 톡톡 치다 **n.** 톡톡 치기, 수도꼭지
- faucet [fɔ́ːsit] **n.** 수도꼭지

☐ know [nou]

v. know - knew - known 알다

ex. "너 **아라 알아**?" "네, **아라**를 난 **알아**요. 왜냐면요, 난 **아라**요(=제가 **아라**니까요)."

MP3 "Do you **know** Ara?" "Yes, I **know** Ara. That's because I myself am Ara."

- knowledge [nálidʒ] **n.** 앎, 지식
- known [noun] **a.** 알려진
- unknown [ʌnnóun] **a.** 알려지지 않은, 무명의, 미지의

L

☐ labor [léibər]

n. 노동(勞動) **a.** 노동의 **v.** 노동하다

ex. "많은 **노동**력을 사용하여 **노**를 저어라, **동**쪽으로."

MP3 "Row toward the east with much **labor**."

- laborious [ləbɔ́ːriəs] **a.** 힘든, 근면한
- labor force 노동력, 노동 인구
- laborer [léibərər] **n.** 노동자

∉ Labor and Capital 노동자와 자본가

L

☐ laboratory [lǽbərətɔ̀ːri]

n. (lab) 실험실(實驗室), 연구실

ex. 안전이 결여(缺如)된 **실험실**에서 **실**제로 **험**(險)한 **실**험이 이루어졌다.

MP3 A dangerous experiment was actually conducted at the **laboratory** devoid of safety.

- ∮dearth [dəːrθ] **n.** 부족, 결핍
- • devoid of ~이 없는
- • devoid [divɔ́id] **a.** 전혀 없는

☐ lack [læk]

n. 부족(不足) **v.** 부족하다

ex. "**부**디 우가우가 **족**장님, 당신 경험의 **부족** 때문에 일을 망치지 마시오."

MP3 "Please don't spoil things for your **lack** of experience, Chief Woogawooga."

☐ ladder [lǽdər]

n. 사다리

ex. "너 그 **사다리 사다**가 뭐 하**리**?"

MP3 "Why do you buy the **ladder**?"

☐ lady [léidi]

n. 숙녀

ex. 그 **숙녀**의 마음이 뒤숭**숭**하다는 것을 하**녀**는 알았다.

MP3 The maid knew that the **lady** felt restless.

- ∮gentleman [dʒéntlmən] **n.** 신사
- • gentle [dʒéntl] **a.** 온화한, 부드러운
- • gently [dʒéntli] **ad.** 온화하게, 부드럽게

☐ lake [leik]

n. 호수(湖水)

ex. **호수**에서 **호**랑이가 **수**영한다.

MP3 A tiger is swimming in a **lake**.

- ∮lagoon [ləgúːn] **n.** 석호(潟湖)
- • pond [pɑnd] **n.** 연못
- • reservoir [rézərvwɑ̀ːr] **n.** 저수지, 저장소

☐ lamb [læm]

n. 어린 양(羊), 새끼 양

ex. **어린 양**이 그려진 **어린**이의 **양**말이 팔린다.

MP3 Socks for children are sold, on which a **lamb** is painted.

- • sheep [ʃiːp] **n.** 양
- • shear [ʃiər] **v.** shear - sheared - sheared/shorn (양의) 털을 깎다
- • shepherd [ʃépərd] **n.** 양치기 **v.** (길을) 안내하다, 인도하다
- ∮parchment [pɑ́ːrtʃmənt] **n.** 양피지(羊皮紙)
- • goat [gout] **n.** 염소
- • goatherd [góuthəːrd] **n.** 염소지기

☐ language [lǽŋgwidʒ]

n. 언어(言語), 말

ex. "**언**제, **어**디서 너는 그 **언어**를 배웠니?"

MP3 "When and where did you learn the **language**?"

- • proto-language [próutou lǽŋgwidʒ] **n.** 원시 언어
- • lingual [líŋgwəl] **a.** 언어의, 혀의
- • bilingual [bailíŋgwəl] **a.** 두 개의 언어를 구사하는, 이중 언어를 사용하는
- • monolingual [mɑ̀nəlíŋgwə] **a.** 하나의 언어를 사용하는
- • multilingual [mʌ̀ltilíŋgwəl] **a.** 여러 언어를 사용하는
- • linguistic [liŋgwístik] **a.** 언어의
- • linguistically [liŋgwístikli] **a.** 언어적으로
- • linguistics [liŋgwístiks] **n.** 언어학
- ∮chunking [tʃʌ́ŋkiŋ] **n.** (말의 의미를 인식하는 과정에서) 덩어리로 나누기
- • chunk [tʃʌŋk] **n.** 덩어리 **v.** 덩어리로 나누다
- • corpus [kɔ́ːrpəs] **n.** 언어 자료, 집적(集積)
- • morphology [mɔːrfɑ́lədʒi] **n.** 형태, (언어) 형태론, 어형론, (생물) 형태학

• morph [mɔːrf] **v.** 변화하다

☐ lap [læp]

n. 무릎(허리에서 무릎 사이의 다리 윗부분)

ex. "제가 당신 **무릎** 위에 앉아도 되나 **물읍**시다."

MP3 "May I ask you if I could sit on your **lap**?"

• laptop [lǽptɑ̀p] **n.** 노트북, 휴대용 컴퓨터

☐ large [lɑːrdʒ]

a. 큰, 많은

ex. **큰** 집의 대가족에서 **큰** 아이는 키가 **큰** 아이였다.

MP3 The child who grew up in a **large** family in a **large** house was tall.

• enlarge [inlɑ́ːrdʒ] **v.** 확대(擴大)하다, 확장(擴張)하다

☐ larva [lɑ́ːrvə]

n. (**pl.** larvae [lɑ́ːrviː]) 유충(幼蟲), 애벌레

ex. 그 **애**가 본 **벌레**는 **애벌레**였다.

MP3 The insect the child saw was a **larva**.

• larval [lɑ́ːrvəl] **a.** 유생(幼生)의, 애벌레의
∉ cocoon [kəkúːn] **n.** 고치, 보호막 **v.** 보호하다
• nymph [nimf] **n.** 애벌레, 님프, (산, 강의) 요정
• Daphne [dǽfni] **n.** 다프네, 그리스 신화에 나오는 요정의 이름

☐ last [læst]

a. 마지막의, 최후의, 지난 **v.** 지속(持續)하다, 계속(繼續)하다

ex. **지**금까지 세**속**적인 즐거움이 **지속**되었다. 반면에 그들은 겨울을 견뎌야 했다.

MP3 Worldly pleasure has **lasted** until now. On the other hand, they had to **last** out the winter.

• outlast [àutlǽst] **v.** …보다 오래 지속되다, …보다 오래 계속하다
∉ persist [pərsíst] **v.** 지속하다, 고집(固執)하다
• persistence [pərsístəns] **n.** 지속, 고집
• persistent [pərsístənt] **a.** 지속하는, 고집하는
• persistently [pərsístəntli] **ad.** 지속적으로, 고집스럽게

☐ late [leit]

a. 늦은 **ad.** 늦게

ex. "어느새 해가 **졌어**. 시간이 이렇게 **늦었어**. 나는 일을 질질 끄는 건 원하지 않았는데."

MP3 "The sun has already set. It's **late** like this. I didn't want it to run on."

• late bloomer 대기만성(大器晩成)형(型)의 사람
• lately [léitli] **ad.** 최근에
• later [léitər] **a.** 나중의 **ad.** 나중에
• latest [léitist] **a.** (가장) 최근의
∉ recent [ríːsnt] **a.** 최근의
• recently [ríːsntli] **ad.** 최근에

☐ laugh [læf]

v. (소리 내어) 웃다 **n.** 웃음

ex. 그의 이**웃**이 **다 웃**었**다**.

MP3 His neighbors all **laughed**.

• laughter [lǽftər] **n.** 웃음, 웃음소리
∉ grin [grin] **v.** 활짝(방긋) 웃다 **n.** 활짝(방긋) 웃음
• smile [smail] **v.** 미소 짓다, (소리를 내지 않고) 웃다 **n.** 미소

☐ launch [lɔːntʃ]

v. 개시하다, 착수(着手)하다, 진수(進水)시키다, 발사하다 **n.** 개시, 착수, 진수, 발사

ex. "제**발** 제가 당신께 **사**정할 테니 로켓 **발사**를 취소해 주시오."

MP3 "I'm begging you. Please call off the rocket **launch**."

• launching [lɔ́ːntʃiŋ] **n.** 개시, 착수, 진수, 발사

☐ laundry [lɔ́:ndri]

n. 세탁, 세탁물, 세탁소, 빨래

ex. "너 제발 **빨**리할**래, 빨래**?"

MP3 "Will you do the **laundry** quickly, please?"

- dirty laundry 치부(恥部), 수치(羞恥)스러운 일

☐ law [lɔ:]

n. 법(法), 법률(法律)

ex. "이런 **법**은 (**버**럭 화내며) **없**어!" **법**을 어긴 남자가 소리쳤다.

MP3 "(exploding in rage) There is no **law** like this!" A man who acted in violation of the **law** shouted.

- lawful [lɔ́:fəl] **a.** 합법적인
- outlaw [áutlɔ̀] **v.** 불법화하다 **n.** 범법자, 무법자
- ∉ enact [inǽkt] **v.** (법을) 제정(制定)하다, (연극을) 상연(上演)하다
- as by law enacted 법률이 규정하는 바와 같이
- enactment [inǽktmənt] **n.** (법률의) 제정, (제정된) 법률, (연극의) 상연
- lawsuit [lɔ́sùt] **n.** 소송(訴訟), 고소(告訴)
- ∉ litigation [lìtəgéiʃən] **n.** 소송
- attorney [ətə́:rni] **n.** 변호사, 대리인
- Attorney General 법무 장관

☐ lay [lei]

v. lay - laid - laid 놓다, (알을) 낳다 **a.** 문외한(門外漢)의, 전문가가 아닌

ex. 그는 **놓**았던 **노**를 집고 배를 타러 나갔다.

MP3 He picked up the oars that had been **laid** and went out to take a boat.

- lay-up [léiʌp] **n.** (농구) (골 근처에서 한 손으로 하는) 레이업 슛
- lay-off [léiɔ̀:f] **n.** (일시적인) 해고
- layer [léiər] **n.** 층 **v.** 층을 이루다
- layperson [léipə̀:rsən] **n.** 비전문가, 문외한
- laypeople [léipìpəl] **n.** 비전문가들, 문외한들
- mislay [mìsléi] **v.** mislay - mislaid - mislaid 제자리에 두지 않다
- inlay [inléi] **v.** inlay - inlaid - inlaid 박아 넣다 **n.** [ínlèi] (치과) 인레이
- interlay [ìntərléi] **v.** interlay - interlaid - interlaid 사이에 끼워 넣다
- overlay [ouvərléi] **v.** overlay - overlaid - overlaid 덮어씌우다 **n.** [óuvərlei] 덮어씌우는 것

☐ lawn [lɔ:n]

n. 잔디, 잔디밭

ex. "내가 **잔디**에서 **잔 뒤**…"

MP3 "After I slept on the **lawn**, …"

- ∉ grass [græs] **n.** 풀, 잔디
- grassland [grǽslæ̀nd] **n.** 풀밭, 초원
- mow [mou] **v.** mow - mowed - mowed/mown (잔디) 깎다, (풀) 베다
- mower [móuər] **n.** 잔디 깎는 기계
- hay [hei] **n.** 건초

☐ lawyer [lɔ́:jər]

n. 변호사(辯護士)

ex. "**변**소(便所)에서 **호**통치는 **사**람이 **변호사**냐?"

MP3 "Is the man yelling in the toilet a **lawyer**?"

☐ lazy [léizi]

a. 게으른, 나태(懶怠)한

ex. "당신 이렇게 **게으른 게 으른**(='어른'의 사투리)으로서 할 짓이야?"

MP3 "Could you be **lazy** like this as an adult?"

☐ lead [li:d]

v. lead - led - led 이끌다 **n.** 지휘, 선두, [led] 납, 흑연, 연필심

ex. 길동이 **이끄는** 사람들은 길동**이** (사람들을) **끄는** 매력이 있다고 말한다.

MP3 People who are **led** by Gildong say that he has a magnetism.

- leader [lí:dər] **n.** 지도자, 선두

- leadership [líːdərʃip] **n.** 지도자의 지위, 지도력
- leading [líːdiŋ] **a.** 지도적(指導的)인, 주도적(主導的)인
- mislead [mislíːd] **v.** mislead - misled - misled 잘못 이끌다, 오해(誤解)하게 하다
- misleading [mislíːdiŋ] **a.** 오해하게 하는, 호도(糊塗)하는

☐ leaf [liːf]

n. (pl. leaves) 잎, 낱장

ex. "'마지막 **잎**새'가 아니라 '처음의 **잎**새'야. 나의 **입**장은 새로운 시작이다."

MP3 "Not 'the Last **Leaf**', but 'the First **Leaf**'. I will turn over a new **leaf**."

- leaflet [líːflit] **n.** 전단지(傳單紙)
- ⊄ greenery [gríːnəri] **n.** 녹색 잎, 푸른 나무
- cotyledon [kɑ̀təlíːdn] **n.** 떡잎

☐ lean [liːn]

v. lean - leaned/leant - leaned/leant 기울다, 기울이다, 기대다 **a.** 마른, 야윈, 여윈

ex. "**기울이다**니 무엇을 넌 기울였니?" "내가 기울였던 건 거**기**에 있는 **우리다**."

MP3 "What was it that you **leant**?" "It was the cage over there that I **leant**."

- ⊄ rely [rilái] **v.** (on, upon) 의지(依支)하다, 의존(依存)하다, 기대다
- reliable [riláiəbl] **a.** 의지할 만한, 신뢰할 만한, 믿을 만한

☐ learn [ləːrn]

v. learn - learned/learnt - learned/learnt 배우다, 학습(學習)하다

ex. 그는 문학을 **배우며** 시들을 언제든 암기하는 **배우다**.

MP3 He is an actor who **learns** literature and **learns** poems by heart anytime.

- learn by heart 외우다, 암기(暗記)하다
- ⊄ osmosis [ɑzmóusis] **n.** 서서히 터득함, 삼투(滲透)현상
- rote [rout] **n.** 기계적인 암기
- rote-learned 기계적으로 암기한

☐ leave [liːv]

v. leave - left - left 떠나다, 남기다 **n.** 휴가(休暇), 허가(許可)

ex. "**떠나다**니 누가?" "마음이 **떠** 있는 **나**연이**다**. 그녀는 새로운 삶을 찾아다닌다."

MP3 "Who has **left**?" "It is Nayeon, for her mind is in a state of drift. She's been in search of a new life."

☐ lecture [léktʃər]

n. 강의(講義), 강연(講演) **v.** 강의하다, 강연하다

ex. 그의 **강의**에서 대**강**(大綱)**의** 의미조차 제대로 전달되지 못했다.

MP3 In his **lecture**, the meaning didn't come across even generally.

- lecturer [léktʃərər] **n.** 강사, 강연자
- ⊄ lectern [léktərn] **n.** 강의대, 독서대

☐ legal [líːgəl]

a. 법률(상)의, 법적인, 합법적인

ex. 이 **법**에 담긴 **율**리우스 카이사르의 **법률**적 견해는 중요하다.

MP3 Julius Caesar's **legal** opinion that this law reflects is important.

- legalize [líːgəlàiz] **v.** 적법화하다, 합법화하다
- legality [ligǽləti] **n.** 적법성, 합법성
- illegal [ilíːgəl] **a.** 불법적인 **n.** (=illegal alien) 불법입국자
- illicit [ilísit] **a.** 불법의
- ⊄ loophole [lúːphòul] **n.** (법률 등에서) 빠져나갈 구멍
- loop [luːp] **n.** 고리, 루프(반복 실행되는 일련의 명령)

☐ legend [lédʒənd]

n. 전설(傳說), (지도·도표의) 범례(凡例)

ex. "왜 그녀가 **전설**인지 **전 설**명할 수 있

L

어요."

MP3 "I can explain why she is a **legend**."

- legendary [lédʒəndèri] a. 전설적인

∮saga [sɑ́:gə] n. (특히 노르웨이 아이슬란드의) 영웅 전설, 대하소설(大河小說)

☐ legible [lédʒəbl]

a. 문자가 읽기 쉬운

ex. "**일기** 쓰기 **쉬운** 아이의 일기는 **읽기 쉬운** 것은 아니다."

MP3 "A child's diary that is easily written is not necessarily **legible**."

- legibility [lèdʒəbíləti] n. 문자를 읽기 쉬움
- illegible [ilédʒəbl] a. 문자가 읽기 어려운

∮squiggle [skwígl] n. 비틀린 문자, 휘갈겨쓴 글씨, 구불구불한 선

☐ legislation [lèdʒisléiʃən]

n. 법률, 입법(立法)

ex. "그들에게 새 **입법**이 효력을 발휘해야 그들의 **입**지가 더 견고해지는 **법**이지."

MP3 "It is likely that they will be in a more powerful position if they bring the new **legislation** into force."

- legislate [lédʒislèit] v. 법률을 제정하다, 입법하다
- legislature [lédʒislèitʃər] n. 입법부, (미국의 주) 의회(議會)

☐ legitimate [lidʒítəmət]

a. 합법적인, 합당한

ex. "그들이 단**합**하여 **법**을 제정하는 과정이 과연 **합법**적인가?"

MP3 "Is it a **legitimate** procedure for them to unite and legislate laws?"

- legitimacy [lidʒítəməsi] n. 합법성, 적법성
- illegitimate [ìlidʒítəmət] a. 비합법적인, 사생아(私生兒)인

☐ leisure [lí:ʒər]

n. 여가(餘暇), 레저

ex. 그늘에 누워 있는 것은 저 **여자가** 느긋하게 즐기는 **여가** 활동들 중의 하나이다.

MP3 Lying in the shade is one of the **leisure** activities that woman is enjoying at leisure.

- leisurely [lí:ʒərli] a. 여유로운, 한가한

☐ lend [lend]

v. lend - lent - lent 빌려주다

ex. "그 책은 **빌**이 **리어**에게 **준** 것이 아니라 **빌려준** 것이다."

MP3 "Bill didn't give the book to Lear. Bill just **lent** it to him."

- borrow [bɑ́rou] v. 빌리다

☐ lesson [lésn]

n. 수업, 과, 교훈

ex. "우리가 2**과**에서 배울 내용은 1**과**의 1**과** 2분의 1배다."

MP3 "What we should learn in **Lesson** Two is one and a half times more than in **Lesson** One."

∮didactic [daidǽktik] a. 교훈적(教訓的)인

☐ let [let]

v. let - let - let …하게 하다, …하게 허락하다, 세(貰)를 놓다

ex. "내가 그와 이야기**하게** 우치**하** 마**다**라를 입장**하게 하라**." 하시라마가 말했다.

MP3 "**Let** Madara Uchiha enter. I want to talk with him." Hashirama said.

☐ letter [létər]

n. 편지, 증서, 글자, 문자

ex. "특허증과 관련하여 쇄도하는 **편지**들로 인하여 나의 마음이 **편**하**지** 않구나."

MP3 "I am not comfortable with an avalanche of **letters** that are about **letter** of a patent."

- letter of reference 추천서
- ⊄ envelope [énvəlòup] **n.** (편지) 봉투
- envelop [invéləp] **v.** 감싸다, 덮다
- mail [meil] **n.** 우편(郵便), 우편물 **v.** 우편으로 보내다
- e-mail 이메일, 전자 우편
- mailbox [méilbàks] **n.** 우편함, 우체통
- postscript [póustskrìpt] **n.** (P.S.) 편지의 추신(追伸), 책의 후기

☐ liable [láiəbl]

a. 법적 책임이 있는, (안 좋은 일을) 당하기 쉬운, 겪기 쉬운

ex. "그건 **법**에 관해 **적**힌 **책임**? 그 책을 넌 왜 읽음?" "그 빚을 갚을 **법적 책임**이 누구에게 있는지 알려고 읽음."

MP3 "Is that a lawbook? Why are you reading it?" "To know who is **liable** to pay the debt."

- liability [làiəbíləti] **n.** 책임이 있음, 법적 책임, 부채(負債), 빚, 불리한 것
- ⊄ prone [proun] **a.** (안 좋은 일을) 당하기 쉬운, 하기 쉬운

☐ liberate [líbərèit]

v. 해방(解放)하다

ex. 그 **해**에 **방**방곡곡(坊坊曲曲)에서 노예들이 **해방**되었다.

MP3 Slaves were **liberated** around the country that year.

- liberation [lìbəréiʃən] **n.** 해방
- liberty [líbərti] **n.** 자유
- liberal [líbərəl] **a.** 자유주의의, 진보적인, 아낌없는, 교양의
- ⊄ emancipate [imǽnsəpèit] **v.** (노예를) 해방하다
- emancipation [imæ̀nsəpéiʃən] **n.** (노예) 해방

☐ library [láibrèri]

n. 도서관, 서재(書齋)

ex. 소휘**도 서**연이도 **관**심이 있다, **도서관**에 가는 데에. 좋은 성적을 받고 싶어서.

MP3 Both Sohwi and Seoyeon are interested in going to **library**, for they want to get a good grade.

☐ lie[1] [lai]

v. lie - lay - lain 눕다, 놓여 있다

ex. 미친 여자가 **눕**습니**다**. 똥을 **눕**니**다**. 그리고 말합니다. "**누**누이 **어**디라고 말하지만, 난 저 바다에 **누워** 있고 싶다니까."

MP3 A crazy woman is **lying** down. She is pooping. And she says, "As I repeatedly say where it is, I want to **lie** on that sea."

- underlie [ʌ̀ndərlái] **v.** underlie - underlay - underlain …의 기저(基底)에 놓여 있다, …의 밑에 깔려 있다
- underlying [ʌ̀ndərláiiŋ] **a.** 기저에 놓여 있는, 기본적(基本的)인, 근본적(根本的)인
- ⊄ sprawl [sprɔːl] **v.** 큰대자로 눕다, 제멋대로 퍼져 나가다 **n.** 스프롤(무질서하게 뻗어 나간 도시 외곽 지역)

☐ lie[2] [lai]

v. lie - lied - lied 거짓말하다 **n.** 거짓말

ex. "걔가 또 **거짓말**하는 **거**야. **진**짜 **말**도 안 되는 소리야."

MP3 "That child is **lying** again. Pure nonsense."

- liar [láiər] **n.** 거짓말쟁이

☐ life [laif]

n. 삶, 생명, 생명력, 생활, 실물

ex. "내가 **생**각해 보니 **명**백하게 마지막으로 점을 찍어 그림에 **생명**을 불어넣었네."

L

MP3 "I found on reflection that the last point obviously brought the picture to **life**."

- lifeboat [láifbòut] n. 구명보트, 구조선
- lifeguard [láifgὰːrd] n. 인명 구조원, 수상 안전 요원
- lifespan [láifspæn] n. 수명
- lifetime [láiftaim] n. 일생, 평생
- lifelong [láiflɔ̀ŋ] a. 평생의

∮ centenarian [sentənέəriən] n. 100살 이상의 사람
- ephemeral [ifémərəl] a. 단명하는, 수명이 짧은
- ephemerality [ifèmərǽləti] n. 단명, 덧없음

☐ lift [lift]

v. 들어올리다 n. 승강기, 리프트

ex. "내 말 **들어**! 너의 팔을 **올려**! 좋아! 그렇게 역기를 **들어올려**!"

MP3 "Listen to me! Raise your arms! OK! **Lift** the barbell in that way!"

☐ light [lait]

n. 빛, 광선, 불 v. light - lighted/lit - lighted/lit 불을 붙이다, 비추다, 밝게 하다 a. 밝은, 가벼운

ex. "**빛**이 **빛**어낸 것은 무엇인가?"

MP3 "What is it that **light** has created?"

- light year 광년
- lighten [láitn] v. 밝아지다, 밝게 하다, 가벼워지다, 가볍게 하다
- lighthouse [láithàus] n. 등대(燈臺)

∮ beacon [bíːkən] n. 신호등, 등대, 수로 표지, 봉화
- flash [flæʃ] v. 번쩍이다, 비추다 n. 번쩍임, 섬광, 플래시
- flashlight [flǽʃlàit] n. 손전등
- lantern [lǽntərn] n. 랜턴, 초롱불
- lamp [læmp] n. 램프, 전기스탠드
- illuminate [ilúːmənèit] v. 밝히다, 비추다, 조명(照明)하다
- illumination [ilùːmənéiʃən] n. 조도(照度), 조명
- mW/cm2 빛의 세기 단위

☐ lightning [láitniŋ]

n. 번개, 번갯불

ex. 여러 **번** 그 **개**는 **번개**에 맞았다.

MP3 The dog has been struck several times by **lightning**.

- lightning rod 피뢰침(避雷針)

∮ thunder [θʌ́ndər] n. 천둥, 우레, 천둥 같은 소리
- thunderbolt [θʌ́ndərbòult] n. 벼락

☐ like [laik]

prep. …같은, …처럼 conj. …처럼 a. 비슷한 v. 좋아하다

ex. "오늘은 공룡 **같은** 은행과 우리의 거래가 튼 날이다."

MP3 "Today is the day when we open an account with a bank that is **like** a dinosaur."

- likewise [láikwàiz] ad. 마찬가지로
- alike [əláik] a. 비슷한 ad. 비슷하게
- unlike [ənláik] prep. …과 같지 않은, …과 다른
- dislike [disláik] v. 싫어하다 n. 싫어함

∮ affinity [əfínəti] 애착, 친밀감, 친화력

☐ likely [láikli]

a. …일 것 같은

ex. "하루 종**일** 속이 **겉**과 **같은** 사람은 제니**일 것 같다**."

MP3 "Jennie is **likely** to be the person who can be judged by her cover all day long."

- likelihood [láiklihùd] n. 가능성
- unlikely [ənláikli] a. …일 것 같지 않은

☐ limb [lim]

n. 팔다리, 사지(四肢), 큰 나뭇가지

ex. 그들은 위험을 감수(甘受)하며 **팔다리**를 **팔다**가 이**리**로 왔다.

MP3 They came here while going out on a **limb** and selling **limbs**.

∮ extremities [ikstréməti z] n. 손발

☐ limit [límit]

n. 제한(制限), 한계(限界) **v.** 제한하다

ex. "우리가 **재한**테 줄 사과의 수를 **제한**해."

MP3 "**Limit** the number of apples that we will give to that boy."

- limitation [lìmətéiʃən] **n.** 제한, (limitations) 한계
- limited [límitid] **a.** 제한된, 한정된
- unlimited [ʌnlímətəd] **a.** 무제한의
- ✓ parameter [pəræmətər] **n.** 규정 요소, 매개(媒介) 변수, 한계, 한도

☐ line [lain]

n. 선, 줄, 라인, 대사, 전화선, 전선 v. 안감을 대다

ex. "나는 내가 **줄** 설 **줄** 알았다."

MP3 "I knew I would stand in **line**."

- on-line [ɔ́nlàin] **a.** 온라인의 **ad.** 온라인으로
- linear [líniər] **a.** 직선의, 직선 모양의
- ✓ stripe [straip] **n.** 줄무늬 **v.** 줄무늬를 넣다
- queue [kjuː] **n.** 줄 **v.** 줄을 서다

☐ lion [láiən]

n. 사자

ex. "**사자 사자**."

MP3 "Let's buy the **lion**."

- ✓ mane [mein] **n.** (사자의) 갈기
- maned [meind] **a.** 갈기가 있는

☐ liquid [líkwid]

n. 액체(液體) **a.** 액체의

ex. 열기로 인하여 **액체**에서 용**액**은 기**체**인 증기로 변한다. 그것은 물을 증기로 바꾼다.

MP3 The heat turns the **liquid** solution into vapor. It turns water into steam.

- liquid medicine 물약
- ✓ fluid [flúːid] **n.** 유동체(流動體) **a.** 유동체의, 유동적인, 부드러운
- gallon [gǽlən] **n.** 갤런 (액체의 용량을 측정하는 단위)
- condense [kəndéns] **v.** 응축(凝縮)하다, 농축(濃縮)하다
- condensable [kəndénsəbl] **a.** 응축할 수 있는
- condensation [kɑ̀ndenséiʃən] **n.** 응축, 응결(凝結), 물방울

☐ list [list]

n. 목록(目錄), 리스트 **v.** 목록을 작성하다

ex. 소녀는 **목**요일에 할 일에 관하여 **녹**색 연필로 **목록**을 작성했다.

MP3 The girl drew up the **list** of what to do on Thursday with a green pencil.

- enlist [inlíst] **v.** 입대(入隊)하다, 요청하다
- ✓ catalog [kǽtəlɔ̀ːg] **n.** 카탈로그, 도서 목록, 상품 목록
- inventory [ínvəntɔ̀ːri] 목록, 재고품

☐ listen [lísn]

v. 듣다, 귀를 기울이다

ex. "너의 말을 **듣다**가 나의 마음이 따**듯**해 진**다**. 나는 너의 말을 그대로 따를게."

MP3 "**Listening** to you warms my heart. I will follow your advice to the letter."

☐ literal [lítərəl]

a. 글자 그대로의

ex. "이 **글**이에요. **자**, 보세요. 제가 **그대**에게**로** 전하는 **의**미예요. 그대는 **글자 그대로의** 뜻대로만 이해하시면 되요."

MP3 "It is this sentence. So you see, it is the meaning I want to give to you. You have only to catch its **literal** meaning."

- literally [lítərəli] **ad.** 글자 그대로

☐ literate [lítərət]

a. 읽고 쓸 줄 아는

L

ex. "**일**일이 생각이 **꼬여**. **쓸**데없는 생각이 **줄**줄이 나와. **아는** 과정은 그런 거야. 우리는 그렇게 **읽고 쓸 줄 아는** 사람이 되는 거야."

MP3 "Thoughts are twisted one by one. Futile ideas are coming out one after another. It is the acquisition of knowledge. We become **literate** in that way."

- literacy [lítərəsi] n. 읽고 쓸 줄 앎, 교양
- literacy rate 문해율(文解率)
- illiterate [ilítərət] a. 읽고 쓸 줄 모르는, 문맹의
- illiteracy [ilítərəsi] n. 문맹, 무식, 교양 없음
- illiteracy rate 문맹률(文盲率)

☐ literature [lítərətʃər]

n. 문학(文學), 문헌(文獻)

ex. 수업 중에 **문학**의 **문**(門)을 연 **학**생은 상상의 세계에 살 것이다.

MP3 A student who has opened the door to **literature** in class will dwell in a world of imagination.

- literary [lítərèri] a. 문학의

☐ live [liv]

v. 살다, 생활하다 a. [laiv] 살아 있는, 생방송의 ad. 생방송으로

ex. "너 그렇게 **살다**간 **살**찐**다**."

MP3 "You'll get fat if you **live** like that."

- livelihood [láivlihùd] n. 생계
- lively [láivli] a. 활기찬, 활발한
- alive [əláiv] a. 살아 있는
- outlive [àutlív] v. …보다 오래 살다
- relive [riːlív] v. (상상 속에서) 되살리다

∮ dwell [dwel] v. dwell - dwelt/dwelled - dwelt/dwelled 살다, 거주하다

- dweller [dwélər] n. 거주자, 살고 있는 동물

☐ loan [loun]

n. 대출(貸出), 대출금 v. 대출하다

ex. 학생들이 **대출**금 갚느라 **대**학(大學)에 **출**석하지 못한다.

MP3 Students can't attend class at college because they are busy paying back their **loans**.

∮ foreclosure [fɔːrklóuʒər] n. 압류, 담보권 행사

- collateral [kəlǽtərəl] n. 담보 a. 나란한, 부차적인
- mortgage [mɔ́ːrgidʒ] n. 주택 융자, 담보 대출, 저당

☐ location [loukéiʃən]

n. 위치(位置), 장소

ex. "스**위치**의 **위치**를 추적하라."

MP3 "Keep track of the **location** of the switch."

- locate [lóukeit] v. 위치시키다, 위치를 파악하다
- relocate [rilóukeit] v. 위치를 다시 잡다, 이동시키다, 이전하다

☐ lock [lɑk]

v. 잠그다, 잠기다 n. 자물쇠, (locks) 머리채

ex. 문을 **잠그다**가 **잠**든 **그**였**다**.

MP3 While **locking** the door, he fell asleep.

- locker [lάkər] n. 사물함
- unlock [ʌnlάk] v. 잠긴 것을 풀다

∮ gridlock [grídlὰk] n. 교착 상태, 교통 정체

- grid [grid] n. 격자무늬
- latch [lætʃ] n. 걸쇠, 빗장, 자물쇠 v. 걸쇠를 걸다
- latch onto ~에 달라붙다
- latchkey [lǽtʃkì] n. 현관 열쇠
- latchkey kid 맞벌이 부부의 아이

☐ logic [lάdʒik]

n. 논리(論理), 논리성, 논리학

ex. "만일 자신의 **논리**대로 행동한다면 그는 **놀 리** 없다."

MP3 "He can't play if he acts according to his **logic**."

- logical [lάdʒikəl] a. 논리적인

• illogical [ilάdʒikəl] a. 비논리적인

☐ lonely [lóunli]

a. 외로운

ex. "너는 **왜** 그녀가 슬기**로운** 줄 알아? 그가 **외로운** 걸 보고 그녀는 그의 말벗이 되어 주거든."

MP3 "Do you know why she is wise? Because, seeing him feel **lonely**, she keeps him company."

• lonesome [lóunsəm] a. 외로운
• loneliness [lóunlinis] n. 외로움

☐ long [lɔːŋ]

a. 긴 ad. 길게, 오래 v. 간절(懇切)히 바라다

ex. "뭘 생각하**긴**? 난 **긴** 휴가를 갈망하고 있지." "어디로 가길 넌 간절히 바라는데?"

MP3 "What am I thinking about? I am **longing** for a **long** vacation." "Where do you **long** to go?"

• long face 우울한 얼굴, 시무룩한 얼굴
• longing [lɔ́ːŋiŋ] n. 갈망, 열망 a. 갈망하는, 열망하는
ℊ elongation [iːlɔːŋgéiʃən] n. 연장(延長)
• length [leŋθ] n. 길이, 기간
• lengthen [léŋθən] v. 길어지다, 길게 하다
• prolong [prəlɔ́ːŋ] v. 연장하다
• prolonged [prəlɔ́ːŋd] a. 장기적인

☐ look [luk]

v. 보다, 보이다 n. 보기, 표정, 외양(外樣)

ex. 올드**보이는** 그 사실에 혼란스러워 **보인다**.

MP3 The Oldboy **looks** confused by the fact.

ℊ overlook [òuvərlúk] v. 못 보고 넘어가다, 눈감아 주다
• overlooker [óuvərlùkər] n. 감독자
• peek [piːk] v. 훔쳐보다, 엿보다 n. 엿보기
• peep [piːp] v. 엿보다, 살짝 보이다 n. 엿보기, 훔쳐보기
• squint [skwint] v. 눈을 가늘게 뜨고 보다

☐ loose [luːs]

a. 느슨한, 풀린 v. 풀다

ex. "어**느** 것도, 무**슨** 일이 있어도, **한** 가지도 **느슨한** 것이 없도록 하라."

MP3 "Make sure there is nothing **loose** by all means."

• loosen [lúːsn] v. 느슨하게 하다
ℊ lax [læks] a. 태만(怠慢)한, 해이(解弛)한, 느슨한
• floppy [flάpi] a. 헐렁한, 유연한
• flop [flαp] v. 털썩 주저앉다, 벌렁 드러눕다, 헐렁하게 매달리다 n. 털썩(쿵) 소리, 실패작

☐ lose [luːz]

v. lose - lost - lost 잃다, 지다

ex. **일타** 강사가 직장을 **잃**었**다**. 그는 어찌 할 바를 모르고 있다.

MP3 The most popular instructor has **lost** his job. He is at a loss.

• loser [lúːzər] n. 패배자
• loss [lɔːs] n. 상실, 손실, 패배
ℊ stray [strei] v. 길을 잃다 a. 길을 잃은
• astray [əstréi] a. 길을 잃은, 길을 잃어

☐ loud [laud]

a. 큰소리의, 시끄러운, 야한

ex. "TV가 너무 **시끄러운** 소리를 내어 **시**급히 TV를 **끄러** 왔어, **웅**이가."

MP3 "Woong hurriedly came to turn off the TV because the TV was too **loud**."

• loudspeaker [láudspìkər] n. 확성기, 스피커
• loudly [láudli] ad. 큰소리로, 야하게
• aloud [əláud] ad. 소리 내어, 큰소리로
ℊ tumultuous [tjuːmʌ́ltʃuəs] a. 떠들썩한, 격동(激動)의, 동요(動搖)한

L

☐ love [lʌv]

n. 사랑 **v.** 사랑하다

ex. "의**사랑** 판**사랑** **사랑**해."

MP3 "A doctor and a judge **love** each other."

- lovely [lʌ́vli] **a.** 사랑스러운
- beloved [bilʌ́vid] **a.** 사랑받는(하는) **n.** 애인

cf dear [diər] **a.** 친애하는, 사랑하는 **n.** 사랑하는 사람 **interj.** 맙소사, 어머나

☐ low [lou]

a. 낮은 **ad.** 낮게 **n.** 최저치, 저기압

ex. 그는 **낮**에 **낮**은 산에 오른다.

MP3 He walks up a **low** hill during the day.

- below [bilóu] **ad.** 아래에 **prep.** (…보다) 아래에

cf beneath [biníːθ] **ad.** 아래에 **prep.** (…보다) 아래에

☐ loyalty [lɔ́iəlti]

n. 충성(忠誠), 충실(忠實), 성실

ex. 사람들이 그의 **충성**을 **추**모(追慕)하며 **웅성**거린다.

MP3 People are speaking noisily in a low key in memory of his **loyalty**.

- loyal [lɔ́iəl] **a.** 충성스러운, 충실한
- disloyal [dislɔ́iəl] **a.** 충성스럽지 않은, 불성실한

cf fidelity [fidéləti] **n.** 충실, 정절(貞節), 정확도

- lo-fi [lóufái] **a.** 화질 혹은 음질이 낮은 (low-fidelity) **n.** 낮은 충실도
- infidelity [infədéləti] **n.** 부정(不貞)

☐ luck [lʌk]

n. 운, 행운(幸運)

ex. **행운행** 열차 **운**행 중.

MP3 The train for Good **Luck** is running.

- lucky [lʌ́ki] **a.** 운이 좋은, 행운의
- luckily [lʌ́kili] **ad.** 운 좋게
- unlucky [ʌnlʌ́ki] **a.** 운이 나쁜, 불운한

cf auspicious [ɔːspíʃəs] **a.** 길조(吉兆)의, 행운의, 상서(祥瑞)로운

☐ lunch [lʌntʃ]

n. 점심(點心)

ex. "제가 **점**점(漸漸) **심**(甚)하게 배고프네요. 그만하고 우리 **점심** 먹읍시다."

MP3 "I'm getting hungrier. Let's knock off for **lunch**."

☐ lung [lʌŋ]

n. 폐(肺), 허파

ex. "**허**허허…" 그가 가져온 웃음의 **파**도다. 한국식으로 말해서 **허파**에 바람이 들었나?

MP3 "Hahaha…" It is a wave of laughs that he has brought. Is there wind in the **lungs** in Korean style?

- lung cancer 폐암

cf bronchial tube [brɑ́ŋkiəl tjuːb] **n.** 기관지(氣管支)

☐ luxurious [lʌgʒúəriəs]

a. 호화(豪華)로운, 사치(奢侈)스러운, 쾌적한

ex. "그들은 **사치**스러운 집에서 **사고치**지."

MP3 "They are doing something crazy at a **luxurious** house."

- luxury [lʌ́kʃəri] **n.** 사치, 사치품

cf deluxe [dəlʌ́ks] **a.** 호화로운, 사치스런, 고급의

- sumptuous [sʌ́mptʃuəs] **a.** 호화로운, 값비싼, 사치스러운

M

☐ machine [məʃíːn]

n. 기계(機械), 기구(機構)

ex. "우리에게 이 **기계**를 옮**기**려는 **계**획(計劃)이 있습니다."

MP3 "We have a plan to move this **machine**."

- machinery [məʃíːnəri] **n.** 기계류, 조직

∮mechanical [məkǽnikəl] **a.** 기계의, 기계적인
- mechanic [məkǽnik] **n.** 정비사, 기계공
- mechanics [məkǽniks] **n.** 역학, 기계학, 기술, 기법
- mechanism [mékənizm] **n.** 작동 방식, 메커니즘, 기계 장치

☐ magazine [mæ̀gəzíːn]

n. 잡지(雜誌)

ex. "넌 왜 **잡지**를 **잡지**?" "일 끝내고 내가 읽으려고."

MP3 "Why are you holding the **magazine**?" "To read it after I get through with the work."

☐ magician [mədʒíʃən]

n. 마술사(魔術師)

ex. **마술사**들이 모이자**마**자 말했다. "**술 사** 와!"

MP3 As soon as **magicians** got together, they said, "Buy us drinks!"

- magic [mǽdʒik] **n.** 마술, 마법 **a.** 마술의
- magical [mǽdʒikəl] **a.** 마법의, 마력을 지닌

∮conjure [kándʒər] **v.** 마술을 하다, 마술로 불러내다
- conjure up 떠올리다
- potion [póuʃən] **n.** (마법의) 물약
- elixir [ilíksər] **n.** 특효약, 묘약
- elixir of life 불로장생(不老長生)의 약
- panacea [pæ̀nəsíːə] **n.** 만병통치약(萬病通治藥)

☐ magnet [mǽgnit]

n. 자석(磁石), 마음을 끄는 것

ex. 그 **자석**들이 **자**연스럽게 **섞**였다.

MP3 The **magnets** were mixed naturally.

- magnetic [mægnétik] **a.** 자석의, 자기의, 마음을 끄는

☐ magnify [mǽgnəfài]

v. 확대(擴大)하다, 과장(誇張)하다

ex. "우리가 그 물체를 **확대**하니 명**확**(明確)하게 보이네, **대**단히."

MP3 "When we **magnify** the object, it looks so obvious."

- magnification [mæ̀gnəfikéiʃən] **n.** 확대, 확대율, 배율

∮magnitude [mǽgnətjùːd] **n.** 크기, 규모(規模), 중요도, (별의) 광도(光度)
- magnificence [mægnífəsns] **n.** 장엄함, 웅장함
- magnificent [mægnífəsnt] **a.** 장엄한, 웅장한, 훌륭한

☐ main [mein]

n. 주(主)된

ex. 이 **주**(週)**된** 지금까지 **주된** 문제점이 여전하다. 그것은 전혀 해결되지 않았다.

MP3 Thus far the **main** drawback has remained for two weeks. It is far from being solved.

- mainly [méinli] **ad.** 주로

∮mostly [móustli] **ad.** 주로

☐ maintain [meintéin]

v. 유지(維持)하다, 주장하다, 부양(扶養)하다

ex. "현상을 **유지**하는 건 그들의 자**유**(自由)**지**."

MP3 "They **maintain** the status quo at their will."

- maintenance [méintənəns] **n.** 유지, 주장, 부양, 부양비

☐ majority [mədʒɔ́ːrəti]

n. 대다수(大多數), 득표 차

ex. 전체적으로 **대다수**가 **대**개 **다**른 소수(少數)에게 영향을 미친다.

MP3 The **majority** generally have influence on the other minority in the mass.

- major [méidʒər] **a.** 주요한, 장조의, 전공의 **n.** 소령, 장조, 전공 **v.** (in) 전공하다

☐ make [meik]

v. make - made - made 만들다, 되다 **n.** 제품

ex. "이 얘기는 너**만 들어**. 넌 내가 널 좋아하게 **만들어**."

MP3 "This is only for you. You **make** me love you."

- remake [riːméik] **v.** remake - remade - remade 다시 만들다 **n.** [ríːmèik] 리메이크 작품

∉ render [réndər] (어떤 상태가 되게) 만들다, 주다, 표현하다

☐ manage [mǽnidʒ]

v. 경영(經營)하다, 관리하다, 다루다, 해내다

ex. **경영**이가 호텔을 **경영**한다.

MP3 Gyeongyeong is **managing** a hotel.

- manager [mǽnidʒər] **n.** 경영자, 감독, 매니저
- management [mǽnidʒmənt] **n.** 경영, 관리, 경영진

∉ contrive [kəntráiv] **v.** 용케 해내다, 어떻게든 하다, 고안(考案)하다

☐ manipulate [mənípjulèit]

v. (사람을) 조종(操縱)하다, 조작(操作)하다

ex. "**조** 녀석은 **종**처럼 그녀에게 **조종**당하고 있어. 그녀가 배후(背後)에서 **조종**하고 있지."

MP3 "That guy is **manipulated** by her as if he were a servant. She is pulling strings from behind the scenes."

- manipulation [mənìpjuléiʃən] **a.** 조종, 조작
- manipulative [mənípjulèitiv] **a.** 조종하는, 조작적인

∉ steer [stiər] **v.** (자동차, 보트 등을) 조종하다

☐ manner [mǽnər]

n. 방식, 태도, (manners) 예의, 예의범절(禮儀凡節)

ex. **방**정**식**을 푸는 **방식**은 평범하다.

MP3 The **manner** of solving equations is ordinary.

∉ netiquette [nétiket] **n.** 네티켓, 인터넷 상의 에티켓

☐ manufacture [mænjufǽktʃər]

n. 제조(製造), 제작 **v.** 제조하다, 제작하다

ex. "**제 조**건(條件)은 간단합니다. 당신들이 즉시 신상품 **제조**에 착수하는 것입니다."

MP3 "My terms are simple. You should set about **manufacturing** a new product right now."

- manufactured (공장에서) 제조된
- manufacturer [mænjufǽktʃərər] **n.** 제조업자, 제작자

∉ factory [fǽktəri] **n.** 공장

☐ manuscript [mǽnjuskrìpt]

n. 원고(原稿), 필사본(筆寫本)

ex. "출판사들이 **원**하**고** 있어, 너의 **원고**를." "그것을 제출해야 할 때가 왔군."

MP3 "Publishing companies want your **manuscript**." "It is time to hand it in."

☐ map [mæp]

n. 지도(地圖) **v.** 지도로 그리다

ex. "그건 **지도지**. 난 **도**대체 읽을 수가 없지."

MP3 "It is a **map**. I can't read it on earth."

∉ cartography [kaːrtágrəfi] **n.** 지도 제작(법)

• cartographic [kɑ̀ːrtəgrǽfik] a. 지도 제작(법)의
• topography [təpɑ́grəfi] n. 지형, 지형학

☐ marble [mɑ́ːrbl]

n. 대리석, 구슬

ex. 그들은 **대리**점에 **석** 점의 **대리석**을 가지고 있다.

MP3 They have three pieces of **marble** in an agency.

• marbled [mɑ́ːrbld] a. 대리석의

☐ margin [mɑ́ːrdʒin]

n. (페이지의) 여백(餘白), 가장자리, 여지, 수익(profit margin), 차이

ex. **여백**에 대략 **여**우 **백** 마리가 그려져 있다.

MP3 About a hundred foxes are painted in the **margin**.

☐ mark [mɑːrk]

n. 표시, 자국, 흔적(痕迹), 점 v. 표시하다, 채점하다

ex. "**자**, 엎지른 **국**물 **자국**이 안 없어져."

MP3 "Here, the **mark** from spilt soup won't come off."

• marker [mɑ́ːrkər] n. 표지, 마커펜, (놀이판의)말
∉ notch [nɑtʃ] n. 빗금, (V자) 표시
• scar [skɑːr] n. 상처, 흉터 v. 상처를 남기다, 흉터를 남기다
• freckle [frékl] n. 주근깨
• mole [moul] n. (피부의) 사마귀, 검은 점, 두더지

☐ market [mɑ́ːrkit]

n. 시장, 장 v. 시장에 내놓다

ex. "우리 **시장**한데 **시장**에서 뭘 좀 먹을까?" "좋아요!"

MP3 "We feel hungry, so shall we grab a bite in the **market**?" "It's nice!"

• supermarket [súpərmɑ̀rkit] n. 슈퍼마켓
• market share 시장 점유율
• bazaar [bəzɑ́ːr] n. 바자회, 자선시, 시장
∉ grocery [gróusəri] n. 식료품 가게, 잡화점
• flea market 벼룩시장
• flea [fliː] n. 벼룩
• niche market 틈새시장
• niche [nitʃ] n. 틈새, 적소(適所), 안성맞춤인 자리, 생태적 지위
• release [rilíːs] v. (책이나 음반을) 발매하다, (영화를) 개봉하다, 석방하다, 해방하다 n. (책이나 음반의) 발매, (영화의) 개봉, 석방, 해방

☐ marriage [mǽridʒ]

n. 결혼(結婚), 결혼식, 결혼 생활, 결혼 상태

ex. "**결혼**은 **결**별(訣別)이야. 그것은 **혼**자만의 삶이랑 헤어지는 거야."

MP3 "**Marriage** is a parting. It is getting out of a lonely life."

• marry [mǽri] v. ~와 결혼하다
• bride [braid] n. 신부, 새색시
• bridegroom [bráidgrùːm] n. 신랑
• groom [gruːm] n. 신랑, 마부 v. 몸단장하다, (동물의 털을) 손질하다
• grooming [grúːmiŋ] n. 몸단장
• couple [kʌ́pl] n. 커플, 부부, 연인, 한 쌍 v. 연결하다
• honeymoon [hʌ́nimùn] n. 신혼여행
• honey [hʌ́ni] n. 벌꿀, 꿀, 사랑하는 사람에 대한 호칭
∉ monogamy [mənɑ́gəmi] n. 일부일처제(一夫一妻制), 일부일처혼
• polygamy [pəlígəmi] n. (주로) 일부다처제, (드물게) 일처다부제

☐ mart [mɑːrt]

n. 마트, 시장

ex. **마**크 **트**웨인이 **마트**로 장 보러 간다.

MP3 Mark Twain is going to the **mart** for shopping.

☐ marvel [mɑ́ːrvəl]

n. 경이로움, 놀라움 v. 경탄하다, 놀라다

ex. 바이런 **경이** 여기로 와서 **움**? 이것 참

M

경이로움!

MP3 Has Lord Byron come here and cried? What a **marvel**!

- marvelous [mάːrvələs] a. 경이로운, 놀라운

☐ mask [mæsk]

n. 마스크, 가면(假面) v. 가리다

ex. "어디 **가면** 내가 그 **가면** 쓴 남자를 볼 수 있니?"

MP3 "Where can I see the man wearing the **mask**?"

☐ mass [mæs]

n. 덩어리, 질량, 대량, 대중(大衆), 미사 a. 대량의, 대중의

ex. **대중**들이 눈**대중**한다.

MP3 The **masses** measure by eye.

- mass media 매스 미디어, 대중 매체
- amass [əmǽs] v. 모으다, 축적(蓄積)하다

∮ churn out 잇달아 내다, 대량 생산하다

- churn [tʃəːrn] v. 휘젓다

☐ masterpiece [mǽstərpìs]

n. 걸작(傑作), 명작, 일품

ex. "우리는 그**걸** 그 **작**가의 **걸작**으로 보지요."

MP3 "We regard it as the writer's **masterpiece**."

- masterwork [mǽstərwə̀ːrk] n. 걸작, 명작, 일품
- master [mǽstər] n. 대가, 주인 v. 숙달하다, 억누르다

∮ master of ceremonies 진행자, 사회자(MC)

- locust [lóukəst] n. (grasshopper) 메뚜기(곤충이지만 대한민국에서는 어느 국민MC의 별칭으로 통용된다)

☐ mat [mæt]

n. 매트, 돗자리

ex. **매트**가 **매트**를 깔았다.

MP3 Matt set down the **mat**.

∮ rug [rʌg] n. 양탄자, 융단, 깔개

- floorcloth [flɔ́ːrklɔ̀ːθ] n. (바닥을 닦는) 걸레, (리놀륨) 깔개

☐ match [mætʃ]

n. 성냥, 경기, 경쟁 상대, 맞수, 어울리는 대상 v. 어울리다, 일치하다, 대등하다, 필적(匹敵)하다

ex. "**어**떤 모자가 코넬 **울리**치의 **다**른 의상과 **어울릴까**?"

MP3 "Which hat will **match** the other clothes of Cornell Woolrich?"

- matchless [mǽtʃlis] a. 겨룰 상대가 없는, 비할 데 없는, 무적의
- matchmaker [mǽtʃmèikər] n. 중매쟁이
- mismatch [mismǽtʃ] v. 어울리지 않게 짝을 짓다 n. [mísmætʃ] 어울리지 않는 짝

∮ mate [meit] n. 짝, 친구 v. 짝짓다

☐ material [mətíəriəl]

n. 물질(物質), 재료, 소재 a. 물질의, 중요한

ex. "이 개는 이 **물질**을 **물질** 않나?"

MP3 "Doesn't this dog bite this piece of **material**?"

- materialism [mətíəriəlìzm] n. 물질주의, 유물론
- materialize [mətíəriəlàiz] v. 구현하다

☐ mathematics [mæθəmǽtiks]

n. 수학

ex. 지**수**는 **학**교에서 **수학** 때문에 힘들었다.

MP3 Jisoo had trouble with **mathematics** at school.

- math [mæθ] n. 수학

∮ algebra [ǽldʒəbrə] n. 대수학

- algebra equation 방정식
- algebraic equation 대수 방정식
- arithmetic [əríθmətik] n. 산수, 산술
- arithmetic mean 산술 평균
- linear equation 일차 방정식
- quadratic equation 이차 방정식

• diameter [daiǽmətər] **n.** 지름, 배율
• radius [réidiəs] **n.** 반지름, 반경

☐ matter [mǽtər]

n. 문제, 물질 **v.** 문제되다, 중요하다

ex. "그건 **문제**가 아냐." "아니야. 내겐 그 **문제**가 중요해."

MP3 "It doesn't **matter**." "No, the **matter** **matters** to me."

☐ mature [mətjúər]

a. 성숙한, 어른스러운 **v.** 성숙하다, 어른스럽다

ex. **성**공한 미**숙**이는 **성숙**해 보인다.

MP3 Misook who is successful looks **mature**.

• maturation [mætʃuréiʃən] **n.** 성숙
• maturational [mætʃuréiʃənl] **a.** 성장 과정의
• immature [imətʃúər] **a.** 미숙한, 다 자라지 못한
• premature [priːmətʃúər] **a.** 때 이른, 너무 이른, 조산의, 시기상조의

☐ mayor [méiər]

n. 시장(市長)

ex. **시장**은 **시장**한 그의 친구를 집에 초대하였다.

MP3 The **mayor** had his hungry friend over.

∮ city hall 시청(市廳)

☐ maze [meiz]

n. 미로(迷路)

ex. 그들은 **미로** 안에서 **미**치도록 제자리로 도**로** 왔다.

MP3 The **maze** led them just back to the beginning, which made them crazy.

∮ labyrinth [lǽbərìnθ] **n.** 미로

☐ meal [miːl]

n. 식사, 끼니, 한끼

ex. "그가 우리의 **끼니**에 **끼니**?"

MP3 "Will he have a **meal** with us?"

∮ snack [snæk] **n.** 간식 **v.** 간식을 먹다

☐ mean [miːn]

v. mean - meant - meant 의미(意味)하다, 의도하다 **a.** 비열한, 비천한, 인색한, 중간의, 평균의 **n.** 중간, 평균

ex. "레오나르도 다빈치**의 미**술이 **의미**하는 바는 무엇인가?" "그 **의미**는 말로 다 표현하긴 힘듭니다."

MP3 "What does the art of Leonardo da Vinci **mean**?" "Its **meaning** is difficult to express perfectly by **means** of words."

• meaning [míːniŋ] **n.** 의미
• meaningful [míːniŋfəl] **a.** 의미 있는
• meaningless [míːniŋlis] **a.** 의미 없는
• means [miːnz] **n.** 수단, 재산
• meantime [míːntàim] **n.** 그동안
• meanwhile [míːnwàil] **ad.** 그동안에, 한편

☐ measure [méʒər]

v. 측정(測定)하다, 재다 **n.** 측정 단위, 척도, 조치(措置)

ex. "그동안에 건물의 **측**면(側面)에 고**정**된 것의 길이를 **측정**하라." "그것은 대략 20 센티미터네요."

MP3 "**Measure** the length of the fixed thing at the side of the building in the meantime." "It is about 20 centimeters long."

• measurement [méʒərmənt] **n.** 측정, 치수
• measurable [méʒərəbl] **a.** 측정할 수 있는, 아주 중요한
• immeasurable [iméʒərəbl] **a.** 헤아릴 수 없는, (측정할 수 없을 정도로) 광대한, 무한한
∮ gauge [geidʒ] **n.** 측정기, 측정 기준, 치수 **v.** 측정하다
• calibrate [kǽləbrèit] 눈금을 매기다, 조정하다
• dimension [diménʃən] **n.** 치수, 차원, (dimensions) 규모

M

☐ meat [miːt]

n. 고기

ex. "**고기**(=거기)에 있는 **고기**가 맛있어."

MP3 "The **meat** at that place tastes delicious."

∮ beef [biːf] **n.** 소고기, 쇠고기
- broth [brɔːθ] **n.** 고깃국, 묽은 수프
- kebab [kəbɑ́b] **n.** 꼬챙이에 채소와 고기를 꿰어 구운 요리
- paella [pɑːéijlə] **n.** 파에야(스페인 요리의 하나)
- steak [steik] **n.** (쇠고기) 스테이크
- stew [stjuː] **n.** 스튜 **v.** 안달하다

☐ medicinal [mədísənl]

a. 약(藥)의, 약효(藥效)가 있는

ex. "그의 딸이 구해 온 이 **약효가 있는** 풀에 **약**간 **효**(孝)**가 있는**데."

MP3 "This **medicinal** herb that his daughter has brought contains a little filial piety."

- medicine [médəsn] **n.** 의학, 의약, 약
- medicate [médəkèit] **v.** 투약하다
- medication [mèdəkéiʃən] **n.** 투약, 약물 치료, 약물
- medical [médikəl] **a.** 의학의, 의료의, 내과의
- medical establishment 의료 기관

∮ homeopathy [hòumiɑ́pəθi] **n.** 동종 요법
- ointment [ɔ́intmənt] **n.** 연고, 바르는 약
- pill [pil] **n.** 알약, 피임약
- powdered medicine 가루약
- powder [páudər] **n.** 분말, 가루

☐ meditation [mèdətéiʃən]

n. 명상(冥想)

ex. **명상** 속에서 분**명**(分明)한 영**상**이 보인다.

MP3 Clear images are seen in **meditation**.

- meditate [médətèit] **v.** 명상하다, 꾀하다
- meditative [méditèitiv] **a.** 명상하는

☐ meet [miːt]

v. meet - met - met 만나다, 충족(充足)시키다

ex. "너**만** 빛**난다**. 나는 너를 **만나**서 반가웠고 너를 **다**시 **만나**기를 고대한**다**."

MP3 "Only you are shining. I was glad to **meet** you and I am looking forward to **meeting** you again."

- meeting [míːtiŋ] **n.** 만남, 회의, 모임

∮ convene [kənvíːn] **v.** 소집하다, 모으다, 모이다
- reconvene [riːkənvíːn] **v.** 다시 소집하다
- fulfill [fulfíl] **v.** 이행하다, 충족시키다
- fulfillment [fulfílmənt] **n.** 이행, 실행, 성취, 충족감
- full [ful] **a.** 가득찬, 꽉 찬
- fully [fúli] **ad.** 완전히, 충분히

☐ melt [melt]

v. 녹다, 녹이다

ex. 눈이 **녹는다**. **녹**색 풀이 자란**다**.

MP3 The snow is **melting**. The green grass is growing.

- molten [móultən] **a.** 녹은, 용해된

☐ memorial [məmɔ́ːriəl]

n. 기념비(記念碑), 기념물(記念物) **a.** 기념의

ex. **긴** 세월 우리에게 그에 관해 **염**려(念慮)하는 마음도 **물**론(勿論) 없지 않았지만 **기념물**은 무사히 세워졌다.

MP3 The **memorial** was erected peacefully although we had been worried about it for a long time.

- Memorial Day 현충일

∮ commemorate [kəmémərèit] **v.** 기념하다
- commemoration [kəmèməréiʃən] **n.** 기념, 기념식
- memorabilia [mèmərəbíliə] **n.** 기념품
- souvenir [sùːvəníər] **n.** 기념품

☐ memory [méməri]

n. 기억(記憶)

ex. "저는 저**기**에서 **억**울(抑鬱)한 일을 당한 **기억**이 있어요."

MP3 "I have a **memory** that I was treated unfairly over there."

- memorable [mémərəbl] a. 기억할 만한
- memorize [méməràiz] v. 기억하다, 암기하다

∮mnemonic [niːmánik] a. 기억을 도와주는 n. 연상 기호, 기억술

- retention [riténʃən] n. 보유, 기억 보유력, 기억

☐ mental [méntl]

a. 정신의

ex. "**정**말 **신**이 나야 **정신** 건강에 좋아!"

MP3 "You should be really excited for your **mental** health."

- mental reinstatement [riːinstéitmənt] 경험을 머릿속에 되살려 보기
- mentally [méntəli] ad. 정신적으로
- mentality [mentǽləti] n. 사고방식, 정신, 심리

☐ mention [ménʃən]

v. 말하다, 언급(言及)하다, 거론(擧論)하다

ex. "그러고 보니 그가 **거론**하길 그**거론**(=로는) 충분하지 않다네요."

MP3 "Come to think of it, he **mentioned** that it would not be enough."

- Don't mention it. 천만에요, 별말씀을.

☐ mentor [méntɔːr]

n. 조언자, 스승

ex. 그는 **조**심스럽게 **언**제 **자**야하는지 **조언자**의 조언을 구했다.

MP3 He carefully asked for his **mentor**'s advice on when to sleep.

- mentee [mèntíː] n. 멘티(멘토의 지도를 받는 사람)

∮disciple [disáipl] n. 제자, 사도

☐ menu [ménjuː]

n. 메뉴, 식단표

ex. "워**메**(='어머'의 사투리), 이게 **뉴**욕 스타일의 **메뉴**여?" 촌놈이 **메뉴**를 살핀다.

MP3 A country boy is looking over the **menu**. "Why, is this the New York Style **menu**?"

☐ merchant [məːrtʃənt]

n. 상인(商人), 무역상

ex. 베니스의 **상인**은 항**상**(恒常) 잔**인**(殘忍)한 남자를 만난다.

MP3 The **merchant** of Venice always meets a cruel man.

- merchandise [məːrtʃəndàiz] n. 상품, 물품 v. 판매하다
- merchandiser [məːrtʃəndàizər] n. 상품 판매업자

∮mercantilism [məːrkəntilìzm] n. 중상주의(重商主義)

☐ mercy [məːrsi]

n. 자비(慈悲)

ex. "**자**네의 **비**서(秘書)가 **자비**를 구했네."

MP3 "Your secretary asked for **mercy**."

- merciful [məːrsifəl] a. 자비로운
- merciless [məːrsilis] a. 무자비한
- mercilessly [məːrsilisli] ad. 무자비하게

∮ruthless [rúːθlis] a. 무자비한

- ruthlessly [rúːθlisli] ad. 무자비하게

☐ merge [məːrdʒ]

v. 합병(合倂)하다

ex. "개별 병원들이 **합병**하여 종**합 병**원이 될 수 있나요?"

MP3 "Can individual hospitals **merge** into a general hospital?"

- merger [məːrdʒər] n. 합병

∮annexation [ænikséiʃən] n. (무력으로 영토를) 병

M

합, 합병
- fuse [fju:z] v. 녹이다, 융합하다 n. 퓨즈, 도화선, 기폭 장치
- fusion [fjú:ʒən] n. 융합, 핵융합

☐ message [mésidʒ]

n. 메시지

ex. "제 사장님은 자기의 신발 끈을 **매**고 계**시지**요. 당신이 **메시지**를 남겨주시면 그가 전화를 다시 드릴 거예요."

MP3 "My boss is tying his shoelaces. If you leave a **message**, he will call back."

- text message (휴대 전화의) 문자 메시지
- ∉ text [tekst] n. 본문, 원문, 문장, 쓰인 글 v. (휴대 전화로) 문자를 보내다
- textbook [tékstbùk] n. 교과서, 교재, 교본

☐ metabolism [mətǽbəlìzm]

n. 신진대사(新陳代謝), 물질대사(物質代謝)

ex. "병원에 입원하**신진** 얼마나 되셨습니까, **대사**(大使)님? **신진대사**에 문제는 없으시죠?"

MP3 "How long have you been in hospital, Your Excellency? Is everything fine in your **metabolism**?"

- metabolic [mètəbάlik] a. 신진대사의, 물질대사의
- metabolize [mətǽbəlàiz] v. 신진대사 작용을 하다, 물질대사 활동을 하다

☐ metal [métl]

n. 금속(金屬)

ex. 그는 **금속** 한 조각을 **금**(金)이라고 믿게 하며 사람들을 **속**인다.

MP3 He deceives people by making them believe that a piece of **metal** is gold.

- ∉ alloy [əlɔ́i] n. 합금 v. 합금하다
- bronze [brɑnz] n. 청동
- the Bronze Age 청동기 시대
- copper [kάpər] n. 구리
- silver [sílvər] n. 은
- gold [gould] n. 금
- golden [góuldən] a. 황금의, 황금빛의
- platinum [plǽtənəm] n. 백금
- nickel [níkəl] n. 니켈, 5센트짜리 동전
- steel [sti:l] n. 강철, 철강업
- tin [tin] n. 주석, 양철, 깡통

☐ microscope [máikrəskòup]

n. 현미경(顯微鏡)

ex. **현**재(現在) **미경**이가 **현미경**으로 박테리아를 살펴보고 있다.

MP3 Mikyung is examining the bacteria under a **microscope** now.

- ∉ microbe [máikroub] n. 미생물(微生物)
- microbial [maikróubiəl] a. 미생물의
- microcosm [máikrəkὰzm] n. 작은 세계, 소우주, 축소판
- germ [dʒə:rm] n. 세균, 미생물, 병원균
- germicide [dʒə́:rməsàid] n. 살균제
- pathogen [pǽθədʒən] n. 병원균, 병원체
- pathologist [pəθάlədʒist] n. 병리학자

☐ middle [mídl]

n. 중간, 한가운데, 중앙 a. 중간의, 한가운데의, 중앙의

ex. 한밤의 **중간**에 **중**학생이 집에 **간**다.

MP3 A **middle** school student is going home in the **middle** of night.

- middle point 중점
- middleman [mídlmæn] n. 중간 상인, 중개인
- the Middle Ages 중세
- ∉ intermediate [ìntərmí:diət] a. 중간의, 중급 수준의 n. 중급

☐ migrate [máigreit]

v. 이주(移住)하다, (철새 등이) 이동하다, 이민하다

ex. 그들은 **이**번 **주**(週)에 미국에서 한국으로 **이주**할 것이다.

MP3 They are going to **migrate** from

the United States to Korea this week.

- migration [maigréiʃən] **n.** 이주, 이동, 이민
- net inward migration 순 유입(純 流入)

ƒ emigrate [émigrèit] **v.** (타국으로) 이주하다, 이민하다
- emigration [èmigréiʃən] **n.** (타국으로 나가는) 이주, 이민
- emigrant [émigrənt] **n.** (타국으로 나가는) 이주민, 이민자 **a.** (타국으로) 이주하는, 이민하는
- immigrant [ímigrənt] **n.** (들어오는) 이주민, 이민자 **a.** (자국으로) 이주하는, 이민하는
- landed immigrant (캐나다의) 영주권을 받은 이민자
- immigration [ìməgréiʃən] **n.** (자국으로 들어오는) 이주, 이민
- immigrate [íməgrèit] **v.** (외국으로부터) 이주하다, 이민하다

☐ military [mílitèri]

a. 군대의, 군사(軍事)의 **n.** 군대, 군인들

ex. 그들의 **군사**력은 약하지만 그 **군**인들은 **사**력(死力)을 다한다.

MP3 Their **military** forces are weak. However, their soldiers move heaven and earth.

ƒ deploy [diplɔ́i] **v.** (군사적으로) 배치(配置)하다
- deployment [diplɔ́imənt] **n.** (전략적) 배치, 사용

☐ milk [milk]

n. 우유, 젖 **v.** 젖을 짜다, (부당하게) 짜내다

ex. "사람들의 교**우** 관계는 **유**유상종(類類相從)이야. 그들은 **우유** 하나도 끼리끼리 마시지."

MP3 "Birds of a feather flock together. That's how people make friends. They drink even **milk** only in their groups."

ƒ dairy [déəri] **a.** 낙농(酪農)의, 낙농업의, 유제품의 **n.** 낙농장
- dairy sector 낙농업 부문
- mammal [mǽməl] **n.** 포유류(哺乳類), 포유동물

☐ mind [maind]

n. 마음, 지성 **v.** 마음 쓰다, 꺼리다

ex. 그 일본 음식에 히카루는 그 맛을 떠올렸고, 그녀는 **마**지막 **음**식을 무엇으로 할지 **마음**을 정했다.

MP3 As the Japanese food reminded Hikaru of the taste, she made up her **mind** about what to choose as the last food.

- open-minded 열린 마음의
- mindful [máindfəl] **a.** 마음 쓰는
- remind [rimáind] **v.** 생각나게 하다, 상기시키다
- reminder [rimáindər] **n.** 생각나게 하는 것, 상기시키는 것, 독촉장

☐ minimal [mínəməl]

a. 최소의

ex. 그는 브로콜리 같은 **최소**의 **채소**를 먹는다.

MP3 He eats **minimal** vegetables, such as broccoli.

- minimalism [mínimәlìzәm] **n.** 미니멀리즘
- minimum [mínəməm] **n.** 최소, 최저 **a.** 최소의, 최저의

ƒ maximum [mǽksəməm] **n.** 최대, 최고 **a.** 최대의, 최고의

☐ minister [mínəstər]

n. 장관(長官), 목사, 성직자

ex. "기자들이 여당 대표와 **장관**에게 질문하는 모습이 **장관**(壯觀)이네."

MP3 "It is a spectacular sight as reporters are putting questions to the First **Minister** and the **Minister**."

- ministry [mínəstri] **n.** 정부의 부, 내각, 목사의 직

☐ minority [minɔ́:rəti, mainɔ́:rəti]

n. 소수, 미성년

M

ex. "나는 당신들이 **소수**와 **소**통할 **수** 있기를 바라오."

MP3 "I wish you could communicate with the **minority**."

- minor [máinər] **a.** 소수의 **n.** 미성년자, 부전공 **v.** (in) 부전공하다

☐ miracle [mírəkl]

n. 기적(奇蹟)

ex. "어**기적**거리며 와도 좋은 건 **기적**뿐이다."

MP3 "Nothing but a **miracle** can come slowly."

- miraculous [mirǽkjuləs] **a.** 기적적인

☐ mirror [mírə(r)]

n. 거울 **v.** 비추다, 반영하다

ex. 그녀는 **거울**을 들여다본다. **거**의 **울** 듯한 얼굴이 보인다.

MP3 She is looking into a **mirror**. Almost a tearful face is reflected.

☐ mischief [místʃif]

n. 장난, 장난기, 해(害), 위해(危害)

ex. "젠**장**, **난** 그의 **장난**에 진절머리(=진저리)가 나."

MP3 "Jesus, I have had enough of his **mischief**."

- mischievous [místʃəvəs] **a.** 장난기 어린, 해로운
- mischievously [místʃəvəsli] **ad.** 장난기 있게, 해롭게

≠ naughty [nɔ́ːti] **a.** (아이가) 버릇없는, 장난꾸러기의

- naughtily [nɔ́ːtili] **ad.** 짓궂게, 버릇없이, 장난스럽게

☐ miser [máizər]

n. 구두쇠, 수전노(守錢奴), 자린고비

ex. 몹시 낡은 **구두**를 신은 돌**쇠**는 **구두쇠**다.

MP3 Dolsoe is a **miser** who wears worn-out shoes.

☐ misery [mízəri]

n. 비참(悲慘)함, 고통, 궁핍(窮乏)

ex. "**비**가 **참** 많이 오네."라고 말하며 소녀는 **비참**함에 무너져 내렸다.

MP3 A girl gave way to **misery**, saying "It's raining too much."

- miserable [mízərəbl] **a.** 비참한

☐ miss [mis]

v. 놓치다, 그리워하다 **n.** (Miss) 미스, …양

ex. "너는 그를 **그리** 미**워하**더**니** 이제는 그를 **그리워하네**."

MP3 "You hated him with your whole being but now you **miss** him."

☐ mission [míʃən]

n. 임무(任務), 선교(宣敎), 전도(傳道)

ex. "**임**자, 그 **무**엇도 내 **임무**를 방해할 수 없소."

MP3 "Hey, you, I'll never let anything get in the way of my **mission**."

- missionary [míʃənèri] **a.** 선교의, 전도의 **n.** 선교사, 전도사

☐ mist [mist]

n. 안개, 연무(煙霧), 분무(噴霧) **v.** 김이 서리다, 이슬이 맺히다

ex. "**안개**가 **안 개**."

MP3 "**Mist** will not disappear."

≠ dew [djuː] **n.** 이슬

- fog [fɔːg] **n.** 안개 **v.** 수증기가 서리다
- hazy [héizi] **a.** 안개가 낀, 흐린, 흐릿한
- steam [stiːm] **n.** 증기, 수증기, 김 **v.** 김을 내다, 증기를 뿜다

☐ mistake [mistéik]

v. mistake - mistook - mistaken 잘못 생각하다, 오해(誤解)하다 **n.** 실수(失手), 잘못, 오해

ex. "**실**제로 네 **수**두룩한 **실수**로부터 교훈을 얻어라." "네, **실수**로라도 전 교훈을 얻겠습니다."

MP3 "Take a lesson from your many **mistakes** in reality." "Yes, I will take a lesson even by **mistake**."

∮ blunder [blʌ́ndər] **n.** 부주의하거나 어리석은 실수, 큰 실수 **v.** 큰 실수를 저지르다

☐ mix [miks]

v. 섞다, 섞이다, 혼합하다 **n.** 혼합(물)

ex. "애**석**하게 그가 **다**른 서류들이 몽땅 **섞**었**다**."

MP3 "To his regret, he **mixed** up all the different papers."

- mixture [míkstʃər] **n.** 혼합, 혼합물, 혼합체
- mixer [míksər] **n.** 믹서, 혼합기

∮ assortment [əsɔ́ːrtmənt] **n.** 모음, 분류

- blend [blend] **v.** blend - blended/blent - blended/blent 섞다, 섞이다 **n.** 혼합
- blender [bléndər] **n.** 혼합기, 믹서
- jumble [dʒʌ́mbl] **n.** 혼잡, 뒤범벅 **v.** 뒤죽박죽 섞다

☐ moan [moun]

n. 신음(呻吟), 불평 **v.** 신음하다, 불평하다

ex. "첼로를 연주하다 좌절에 직면하여 **신음**하**신**다, **음**악가가."

MP3 "A musician is **moaning** in the face of frustration while playing the cello."

- moaner [móunər] **n.** 불평가
- bemoan [bimóun] **v.** 한탄하다

∮ groan [groun] **v.** 신음하다 **n.** 신음 (소리)

- deplore [diplɔ́ːr] **v.** 한탄하다, 개탄하다
- lament [ləmént] **v.** 한탄하다, 통탄하다

☐ mobile [móubəl]

a. 움직이는, 이동성(移動性)의

ex. "지기(知己)란 자기를 알아주는 벗이다." "**음**, 그 **지기는** 친구를 향한 마음이 **움직이는**가?" "아마도 그렇지 않을 것이다."

MP3 "A real friend is a friend who knows me best." "Um, is the real friend's mind **mobile**?" "Maybe, it will not."

- mobile phone 휴대폰, 휴대 전화
- mobility [moubíləti] **n.** 이동성, 유동성
- mobilize [móubəlàiz] **v.** 동원하다, 동원되다
- immobilize [imóubəlàiz] **v.** 움직이지 못하게 하다, 고정시키다

☐ mode [moud]

n. 모드, 방식, 방법, 유행, 음계

ex. **방** 선생님의 문**법** 교육 **방법**이 인기 있다.

MP3 The **mode** of teaching grammar that Mr. Bang uses is popular.

- outmoded [autmóudid] **a.** 유행에 뒤진, 시대에 뒤떨어진

∮ method [méθəd] **n.** 방법, 체계

- method of loci [lóusai] 장소를 활용한 기억법
- methodology [mèθədɑ́lədʒi] **n.** 방법론
- methodical [məθɑ́dikəl] **a.** 체계적인, 조직적인, 꼼꼼한
- methodically [məθɑ́dikəli] **ad.** 체계적으로, 조직적으로, 꼼꼼히

☐ model [mɑ́dl]

n. 모형, 모범, 본보기, 모델

ex. "네가 **본 복이** 있는 사람을 **본보기**로 삼아라."

MP3 "Make a **model** of a fortunate person you've seen."

- remodel [rimɑ́dəl] **v.** 개조하다, 리모델링하다

∮ dummy [dʌ́mi] **n.** 인체 모형, 마네킹

- paradigm [pǽrədàim] **n.** 모범, 전형적인 예, 패

M

러다임, 이론적 틀
• paradigmatic [pærədigmǽtik] a. 전형적인

☐ moderate [mádərət]

a. 중도의, 절제하는, 알맞은 v. [mádərèit] 완화하다, 절제하다

ex. 그는 고민하던 **중 도**저히 결단을 내릴 수 없었다. 그는 **중도**의 입장이었기 때문이다.

MP3 He couldn't make up his mind though thinking seriously. That's because he had a **moderate** view.

• moderately [mádərətli] ad. 절제하여, 알맞게
• moderation [màdəréiʃən] n. 절제, 중도, 중용, 알맞음
• immoderate [imádərit] a. 무절제한, 도를 넘어선

☐ modern [mádərn]

a. 근대(近代)의, 현대(現代)의

ex. "**근데 근대**가 뭐야?"

MP3 "By the way, what is the **modern** age?"

• modernize [mádərnàiz] v. 근대화하다, 현대화하다
• modernism [mádərnìzm] n. 현대적 사상, 모더니즘
• postmodernism [poustmádərnìzm] n. 포스트모더니즘

☐ modest [mádist]

a. 그저 보통인, 적당한, 겸손(謙遜)한, 정숙한

ex. 여러 능력을 **겸**비(兼備)했음에도 **손**다이크는 **겸손**하다.

MP3 Thorndike is **modest** even though he is versatile.

• modesty [mádəsti] n. 그저 보통임, 적당함, 겸손
• immodest [imádist] a. 음란한, 뻔뻔스러운

☐ moisture [mɔ́istʃər]

n. 수분(水分), 습기

ex. 그것은 **수**(數) **분**간 **수분**을 흡수한다.

MP3 It takes in **moisture** for several minutes.

• moist [mɔist] a. 축축한, 습한
• moisten [mɔ́isn] v. 축축해지다, 축축하게 하다
∮ damp [dæmp] a. 축축한, 눅눅한 n. 습기찬 상태
• dampen [dǽmpən] v. 축축하게 하다, 축축해지다
• humid [hjúːmid] a. 습기 찬, 습한, 축축한, 눅눅한
• humidity [hjuːmídəti] n. 습도, 습기
• humidify [hjuːmídəfài] v. 축이다, 적시다, 축축하게 하다
• hygrometer [haigrámitər] n. 습도계

☐ mold [mould]

n. 거푸집, 주형(鑄型), 세균, 곰팡이 v. 틀에 넣어 만들다, 주조(鑄造)하다

ex. 그것은 연**거푸 집**어든 **거푸집**이다.

MP3 It is a **mold** that is picked up in a row.

• moldy [móuldi] a. 곰팡이가 낀
• unmold [ʌnmóuld] v. 틀에서 떼어내다, 틀을 부수다
∮ fungus [fʌ́ŋgəs] n. (pl. fungi [fʌ́ndʒai]) 균류, 곰팡이류, 곰팡이
• mushroom [mʌ́ʃruːm] n. 버섯

☐ molecule [máləkjùːl]

n. 분자(分子)

ex. **분자**가 **분**해된 원**자**들이 배열된다.

MP3 Atoms into which **molecules** break apart are arranged.

• molecular [məlékjulər] a. 분자의
∮ atom [ǽtəm] n. 원자(原子)
• atomic [ətámik] a. 원자의, 원자력의
• isotope [áisətòup] n. 동위 원소
• proton [próutan] n. 양성자

☐ monarch [mánərk]

n. 군주(君主)

ex. **군**인(軍人)들의 **주**제는 **군주** 같은 사령관이다.

MP3 The topic of the soldiers is the commander who is like a **monarch**.

- monarchy [mánərki] **n.** 군주제, 군주국

☐ money [mʌ́ni]

n. 돈

ex. "뭐니?" 그녀가 아들에게 물었다. 정신이 거의 **돈** 아들은 상황을 고려해 **돈**이 필요하다고 말했다.

MP3 "What do you want?" She asked his son. He almost went crazy and told her that he needed **money** in consideration of the situation.

- money laundering 돈 세탁, 자금 세탁
- monetary [mánətèri] **a.** 금전적인, 통화의, 화폐의

∮ earn [əːrn] **v.** (돈을) 벌다, 얻다

- earnings [ə́ːrniŋz] **n.** 소득, 수입, 수익
- drachma [drǽkmə] **n.** 그리스의 화폐 명칭
- franc [fræŋk] **n.** 프랑(프랑스의 옛 화폐 단위)
- krone [króunə] **n.** 덴마크와 노르웨이의 화폐 단위, 크로네
- pecuniary [pikjúːnièri] **a.** 금전의, 금전상의
- penny [péni] **n.** (화폐 단위) 페니, 푼돈
- penniless [pénilis] **a.** 무일푼의, 극빈한

☐ monkey [mʌ́ŋki]

n. 원숭이

ex. "**원숭이**가 **원**래 **숭**해(='흉해'의 사투리), **이**렇게?"

MP3 "Is a **monkey** by nature ugly like this? "

- primate [práimeit] **n.** 영장류(靈長類, primates), 영장류의 동물
- ape [eip] **n.** 유인원
- chimp [ʧimp] **n.** 침팬지(chimpanzee)

∮ monkeyflower 물꽈리아재비(꽈리 꽃의 일종)

☐ monologue [mánəlɔ̀ːg]

n. 독백(獨白)

ex. 이것은 고**독**한 **백**수의 **독백**이다.

MP3 This is a **monologue** by a lonely man who is out of work.

☐ monopoly [mənápəli]

n. 독점(獨占), 전매(專賣)

ex. **독**일 기업이 개**점**(開店)하더니 이 분야를 **독점**했다.

MP3 The German company opened a shop and had a **monopoly** in this area.

- monopolize [mənápəlàiz] **v.** 독점하다

☐ monotonous [mənátənəs]

a. 단조(單調)로운

ex. "**단조로운** 소리다. 마**단조**(短調)**로** 운율감(韻律感)을 더 살려라."

MP3 "The sound is **monotonous**. Make it more rhythmic in E minor."

- monotone [mánətòun] **n.** 단조로운 음, 단조로움

☐ monster [mánstər]

n. 괴물(怪物)

ex. **괴물**이 금**괴**(金塊)를 그의 입에 **물**었다.

MP3 A **monster** had a gold bar in his mouth.

- monstrous [mánstrəs] **a.** 괴물 같은, 무시무시한

☐ monument [mánjumənt]

n. 기념물(記念物), 기념비

ex. 거**기**에서 그**녀**의 **엄**마는 **물**론 그 **기념물**의 사진을 찍었다.

MP3 Her mom, of course, took a picture of the **monument** there.

M

• monumental [mànjuméntl] **a.** 기념비적인

☐ mood [mu:d]

n. 기분, 무드, 분위기, 언짢은 기분

ex. 비록 그는 성미가 까다로운 사람이지만, **기부**(寄附)**다운** 기부를 하고 그는 **기분**이 좋았다.

MP3 Though he was a man of **moods**, he was in a good **mood** as he made a donation as such.

☐ moon [mu:n]

n. 달

ex. 이**달**의 **달**을 보고 있는 소녀들은 모두 춤꾼들이다.

MP3 The girls who are looking at the **moon** in this month are all good dancers.

ℊ Luna [lú:nə] **n.** 달의 여신
• lunar [lú:nər] **a.** 달의, 음력의
• halo [héilou] **n.** 후광, (해, 달의) 무리

☐ moral [mɔ́:rəl]

a. 도덕의, 도덕적인 **n.** 도덕, 교훈

ex. "완용이**도 덕**을 쌓자, **도덕**적 성품을."

MP3 "Let Wanyong also cultivate virtues, **moral** characters."

• morality [mərǽləti] **n.** 도덕성, 도덕
• immoral [imɔ́:rəl] **a.** 부도덕한

☐ motion [móuʃən]

n. 움직임, 운동, 몸짓, 동의(動議) **v.** 몸짓하다

ex. "누구의 **움직임**입니까?" "**움**찔한 **직**녀의 몸짓**입**니다."

MP3 "Whose **motion** is it?" "It is Jiknyeo's **motion** when she flinches."

• motionless [móuʃənlis] **a.** 움직이지 않는

☐ motivate [móutəvèit]

v. 동기(動機)를 부여(附與)하다

ex. 나의 **동기**(同期)가 **부여**에서 최선을 다해야겠다는 **동기**를 **부여**받았다.

MP3 My colleague was **motivated** to do his best in Buyeo.

• motivation [mòutəvéiʃən] **n.** 동기 부여, 자극, 유인, 유도
• self-motivation [sélf mòutəvéiʃən] 자기 동기 부여, 자발성
• self-motivated [sélf móutəvèitid] 스스로 동기를 부여하는
• motive [móutiv] **n.** 동기, (예술 작품의) 모티프, 주제
• motif [mouti:f] **n.** (예술 작품의) 모티프, 주제, (디자인) 무늬

ℊ incentive [inséntiv] **n.** 자극, 유인, 동기, 장려책(奬勵策)

☐ mountain [máuntən]

n. 산

ex. 그들은 **산**에 **산**다.

MP3 They live in a **mountain**.

• mountaineer [màuntəníər] **n.** 등산가
• mount [maunt] **v.** 오르다 **n.** (Mt.) 산

ℊ alpinist [ǽlpənist] **n.** (알프스) 등반가
• hill [hil] **n.** 언덕
• plateau [plætóu] **n.** 고원(高原)

☐ mouth [mauθ]

n. 입

ex. "그것은 **입입**니다."

MP3 "It is a **mouth**."

ℊ lip [lip] **n.** 입술
• lick [lik] **v.** 핥다 **n.** 핥기
• tongue [tʌŋ] **n.** 혀, 언어 **v.** 혀로 핥다
• oral [ɔ́:rəl] **a.** 구두의, 구술의, 구강의, 입의
• oral examination 구술 시험(oral test)

☐ move [mu:v]

v. 움직이다, 이동하다, 이사하다, 감동시키다 **n.** 이동, 조치

ex. "누가 **움직이나**?" "**음**악 하는 내 **지기**(知己)**다**."

MP3 "Who is **moving**?" "It is my true friend who is a musician."

- movement [múːvmənt] **n.** 움직임, 이동, 운동
- movable [múːvəbl] **a.** 움직일 수 있는, 이동 가능한
- moving [múːviŋ] **a.** 감동을 주는

≠ locomotion [lòukəmóuʃən] 이동, 운동
- bob [bɑb] **v.** 까닥까닥 움직이다
- flinch [flintʃ] **v.** 움찔하다
- jolt [dʒoult] **n.** 덜컥하고 움직임 **v.** 갑자기 덜컥 움직이다

☐ movie [múːvi]

n. 영화

ex. "나 **영화** 보다 **영 화**가 나 늦게까지 못 잤네." "그래서 네가 기분이 안 좋구나."

MP3 "Seeing a **movie**, I got angry and stayed up till late." "That's why you are in a mood."

- film [film] **n.** 필름, 영화 **v.** 촬영하다
- film stock (사용하지 않은) 영화 촬영용 필름

≠ theater [θíːətər] **n.** 극장, 연극
- footage [fútidʒ] **n.** 장면
- sequel [síːkwəl] **n.** (영화, 문학 등의) 속편
- prequel [príːkwəl] **n.** 전편, (그 이전의 일을 다룬) 속편
- trailer [tréilər] **n.** (영화 등의) 예고편, 트레일러
- trail [treil] **v.** 질질 끌다, 끌리다, 뒤쫓다, 추적하다 **n.** 자국, 자취, 오솔길

☐ multiple [mʌ́ltəpl]

a. 다수(多數)의, 복합적인 **n.** 배수

ex. **다수의** 의사들이 **다 수의**사(獸醫師)다.

MP3 **Multiple** doctors are all veterinarians.

- multiplication [mʌ̀ltəplikéiʃən] **n.** 곱셈, 증가
- multiply [mʌ́ltəplài] **v.** 곱하다, 증가시키다

≠ multitude [mʌ́ltətjùːd] **n.** 다수, 대중

☐ murder [mə́ːrdər]

n. 살인(殺人) **v.** 살인하다

ex. 여자를 **살인**한 남자가 몸을 **사린**다. 급히 도망친다.

MP3 A man who has **murdered** a woman is, being extremely careful, running away.

- murderer [mə́ːrdərər] **n.** 살인자

≠ homicide [hɑ́məsàid] **n.** 살인
- genocide [dʒénəsàid] **n.** 집단 학살(虐殺), 대량 학살
- slaughter [slɔ́ːtər] **n.** 대량 학살, 도살(屠殺), 도축(屠畜) **v.** 대량 학살하다, 도살하다, 도축하다
- massacre [mǽsəkər] **n.** 대학살 **v.** 대량으로 학살하다
- butcher [bútʃər] **n.** 정육점 주인, 푸줏간 주인, 도살자, 학살자 **v.** 도살하다, 학살하다

☐ muscle [mʌ́sl]

n. 근육(筋肉), 근력(筋力)

ex. "**근**데 춤이 **육**성(育成)한다니까." "뭘?" "춤이 온 **근육**을 활성화시켜준단 얘기야."

MP3 "However, dancing develops something." "What?" "It brings all the **muscles** into active play."

- muscular [mʌ́skjulər] **a.** 근육의, 근육질의

≠ biceps [báiseps] **n.** 이두박근(二頭膊筋)
- ligament [lígəmənt] **n.** 인대(靭帶)
- tendon [téndən] **n.** 힘줄, 건(腱)
- charley horse 손발의 근육 경직

☐ museum [mjuːzíːəm]

n. 박물관(博物館), 미술관

ex. "그 **박물관**은 **박** 선생님이 **물**론 **관**리하시죠."

MP3 "Mr. Park, of course, takes charge of the **museum**."

≠ curator [kjuəréitər] **n.** 큐레이터(박물관 등의 책임자)
- gallery [gǽləri] **n.** 미술관, 화랑

M

music [mjú:zik]

n. 음악, 곡, 악보

ex. 그녀의 **음악**이 고음과 **악**기의 절묘한 조화를 보여주었기 때문에 그 **음악**가는 기립 박수를 받았다.

MP3 As her **music** showed an exquisite harmony of a high-pitched voice and musical instruments, the musician was given a standing ovation.

- musical [mjú:zikəl] **a.** 음악의 **n.** 뮤지컬
- musical instrument 악기
- musician [mju:zíʃən] **n.** 음악가

∮symphony [símfəni] **n.** 심포니, 교향곡, 교향악단
- symphonic [simfánik] **a.** 교향악의
- orchestra [ɔ́:rkəstrə] **n.** 오케스트라, 관현악단
- opera [ápərə] **n.** 오페라
- libretto [librétou] **n.** 오페라의 대본, 가극 등의 가사
- quartet [kwɔ:rtét] **n.** 사중주단, 사중창단, 사중주곡
- recital [risáitl] **n.** 리사이틀, 독주회, 독창회, 연주회, 암송, 낭송, 상세한 설명
- recite [risáit] **v.** 암송(낭송)하다, 상세히 말하다

mutation [mju:téiʃən]

n. 돌연변이(突然變異)

ex. 우리는 **돌연**히 유전적 구조가 **변**하는 것을 **이**르러 **돌연변이**라고 한다.

MP3 We refer to a sudden change in the genetic structure as **mutation**.

- mutate [mjú:teit] **v.** 돌연변이를 일으키다, 돌연변이가 되다
- mutant [mjú:tnt] **n.** 돌연변이체, 변종 **a.** 돌연변이의

mutual [mjú:tʃuəl]

a. 상호(相互) 간의, 서로의

ex. "**상호** 관계가 뭐냐고? **상**대적인 **호**불호(好不好)야 있겠지만, 기본적으로 그것은 주고받는 과정에 기초한 관계지."

MP3 "What is **mutual** relation? There are likes and dislikes relatively. However, it is based on a give and take process."

- mutually [mjú:tʃuəli] **ad.** 상호 간에, 서로
- mutuality [mjù:tʃuǽləti] **n.** 상호성, 상호 관계

∮bilateral [bailǽtərəl] **a.** 양측의, 쌍무적(雙務的)인
- reciprocal [risíprəkəl] **a.** 상호간의
- reciprocal altruism 상호 이타주의
- reciprocally [risíprəkəli] **ad.** 호혜적(互惠的)으로, 서로
- reciprocity [rèsəprásəti] **n.** 호혜주의, 상호의 이익
- reciprocate [risíprəkèit] **v.** 보답하다, 답례(答禮)하다, 보복하다
- reciprocation [risìprəkéiʃən] **n.** 보답, 답례, 보복

mystery [místəri]

n. 미스터리, 불가사의(不可思議), 수수께끼, 추리 소설

ex. **미스터 리**가 주문형 도서 출판의 방식으로 **미스터리** 소설을 출판했다.

MP3 Mr. Lee brought out a **mystery** novel through print on demand.

∮supernatural [sùpərnǽtʃərəl] **a.** 초자연적인, 불가사의한 **n.** 초자연적인 현상

myth [miθ]

n. 신화(神話), 근거 없는 믿음

ex. 그것은 그가 일을 망쳐서 **신**이 **화**난 **신화**다.

MP3 It is a **myth** of a god who was angry because he screwed up.

- mythical [míθikəl] **a.** 신화의, 가공(架空)의
- mythology [miθálədʒi] **n.** 신화

N

nail [neil]

n. 손톱, 발톱, 못 **v.** 못박다

ex. "**못**을 **못** 빼겠어."

MP3 "The **nail** won't come out."

∮peg [peg] **n.** 나무못, 빨래집게 **v.** 고정하다
- pin [pin] **n.** 핀 **v.** 핀으로 꽂다
- screw [skru:] **n.** 나사 **v.** 나사로 조이다
- tack [tæk] **n.** 압정 **v.** 압정으로 고정하다
- manicure [mǽnəkjùər] **n.** 손톱 손질 **v.** 손톱을 손질하다
- pedicure [pédikjùər] **n.** 발의 치료, 발톱 미용

□ name [neim]

n. 이름 **v.** 이름을 지어주다, 이름을 대다

ex. "제 **이름이** 아름이에요."

MP3 "My **name** is Areum."

- nickname [níknèim] **n.** 별명 **v.** 별명을 붙이다
- surname [sə́:rnèim] **n.** 가족의 성(姓)

∮nominate [nάmənèit] **v.** (후보로) 지명하다, 추천하다, 임명하다
- nomination [nὰmənéiʃən] **n.** 지명, 추천, 임명

□ nap [næp]

n. 낮잠 **v.** 낮잠 자다

ex. "**나 짬** 내서 **낮잠** 잘래." "난 매니큐어 바를래."

MP3 "I will take a **nap** in my spare time." "I will put nail polish on."

□ nation [néiʃən]

n. 국가, (전) 국민

ex. 정**국**이**가** 유교적인 **국가**에 산다.

MP3 Jungkook lives in a Confucian **nation**.

- nationwide [néiʃənwàid] **a.** 전국적인
- national [nǽʃənl] **a.** 국가의, 전국적인
- nationalism [nǽʃənəlìzm] **n.** 민족주의, 애국심
- nationality [næ̀ʃənǽləti] **n.** 국적, 민족

□ native [néitiv]

a. 태어난, 토착(土着)의, 원주민(原住民)의 **n.** 토착민

ex. **토착**인들이 **토**요일에 도**착**했다.

MP3 The **native** people arrived on Saturday.

∮aboriginal [æ̀bərídʒənl] **a.** 원래의, 원주민의, (Aboriginal) 호주 원주민의 **n.** (Aboriginal) 호주 원주민
- aboriginally [æ̀bərídʒənli] **ad.** 원시 상태로, 토착적으로
- aboriginality [æ̀bərìdʒənǽləti] **n.** 토착성
- First Nations' people 캐나다 원주민
- indigenous [indídʒənəs] 토착의, 고유한
- indigene [índidʒì:n] **n.** 토착민, 토착종, 원산종

□ natural [nǽtʃərəl]

a. 자연의, 타고난, 당연한 **n.** 옅은 황갈색

ex. "스키 **타고 난** 다음에 깨달았어, 난 **타고난** 스키 선수였단 걸."

MP3 "After skiing, I realized that I was a **natural** skier."

- natural gas 천연가스
- natural predator 천적
- natural enemy 천적
- natural selection 자연 선택(自然選擇), 자연 도태(自然淘汰)
- natural remedy 민간요법
- unnatural [ʌnnǽtʃərəl] **a.** 자연스럽지 않은

□ nature [néitʃər]

n. 자연, 천성, 본성, 특성

ex. "**자, 연**상해봐, **자연** 상태를 휴식과 연결해서."

MP3 "Come on, associate **nature** with relaxation."

- innate [inéit] **a.** 타고난, 선천적(先天的)인
- innately [inéitli] **ad.** 선천적으로

□ navy [néivi]

n. (the Navy) (미) 해군, 짙은 감색

ex. "그들은 뭐**해**?" "그들은 수영하고 있**군**." "그들은 역시 **해군**이야. 힘든 일을 잘 **해**내고 있**군**."

MP3 "What are they doing?" "They are swimming." "They are the **Navy**, as expected. They thrive on hard work."

∮fleet [fliːt] **n.** 함대, 선단(船團), 배의 무리 **a.** 빠른
• fleeting [flíːtiŋ] **a.** 순식간의

☐ necessary [nésəsèri]

a. 필요한, 필연적인

ex. "**필요한** 건 **필**통이**요**, **한**마디로요."

MP3 "In short, what is **necessary** is a pencil case."

• necessity [nəsésəti] **n.** 필요(성), (necessities) 필수품
∮boon [buːn] **n.** 요긴(要緊)한 것

☐ neck [nek]

n. 목

ex. 그녀의 **목**에 감긴 **목**도리는 중국산이다.

MP3 A scarf around her **neck** was made in China.

• throat [θrout] **n.** 목구멍, 목
∮giraffe [dʒərǽf] **n.** 기린

☐ need [niːd]

v. 필요(必要)하다 **n.** 필요, 욕구, 곤경(困境)

ex. "대한민국 남자에게 **필요**한 건?" "군**필**(軍畢)이**요**."

MP3 "What do Korean men **need** to do?" "They **need** to finish military service."

∮plight [plait] **n.** 곤경, 역경

☐ needle [níːdl]

n. 바늘, 침

ex. "그녀는 **봐, 늘 바늘**을."

MP3 "She is always looking at the **needle**."

☐ neglect [niglékt]

v. 소홀히 하다, 등한시(等閒視)하다, 무시하다, 태만(怠慢)하다

ex. "자기 일에 **태만**하고 넌 어떻게 여**태 만**족할 수 있니?"

MP3 "How could you satisfy yourself so far if you **neglected** your work?"

• negligence [néglidʒəns] **n.** 태만, 부주의
• negligent [néglidʒənt] **a.** 태만한, 부주의한
• negligible [néglidʒəbl] **a.** 무시할 수 있는, 미미한

☐ negotiation [nigòuʃiéiʃən]

n. 협상(協商), 교섭(交涉)

ex. 편**협**(偏狹)한 **상**대라서 그들은 **협상**에 난항(難航)을 겪고 있다.

MP3 They are not making progress at the **negotiation** table because the other side is narrow-minded.

• negotiate [nigóuʃièit] **v.** 협상하다, 교섭하다
• negotiator [nigóuʃièitər] **n.** 협상자, 교섭자

☐ neighbor [néibər]

n. 이웃 사람

ex. "내가 널 집까지 태워다 줄까?" 나의 **이웃**인 유정**이 웃**으며 나에게 말했다.

MP3 Yujeong, my **neighbor**, said to me with a smile, "Can I give you a lift home?"

• neighborhood [néibərhùd] **n.** 이웃, 인근(隣近)

☐ nervous [nə́ːrvəs]

a. 신경의, 신경쓰는, 긴장하는, 초조한, 불안한

ex. 그것은 **신**나는 **경**사(慶事)였지만 그녀는 **신경**이 곤두서 있었다. 그녀는 거의 **신경**쇠약에 걸릴 지경이었다. 그가 계속 그녀의 **신경**을 건드렸다.

MP3 Although it was an exciting

occasion, she was very **nervous**. She came close to having a **nervous** breakdown. He kept getting on her nerves.

- Nervous Nellie 겁쟁이
- nerve [nəːrv] **n.** 신경, (nerves) 신경과민(神經過敏), 용기, 뻔뻔스러움

✐ chorda tympani 고실끈 신경(얼굴 쪽의 신경)

- limbic system 변연계(인체의 기본적인 감정 욕구 등을 관장하는 신경계)
- synaptic plasticity [sinǽptik plæstísəti] 시냅스 가소성(可塑性)
- neurology [njuərάlədʒi] **n.** 신경(병)학
- neuroscience [njùərousáiəns] **n.** 신경 과학
- neurosurgery [njùərousə́ːrdʒəri] **n.** 신경외과학
- neurochemical [njùəroukémikəl] **a.** 신경 화학의 **n.** 신경 화학 물질
- neuromuscular [njùroumΛ́skjələr] **a.** 신경 근육의

☐ nest [nest]

n. 둥지, 보금자리 **v.** 둥지를 틀다

ex. "**둥지**에서 **두** 마리의 새가 **웅**성거리고 있**지**."

MP3 "Two birds are twittering in the **nest**."

- nest egg 노후 자금, 비상금

☐ neutral [njúːtrəl]

a. 중립의, 중성의 **n.** 중립

ex. "**중립**을 지킨 건 그들 **중**에 있는 사람인가요?" "아**닙**니다."

MP3 "Does anyone keep **neutral** among them?" "No."

- neutralize [njúːtrəlàiz] **v.** 중화하다, 무효화하다

✐ neutron [njúːtrɑn] **n.** 중성자

☐ newspaper [njúzpèipər]

n. 신문

ex. "이 **신문** 봐봐. 내겐 놀라운 소식이 있어. **신**기한 **문**제가 있어."

MP3 "Have a look at this **newspaper**. I'm surprised at the news. There is a novel question."

- news [njuːz] **n.** 뉴스, 소식
- news-stand [njúːzstænd] **n.** 신문 잡지 판매점, 가판대

✐ scoop [skuːp] **n.** (신문의) 특종, 국자, (국자 모양의) 순갈 **v.** (국자로) 뜨다, 특종을 싣다

☐ night [nait]

n. 밤

ex. "넌 **밤**에 **밤** 먹고 있냐?" "한**밤**중에 먹어야 **밤**이 더 맛있거든."

MP3 "Are you eating chestnuts at **night**?" "They are more delicious in the middle of **night**."

- midnight [mídnàit] **n.** 자정, 한밤중

✐ eve [iːv] **n.** 이브, 전날 밤

- nocturnal [nɑktə́ːrnl] **a.** 야행성의
- nocturne [nάktəːrn] **n.** 야상곡(夜想曲)
- diurnal [daiə́ːrnl] **a.** 낮에 활동하는

☐ nightmare [náitmɛər]

n. 악몽(惡夢)

ex. 음**악** 하던 춘**몽**에게 그날은 **악몽**이 되었다. 그들에게 그 소식을 들은 날이었다.

MP3 That day turned into a **nightmare** to Chunmong who was a musician. It was the day when they broke the news to him.

☐ noble [nóubl]

a. 고귀(高貴)한, 고결(高潔)한, 귀족(貴族)의

ex. 그 여성은 **고귀한** 출신이**고** 희**귀한** 말투를 쓴다.

MP3 The woman is of **noble** birth and speaks with a strange accent.

- nobleness [nóublnis] **n.** 고귀, 고결

N

• nobility [noubíləti] **n.** 고귀성, 고결성, (the nobility) 귀족
• ignoble [ignóubl] **a.** 비열한, 저열한, 비천한
∮ aristocracy [ærəstákrəsi] **n.** 귀족 계급, 귀족
• aristocrat [ərístəkræt] **n.** 귀족
• aristocratic [əristəkrǽtik] **a.** 귀족의
• baron [bǽrən] **n.** 남작
• freelance baron 독립적인 지방 호족

□ nod [nɑd]

v. (머리를) 끄덕이다, 꾸벅이다, 꾸벅꾸벅 졸다 **n.** 끄덕임, 꾸벅거림, 졸음

ex. 그 사실을 부정하는 대신에 부**끄**러웠지만 **덕**수는 머리를 **끄덕**였다.

MP3 Instead of denying the fact, Deoksoo **nodded** although he felt shy.

□ noise [nɔiz]

n. 소음, 소리

ex. "**소**리가, **음**, 좀 크네요. **소음**을 내지 마세요."

MP3 "It is, um, a little loud. Don't make a **noise**."

• noisy [nɔ́izi] **a.** 시끄러운, 떠들썩한
∮ rumble [rʌ́mbl] **v.** 우르르 울리다 **n.** 우르릉 소리

□ noon [nuːn]

n. 정오, 낮12시, 한낮

ex. "그 대신에 **정오**에 할 일을 **정**하고 **오**시오."

MP3 "Come after deciding what to do at **noon** instead."

• afternoon [æ̀ftərnúːn] **n.** 오후
∮ morning [mɔ́ːrniŋ] **n.** 아침, 오전
• evening [íːvniŋ] **n.** 저녁

□ normal [nɔ́ːrməl]

a. 정상적(正常的)인, 보통의

ex. 그는 산 **정상**(頂上)의 **정상**적인 상태를 사진으로 찍고 싶어한다.

MP3 He wants to take pictures of a **normal** state on the summit.

• norm [nɔːrm] **n.** 규범, 기준
• normally [nɔ́ːrməli] **ad.** 정상적으로, 보통
• abnormal [æbnɔ́ːrməl] **a.** 비정상적인
• abnormality [æbnɔːrmǽləti] **n.** 비정상, 이상

□ nose [nouz]

n. 코, 후각 **v.** 코를 박고 찾다

ex. **코**난의 **코**는 못났다.

MP3 Conan's **nose** is ugly.

• nosedive [nóuzdaiv] **n.** 폭락, 급락, 급강하 **v.** 폭락하다, 급락하다, 급강하하다
∮ nostril [nástrəl] **n.** 콧구멍
• hum [hʌm] **v.** 콧노래를 부르다, 윙윙거리다, 웅웅거리다 **n.** 윙윙(웅웅)소리
• sniff [snif] **v.** 코를 훌쩍거리다, 킁킁 대다, 콧방귀를 뀌며 말하다 **n.** 코를 킁킁거리기, 낌새
• sniff out 냄새로 ~을 찾아내다
• sniffy [snífi] **a.** 콧방귀를 뀌는

□ note [nout]

n. 메모, 음표, 주석 **v.** 주목(注目)하다, 언급하다

ex. 의사는 현**주**의 **목**에 **주목**했다. 그리고 그가 발견한 사실은 **주목**할 만했다.

MP3 The doctor **noted** Hyunjoo's neck. And what he noticed was a notable fact.

• notebook [nóutbùk] **n.** 노트, 공책
• notate [nóuteit] **v.** 기록하다, 악보에 기보하다
• noted [nóutid] **a.** 유명한, 저명한
• notable [nóutəbl] **a.** 주목할 만한

□ notice [nóutis]

n. 알아차림, 주목, 통지, 안내문 **v.** 알아차리다, 주목하다

ex. **아라**는 **차**에 **린다**가 있다는 것을 **알아차린다**. 그녀는 경찰에 그 위치를 알려야 한다.

MP3 Ara **notices** that Linda is in the

car. She must notify the police of the location.

- noticeable [nóutisəbl] **a.** 뚜렷한, 현저한
- notify [nóutəfài] **v.** 통지하다, 통보하다, 신고하다

∉ discern [disə́:rn] **v.** 식별(識別)하다, 알아차리다
- discernment [disə́:rnmənt] **n.** 식별력, 안목
- discernible [disə́:rnəbl] **a.** 식별 가능한, 식별할 수 있는
- indiscernible [ìndisə́:rnəbl] **a.** 식별하기 어려운

☐ notorious [noutɔ́:riəs]

a. 악명(惡名) 높은

ex. **악명** 높은 노름꾼이 자신의 **악명**을 털어 내려고 발**악**한다. 그의 **명**예를 회복하기 위해서다.

MP3 A **notorious** gambler struggles to shake off his notoriety in order to regain his honor.

- notoriety [nòutəráiəti] **n.** 악명, 악평

☐ nourish [nə́:riʃ]

v. 영양분(營養分)을 공급하다, 기르다, 조장(助長)하다

ex. "**영양분**을 **공급해라**, 해**영 양**에게. 그녀는 **분**명히 **공**부하다 지쳐서 **급하게 영양분**의 **공급**이 필요**하니**까."

MP3 "**Nourish** Haeyeong, for she is certainly burned out from studying and urgently needs to be **nourished**."

- nourishment [nə́:riʃmənt] **n.** 영양분, 음식물
- undernourishment [ʌ̀ndərnə́:riʃmənt] **n.** 영양 부족
- undernourished [ʌ̀ndərnə́riʃt] **a.** 영양 부족의
- malnourished [mælnə́:riʃt] **a.** 영양실조(營養失調)의

☐ novel [nάvəl]

n. (장편) 소설 **a.** 새로운, 참신(斬新)한, 진기한

ex. "기발한 걸로 유명한 이 **소설**을 저에게 사 주**소서**." "**얼**만데, 그 책값이?"

MP3 "Please buy me this **novel** which is notable for its novelty." "How much is the book?"

- novelist [nάvəlist] **n.** 소설가
- novelty [nάvəlti] **n.** 새로움, 참신함, 진기함

∉ new [nu:] **a.** 새, 새로운
- fiction [fíkʃən] **n.** 소설, 허구
- fictional [fíkʃənl] **a.** 소설적인, 허구의
- fictitious [fiktíʃəs] **a.** 가상의, 허구의
- non-fiction [nɑnfíkʃən] **n.** 논픽션, 실화

☐ novice [nάvis]

n. 초보자(初步者), 풋내기

ex. "난 그를 1**초**(秒) **보자**, **초보자**인 줄 알았네."

MP3 "When I saw him for a second, I noticed that he was a **novice**."

☐ nuclear [njú:kliər]

a. 핵의, 원자핵(原子核)의, 원자력(原子力)의

ex. "우리는 **원**(願)해요, 우리가 **자력**(自力)으로 **원자력**을 대체하기를."

MP3 "We want to take the place of **nuclear** energy through our own efforts."

- nuclear fission 핵분열
- fission [fíʃən] **n.** 분열, 핵분열
- nucleotide [njú:kliətàid] **n.** 핵산(DNA, RNA)의 기본단위
- nucleus [njú:kliɑs] **n.** (**pl.** nuclei [njú:kliài]) 핵, 세포핵, 중심

☐ number [nʌ́mbər]

n. 수, 숫자, (전화 등의) 번호

ex. "이 **숯**, **자**, 그 **숯자**를 우리가 세볼까?"

MP3 "Okay, shall we count the **number** of these particles of charcoal?"

- numerology [njù:mərάlədʒi] **n.** 수점(數占)
- numerical [nju:mérikəl] **a.** 수의, 숫자의, 숫자로

N

나타난
- numerable [njúːmərəbl] a. 셀 수 있는
- innumerable [injúːmərəbl] a. 셀 수 없을 정도로 많은, 무수한
- numerous [núːmərəs] a. 수많은
- outnumber [àutnʌ́mbər] v. …보다 수가 많다
∮dozen [dʌ́zn] n. 12 a. 12의
- plural [plúərəl] a. 복수(複數)의 n. 복수형

☐ nun [nʌn]

n. 수녀(修女), 여승

ex. "**수녀**들은 **순 여**자들이지."

MP3 "The **nuns** are merely female."

∮monk [mʌŋk] n. 수도사, 수도승
- friar [fráiər] n. 탁발 수사
- monastery [mánəstèri] n. 수도원(修道院)
- abbey [ǽbi] n. 수도원, 수녀원
- convent [kánvent] n. 수녀원
- Franciscan [frænsískən] n. (the Franciscans) 프란체스코 수도회

☐ nurse [nəːrs]

n. 간호사(看護師) v. 간호하다, 젖을 먹이다

ex. 양로원에서 **간호사**들이 **간호**하는 아픈 사람들은 혼자 힘으로 아무것도 할 수 없다.

MP3 The sick whom the **nurses** attend on at a **nursing** home can't do anything for themselves.

- nursery [nə́ːrsəri] n. 탁아소(託兒所)

∮nanny [nǽni] n. 유모(乳母), 아이 보는 여자

☐ nutrition [njuːtríʃən]

n. 영양(營養)

ex. "그들의 **영양**이 **영 양**(量)이 차지 않네."

MP3 "They are not in a good state of **nutrition** at all."

- nutritional [njuːtríʃənl] a. 영양의
- nutritionist [njuːtríʃənist] n. 영양사, 영양학자
- nutrient [njúːtriənt] n. 영양소
- micronutrient [màikrounjúːtriənt] n. 미량 영양소, 미량 원소
- macronutrient [mækrounjúːtriənt] n. 다량 영양소
- malnutrition [mæ̀lnutríʃən] n. 영양실조

∮trophic [tráfik] a. 영양의
- protein [próutiːn] n. 단백질

O

☐ obesity [oubíːsəti]

n. 비만(肥滿)

ex. 장**비만 비만**과 관련된다.

MP3 Only Jangbi is associated with **obesity**.

- obese [oubíːs] a. 비대한, 비만인

∮BMI 비만도 지수, 체질량 지수 (body mass index)

☐ obey [əubéi]

v. 복종(服從)하다, 따르다

ex. 태**복**이는 **종**으로서 심부름한다. 그는 명령에 **복종**할 의무가 있다. 그는 유순하다. 그는 본분을 다한다.

MP3 Taebok runs errands as a servant. He is in duty bound to **obey** orders. He is meek and mild. He does his duty.

- obedience [əubíːdiəns] n. 복종, 순종
- obedient [əubíːdiənt] a. 복종하는, 순종하는
- disobey [disəbéi] v. 불복종하다, 거역(拒逆)하다

∮obligation [àbləgéiʃən] n. 의무(義務)
- obligatory [əblígətɔ̀ːri] a. 의무적인
- obligate [ábləgèit] v. 의무를 지우다 a. [ábləgət] 의무적인
- oblige [əbláidʒ] v. 의무를 지우다, 은혜를 베풀다

☐ object [ɔ́bdʒikt]

n. 물건, 대상, 목적, 목적어 v. [əbdʒékt] (to ~ing) 반대하다

ex. "야 이 강아지야, 어떤 **물건**을 **물 건**

데?" "전 뭐든 물어야 할 의무가 있다구요!" 개가 대답하는 듯하다.

MP3 "Hey, doggie, what **object** will you bite?" "I'm obliged to bite whatever it is!" The dog seems to answer.

- objection [əbdʒékʃən] **n.** 반대, 이의
- objectionable [əbdʒékʃənəbl] **a.** 반대할 만한, 못마땅한

□ objective [əbdʒéktiv]

n. 목적 **a.** 객관적(客觀的)인

ex. "승**객과 안**정**적인** 운행을 최우선시하는 **객관적인** 방법을 개발하라."

MP3 "Develop an **objective** method that puts passengers and stable operation first."

∮ subjective [səbdʒéktiv] **a.** 주관적(主觀的)인

□ obscure [əbskjúər]

a. 불분명한, 어둑어둑한, 무명(無名)의 **v.** 가리다, 불분명하게 하다

ex. "이 **불**이 **분명한** 증거요, **불분명한** 세상을 밝힐 수 있는."

MP3 "This fire is the obvious evidence that will light up the **obscure** world."

- obscurely [əbskjúərli] **a.** 불분명하게
- obscurity [əbskjúərəti] **n.** 불분명함, 어둑어둑함, 무명

∮ blur [bləːr] **v.** 흐릿해지다, 흐리게 하다 **n.** 흐릿함, 흐릿한 것
- blurred [bləːrd] **a.** 흐릿한
- blurry [bləːri] **a.** 흐릿한

□ observe [əbzəːrv]

v. 관찰(觀察)하다, 목격하다, 준수(遵守)하다, 기념하다

ex. 소년은 **관**에 **찰**싹 붙은 것을 **관찰**하고 있었다.

MP3 The boy was **observing** something sticking fast on the coffin.

- observation [àbzərvéiʃən] **n.** 관찰, 소견
- observational [àbzərvéiʃənl] **a.** 관찰의
- observance [əbzəːrvəns] **n.** 준수, 기념
- observant [əbzəːrvənt] **a.** 관찰력이 있는, 엄격히 준수하는 **n.** 엄격히 준수하는 사람
- observer [əbzəːrvər] **n.** 관찰자, 참관인, 준수자
- observatory [əbzəːrvətɔ̀ːri] **n.** 관측소, 천문대, 기상대

□ obsess [əbsés]

v. 강박감(强迫感)을 갖다, 집착(執着)하게 하다

ex. "그는 고**집**이 세서 그의 아버지의 반대에도 불구하고 접**착**제처럼 뭔가에 **집착**해."

MP3 "He is so stubborn that he is **obsessed** with something as if he were a glue in spite of his father's beard."

- obsessed [əbsést] **a.** 집착하는
- obsession [əbséʃən] **n.** 집착, 강박 관념
- obsessive [əbsésiv] **a.** 강박적인, 집착하는

∮ tenacious [tənéiʃəs] **a.** 집요(執拗)한, 끈질긴

□ obstacle [ábstəkl]

n. 장애(障碍), 장애물

ex. "운동**장에** 달리기에 **장애**가 되는 것들을 치워라. 아니면 그 **장애**물들에도 불구하고 달려라."

MP3 "Clear away the **obstacles** to running in the playground. Or run in spite of the **obstacles**."

∮ obstruct [əbstrʌ́kt] **v.** 막다, 방해(妨害)하다
- obstruction [əbstrʌ́kʃən] **n.** 방해물, 장애물
- hinder [híndər] **v.** 방해하다, 저해(沮害)하다
- hindrance [híndrəns] **n.** 방해, 장애
- hurdle [həːrdl] **n.** 장애물 **v.** 뛰어넘다

□ obtain [əbtéin]

v. (노력 끝에) 얻다, 획득(獲得)하다

ex. "**엇!** 네가 그 정보를 **다 얻는다**면 대단

할 것이다."

MP3 "Ah! It will be great for you to **obtain** all the information."

∮procure [prəkjúər] **v.** 조달(調達)하다
• procurement [prəkjúərmənt] **n.** 조달

☐ obtrusive [əbtrú:siv]

a. (거슬리게) 눈에 띄는

ex. "그녀의 **눈에** 맨 **띠는 눈에 띄는**데."

MP3 "A band fastened on her eyes will be **obtrusive**."

• obtrude [əbtrú:d] **v.** 의사(意思)에 반하여 끼어들다
• unobtrusive [ʌnəbtrúsiv] **a.** 눈에 띄지 않는

☐ obvious [ábviəs]

a. 명백한, 분명한, 뻔한, 빤한

ex. **명백한** 사실은 소영이의 **명**예는 그녀가 **백**만 번 연습**한** 결과라는 것이다.

MP3 It is an **obvious** fact that Soyoung's honor results from her endless efforts.

• obviously [ábviəsli] **ad.** 명백히, 분명히
∮platitude [plǽtitjù:d] **n.** 상투적인 말, 진부(陳腐)한 이야기

☐ occasion [əkéiʒən]

n. (특정한) 경우, 때, (특별한) 행사, 의식, 이유, 원인

ex. "그러한 **경우**에는 **경**찰이 **우**리를 보호해야죠."

MP3 "Police must protect us on that **occasion**."

• rise to the occasion 위기 상황에서 능력을 발휘하다
• occasional [əkéiʒənəl] **a.** 가끔의, 때때로의
• occasionally [əkéiʒənəli] **ad.** 가끔, 때때로

☐ occupy [ákjupài]

v. 차지(次知)하다, 점유(占有)하다

ex. "당신 **차**가 **지**금 **차지**하는 공간은 얼마인가?"

MP3 "How much space is being **occupied** by your car now?"

• occupied [ákjupaid] **a.** 점유된, 바쁜
• occupation [àkjupéiʃən] **n.** 직업, 점유
• occupational [àkjupéiʃənl] **a.** 직업의, 점유하는
∮preoccupation [priàkjəpéiʃən] **n.** 몰두(沒頭), 심취, 집착, 생각에 사로잡힘
• preoccupy [priákjəpài] **v.** 마음을 사로잡다, 정신 팔리게 하다
• preoccupied [priákjəpàid] **a.** 마음을 사로잡힌, 정신 팔린, 몰두한, 심취한

☐ occur [əkə́:r]

v. 발생하다, 일어나다, (머릿속에) 떠오르다

ex. 그가 자고 **일어나니** 그는 사건이 **일어났다**는 걸 알았다.

MP3 When he woke up, he found that the incident had **occurred**.

• occurrence [əkə́:rəns] **n.** 발생, 발발, 사건
∮befall [bifɔ́:l] **v.** befall - befell - befallen (안 좋은 일이) 닥치다

☐ ocean [óuʃən]

n. 대양(大洋), 바다

ex. 등**대** 너머 **양**을 헤아릴 수 없는 **대양**이 펼쳐진다.

MP3 Beyond the lighthouse, the **ocean** spreads out endlessly.

∮sea [si:] **n.** 바다
• sea horse 해마, 바다코끼리
• seafood [sífud] **n.** 해산물
• jellyfish [dʒélifiʃ] **n.** 해파리
• hydrozoans [hàidrəzóuənz] **n.** 히드로충류
• Mediterranean [mèdətəréiniən] **a.** 지중해(地中海)의 **n.** 지중해

☐ octopus [áktəpəs]

n. 문어, 낙지

ex. 그것은 **문어**가 **문 어**류다.
MP3 It is a fish an **octopus** is biting.

∮squid [skwid] n. 오징어
- ink [iŋk] n. 잉크, (문어·오징어의) 먹물
- tentacle [téntəkl] n. (오징어·문어 등의) 촉수

☐ odd [ɑd]

a. 이상(異常)한, 홀수의, 남짓의, 이따금의, 임시의

ex. **이 상**(傷)**한** 음식에서 **이상한** 냄새가 난다.
MP3 This spoiled food has an **odd** smell.

- odd duck 미운 오리 새끼, 별난 사람

☐ odor [óudər]

n. 악취(惡臭), 냄새, 낌새

ex. **악**마의 **취**미는 이따금씩 **악취** 풍기기다.
MP3 The devil's hobby is giving off an **odor** at odd times.

- malodor [mælóudər] n. 고약한 냄새

∮stink [stiŋk] v. stink - stank/stunk - stunk 악취를 풍기다 n. 악취
- stinky [stíŋki] a. 악취를 풍기는

☐ offend [əfénd]

v. 불쾌(不快)하게 하다, (법률 등을) 어기다, 위반(違反)하다

ex. "너에게 **불쾌**한 일에도 **불**구하고 **쾌**활하도록 하여라. **불쾌**한 일들에 정신 팔리지 마라. 효림아, 알았지?"
MP3 "Be cheerful even if anything **offends** you. Don't be preoccupied with anything unpleasant. Hyorim, OK?"

- offender [əféndər] n. 범죄자, 위반자
- offense [əféns] n. 범죄, 위반, 불쾌, 공격
- offensive [əfénsiv] a. 불쾌한, 공격적인

∮infringe [infríndʒ] v. (법을) 어기다, 위반하다, (법적 권리를) 침해하다
- infringement [infríndʒmənt] n. 위반, 침해

☐ offer [ɔ́:fər]

v. 제안(提案)하다, 제공(提供)하다 n. 제안, 제공

ex. "**제**가 **공**들인 시설을 **제공**합니다."
MP3 "I **offer** my elaborate facilities."

☐ office [ɔ́:fis]

n. 사무실, 사무소, 공직

ex. "나는 **사무실**에 도착해서 **사**실 **무**슨 **실**수도 안 했어."
MP3 "In fact, I didn't make any mistake after I got to the **office**."

- officer [ɔ́:fisər] n. 장교, 담당관, 경찰관
- official [əfíʃəl] n. 관리, 공무원 a. 공직의, 공식의

∮cadet [kədét] n. 사관생도, 수습생

☐ oil [ɔil]

n. 기름, 석유(石油), 오일

ex. 영은은 **기름**을 달구며 요리 실력을 **기름**.
MP3 Youngeun is heating the **oil** to be a good cook.

- crude oil 원유
- crude [kru:d] a. 투박한, 가공하지 않은, 상스러운, 야한
- proven oil reserves 확인된 석유 매장량

∮derrick [dérik] n. 유정탑(油井塔)
- kerosene [kérəsi:n] n. 등유
- petroleum [pətróuliəm] n. 석유
- gasoline [gǽsəli:n] n. 가솔린, 휘발유
- lubricant [lú:brikənt] n. 윤활유

☐ old [ould]

a. 늙은, 나이든, 오래된, 나이가 …살인

ex. 유화(油畵)를 그리며 **늘 근**근이 살아가는 **늙은**이였다. 아직 90살은 넘지 않았다. 노령은 그를 구식으로 만들었다.
MP3 Drawing oil paintings, the **old** man always lived with difficulty. He was on the right side of ninety. **Old** age made

him behave in an **old**-fashioned way.

∮ old-fashioned ice cream maker (소금을 이용하는) 구식 아이스크림 제조기
• octogenarian [ɑ̀ktədʒənέəriən] n. 80대의 사람
• senile [síːnail] a. 노쇠한, 노망이 난
• sprightly [spráitli] a. (노인이) 활기찬, 정정한

☐ Olympic [əlímpik]

a. 올림픽의 n. (Olympics) 올림픽

ex. "그들이 **올림픽**의 깃발을 **올립**니다. 사람들이 **피**겨 여왕을 **크**게 응원합니다."

MP3 "They are raising the **Olympic** flag. People are cheering loudly for their Figure Queen."

∮ olive wreath 월계관(月桂冠)
• torch [tɔːrtʃ] n. 횃불, 성화(聖火) v. 불을 지르다

☐ ominous [ɑ́mənəs]

a. 불길(不吉)한, 나쁜 조짐(兆朕)을 보이는

ex. "**조**(=저) **짐**만 되는 일로 **나** 정말 바**빠**. (그런데 그 일은) **조짐**이 **나빠**."

MP3 "That burdensome work, which is **ominous**, makes me really busy."

☐ omit [oumít]

v. 생략(省略)하다, 빠뜨리다, 누락(漏落)하다

ex. "잡다한 것은 **생략**하고 너의 **생**각을 간**략**하게 정리하라. 중요한 점들은 빠뜨리지 마라."

MP3 "**Omit** trivial things and organize your thoughts simply. Don't leave out any important points."

• omission [oumíʃən] n. 생략, 누락된 것

☐ once [wʌns]

ad. 한 번, 일찍이, 이전에 conj. 일단 …하면

ex. 그는 **일단** 책을 읽기 시작하면 **일**순간 그에게서 **딴**생각은 없어진다.

MP3 **Once** he begins to read a book, all other thoughts instantly disappear from his mind.

∮ twice [twais] ad. 두 번, 두 배로
• triple [trípl] a. 세 부분으로 된, 세 배의 n. 세 배 v. 세 배로 하다
• trinity [trínəti] n. 삼인조, (the Trinity) 삼위일체

☐ open [óupən]

a. 열린 v. 열다, 열리다

ex. **열**심히 **다**은이는 문을 열기 위해 **열**심히 노력했**다**.

MP3 Daeun tried hard to **open** the door.

☐ operate [ɑ́pərèit]

v. 운영(運營)하다, 작동하다, 작용하다, 수술하다

ex. "내가 **운영**하는 회사의 **운**이 **영** 좋지 않네."

MP3 "The company that I **operate** is very unlucky."

• operation [ɑ̀pəréiʃən] n. 운영, 작용, 수술
• operating room 수술실
• operator [ɑ́pərèitər] n. 운영자, 조작자

☐ opinion [əpínjən]

n. 의견, 견해

ex. "혜선**의 견**해를 들어보니 난 그녀의 **의견**에 찬성할래."

MP3 "After hearing Hyesun's **opinion**, I'm in favor of her views."

∮ consensus [kənsénsəs] n. 합의, 의견의 일치
• consent [kənsént] n. 동의, 합의 v. 동의하다

☐ opportunity [ɑ̀pərtjúːnəti]

n. 기회

ex. "**기**를 쓰고 경제를 **회**생시키기 위해 이

기회를 최대한 활용하라."

MP3 "Make the most of this **opportunity** in order to revive the economy desperately."

☐ oppose [əpóuz]

v. 반대(反對)하다, 대항하다

ex. 그 계획에 **반대하는** 선생님들 중 절**반**이 그들을 **대**면**한다**. 그 선생님들과 대조적으로 다른 선생님들은 그들을 피한다.

MP3 Half of the teachers who **oppose** the plan face them. As **opposed** to the teachers, other teachers avoid them.

- opposed [əpóuzd] **a.** 반대하는
- opposition [àpəzíʃən] **n.** 반대, 반대 측, 반대당, 야당

☐ opposite [ápəzit]

a. 맞은편의, 정반대의 **prep.** …의 맞은편에, …의 상대역으로 **n.** 정반대, 반의어

ex. 이 문장은 **맞은편**의 페이지에 알**맞은 편**이다.

MP3 This sentence is rather suitable for the **opposite** page.

- opposite number 대등한 지위에 있는 사람

cf. reverse [rivə́ːrs] **v.** 뒤집다, 반전(反轉)시키다 **n.** 역(逆), 반대 **a.** 반대의

- reversal [rivə́ːrsəl] **n.** 반전, 역전(逆轉), 좌절
- role reversal (남녀의) 역할 전환

☐ oppression [əpréʃən]

n. 억압(抑壓)

ex. 한 여성이 수**억** 명의 사람들 **앞**에서 **억압**에 맞선다.

MP3 A woman is taking a stand against **oppression** in front of hundreds of millions of people.

- oppressive [əprésiv] **a.** 억압적인
- oppress [əprés] **v.** 억압하다

☐ optical [áptikəl]

a. 시각의, 광학(光學)의

ex. "잠**시 각**오하세요, **시각**의 착각을."

MP3 "Be prepared for an **optical** illusion for a while."

- optical illusion 착시(錯視)
- optic [áptik] **a.** 눈의
- optics [áptiks] **n.** 광학
- optician [aptíʃən] **n.** 안경사, 안경점

☐ optimal [áptəməl]

a. 최적(最適)의

ex. "나는 당**최** 모르겠네, **저기**가 **최적의** 장소인지."

MP3 "I never understand whether that is an **optimal** place or not."

☐ option [ápʃən]

n. 선택, 선택권

ex. "우**선** 주**택**과 아파트 중에 당신은 **선택**하실 수 있습니다."

MP3 "First of all, you have two **options**, a house and an apartment."

- optional [ápʃənl] **a.** 선택의, 선택적인

☐ orbit [ɔ́ːrbit]

n. 궤도(軌道) **v.** 궤도를 돌다

ex. 태양의 주위에서 **궤도**를 도는 지**구**는 어디**에 도**망갈 데가 없다.

MP3 The earth that **orbits** the sun can't run away anywhere.

- orbital [ɔ́ːrbitl] **a.** 궤도의

☐ orchard [ɔ́ːrʧərd]

n. 과수원(果樹園)

ex. 그는 평택**과 수원**에 **과수원**을 가지고 있다.

MP3 He has **orchards** in Pyeongtaek and Suwon.

☐ ordeal [ɔːrdíːəl]

n. 시련(試鍊), 고난(苦難)

ex. "**시련**을 견디**시려**는 **언**니는 용감한 소녀다."

MP3 "The sister who is determined to survive the **ordeal** is a brave girl."

☐ order [ɔ́ːrdər]

n. 질서(秩序), 순서(順序), 명령(命令), 주문(注文) v. 명령하다, 주문하다

ex. **질**질 **서**행(徐行)하듯 **질서**가 유지된다.

MP3 The **order** is maintained as if it were moving slowly.

- tall order 무리한 요구
- ordinal [ɔ́ːrdənl] n. 서수 a. 서수의
- disorder [disɔ́ːrdər] n. 무질서, 혼란, (심신의 기능) 이상(異常), 병

∉ ADHD 주의력 결핍 과잉행동 장애 (attention deficit hyperactivity disorder)
- autism [ɔ́ːtizm] n. 자폐증(自閉症)

☐ organ [ɔ́ːrgən]

n. (생체) 기관(器官), 오르간

ex. "저는 생식 **기관**의 **기**능에 **관**심이 가는군요."

MP3 "I'm interested in the function of the reproductive **organs**."

- organism [ɔ́ːrgənizm] n. 유기체(有機體), 생물
- organismic [ɔ̀ːrgənízmik] a. 유기체의

∉ gut [gʌt] n. 창자, (guts) 내장, 배짱, 직감
- gut feeling 직감
- intestine [intéstin] n. 창자, 장
- intestinal [intéstənl] a. 내장의, 창자의
- kidney [kídni] 신장, 콩팥
- liver [lívər] n. 간
- tissue [tíʃuː] n. 신체 조직, 화장지

☐ organize [ɔ́ːrgənàiz]

v. 조직(組織)하다, 체계화하다, 정리하다

ex. **조**는 **직**접 팀을 **조직**하는 데 어려움을 겪었다.

MP3 Joe had trouble in **organizing** a team himself.

- organization [ɔ̀rgənizéiʃən] n. 조직

∉ hierarchy [háiərὰːrki] n. 계층(階層), 계급(階級), 위계질서(位階秩序)
- hierarchical [hàiərάːrkikəl] a. 계층의, 계급에 따른, 위계질서의
- reshuffle [riʃʌ́fəl] v. (내각 등 조직을) 개편(改編)하다 n. (내각) 개편

☐ orient [ɔ́ːriənt]

n. 동양 v. 지향하게 하다, 적응시키다

ex. "미래 **지향**적 관계**지**, **향**후 기대되는 것은."

MP3 "A future-**oriented** partnership will be expected from now on."

- oriental [ɔ̀ːriéntl] a. 동양의, 동양인의
- orientation [ɔ̀ːriəntéiʃən] n. 지향, 방향, 성향, 적응, 오리엔테이션

☐ origin [ɔ́ːrədʒin]

n. 기원(起源), 유래(由來)

ex. 그는 법**률에** 있는 조항의 **유래**를 조사했다.

MP3 He inquired into the **origin** of the clause in the law.

- original [ərídʒənl] a. 원래의, 독창적(獨創的)인 n. 원본
- originality [əridʒənǽləti] n. 독창성
- originate [ərídʒənèit] v. 유래하다, 비롯되다, 창안

(創案)하다
∉ provenance [právənəns] n. 출처(出處), 기원, 유래

☐ orphan [ɔ́ːrfən]

n. 고아(孤兒)

ex. 그 **고아**는 **고**독한 **아**이였다.

MP3 The **orphan** was a child who felt lonely.

• orphanage [ɔ́ːrfənidʒ] n. 고아원

☐ other [ʌ́ðər]

a. 다른 n. 다른 사람, 다른 것

ex. "**다른** 사람들이 다**다른** 길을 난 좋아하지 않아."

MP3 "I don't like the road that **other** people reached."

• an other 타자(他者)
∉ otherwise [ʌ́ðərwàiz] ad. 만약 그렇지 않으면, 그 밖에, 달리

☐ outbreak [áutbrèik]

n. (전쟁, 화재, 질병 등의) 발발(勃發), 발생

ex. 전쟁이 코앞에 닥친다. 사람들이 전쟁 **발발**에 **발발** 떤다. 전쟁은 정말 **발발**할까?

MP3 War is around the corner. People are trembling in fear of the **outbreak** of war. Will the war really break out?

☐ outdated [áutdèitid]

a. 구식(舊式)의

ex. "이 교과서들은 **구식**이야. 나에게는 더 이상 필요 없어." "그럼 그 책들 나 줘. 내가 **구**하던 방**식**으로 쓰인 책들이거든. 그것들이 **구식**이든 아니든 난 상관없어."

MP3 "These textbooks are **outdated**. I don't need them any more." "Then, give them to me. They are written in a style I have been looking for. I don't care if they are out of date."

• out of date 시대에 뒤떨어진, 유효 기간이 지난
∉ obsolete [àbsəlíːt] a. 한물간, 더이상 쓸모가 없는

☐ outgoing [áutgòuiŋ]

a. 외향적(外向的)인, 사교적(社交的)인

ex. "너 또 나가? 넌 **왜** 항상 거기로 **향**하니? **저긴** 밖인데." "난 **외향적인** 사람이니까."

MP3 "Are you going out again? Why are you always going there? It is outside." "That's because I have an **outgoing** personality."

∉ extrovert [ékstrəvə̀ːrt] n. 외향적인 사람
• extroverted [ékstrəvə̀ːrtid] a. 외향적인
• introvert [íntrəvə̀ːrt] n. 내향적(內向的)인 사람, 내성적(內省的)인 사람
• introverted [íntrəvə̀ːrtid] a. 내향적인, 내성적인

☐ outlet [áutlet]

n. 출구, 배출구(排出口), 탈출구, 할인 매장

ex. "욕망의 **배출구**로 악감정을 **배출**하고 평정심을 **구**해내라."

MP3 "Remove ill feelings through the **outlet** for desires and recover peace of mind."

☐ outline [áutlàin]

v. 윤곽(輪廓)을 그리다, 개요(槪要)를 서술하다 n. 윤곽, 개요

ex. "당신 뭐하시**게요**?" "제가 사건의 **개요**를 설명하려고요."

MP3 "What are you going to do?" "I'm going to **outline** the event."

∉ contour [kántuər] n. 윤곽, 외형
• schema [skíːmə] n. 도식, 도표, 개요
• schematic [skimǽtik] a. 도식적(圖式的)인, 개요의

☐ overall [òuvərɔ́l]

a. 전반적(全般的)인 **ad.** 전반적으로 **n.** [óuvərɔ̀l] 작업복

ex. **전반적으로 전반**전(前半戰)에는 **적**은 인원**으로** 공격했다.

MP3 **Overall**, a few players were involved in the attacks in the first half.

• all [ɔːl] **a.** 모든 **ad. pron.** 모두

☐ overcome [òuvərkʌ́m]

v. overcome - overcame - overcome 극복(克服)하다, 이기다, 맥을 못 추게 하다

ex. 연경은 그들이라면 **극복**하기 힘들었을 **극**심(極甚)한 **복**통(腹痛)을 **극복**했다.

MP3 Yeongyeong **overcame** a severe stomachache which would be difficult for them to get over.

ⓢ surmount [sərmáunt] **v.** 극복하다, 오르다, 위에 얹다

• insurmountable [ìnsərmáuntəbl] **a.** 극복할 수 없는

☐ overlap [òuvərlǽp]

v. 겹치다, 중복(重複)하다, 중복되다 **n.** 겹치는 부분, 중복되는 부분

ex. 많은 **기업**들이 시장으로 거칠게 **치**고 들어온**다**. 그들의 활동 범위가 **겹친다**. 어느 기업들은 다른 기업들에 인수된다.

MP3 Many companies are harshly coming into the market. Their scope of activities **overlaps** one another. Some companies are taken over by other companies.

☐ overtake [òuvərtéik]

v. overtake - overtook - overtaken 추월(追越)하다, 앞지르다, 따라잡다, 느닷없이 닥치다

ex. **추**격자가 그를 **월**등히 **추월**하기 시작했다. 그는 앞지르기와 **추월**을 알았던 것 같았다.

MP3 The chaser began to **overtake** him, widening the gap further. He seemed to know passing and **overtaking**.

☐ overwhelm [òuvərhwélm]

v. 압도(壓倒)하다

ex. 그의 군대는 **앞도**, 뒤도 모두 적의 규모에 **압도**되었다.

MP3 His army was **overwhelmed** by the size of the enemy forces both backwards and forwards.

• overwhelming [òuvərhwélmiŋ] **a.** 압도적인

ⓢ overbear [òuvərbέər] **v.** overbear - overbore - overborn 위압(威壓)하다, 압도하다

• overbearing [òuvərbέəriŋ] **a.** 고압적(高壓的)인

☐ overwork [òuvərwə́rk]

v. overwork - overworked/overwrought - overworked/overwrought 과로(過勞)하다, 지나치게 일시키다 **n.** 과로

ex. **과로**로 **과**연 지나친 스트레스를 받아 그는 결국 병원**으로** 실려갔다.

MP3 He was finally taken to the hospital, who indeed suffered from undue stress brought on by **overwork**.

☐ owe [ou]

v. 빚지다, 신세(身世) 지다, …덕분이다

ex. 데이빗은 친구에게 100달러 **빚진다**. 곧 데이**빗**은 살**찐** 모습일 거**다**.

MP3 David **owes** $100 to his friend. And he will get fat before long.

• owing to **prep.** …때문에

☐ own [oun]

a. (자기) 자신의 **v.** 소유(所有)하다

ex. "**쏘 유** 오운 어 **하**앗**다**악(=너 핫도그 갖고 있구나)." 외국인 남자는 아이가 **소유한** 음식을 보며 말했**다**.

MP3 "So you **own** a hot dog." The foreigner said when he saw the food the child **owned**.

- owner [óunər] **n.** 소유자, 소유권자, 주인
- ownership [óunərʃip] **n.** 소유자임, 소유권

☐ oxygen [ɑ́ksidʒen]

n. 산소(酸素)

ex. 산에 **산 소**들이 **산소**에 의존한다.

MP3 Cows living in a mountain depend on **oxygen**.

- oxygen free radical 활성 산소

∮ antioxidant [æntiɑ́ksidənt] **n.** 산화 방지제
- dioxide [daiɑ́ksaid] **n.** 이산화물(二酸化物)
- ozone [óuzoun] **n.** 오존
- ozone layer 오존층

P

☐ pace [peis]

n. 페이스, 속도(速度), 걸음 **v.** 속도를 맞추다

ex. "난 이 **속도**를 못 맞추겠어. 난 더 신**속**(迅速)하게 할 수**도** 없어."

MP3 "I can't keep up this **pace**. I can't do it faster, either."

☐ paddle [pǽdl]

n. 노 **v.** (손이나 노 등으로) 저어서 나아가다, 노를 젓다

ex. "그의 상황은 지금 **노**답이야. 그는 **노**도 없이 강을 거슬러 올라가듯 몹시 어려운 상황이야."

MP3 "He is in a hopeless situation. He is now up the creek without a **paddle**."

∮ oar [ɔːr] **n.** (배를 젓는) 노

☐ page [peidʒ]

n. 페이지, 쪽 **v.** -에게 무선 호출기로 연락하다

ex. "그**쪽**에 있는 책은 거의 600**쪽**이야. 그 책은 골칫거리야."

MP3 "The book in there runs to nearly 600 **pages**. It is a pain in the neck."

☐ pain [pein]

n. 고통(苦痛), 통증 **v.** 고통을 주다

ex. "그것은 **고통**을 없애주**고** 보**통**은 우리의 기분도 풀어줘."

MP3 "It takes away the **pain**, and usually makes us feel better."

- painful [péinfəl] **a.** 고통스러운, 아픈
- painkiller [péinkilər] **n.** 진통제(鎭痛劑)

∮ pang [pæŋ] **n.** 격통, 갑작스러운 고통
- sore [sɔːr] **a.** (염증 등으로) 아픈, 쓰린 **n.** 상처
- sore throat 인후염(咽喉炎)

☐ paint [peint]

n. 페인트, 그림물감 **v.** 페인트로 칠하다, 그리다

ex. 그녀를 **그리**워하고 기**다**리며 그는 그녀의 초상화(肖像畵)를 **그린다**.

MP3 He is **painting** her portrait, missing and awaiting her.

- painting [péintiŋ] **n.** 그림, 페인트칠
- painter [péintər] **n.** 화가, 칠장이

∮ mural [mjúərəl] **n.** 벽화(壁畵) **a.** 벽화의
- avant-garde [əvɑ̀ːntgɑ́ːrd] **n.** 전위파, 아방가르드
- Fauve [fouv] **n.** 야수파 화가
- cubism [kjúːbizm] **n.** 입체파, 큐비즘
- cube [kjuːb] **n.** 정육면체, 큐브, 세제곱
- pastiche [pæstíːʃ] **n.** 모방(模倣) 작품, 패스티시, 혼성곡(混成曲)

☐ palace [pǽlis]

n. 궁전, 왕실

ex. "**궁전**까지 어떻게 가는지 **궁**금해요, **전**. 당신이 제게 알려주실래요?" "모퉁이에서 오른쪽으로 도세요. 그러면 당신의 왼쪽에 보일 겁니다."

MP3 "Could you tell me how I can get to the **palace**?" "Turn right at the corner and you will see it on your left."

☐ pale [peil]

a. 창백(蒼白)한 **v.** 창백해지다

ex. **창**창한데다가 여자들에게 인기까지 많은 태웅을 본 **백**호는 **창백**한 얼굴이 되었다.

MP3 Baekho grew **pale** when he saw Taewoong who was a promising player and moreover popular among girls.

∮pasty [péisti] **a.** 창백한

☐ pamphlet [pǽmflət]

n. 팸플릿, 소논문

ex. **팸플릿**들을 나눠주는 **팸** 양과 리**플리** 씨가 **있**었다.

MP3 Pam and Ripley were handing out the **pamphlets**.

∮brochure [brouʃúər] **n.** (광고, 안내용) 소책자, 팸플릿

☐ pandemic [pændémik]

n. 전국적인 유행병, 세계적인 유행병 **a.** 전국적으로 유행하는, 세계적으로 유행하는

ex. "**유행병**이라는 **유행**은 나는 그다지 따르고 싶지 않아! 치료 중의 투**병**(鬪病)은 더욱 싫고 말이야."

MP3 "**Pandemic** is another kind of fashion that I would rather not follow! Battle against the disease under medical treatment is even worse."

∮endemic disease [endémik dizíːz] **n.** 풍토병

☐ panic [pǽnik]

n. 갑작스러운 공포, 공황(恐慌) 상태 **v.** 갑작스럽게 공포를 느끼다, 공포를 주다, 공황 상태에 빠지다

ex. 그녀는 **공항**(空港)에서 **공황** 상태에 빠졌다.

MP3 She was in a **panic** at the airport.

☐ paper [péipər]

n. 종이, 신문, 서류, 공문서, 시험지, 리포트, 논문

ex. **종이** 그에게 **종이** 한 장을 건네주었다.

MP3 A servant handed him a piece of **paper**.

∮scroll [skroul] **n.** 두루마리, (컴퓨터) 스크롤 **v.** 스크롤하다
- sheet [ʃiːt] **n.** (종이) 한 장, (침대) 시트
- print [print] **v.** 인쇄하다, 찍다, 새기다 **n.** 인쇄, 활자, 출판, 판화
- printing [príntiŋ] **n.** 인쇄, 인쇄술, 인쇄업
- printer [príntər] **n.** 프린터, 인쇄기, 인쇄업자
- printout [príntàut] **n.** (출력한) 인쇄물, 출력 정보
- papyrus [pəpáiərəs] **n.** 파피루스(종이)

☐ parallel [pǽrəlèl]

a. 평행(平行)한, 병렬(竝列)의, 유사(類似)한 **n.** 유사, 필적(匹敵) **v.** 유사하다, 필적하다

ex. "슈퍼맨은 **평**소에 비**행한**다, 비행기와 **평행한** 상태로."

MP3 "Superman usually flies in **parallel** with an airplane."

- parallelogram [pærəléləgræm] **n.** 평행사변형

∮juxtapose [dʒʌ́kstəpòuz] **v.** 나란히 놓다, 병렬하다, 병치(竝置)하다

☐ paralyze [pǽrəlàiz]

v. 마비(痲痺)시키다

ex. "**마비**된 다리가 **마**치 무거운 장**비**(裝備) 같다."

MP3 "**Paralyzed** legs are like heavy equipments."

- paralysis [pərǽləsis] **n.** 마비

∮anesthesia [ænəsθíːʒə] **n.** 마취(痲醉)

- anesthesiology [ænisθìːziάlədʒi] **n.** 마취학
- anesthetic [ænəsθétik] **a.** 마취의 **n.** 마취제
- numb [nʌm] **a.** 감각이 없는, 무감각한, 마비된

☐ parasite [pǽrəsàit]

n. 기생충(寄生蟲), 균(菌)

ex. 그 **기생충**은 여**기**서 **생**활하기 **충**분하다.

MP3 Here is the place suitable for the **parasite**.

- parasitic [pærəsítik] **a.** 기생하는, 기생충에 의한

☐ parent [pέərənt]

n. 부모 중 한 사람

ex. "우리도 공**부**, **모**처럼 해볼까?" 소민의 **부모**님이 말씀하셨다.

MP3 Somin's **parents** said, "Shall we study after a long time?"

∮curfew [kəːrfjuː] **n.** 귀가 시간 제한, 통행금지(령)

☐ parliament [páːrləmənt]

n. 의회(議會), 국회

ex. **의회**: 그들만**의 회**의.

MP3 The **parliament**: Their own discussion.

∮council [káunsəl] **n.** 의회, 위원회(委員會), 협의회(協議會)

☐ parrot [pǽrət]

n. 앵무(鸚鵡)새 **v.** (뜻도 모르고) 앵무새처럼 따라하다

ex. "**앵**, **무**슨 **새**?" "**앵무새**."

MP3 "Oof, what bird is it?" "It is a **parrot**."

∮macaw [məkɔ́ː] **n.** 마코 앵무새

☐ partial [páːrʃəl]

a. 부분적(部分的)인, 편파적(偏頗的)인, 편애(偏愛)하는

ex. **편**견(偏見)에 **파**묻힌 그는 **편파**적이다.

MP3 He who has a deep-rooted prejudice is **partial**.

- impartial [impáːrʃəl] **a.** 치우치지 않은, 편파적이지 않은, 공평(公平)한
- part [paːrt] **n.** 부분, 배역, 역할 **v.** 떼어놓다, 헤어지다
- partly [páːrtli] **ad.** 부분적으로, 어느 정도는
- portion [pɔ́ːrʃən] **n.** 부분, 일부, 몫
- segment [ségmənt] **n.** 부분, 조각, 선분
- section [sékʃən] **n.** (나뉜) 부분, 구역 **v.** 절단(切斷)하다
- sector [séktər] **n.** 부문, 분야, 부채꼴
- sect [sekt] **n.** 종파, 파벌(派閥)

☐ participate [paːrtísəpèit]

v. 참가(參加)하다, 참여(參與)하다

ex. "**참**, 그 **여**성은 여러 가지 이유로 그 토론에 **참여**하지 않았어." "특히 한 가지 이유겠지."

MP3 "By the way, the woman didn't **participate** in the debate for a variety of reasons." "There seems to be one reason in particular."

- participant [paːrtísəpənt] **n.** 참가자, 참여자
- participation [paːrtìsəpéiʃən] **n.** 참가, 참여

∮partake [paːrtéik] **v.** partake - partook - partaken 참가하다, …한 성질·기미(幾微)가 있다

☐ particular [pərtíkjulər]

a. 특정(特定)한, 특별한, 까다로운, 상세(詳細)한 **n.** 상세한 사항

ex. "**특정한 특**기가 전 **정**말 **한** 개도 없습니다."

MP3 "I really don't have any **particular**

P

skill."

- particularly [pərtíkjulərli] **ad.** 특히

☐ party [pɑ́ːrti]

n. 파티, 정당, 당사자(當事者)

ex. 피터 **파**커와 **티**파니는 **파티**에 나타나지 않았다.

MP3 Peter Parker and Tiffany didn't turn up at the **party**.

- third party 제삼자

∉ nonpartisan [nɑnpɑ́ːrtizən] **a.** 공정한, 초당파의, 당파심이 없는

☐ pass [pæs]

v. 통과하다, 지나가다, 넘기다, 건네주다, 합격시키다 **n.** 통과, 통행증, 합격

ex. 보**통 과**천행 기차는 긴 터널을 **통과**한다.

MP3 The train for Gwacheon usually **passes** through a long tunnel.

- passerby [pæsərbái] **n.** 통행인
- passport [pǽspɔːrt] **n.** 여권(旅券)

☐ passion [pǽʃən]

n. 열정(熱情), 격정(激情), 욕정(欲情)

ex. "우리가 **열** 명의 후보자들 중에 **정**해야 한다면 난 그를 뽑겠네. 그는 **열정** 있는 친구거든. 그가 그 역할을 맡아야 하네."

MP3 "If we should choose among 10 candidates, I will pick him. Because he is a man of **passion**, he should take on the role."

- passionate [pǽʃənət] **a.** 열정적인, 격정적인

☐ past [pæst]

n. 과거 **a.** 과거의, 지난 **ad. prep.** 지나서

ex. 낯선 사람들**과** 살면서 그는 **거**의 **과거**와 단절했다.

MP3 Living with strangers, he almost made a break with the **past**.

∉ bygone [báigɔ̀n] **a.** 지나간 **n.** 지나간 일

☐ patch [pætʃ]

n. 헝겊 조각, 안대(眼帶), 부분 **v.** 헝겊 조각을 덧대다

ex. "나는 조금도 **허**투루 낭비할 수 없어. 비록 내 삶이 **엉**망이라 **겁**도 나지만 만**족**하며 **악**을 쓰며 살래. 내가 입는 청바지에 **헝겊 조각**을 덧대어 기우면서 어렵게 살고 있지만 말이야."

MP3 "I cannot waste anything. Although I'm afraid of my twisted life, I'll manage to live a satisfying life, although I go through difficulties, sewing **patches** on my jeans."

- patchy [pǽtʃi] **a.** 헝겊 조각으로 기운 듯한, 균일하지 못한

☐ patient [péiʃənt]

a. 인내심(忍耐心)이 있는 **n.** 환자(患者)

ex. 겉보기에는 조급해 보였지만 흑**인**은 **내심**(內心) **인내심**이 있었다.

MP3 Inwardly, the black man was **patient**, although he looked impatient.

- patience [péiʃəns] **n.** 인내심
- impatient [impéiʃənt] **a.** 인내심이 없는, 조급한
- impatience [impéiʃəns] **n.** 조급(躁急)함, 조바심

∉ gurney [gə́ːrni] **n.** 환자 수송용 들것

- leper [lépər] **n.** 나병(癩病) 환자, 문둥병자

☐ patriot [péitriət]

n. 애국자, (Patriot) 독립전쟁 당시의 애국단원

ex. 그녀는 목숨**에** 연연하지 않고 **국**가를 위해 **자**신을 희생한 **애국자**였다.

MP3 She was a **patriot** who was willing to give up her life and sacrificed herself for her country.

• patriotic [pèitriɑ́tic] **a.** 애국적인
• patriotism [péitriətìzm] **n.** 애국심

☐ pay [pei]

v. pay - paid/payed - paid/payed 지불(支拂)하다, 이롭다 **n.** 급료, 급여

ex. 그녀는 **지브**라 스타일의 셔츠에 100달러 이상의 돈**을 지불**한다.

MP3 She **pays** in excess of $100 for a zebra-striped shirt.

• paycheck [péitʃèk] **n.** 급료 지불 수표, 봉급
• prepay [priːpéi] **v.** prepay - prepaid - prepaid 선불하다
• overpay [òuvərpéi] **v.** overpay - overpaid - overpaid 초과지급하다
• underpay [ʌ̀ndərpéi] **v.** underpay - underpaid - underpaid 부당하게 저임금을 주다

☐ peace [piːs]

n. 평화(平和)

ex. "**평**범한 사람들이 왜 **화**가 났지?" "정부가 전쟁을 막고 **평화**를 유지하기 위한 조치를 취하지 않고 있어서야."

MP3 "Why do ordinary people get angry?" "Because the government doesn't take steps to prevent war and keep **peace**."

• peaceful [píːsfəl] **a.** 평화로운
ᶜᶠ pacifist [pǽsəfist] **n.** 평화주의자, 반전론자(反戰論者)
• idyllic [aidílik] **a.** 목가적(牧歌的)인

☐ peach [piːtʃ]

n. 복숭아

ex. "그 **복숭아** 참 **복**스럽구만. 맛있**수**?" "**웅**(=응), **아**주 맛있어."

MP3 "The **peach** is really a plump fruit. Is it delicious?" "Yes, it really is."

☐ peanut [píːnət]

n. 땅콩

ex. **땅**에 **콩**쥐가 다량의 **땅콩**을 떨어뜨렸다.

MP3 Kongjwi dropped a quantity of **peanuts** on the ground.

• pea [piː] **n.** 완두콩
• nut [nʌt] **n.** 견과, 너트, 암나사
ᶜᶠ acorn [éikɔːrn] **n.** 도토리
• pod [pɑd] **n.** (완두콩 따위의) 꼬투리

☐ peculiar [pikjúːljər]

a. 독특(獨特)한, 특이한

ex. "머**독**은 영**특한** 남자아이였어. 그는 그들의 **독특한** 스타일로 사는 것에 쉽게 익숙해졌지."

MP3 "Murdoch was a clever boy. He easily got used to living in their **peculiar** style."

• peculiarity [pikjùːliǽrəti] **n.** 독특함, 특이함
ᶜᶠ idiosyncratic [ìdiousiŋkrǽtik] **a.** (개인에게) 특유한

☐ pedestrian [pədéstriən]

n. 보행자(步行者) **a.** 보행자의, 도보(徒步)의

ex. "저 **보행자**를 **보**라. 그는 **행**복(幸福)한 남**자**다."

MP3 "Look at that **pedestrian**. He is a happy man."

ᶜᶠ biped [báiped] **n.** 두 발 동물

☐ peel [piːl]

v. 껍질을 벗기다 **n.** 껍질

ex. "그 과일 **껍질**이 두**껍지**. **일**단 벗겨봐."

MP3 "The **peel** of the fruit is thick. First, **peel** it."

ᶜᶠ pare [pɛər] **v.** (과일 등의 얇은) 껍질을 벗기다

□ penalty [pénəlti]

n. 처벌(處罰), 벌칙(罰則)

ex. "**벌**써 규**칙**을 어겼음에도 그는 어떤 **벌칙**도 받지 않고 있어."

MP3 "He has already broken the rule, but he is going without any **penalty**."

- penalize [píːnəlàiz] **v.** 처벌하다, 벌칙을 주다

≠ penance [pénəns] **n.** 속죄(贖罪)

□ pendulum [péndʒuləm]

n. 진자(振子), 흔들리는 추(錘), 시계추

ex. **추**가 춤**추**듯 왔다갔다한다.

MP3 A **pendulum** is swinging as if it were dancing.

- pendulum clock 추시계

□ per [pəːr]

prep. …당(當), …마다

ex. 1인**당 당**근 하나씩 주어진다.

MP3 A carrot is given **per** person.

- per capita [pər kǽpitə] 1인당
- per capita economic output 1인당 경제 생산액
- as per ~에 따라서

≠ per se [pəːr séi] 그 자체로

□ perceive [pərsíːv]

v. 인식(認識)하다, 인지(認知)하다, 지각(知覺)하다

ex. "여기가 그가 살던 곳**인 지하**(地下)**다**." "그 사실을 **인지하다**니 대단하다, 너."

MP3 "Here is the basement where he used to live." "It is surprising that you can **perceive** the fact."

- perceptible [pərséptəbl] **a.** 인식할 수 있는, 인지할 수 있는, 지각할 수 있는
- perceptibility [pərsèptəbíləti] **n.** 인식할 수 있음, 인지할 수 있음, 지각할 수 있음
- perceptive [pərséptiv] **a.** 인식력이 있는, 인지력이 있는, 지각력이 있는
- perception [pərsépʃən] **n.** 인식, 인지, 지각
- misperception [mìspərsépʃən] **n.** 오인(誤認), 오해(誤解)

□ perfection [pərfékʃən]

n. 완벽(完璧), 완전, 완성

ex. 그의 레퍼토리에서 **완벽**에 미치지 못하자 그는 **완**고(頑固)하게 **벽**(壁)을 두드렸다.

MP3 When he fell short of **perfection** in his repertoire, he hit the wall obstinately.

- perfect [pə́ːrfikt] **a.** 완벽한
- perfectly [pə́ːrfiktli] **ad.** 완벽하게
- imperfect [impə́ːrfikt] **a.** 불완전한, 결함(缺陷)이 있는
- imperfection [ìmpərfékʃən] **n.** 결함, 결점

□ perform [pərfɔ́ːrm]

v. 수행하다, 공연(公演)하다, 연주하다, 연기하다

ex. "나 **공연**(空然)히 **공연**한 거 같아."

MP3 "I think I **performed** to no purpose."

- performance [pərfɔ́ːrməns] **n.** 수행, 공연, 연주, 연기
- performer [pərfɔ́ːrmər] **n.** 공연하는 사람, 연주자, 연기자
- outperform [àutpərfɔ́ːrm] **v.** …보다 뛰어나게 수행하다, 능가하다

≠ impresario [ìmprisáːriòu] **n.** 기획자, 단장

- rehearsal [rihə́ːrsəl] **n.** 리허설, 예행연습(豫行演習), 반복
- rehearse [rihə́ːrs] **v.** 리허설하다, 반복하다
- repertoire [répərtwàːr] **n.** 공연 목록, 연주 목록, 레퍼토리
- repertory [répərtɔ̀ːri] **n.** 레퍼토리

□ perhaps [pərhǽps]

ad. 아마, 아마도, 어쩌면

ex. "**아마**도 연서방은 **아마**추어일 거야."

MP3 "**Perhaps** Yeon Seobang is an

amateur."

∮maybe [méibiː] **ad.** 아마, 어쩌면, 혹시

☐ period [píːəriəd]

n. 기간, 주기(週期), 생리(生理), 마침표

ex. 그가 자전(自轉) **주기**에 관한 파일을 그들에게 **주기**로 했다.

MP3 He promised to give them a file on a **period** of rotation.

- periodic [pìəriάdik] **a.** 주기적인
- the Periodic Table 주기율표(週期律表)
- periodically [pìəriάdikəli] **ad.** 주기적으로, 정기적으로

∮circadian rhythm [səːrkéidiən ríðm] **n.** 24시간 주기 리듬

- comma [kάmə] **n.** 콤마, 쉼표
- punctuate [pάŋktʃuèit] **v.** 구두점(句讀點)을 찍다, 중단시키다
- punctuation [pὰŋktʃuéiʃən] **n.** 구두점

☐ permanent [pə́ːrmənənt]

a. 영구적(永久的)인, 영속(永續)하는

ex. "**영구**적인 **영**혼(靈魂)의 안식(安息)을 **구**하라!"

MP3 "Find **permanent** relief in spirit!"

- permanent wave 파마
- permanently [pə́ːrmənəntli] **ad.** 영구적으로, 영원히
- permanence [pə́ːrmənəns] **n.** 영구성, 영속성

∮perpetual [pərpétʃuəl] **a.** 영속적인, 끊임없는

- perpetually [pərpétʃuəli] **ad.** 영속적으로, 끊임없이
- perpetuate [pərpétʃuèit] **v.** 영속시키다, 영구화하다
- perpetuity [pə̀ːrpətjúːəti] **n.** 영속성

☐ permit [pərmít]

v. 허락(許諾)하다 **n.** [pə́rmit] 허가증(許可證)

ex. "난 면**허** 따고 **락**(낙)하산 조종해. 즉, 난 하늘에서 뛰어내리는 걸 **허락**받았다고나 할까."

MP3 "I got a license to control a parachute. That is, I'm **permitted** to fall from sky."

- permission [pərmíʃən] **n.** 허락, 허가

∮license [láisəns] **v.** 면허(免許)하다, 공식으로 허가하다 **n.** 면허, 면허증

☐ perplex [pərpléks]

v. 당혹(當惑)하게 하다

ex. 그들은 **당**시에 **혹**성(惑星)의 정체를 알고 몹시 **당혹**했다.

MP3 They were very **perplexed** at that time when they realized the truth of the planet.

- perplexed [pərplékst] **a.** 당혹한
- perplexing [pərpléksiŋ] **a.** 당혹스럽게 하는

∮bewilder [biwíldər] **v.** 어리둥절하게 하다, 당황하게 하다

☐ persecute [pə́ːrsikjùːt]

v. 박해(迫害)하다, 괴롭히다

ex. "그 교수는 **박해**받아온 그 소수 민족의 역사에 대한 지식이 해**박**(該博)**해**."

MP3 "The professor has a wide knowledge of the history of the minority race that has been **persecuted**."

- persecution [pə̀ːrsikjúːʃən] **n.** 박해, 괴롭힘
- persecutive [pə́ːrsikjùːtiv] **a.** 박해하는, 괴롭히는

☐ persevere [pə̀ːrsəvíər]

v. 인내(忍耐)하다, 견뎌내다

ex. "'참을 **인**(忍)'은 **내** 단어야. 난 **인내**심이 강해. 나는 마음의 평정심(平靜心)을 유지해."

MP3 "'**Perseverance**' is my word. I'm good at **persevering**. I keep my emotions in balance."

- perseverance [pə̀ːrsəvíərəns] **n.** 인내심, 참을성

• perseverant [pə̀ːrsəvíərənt] a. 인내심이 강한

☐ personality [pə̀ːrsənǽləti]

n. 성격, 인격, 개성, 유명 인사

ex. 그녀는 **성**장한 후에 **격**한 **성격**이 되었다.

MP3 She had a fierce **personality** after she grew up.

• person [pə́ːrsn] n. 사람, 개인
• personal [pə́rsənl] a. 개인의, 개인적인
• impersonal [impə́ːrsənl] a. 비인간적인, 인간미 없는
• intrapersonal [ìntrəpə́ːrsənəl] a. 개인의 마음속에서 생기는
• interpersonal [ìntərpə́rsənəl] a. 대인 관계의
≠ personnel [pə̀ːrsənél] n. (전체의) 직원들, 인사과(人事課)
• personnel department 인사과, 인사부

☐ perspective [pərspéktiv]

n. 관점(觀點), 시각, 원근법(遠近法), 균형 감각

ex. "나의 **관점**으로 보면 너의 세계**관**은 **점**점 혼란스러워진다."

MP3 "From my **perspective**, your world view is getting messy."

≠ standpoint [stǽndpɔ̀int] n. 관점, 견지(見地)

☐ perspire [pərspáiər]

v. 땀을 흘리다

ex. 그녀는 **땀**을 **흘리며** 한 땀 한 **땀** 실을 엮느라 그의 말을 **흘려**듣는다.

MP3 As she sews **perspiring** with every stitch, she pays little attention to what he is saying.

• perspiration [pə̀ːrspəréiʃən] n. 땀, 땀 흘림

☐ persuade [pərswéid]

v. 설득(說得)하다

ex. "**설**명(說明)만 가**득** 하지 말고 나를 **설득**하란 말이다."

MP3 "Do not explain much. **Persuade** me."

• persuasion [pərswéiʒən] n. 설득, 신념
• persuasive [pərswéisiv] a. 설득력이 있는
≠ dissuade [diswéid] v. 단념(斷念)하도록 설득하다
• instigate [ínstəgèit] v. (정치나 법적으로) 부추기다
• instigation [ìnstəgéiʃən] n. (~하도록) 부추김

☐ pervade [pərvéid]

v. 널리 스며들다, 널리 퍼지다, 만연(蔓延)하다

ex. **스**르르 **며**느리가 손에 **든 다**량의 마늘 냄새가 부엌에 **스며든다**.

MP3 The smell of lots of garlic a daughter-in-law has in her hand **pervades** the kitchen smoothly.

• pervasive [pərvéisiv] a. 널리 스며있는, 널리 퍼진
≠ permeate [pə́ːrmièit] v. 스며들다, 배어들다
• infest [infést] v. (곤충이나 쥐 같은 동물이나 강도가) 들끓다
• infestation [ìnfestéiʃən] n. 횡행(橫行), 만연

☐ pessimistic [pèsəmístik]

a. 비관적(悲觀的)인

ex. 그는 **비관**적인 관점으로 **비**를 **관**찰(觀察)한다.

MP3 He observes rain with a **pessimistic** view.

• pessimism [pésəmìzm] n. 비관주의
• pessimist [pésəmist] n. 비관주의자
≠ optimistic [ɑ̀ptəmístik] a. 낙관적(樂觀的)인
• optimism [ɑ́ptəmìzm] n. 낙관주의
• optimist [ɑ́ptəmist] n. 낙관주의자

☐ pet [pet]

n. 애완동물(愛玩動物) v. 어루만지다

ex. "그 어린**애**가 **완**전히 **동물**에 빠지더니 **애완동물**을 매우 좋아하네."

MP3 "The child has totally fallen in love

with animals and has a fancy for a **pet**."

☐ petition [pətíʃən]

n. 청원서(請願書), 탄원서(歎願書), 탄원 **v.** 청원하다, 탄원하다

ex. 소**청원**이 **청원**서를 제출했다.

MP3 So Cheongwon turned in a **petition**.

☐ pharmacist [fɑ́ːrməsist]

n. 약사

ex. "**약사**에게 **약 사**."

MP3 "Buy medicines from a **pharmacist**."

- pharmacy [fɑ́ːrməsi] **n.** 약국, 약학, 조제학
- pharmaceutics [fɑ̀ːrməsjúːtiks] **n.** 약학, 조제학
- pharmaceutical [fɑ̀ːrməsjúːtikəl] **a.** 약학의, 제약의 **n.** 조제약

☐ philosophy [filɑ́səfi]

n. 철학(哲學)

ex. **철학**. **철**저한 **학**문.

MP3 **Philosophy**. A thorough study.

- philosopher [filɑ́səfər] **n.** 철학자

∮ Confucianism [kənfjúːʃənìzm] **n.** 유교(儒敎)

- Confucian [kənfjúːʃən] **a.** 유교의 **n.** 유학자
- Confucius [kənfjúːʃəs] **n.** 공자(孔子)
- Marxism [mɑ́ːrksizm] **n.** 마르크스주의

☐ phone [foun]

n. 전화(電話), 전화기 **v.** 전화하다

ex. 그는 **전화**를 받고 **전**혀 **화**내지 않고 상대에게 말했다. "끊지 말고 기다리세요." "네, 그러겠습니다."

MP3 He answered the **phone**. He never got angry and said, "Hold the line, please." "Yes, I'll hold on."

- phone booth 공중전화 박스
- telephone [téləfòun] **n.** 전화, 전화기

∮ phony [fóuni] **a.** 가짜의 **n.** 가짜

☐ photo [fóutou]

n. 사진(寫眞)

ex. "누가 이**사진**(理事陳)의 **사진**을 찍을 거냐? 블로그에 올릴 **사진**인데."

MP3 "Who will take a **photo** of the members on the board? The **photo** should be posted on the blog."

- photograph [fóutəgræ̀f] **n.** 사진 **v.** 사진 찍다
- photography [fətɑ́grəfi] **n.** 사진 촬영(撮影)
- photographic [fòutəgrǽfik] **a.** 사진의
- photographer [fətɑ́grəfər] **n.** 사진사, 사진작가
- paparazzo [pɑ̀ːpərɑ́ːtsou] **n.** (**pl.** paparazzi [pɑ̀ːpərǽːtsi]) 파파라치(유명 인사를 쫓아다니는 프리랜서 사진사)

∮ daguerreotype [dəgérətàip] **n.** 은판(銀板) 사진술

- phosphorescence [fɑ̀sfərésns] **n.** 빛을 발하는 현상, 인광(燐光)
- photocopy [fóutoukɑ̀pi] **n.** 사진 복사(複寫) **v.** 사진 복사하다
- photoelectric detector 광전자 탐지기
- photon [fóutɑn] **n.** 광양자(光量子), 광자(光子), 빛의 입자, 빛의 요소가 되는 입자
- photosynthesis [fòutəsínθəsis] **n.** 광합성(光合成)

☐ physical [fízikəl]

a. 물리(物理)의, 물질의, 신체의, 육체의

ex. "**물리**에 **물리**다니 너답다." "이게 **물리** 현상이야."

MP3 "You are tired of physics, which is just like you." "This is a **physical** phenomenon."

- physical education (=P.E.) 체육
- physique [fizíːk] **n.** 체격
- physics [fíziks] **n.** 물리학
- physicist [fízisist] **n.** 물리학자
- physician [fizíʃən] **n.** 내과 의사
- physiology [fiziɑ́lədʒi] **n.** 생리적(生理的) 현상, 생리학
- physiological [fiziəlɑ́dʒikəl] **a.** 생리적인, 생리학적인

☐ pick [pik]

v. 고르다, (꽃이나 과일을) 따다 **n.** 고르기, 선택

ex. 타**고르**가 말을 **다**시 **고르다**가 갑자기 웃음을 터뜨렸다.

MP3 Tagore, who was **picking** his words again, burst into laughter.

- picky [píki] **a.** 까다로운
- ≠ fussy [fʌsi] **a.** 까다로운, 안달복달하는

☐ picture [píktʃər]

n. 그림, 사진, 영화(映畫) **v.** 마음에 그리다

ex. "이건 뭘 묘사한 **글임**?" "어떤 **그림**에 관한 묘사임. 작가는 그의 고향을 그리워하고 있음."

MP3 "What is described in this piece of writing?" "The description is about a **picture**. The writer is sick for his home."

☐ piece [piːs]

n. 조각, 곡, 작품

ex. 유리가 산산**조각**이 났고 **조**원들은 **각**각 청소를 시작했다.

MP3 The glass smashed into **pieces** and each team member started cleaning respectively.

- ≠ debris [dəbríː] **n.** 파편(破片), 쓰레기
- fragment [frǽgmənt] **n.** 파편 **v.** 조각내다, 산산이 부서지다
- fragmentary [frǽgməntèri] **a.** 단편적(斷片的)인
- fragmentation [frǽgməntéiʃən] **n.** 분열(分裂), 파편화
- particle [páːrtikl] **n.** 입자(粒子), 물질의 극히 작은 구성 부분
- particulate [pərtíkjulət] **n.** 분진(粉塵), 미립(微粒) 물질
- scrap [skræp] **n.** (종이, 옷감의) 조각, 스크랩 **v.** 폐기(廢棄)하다, 버리다
- shred [ʃred] **v.** 갈가리 찢다, 잘게 자르다 **n.** (가느다란) 조각
- shredded [ʃrédid] **a.** 잘게 조각난
- slice [slais] **n.** (얇게 썬) 조각 **v.** 얇게 썰다

☐ pig [pig]

n. 돼지

ex. "네가 더 많이 먹을수록 넌 더 **돼지**같이 보이게 **되지**."

MP3 "The more you eat, the more you look like a **pig**."

- pork [pɔːrk] **n.** 돼지고기
- bacon [béikən] **n.** 베이컨
- ≠ cloven-hoofed [klóuvn huft] **a.** 발굽이 갈라진

☐ pile [pail]

n. 쌓인 것, 더미 **v.** 쌓다

ex. "책 **더미**들은 **덤이**야."

MP3 "**Piles** of books are freebies."

- ≠ stack [stæk] **v.** 쌓다, 쌓아 올리다 **n.** 더미, 다량
- heap [hiːp] **n.** (아무렇게 쌓은) 더미 **v.** 쌓다, 쌓아 올리다
- mound [maund] **n.** 흙더미, (야구) 마운드
- mogul [móugəl] **n.** 모굴(스키의 활주 사면에 있는 단단한 눈 더미), 거물(巨物)

☐ pillar [pílər]

n. 기둥, 대들보

ex. "저**기** 둥근 **기둥**을 보라."

MP3 "Look at that round-shaped **pillar**."

☐ pilot [páilət]

n. 파일럿, 비행사, 조종사(操縱士), 수로 안내인

ex. 그는 **조종사** 일에 **조금 종사**(從事)했다. 그리고 그는 사회의 대들보가 되었다.

MP3 He was engaged as a **pilot** for a short time. And he became a pillar of society.

- ≠ aviator [éivièitər] **n.** 비행사, 조종사(操縱士)
- aviate [éivièit] **v.** 비행하다, 조종하다

- aviation [èiviéiʃən] **n.** 비행, 항공
- cockpit [kάkpit] **n.** (비행기) 조종실
- cockpit crew 운항 승무원

☐ pine [pain]

n. 솔, 소나무

ex. **소** 옆의 **나무**는 **소나무**다.

MP3 The tree beside the cow is a **pine**.

- pine knot 관솔(송진이 엉긴 소나무의 옹이)
- pine tree 소나무
- pineapple [páinæ̀pəl] **n.** 파인애플
- ∮ evergreen [évərgrìn] **n.** 상록수, 늘푸른나무
- oak [ouk] **n.** 오크나무, 참나무
- poplar [pάplər] **n.** 포플러나무
- spruce [spruːs] **n.** 전나무, 가문비나무
- Korean fir tree 구상나무

☐ pioneer [pàiəníər]

n. 선구자(先驅者), 개척자(開拓者) **v.** 개척하다

ex. **개척자**는 후세에**게 척**도(尺度)가 될 **자**다.

MP3 A **pioneer** is a person who will become a measure to future generations.

∮ forerunner [fɔ́rə̀nər] **n.** 선구자

☐ pirate [páiərət]

n. 해적(海賊), 저작권을 침해하는 자, 불법 복제자 **v.** 저작권을 침해하다, 불법 복제하다

ex. "우리는 그 **해적**을 카리브**해**에서 본 **적**이 있지."

MP3 "We have seen the **pirate** in the Caribbean."

- piracy [páiərəsi] **n.** 해적질, 저작권 침해, 불법 복제

☐ pistol [pístəl]

n. 권총(拳銃)

ex. "당신이 칼 대신에 **권총**을 꺼내시길 **권**합니다. **총** 맞기 싫으시다면 말이에요."

MP3 "You had better take out a **pistol** in place of a knife. If you don't, you'll be shot."

☐ pitch [pitʃ]

v. 내던지다, 투구(投球)하다, (일정한 높이로) 소리음을 내다 **n.** 투구, 음의 높이

ex. "**투**혼(鬪魂)을 발휘해 너의 팀을 **구하기** 위해 **투구하라!**"

MP3 "**Pitch** with a fighting spirit to save your team!"

- pitcher [pítʃər] **n.** 투수, 물주전자
- Little pitchers have long ears. 애들은 귀가 밝다.
- pitchfork [pítʃfɔ̀rk] **n.** 쇠스랑

☐ pity [píti]

n. 불쌍히 여김, 가엾게 여김, 연민(憐憫), 동정, 유감 **v.** 동정하다, 유감스러워 하다

ex. "우리는 **연**이어 재난을 겪은 **민**간인들에게 **연민**을 느꼈다."

MP3 "We felt **pity** for the civilians who suffered from disasters in a row."

- pitiful [pítifəl] **a.** 불쌍한, 비참(悲慘)한
- pitiless [pítilis] **a.** 매정한, 무자비(無慈悲)한
- ∮ pathetic [pəθétik] **a.** 불쌍한, 측은(惻隱)한

☐ place [pleis]

n. 장소 **v.** 놓다, 두다

ex. 그는 고음과 저음이 오가던 **장**날에 **소**가 있던 **장소**를 안다.

MP3 He knows the **place** where cows used to be **placed** in a market day when there are noises that are either high-pitched or low-pitched.

- misplace [mispléis] **v.** 잘못 놓다, 잘못 두어 잃어버리다
- ∮ site [sait] **n.** 위치, 장소, 현장, (인터넷) 사이트 **v.** 위치시키다, 두다

• on-site a. 현장의, 현지의 ad. 현장에서, 현지에서

☐ plain [plein]

a. 분명한, 쉬운, 솔직(率直)한, 수수한, 평범한 n. 평원

ex. "솔직히 말씀드리면 여러**분**, 한 **명**, 한 명 모두 소중합니다. 이것은 **분명한** 사실입니다."

MP3 "To be **plain** with you, every one of you is precious. It is a **plain** fact."

• plainly [pléinli] ad. 분명히, 솔직히, 수수히
∮ stark [stɑːrk] a. 확실한, (차이가) 극명한, 황량한, 가혹한

☐ plan [plæn]

n. 계획(計劃), 설계도(設計圖) v. 계획하다

ex. "**개**가 **획**기적(劃期的)인 **계획**을 세웠어."

MP3 "That child has made a groundbreaking **plan**."

• planned [plǽnd] a. 계획된, 예정된
• unplanned [ʌnplǽnd] a. 계획에 없는, 예정에 없던
∮ blueprint [blúːprìnt] n. 청사진(青寫眞)

☐ planet [plǽnit]

n. 행성(行星)

ex. "저 **행성**으로 비**행 성**공!"

MP3 "The success of the flight to that **planet**!"

• asteroid [ǽstərɔ̀id] n. 소행성
∮ Mercury [mə́ːrkjuri] n. 수성, (mercury) 수은
• Mars [mɑːrz] n. 화성
• Mars rover 화성 탐사(探査) 로봇
• Jupiter [dʒúːpitər] n. 목성
• Saturn [sǽtərn] n. 토성

☐ plant [plænt]

n. 식물(植物), 공장(工場) v. 심다

ex. "**식물**의 음**식**은 **물**이에요?" 한 아이가 묻는다.

MP3 "Is the food of **plants** water?" A child asks.

• plantation [plæntéiʃən] n. 대규모 농장
• replant [riplǽnt] v. 옮겨 심다, 이식(移植)하다
• replantation [riplæntéiʃən] n. 이식, 이식된 식물
• transplant [trænsplǽnt] v. 옮겨 심다, 이식하다 n. [trǽnsplænt] 이식, 이식된 장기(조직)
∮ flora [flɔ́ːrə] n. 식물군
• moss [mɔːs] n. 이끼
• algae [ǽldʒiː] n. 해조류
• blight [blait] n. (식물의) 마름병
• chlorophyll [klɔ́ːrəfil] n. 엽록소
• taro [tɑ́ːrou] n. (식물) 타로토란
• stalk [stɔːk] n. 줄기 v. 집요(執拗)하게 쫓아다니다
• stem [stem] n. 줄기 v. 저지(沮止)하다
• stem cell 줄기 세포
• reed [riːd] n. 갈대
• straw [strɔː] n. 밀짚, 빨대

☐ play [plei]

v. 놀다, 경기(競技)하다, 연기(演技)하다, 연주(演奏)하다
n. 놀이, 연극, 플레이

ex. 놀란이 **놀다**니 하며 사람들이 **놀란다**.

MP3 People are surprised that Nolan has **played**.

• player [pléiər] n. 선수, 연주자, 재생 장치
• playground [pléigràund] n. 운동장, 놀이터
∮ drama [drɑ́ːmə] n. 드라마, 연극(演劇), 극적(劇的)인 사건
• dramatic [drəmǽtik] a. 연극의, 극적인

☐ pleasure [pléʒər]

n. 즐거움, 기쁨

ex. "네가 이거 나 **줄 거**? **우음**, 나 **즐거움**!" "나도 **즐거움**!"

MP3 "Will you give this to me? Um, The **pleasure** is mine!" "The **pleasure** is mine, too!"

• please [pliːz] interj. 부디, 제발 v. 기쁘게 하다
• pleased [pliːzd] a. 기뻐하는
• pleasing [plíːziŋ] a. 기쁘게 하는, 즐거운
• pleasant [plézənt] a. 즐거운, 상냥한

• unpleasant [ʌnplézənt] a. 불쾌(不快)한
• displease [displíːz] v. 불쾌하게 하다
• displeasure [displéʒər] n. 불쾌, 불만

□ plenty [plénti]

n. 풍부(豊富)함, 많음

ex. "**풍**문으로 당신이 **부**자라던데요. 제가 듣기로 당신이 **풍부**한 돈을 가지고 있다면서요."

MP3 "Rumors say that you are wealthy. I heard that you have **plenty** of money."

• plentiful [pléntifəl] a. 풍부한, 많은
≠ ample [ǽmpl] a. (넘칠 정도로) 충분(充分)한, 풍부한
• amplify [ǽmpləfài] v. 증폭(增幅)하다, 부연(敷衍)하다

□ plot [plɑt]

n. 구상(構想), 줄거리, 음모(陰謀), 작은 구획의 땅 v. 구상하다, 표시하다, 음모를 꾸미다

ex. "내가 너에게 들려**줄** 이야깃**거리**는 그 소설의 **줄거리**랑 어느 정도 관련이 있다."

MP3 "The topics of conversation I'll tell you have something to do with the **plot** of the novel."

□ plump [plʌmp]

a. 통통한, 포동포동한

ex. **통통**한 아이가 공을 **통통** 튀긴다.

MP3 A **plump** child is bouncing the ball.

□ pneumonia [njumóunjə]

n. 폐렴(肺炎)

ex. "내 아이가 감염에 기인한 **폐렴**에 걸려 자네에게 **폐**(=폐를) 끼쳤네. 미안하네." "너무 **염**려하지 마시게나.

MP3 "My child contracted **pneumonia** which stemmed from an infection. Sorry to trouble you." "Don't worry too much."

• acute pneumonia 급성(急性) 폐렴
• chronic pneumonia 만성(慢性) 폐렴

□ poem [póuəm]

n. (한 편의) 시(詩)

ex. 잔잔**한 편의 시**영이가 **한 편의 시**를 읽었다.

MP3 Siyoung, who is kind of silent, read a **poem**.

≠ lyric [lírik] a. 서정시(抒情詩)의, 노래 가사의 n. 서정시, (lyrics) 노래 가사
• lyricist [lírəsist] n. 서정 시인, 작사가
• rhyme [raim] n. 운(韻) v. 운(韻)을 맞추다
• stanza [stǽnzə] n. (시의) 연(聯)

□ poet [póuit]

n. 시인(詩人)

ex. 그 **시인**은 영애에게 그가 그녀를 모욕했었다고 **시인**(是認)했다.

MP3 The **poet** confessed to Youngae that he had insulted her.

□ poetry [póuətri]

n. (집합적) 시, 시집(詩集)

ex. 이곳이 김소월의 **시집**을 모**시**는 **집**이다.

MP3 This is the house where Kim Sowol's **poetry** is housed.

□ point [pɔint]

n. 점(點), 요점, 시점, 점수, 뾰족한 끝 v. 가리키다

ex. "누가 이 **점**을 알아챘나?" "**접**니다." "너의 관**점**이 훌륭하구나." "전 꼭 세부적인 것들을 주시하거든요."

MP3 "Who noticed this **point**?" "It was

me." "Your **point** of view is excellent." "I make a **point** of keeping an eye on details."

∉ spire [spaiər] **n.** 뾰족한 봉우리, 뾰족탑, 첨탑(尖塔)

☐ poison [pɔ́izn]

n. 독(毒), 독약, 독물 **v.** 독을 넣다, 독살하다

ex. 그 **동물**이 **독물**로 죽임을 당했다.

MP3 The animal was killed by **poison**.

- poisonous [pɔ́izənəs] **a.** 유독한
∉ toxic [táksik] **a.** 독성의, 유독한
- nontoxic [nantáksik] **a.** 무독성의
- toxicity [taksísəti] **n.** (유)독성
- noxious [nákʃəs] **a.** 유독한, 유해한

☐ policy [páləsi]

n. 정책(政策), 방책(方策), 방침(方針)

ex. 그들은 **정**부가 **책**임지는 **정책**은 믿을 수 없다고 믿는다.

MP3 They believe the **policy** for which the government is responsible is unbelievable.

☐ polish [páliʃ]

v. 광을 내다, 닦다, 다듬다 **n.** 광택제(光澤劑)

ex. **광**을 **낸 광**고(廣告)를 **낸** 기업이 파산(破産)했다.

MP3 The corporation that had put a **polished** advertisement went bankrupt.

- polished [páliʃt] **a.** 광택이 나는, 세련(洗練)된
- unpolished [ʌnpáliʃt] **a.** 닦지 않은, 세련되지 못한
∉ Polish [póuliʃ] **a.** 폴란드의 **n.** 폴란드어
- gloss [glas] **n.** 광택(제), 윤기(潤氣), 주석(註釋) **v.** 주석을 달다

☐ polite [pəláit]

a. 예의 바른

ex. "**예의 바른** 성품은 그의 **예의 바른** 모습만 봐도 알 수 있어. 그는 절대 아첨하지 않아."

MP3 "This child's virtuous character is revealed by his **polite** manner. He never polishes apples."

- impolite [impəláit] **a.** 무례한
∉ euphemism [júːfəmizm] **n.** (상대의 감정을 배려하는) 완곡어법(婉曲語法)

☐ politics [pálətiks]

n. 정치(政治), 정치학

ex. **정치**는 **정**말 **치**사(恥事)한 것과 모든 관련을 맺고 있다. **정치**인들은 온갖 수단으로 자신들의 입지를 다진다.

MP3 **Politics** has everything to do with really dirty work. Politicians look after their fences with every means possible.

- political [pəlítikəl] **a.** 정치의, 정치적인
- politician [pàlitíʃən] **n.** 정치인, 정치가, 정치꾼
∉ politic [pálətik] **a.** 신중한, 현명한

☐ popular [pápjulər]

a. 인기(人氣) 있는, 대중(大衆)의

ex. **인기 있는** 사람은 개**인기**(個人技) **있는** 사람이다.

MP3 A **popular** person is a person who has an individual skill.

- popularity [pàpjulǽrəti] **n.** 인기, 대중성
- unpopular [ʌnpápjələr] **a.** 인기 없는, 대중적이지 않은

☐ population [pàpjuléiʃən]

n. 인구(人口), 생물 집단

ex. 도쿄의 **인구**는 고밀도**인 구**조다.

MP3 Tokyo has a high-density of **population**.

• populate [pάpjulèit] v. 살다, 거주(居住)하다, 거주시키다
• populous [pάpjuləs] a. 인구가 많은, 인구가 조밀(稠密)한, 인구 밀도가 높은
∮census [sénsəs] n. 인구 조사
• demographic [dèməgrǽfik] a. 인구 통계(統計)의, 인구의
• demographically [dèməgrǽfikəli] ad. 인구 통계학적으로

☐ portfolio [pɔːrtfóuliòu]

n. 포트폴리오, 서류 가방, 작품집, 유가증권의 일람표(一覽表)

ex. 그 화가는 자신의 **작품집**을 그녀의 **작**은 **품** 안에 **집**어넣었다.

MP3 The artist put her **portfolio** in her small arms.

☐ portrait [pɔ́ːrtrit]

n. 초상화(肖像畵), 얼굴 사진, 인물 사진

ex. 그 **초상화**를 본 산**초**는 **상**당히 **화**가 났다.

MP3 The **portrait** made Sancho furious.

• portray [pɔːrtréi] v. 그리다, 묘사(描寫)하다

☐ pose [pouz]

v. 자세(姿勢)를 잡다, 제기(提起)하다, 일으키다 n. 자세

ex. "당신이 문제를 **제기**한다면 **제 기**술로 그것을 해결하겠습니다."

MP3 "If you **pose** a problem, I will solve it with my skill set."

∮posture [pάstʃər] n. 자세 v. 자세를 취하다

☐ positive [pάzətiv]

a. 긍정적(肯定的)인, 확신하는, 확실한, 양의, 플러스의

ex. "**그** '**응**'이 **정**말 '응'일까?" "**긍정적**으로 생각해! **긍정적**으로 바라봐!"

MP3 "Is the 'Yes' really 'Yes'?" "Look on the bright side! See the **positive** side of it!"

• positively [pάzətivli] ad. 긍정적으로, 확실히
∮negative [négətiv] a. 부정적(否定的)인, 소극적인, 음(陰)의, 마이너스의 n. [사진] 원판
• negation [nigéiʃən] n. 부정, 부인
• anode [ǽnoud] n. (전자관·전해조의) 양극(陽極)

☐ possess [pəzés]

v. 소유(所有)하다

ex. "귀신들이 그녀를 **소유**했**소**." "**유**진이가 귀신들에 홀렸다구요?"

MP3 "Devils **possess** her." "Is Yujin **possessed** of devils?"

• possession [pəzéʃən] n. 소유, (possessions) 소유물, 소지품

☐ possible [pάsəbl]

a. 가능한

ex. 우리**가** 우리의 재**능**을 발휘하는 일은 **가능**하다.

MP3 It is **possible** for us to use our talents.

• possibly [pάsəbli] ad. 아마, 어쩌면
• possibility [pὰsəbíləti] n. 가능성, 기회
• impossible [impάsəbl] a. 불가능한
∮potential [pəténʃəl] a. 잠재적(潛在的)인 n. 잠재력, 잠재 능력, 가능성
• potentially [pəténʃəli] ad. 잠재적으로
• potentiality [pətènʃiǽləti] n. 잠재력
• latent [léitnt] a. 잠재하는, 잠복(潛伏)해 있는
• latently [léitntli] ad. 잠재적으로

☐ post [poust]

n. 우편, 우편물(郵便物), 직책, 기둥, (웹페이지의) 게시물
v. 우송하다, 배치하다, 게시하다

ex. "이 **우편물**에는 **우**리의 **편**지가 **물**론(勿論) 있어."

MP3 "There is our letter in this **post**, of course."

• post office [póustɔ(ː)fis] n. 우체국

• postal [póustl] a. 우편의, 우체국의
✔ bulletin board 게시판(揭示板)
• bulletin [búlitən] n. 게시, 고시, 공고
• column [kάləm] n. 기둥, 세로단, 세로줄, 칼럼, 기고(寄稿)
• pillar [pílər] n. 기둥

☐ pot [pɑt]

n. 냄비, 항아리, 커피포트

ex. "이 **냄비** 값은 누가 **냄**?" 친구가 묻는다. "**비**상금 털어 내가 **냄**." 은**비**가 답한다.

MP3 "Who will pay for this **pot**?" A friend asks. "I will. I should use all my nest egg." Eunbi answers.

• potholder [pάthòuldər] n. 냄비 드는 헝겊
✔ pan [pæn] n. 냄비, 프라이팬
• wok [wɑk] n. 중국 요리용 냄비

☐ poverty [pάvərti]

n. 가난, 빈곤(貧困), 부족

ex. "우리는 근근(僅僅)이 살고 있어. 우리의 **가난**과 비참(悲慘)한 처지**가 난** 정말 싫어."

MP3 "We live on a shoestring. I really hate our **poverty** and miserable state."

• poor [puər] a. 가난한, 빈곤한, 부족한, 불쌍한
✔ impoverish [impάvəriʃ] v. 가난하게 하다, 빈곤하게 하다, 저하(低下)시키다
• impoverished [impάvəriʃt] a. 빈곤한
• destitute [déstətjùːt] a. 극빈한, 매우 가난한, …이 없는
• slum [slʌm] n. 빈민가

☐ power [páuər]

n. 힘, 권력(權力), 전력(電力), 동력(動力) **v.** 동력을 공급하다

ex. "나는 스스로 문제를 해결할 **힘**을 불러일으키기 위해 익**힘**책으로 시작할 거야."

MP3 "I will start with an activity book in order to call up the **power** to solve questions by myself."

• power line 송전선
• power outage 정전(停電)
• empower [impáuər] v. 권한을 부여하다, 이양하다
• empowerment [impáuərmənt] n. 권한 부여, 위임
• powerful [páuərfəl] a. 힘있는, 강력한
✔ formidable [fɔ́ːrmidəbl] a. 강력한, 감당할 수 없는, 가공(可恐)할 만한
• potent [póutnt] a. 강한, 강력한, (남성이) 성적 능력이 있는

☐ practice [prǽktis]

n. 실행, 관행(慣行), 연습, (의사·변호사의) 업무 **v.** 실행하다, 연습하다

ex. "네가 교**실**에서 배운 것을 **행**동으로 **실행**하라."

MP3 "Put into **practice** what you've learned in the classroom."

• practice range 골프 연습장
• practical [prǽktikəl] a. 실제적인, 실용적인
• practicable [prǽktikəbl] a. 실행 가능한
✔ feasible [fíːzəbl] a. 실현 가능한, 실행 가능한

☐ praise [preiz]

n. 칭찬(稱讚), 찬양(讚揚) **v.** 칭찬하다, 찬양하다

ex. 천사라 **칭**해지는 여성을 **찬**찬히 보더니 사람들은 그녀를 **칭찬**하기 시작했다.

MP3 Taking a close look at the woman called an angel, people began to **praise** her.

✔ acclaim [əkléim] v. 칭송하다, 환호하다, 갈채(喝采)하다
• acclamation [æ̀kləméiʃən] n. 칭송, 환호, 갈채
• accolade [ǽkəlèid] n. 수상(授賞), 포상, 표창, 칭찬, 찬사

☐ pray [prei]

v. 기도(祈禱)하다

ex. 그녀는 정성을 다해 **기도**하**기도** 하였

으나 아무 소용이 없었다.
MP3 She also **prayed** with all her heart, which came to nothing.

- prayer [prɛər] n. 기도, [préiər] 기도하는 사람

☐ precious [préʃəs]

a. 귀중한

ex. "**귀**담아 들어라. **중**요**한** 얘기니까. 무엇에도 너의 **귀중한** 공부 시간을 뺏기지 마라."
MP3 "Listen carefully. It's important. Don't let anything take away your **precious** time from studying."

∮ treasure [tréʒər] n. 보물(寶物) v. 귀중히 여기다
- treasury [tréʒəri] n. 금고, 재무부(財務部)

☐ precipitation [prisìpətéiʃən]

n. 강우(降雨), 강수(량)

ex. **강우**량이 늘어 **강**물의 범람(氾濫)이 **우**리에게 우려할 만하다.
MP3 Due to an increase in **precipitation**, we are worried that the river will overflow.

∮ precipitate [prisípitèit] v. 촉발하다, 몰아넣다

☐ precise [prisáis]

a. 정확한, 정밀한, 엄밀(嚴密)한

ex. "**엄밀**히 말하면, 그건 **엄**청난 비**밀**(秘密)도 아니야."
MP3 "To be **precise**, it's not a great secret."

- precisely [prisáisli] ad. 정확히, 정밀히, 엄밀히
- precision [prisíʒən] n. 정확함, 정밀성, 엄밀함

☐ predecessor [prédəsèsər]

n. 전임자(前任者), 전신(前身)

ex. "**전 임자**가 아니라 **전임자**예요."
MP3 "I am not an owner but a **predecessor**."

☐ predict [pridíkt]

v. 예측(豫測)하다, 예언(豫言)하다

ex. 사람들은 그가 **예**의바른 **측**에 들 거라고 **예측**했다.
MP3 People **predicted** that he would be kind of polite.

- prediction [pridíkʃən] n. 예측, 예언
- predictor [pridíktər] n. 예측 인자, 예언자
- predictability [pridìktəbíləti] n. 예측 가능성
- predictable [pridíktəbl] a. 예측할 수 있는, 예언할 수 있는
- unpredictable [ʌ̀npridíktəbl] a. 예측할 수 없는, 예언할 수 없는

☐ prefer [prifə́ːr]

v. 더 좋아하다, 선호(選好)하다

ex. "우리는 우**선 호**혜(互惠) 관계를 **선호**해, 일방적(一方的) 관계보다는."
MP3 "We, first of all, **prefer** a reciprocal relationship to a unilateral relationship."

- preferable [préfərəbl] a. 더 좋은, 선호할 만한
- preference [préfərəns] n. 선호, 우선권(優先權)

☐ pregnant [prégnənt]

a. 임신(姙娠)한

ex. "내 아내가 **임신**했어. 그녀는 언제 아이를 낳을까?" **임** 씨는 **신**나서 말했다.
MP3 "My wife is **pregnant**. When will she give birth to a baby?" Mr. Im said excitedly.

- pregnant women 임산부
- pregnancy [prégnənsi] n. 임신

☐ prejudice [prédʒudis]

n. 편견(偏見) **v.** 편견을 갖게 하다

ex. "너의 **편**지(便紙)에 나타난 **견**해에 대해 내가 한마디 할게. 넌 **편견**을 갖고 있는 것 같아."

MP3 "I'll make a remark as for the opinion on your letter. You seem to have a **prejudice**."

∮bigot [bígət] 고집쟁이, 편견이 매우 심한 사람
- stereotype [stériətàip] **n.** 고정 관념(固定觀念) **v.** 틀에 박다

☐ preliminary [prilímənèri]

a. 예비(豫備)의 **n.** 예비, 예선

ex. "**예**진아, 준**비**(準備)해. 우리는 그 주제의 **예비**적 연구를 할 거야."

MP3 "Yejin, get ready. We'll make a **preliminary** study of the subject."

☐ premise [prémis]

n. 전제(前提) **v.** 전제로 말하다

ex. "**전 제**기(提起)합니다, 의문을요, 그 기본 **전제**에 대해서요."

MP3 "I bring into question the basic **premise**."

∮prerequisite [prirékwəzət] **n.** 전제 조건, 필요조건 **a.** 미리 필요한, 필수적(必須的)인

☐ prepare [pripéər]

v. 준비(準備)하다

ex. "목표물을 조**준**(照準)할 장**비**(裝備)를 **준비**하라."

MP3 "**Prepare** for the equipment for aiming at the target."

- preparation [prèpəréiʃən] **n.** 준비
- preparatory [pripǽrətɔ̀ːri] **a.** 준비의

☐ present [préznt]

a. (한정적) 현재의, (서술적) 출석(出席)한 **n.** 현재, 선물 **v.** [prizént] 주다, 발표하다

ex. **현재** 발**현**된 **재**능은 시대를 앞서 있다.

MP3 The talent revealed in the **present** is in advance of the age.

- presently [prézntli] **ad.** 현재, 곧
- presence [prézns] **n.** 존재, 출석, 참석
- presentation [prèzəntéiʃən] **n.** 증정(贈呈), 제출, 발표, 프레젠테이션

☐ preserve [prizə́ːrv]

v. 보존하다, 보호하다 **n.** 보호 구역

ex. "문화유산(文化遺産)을 **보존**하라. **보호**하라, 그 **존**엄성을."

MP3 "**Preserve** our cultural heritage. Keep its dignity."

- preservation [prèzərvéiʃən] **n.** 보존, 보호
- preservative [prizə́ːrvətiv] **a.** 보존하는 **n.** 방부제(防腐劑)

☐ president [prézədənt]

n. 대통령(大統領), 회장, 장(長)

ex. "나라를 운수**대통**(運數大通)하게 하소서, 신**령**님, 우리가 존경할 **대통령**을 우리에게 보내 주소서."

MP3 "Holy deity, please make this country as lucky as possible, and send us a **president** who we can look up to."

- ex-president 전직 대통령, 전직 회장
- presidential [prèzədénʃəl] **a.** 대통령의, 대통령 선거의
- presidency [prézədənsi] **n.** 대통령의 지위, 회장의 직
- preside [prizáid] **v.** 주재(主宰)하다, 의장을 맡다
- presider [prizáidər] **n.** 주재자, 사회자

∮inaugural [inɔ́ːgjurəl] **a.** 취임(就任)의
- inaugurate [inɔ́ːgjurèit] **v.** 취임하게 하다, 개시하다
- inauguration [inɔ̀ːgjuréiʃən] **n.** 취임식

☐ **pressure** [préʃər]

n. 압력(壓力), 압박(壓迫)

ex. 그녀는 **압력**을 받아도 많은 사람들 **앞**에서 **역**시 잘 견디고 있다.

MP3 As expected, she is holding up well under **pressure** in front of many people.

- air pressure 기압
- high pressure 고기압, 고압
- low pressure 저기압, 저압
- press [pres] **v.** 누르다 **n.** 언론, 신문, 인쇄기, 출판사

∉ psi 압력의 단위 (pounds per square inch)

- squeeze [skwiːz] **v.** (손으로) 꽉 짜다, 짜내다, 쥐어짜다, 비집고 들어가다 **n.** 꽉 짜기, 긴축

☐ **prestige** [prestíːʒ]

n. 명성(名聲), 위신(威信)

ex. **명성**이 있는 남자가 엉뚱하**며** 하는 일이 **엉성**하다.

MP3 A man who has **prestige** is off the wall and careless of his work.

- prestigious [prestídʒəs] **a.** 명성 있는, 일류의

☐ **presume** [prizúːm]

v. 추정(推定)하다, 간주(看做)하다

ex. "얼**추** 순서(順序)가 **정**해졌다고 **추정**됩니다."

MP3 "It is **presumed** that the order is almost decided."

- presumption [prizʌ́mpʃən] **n.** 추정, 간주
- presumable [prizúːməbl] **a.** 추정할 수 있는
- presumably [prizúːməbli] **ad.** 추정컨대

☐ **pretend** [priténd]

v. …인 체하다, …인 척하다, 가장(假裝)하다 **a.** 가장의, 가짜의

ex. 그들은 신기술을 개**척**(開拓)**하는 척했다**.

MP3 They **pretended** to pioneer a new technology.

- pretend play 가상 놀이
- pretentious [priténʃəs] **a.** 가식적(假飾的)인, 허세(虛勢)를 부리는

∉ bluff [blʌf] **v.** 허세를 부리다 **n.** 허세, 절벽

- highfalutin [hàifəlúːtn] **a.** 허세를 부리는
- hypocrisy [hipάkrəsi] **n.** 위선(僞善)
- hypocrite [hípəkrit] **n.** 위선자
- hypocritical [hìpəkrítikəl] **a.** 위선적인
- hypocritically [hìpəkrítikəli] **ad.** 위선적으로

☐ **pretty** [príti]

a. 귀여운, 예쁜, 매력적인 **ad.** 꽤, 상당히

ex. **귀여운** 소녀의 **귀**에 **여운**(餘韻)이 남았다.

MP3 Something lingered in the ear of the **pretty** girl.

∉ cute [kjuːt] **a.** 귀여운, 예쁜

- quite [kwait] **ad.** 꽤, 상당히

☐ **prevail** [privéil]

v. 우세(優勢)하다, 만연(蔓延)하다, 이기다

ex. "증오**만** 확**연**히 **만연**해 있다. 우리는 그것을 미연(未然)에 방지했어야만 했다."

MP3 "It is certain that only hatred **prevails**. We should have nipped it in the bud."

- prevailing [privéiliŋ] **a.** 우세한, 지배적인
- prevalent [prévələnt] **a.** 만연한, 널리 퍼진
- prevalence [prévələns] **n.** 널리 퍼짐, 유행, 보급(普及)

☐ **prevent** [privént]

v. 막다, 예방(豫防)하다, 방지(防止)하다, 방해(妨害)하다

ex. "**마가**렛, 불을 꺼라. 불이 번지는 것을 **막아**라."

MP3 "Margaret, put out the fire. **Prevent** the fire from spreading."

- prevention [privénʃən] **n.** 예방, 방지, 방해

∮ preclude [priklúːd] v. 방해하다, 못 하게 하다
• disrupt [disrʌ́pt] v. 방해하다, 중단시키다
• disrupted [disrʌ́ptid] a. 방해받은, 중단되는
• disruption [disrʌ́pʃən] n. 방해, 중단

☐ previous [príːviəs]

a. 이전(以前)의, 조급(躁急)한

ex. **이전**의 **이전**(移轉)은 효과가 없었다.

MP3 The **previous** relocation didn't work out.

• previously [príːviəsli] ad. 이전에

☐ prey [prei]

n. 먹이, 피해자(被害者)

ex. 강자의 **먹이**가 되다니 약자의 주**먹이** 운다.

MP3 The weak who have fallen a **prey** to the strong are crying, clenching their fists.

☐ price [prais]

n. 가격(價格), 물가, 대가 v. 가격을 책정(策定)하다

ex. "**가격**표를 봐봐. 재료**가 격**이 달라 그 제품은 **가격**이 엄청 비싸."

MP3 "Look at the **price** tag. The material is so high class that the **price** of the product is very high."

• priceless [práislis] a. (값을 매길 수 없을 정도로) 대단히 귀중한
∮ à la carte pricing [ɑ̀ː lə kɑ́ːrt práisiŋ] 따로따로 책정하는 가격
• differential pricing 가격 차등(差等)

☐ priest [priːst]

n. 사제(司祭), 신부(神父), 목사, 성직자

ex. 그는 **신부** 앞에서 **신**을 **부**정했다.

MP3 He denied God in front of a **priest**.

∮ pastor [pǽstər] n. 목사
• clergy [kləːrdʒi] n. (기독교) 성직자들
• clergyman [kləːrdʒimən] n. 성직자, 목사

☐ princess [prínses]

n. 공주, 왕자비

ex. **공주**가 **공**을 **주**웠다.

MP3 The **princess** picked up the ball.

• prince [prins] n. 왕자, 군주

☐ principal [prínsəpəl]

a. 주요한 n. 교장, 원금(元金)

ex. **주요**한 사건들은 **주**로 커튼 근처인 **요**기에서 일어난다.

MP3 **Principal** events happen here, mainly near the curtain.

☐ principle [prínsəpl]

n. 원리(原理), 원칙, 법칙

ex. **월**터와 해**리**가 **원리**합계(元利合計)의 **원리**를 가르쳤다.

MP3 Walter and Harry taught the **principle** of adding interest to principal.

∮ axiom [ǽksiəm] n. 원리, 공리(公理)

☐ priority [praiɔ́ːrəti]

n. 우선(優先), 우선권, 우선 사항

ex. 경기에 앞서 **우**리 **선**수들은 **우선** 사항을 생각했다.

MP3 Prior to the game, our players considered **priority**.

• prior [práiər] a. 앞선, 사전(事前)의, 우선하는

☐ prisoner [prízənər]

n. 죄수(罪囚), 포로(捕虜)

ex. 탈옥(脫獄)을 시도했던 그 **죄수**들은 사형당하여 **죄**다 **수**명(壽命)이 단축되었다. 그들은 출소(出所)를 기다렸어야 했다.

MP3 All the **prisoners** who tried to break out of prison were put to death and their lives were shortened. They should have waited for a release from **prison**.

- prison [prízn] **n.** 감옥(監獄), 교도소
- imprison [imprízn] **v.** 투옥(投獄)하다, 감금(監禁)하다
- imprisonment [impríznmənt] **n.** 투옥, 수감, 감금
- ≠custody [kʌ́stədi] **n.** 구류(拘留), 유치(留置), 보호, 관리, 양육권
- custodial staff 관리 직원
- probation [proubéiʃən] **n.** 집행 유예(執行猶豫), 보호 관찰

☐ private [práivət]

a. 사적(私的)인, 사유(私有)의, 개인적(個人的)인, 사생활의, 은밀(隱密)한

ex. 그녀의 **사적인** 생활이 역**사적**(歷史的)**인** 일이 되었다.

MP3 Her **private** life became historic.

- privately [práivitli] **ad.** 개인적으로, 은밀히
- privacy [práivəsi] **n.** 사생활, 프라이버시
- privatize [práivətàiz] **v.** 민영화(民營化)하다
- privatization [pràivətizéiʃən] **n.** 민영화, 사유화

☐ privilege [prívəlidʒ]

n. 특권(特權), 특혜(特惠)

ex. "**특권**을 **특**히 **권**(勸)하는 사회에 우리는 살고 있는가?"

MP3 "Do we live in a society where we are especially encouraged to have **privileges**?"

- privileged [prívəlidʒd] **a.** 특권이 있는
- underprivileged [ʌ̀ndərprívəlidʒd] **a.** 사회적·경제적 형편(形便)이 어려운

☐ probability [pràbəbíləti]

n. 개연성(蓋然性), 확률(確率)

ex. **확** 능**률**이 줄 **확률**이 높다.

MP3 The **probability** is high that the efficiency will drop sharply.

- probable [prábəbl] **a.** 있음직한, 개연성 있는
- improbable [imprábəbl] **a.** 있음직하지 않은
- probably [prábəbli] **ad.** 아마, 십중팔구(十中八九)

☐ problem [prábləm]

n. 문제

ex. "**문**수가 **제 문제**를 도와줄까요?" "개도 지금 몹시 바쁘단다." "답례로 괜찮은 거 해줄 수 있는데요." "그럼 내가 은밀(隱密)히 도와주마."

MP3 "Can Munsoo help me with the **problem** I have?" "I'm afraid that he has his hands full." "There will be something good in return for help." "Then I'll help you in private."

- problematic [pràbləmǽtik] **a.** 문제가 있는, 문제가 많은

☐ procedure [prəsíːdʒər]

n. 절차(節次), 순서(順序)

ex. "**절차**에 **절**대 오**차**(誤差)가 있어서는 안 된다."

MP3 "There should be no error in the **procedure**."

- procedural [prəsídʒərəl] **a.** 절차상의
- ≠proceed [prəsíːd] **v.** 진행하다, 나아가다, 계속하다
- proceeding [prəsíːdiŋ] **n.** (소송) 절차, 진행, 행사(行事)

☐ process [práses]

n. 과정(過程) **v.** 처리(處理)하다, 가공(加工)하다

ex. "노화(老化) **과정과**는 난 **정**말 안녕이

P

야! 나이를 거스르는 원칙으로!"

MP3 "Really I say goodbye to the ageing **process**! On the principle of the anti-aging **process**!"

- reprocess [riːpráses] **v.** 재처리하다, 재가공하다
- processor [prásesər] **n.** 프로세서, 가공하는 사람(물건)

☐ proclaim [prəkléim]

v. 선언(宣言)하다, 선포(宣布)하다

ex. "거기에**서 넌** 독립을 **선언**했니?" "그래, 그때부터 난 독립해 살고 있지."

MP3 "Did you **proclaim** the independence there?" "Yes, and I've been out on my own since then."

- proclamation [prὰkləméiʃən] **n.** 선언, 선언서, 성명서
- proclamatory [prəklǽmətɔ̀ːri] **a.** 선언의, 선언적인
- ≠ declare [dikléər] **v.** 선언하다, 공표하다, (세관에) 신고(申告)하다
- declaration [dèkləréiʃən] **n.** 선언, 선언문, 신고, 신고서

☐ prodigy [prádədʒi]

n. 신동(神童), 영재(英才)

ex. 그 아이는 **영**어에 **재**능이 있는 **영재**다.

MP3 The kid is a **prodigy** who is talented in English.

☐ produce [prədjúːs]

v. 생산(生産)하다, 제작(製作)하다, 낳다 **n.** [prádjuːs] 농산물(農産物)

ex. **생**활에 필요한 물건들을 **산**더미처럼 **생산**하는 공장에서 샌델 교수는 샌들을 찾았다.

MP3 Professor Sandel looked for sandals in a factory that **produced** a mountain of daily necessities.

- producer [prədjúːsər] **n.** 생산자, 제작자
- product [prádʌkt] **n.** 생산물, 제품
- production [prədʌ́kʃən] **n.** 생산
- productive [prədʌ́ktiv] **a.** 생산적인
- productivity [pròudʌktívəti] **n.** 생산성

☐ profess [prəfés]

v. 공언(公言)하다, 주장하다

ex. "선생님, 축구**공**을 **언**제까지 우리에게 사주실 거예요?" 학생들은 그에게 기한(期限)을 **공언**해 달라고 했다.

MP3 "Teacher, by when will you buy us a soccer ball?" Students asked him to **profess** the deadline.

- profession [prəféʃən] **n.** (지식을 기반으로 하는) 공언, 직업, 전문직(專門職)
- professional [prəféʃənl] **a.** 직업의, 전문적인 **n.** 전문적으로 일하는 사람, 프로 선수
- professor [prəfésər] **n.** 교수(教授)
- proficient [prəfíʃənt] **a.** 능숙(能熟)한, 숙달(熟達)된
- proficiency [prəfíʃənsi] **n.** 능숙, 숙달

☐ profile [próufail]

n. 옆얼굴, 옆모습 윤곽(輪廓), 개요 **v.** 윤곽을 그리다, 개요를 작성하다

ex. 그 사진은 여자 **옆**에서 **얼**마든지 **굴**복할 수 있다는 남자의 **옆얼굴**을 보여준다.

MP3 The picture shows a **profile** of the man who is willing to surrender beside a woman.

- in profile 옆에서 본 모습
- profiling [próufailiŋ] **n.** 프로파일링, 자료 수집, 자료 분석

☐ profit [práfit]

n. 이익(利益)

ex. 낯선 사람**이 익**명(匿名)으로 **이익**을 남겨주었다.

MP3 **Profits** were anonymously brought by a stranger.

• profitable [práfitəbl] **a.** 이익이 되는
• unprofitable [ʌnpráfitəbəl] **a.** 이익이 없는

☐ program [próugræm]

n. 프로그램, 진행(進行) 목록

ex. "진행 중인 그 **프로그램**은 일주일 지연(遲延)될 거야. 내가 보기에 100**프로 그래. 엠**시가 다쳤거든."

MP3 "The **program** in progress will be set back a week. I'm 100% sure, for the MC got hurt."

ⓢ software [sɔ́ftwὲr] **n.** 소프트웨어, 프로그램
• soft [sɔːft] **a.** 부드러운
• hardware [hάrdwὲr] **n.** 하드웨어, 기계 설비

☐ progress [prάgres]

n. 나아감, 진보(進步) **v.** [prəgrés] 나아가다, 진보하다, 진행하다

ex. "네가 **진**다고 해도 괜찮아. 너의 마음을 **보**듬고 다시 나아가면 돼. 그게 바로 **진보**야."

MP3 "Even if you lose, it's OK. After licking your wounds, just **progress** again. That is the very **progress**."

• progression [prəgréʃən] **n.** 진보, 진행, 수열(數列)
• progressive [prəgrésiv] **a.** 진보적인, 진행하는
ⓢ regress [rigrés] **v.** 되돌아가다, 퇴행하다, 퇴보(退步)하다 **n.** 퇴행, 퇴보
• impasse [ímpæs] **n.** 막다름, 교착(膠着) 상태

☐ prohibit [prouhíbit]

v. 금지(禁止)하다

ex. 그는 그녀가 지**금 지**하에 내려가는 것을 **금지**한다.

MP3 He **prohibits** her from going down to the basement now.

• prohibition [pròuibíʃən] **n.** 금지
ⓢ proscribe [prouskráib] **v.** 금지하다
• taboo [təbúː] **n.** 금기(禁忌) **a.** 금기의

☐ project [prάdʒekt]

n. 프로젝트, 기획(企劃) **v.** [prədʒékt] 기획하다, 예상하다, 투사(投射)하다

ex. **프로**인 **잭**이 디**트**로이트에서 추진(推進)하는 **프로젝트**가 잘 진행되고 있다.

MP3 The **project** Professional Jack is pushing on with in Detroit is going well.

• projected 예상된
• projection [prədʒékʃən] **n.** 예상, 투사

☐ prominent [prάmənənt]

a. 눈에 띄는, 두드러진, 현저(顯著)한, 유명한, 저명(著名)한

ex. "**저 명한**이란 남자가 **저명한** 탐정이야."

MP3 "That man, Myunghan, is a **prominent** detective."

• prominently [prάmənəntli] **ad.** 눈에 띄게, 현저하게
• prominence [prάmənəns] **n.** 두드러짐, 유명함, 저명함
ⓢ outstanding [àutstǽndiŋ] **a.** 두드러진, 뛰어난, 걸출(傑出)한

☐ promise [prάmis]

v. 약속(約束)하다 **n.** 약속

ex. "네가 **약속**을 안 지켰다니, 내가 속았나? 나는 **약**간 **속**은 기분이네."

MP3 "You didn't keep your **promise**. Was I deceived? I feel a bit that way."

ⓢ oath [ouθ] **n.** 맹세, 서약(誓約), 선서
• pledge [pledʒ] **n.** 서약, 굳은 약속 **v.** 맹세하다

☐ promote [prəmóut]

v. 촉진(促進)하다, 판촉(販促) 활동을 하다, 홍보(弘報)하다, 증진하다, 승진(昇進)시키다

ex. 새 앨범을 **홍보**하는 승기가 **홍**대 앞에서 **보**인다.

MP3 Seunggi **promoting** his new album

is seen in front of Hongik University.

- promotion [prəmóuʃən] **n.** 촉진, 판촉 행사, 홍보, 증진
- promotive [prəmóutiv] **a.** 촉진하는, 증진하는

☐ pronounce [prənáuns]

v. 발음(發音)하다, 선고하다, 표명하다

ex. "네가 단어들을 반복적으로 **발음**하면 너의 영어 실력이 **발**전할 수 있**음**."

MP3 "If you **pronounce** words repeatedly, you will improve your English."

- pronouncement [prənáunsmənt] **n.** 선고, 표명
- pronunciation [prənʌnsiéiʃən] **n.** 발음
- Received Pronunciation 영국 표준 발음
- ∮ inflection [inflékʃən] **n.** 억양, 어형 변화, 어미(語尾) 변화
- inflect [inflékt] **v.** 어형을 변화시키다, 어미를 변화시키다

☐ propel [prəpél]

v. 나아가게 하다, 추진(推進)하다

ex. **추**워**진 하**루하루 속에서 그들은 성장기를 맞아 **다**시 경제적 성장을 **추진한다**.

MP3 As it's getting colder, they are **propelling** their economic growth again during their growth period.

- propeller [prəpélər] **n.** 프로펠러

☐ proper [prápər]

a. 적절(適切)한

ex. "**적**(敵)으로서 **절 한** 대 치쇼. 그게 **적절한** 듯하오."

MP3 "Hit me once as an enemy. That'll be **proper**."

- properly [prápərli] **ad.** 적절하게
- improper [imprápər] **a.** 부적절한
- ∮ propriety [prəpráiəti] **n.** (도덕적·사회적) 적절성, 예의 바름

☐ property [prápərti]

n. 재산(財産), 속성(屬性), 특성

ex. "그것은 **제**가 **산** 물건입니다. 그건 저의 **재산**이라고요. 저에게는 **재산**권이 있습니다."

MP3 "It is what I bought. It is my **property**. I have a **property** right."

- intellectual property right 지적 재산권(知的財産權)

☐ prophet [práfit]

n. 예언자(預言者)

ex. "**예언자**가 **얘**기하지, **언**제나 **자**신 있게."

MP3 "The **prophet** always tells a story confidently."

- prophetic [prəfétik] **a.** 예언의, 예언자의
- prophecy [práfəsi] **n.** 예언
- prophesy [práfəsài] **v.** 예언하다

☐ proportion [prəpɔ́ːrʃən]

n. 비율(比率), 비례(比例), 균형(均衡)

ex. "반**비례**야, **비**만(肥滿)과 운동이 점**례**에게는."

MP3 "Exercise is in inverse **proportion** to obesity as for Jumrye."

- proportional [prəpɔ́ːrʃənl] **a.** 비례하는
- proportionate [prəpɔ́ːrʃənit] **a.** 비례하는, 균형 잡힌
- ∮ ratio [réiʃou] **n.** 비(比), 비율

☐ propose [prəpóuz]

v. 제안(提案)하다, 청혼(請婚)하다, 프러포즈하다

ex. "**제**가 제 **아내**의 계획을 **제안해**요."

MP3 "I will **propose** my wife's plan."

- proposal [prəpóuzəl] **n.** 제안, 청혼, 프러포즈

☐ proposition [pràpəzíʃən]

n. 제의(提議), 명제(命題)

ex. "**명**백히 **제**가 그 **명제**에 주의를 환기시키겠습니다."

MP3 "I will obviously call attention to the **proposition**."

- propositional [pràpəzíʃənl] **a.** 제의하는, 명제의

☐ prose [prouz]

n. 산문(散文)

ex. '**산 문**'이 **산문**으로 쓰여 있다.

MP3 'A living door' is written in **prose**.

☐ prosecute [prásikjù:t]

v. 기소(起訴)하다, 소추(訴追)하다

ex. 그들이 누군가를 **기소**하면, 내용이 **기**록(記錄)되고 **소**송(訴訟)이 진행된다.

MP3 If they **prosecute** someone, it is documented and the lawsuit is ongoing.

- prosecution [pràsikjú:ʃən] **n.** 기소, 소추, 검찰(檢察) 측(側)
- prosecutor [prásikjù:tər] **n.** 검사(檢事), 검찰관

☐ prospect [práspekt]

n. 가망(可望), 전망, 예상, 기대, 조망(眺望)

ex. "**그가 망**했어. 회복할 **가망**이 없었어."

MP3 "He went bankrupt. There was no **prospect** of revival."

- prospective [prəspéktiv] **a.** 유망한, 장래의, 기대되는

≠ prospectus [prəspéktəs] **n.** 사업 설명서, 투자 설명서

☐ prosper [práspər]

v. 번영(繁榮)하다, 번창(繁昌)하다

ex. "한 번(番), 두 번, 아니면 여러 **번**? 아니야. 우린 **영**원(永遠)히 **번영**할 거야."

MP3 "Once, twice, or several times? No. We will **prosper** forever."

- prosperous [práspərəs] **a.** 번영하는, 번창하는
- prosperity [prɑspérəti] **n.** 번영, 번창

☐ protect [prətékt]

v. 보호하다, 지키다

ex. **보**영은 **호**랑이로부터 스스로를 **보호**해야 했다.

MP3 Boyoung should **protect** herself from the tiger.

- protection [prətékʃən] **n.** 보호
- protective [prətéktiv] **a.** 보호하는, 방어적인

≠ guard [gɑ:rd] **n.** 경호, 경호원, 경비대 **v.** 경호하다

- guardian [gá:rdiən] **n.** 보호자, 수호자, 후견인
- escort [éskɔ:rt] **n.** 호위대, 에스코트하는 사람 **v.** [iskɔ́:rt] 호위하다

☐ protest [prətést]

v. 항의(抗議)하다, 이의(異議)를 제기하다 **n.** [próutest] 항의, 이의 제기, 시위(示威)

ex. "**항**상 **의**회의 부당한 결정에 **항의**하라."

MP3 "**Protest** against the unfair decision of the National Assembly at all times."

☐ proud [praud]

a. 자랑스러운, 자부심(自負心)이 있는, 오만(傲慢)한, 거만(倨慢)한

ex. 남**자랑** 여자는, 그들 스스로도 그 **스**타에게 부**러운** 감정이 있다는 걸 알면서도, 그들의 스타를 **자랑스러워**한다.

MP3 A man and a woman are **proud** of their star, even though they themselves know that they are jealous of the star.

- proudly [práudli] **ad.** 자랑스럽게, 거만하게

P

• pride [praid] n. 자랑스러움, 자부심, 자존심(自尊心), 자만심(自慢心)
∉ self-esteem 자부심, 자존감
• esteem [istíːm] n. 존중(尊重), 존경(尊敬) v. 존중하다, 존경하다
• snobbish [snábiʃ] a. 속물적(俗物的)인, 잘난 체하는, 우월감(優越感)에 빠진

☐ prove [pruːv]

v. prove - proved - proved/proven 증명(證明)하다, 입증(立證)하다

ex. 사람들의 의혹(疑惑)이 점점 **증**가(增加)했지만 탐정은 **명**백하게 그녀의 결백(潔白)을 **증명**했다.

MP3 Though people became suspicious more and more, the detective **proved** her innocence without doubt.

• proof [pruːf] n. 증명, 입증, (수학) 증명, 증거 v. 방수(防水) 등의 처리를 하다, 내구성(耐久性)을 갖추다
• disprove [disprúːv] v. 틀렸음을 입증하다, 오류(誤謬)임을 증명하다
• disproof [disprúːf] n. 반증(反證), 논박(論駁)
∉ vindicate [víndəkèit] v. (정당성을) 입증하다

☐ proverb [právəːrb]

n. 속담(俗談)

ex. "**속담**이 떠오르면, 나는 그것을 대화 **속**에 살짝 **담**구지."

MP3 "When a **proverb** comes to mind, I slightly insert it in the conversation."

• proverbial [prəvə́ːrbiəl] a. 속담의, (속담처럼) 유명한

☐ provide [prəváid]

v. (필요한 것을) 제공(提供)하다, 규정(規定)하다

ex. "**제**가 여러분에게 **공**을 하나 **제공**합니다."

MP3 "I **provide** you with a ball."

• provided [prəváidid] conj. …라는 조건으로, 만일 …라면
• providing [prəváidiŋ] conj. …라는 조건으로, 만일 …라면
• provision [prəvíʒən] n. 공급(供給), 조항(條項) v. 공급하다
• provisional [prəvíʒənl] a. 임시(臨時)의, 일시적(一時的)인, 잠정적(暫定的)인
• provisional specification 임시 제품 설명서

☐ provocation [pràvəkéiʃən]

n. 도발(挑發), 자극(刺戟)

ex. "신문에서 그들의 **도발**을 공개할까?" "내 생각엔 그에 관해 한마디**도 발**설하지 않을 걸?"

MP3 "Will the newspapers give publicity to their **provocations**?" "I think they will not mention even a word."

• provocative [prəvákətiv] a. 도발적인, 자극적인
• provoke [prəvóuk] v. 도발하다, 유발하다, 성나게 하다
∉ goad [goud] v. 자극하다, 막대기로 찌르다 n. 자극, 막대기

☐ prudent [prúːdnt]

a. 신중(愼重)한, 분별 있는, 검소(儉素)한

ex. 아이는 여러 **신**들 **중**에 **한** 신발을 고르는 데 **신중한** 태도를 취한다.

MP3 The child takes a **prudent** attitude in selecting a pair of shoes among many shoes.

• prudential [pruːdénʃəl] a. 신중한
• prudently [prúːdntli] ad. 신중하게
• imprudent [imprúːdnt] a. 경솔(輕率)한, 무분별한
∉ frivolity [friváləti] n. 경박(輕薄)함
• levity [lévəti] n. 가벼움, 경솔(輕率)

☐ psychology [saikálədʒi]

n. 심리학(心理學), 심리

ex. 누군가 **십리**도 못 가서 발병 나라는 여성의 **심리**를 우리는 안다.

MP3 We know the **psychology** of a woman who wishes that somebody had problems walking while not far away.

- psychological [sàikəlάdʒikəl] a. 심리의, 심리학의
- psychologist [saikάlədʒist] n. 심리학자

ℊ psyche [sáiki] n. 정신
- psychopath [sáikəpæθ] n. 사이코패스
- psychoanalyst [sàikouǽnəlist] n. 정신 분석학자
- psychiatric [sàikiǽtrik] a. 정신 의학의, 정신과의
- psychic [sáikik] a. 심령술사(心靈術師)의, 심적인, 점쟁이의, 초자연적인 n. 심령술사, 점쟁이

☐ public [pʌ́blik]

a. 공공(公共)의, 공개(公開)된 n. 공중(公衆), 대중(大衆)

ex. **공공**의 영웅, **공공**칠이 홍보 일을 한다.

MP3 007, a **public** hero, works in **public** relations.

- publicity [pʌblísəti] n. 널리 공개됨, 홍보(弘報), 선전(宣傳)
- PR (public relations) 홍보

☐ publish [pʌ́bliʃ]

v. 출판(出版)하다, 발표하다

ex. **출판**된 책을 보니 그는 **출**중(出衆)한 작가로 **판**명(判明)된다.

MP3 Considering the book that is **published**, he turns out to be an excellent writer.

- publication [pʌ̀bləkéiʃən] n. 출판, 발표
- publishing [pʌ́bliʃiŋ] n. 출판 (사업)

☐ pull [pul]

v. 당기다, 끌어당기다, 잡아당기다 n. 당기기

ex. "방아쇠를 **당겨라**, **당**장! 나는 **기다**리다 지쳤다."

MP3 "**Pull** the trigger right now! I can't wait any more."

ℊ drag [dræg] v. 끌다 n. 장애물

- tow [tou] n. 견인(牽引) v. 견인하다
- tug [tʌg] n. 잡아당김 이끌림 v. (세게) 잡아당기다
- tug-of-war 줄다리기, 주도권(主導權) 다툼

☐ pulse [pʌls]

n. 맥박(脈搏) v. 맥박이 뛰다

ex. 차를 길가에 대고 **맥**주 한잔 마시니 **박**자(拍子)에 맞춰 나의 **맥박**이 뛴다.

MP3 After pulling over and drinking a beer, my **pulse** is bounding to the beat.

- pulsation [pʌlséiʃən] n. 맥박, 파동

☐ punctual [pʌ́ŋktʃuəl]

a. 시간을 엄수(嚴守)하는, 시간을 지키는

ex. "**시**험 보러 **간**다고 자네가 **엄**청 **수**고하**네**. 그러나 무엇보다 자네는 **시간**을 더 **엄수**해야 **하네**."

MP3 "You take enormous pains to take the test. However, above all, you should be more **punctual**."

- punctuality [pʌ̀ŋktʃuǽləti] n. 시간 엄수

☐ punish [pʌ́niʃ]

v. 처벌(處罰)하다, 벌주다

ex. 괜히 끼어들어 **처벌**받을까봐 그의 **처**(妻)는 **벌**벌 떨었다.

MP3 His wife trembled for fear of being **punished** for thrusting her nose into the matter.

- punishment [pʌ́niʃmənt] n. 처벌, 벌, 형벌
- capital punishment 사형
- guillotine [gílətiːn] n. 단두대

ℊ forfeit [fɔ́ːrfit] v. 몰수하다 n. 몰수 a. 몰수된
- sanction [sǽŋkʃən] n. 제재, 인가, 승인 v. 제재하다, 승인하다

☐ purchase [pə́ːrtʃəs]

n. 구입(購入), 구매(購買) v. 구입하다, 구매하다

ex. 그녀는 십**구** 개의 수**입** 제품들을 싸게 **구입**했다.
MP3 She made a good **purchase** of the nineteen imported goods.

☐ pure [pjuər]

a. 순수(純粹)한, 깨끗한

ex. 모**순**(矛盾)! **수**줍어하던 **순수**한 아이가 외향적으로 불순한 행동을 했다.
MP3 Contradiction! A shy, **pure** child acted out of impure motives, showing an outgoing personality.

- purify [pjúərəfài] **v.** 정화(淨化)하다
- purity [pjúərəti] **n.** 순수, 순도(純度)
- Puritan [pjúərətn] **n.** 청교도
- impure [impjúər] **a.** 불순한
≠ sheer [ʃiər] **a.** 순전(純全)한, (섞이지 않고) 순수한
- downright [dáunràit] **a.** (부정적으로) 순전한, 완전(完全)한

☐ purpose [pə́ːrpəs]

n. 목적(目的)

ex. "**목**요일이 **적**당해. 나는 그날을 나의 **목적**을 위해 떼어 두어야지."
MP3 "Thursday will be perfect. I will set the day apart for my **purpose**."

☐ purse [pəːrs]

n. 지갑, 핸드백

ex. "나 **지**금 **갑**자기 생각났는데, 버스에 내 **지갑**을 두고 내렸어."
MP3 "I've just remembered that I got off the bus leaving my **purse** behind."

☐ pursue [pərsúː]

v. 뒤쫓다, 추구(追求)하다, 추적(追跡)하다

ex. **추적추적** 내리는 빗속에서 탐정은 그를 **추적**했다.
MP3 The detective **pursued** him as it was drizzling.

- pursuit [pərsúːt] **n.** 추구, 추적

☐ push [puʃ]

v. 밀다, (버튼을) 누르다, 압박(壓迫)하다 **n.** 밀기, 누르기

ex. 벽을 **밀다**가 지친 사람은 바로 에**밀이다**.
MP3 It is Emil who is exhausted after **pushing** the wall.

≠ shove [ʃʌv] **v.** (난폭하게) 밀다, (거칠게) 밀치다
- thrust [θrʌst] **v.** thrust - thrust - thrust 밀치다, 찌르다 **n.** 찌르기, 취지(趣旨), 요지
- thrust and parry 찌르기와 막기
- thrusting [θrʌ́stiŋ] **a.** 자기주장이 강한

☐ put [put]

v. put - put - put 놓다, 넣다

ex. "**노아**가 (그것들을) **놓아**서 그것들은 어수선하다."
MP3 "As Noa **put** them, they are messy."

☐ puzzle [pʌ́zl]

n. 퍼즐 **v.** 어리둥절하게 하다, 당황(唐慌)하게 하다

ex. "우리 100**퍼**센트 **즐**거운 **퍼즐**을 풀까?"
MP3 "Why don't we solve a perfectly amusing **puzzle**?"

- puzzled [pʌ́zld] **a.** 어리둥절한, 당황한
≠ riddle [rídl] **n.** 수수께끼
- baffle [bǽfl] **v.** 당황하게 하다, 어리둥절하게 하다

Q

□ qualification [kwὰləfikéiʃən]

n. 자격(資格), 자격증, 자질

ex. "우린 **자격**이 있는 **자**, **격**하게 환영한다." "저는 당신들의 환영을 받을 **자격**이 있습니다."

MP3 "We heartily welcome those who have a **qualification**." "I am entitled to your welcome."

- qualified [kwάləfàid] **a.** 자격이 있는, 조건이 붙은
- qualify [kwάləfài] **v.** 자격을 주다, 자격을 얻다, 자격을 지니다
- disqualify [diskwάləfài] **v.** 자격을 박탈하다, 실격시키다
- ≠ habilitate [həbílitèit] **v.** 자격을 얻다, (심신 장애자의 사회 복귀) 훈련하다
- entitle [intáitl] **v.** 자격을 주다, 제목을 붙이다

□ quality [kwάləti]

n. 질(質), 품질, 양질, 특질, 자질

ex. "우리는 품**질** 면에서 **질** 수 없다. 우리는 아슬아슬하게 이기고 싶다."

MP3 "We cannot lose as regards **quality**. We want to win by a narrow margin."

- ≠ quantity [kwάntəti] **n.** 양, 분량, 다량

□ quarrel [kwɔ́ːrəl]

n. 말다툼, 말싸움 **v.** 말다툼하다, 말싸움하다

ex. "그들의 **말싸움**에 **말**려들지 마라. 그들을 **싸**그리(='깡그리'의 사투리) 무시하고 **움**직여 빠져나와라."

MP3 "Keep out of their **quarrels**. Ignore them completely, move, and get out of there."

- quarrelsome [kwɔ́ːrəlsəm] **a.** 말다툼하기 좋아하는, 말싸움하기 좋아하는

□ quarter [kwɔ́ːrtər]

n. 4분의 1, 15분, 분기, 구역, 지구, 숙소, 막사

ex. "집**사 분의 일**은 그 **4분의 1**이 고양이 돌보기죠."

MP3 "The butler spends a **quarter** of his time taking care of the cats."

□ queen [kwiːn]

n. 여왕, 왕비, 왕후(王后)

ex. **여왕**은 **여**전히 **왕**을 싫어한다.

MP3 The **queen** still doesn't like the king.

- king [kiŋ] **n.** 왕, 킹
- kingdom [kíŋdəm] **n.** 왕국
- ≠ realm [relm] **n.** 영역, 왕국
- reign [rein] **n.** 통치 기간 **v.** 통치하다, 지배하다
- crown [kraun] **n.** 왕관 **v.** 왕관을 씌우다
- coronation [kɔ̀ːrənéiʃən] **n.** 즉위식(卽位式)
- dynasty [dáinəsti] **n.** 왕조
- throne [θroun] **n.** 왕좌, 옥좌, 왕위
- dethrone [diːθróun] **v.** (왕을) 퇴위시키다

□ question [kwéstʃən]

n. 질문(質問), 의문, 문제 **v.** 질문하다, 의문을 품다

ex. **질문**의 **질**(質)이 **문**제다. 그것은 의심의 여지없이 확실한 말이다.

MP3 The problem is the quality of a **question**. It is beyond **question**.

- questionnaire [kwèstʃənέər] **n.** 설문지(設問紙)
- questionable [kwéstʃənəbl] **a.** 의문스러운
- unquestionable [ʌnkwéstʃənəbəl] **a.** 의문의 여지가 없는, 명백한
- ≠ survey [sə́ːrvei] **n.** (설문) 조사, 측량 **v.** [sərvéi] (설문) 조사하다, 측량하다

□ quick [kwik]

a. 빠른, 신속(迅速)한 **ad.** 빨리 **n.** (손톱 밑의) 속살, 생살

ex. "우리 아**빠**는 어**른**이지만 **빠른** 결정을 못 내려."

MP3 "My dad is an adult but he can't make a **quick** decision."

• quickly [kwíkli] ad. 빨리
• quickness [kwíknis] n. 빠름
∮ nimble [nímbl] a. 동작이 날렵한, 민첩(敏捷)한
• swift [swift] a. 빠른, 신속한 n. 칼새
• swiftly [swíftli] ad. 빨리, 신속히
• prompt [prɑːmpt] a. 신속한, 즉각적인 v. 촉구하다, 자극하다 n. (컴퓨터) 프롬프트
• promptly [prámptli] ad. 신속히, 즉시

☐ quiet [kwáiət]

a. 조용한, 차분한 n. 고요

ex. "사람들은 듣**죠**, **용 한** 마리의 **조용한** 목소리를."

MP3 "People listen to the **quiet** voice of the dragon."

• quietly [kwáiətli] ad. 조용히, 차분히
• quietude [kwáiətjùːd] n. 정적, 고요

☐ quit [kwit]

v. quit - quitted/quit - quitted/quit 그만두다, 그치다

ex. 그녀는 그를 걱정하는 것을 **그만두**었**다**. 그러나 **그**것**만**으로도 그는 **두**려웠**다**.

MP3 She **quit** worrying about him, which was enough to make him afraid.

☐ quote [kwout]

v. 인용(引用)하다

ex. "**인**간의 **용**서에 관해 내가 그 시에서 몇 자 **인용**하겠소."

MP3 "I will **quote** a few lines from the poem about human forgiveness."

• quotation [kwoutéiʃən] n. 인용, 인용구, 인용문
• quotation mark 인용 부호
∮ cite [sait] v. 예를 들다, 인용하다
• citation [saitéiʃən] n. 인용구, 인용문, 인용

R

☐ rabbit [rǽbit]

n. 토끼

ex. "**토끼**가 **토끼**냐(=달아나냐)?"

MP3 "Is the **rabbit** running away?"

☐ race [reis]

n. 인종(人種), 민족, 레이스, 경주, 경쟁 v. 경주하다, 경쟁하다

ex. "다른 **인종**을 **인종**(=인정)하자구요!"

MP3 "Let's embrace other **races**!"

• racial [réiʃəl] a. 인종의, 민족의
• racism [réisizm] n. 인종 차별주의(差別主義), 민족 우월 의식(優越意識)
• racist [réisist] n. 인종 차별주의자
∮ people [píːpl] n. 사람들, 국민, 민족, 종족
• Caucasian [kɔːkéiʒən] a. 백인의 n. 백인
• negro [níːgrou] n. (무례한 표현) 흑인
• indian [índiən] n. 인도인 a. 인도의

☐ radical [rǽdikəl]

a. 근본적(根本的)인, 급진적(急進的)인 n. 급진주의자

ex. 그 **급진적**인 사람들은 **급**급하다. 그들은 총선(總選)에서 **진 적**이 있기 때문이다.

MP3 The **radicals** are very nervous. That's because they have lost the general election.

• radicalize [rǽdikəlàiz] v. 과격(過激)하게 만들다, 급진적이 되도록 하다
∮ drastic [drǽstik] a. 과감(果敢)한, 급격한, 강력한, 철저(徹底)한

☐ rage [reidʒ]

n. 분노(憤怒), 격노(激怒) v. 격노하다

ex. "그 말씀 취소하세요!" **격노**하여 **경**로(敬老) 정신을 망각(忘却)한 젊은이가 **노**인에게 말했다.

MP3 "Take back your words!" A young man with **rage**, showing the lack of respect towards the elderly, said to an old man.

- road rage 도로에서 벌어지는 운전자의 난폭(亂暴) 행동
- outrage [áutreidʒ] **n.** 격분, 격노 **v.** 격노하게 만들다, 격분하게 하다

☐ rain [rein]

n. 비 **v.** 비가 내리다

ex. **비**록 **비**가 제대로 내리기 시작했지만 그는 나갔다. 그는 지나가는 **비**인 소나기라고 생각했다.

MP3 Though the **rain** set in, he went out. He thought of it as a passing **rain** shower.

- rain cats and dogs 비가 억수 같이 퍼붓다
- raincoat [réinkòut] **n.** 우비(雨備), 비옷
- rainbow [réinbòu] **n.** 무지개
- rainfall [réinfɔ̀ːl] **n.** 강우량
- rain forest 열대 우림(熱帶雨林)
- drizzle [drízl] **n.** 이슬비 **v.** 이슬비가 내리다, 비가 보슬보슬 내리다
- hail [heil] **n.** 싸락눈, 우박(雨雹) **v.** 싸락눈(우박)이 내리다, 환호(歡呼)하다
- hailstone [héilstòun] **n.** 우박
- pour [pɔːr] **v.** (비가) 억수로 쏟아지다, 퍼붓다, (액체를) 붓다, 따르다
- puddle [pʌ́dl] **n.** (비가 온 뒤의) 웅덩이

☐ raise [reiz]

v. 올리다, 들어올리다, 기르다 **n.** 고양(高揚), 인상(引上)

ex. "기대치(期待値)를 **올리다**니 너는 어리석다. 그녀가 **올 리** 없**다**."

MP3 "It is foolish of you to **raise** expectation. She can't be coming."

- raise the bar 기준을 높이다
- nurture [nə́ːrtʃər] **v.** 양육(養育)하다, 기르다, 키우다 **n.** 양육, 육성(育成)

☐ range [reindʒ]

n. 범위(範圍), 산맥 **v.** …의 범위이다, 정렬(整列)하다, 돌아다니다

ex. "**범**은 이 지역의 **위**쪽이 활동 **범위**다. 우리는 그들의 **범위** 밖에 있다."

MP3 "Tigers' **range** of activities is in the upper part of this area. We are out of their **range**."

- ranger [réindʒər] **n.** 돌아다니는 사람, 산림 경비원, 순찰대원
- scope [skoup] **n.** 범위, 여지, 기회

☐ rare [rɛər]

a. 드문, 희귀(稀貴)한, (고기를) 설구운

ex. **희귀**한 책이 있다는 소식이 승**희**의 **귀**에 들어왔다.

MP3 Seunghee heard the news that there was a **rare** book

- rarely [rɛ́ərli] **ad.** 드물게, 좀처럼 …하지 않는, 거의 …하지 않는
- seldom [séldəm] **ad.** 좀처럼 …하지 않는, 거의 …하지 않는

☐ rash [ræʃ]

n. 붉은 반점(斑點), 뾰루지 **a.** 경솔(輕率)한, 성급(性急)한

ex. 그의 **경솔한** 행동 때문에 1시**경**(頃) **소란**이 있었다.

MP3 Because of his **rash** behavior there was a commotion at around one o'clock.

☐ rate [reit]

n. 비율(比率), 요금, 속도 **v.** 평가(評價)하다, 등급을 매기다

ex. **비**교적(比較的) 자**율**적(自律的)으로 그녀는 일 년에 두 권의 **비율**로 소설을 쓴다.

MP3 She writes novels relatively by herself at the **rate** of two a year.

R

• overrate [òuvərréit] v. 과대평가하다
• underrate [ʌndərréit] v. 과소평가하다
∮ overvalue [òuvərvǽlju:] v. 과대평가하다
• undervalue [ʌndərvǽlju] v. 과소평가하다

☐ rational [rǽʃənl]

a. 이성적(理性的)인, 합리적인, 추론적(推論的)인

ex. "너의 **이성적인** 머리로 네가 **이 성적**(成績)**인** 거냐?"

MP3 "Is this your grade with your **rational** mind?"

• rationalize [rǽʃənəlàiz] v. 합리화하다, 합리적으로 설명하다
• rationalization [ræʃənəlizéiʃən] n. 합리화, 합리적 설명
• rationalism [rǽʃənəlizm] n. 합리주의
• irrational [irǽʃənl] a. 비이성적인, 불합리한
• irrationality [iræʃənǽləti] n. 이성의 상실(喪失), 불합리

☐ raw [rɔ:]

a. 날것의, 가공(加工)하지 않은

ex. **날것**인 과일들이 어느 **날 걷**혔다.

MP3 **Raw** fruits were reaped one day.

• raw material 원료, 원자재

☐ ray [rei]

n. 광선, 빛, 가오리

ex. "**광**활한 모래사장에**선** 사람들이 태양 **광선**을 쐬며 일광욕(日光浴)을 하고 있지."

MP3 "People are grabbing some **rays** on the broad sandy beach."

• manta ray [mǽntə rei] n. 쥐가오리
∮ beam [bi:m] n. 광선, 빛줄기, 들보
• laser [léizər] n. 레이저

☐ reach [ri:ʧ]

v. 닿다, 이르다, 도달하다, (손을) 뻗다 n. 닿는 범위, (미치는) 범위(範圍)

ex. 사람들이 우주선에 **다 타**서 저 별에 **닿**았**다**.

MP3 All the people got in the spacecraft, which **reached** that star.

• outreach [àutríʧ] v. …보다 멀리 미치다, 능가(凌駕)하다 n. 봉사 활동

☐ read [ri:d]

v. read - read - read 읽다

ex. 소녀는 책을 **읽다**가 **익**숙한 길을 따라 갔**다**.

MP3 The girl **reading** a book followed the route to which she was accustomed.

• misread [misríd] v. misread - misread - misread 잘못 해석하다, 오해하다, 잘못 읽다
• reread [ri:rí:d] v. reread - reread - reread 다시 읽다
∮ dyslexic [disléksik] a. 난독증(難讀症)이 있는

☐ ready [rédi]

a. 준비(準備)된

ex. "그녀가 **준 비**품(備品)들이면 된다. 우리는 그에 대해 다 **준비**된 듯하다."

MP3 "The materials she has given will be enough. We seem to be **ready** for it."

• readily [rédəli] a. 쉽사리, 기꺼이

☐ realize [rí:əlàiz]

v. 실현(實現)하다, 실감(實感)하다, 깨닫다

ex. 그녀는 그에게 **실**제로 **감**사(感謝)해야 한다는 걸 **실감**하게 되었다.

MP3 She came to **realize** that she should really thank him.

• real [rí:əl] a. 실제의, 진짜의
• really [rí:əli] ad. 실제로, 진짜로
• realistic [rì:əlístik] a. 현실적인, 사실적인
• reality [riǽləti] n. 실제, 현실
• realism [rí:əlizm] n. 현실주의, 사실주의

• realist [ríːəlist] n. 현실주의자, 사실주의자
∮ real estate [ríːəlestèit] n. 부동산(不動産)
• real estate agency 부동산 중개소(仲介所)
• estate [istéit] n. 사유지, 토지, (유산인) 재산
• realty [ríːəlti] n. 부동산

☐ reap [riːp]

v. 거두다, 수확(收穫)하다

ex. "**거**기 **두** 사람, 너희들이 농작물을 **다 거두다**니 기특(奇特)하다."

MP3 "Hey, you two there, it is praiseworthy of you to **reap** all the crop."

• As you sow, so shall you reap. 뿌린 대로 거두리라.
∮ harvest [háːrvist] n. 수확, 수확물 v. 수확하다
• corn [kɔːrn] n. 곡식(穀食), 곡물, 옥수수
• maize [meiz] n. 옥수수
• crop [krɑp] n. 농작물, 작물
• subsistence crop 생계용 작물, 자급자족(自給自足)용 작물
• subsistence farming 자급 농업, 영세(零細) 농업
• Thanksgiving Day (Thanksgiving) 추수 감사절(秋收感謝節)

☐ reason [ríːzn]

n. 이유(理由), 이성(理性) v. 추론(推論)하다

ex. 길상**이 유**감(遺憾)스럽게도 **이유**를 대지 못했다.

MP3 Regretfully, Gilsang couldn't give any **reason**.

• reasoning [ríːzniŋ] n. 추론, 추리(推理)
• reasonable [ríːzənəbl] a. 합리적인, 비싸지 않은
• reasonably [ríːzənəbli] ad. 합리적으로, 상당히
• unreasonable [ʌnríznəbəl] a. 불합리한
∮ logos [lóugɑs] n. 이성
• plausible [plɔ́ːzəbl] a. 그럴듯한, 타당(妥當)하게 여겨지는
• plausibly [plɔ́ːzəbli] ad. 그럴듯하게, 그럴싸하게
• plausibility [plɔ̀ːzəbíləti] n. 그럴듯함, 있음직함, 타당성
• implausible [implɔ́ːzəbl] a. 그럴듯하지 않은, 타당해 보이지 않는, 믿기 힘든

☐ receive [risíːv]

v. 받다, 받아들이다

ex. "**바다**가 뭘 **받아**?"

MP3 "What does Bada **receive**?"

• reception [risépʃən] n. 받아들임, 환영(歡迎), 환영회
• receptive [riséptiv] a. 받아들이는, 수용(受容)하는
• receipt [risíːt] n. 영수증(領收證), 수령(受領)
• recipient [risípiənt] n. 수령인, 수취인

☐ recession [riséʃən]

n. 후퇴(後退), 경기 후퇴, 불경기(不景氣), 불황(不況)

ex. "**불경기**라 핏**불** 씨는 **경**영(經營)하**기** 힘들었네. 그래서 그는 폐업했다네."

MP3 "The economy was in **recession** and Pitbull had difficulty running his business, so he went out of business."

• recessive [risésiv] a. 후퇴하는, 열성(劣性)의
• recede [risíːd] v. 후퇴하다, 반환하다
∮ recess [rísès] n. 휴회, 휴식, 쉬는 시간
• stagnant [stǽgnənt] a. 고여 있는, 침체(沈滯)된
• stagnate [stǽgneit] v. (물이) 고이다, 침체되다
• stagnation [stægnéiʃən] n. 침체, 부진, 불황

☐ reckless [réklis]

a. 무모(無謀)한, 개의(介意)치 않는

ex. **무**슨 **모**험(冒險)인 것처럼 **한** 그의 **무모한** 운전으로 재앙(災殃)을 초래할 뻔했다.

MP3 His **reckless** driving, as if he were in quest of adventure, came near to causing a disaster.

• reck [rek] v. 개의하다, 주의하다

☐ recognize [rékəgnàiz]

v. 인식(認識)하다, 인정(認定)하다

ex. 친구들은 해**인**의 방**식**(方式)을 **인식**했다.

MP3 Haein's method was **recognized** by her friends.

• recognition [rèkəgníʃən] n. 인식, 인정

R

∉ cognition [kɑgníʃən] **n.** 인식, 인지(認知)
• cognitive [kɑ́gnitiv] **a.** 인식의, 인지적인
• metacognition [mètəkɑgníʃən] **n.** 초(超)인지

☐ recommend [rèkəménd]

v. 추천(推薦)하다, 권하다

ex. "나는 **추천**할 **추**석 선물이 **천** 개가 넘어." 다연이가 말했다.

MP3 "I can **recommend** more than thousand presents for Chuseok." Dayeon said.

• recommendation [rèkəmənd éiʃən] **n.** 추천, 추천장, 권고(勸告)
∉ commend [kəménd] **v.** 칭찬(稱讚)하다, 추천하다
• commendation [kɑ̀məndéiʃən] **n.** 칭찬, 추천, 상(賞)

☐ reconcile [rékənsàil]

v. 화해(和解)시키다, 조화(調和)시키다

ex. "너희들이 **화**난다 **해**도 서로 **화해**해라."

MP3 "Although you are angry, **reconcile** with each other."

• reconciliation [rèkənsìliéiʃən] **n.** 화해, 조화

☐ record [rékərd]

n. 기록(記錄), 음반 **v.** [rikɔ́:rd] 기록하다, 녹음하다

ex. **길옥**이 **기록**을 세웠다. 그것은 비공식적인 이야기였다. 그러나 그녀에게 전설이라는 딱지가 붙었다.

MP3 Gilok set a **record**. It was off the **record**. But she was labelled as a legend.

∉ label [léibəl] **n.** 라벨, 꼬리표, 음반사(音盤社) **v.** 꼬리표를 붙이다
• archive [ɑ́:rkaiv] **n.** 기록 보관소 **v.** 보관하다
• archival [ɑ:rkáivəl] **a.** 기록 보관소의, 기록의

☐ recover [rikʌ́vər]

v. 회복(回復)하다, 회복되다

ex. "아마 그는 다음 **회**에 당했던 **복**수(復讐)를 하고 자신의 명예를 **회복**하겠지."

MP3 "Perhaps he will take his revenge and **recover** his reputation in the next episode."

• recovered [rikʌ́vərd] **a.** 회복된
• recovery [rikʌ́vəri] **n.** 회복
∉ recuperation [rikjù:pəréiʃən] **n.** (건강 등의) 회복
• rehab [rí:hæb] **n.** 재활(再活)
• rehabilitate [rì:həbílətèit] **v.** 재활 치료하다, 사회로 복귀시키다, 명예를 회복시키다
• remission [rimíʃən] **n.** (병의) 회복, 감형, 감면
• resilient [rizíljənt] **a.** 회복력이 있는, 강인한, 탄력(彈力) 있는
• resilience [rizíljəns] **n.** 회복력, 회복 탄력성, 탄력, 탄성
• retrieve [ritrí:v] **v.** 회수하다, 회복하다, (정보를) 추출(抽出)하다, 검색(檢索)하다
• retrieval [ritrí:vəl] **n.** 회복, 검색
• retrievability [ritrì:vəbíləti] **n.** 회복력

☐ recruit [rikrú:t]

v. 신입(新入) (사원)을 모집(募集)하다, (신병)을 징집(徵集)하다, (원기를) 회복하다 **n.** 신입 회원, 신입 사원, 신병

ex. "**신입 사원**을 **모집**하**신** 사장님이 설명하는 **입사 원**칙을 **모**두 **집**중해서 듣는다오."

MP3 "Everyone listens carefully to the employment principle which the boss who has **recruited** new employees is explaining."

• recruitment [rikrú:tmənt] **n.** (신입 사원, 신입 회원, 신병) 모집, (원기) 회복
∉ newcomer [njúkʌ̀mər] **n.** 새로 온 사람, 신참(新參), 신입
• newbie [njú:bi:] **n.** 풋내기, 컴퓨터를 처음 쓰는 사람
• poach [poutʃ] **v.** (인력을) 빼내다

☐ reduce [ridjú:s]

v. 줄이다

ex. "너 아닌 다른 사람인 **줄** 알았어. 네가

이다지도 몸무게를 **줄이다**니 대단하다!"
MP3 "You look totally different. You've **reduced** weight like this. What a great job!"

- reduction [ridʌ́kʃən] **n.** 감소(減少), 축소(縮小)
∉ curtail [kəːrtéil] **v.** 줄이다
- dwindle [dwíndl] **v.** (점점) 줄어들다
- dwindling [dwíndliŋ] **a.** (점차) 줄어드는

☐ refer [rifə́ːr]

v. 보내다, 참조(參照)하게 하다, 참조하다, 맡기다, …의 탓으로 돌리다, 관련되다, 언급(言及)하다, …라고 부르다, 지시하다, 가리키다

ex. "우리는 배**부른 이**의 배를 올챙이배라고 **부른다**."
MP3 "We **refer** to a full belly as a potbelly."

- reference [réfərəns] **n.** 참조, 언급, 추천서 **v.** 참조할 자료를 표시하다
- referent [réfərənt] **n.** 지시 대상
- referential [rèfərénʃəl] **a.** 관련한, 참고(參考)의

☐ referee [rèfəríː]

n. 심판(審判) **v.** 심판하다, 심사(審査)하다

ex. 그 스포츠와 관련하여 **심판**들이 **심**하게 **판**정 오류를 범한다.
MP3 **Referees** commit serious errors in their judgement in reference to the sport.

☐ reflect [riflékt]

v. 반사(反射)하다, 반영(反映)하다, 반성(反省)하다

ex. "철학과 관련하여 소크라테스를 알라. 자신을 **반성**할 줄 알라. 그러면 자넨 **반**드시 **성**장(成長)하리라."
MP3 "Gain acquaintance with Socrates with reference to philosophy. **Reflect** on yourself and you will surely grow."

- reflection [riflékʃən] **n.** 반사, 반영, 반성
- reflectional [riflékʃənl] **a.** 반사하는
- reflective [rifléktiv] **a.** 반사하는, 반영하는, 반성하는, 숙고하는
- reflex [ríːfleks] **n.** 반사 작용
- reflexive [rifléksiv] **a.** 반사적인, 재귀(再歸) 용법의
∉ flection [flékʃən] **n.** 굴곡(屈曲)
- refract [rifrǽkt] **v.** 굴절(屈折)시키다
- refraction [rifrǽkʃən] **n.** 굴절
- deflect [diflékt] **v.** (원래의 방향에서) 빗나가게 하다, 피하다
- introspective [intrəspéktiv] **a.** 자기 성찰(省察)적인

☐ reform [rifɔ́ːrm]

v. 개혁(改革)하다 **n.** 개혁

ex. "뭐하**게**, 시**혁**아?" "능률성과 관련하여 내가 이 소통 체계를 **개혁**하려고." "지대한 영향을 가져올 변화를 이루겠구나."
MP3 "What are you doing, Sihyuk?" "I want to **reform** this communication system in regard to efficiency." "There will be far-reaching changes."

- reformer [rifɔ́ːrmər] **n.** 개혁가

☐ refuse [rifjúːz]

v. 거절(拒絶)하다, 거부(拒否)하다 **n.** [réfjuːs] 쓰레기

ex. 예의와 관련하여 아이는 **거**부감이 들어서 **절하는** 것을 **거절하고** 있다.
MP3 Now that the child has an objection with regard to manners, he is **refusing** to bow.

- refusal [rifjúːzəl] **n.** 거절, 거부
∉ reject [ridʒékt] **v.** 거절하다, 거부하다, 불합격시키다, 불량품(不良品)으로 판정하다
- rejection [ridʒékʃən] **n.** 거절, 거부
- boycott [bɔ́ikɑt] **n.** 보이콧, 불매 운동(不買運動), 참여 거부 **v.** 보이콧하다, 구매(購買)를 거부하다, 참여를 거부하다

☐ regard [rigáːrd]

v. 주목(注目)하다, 간주(看做)하다 **n.** 주목, 존경, (regards)

R

안부

ex. 앞장서서 용기 있게 **간 주하다**. 우리는 그녀를 우리의 리더로 **간주한다**.

MP3 It is Juha who took the initiative and acted with courage. We **regard** her as our leader.

- regarding [rigáːrdiŋ] prep. …에 관하여
- regardless [rigáːrdlis] **a.** (of) 상관(相關)하지 않는 **ad.** …에 상관없이

∮pass for ~으로 여겨지다

☐ registration [rèdʒistréiʃən]

n. 등록(登錄)

ex. 젊은 여성이 **등**장하여 초**록**색 디자인의 **등록**을 신청하였다.

MP3 A young woman appeared and made an application for **registration** of the green design.

- register [rédʒistər] **v.** 등록하다 **n.** 등록부

☐ regret [rigrét]

v. 후회(後悔)하다, 유감(遺憾)스럽게 여기다 **n.** 후회, 유감

ex. 남자는 헤어진 **후** 그녀를 **회**상(回想)하며 **후회**한다. 그러나 이미 엎지른 물이다.

MP3 Recalling memories of her, a man **regrets** it after breaking up. However, it's no use crying over spilt milk.

- regretful [rigrétfəl] **a.** 후회하는, 유감스러워 하는
- regrettable [rigrétəbl] **a.** 유감스러운

☐ regular [régjulər]

a. 규칙적(規則的)인, 정기적인, 보통의

ex. "나는 **규칙적**으로 운동하는 것을 **규칙**으로 삼고 있어요. **적**당(適當)하게요."

MP3 "I make it a rule to take **regular** exercise moderately."

- regularly [régjulərli] **ad.** 규칙적으로, 정기적으로, 자주, 보통

∮often [ɔ́ːf(t)ən] **ad.** 종종, 자주

☐ regulate [régjulèit]

v. 규제(規制)하다, 조정(調整)하다

ex. "새로운 **규**칙을 **제**가 따라야**하나**요, 인터넷을 **규제하는** 그 규칙을?"

MP3 "Should I follow the new rule, which **regulates** the Internet?"

- regulation [règjuléiʃən] **n.** 규제, 규정, 조정

☐ reinforce [rìːinfɔ́ːrs]

v. 강화(强化)하다, 보강하다, 증강하다, 증원하다

ex. 그들은 **강**력한 **화**기(火器)로 국방을 **강화**했다.

MP3 They **reinforced** national defense with powerful weapons.

- reinforcer [rìːinfɔ́ːrsər] **n.** 강화물
- reinforcement [rìːinfɔ́ːrsmənt] **n.** 강화, 보강, 증강, 증원

∮enforce [infɔ́ːrs] **v.** (법률 등을) 시행(施行)하다, 집행(執行)하다, 강요(强要)하다

- enforcement [infɔ́ːrsmənt] **n.** (법률 등의) 시행, 집행

☐ relate [riléit]

v. 관련(關聯)시키다, 관련되다, 이야기하다

ex. "**괄**호(括弧) 속의 낱말에서 **연**상해 봐, 건강과 **관련**된 것들을."

MP3 "Associate a word in parentheses with health-**related** issues."

- related [riléitid] **a.** 관련된, 동족의
- relation [riléiʃən] **n.** 관련, 관계
- relationship [riléiʃənʃip] **n.** 관계
- correlate [kɔ́ːrəlèit] **v.** 상관관계(相關關係)가 있다, 상관관계를 보이다
- correlation [kɔ̀ːrəléiʃən] **n.** 상관관계

☐ relative [rélətiv]

a. 상대적(相對的)인 **n.** 친척(親戚)

ex. **상**하 관계, **대**소 관계 모두 **상대**적인 관

계다.

MP3 Both hierarchical relationship and classification according to size are **relative**.

- relatively [rélətivli] ad. 상대적으로, 비교적(比較的)
∉ kin [kin] n. 친족
- homophilistic [houmɑfəlístik] a. 동족 친화적인

☐ relax [rilǽks]

v. 느슨하게 하다, 긴장(緊張)을 풀다, 완화(緩和)하다

ex. "엠시 보시는 유**느** **슨**상님(='선생님'의 사투리)은 모두의 마음이 **느슨**한지 확인합니다."

MP3 "MC Yoo makes sure that everyone is **relaxed**."

- relaxation [riːlækséiʃən] n. 이완(弛緩), 완화, 휴식

☐ relent [rilént]

v. 누그러지다, 약해지다

ex. "이 일과 관련하여 마음이 **누그러진** 사람은 **누구**지? 그건 할**러지**? 넌 그 사실을 **인**정하지?"

MP3 "Who has **relented** in relation to this matter? Is it Haller? Do you admit the fact?"

- relentless [riléntlis] a. 가차(假借)없는, 끊임없는
- relentlessly [riléntlisli] ad. 가차없이, 끊임없이
- unrelenting [ʌnriléntiŋ] a. 누그러들지 않는, 가차없는

☐ relevant [réləvənt]

a. 관련(關聯)이 있는, 적절(適切)한

ex. **관**공서(官公署)의 처분과 가**련**(可憐)한 사람들이 **관련**이 있다.

MP3 The decision of the public officer is **relevant** to the miserable people.

- relevance [réləvəns] n. 관련성, 적절성
- irrelevant [iréləvənt] a. 관련이 없는, 무관한
- irrelevance [iréləvəns] n. 무관함, 부적절
∉ extraneous [ikstréiniəs] a. 관계없는, 관련 없는
- pertinent [pəːrtənənt] a. 적절한

☐ religion [rilídʒən]

n. 종교(宗敎)

ex. "**종교**가 **종**국적(終局的)으로 그 **교**인들을 맹목적(盲目的)이게 할 수 있음을 명심하라."

MP3 "Keep in mind that **religion** can finally make its believers blind."

- religious [rilídʒəs] a. 종교의, 종교적인
- religiously [rilídʒəsli] ad. 종교적으로
∉ altar [ɔ́ːltər] n. 제단(祭壇)
- Buddhism [búːdizm] n. 불교
- Buddhist [búːdist] n. 불교도 a. 불교의
- nirvana [niərvɑ́ːnə] n. (불교) 극락(極樂)
- zen [zen] n. (불교) 선(禪)
- Christianity [krìstʃiǽnəti] n. 기독교
- Christian [krístʃən] n. 기독교도 a. 기독교의
- Easter [íːstər] n. 부활절(復活節)(기간)
- Easter Egg Hunt 부활절 달걀 찾기 행사
- Judaism [dʒúːdiìzm] n. 유대교
- Hinduism [hínduːìzm] n. 힌두교
- Islam [ízləm] n. 이슬람교
- Islamic [izlǽmik] a. 이슬람교의
- Muslim [mʌ́zlim] n. 이슬람교도 a. 이슬람교도의
- martyr [mɑ́ːrtər] n. 순교자(殉教者)
- pilgrim [pílgrim] n. 순례자(巡禮者)

☐ reluctant [rilʌ́ktənt]

a. 마지못한, 꺼리는, 내키지 않는

ex. "TV **꺼**!" 이것은 미스터 **리는 꺼리는** 명령이다.

MP3 "Turn off the TV!" This is an order Mr. Lee is **reluctant** to carry out.

- reluctance [rilʌ́ktəns] n. 꺼림, 내키지 않음

☐ remain [riméin]

v. 남다, 남아 있다, 여전히 …이다

ex. 몇몇 **남**자들이 서로 **다**투며 **남**아 있**다**.

R

MP3 A few men **remain**, quarreling with each other.

- remainder [riméindər] n. 나머지
- remains [riméinz] n. 나머지, 유적(遺跡), 유물, 유골, 유해

≠ remnant [rémnənt] n. (remnants) 남은 부분, 나머지
- residue [rézədjùː] n. (화학적) 잔여물(殘餘物), 찌꺼기

☐ remark [rimάːrk]

v. 주목(注目)하다, 언급(言及)하다, 논평하다 n. 주목, 언급, 논평

ex. 그의 **언급**을 **언**론은 **급**(急)히 보도했다.

MP3 The media hurriedly reported his **remark**.

- remarkable [rimάːrkəbl] a. 주목할 만한, 놀랄 만한
- remarkably [rimάːrkəbli] ad. 현저(顯著)히, 놀라울 정도로

☐ remember [rimémbər]

v. 기억(記憶)하다

ex. "이거 **기억**하겠니, 중**기**야? 만일 그게 **억**수로(='굉장히'의 사투리) 힘들면 적어 놔."

MP3 "Can you **remember** this, Joongki? If it is very hard, put it down."

- remembrance [rimémbrəns] n. 기억, 기념(記念)

☐ remove [rimúːv]

v. 제거(除去)하다, 치우다, 옮기다

ex. "조제 식품 판매점에서 **제**가 **거**의 먼지를 **제거**했습니다."

MP3 "I have almost **removed** the dust at the deli shop."

- removal [rimúːvəl] n. 제거, 이동
- removable [rimúːvəbl] a. 제거할 수 있는, 떼어낼 수 있는
- irremovable [ìrimúːvəbl] a. 제거할 수 없는

≠ delete [diliːt] v. 삭제(削除)하다
- eliminate [ilímənèit] v. 제거하다, 배설(排泄)하다
- elimination [ilìmənéiʃən] n. 제거, 배출(排出), 배설

☐ rent [rent]

n. 임대료(賃貸料), 집세, 지대(地代) v. 임대하다, 임차(賃借)하다

ex. **집**주인이 임차인에게 트집 잡는다. 그녀는 그가 **세** 달이나 **집세**가 밀려 있다고 말한다.

MP3 The landlord finds faults with the tenant. She says that he has got behind with the **rent** for as many as three months.

- rental [réntl] a. 임대의 n. 임대, 임대료, 임대 물건

≠ lease [liːs] n. 임대차 계약 v. 임대하다, 임차하다
- tenant [ténənt] n. 임차인, 세입자(貰入者), 소작인(小作人) v. 임차하다, 소작하다
- tenantable [ténəntəbl] a. 임차할 수 있는
- landlord [lǽndlɔ̀rd] n. (임대해주는) 주인, 집주인, 건물주, 지주(地主)
- lord [lɔːrd] n. 지배자, 주인, 왕의 존칭(尊稱), (the Lord) 하느님
- sublet [sʌ̀blét] v. sublet - sublet - sublet 전대(轉貸)하다

☐ repair [ripέər]

v. 수리(修理)하다, 고치다, 보상(補償)하다 n. 수리

ex. **수리** 중인 지붕 위에 독**수리**가 있다.

MP3 There is an eagle on the roof that is under **repair**.

≠ mend [mend] v. 고치다, 수리하다
- renovate [rénəvèit] v. (건물, 시설 등을) 보수(補修)하다, 수리하다
- renovation [renəvéiʃən] n. 보수, 수리, 혁신(革新)
- overhaul [òuvərhɔ́l] v. 정비(整備)하다, 분해해서 검사하다
- plumbing [plʌ́miŋ] n. 배관(配管) 수리
- plumber [plʌ́mər] n. 배관공

☐ repeat [ripíːt]

v. 되풀이하다, 반복(反復)하다 n. 되풀이, 반복

ex. 질문을 **되풀이**하**되** 의미를 파악하지 못했던 여학생은 **풀이** 죽었다.

MP3 The student who **repeated** the question but had difficulty understanding the meaning was sorry for herself.

- repeatedly [ripíːtidli] **ad.** 되풀이하여, 반복적으로
- repetition [rèpətíʃən] **n.** 되풀이, 반복
- repetitive [ripétətiv] **a.** 되풀이하는, 반복적인

∮pattern [pǽtərn] **n.** 패턴, 양식(樣式), 무늬, 모범, 되풀이, 반복 **v.** 무늬를 만들다

□ repel [ripél]

v. 쫓아버리다, 물리치다, 역겹게 하다

ex. 그녀가 그에게 서울**역**에서 정**겹**지 않**게** 말**했다**. "당신은 나를 **역겹게 했다**."

MP3 She unkindly said to him at Seoul Station, "You **repelled** me."

∮repulse [ripʌ́ls] **v.** 에게 혐오감(嫌惡感)을 주다, 물리치다

- repulsive [ripʌ́lsiv] **a.** 혐오스러운, 물리치는

□ repent [ripént]

v. 뉘우치다, 후회(後悔)하다, 회개(悔改)하다

ex. 남동생은 그의 **누이**를 우발적(偶發的)으로 **친** 것을 **뉘우친**다.

MP3 The brother **repents** of having accidentally hit his elder sister.

□ replace [ripléis]

v. 대체(代替)하다, 대신하다, 제자리에 다시 놓다

ex. "**대체**(大體) 여러분은 숙자를 누구와 **대체**한단 말입니까? 그녀는 최고라고요!"

MP3 "Who on earth will you **replace** Sukja with? She is the best!"

- replacement [ripléismənt] **n.** 대체, 대체할 사람, 대체할 물건

∮supplant [səplǽnt] **v.** 밀어내다, 대신 들어앉다, 대신하다

- dislodge [dislɑ́dʒ] **v.** (강제로) 제자리에서 벗어나게 하다, 떼어 내다, 몰아내다
- lodge [lɑdʒ] **n.** 오두막, 수위실(守衛室) **v.** 머무르게 하다, 하숙(下宿)하다, 제출하다

□ report [ripɔ́ːrt]

v. 보고(報告)하다, 보도(報道)하다 **n.** 보고, 보도

ex. "너는 뭐 참고(參考)해서 **보고 보고**할래?"

MP3 "What are the references in your **report**?"

- reporter [ripɔ́ːrtər] **n.** 기자, 보고하는 사람
- reporting [ripɔ́ːrtiŋ] **n.** 보도, 보고
- overreport [òuvərripɔ́ːrt] **v.** 과장(誇張)하여 보고하다
- underreport [ʌ̀ndərripɔ́ːrt] **v.** 실제보다 적게 보고하다, 실제보다 적게 보도하다

□ represent [rèprizént]

v. 대표(代表)하다, 표현(表現)하다

ex. 한국을 **대표**하는 사람들이 그들의 국적(國籍)인 **대**한민국이 **표**시된 옷을 입는다.

MP3 People who **represent** Korea wear clothes that are marked with their nationality, Daehanminguk.

- representative [rèprizéntətiv] **n.** 대표, 대리인(代理人) **a.** 대표적인
- House of Representatives (미국 등의) 하원(下院)
- representation [rèprizentéiʃən] **n.** 대표제, 표현

∮on behalf of ~을 대표하여, ~을 대신하여, ~을 위하여

- behalf [bihǽf] **n.** 이익
- for the sake of ~을 위해서, ~ 때문에
- sake [seik] **n.** 위함, 이익

□ reproach [ripróutʃ]

v. 비난(非難)하다, 책망(責望)하다 **n.** 비난, 책망

ex. 그 학생은 **책**으로부터 도**망**(逃亡)간 것에 대해 **책망**을 받았다.

MP3 The student was **reproached** for

R

having run away from books.

- self-reproach [sèlfripróutʃ] **n.** 자기 비난, 자책
- reproachful [ripróutʃfəl] **a.** 비난하는, 책망하는

∮reprove [riprúːv] **v.** 꾸짖다, 나무라다, 책망하다

☐ reproduce [rìprədúːs]

v. 생식(生殖)하다, 번식(繁殖)하다, 복제(複製)하다, 재생하다, 재생산(再生産)하다

ex. **번**번(番番)이 다양한 방**식**으로 바이러스가 스스로 **번식**한다.

MP3 The virus **reproduces** itself in various ways all the time.

- reproduction [rìprədʌ́kʃən] 생식, 번식, 재생, 재생산
- reproductive [rìprədʌ́ktiv] **a.** 생식의, 번식의, 재생의
- reproductive organ 생식 기관(器官)

☐ reptile [réptail]

n. 파충류(爬蟲類)

ex. 짙은 **파**랑색 노트에 대**충** **류**진은 **파충류**의 예를 적었다.

MP3 Ryu Jin roughly put down examples of **reptiles** on the deep blue notebook.

∮alligator [ǽligèitər] **n.** 악어

- crocodile [krɑ́kədàil] **n.** 악어
- lizard [lízərd] **n.** 도마뱀

☐ reputation [rèpjutéiʃən]

n. 평판(評判), 명성(名聲)

ex. 바로 그 두 **명**의 **성**공(成功)한 여성들이 **명성**이 자자(藉藉)한 사람들이다.

MP3 It is the two successful women that are held in **reputation**.

- repute [ripjúːt] **n.** 평판, 명성 **v.** 평가하다

∮stature [stǽtʃər] **n.** 수준(水準), 위상(位相), 평판, (사람의) 키, 신장(身長)

☐ request [rikwést]

n. 요청(要請), 부탁(付託) **v.** 요청하다, 부탁하다

ex. 엄지의 **부탁**: "**부**디 동**탁**이가 이기게 해줘, 까치야. 부디 날 위해서 그렇게 해줘."

MP3 The **Request** of Umji: "Please let Dongtak win, Kkachi. Please do so for my sake."

∮entreaty [intríːti] **n.** 간청(懇請), 탄원(歎願)

☐ resemble [rizémbl]

v. …와 닮다

ex. "**담**임 선생님과 **다**른 학생들이 **닮**았**다**. 그들은 서로 공통점이 많아 보였다."

MP3 "Our homeroom teacher **resembled** other students. They seemed to have much in common."

- resemblance [rizémbləns] **n.** 닮음

☐ reserve [rizə́ːrv]

v. 떼어 놓다, 예약(豫約)하다, 보류(保留)하다, 보유하다
n. 비축(備蓄), 보류, 유보(留保), 보호 구역

ex. "**애**가 만**약**(萬若) 그 방을 **예약**을 안 했으면 어쩌지?"

MP3 "What if this guy didn't **reserve** the room?"

- reserved [rizə́ːrvd] **a.** 예약된, 보류된, 내성적(內省的)인
- reservation [rèzərvéiʃən] **n.** 예약, 보류, 유보

∮sanctuary [sǽŋktʃuèri] **n.** 자연 보호 구역, 피난처, 안식처, 성역

☐ resign [rizáin]

v. 사임(辭任)하다, 사직하다, 체념(諦念)하다, 단념하다

ex. "그가 **사임**한 신**사임**."

MP3 "He is the gentleman who has **resigned**."

- resignation [rèzignéiʃən] **n.** 사임, 사직, 체념, 단념

☐ resist [rizíst]

v. 저항(抵抗)하다, 참다

ex. "**저**는 **항**복(降伏)하지 않아요. 저는 **저항**할 거예요."

MP3 "I will not surrender. I will **resist**."

- resistance [rizístəns] **n.** 저항, 저항력
- resistant [rizístənt] **a.** 저항하는, 저항력이 있는 **n.** 저항자
- resistible [rizístəbl] **a.** 저항할 수 있는
- irresistible [irizístəbl] **a.** 저항할 수 없는, 치명적인 매력(魅力)의

☐ resolution [rèzəlúːʃən]

n. 결의(決意), 해결(解決), 해상도(解像度)

ex. 그녀는 아이들을 양육하기 위해 **결혼**(結婚)**의 결의**를 했다.

MP3 She made a **resolution** to marry to bring up children.

- New Year's resolution 새해 결심
- resolve [rizálv] **v.** 결의하다, 해결하다 **n.** 결의
- resolute [rézəlùːt] **a.** 굳게 결의한, 단호한

☐ resource [ríːsɔːrs]

n. 자원(資源), 재원, 자산, 자질, 역량

ex. "우리의 천연**자원**이 **자**꾸 줄어. 우리가 **원**하지 않는데도."

MP3 "Our natural **resources** are diminishing again and again even though we don't want it."

- family resources 가족의 재산

∉ source [sɔːrs] **n.** 원천, 근원, 출처, 정보원

- outsourcing [aùtsɔ́rsiŋ] **n.** 아웃소싱, 외부 위탁(委託), 외부 조달(調達)

☐ respect [rispékt]

n. 존경(尊敬), 존중(尊重), 측면, 사항 **v.** 존경하다, 존중하다

ex. 그는 정직(正直) 면에서 **존** 폴스타프 **경**을 **존경**한다.

MP3 He **respects** Sir John Falstaff as **respects** honesty.

- respectable [rispéktəbl] **a.** 존경받을 만한, 상당한
- respectful [rispéktfəl] **a.** 존경하는, 공손(恭遜)한
- respectfully [rispéktfəli] **ad.** 공손하게
- disrespectful [disrispéktfl] **a.** 경의(敬意)를 표하지 않는, 무례한
- respective [rispéktiv] **a.** 각각(各各)의, 각자(各自)의
- respectively [rispéktivli] **ad.** 각각, 각자

∉ homage [hámidʒ] **n.** 존경, 경의

☐ respiration [rèspəréiʃən]

n. 호흡(呼吸)

ex. **호흡**은 **호**기(呼氣)와 **흡**기(吸氣)다.

MP3 **Respiration** is inhalation and exhalation.

- respire [rispáiər] **v.** 호흡하다
- respirator [réspərèitər] **n.** 인공호흡기(人工呼吸器)
- respiratory [réspərətɔ̀ːri] **a.** 호흡의, 호흡기의
- respiratory diseases 호흡기 질환

∉ SARS [saːrs] **n.** 중증 급성 호흡기 증후군 (Severe Acute Respiratory Syndrome)

☐ respond [rispánd]

v. 반응(反應)하다, 응답(應答)하다

ex. "내게 **응답하라**!" "**응**." "너의 **답이냐**, 그게?

MP3 "**Respond** to me!" "Yes." "Are you answering me?"

- response [rispáns] **n.** 반응, 응답
- responsive [rispánsiv] **a.** 반응하는, 응답하는
- respondent [rispándənt] **a.** 반응하는, 응답하는 **n.** (이혼 소송의) 피고(被告)

∉ react [riǽkt] **v.** 반응하다

- reaction [riǽkʃən] **n.** 반응, 반작용(反作用)

☐ responsible [rispánsəbl]

a. 책임(責任)이 있는

ex. "그것은 제가 **책임**지고 맡은 **책입**니다."

MP3 "It is the book I am **responsible** for"

• responsibility [rispɑ̀nsəbíləti] **n.** 책임
• irresponsible [irispɑ́nsəbl] **a.** 무책임한

☐ rest [rest]

n. 나머지, 휴식(休息) **v.** 쉬다

ex. **나머지** 학생들은 각각 생각했다. '**나 뭐** 하**지**?'

MP3 The **rest** of the students thought respectively. 'What should I do?'

• restroom [réstruːm] **n.** (공공) 화장실(化粧室)
cf repose [ripóuz] **n.** 휴식
• intermission [intərmíʃən] **n.** (영화, 연극 등의) 중간 휴식 시간, 중단, 휴지(休止)

☐ restore [ristɔ́ːr]

v. 복원(復元)하다, 회복(回復)하다

ex. 3**회**의 **복**부(腹部) 수술을 마치고 그녀는 자신의 건강을 **회복**하였다.

MP3 After she came through three abdominal operations, she **restored** her health.

• restoration [rèstəréiʃən] **n.** 복원, 회복
• restorer [ristɔ́ːrər] **n.** 복원 전문가
cf revive [riváiv] **v.** 소생(蘇生)시키다, 회복시키다, 소생하다, 회복하다, 부활(復活)하다
• revival [riváivəl] **n.** 소생, 회복, 부활
• renaissance [rènəsɑ́ːns] **n.** (예술의) 부흥(復興), 부활, (the Renaissance) 르네상스, 문예 부흥

☐ restrain [ristréin]

v. 억제(抑制)하다, 자제(自制)하다, 저지(沮止)하다

ex. "너는 **억**지 부리는 것 좀 **제**발 좀 **억제**해!"

MP3 "Please **restrain** your stubborn behavior!"

• restraint [ristréint] **n.** 억제, 자제, 저지
cf deterrent [ditə́ːrənt] **n.** 억제책 **a.** 제지(制止)하는

☐ restrict [ristríkt]

v. 제한(制限)하다, 한정(限定)하다

ex. "**제**가 **한**번 그의 자유를 **제한**해보죠."

MP3 "I will try **restricting** his freedom."

• restriction [ristríkʃən] **n.** 제한, 제약(制約)
• restrictive [ristríktiv] **a.** 제한적인, 한정하는
cf circumscribe [sə́rkəmskràib] **v.** 제한하다, 주위에 선을 긋다

☐ result [rizʌ́lt]

n. 결과(結果) **v.** 결과로 생기다

ex. 그녀의 노력의 **결과**로 그녀가 쓴 책의 계약 체**결**(締結)**과** 출간(出刊)이 이루어졌다.

MP3 As a **result** of her efforts, she made a contract and her book was published.

• result from …가 원인(原因)이 되다
• result in …라는 결과가 나오다
• resultant [rizʌ́ltənt] **a.** 그 결과로 생긴
cf corollary [kɔ́ːrəlèri] **n.** 필연적(必然的)인 결과, 추론
• outcome [áutkʌ̀m] **n.** 결과
• ramification [ræməfikéiʃən] **n.** 파생(派生)된 문제, 파문(波紋)

☐ resume[1] [rézumèi]

n. 요약, 개요, 이력서(履歷書)

ex. "너의 **이력서**에 **이** 경**력**(經歷)을 **서**술해."

MP3 "Let this career be included in your **resume**."

cf curriculum vitae [kəríkjuləm váitiː] **n.** (CV) 이력서

☐ resume[2] [rizúːm]

v. 재개(再開)하다, 다시 시작하다

ex. "**재** 또 **개**처럼 날뛰는 짓을 **재개**하네."

MP3 "That guy **resumes** going crazy like a dog."

• resumption [rizʌ́mpʃən] **n.** 재개
cf renew [rinjúː] **v.** 재개하다, 갱신(更新)하다, 회복하다, 교체(交替)하다

• renewal [rinjúːəl] **n.** 재개, 갱신, 회복

☐ retard [ritáːrd]

v. 지연(遲延)시키다, 더디게 하다

ex. **더딘** 발전은 **더 뒤인** 발전이다.

MP3 **Retarded** development is one that is further back.

• retarded [ritáːrdid] **a.** 지연된, 지능 발달이 더딘
≠ tardy [táːrdi] **a.** 느린, 지체(遲滯)된, 지각(遲刻)한
• tardily [táːrdili] **ad.** 느리게

☐ retire [ritáiər]

v. 은퇴(隱退)하다, 퇴직(退職)하다, 물러나다

ex. "**은퇴**하는 선생님**은 퇴**장을 앞두고 기분이 어떠실까?"

MP3 "How does the teacher who is **retiring** feel when he or she is about to leave?"

• retirement [ritáiərmənt] **n.** 은퇴, 퇴직

☐ retreat [ritríːt]

v. 후퇴(後退)하다, 물러나다 **n.** 후퇴, 피난, 피난처(避難處)

ex. "**후퇴**하는 적의 **후**방(後方) **퇴**로(退路)를 차단하라!"

MP3 "Cut off the enemy's **retreat** behind!"

≠ refuge [réfjuːdʒ] **n.** 피난(처), 보호 시설
• refugee [rèfjudʒíː] **n.** 피난자, 난민(難民), 망명자(亡命者)

☐ retrospect [rétrəspèkt]

n. 회상(回想), 회고(回顧), 소급력(遡及力)

ex. "**회상**해 보면, **회사** 다니던 내 모습은 **앙**상했다."

MP3 "In **retrospect**, I was all skin and bones when I worked for the company."

• in retrospect 돌이켜 생각해보면
≠ retroactively [rètrouǽktivli] **ad.** 시간을 거슬러, 소급적으로

☐ return [ritə́ːrn]

v. 돌아오다, 돌려주다 **n.** 돌아옴, 돌려줌, 수익(收益)

ex. **도라**가 **온다**. 그녀가 집으로 **돌아온다**.

MP3 Dora is coming. She is **returning** home.

☐ reunion [riːjúːniən]

n. 재회(再會), (친목) 모임, 동창회(同窓會)

ex. "어**제 회**장님과 그의 따님이 감동적인 **재회**를 하셨지요."

MP3 "An emotional **reunion** took place between the chairman and his daughter yesterday."

☐ reveal [rivíːl]

v. 드러내다

ex. 뚜껑을 **들어내**고 그들은 내용물을 **다 드러낸다**.

MP3 Removing the cover, they **reveal** all the contents.

• revelation [rèvəléiʃən] **n.** 폭로(暴露), 계시(啓示)

☐ revenue [révənjùː]

n. 세입(稅入), 수입, 수익, 총수익, 총수입

ex. **세입**에 관하여 정부가 **새 입**장을 발표했다.

MP3 The government announced its new stance on tax **revenues**.

☐ revere [rivíər]

v. 숭배(崇拜)하다, 공경(恭敬)하다, 존경(尊敬)하다

ex. "샤를로트 **공**주님께 **경**례!" 모두가 **공**

R

경하는 그 여성에게 경의를 표했다.

MP3 "Salute to Princess Charlotte!" Everyone paid reverence to the woman that they **revere**.

- reverence [révərəns] n. 숭배, 공경, 존경
- ∮Reverend [révərənd] n. 목사, 신부

revise [riváiz]

v. 개정하다, 수정하다

ex. "**개정**할 규정들이 몇 **개**인지 **정**합시다."

MP3 "Let's decide how many regulations should be **revised**."

- revision [rivíʒən] n. 개정, 수정

revolution [rèvəlúːʃən]

n. 혁명(革命), 혁신(革新), 공전(公轉)

ex. "**형, 명**령을 어기고 **혁명**에 참여하자."

MP3 "Hey, brother, let's violate the order and join the **revolution**."

- revolutionary [rèvəlúːʃənèri] a. 혁명적인, 혁명의, 혁신의
- revolutionize [rèvəlúːʃənàiz] v. 혁명을 일으키다
- revolve [riválv] v. 회전하다, 공전하다
- revolver [riválvər] n. 회전식 연발(連發) 권총
- ∮coup d'état [kùː deitáː] n. 쿠데타, 무력(武力) 정변(政變)
- coup [kuː] n. 쿠데타, 대성공
- devolution [dèvəlúːʃən] n. (중앙에서 지방으로 권력의) 이전(移轉), (생물의) 퇴화(退化)
- devolve [diválv] v. 양도(讓渡)하다, 이전하다, 퇴화하다

reward [riwɔ́ːrd]

n. 보상(報償), 보상금 v. 보상하다

ex. "여**보**, 내가 **상**으로 **보상**받았어." "그것은 당신의 노력에 대한 **보상**으로 받은 선물이네요."

MP3 "Honey, I've been **rewarded** with a prize." "It is a gift in **reward** for your effort."

- rewarding [riwɔ́ːrdiŋ] a. 보상이 있는, 보람이 있는
- ∮repay [ripéi] v. repay - repaid - repaid 갚다, 보답(報答)하다

rice [rais]

n. 벼, 쌀, 밥

ex. **밥**은 **밥**을 주식(主食)으로 먹고 산다.

MP3 Bob lives on a diet of **rice**.

- rice paddy 논
- ∮timothy [tíməθi] n. 큰조아재비, 벼과의 식물
- barley [báːrli] n. 보리
- barn [baːrn] n. 곳간, 헛간
- barnstorming [bárnstɔ̀rmiŋ] n. 곡예비행(曲藝飛行)

rid [rid]

v. rid - rid - rid 없애다, 제거(除去)하다, 자유롭게 하다

ex. 집에 모기가 **없**다. 우리 **애**들이 모기들을 **다 없애**버렸**다**.

MP3 There is no mosquito in the house. Our children **rid** the house of all the mosquitos.

- ∮strip [strip] v. 벗기다, 없애다, 제거하다 n. 가느다란 조각
- divest [divést] v. 벗기다, 빼앗다, 박탈(剝奪)하다

ride [raid]

v. ride - rode - ridden (탈것을) 타다 n. 타기

ex. **타**잔과 제**다**이가 버스를 **탄다**.

MP3 Tarzan and Jedi are **riding** a bus.

- outride [autráid] v. outride - outrode - outridden …보다 빨리 타다, …보다 멀리 타고 가다

ridicule [rídikjùːl]

n. 조소(嘲笑), 조롱(嘲弄), 비웃음 v. 조소하다, 조롱하다, 비웃다

ex. "**비**가 나를 보고 **웃**는 듯하**다**. 그것이

나를 **비웃**고 있는 듯하**다**."
MP3 "The rain appears to laugh at me. It seems to **ridicule** me."

• ridiculous [ridíkjuləs] **a.** 웃기는, 우스운, 터무니없는
∮ sneer [sniər] **v.** 비웃다 **n.** 비웃음, 냉소(冷笑), 경멸(輕蔑)

☐ rigid [rídʒid]

a. 엄격(嚴格)한, 뻣뻣한

ex. "**뻣뻣**하게 있지 말고 너희들의 팔다리를 더 **뻗**어, 더 **뻗**으라고." 교사는 그의 학생들에게 아주 엄격했다.
MP3 "Don't stay **rigid**. Stretch out your arms and legs more and more." The teacher was strict with his students.

• rigidly [rídʒidli] **ad.** 엄격하게, 뻣뻣하게
• rigidify [ridʒídəfài] **v.** 굳게 하다
∮ stiff [stif] **a.** 뻣뻣한, 경직(硬直)된, 단단한
• stiffen [stífən] **v.** 뻣뻣해지다, 뻣뻣하게 하다, 강화(强化)하다
• stiffness [stífnis] **n.** 단단함, 뻣뻣함
• stern [stəːrn] **a.** 엄격한, 엄중한 **n.** (배의) 고물, 선미(船尾)

☐ ring [riŋ]

v. ring - rang - rung (종이) 울리다, 전화하다 **n.** 반지(半指), 종소리

ex. 우리의 **반**장(班長)은 **지금 그 반지**에 대해 이야기하기 위해 그에게 전화를 하고 있다.
MP3 The president of our class is now giving him a **ring** to talk about the **ring**.

∮ hoop [huːp] **n.** 둥근 테, 굴렁쇠, 훌라후프, (농구의) 링

☐ ripe [raip]

a. 익은, 성숙(成熟)한

ex. **이 근**처에 **익은** 과일들이 있다.
MP3 There are **ripe** fruits near here.

• ripen [ráipən] **v.** 익다, 성숙하다

☐ rise [raiz]

v. rise - rose - risen 오르다, 뜨다, 증가(增加)하다, 발생(發生)하다 **n.** 상승, 인상, 증가, 발생

ex. **오**늘 파브**르**가 본 **다**른 굴뚝에서 연기가 피어**오른다**.
MP3 Smoke is **rising** from another chimney Fabre has seen today.

☐ risk [risk]

n. 위험(危險) **v.** 위험하게 하다, 위험을 무릅쓰다

ex. "**위**쪽 길은 **험**해서 더 **위험**해."
MP3 "The road on the upper side is rough and involves more **risk**."

• risky [ríski] **a.** 위험한

☐ rival [ráivəl]

n. 라이벌, 경쟁자(競爭者) **v.** 경쟁하다, 겨루다, 필적(匹敵)하다

ex. "기술로 그들과 **겨루어**서 내 꿈을 **겨**울에 이**루**었다." 이루**다**는 말한다.
MP3 "I **rivaled** them in skills and my dreams came true in winter." Lee Luda says.

• rivalry [ráivəlri] **n.** 경쟁

☐ river [rívər]

n. 강(江), 강물

ex. "**강**으로 **가**, **앙**?"
MP3 "Go to the **river**, will you?"

∮ basin [béisn] **n.** (강의) 유역(流域), 분지(盆地), 대야
• stream [striːm] **n.** 시내, 개울, 흐름 **v.** 흐르다, 나부끼다, 스트리밍하다

☐ road [roud]

n. 길, 도로(道路)

ex. "**길**이 **길다**."

MP3 "The **road** is long."

∮ interchange [íntərtʃèindʒ] **n.** 나들목, 인터체인지, 교환(交換) **v.** [ìntərtʃéindʒ] 교환하다
- lane [lein] **n.** 좁은 길, 차선, (수영) 레인, 항로
- pave [peiv] **v.** (도로를) 포장(鋪裝)하다
- pavement [péivmənt] **n.** 포장도로

☐ roar [rɔːr]

v. 으르렁거리다, 고함(高喊)치다 **n.** 으르렁, 고함

ex. "나는 **을**(乙)이야. 으, 갑(甲)인 사람들이 나를 잡**으러** 와. **엉**? 내게 그들의 **으르렁** 소리가 들려."

MP3 "I am the weaker one. Blech, the stronger people are going to catch me. Uh? I hear them **roaring**."

∮ growl [graul] **v.** (동물이) 으르렁거리다 **n.** 으르렁 (소리)

☐ rob [rɑb]

v. 강도(强盜)질하다, 강탈(强奪)하다, 털다

ex. 그들은 사람들의 돈을 **강도질했다**. 그들은 도망갈 때 한**강도** 건넜다. 그들은 **질**이 나쁘게 돈을 탕진(蕩盡)**했다**.

MP3 They **robbed** people of their money. They ran away, even crossing the Han River. They badly wasted the money.

- robber [rɑ́bər] **n.** 강도
- robbery [rɑ́bəri] **n.** 강도질, 강탈

∮ extort [ikstɔ́ːrt] **v.** 강탈하다, 갈취(喝取)하다

☐ rock [rɑk]

n. 바위, 암석(巖石) **v.** 흔들다, 흔들리다

ex. 그들은 **바**로 **위**의 **바위**에 매달린다.

MP3 They are holding onto the **rock** that is directly above them.

∮ coral reef [kɔ́ːrəl riːf] 산호초(珊瑚礁)
- limestone [láimstòun] **n.** 석회암
- granite [grǽnit] **n.** 화강암
- obsidian [əbsídiən] **n.** 흑요석

☐ rocket [rɑ́kit]

n. 로켓 **v.** 급상승(急上昇)하다, 돌진(突進)하다

ex. "**로켓**이 이륙했나요? 어디로 향하나요?" **캣**우먼이 물었다.

MP3 "Has the **rocket** taken off? Where is the target?" Catwoman asked.

☐ role [roul]

n. 역할(役割), 배역(配役)

ex. **여**전히 그녀가 '쌍**칼**' **역할**을 맡는다.

MP3 She still plays the **role** as 'Two of Swords'.

☐ romance [roumǽns]

n. 로맨스, 연애(戀愛), 모험담(冒險談)

ex. "**여**기서 **내**가 **연애**하고 정착했지."

MP3 "It was here where I had a **romance** and settled down."

- romantic [roumǽntik] **a.** 로맨틱한, 연애의, 낭만주의(浪漫主義)의 **n.** 낭만적인 사람
- roman [rɔmɑ] **n.** 로망, 이야기, 장편 소설

☐ Rome [roum]

n. 로마

ex. "**로마로** 가면 (**마**음에 들지 않더라도) **로마**인들이 하는 대로 하라."

MP3 "When in **Rome**, (even if you don't like it) do as the Romans do."

- Roman [róumən] **a.** 로마의 **n.** 로마인
- Roman Catholicism 로마가톨릭교, 천주교

☐ roof [ruːf]

n. 지붕

ex. **지붕** 위로 스파이더맨이 **지**금 **붕**붕 날고 있다.

MP3 The Spider-Man is flying over the **roofs** now.

- mansard roof [mǽnsɑːrd ruːf] **n.** (2단으로 경사진) 망사르드 지붕

∮ eaves **n.** [iːvz] 처마

- gutter [gʌ́tər] **n.** (지붕의) 홈통, 배수로(排水路), 도랑
- groove [gruːv] **n.** 홈, 가늘고 긴 홈, 가늘고 길게 패인 곳

☐ room [ruːm]

n. 방(房), 공간(空間), 자리, 여지(餘地)

ex. **방**섭이는 그의 **방**에서 **방방** 뛴다.

MP3 Bangseop is jumping in his **room**.

- roommate [rúmèit] **n.** 룸메이트, 함께 방을 쓰는 사람
- roomy [rúːmi] **a.** 널찍한

∮ chamber [tʃéimbər] **n.** 방, 회의실, (생체 등의) 실(室)

☐ root [ruːt]

n. 뿌리 **v.** 뿌리내리다

ex. "네가 **뿌리**를 **뿌리**냐?"

MP3 "Are you scattering the **roots**?"

- uproot [ʌprúːt] **v.** 뿌리째 뽑다, 근절(根絶)하다

∮ eradicate [irǽdəkèit] **v.** 근절하다, 박멸(撲滅)하다, 뿌리 뽑다

☐ rough [rʌf]

a. 거친, 대충의, 대강(大綱)의 **n.** 초안(草案), 개략(槪略)

ex. "**대**학 신입생 **충**원율(充員率)을 **대충**이라도 알려주세요."

MP3 "Give a **rough** idea of college enrollment rates."

- roughage [rʌ́fidʒ] **n.** 섬유질 식품

∮ coarse [kɔːrs] **a.** 거친, 굵은, 상(常)스러운, 음탕(淫蕩)한

☐ route [ruːt]

n. 경로(經路), 노선(路線), 루트

ex. "**경**찰서**로** 가는 **경로** 1에 소방서가 있다. 나는 도중(途中)에 거기에 잠시 들를 거다."

MP3 "There is a fire station on **route** 1 to the police station. I will stop by the station en **route**."

∮ course [kɔːrs] **n.** 코스, 강좌(講座), 과목(科目), 과정(課程), 진로(進路)

☐ routine [ruːtíːn]

n. 일상(日常), 일과(日課), 루틴, 판에 박힌 일 **a.** 판에 박힌

ex. **판에 박힌 일**이 못에게 **판에 박힌 일**이다.

MP3 Being driven into the board is a **routine** for a nail.

∮ rut [rʌt] **n.** 고정(固定)된 틀, 바퀴 자국

☐ row [rou]

v. 노를 젓다 **n.** 줄, 열(列), 노젓기, [rau] 말다툼

ex. "우리는 **노**를 **젓는 노**력을 했으나 경주에서 **졌다**."

MP3 "We made efforts to **row** but lost the race."

☐ royal [rɔ́iəl]

a. 왕의, 왕실(王室)의

ex. **왕실**의 공주는 **왕**이 **싫**다.

MP3 A princess in the **royal** family doesn't like the king.

- royalty [rɔ́iəlti] **n.** 왕족(王族), 인세(印稅)

∮ regal [ríːgəl] **a.** 왕의, 제왕(帝王)의, 제왕다운, 왕에 걸맞는

☐ rubber [rʌ́bər]

n. 고무, 지우개

R

ex. "너희들이 **고무** 소년하**고** **무**얼 찾는다고?" "한 조각!"

MP3 "What are you looking for with **Rubber** Boy?" "One piece!"

- rub [rʌb] v. 문지르다, 비비다, 바르다

≠ scrub [skrʌb] v. (북북) 문지르다 n. 문질러 닦기, 관목

☐ rude [ru:d]

a. 무례(無禮)한, 버릇없는

ex. "너는 **물**론 **예**절을 지켜야지. 남을 깔보면 **무례**한 거야."

MP3 "Of course, you should observe the proprieties. It is **rude** to look down on others."

≠ insolent [ínsələnt] a. 무례한, 버릇없는, 건방진

☐ rule [ru:l]

n. 규칙(規則), 통치(統治), 지배(支配) v. 통치하다, 지배하다, (줄을) 자로 긋다

ex. "제가 게임의 **규칙**에 주의하라고요?" 동**규**는 **칙**칙한 **규칙**에 주의를 기울이고 싶지 않았다.

MP3 "Should I attend to the **rules** of the game?" Dongkyu didn't want to pay attention to the dusty **rules**.

- ruler [rú:lər] n. 통치자, 지배자, (선을 긋는) 자

☐ rumor [rú:mər]

n. 소문(所聞)

ex. 소식이 소식(小食)을 한다는 **소문**은 **소**르르 사실로 판명(判明)되었는데 이것은 **문**제가 많았다.

MP3 The **rumor** that So Sik had been on a diet smoothly turned out to be true, which was problematic.

☐ run [rʌn]

v. run - ran - run 달리다, 운영(運營)하다

ex. **달**을 향해 **린다**는 오늘도 **달린다**.

MP3 Linda is **running** toward the moon again today.

- outrun [autrʌ́n] v. outrun - outran - outrun …보다 빨리 달리다, 넘다(웃돌다), 앞지르다
- overrun [òuvərrʌ́n] v. overrun - overran - overrun 들끓다, (시간, 비용 등을) 초과(超過)하다

≠ jog [dʒɑg] v. 조깅하다, 살짝 밀다 n. 조깅

- jogging path 조깅 코스
- marathon [mǽrəθɑ̀n] n. 마라톤

☐ runny [rʌni]

a. 콧물이 나는

ex. "한 아이가 **콧물이 나는**데 그 **콧물이 나는** 싫어."

MP3 "A child has a **runny** nose but I don't like the running nose."

☐ rural [rúərəl]

a. 시골의

ex. **시**냇물이 **골**짜기에서 흐르는 **시골** 풍경(風景)은 아름답다.

MP3 A **rural** scene where the streams in a valley flow is beautiful.

≠ countryside [kʌ́ntrisàid] n. 시골, 지방(地方)

- country [kʌ́ntri] n. 나라, 국가, (the country) 시골

☐ rush [rʌʃ]

v. 돌진(突進)하다, 서두르다 n. 돌진, 쇄도(殺到), 서두름

ex. 한 무리의 사람들이 그 **돌**이 **진**짜 황금인지 보기 위**하여** 그곳으로 **돌진했다**.

MP3 A crowd of people **rushed** to that place in order to see whether it was really a golden stone.

≠ dash [dæʃ] v. 황급(遑急)히 달려가다, 돌진하다, 내동댕이치다 n. 돌진, 부딪치는 소리

☐ rust [rʌst]

n. 녹(綠) **v.** 녹슬다, 녹슬게 하다, 부식(腐蝕)하다, 부식시키다

ex. **녹슨** 씨는 **녹슨** 자물쇠를 가지고 있다.

MP3 Noxon has the lock that has **rusted**.

- rusty [rʌ́sti] **a.** 녹슨

∮ corrode [kəróud] **v.** 부식하다, 좀먹다
- corrosion [kəróuʒən] n 부식
- corrosive [kəróusiv] **a.** 부식성의 **n.** 부식제

S

☐ sacred [séikrid]

a. 신성(神聖)한, 성스러운, 종교적인

ex. **신**(神)들의 **성**(城) **한** 채는 **신성한** 곳이다.

MP3 A castle of the Gods is a **sacred** place.

∮ consecration [kὰnsəkréiʃən] **n.** 헌당, 헌당식(獻堂式), 신성화(神聖化)
- saint [seint] **n.** (St.) 성인, 성자

☐ sacrifice [sǽkrəfàis]

n. 희생(犧牲), 제물(祭物) **v.** 희생하다

ex. "우리는 **희**미(稀微)하게라도 **생**각해야 한다, 그들이 전쟁에 **희생**되었다는 사실을."

MP3 "We should think even glimmeringly that they fell a **sacrifice** to the war."

∮ scapegoat [skéipgòut] **n.** 희생양(犧牲羊)

☐ sad [sæd]

a. 슬픈, 슬퍼하는

ex. **구슬픈** 곡조가 그에게 **슬픈** 마음이 들도록 했다.

MP3 The mournful tune made him **sad**.

- sadness [sǽdnis] **n.** 슬픔

☐ safe [seif]

a. 안전(安全)한 **n.** 금고

ex. "너는 왜 소식을 우리에게 **안 전**(傳)**한** 거니?" "그곳은 **안전한** 곳이 아니어서 전 자유롭지 못했어요."

MP3 "Why didn't we hear from you?" "Because it was not a **safe** place, I was not free."

- safe conduct 안전 통행권
- safely [séifli] **ad.** 안전히
- safety [séifti] **n.** 안전, 안전성
- safety device 안전장치

☐ sail [seil]

v. 항해하다, 요트를 타다 **n.** 돛, 항해

ex. **돛**단배가 해**돋**이를 보러 왔다.

MP3 A **sailing** boat has come to see the sunrise.

- sails and runners (ice boating에서) 돛과 (썰매의) 날
- sailboat [séilbòut] **n.** 범선(帆船), 요트

∮ mast [mæst] **n.** 돛대
- navigate [nǽvəgèit] **v.** 항해하다, 길을 찾다
- navigation [nævəgéiʃən] **n.** 항해

☐ sale [seil]

n. 판매(販賣), 판매량, 세일, 할인 판매

ex. 그가 **판 매**가 다시 **판매** 중이다.

MP3 The hawk that he sold is on **sale** again.

- salesperson [séilzpə̀ːrsn] **n.** 판매원, 점원

∮ consignment [kənsáinmənt] **n.** 위탁(委託) 판매, 위탁 판매품
- consign [kənsáin] **v.** 위탁하다, 몰아넣다
- cannibalize [kǽnəbəlàiz] **v.** (신상품이 자사의 다른 제품 판매량을) 잡아먹다
- cannibal [kǽnəbl] **n.** 식인종, 동족을 잡아먹는 동물

S

☐ salt [sɔːlt]

n. 소금, 염(鹽) **v.** 소금을 치다

ex. **소**가 **금**화(金貨)와 **소금**을 나른다.

MP3 A cow is carrying gold coins and **salt**.

- salty [sɔ́ːlti] **a.** 소금기가 있는, 짠
- ∮saline [séilain] **a.** 염분을 함유한
- salinity [səlínəti] **n.** 염분, 염도

☐ same [seim]

a. 같은, 똑같은, 동일한 **n.** 같은 것, 동일한 것

ex. **같은** 그룹에 속한 진이랑 **같은** 정도로 정국이**가** 튼튼하다.

MP3 Jungkook is as strong as Jin who belongs to the **same** group.

☐ sample [sǽmpl]

n. 표본(標本), 견본, 샘플 **v.** 표본 조사를 하다, 시식(試食)하다, 시음하다

ex. 영**표**가 **본** 무작위(無作爲) **표본**은 100개의 개체들로 구성되어 있었다.

MP3 The random **sample** Youngpyo saw consisted of 100 individuals.

∮specimen [spésəmən] **n.** 표본, 견본

☐ sand [sænd]

n. 모래

ex. "낼**모레** 우리 **모래**사장에서 놀자."

MP3 "Let's play on the **sand** the day after tomorrow."

- sandbox [sǽndbɑ̀ks] **n.** (아이들이 노는) 모래 상자
- sandlot ball 동네 야구
- ∮dune [djuːn] **n.** 모래 언덕, 사구(砂丘)
- grit [grit] **n.** 모래알, 근성
- shoal [ʃoul] **n.** 모래톱, (물고기) 떼
- silt [silt] **n.** 침적토, 침니(沈泥)

☐ sanitary [sǽnətèri]

a. 위생(衛生)의, 위생적인

ex. "**위생**적인 상태를 **위**해 **생**각해보자. 공중**위생**을 지키는 수단을 쓰자."

MP3 "Let's think about what is for **sanitary** conditions. Let's use a means for protecting public health."

- sanitation [sænitéiʃən] **n.** 위생, 위생 설비
- sanitation department 위생과
- unsanitary [ʌnsǽnətèri] **a.** 비위생적인
- ∮hygiene [háidʒiːn] **n.** 위생 상태

☐ sarcasm [sɑ́ːrkæzm]

n. 풍자(諷刺), 빈정거림, 비꼼

ex. 그 작가는 악취를 **풍**기는 **자**들에 대한 신랄(辛辣)한 **풍자**를 담아 말한다.

MP3 The author says with a biting **sarcasm** about people who smell bad.

- sarcastic [sɑːrkǽstik] **a.** 빈정대는, 비꼬는
- ∮satire [sǽtaiər] **n.** 풍자

☐ satellite [sǽtəlàit]

n. 위성, 인공위성(人工衛星), 위성 도시

ex. **위성 위**에서 별들이 **엉**엉 운다.

MP3 Stars are blubbering above the **satellite**.

☐ satisfy [sǽtisfài]

v. 만족(滿足)시키다, 충족(充足)시키다

ex. "네가 나를 **만족시키니** 이제 그**만**하고 족발 **시키는** 게 좋겠다."

MP3 "As you **satisfy** me, let's call it a day and have trotters delivered."

- satisfaction [sætisfǽkʃən] **n.** 만족, 충족
- satisfied [sǽtisfàid] **a.** (자기가) 만족한
- satisfying [sǽtisfàiiŋ] **a.** 만족시키는, 만족스러운
- satisfactory [sætisfǽktəri] **a.** 만족스러운
- unsatisfactory [ʌ̀nsætisfǽktəri] **a.** 만족스럽지 않

은, 불만족스러운
• dissatisfy [dissǽtisfài] v. 불만족스럽게 하다
• dissatisfaction [dìssætisfǽkʃən] n. 불만, 불평
• dissatisfied [dissǽtisfàid] a. 불만족스러운
∮ sated [séitid] a. 충분히 만족한, 물린, 질린
• sate [seit] v. 충분히 만족시키다, 물리게 하다
• satiate [séiʃièit] v. 지나치게 만족시키다, 물리게 하다
• satiation [sèiʃiéiʃən] n. 물릴 정도로 먹음, 포만
• satiety [sətáiəti] n. 포만(감)

☐ sausage [sɔ́:sidʒ]

n. 소시지

ex. "당신이 우리에게 **소시지**를 **쏘시지**요?"

MP3 "Will you buy us some **sausages**?"

☐ savage [sǽvidʒ]

a. 야만적(野蠻的)인, 잔혹(殘酷)한 n. 야만인

ex. "**야**, 그**만**해! 너는 너무 **야만**적이야."

MP3 "Hey, stop! You're too **savage**."

• savagely [sǽvidʒli] ad. 야만적으로, 잔혹하게

☐ save [seiv]

v. 구(救)하다, 아끼다, 절약하다, 덜다, 저축하다, 저장하다 n. 저장

ex. "그들에게 촉**구**(促求)**하라**, 그들의 목숨을 희생해서라도, 어떤 위험을 무릅쓰고라도 아이들을 **구하라**고."

MP3 "Urge them to **save** the children at all risks even at the expense of their life."

• save as draft 임시 저장
• saving [séiviŋ] n. 절약, 저축 a. 절약하는 prep. conj. … 외에는
∮ rescue [réskju:] v. 구조(救助)하다 n. 구조
• salvage [sǽlvidʒ] n. (재난에서 재화의) 구조, 침몰선의 인양(引揚) v. (난파선을) 구조하다
• salvation [sælvéiʃən] n. 보호, 구제, 구원
• salve [sæv] v. (죄책감을) 덜다 n. (상처에 바르는) 연고(軟膏)

☐ saw [sɔ:]

n. 톱 v. saw - sawed - sawn/sawed 톱질하다

ex. 그녀가 **톱**질은 **톱**(=top)이다

MP3 She is the best at **sawing**.

☐ say [sei]

v. say - said - said 말하다

ex. 그는 이달 **말**(末)까지 그들과 타협(妥協)**한다**고 **말한다**.

MP3 He is **saying** that he will come to terms with them by the end of the month.

• saying [séiiŋ] n. 속담, 격언, 명언
∮ adage [ǽdidʒ] n. 격언, 속담
• aphorism [ǽfərìzm] n. 격언, 경구(警句)
• maxim [mǽksim] n. 격언, 금언(金言)

☐ scale [skeil]

n. 규모(規模), 등급, 눈금, 저울, 축척(縮尺), 비늘

ex. 그들은 '정**규** 분포(正規分布)의 **모**든 것'이라고 쓰여 있는 광고지를 대**규모**로 뿌렸다.

MP3 They distributed leaflets that said 'All About Normal Distribution' on a large **scale**.

• scale model 축척 모형

☐ scarce [skɛərs]

a. 부족한, 모자라는

ex. "내가 듣기로는 **모자라는** 것은 **모자라**는데."

MP3 "I heard that hats are **scarce**."

• scarcely [skɛ́ərsli] ad. 거의 …하지 않은, 간신히, 겨우
• scarcity [skɛ́ərsəti] n. 부족, 결핍, 희소성(稀少性)
∮ scant [skænt] a. 부족한, 충분하지 않은

S

☐ scatter [skǽtər]

v. 흩뿌리다, 흩뜨리다, 흩어지게 하다, 흩어지다

ex. **흐**린 하늘에서 무언가 **터지자** 사람들이 **흩어진다**.

MP3 Something exploding in the sky makes people **scatter**.

- scatterbrain 정신이 산만(散漫)한 사람
- *cf.* dispel [dispél] **v.** 생각을 떨쳐버리다
- dispellable [dispéləbl] **a.** 떨쳐버릴 수 있는
- disperse [dispə́ːrs] 흩어지다, 흩어지게 하다
- dispersal [dispə́ːrsəl] **n.** 해산, 분산
- dispersive [dispə́ːrsiv] **a.** 흩어지는, 분산적인
- sprinkle [spríŋkl] **v.** 뿌리다, 흩뿌리다
- sprinkler [spríŋklər] **n.** 스프링클러, 물 뿌리는 장치
- strew [struː] **v.** strew - strewed - strewed/strewn 흩뿌리다
- strewn [struːn] **a.** 표면을 뒤덮은, 흩뿌려진

☐ scene [siːn]

n. 현장, 장소, 장면, (연극의) 장, 풍경

ex. 방해하는 사람들을 차단하며 범행 **현장**에서 **현**진은 **장**시간 동안 머물렀다.

MP3 Hyunjin stayed at the crime **scene** for long hours, screening out those who got in the way.

- scenery [síːnəri] **n.** 경치, 풍경, 무대의 배경
- *cf.* landscape [lǽndskèip] **n.** 풍경, 풍경화

☐ schedule [skédʒuːl]

n. 스케줄, 일정(日程)

ex. "**일정**상 그를 만날 **일**이 앞당겨져 **정**해졌어."

MP3 "The meeting with him was brought forward in the **schedule**."

☐ scheme [skiːm]

n. 계획, 책략(策略), 음모(陰謀) **v.** 음모를 꾸미다

ex. **책략**이 **책**에 간**략**(簡略)히 소개되어 있다.

MP3 A **scheme** is shortly introduced in a book.

- schemer [skíːmər] **n.** 음모를 꾸미는 사람
- *cf.* conniving [kənáiviŋ] **a.** (남을) 음해(陰害)하는

☐ scholar [skɑ́lər]

n. (인문계) 학자, 장학생(奬學生)

ex. 대**학**에서 **짜**증난 **학자**가 짜장면을 먹는다.

MP3 A **scholar** who is irritated is eating jjajangmyeon in the university.

- scholarship [skɑ́lərʃip] **n.** 장학금, 학문

☐ school [skuːl]

n. 학교, 학부, (예술가 등의) 파(派), (물고기) 떼

ex. **학**학대며 **교**문을 통과했으나, 태현은 오늘도 **학교**에 지각했다.

MP3 Taehyun was late for **school** again today although he passed through the **school** gate breathing heavily.

- school uniform 교복
- schoolmate [skúlmèit] **n.** 학교 친구, 학우
- preschooler [prìskúlər] **n.** 취학 전 아동
- *cf.* semester [siméstər] **n.** 학기
- student [stjúːdnt] **n.** 학생

☐ science [sáiəns]

n. 과학

ex. "**과학과 수학**이 가져온 것은 무엇인가?"

MP3 "What have **science** and mathematics brought about?"

- scientific [sàiəntífik] **a.** 과학의, 과학적인
- scientist [sáiəntist] **n.** 과학자

☐ scissors [sízərz]

n. 가위

ex. **그가** 무대 **위**에서 **가위**를 들고 전갈을

흉내내며 춤춘다.
MP3 He is dancing with a pair of **scissors**, mimicking a scorpion, on a stage.

☐ scold [skould]

v. 꾸짖다, 야단치다

ex. 개가 자**꾸 짖**었**다**. 그것은 마치 수박 겉핥기만 한다며 그를 **꾸짖**는 듯했**다**.
MP3 The dog barked again and again. It was as if it **scolded** him because he was just scratching the surface.

☐ scratch [skrætʃ]

v. 긁다, 할퀴다 n. 긁힌 자국, 긁힌 상처

ex. "지금부터 **할 퀴**즈의 정답을 못 맞히**면** 네 등을 **할퀴**는 벌칙이 있을 거**다**."
MP3 "If you don't answer the question correctly in a quiz from now on, your back will get **scratched** as a penalty."

☐ scream [skriːm]

v. 비명(悲鳴)을 지르다 n. 비명

ex. "우리에게 **비**극적으로 **명**료(明瞭)하게 저 사람들의 **비명** 소리가 들려. 도대체 무슨 일이 벌어지고 있는 거야?"
MP3 "We clearly hear those people **screaming** in a tragic voice. What's going on here on earth?"

∮ screech [skriːtʃ] v. 날카로운 소리를 내다 n. 날카로운 소리

☐ script [skript]

n. 손으로 쓴 글, 원고(原稿), 대본(臺本)

ex. 주**원**은 그 어떤 **고**민도 하지 않고 그 **원고**를 옆으로 제쳐 버렸다.
MP3 Joowon, without worrying about anything, put aside the **script**.

- scribe [skraib] v. n. 필기사, 필경사, 서기

∮ scribble [skríbl] v. 휘갈겨 쓰다, 낙서하다 n. 낙서
- doodle [dúːdl] v. 낙서하다, 끼적대다, 빈둥거리다 n. 낙서

☐ scrupulous [skrúːpjuləs]

a. 양심적(良心的)인, 꼼꼼한

ex. **양심적인** 김 **양**은 **심적인** 부담을 느낀다.
MP3 Miss Kim who is **scrupulous** feels pressured.

- unscrupulous [ʌnskrúpjələs] a. 비양심적인, 부도덕한

☐ seal [siːl]

n. 물개, 바다표범, 인장(印章), 도장(圖章), 봉인(封印) v. 인장을 찍다, 봉인하다

ex. **봉인**된 상자 속의 게를 **봉** 선생님이 승**인**(承認)했다.
MP3 Mr. Bong approved a crab in the **sealed** box.

- elephant seal 바다코끼리, 해마
- Christmas seal (결핵 퇴치 기금 마련을 위한) 크리스마스 실

∮ stamp [stæmp] n. 우표, 도장, 발을 구름 v. (도장을) 찍다, 짓밟다, 발을 구르다
- food stamp 구호 대상자용 식량카드
- trample [trǽmpl] v. 짓밟다, 유린(蹂躪)하다

☐ search [səːrtʃ]

v. 찾다, 수색(搜索)하다, 검색(檢索)하다 n. 수색, 검색

ex. 그는 인터넷을 둘러보다가 **검은색** 파일을 **검색**하기 시작했다.
MP3 While browsing the Internet, he began to **search** for a black file.

- searchable [sə́ːrtʃəbl] a. 검색 가능한
- searchability [sə̀ːrtʃəbíləti] n. 검색 가능성

∮ browse [brauz] v. 대강 훑어보다, 둘러보다, (동물이 풀잎을) 뜯어먹다

• poke around 여기저기 뒤지다
• quest [kwest] **n.** 탐색(探索) **v.** 탐색하다
• scan [skæn] **v.** 꼼꼼히 살피다, 대충 훑어보다, 스캔하다, 정밀 검사하다 **n.** 정밀 검사

☐ seat [siːt]

n. 자리, 좌석 **v.** 앉히다

ex. "**자리**에 앉게. 내 말 잘 듣고 **잘 이**해하게."

MP3 "Please have a **seat**. Listen to me carefully and understand me well."

☐ secret [síːkrit]

a. 비밀(秘密)의 **n.** 비밀, 비결(秘訣)

ex. "**비**스마르크, 내가 **미리** 말해두지만 지금부터 우리가 할 이야기는 **비밀의** 정보야."

MP3 "Bismarck, I'll tell you first. What we will talk about is **secret** information."

• secretary [sékrətèri] **n.** 비서, 장관
• secretive [síːkritiv] **a.** 비밀스러운

☐ secretion [sikríːʃən]

n. 분비(分泌), 분비액, 분비물

ex. "이 **분비물**의 성**분**과 **비**슷한 **물**질은 무엇인가?"

MP3 "What material is similar to the components of this **secretion**?"

• secrete [sikríːt] **v.** 분비하다
∮ excrete [ikskríːt] **v.** 분비하다, 배설(排泄)하다
• gland [glænd] **n.** 분비샘

☐ security [sikjúərəti]

n. 안전, 보안, 안보, 안심, (securities) 유가 증권

ex. "일어난 일을 너는 **보았**니? 나는 **보안**이 걱정돼. 난 경비원을 믿을 수 없어."

MP3 "Did you see what happened? I'm concerned about **security**. I can't believe the **security** guard."

• secure [sikjúər] **a.** 안전한, 안심한 **v.** 안전하게 하다, 확보하다
• insecure [insikjúər] **a.** 안전하지 못한, 불안한, 자신감이 없는

☐ see [siː]

v. see - saw - seen 보다, 이해하다

ex. 우리는 007 **본**드가 **다**시 일어서는 것을 **본다**.

MP3 We **see** 007 Bond stand up again.

∮ behold [bihóuld] **v.** behold - beheld - beheld 보다, 바라보다

☐ seek [siːk]

v. seek - sought - sought 추구(追求)하다, 구하다, 찾다

ex. "**추**녀(醜女)들이 뭘 **구하니**?" "그녀들은 미(美)를 **추구하지**."

MP3 "What are the ugly women looking for?" "They **seek** beauty."

∮ find [faind] **v.** find - found - found (우연히) 찾다, 발견하다, (노력해서) 찾다

☐ seesaw [síːsɔ̀ː]

n. 시소

ex. "우리랑 **시소** 타**시소**(='타십시오'의 사투리)."

MP3 "Let's play on the **seesaw**."

☐ select [silékt]

v. 선택(選擇)하다, 선발(選拔)하다 **a.** 정선(精選)된, 엄선(嚴選)된

ex. **선**수로서 영**택**이가 **선택**되었다.

MP3 Youngtaek was **selected** as a player.

• selection [silékʃən] **n.** 선택, 선발

☐ selfish [sélfiʃ]

a. 이기적(利己的)인

ex. "**이 기적**(奇蹟)**인**가, **이기적인** 사람들이 일으킨?"

MP3 "Is this the miracle that **selfish** people are performing?"

- selfishness [sélfiʃnis] **n.** 이기심, 이기주의
- self [self] **n.** 자신, 자아
- self-construal 자기 구성
- selfless [sélflis] **a.** 이타적(利他的)인
- oneself [wʌnsélf] **pron.** 자기 자신

∮ regional self-centeredness 지역 이기주의

- NIMBY [nímbi] 님비, 지역 이기주의 (=Not In My Back Yard)
- PIMBY 핌비, 지역 이기주의 (=Please In My Back Yard)
- PIMFY 핌피, 지역 이기주의 (=Please In My Front Yard)
- BANANA syndrome 바나나 현상 (Build Absolutely Nothing Anywhere Near Anybody)

☐ sell [sel]

v. sell - sold - sold 팔다, 팔리다

ex. "그들이 **팔다**리도 **팔다**니! (팔다리를) 다 **팔다**니!"

MP3 "They are **selling** even the arms and legs! They are **sold** out!"

- resell [risél] **v.** resell - resold - resold 되팔다, 전매(轉賣)하다
- outsell [àutsél] **v.** outsell - outsold - outsold …보다 많이 팔다(팔리다)
- oversell [òuvərsél] **v.** oversell - oversold - oversold 지나치게 팔다, 과장하다
- undersell [ʌ̀ndərsél] **v.** undersell - undersold - undersold 싸게 팔다

∮ syndicate [síndikèit] **v.** (기사·사진·텔레비전 프로그램 등을 여러 신문사 등에) 팔다

☐ send [send]

v. send - sent - sent 보내다

ex. "**람보**, 자네 어떻게 지**내나**? 내게 편지를 **보내라**."

MP3 "Rambo, how are you doing? **Send** me a letter."

☐ senior [síːnjər]

a. 상급의, 상위의, 손위의 **n.** 상급자, 연장자, 최고 학년

ex. "누가 우리에게 밥을 **쏘뉘**(=쏘니)? 우리보다 네 살 **손위**인 엉아(='형'의 사투리)가 우리에게 밥을 **쏘뉘**(=쏘니)?"

MP3 "Who will buy us a meal? Will the brother who is our **senior** by four years buy us a meal?"

- junior [dʒúːnjər] **a.** 하급의, 부하의, 손아래의 **n.** 하급자, 부하, 손아랫사람, (대학) 3학년

∮ elder [éldər] **a.** 손위의, 연장자의 **n.** 연장자

- elderly [éldərli] **a.** 나이든신, 노인층의

☐ sensation [senséiʃən]

n. 감각, 느낌, 선풍적(旋風的)인 일

ex. '**선풍**기 신드롬'이 일어났다. 고3 학생은 **선풍**적인 **선풍**기의 인기를 보았다.

MP3 'Fan Syndrome' occurred. A high school senior saw the popularity of a fan that is a **sensation**.

- sensational [senséiʃənl] **a.** 선풍적인, 선정적(煽情的)인
- sensationalism [senséiʃənəlizm] **n.** 선정주의

☐ sense [sens]

n. 감각(感覺), 분별력(分別力), 의미 **v.** 감지하다

ex. **감각**과 **감**정의 **각**성. 육감의 속삭임.

MP3 The awakening of **senses** and emotions. The whisper of the sixth **sense**.

- senseless [sénslis] **a.** 감각이 없는, 분별력이 없는, 의미가 없는
- sensible [sénsəbl] **a.** 분별력이 있는
- sensibility [sènsəbíləti] **n.** 감성, 감각

S

• sensitive [sénsətiv] **a.** 민감한, 예민한
• sensitivity [sènsətívəti] **n.** 민감성, 예민성
• insensitive [insénsətiv] **a.** 무감각한, 둔감한
cf. sensor [sénsər] **n.** 센서, 감지기, 감지 장치
• sensorimotor [sènsərimóutər] **a.** 감각 운동의
• kinesthetic [kìnəsθétik] **a.** 운동 감각의

☐ sentence [séntəns]

n. 문장(文章), 선고, 판결 **v.** 선고하다, 판결하다

ex. 한 **문장**이 쓰인 **문**을 열고 있다, 한 **장**님이.

MP3 A blind person is opening the door on which a **sentence** is written.

cf. paragraph [pǽrəgræ̀f] **n.** 문단(文段), 단락(段落)
• condemn [kəndém] **v.** 비난하다, (유죄) 선고를 내리다
• decree [dikríː] **n.** 법령, 칙령(勅令), (법원의) 판결 **v.** 판결하다, 포고(布告)하다
• decry [dikrái] **v.** 공공연히 비난하다

☐ sentiment [séntəmənt]

n. 감정, 감상(感想), 정서

ex. "너는 교육**감**(教育監)으로부터 **상**(賞)을 받는구나. 너의 **감상**이 어때?"

MP3 "You are awarded by the superintendent of education. What is your **sentiment**?"

• sentimental [sèntəméntl] **n.** 감정적인, 감상적인
• sentimentalism [sèntəméntəlìzm] **n.** 감정주의, 감상주의

☐ separate [sépərèit]

v. 떼다, 분리(分離)하다, 분리되다 **a.** [sépərət] 분리된, 별개의

ex. "우리가 그들을 **분리하지** 않으면 우리가 **불리하다**."

MP3 "If we don't **separate** them, we'll be at a disadvantage."

• separately [sépərətli] **ad.** 따로따로, 별도로
• separation [sèpəréiʃən] **n.** 분리, 별거
• separable [sépərəbl] **a.** 분리할 수 있는
• inseparable [insépərəbl] **a.** 분리할 수 없는, 뗄 수 없는, 불가분(不可分)의
cf. segregate [ségrigèit] **v.** 분리하다, 차별(差別)하다
• segregation [sègrigéiʃən] **n.** (인종·성별 등에 따른) 분리[차별] 정책
• racial segregation 인종 차별, 인종 분리
• desegregate [diːségrigèit] **v.** 인종 차별을 폐지(廢止)하다
• desegregation [diːsègrəgéiʃən] **n.** 인종 차별 폐지

☐ series [síəriːz]

n. 시리즈, 일련(一連), 연속(連續), 연쇄(連鎖)

ex. "**시**월에 그들의 **리즈** 시절이 **시리즈**로 방영될 거야."

MP3 "A **series** of their best days will be broadcast in October."

cf. sequence [síːkwəns] **n.** 연속, 연속물, 순서, 결과
• sequent [síːkwənt] **a.** 다음에 오는, 잇따라 일어나는
• serial [síəriəl] **n.** (신문 등의) 연재물, (TV 등의) 연속물 **a.** 연속물의, 연쇄적인, 순차적인
• soap opera (TV 등의) 연속극, 멜로드라마

☐ serious [síəriəs]

a. 진지(眞摯)한, 심각(深刻)한

ex. 경기에서 **진 지**금 선수들은 **진지**하다.

MP3 The players who have just lost the game are **serious**.

• seriously [síəriəsli] **ad.** 진지하게, 심각하게
cf. severe [sivíər] **a.** 매우 심각한, 혹독(酷毒)한, 엄격한
• severity [səvérəti] **n.** 심각성, 혹독함, 엄격
• harsh [hɑːrʃ] **a.** 가혹(苛酷)한
• solemn [sáləm] **a.** 엄숙한, 근엄한
• grim [grim] **a.** 엄격한, 걱정을 끼치는
• grimly [grímli] **ad.** 엄격하게, 무섭게
• grimness [grímnis] **n.** 엄격함, 무서움

☐ sermon [sə́ːrmən]

n. 설교(說教), 잔소리

ex. **설교**의 전**설**: **교**장 선생님.

MP3 A legend who delivers a **sermon**:

The principal.

• sermonize [sə́ːrmənàiz] v. 설교하다, 잔소리하다
∮ preach [priːtʃ] v. 설교하다, 전도하다
• preachy [príːtʃi] a. 설교하려 드는
• preacher [príːtʃər] n. 설교자, 전도사
• preachment [príːtʃmənt] n. (장황한) 설교, (지루한) 훈계(訓戒)

☐ serve [səːrv]

v. 섬기다, 시중들다, (음식을) 제공하다, 봉사하다, 근무하다, 기여하다

ex. 주인을 **섬기는** 남자아이가 **섬**에서 **기다**리고 있다.

MP3 A boy who **serves** a master is waiting on an island.

• service [sə́ːrvis] n. 서비스, 봉사 v. (차량, 기계를) 정비하다
• serving [sə́ːrviŋ] n. 접대, 1인분
• server [sə́ːrvər] n. 시중드는 사람, 서브 넣는 사람, (컴퓨터) 서버
• servant [sə́ːrvənt] n. 하인, 종, 공무원
∮ maid [meid] n. 가정부, 하녀, 처녀, 아가씨
• subserve [səbsə́ːrv] v. 공헌하다, 도움이 되다
• subservient [səbsə́ːrviənt] a. 도움이 되는, 종속하는, 복종하는

☐ session [séʃən]

n. 회기(會期), 회의, 기간, 학기

ex. 국**회**는 여**기**에서 **회기** 중이다.

MP3 The National Assembly is in **session** here.

☐ set [set]

v. set - set - set 놓다, 설정하다, 설치하다 n. 한 벌, 세트, 장치

ex. 쟁반을 내려**놓다**가 **노**한 사람은 바로 **타**잔이었다.

MP3 It was Tarzan who became angry while **setting** a tray down.

• reset [risét] v. reset - reset - reset 다시 맞추다 n. [ríset] 리셋, 초기화(初期化)
• setting [sétiŋ] n. 배경, 설정
• setback [sétbæ̀k] n. 장애, 차질(蹉跌)
• setout [sétàut] n. 출발
∮ pair [pɛər] n. (같은 2개의 물건으로 이루어진) 한 쌍 v. 둘씩 짝을 짓다

☐ settle [sétl]

v. 정착(定着)하다, 자리를 잡다, 결정하다, 정산하다, 합의하다, 해결하다

ex. "일단 내가 여기서 **자리**를 **잡고** 널 부를게. 내가 날을 **잘, 이**번 달에 **잡**을 거**다**."

MP3 "Once I get **settled** here, I'll call you. I'll set a date well in this month."

• settled [sétld] a. 자리를 잡은, 정착한, 안정된
• settlement [sétlmənt] n. 정착, 결정, 정산, 합의, 해결
• settler [sétlər] n. 정착자, 정착민

☐ sew [sou]

v. sew - sewed - sewn/sewed 바느질하다, 꿰매다, 깁다

ex. **바**람 부는 어**느** 날, **질**리지 않는 나의 할머니의 **바느질** 소리.

MP3 The sound of my grandma **sewing** which is endlessly fascinating on a windy day.

• sewing machine 재봉틀
• sewer[1] [sóuər] n. 바느질하는 사람, 재봉사(裁縫師), 꿰매는 기계
∮ sewer[2] [súːər] n. 하수구(下水溝)
• sewer system 하수 처리 시스템
• sewage [súːidʒ] n. 오물(汚物), 하수

☐ sex [seks]

n. 성(性), 성별, 성교(性交), 섹스

ex. "여**성**은 나에게 이**성**이다." 어떤 남자가 말한다.

MP3 "Woman is the opposite **sex** to me." One man says.

• sexism [séksizm] n. 성차별, 성차별주의(性差別

S

主義)
- sexist [séksist] n. 성차별주의자
- sexual [sékʃuəl] a. 성적인
- sexual harassment [sékʃuəl həræsmənt] 성희롱(性戱弄)

∮copulate [kɑ́pjulèit] v. 성교하다
- salacious [səléiʃəs] a. 외설(猥褻)스러운

☐ shade [ʃeid]

n. 그늘, (그림의) 음영(陰影), 색조 **v.** 그늘지게 하다, 음영을 넣다

ex. **그**는 **늘** 그 나무의 **그늘**에 있다.

MP3 He is always in the **shade** of the tree.

∮hue [hjuː] n. 색상, 색조
- hueless [hjúːlis] a. 무색의, 창백한

☐ shadow [ʃǽdou]

n. 그림자, 그늘

ex. "이 **그림**에는 **자**신의 **그림자** 뒤를 쫓는 남자가 있다는 것을 너는 볼 수 있다."

MP3 "You can see a man who is running after his **shadow** in this picture."

- overshadow [òuvərʃǽdou] v. 그늘지게 하다

☐ shake [ʃeik]

v. shake - shook - shaken 흔들다, 흔들리다 **n.** 흔들기, 흔들림

ex. 그와 악수한 후, 소녀는 **흔**쾌(欣快)히 책을 드러내**며 흔들며** 말했다. "이 책은 셰익스피어의 '말괄량이 길들이기'예요."

MP3 After **shaking** hands with him, the girl happily showed and **shook** the book, saying "This is Shakespeare's 'The Taming of the Shrew'."

∮flail [fleil] v. 마구 흔들리다, 흔들다

☐ shallow [ʃǽlou]

a. 얕은

ex. "영희**야**, **튼**튼한 너의 지식을 쌓으렴. **얕은** 지식 말고."

MP3 "Younghee, your knowledge should be deeply rooted. It shouldn't be a **shallow** one."

☐ shape [ʃeip]

n. 모양, 형태, 체형, 몸매 **v.** 모양을 만들다, 형성하다

ex. "그 돌은 무슨 **모양**이야?" 모 씨가 물었다. "그건 **모**난 돌이에요." 박 **양**이 대답했다.

MP3 "What **shape** is the stone?" Mr. Mo asked. "It is angular." Miss Park answered.

- misshape [misʃéip] v. 기형(奇形)으로 만들다, 보기 흉하게 하다
- misshapen [misʃéipən] a. 기형의, 보기 흉한

☐ share [ʃεər]

v. 공유(共有)하다, 나누다 **n.** 몫, 주식(株式)

ex. "**공유**가 달리기**하는** 사진들을 **공유하자**."

MP3 "Let's **share** the pictures of Gong yoo running."

- shareholder [ʃέərhòuldər] n. 주주(株主)

☐ shave [ʃeiv]

v. shave - shaved - shaven 면도(面刀)하다 **n.** 면도

ex. 그가 **면도하는** 장**면도 하**나 있**다**.

MP3 There is also a scene of him **shaving**.

∮razor [réizər] n. 면도기, 면도칼

☐ shed [ʃed]

v. 없애다, 버리다, 떨어뜨리다, 흘리다, 비추다 **n.** 보관소, 헛간

ex. 자신의 나쁜 이미지를 **없애지** 못해 그

는 직**업**을 구하는데 **애**를 먹고 있**다**.

MP3 As he can't **shed** his bad image, he has trouble getting a job.

ґ discard [diskɑ́ːrd] **v.** 버리다

□ shelf [ʃelf]

n. 선반, 책꽂이

ex. 아이는 **선** 채로 **반**드시 **선반** 맨 위에 닿고자 했다.

MP3 The child, standing up, tried to get at the top of the **shelf** without fail.

- off the shelf (주문하지 않고) 바로 살 수 있는
- shelf life 저장 수명, 유통 기한

ґ ledge [ledʒ] **n.** 선반 모양의 공간

□ shell [ʃel]

n. 껍데기, 껍질, 포탄(砲彈)

ex. "**껍데기**가 두**껍데**, 내 **기**억으로는 말이야."

MP3 "The **shell** was thick as far as I remember."

- shellfish [ʃélfiʃ] **n.** 조개, 갑각류(甲殼類)

ґ clam [klæm] **n.** 조개

- oyster [ɔ́istər] **n.** 굴
- lobster [lɑ́bstər] **n.** 바닷가재
- shrimp [ʃrimp] **n.** (작은) 새우

□ shelter [ʃéltər]

n. 피난처(避難處), 대피소(待避所)

ex. "나에게 **피**가 **난**다. 우리의 **처**음의 **피난처**로 돌아가자."

MP3 "I am bleeding. Let's get back to our first **shelter**."

ґ evacuate [ivǽkjuèit] **v.** 피난하다, 대피시키다, 비우다

- evacuation [ivækjuéiʃən] **n.** 피난, 대피, 비우기

□ shield [ʃiːld]

n. 방패(防牌) **v.** 보호하다, 가리다

ex. 그는 **방패**를 그의 **방**에서 **패**대기쳤다.

MP3 He hurled the **shield** down in his room.

- buckler [bʌ́klər] **n.** 둥근 방패, 방어 수단

ґ spear [spiər] **n.** 창 **v.** (창으로) 찌르다

- lance [læns] **n.** 긴 창
- trident [tráidənt] **n.** 삼지창(三枝槍)
- javelin [dʒǽvlin] **n.** 투창(投槍)

□ shift [ʃift]

v. 바꾸다 **n.** 변화, 교대(交代)

ex. 그녀는 서울**교대**(敎大)에서 주간 **교대** 근무를 한다. 주중에 근무하고 주말에는 비번(非番)이다.

MP3 She is on the day **shift** at the Seoul National University of Education. She is on duty on weekdays and off duty on weekends.

- day shift 주간 근무
- night shift 야간 근무

□ shine [ʃain]

v. shine - shone - shone 빛나다, 비추다, shine - shined - shined 광을 내다

ex. 희**빈**이가 **나온다**. 무대 위에서 그녀가 **빛난다**.

MP3 Huibin is coming out. She **shines** on stage.

- outshine [aùtʃáin] **v.** outshine - outshone - outshone …보다 밝게 빛나다, …보다 낫다

ґ twinkle [twíŋkl] **v.** 반짝반짝 빛나다 **n.** 반짝반짝 빛남, 반짝이는 빛

- flicker [flíkər] **v.** 깜박이다, 흔들리다 **n.** 깜박임, 흔들림
- gleam [gliːm] **v.** 어슴푸레 빛나다 **n.** 어슴푸레한 빛
- glimmer [glímər] **n.** 깜박이는 빛, 희미한 빛 **v.** (희미하게) 깜박이다
- glisten [glísn] **v.** 반짝반짝 빛나다, 번들거리다

S

• glitter [glítər] v. 반짝반짝 빛나다 n. 반짝이는 빛
• sparkle [spάːrkl] v. 반짝이다 n. 반짝임

☐ ship [ʃip]

n. 배, 선박 v. 배에 싣다, 선적(船積)하다

ex. 이 **배**는 크기가 저 **배**의 두 **배**(倍)다.

MP3 This **ship** is two times larger in size than that one.

∮ deck [dek] n. 갑판(甲板) v. 꾸미다, 장식하다
• the deck hand 갑판원
• hull [hʌl] n. (배의) 선체, 겉껍질, 껍데기, 쭉정이
• run aground (배가) 좌초(坐礁)하다
• purser [pə́ːrsər] n. 선박의 사무장

☐ shirt [ʃəːrt]

n. 셔츠

ex. **셔**얼록과 와**츠**는 그들의 **셔츠**를 치웠다.

MP3 Sherlock and Watts put their **shirts** away.

• T-shirt 티셔츠

☐ shoe [ʃuː]

n. 신발, 구두 v. shoe - shod - shod 편자를 박다, 쇠붙이를 달다

ex. 소년은 새 **신발**을 **신**고 신나게 자신의 **발**놀림을 했다. 그를 보면서 소녀는 그의 입장으로 역지사지(易地思之)해서 생각해 보았다.

MP3 The boy, putting on a new pair of **shoes**, was excitedly showing off his footwork. Seeing him, the girl put herself in his **shoes**.

• shoestring [ʃúːstrìŋ] n. 구두끈
∮ boot [buːt] n. (boots) 부츠, 장화
• boot camp 신병 훈련소
• moccasin [mάkəsin] n. (신발의 일종) 모카신

☐ shoot [ʃuːt]

v. shoot - shot - shot 쏘다 n. 발사

ex. 그가 **쏘**던 화살이 죄**다** 과녁 속으로 **쏘**옥 들어가고 있었**다**.

MP3 The arrows that he **shot** were all hitting the target smoothly.

• overshoot [òuvərʃúːt] v. overshoot - overshot - overshot 목표를 지나쳐 빗나가다
• undershoot [ʌndəʃúːt] v. undershoot - undershot - undershot 목표에 못 미쳐 빗나가다
∮ sniper [snáipər] n. 저격수(狙擊手), 스나이퍼
• glare [glɛər] v. 쏘아보다, 노려보다, (눈에 거슬리게) 번쩍이다 n. 쏘아봄, 노려봄, (눈에 거슬리는) 번쩍임

☐ shooting star [ʃúːtiŋ stάːr]

n. 별똥별, 유성(流星)

ex. **별**이 **똥**그랗게 눈을 뜨며 **별**을 가리킨다. 그리고 그녀는 말한다. "**별똥별**이다!"

MP3 Byul points to a star with her eyes wide open and she says, "It's a **shooting star**!"

∮ meteor [míːtiər] n. 유성, 별똥별
• meteoric [mìːtiɔ́ːrik] a. 유성의, 급속한
• meteorite [míːtiəràit] n. 운석(隕石)
• bolide [bóulaid] n. 폭발 유성

☐ shop [ʃαp]

n. 상점, 가게 v. 물건을 사다, 쇼핑하다

ex. "보**쇼**, 이곳이 **핑** 눈이 돌아갈 **쇼핑** 장소아뇨."

MP3 "Look, this is the dazzling place to **shop**."

∮ mall [mɔːl] n. 쇼핑센터

☐ shore [ʃɔːr]

n. 해안(海岸), 해변(海邊), 호숫가

ex. "서**해**, **안**녕!" 아이는 **해안**에서 바다에게 인사한다.

MP3 "Hi, the Yellow Sea!" A child is greeting the sea on the **shore**.

☐ short [ʃɔːrt]

a. 짧은, 키가 작은, 부족한 **ad.** 갑자기, 부족하게

ex. "**짤** 계획이 있는 **분**께서는 **짧은** 시간 단위로 할 일을 고려하여 계획을 짜세요."

MP3 "If anyone has a plan to make, it is recommended to make the plan considering what can be done every **short** period of time."

- short cut 지름길
- shorthand [ʃɔ́rthæ̀nd] **n.** 속기(速記)
- shorts [ʃɔːrts] **n.** 반바지
- shorten [ʃɔ́ːrtn] **v.** 짧게 하다, 단축(短縮)하다
- shortage [ʃɔ́ːrtidʒ] **n.** 부족

☐ shot [ʃat]

n. 발포, 포탄, 탄환, 주사, 슛, 숏

ex. 사람들은 독감에 걸리면 그들은 **주**로 간호**사**에게 **주사**를 맞는다.

MP3 When people catch the flu, they mainly get a **shot** which a nurse gives them.

- shotgun [ʃɑ́ːtgʌn] **n.** 산탄총(散彈銃), 엽총(獵銃)

☐ shoulder [ʃóuldər]

n. 어깨 **v.** (어깨로) 짊어지다, 밀치다

ex. "**어**이, 홍두**깨**!" 자기를 부르는 소리에 그는 **어깨** 너머로 뒤돌아보았다.

MP3 "Hey, Hong Dukkae!" He looked over his **shoulder**, hearing his name being called.

∮ shrug [ʃrʌg] **v.** (어깨를) 으쓱하다 **n.** (어깨를) 으쓱하기

☐ shout [ʃaut]

v. 외치다, 소리지르다 **n.** 외침, 고함(高喊)

ex. "크게 **외치며 왜** 너는 그를 **치냐**?" 샤오 팅이 물었다.

MP3 "Why do you hit him, **shouting** loudly?" Xiao Ting asked.

- bellow [bélou] **v.** 고함치다, 큰소리로 울부짖다

∮ squeal [skwiːl] **v.** 꽥액 소리를 지르다, 기쁨의 탄성(歎聲)을 지르다 **n.** 꽥액 소리

☐ shovel [ʃʌ́vəl]

n. 삽 **v.** 삽질하다

ex. 그들은 **삽**시간(霎時間)에 눈을 치우는 **삽**질을 끝냈다.

MP3 They finished **shoveling** snow in no time.

∮ spade [speid] **n.** 삽, 가래, (카드) 스페이드

- rake [reik] **n.** 갈퀴 **v.** (갈퀴로) 긁어모으다
- sickle [síkl] **n.** 낫
- dig [dig] **v.** dig - dug - dug (땅을) 파다, 발굴(發掘)하다 **n.** (손가락이나 팔꿈치로) 쿡 찌르기
- excavate [ékskəvèit] **v.** 발굴하다
- excavation [èkskəvéiʃən] **n.** 발굴

☐ show [ʃou]

v. show - showed - shown 보여주다, 보이다 **n.** 쇼, 공연, (TV) 프로

ex. "그녀는 내가 정말 **보**고 싶은 **여주**인공이**다**. 어떤 영화에서 그녀의 얼굴을 **보여주나**?"

MP3 "She is the heroine I really want to see. Which film **shows** her face?"

∮ display [displéi] **v.** 전시하다, 보이다 **n.** 전시

- entertain [èntərtéin] **v.** 즐겁게 하다, 접대(接待)하다, (생각을) 품다
- entertaining [èntərtéiniŋ] **a.** 즐겁게 하는, 재미있는
- entertainer [èntərtéinər] **n.** 연예인(演藝人)
- entertainment [èntərtéinmənt] **n.** 연예, 오락, 접대

☐ shower [ʃáuər]

n. 샤워, 샤워기, 소나기

ex. **소나 기**러기나 모두 **소나기**를 만나 샤워했다.

MP3 Both a cow and a goose took a

S

shower in a **shower**.

☐ shrink [ʃriŋk]

v. shrink - shrank/shrunk - shrunk/shrunken 오그라들다, 줄어들다, 줄이다

ex. **오**전에 **그**녀가 자신이 바**라**던 옷감을 **들어**보니 그 옷감이 **오그라들어** 있었다.

MP3 When she lifted the cloth she wanted, she found that it had **shrunk**.

- shrinkage [ʃríŋkidʒ] **n.** 줄어듦, 수축(收縮)
- ∮ shriveled [ʃrívld] **a.** 오그라든, 쪼글쪼글해진

☐ shut [ʃʌt]

v. shut - shut - shut 닫다, 닫히다 (눈을) 감다 **a.** 닫힌, (눈이) 감긴

ex. "너희들 모두 문 **닫고 다 따**라와."

MP3 "**Shut** the door and follow me, all of you."

- ∮ slam [slæm] **v.** (문 등을) 쾅 닫다, 쾅 닫히다, 내동댕이치다 **n.** 쾅 닫음

☐ shy [ʃai]

a. 수줍어하는, 꺼리는

ex. **수줍**은 **수**는, 물건을 **줍**고자 하는 것도 아닌데, 자신의 고개를 숙이고 있다.

MP3 Sue who is **shy** doesn't hold her head up, which is not intended to pick up things on the ground.

- ∮ bashful [bǽʃfəl] **a.** 수줍어하는
- diffident [dífidənt] **a.** 자신감(自信感)이 없는, 수줍은

☐ sick [sik]

a. 아픈, 멀미하는, 질리는

ex. "나는 전화로 병가(病暇)를 냈어. **아픈** 몸이지만 나는 **앞은** 볼 수 있어." "네가 병가를 냈다니 난 믿기지 않는구나."

MP3 "I called in **sick**. I'm **sick**, but I'm not blind." "I can't believe that you've taken a **sick** day."

- sickness [síknis] **n.** 병, 질병(疾病), 욕지기

☐ side [said]

n. 쪽, 면, 옆, 변, 편

ex. "넌 엽전의 옆**면**을 보니? 난 문제의 다른 **면**을 본다!"

MP3 "Do you look at the **side** of the brass coin? I look at the other **side** of the coin!"

- sideboard [sáidbɔ̀ːrd] **n.** 찬장(饌欌), 식기대
- side dish 곁들임 요리
- sidewalk [sáidwɔ̀k] **n.** 인도, 보도
- ∮ right [rait] **a.** 오른쪽의, 우측의, 옳은, 수직의 **n.** 오른쪽, 우측, 옳음, 우파
- left [left] **a.** 왼쪽의, 좌측의 **n.** 왼쪽, 좌측, 좌파
- leftover [léftòuvər] **n.** 먹고 남은 음식 **a.** 먹다 남은

☐ sigh [sai]

v. 한숨을 쉬다 **n.** 한숨

ex. **한** 사람이 **숨을** 곳을 찾아내 **쉬며 한숨을 쉬**었**다**.

MP3 One person found a place in which to hide and took a rest with a **sigh**.

☐ sight [sait]

n. 시력, 보이는 범위, 보기, 볼거리, 관광지(觀光地)

ex. 그녀는 자신의 **시력**을 잃었다. 그것은 **실**수였다. 그때부터 그녀에게 **역**경이 시작되었다.

MP3 She lost her **sight**. It was a mistake. Since then, she has had a hard time.

- sightseeing [sáitsìːiŋ] **n.** 관광

☐ sign [sain]

n. 부호(符號), 기호(記號), 신호(信號), 몸짓, 표지판, 징조, 조짐 **v.** 서명(署名)하다, 신호하다

ex. "내가 여**기** **호**명(呼名)하는 사람이 그 **기호**를 설명해라."

MP3 "When I call your name here, explain the **sign**."

- sign language 수화(手話), 수어(手語)
- sign up 등록하다
- signal [sígnəl] **n.** 신호 **v.** 신호하다
- signature [sígnətʃər] **n.** 서명, 대표적인 특징

cf. autograph [ɔ́təgræ̀f] **n.** (유명한 사람의) 서명 **v.** (유명한 사람이) 서명하다

- logograph [lɔ́(:)gəgræf] **n.** 약호(略號), 표의 문자(즉, 한자)

☐ significant [signífikənt]

a. 중요한, 상당한, 의미심장(意味深長)한

ex. "그**의** **미심**(未審)쩍은 **장**난은 **의미심장**한데."

MP3 "His suspicious prank is **significant**."

- significantly [signífikəntli] **ad.** 중요하게, 상당하게, 의미심장하게
- significance [signífikəns] **n.** 중요성, 의미, 의의
- signify [sígnəfài] **v.** 나타내다, 의미하다, 중요하다
- insignificant [ìnsignífikənt] **a.** 중요하지 않은, 사소한, 하찮은, 무의미한
- insignificance [ìnsignífikəns] **n.** 사소함, 하찮음, 무의미

☐ silence [sáiləns]

n. 침묵(沈黙), 고요 **v.** 침묵시키다

ex. 그녀의 **침묵**은 오해를 불러일으켰지만, 그녀는 **침**착하게 **묵**묵히 대처했다.

MP3 Her **silence** gave rise to misunderstanding, but she silently coped with the situation with a calm attitude.

- silent [sáilənt] **a.** 침묵하는, 고요한

cf. mute [mjuːt] **a.** 무언(無言)의 **v.** 음 소거(音消去)하다

☐ silk [silk]

n. 비단, 실크

ex. "**비단**(非但) **비단** 뿐 아니라 다른 옷들도…"

MP3 "Not only **silk** but also other clothes…"

☐ similar [símələr]

a. 비슷한, 유사한

ex. 그녀는 **비**교적 **스타**랑 **비슷하**다.

MP3 She is comparatively **similar** to a star.

- similarly [símələrli] **ad.** 비슷하게, 유사하게, 마찬가지로
- similarity [sìməlǽrəti] **n.** 비슷함, 유사성
- dissimilar [dissímələr] **a.** 비슷하지 않은, 다른

cf. simile [síməli] **n.** 직유(直喩)

☐ simple [símpl]

a. 간단(簡單)한, 단순(單純)한

ex. "그는 **간단** 말 **한**마디 없이 가버렸어. 그것은 그렇게 **간단한** 결말이었어."

MP3 "He went away without saying a word of goodbye. It was such a **simple** end."

- simplify [símpləfài] **v.** 간단하게 하다, 단순화하다
- simplified [símpləfàid] **a.** 간단하게 한, 단순화한
- simplicity [simplísəti] **n.** 간단함, 단순함

cf. oversimple [òuvərsímpl] **a.** 지나치게 단순한

- oversimplify [òuvərsímpləfài] **v.** 지나치게 단순화하다

☐ simultaneously [sàiməltéiniəsli]

ad. 동시(同時)에

ex. **동시**(童詩)들이 **동시**에 집필된다.

MP3 Children's poems are written

S

simultaneously.

- simultaneous [sàiməltéiniəs] **a.** 동시의, 동시에 일어나는, 동시에 존재하는

ℊ concurrent [kənkə́ːrənt] **a.** 동시의, 동시에 발생하는
- concurrently [kənkə́ːrəntli] **ad.** 동시에

☐ sin [sin]

n. 죄(罪) **v.** (죄를) 짓다

ex. "조만간 진심으로 당신의 **죄**를 속**죄**(贖罪)하시오."

MP3 "Atone for your **sin** in earnest sooner or later."

☐ sincere [sinsíər]

a. 진심(眞心)의, 진심 어린

ex. 제9장: **진심**으로 노력한 후 부서**진 심**장.

MP3 Chapter Nine: A broken heart after a **sincere** attempt.

- sincerely [sinsíərli] **ad.** 진심으로, 진정으로

ℊ earnest [ə́ːrnist] **a.** 진심 어린, 성실한, 진지한

☐ sing [siŋ]

v. sing - sang - sung 노래하다

ex. 하슬은 저녁**놀에** 감명받아 **노래**했다.

MP3 Impressed by the evening glow, Haseul **sang** a song.

- singer [síŋər] **n.** 가수(歌手), 성악가
- song [sɔ́ːŋ] **n.** 노래, 가곡
- songwriter [sɔ́(ː)ŋràitər] **n.** 작사가, 작곡가
- outsing [àutsíŋ] **v.** outsing - outsang - outsung …보다 노래를 잘 부르다

ℊ baritone [bǽrətòun] **n.** 바리톤(테너와 베이스 사이) **a.** 바리톤의
- bass [beis] **n.** 베이스, 저음, [bæs] 배스(농어의 일종) **a.** 베이스의, 저음의
- bass riff 저음 반복 악절
- tenor [ténər] **n.** 테너, 취지 **a.** 테너의
- soprano [səprǽnou] **n.** 소프라노 **a.** 소프라노의

☐ single [síŋgl]

a. 하나의, 단일한, 혼자의, 독신의, 1인용의 **n.** 1인실, 싱글 음반, 1루타, 단타

ex. "당신 뭐**하나**, **의**사 양반? 당신 지금 **하나의** 파이 먹나?"

MP3 "What are you doing, doctor? Are you eating a **single** slice of pie?"

- single note 단음
- singular [síŋgjulər] **a.** 하나뿐인, 뛰어난, 기묘한, 단수형의 **n.** 단수형

ℊ double [dʌ́bl] **a.** 두 배의, 갑절의, 이중의, 2인용의 **n.** 두 배, 갑절 **v.** 두 배로 하다, 2루타를 치다
- dual [djúːəl] **a.** 둘의, 이중의
- dualism [djúːəlizm] **n.** 이원론(二元論)
- twofold [túːfòuld] **a.** 이중의, 두 배의, 두 부분으로 된
- only [óunli] **a.** 유일한 **ad.** 오직, 오로지, 단지, 겨우
- merely [míərli] **ad.** 단지, 그저, 오직
- mere [miər] **a.** 단순한, 겨우 …인
- monist [mánist] **a.** 일원론(一元論)의 **n.** 일원론자

☐ sink [siŋk]

v. sink - sank/sunk - sunk/sunken 가라앉다 **n.** 싱크대

ex. "너는 마음이 **가라앉아** 있구나. 집에 **가라**. 그리고 너의 방에 **앉아** 쉬어라."

MP3 "You **sink** into depression. Go home, sit and rest in your room."

- sinker [síŋkər] **n.** (낚싯줄의) 추(錘), 봉돌

ℊ subside [səbsáid] **v.** 가라앉다, 잠잠해지다
- subsidence [səbsáidns] **n.** 침강(沈降)

☐ sit [sit]

v. sit - sat - sat 앉다, 앉아 있다, 개회(開會)하다, 개정(開廷)하다

ex. 방 **안**에 사람들이 **다 앉**아 있**다**.

MP3 Everyone is **sitting** in a room.

- outsit [àutsít] **v.** outsit - outsat - outsat …보다 오래 앉아 있다

ℊ sedentary [sédntèri] **a.** 앉아서 하는, 몸을 많이 움직이지 않는, 한 곳에 정착(定着)해 있는, 이주(移住)하지 않는
- squat [skwɑt] **v.** 쪼그리다, 쪼그리고 앉다 **n.** 쪼그리기

☐ situation [sìtʃuéiʃən]

n. 상황(狀況), 사태(事態)

ex. **상**당히 **황**당한 **상황**이었다.

MP3 The **situation** was quite absurd.

☐ skill [skil]

n. 기술(技術), 기량(技倆), 솜씨

ex. "**기**막히게 **술**을 잘 마시는 것이 실용적인 **기술**의 예인가요?"

MP3 "Is it an example of the practical **skills** to drink awfully well?"

- skillful [skílfəl] **a.** 숙련(熟練)된, 능숙(能熟)한
- ≠ adept [ədépt] **a.** 능숙한, 숙련된
- adeptly [ədéptli] **ad.** 능숙하게, 숙련되게
- dexterity [dekstérəti] **n.** 솜씨 좋음, 손재주가 좋음
- dexterous [dékstərəs] **a.** 솜씨 좋은, 손재주가 좋은

☐ skin [skin]

n. 피부(皮膚), 가죽 **v.** 가죽을 벗기다

ex. "네 **피부**에 **피**가…!" "**부**탁이야, 비밀로 해줘!"

MP3 "Blood on your **skin**…!" "Please keep it a secret!"

- skin graft 이식(移植) 피부
- skinny [skíni] **a.** 깡마른, 피골(皮骨)이 상접(相接)한
- ≠ leather [léðər] **n.** 가죽
- chapped[tʃæpt] **a.** 살갗이 튼, 피부가 갈라진

☐ skip [skip]

v. 건너뛰다, 거르다, 깡충깡충 뛰다 **n.** 건너뛰기, 깡충깡충 뛰기

ex. 아침 식사를 **건너뛰고** 그는 강을 **건너**고 **뛰**었**다**.

MP3 **Skipping** breakfast, he went across the river and ran.

☐ skull [skʌl]

n. 두개골(頭蓋骨)

ex. "아래에서는 이 **두 개고** 네가 **올**려다보면 보이는 저 하나가 **두개골**로 만들어진 것들이다."

MP3 "These two things down here and that one thing you can find when looking up are made from **skulls**."

☐ sky [skai]

n. 하늘

ex. 그는 **하**루에 **늘 하늘**만 본다.

MP3 He always looks up the **sky** all day long.

- skyrocket [skáiràkət] **v.** 급등(急騰)하다, 급상승(急上昇)하다

☐ slave [sleiv]

n. 노예(奴隷)

ex. "자유로워져야 하는 **노예**들에 관한 **노**랫말이 **예**술(藝術)이야."

MP3 "The lyrics about **slaves** that should be set free are artistic."

- slavery [sléivəri] **n.** 노예의 신분, 노예 제도
- ≠ galley [gǽli] **n.** 갤리선(옛날 노예나 죄수들에게 젓게 한 돛배)
- galley ship 갤리선

☐ sleep [sli:p]

v. sleep - slept - slept 잠을 자다 **n.** 잠

ex. "너는 **잠**자느라 **잠잠**(潛潛)하구나. 일어나야지!" "나는 **잠**깐씩 **잠**잔 거라 지금 나는 피곤(疲困)해."

MP3 "You are quiet as you are **sleeping**. Get up!" "I'm tired because I've **slept** in snatches."

- sleeper [slí:pər] **n.** 기차의 침대칸, 잠자는 사람

S

• sleeping bag 침낭
• sleeping disorder 수면 장애
• sleeping pill 수면제(睡眠劑)
• sleepless [slíːplis] a. 불면의, 잠을 못 이루는
• sleeplessness [slíːplisnis] n. 불면
• sleepy [slíːpi] a. 잠이 오는, 졸리는
• oversleep [òuvərslíp] v. oversleep - overslept - overslept 늦잠 자다
≠ drowsy [dráuzi] a. 졸리는
• drowsiness [dráuzinis] n. 졸음
• slumber [slʌ́mbər] n. 잠 v. 잠자다
• insomnia [insάmniə] n. 불면증(不眠症)
• dormant [dɔ́ːrmənt] a. 겨울잠을 자는, 활동을 중단한, 잠재해 있는
• dormancy [dɔ́ːrmənsi] n. 동면(冬眠), 휴면(休眠)
• dormitory [dɔ́ːrmətɔ̀ːri] n. 기숙사
• dorm [dɔːrm] n. 기숙사
• hibernate [háibərnèit] v. 동면하다
• hypnosis [hipnóusis] n. 최면(催眠), 최면 (상태)

slide [slaid]

v. slide - slid - slid 미끄러지다, 미끄러뜨리다 **n.** 미끄러짐, 미끄럼틀, 산사태, (현미경, 환등기의) 슬라이드

ex. **미**희는 낭떠러지 **끄**트머리에서 여**러** 사람들에게 소리**지르며 미끄러**져 떨어**진다**.

MP3 Mihee is **sliding** down the end of the cliff, shouting at many people.

• landslide [lǽndslàid] n. 산사태, (선거에서) 압도적(壓倒的) 승리
≠ skid [skid] v. 미끄러지다 n. 미끄러짐
• slip [slip] v. 미끄러지다 n. 작은 실수, 쪽지, (속옷) 슬립
• landslip [lǽndslìp] n. (소규모의) 산사태
• slippery [slípəri] a. 미끄러운
• sled [sled] n. 썰매 v. 썰매를 타다
• slalom [slάːləm] n. 스키 경주의 회전활강(回轉滑降)

slope [sloup]

n. 경사(傾斜), 비탈, 기울기 **v.** 경사지다, 비탈지다, 기울어지다, 기울이다

ex. **비탈**길로 유**비**가 **탈**출했다.

MP3 Yubi escaped along the **slope**.

≠ ramp [ræmp] n. 경사로
• scarp [skɑːrp] n. 가파른 비탈
• steep [stiːp] a. 가파른, 비탈진, 급격한, 터무니없이 비싼 v. 적시다, (차를) 우려내다
• steepability [stiːpəbíləti] n. (차를) 우려낼 수 있음

slow [slou]

a. 느린

ex. 거북이 왕이 **느린** 거북이들을 거**느린**다.

MP3 The king of turtles is leading **slow** turtles.

• slowly [slóuli] ad. 느리게
• slowdown [slóudàun] n. 둔화(鈍化), 감속(減速)
≠ sluggish [slʌ́giʃ] a. 느린, 느릿느릿한
• snail [sneil] n. 달팽이
• tortoise [tɔ́ːrtəs] n. 거북
• lag [læg] n. 지연 v. 뒤처지다
• jet lag (제트기 여행의) 시차(時差)로 인한 피로(疲勞)

smart [smɑːrt]

a. 똑똑한, 영리(怜悧)한 **v.** 욱신거리다, 쑤시다, 쓰리다

ex. "사람들이 **똑똑한** 전화를 쓰며 **똑똑 한** 방울씩 지능을 떨어뜨린다. 스마트 기기를 멀리하는 건 어떤가?"

MP3 "The intelligence is dripping down when people use **smart**phones. How about staying away from the **smart** devices?"

smell [smel]

v. smell - smelled/smelt - smelled/smelt 냄새가 나다, 냄새를 맡다 **n.** 냄새

ex. 그것은 소리 **냄**, **새**로운 **냄새**도 냄.

MP3 It makes noise, with a new **smell**.

≠ olfactory [alfǽktəri] a. 후각(嗅覺)의 n. 후각 기관

smoke [smouk]

n. 연기(煙氣), 흡연(吸煙) **v.** 연기를 내뿜다, 흡연하다, 담배를 피우다

ex. "**흡**사(恰似) 굴뚝처럼 **연**기를 내뿜는 그

의 **흡연**을 난 더 이상은 못 참아."

MP3 "I cannot put up with his **smoking** which is similar to that from the chimneys any longer."

- smoked [smoukt] a. 훈제(燻製)한
- smokestack [smóukstæk] n. 굴뚝
- ∮smog [smɑg] n. 스모그, 연무(煙霧)
- soot [sut] n. 검댕, 그을음
- puff [pʌf] v. 뻐끔뻐끔 피우다, 헐떡거리다 n. 뻐끔뻐끔

☐ smooth [smuːð]

a. 매끄러운 v. 매끄럽게 하다

ex. **매끄러운** 표면 위에 **매**가 시**끄러운** 소리를 내지 않고 착지했다.

MP3 A hawk settled on a **smooth** surface without making a loud noise.

- ∮fluffy [flʌ́fi] a. 솜같이 부드러운
- mellow [mélou] a. (색깔, 기질 등이) 부드러운
- tender [téndər] a. 부드러운, 상냥한, 다정한 v. 입찰하다, 제출하다

☐ snake [sneik]

n. 뱀

ex. 힛걸이 **뱀**을 **벰**.

MP3 Hit-Girl is cutting the **snake**.

- rattlesnake [rǽtəlsnèik] n. 방울뱀
- ∮python [páiθɑn] n. 비단뱀

☐ snow [snou]

n. 눈 v. 눈이 오다

ex. **눈이 오는** 날에 **누**군가 이 사람을 슬그머**니** 찾아**온다**.

MP3 Somebody secretly comes to see this person when it is **snowing**.

- snowflake [snóuflèik] n. 눈송이
- snow-slide 눈사태
- snowstorm [snóustɔ̀ːrm] n. 눈보라
- snowy [snóui] a. 눈에 덮인, 눈이 많이 내리는

☐ soar [sɔːr]

v. 급등(急騰)하다, 치솟다, 급상승(急上昇)하다

ex. **치솟아** 오르는 물가에도 까**치**는 **소**를 **사**고 싶어 한다.

MP3 Kkachi wants to buy a cow despite **soaring** prices.

- soaring [sɔ́ːriŋ] a. 급등하는, 급상승하는

☐ sober [sóubər]

a. 술에 취하지 않은, 맨정신의, 냉정(冷靜)한 v. 정신을 차리게 하다

ex. **냉정한** 남자가 **냉**면을 먹기로 **정한**다.

MP3 A **sober** man decides to try cold noodles.

- sobering [sóubəriŋ] a. 정신이 번쩍 들게 하는

☐ soccer [sɑ́kər]

n. 축구(蹴球)

ex. **축구** 경기에서 지고 나서 선수들은 **축** **구**겨진 종이들인 듯 기운이 빠졌다.

MP3 After losing the **soccer** game, players' spirits drooped like crumpled papers.

☐ sociable [sóuʃəbl]

a. 사교적(社交的)인

ex. **사교적**인 신**사**의 **교**제(交際)가 낭만**적**(浪漫的)이다.

MP3 The relationship of a **sociable** gentleman is romantic.

- unsociable [ʌnsóuʃəbl] a. 비사교적인
- ∮dissociative [disóuʃièitiv] a. 분리적(分離的)인

☐ social [sóuʃəl]

a. 사회(社會)의, 사교(社交)의

ex. 전반적으로 경직된 **사회의** 인사 **회의**

S

가 열리고 있다. 그 분위기는 **사회의** 분위기와 똑같다.

MP3 The conference of a personnel division is being held in a rigid society at large. Its atmosphere is the same as the **social** atmosphere.

- social relationship 인간관계, 사회적 관계
- social skill 사교 기술, 대인 관계 기술
- sociometric [sòusiəmétrik] a. 사회관계를 측정하는
- Social Security 사회보장제도(社會保障制度)
- Social Security checks 연금(年金)
- DSS 사회보장국(the Department of Social Services)
- social studies 사회 과목
- socialism [sóuʃəlìzm] n. 사회주의

∮ pension [pénʃən] n. 연금, 생활 보조금

☐ society [səsáiəti]

n. 사회, 사교

ex. "우리에게 네가 **사, 회!**" 사람들이 다른 사람들에게 한턱 쏘는 **사회**.

MP3 "You should buy us raw fish!" It is a **society** where people treat others.

- sociology [sòusiάlədʒi] n. 사회학

∮ sociolinguistics [sòusiəliŋgwístiks] n. 사회 언어학

☐ soldier [sóuldʒər]

n. 군인, 병사

ex. "폭탄이 터졌고 아**군인 군인**들과 민간인들이 모두 희생되었습니다."

MP3 "The bomb went off and both our **soldiers** and civilians were killed."

∮ infantry [ínfəntri] n. 보병(대)

- regiment [rédʒəmənt] n. [군사] 연대(聯隊) v. 연대를 편성하다, 조직화하다
- regimentation [rèdʒəməntéiʃən] n. 조직화, 연대 편성

☐ solid [sάlid]

a. 고체(固體)의, 견고(堅固)한 n. 고체

ex. "그게 **고체**라**고**? 그게 액**체**(液體)가 아니고?"

MP3 "Is it a **solid**? Isn't it a liquid?"

- solidly [sάlidli] ad. 견고하게
- solidity [səlídəti] n. 고체성, 견고함

∮ consolidate [kənsάlədèit] v. 공고(鞏固)히 하다, 굳히다, 강화하다

- consolidation [kənsὰlidéiʃən] n. 병합(倂合), 강화

☐ solve [sɑlv]

v. 풀다, 해결(解決)하다

ex. "문제를 **해결하기** 위해 무얼 **해**야할지 **결**정(決定)**하라**."

MP3 "In order to **solve** the problem, decide what to do."

- solution [səlúːʃən] n. 해결, 해결책, 용해, 용액
- soluble [sάljubl] a. 녹는, 가용성의, 해결할 수 있는
- solvent [sάlvənt] n. 용매(溶媒) a. 지불 능력이 있는

∮ dissolve [dizάlv] v. 용해(溶解)시키다, 용해하다

- dissolvent [dizάlvənt] a. 용해력이 있는 n. 용해제, 용제
- dissolution [dìsəlúːʃən] n. 해산(解散), 파경(破鏡), 분해, 용해

☐ somebody [sʌ́mbὰdi]

pron. 누군가 n. 대단한 사람

ex. "**누군가** 울었어." "**누군가**, 그 사람이?"

MP3 "**Somebody** cried." "Who was the person?"

☐ son [sʌn]

n. 아들

ex. "**아들아**, 들리니? 사람들이 말하길 넌 날 닮았대."

MP3 "Hey, **son**, are you listening? People say that you take after me."

☐ soothe [suːð]

v. 달래다, 진정(鎭靜)시키다, 누그러뜨리다

ex. "그녀는 먹을 것을 **달래는**(='달라는'의 사투리) 아기를 **달랜다**."

MP3 "She is **soothing** a baby who wants something to eat."

- soothing [súːðiŋ] a. 달래는, 진정시키는

≠ appease [əpíːz] v. 달래다, 요구를 들어주다

☐ sorrow [sárou]

n. (크나큰) 슬픔 v. (매우) 슬퍼하다

ex. "언젠가 네가 **슬픔**에 겨울 때 **슬**쩍 내 **품**에 안기거라."

MP3 "Sometime when you are filled with **sorrow**, come softly into my arms."

- sorrowful [sárəfəl] a. (아주) 슬픈

☐ sorry [sɔ́ːri]

a. 미안한, 유감(遺憾)스러운, 안쓰러운, 가엾은, 딱한

ex. "내가 **미**리 준비를 **안 해**서 **미안해**."

MP3 "I'm **sorry** I didn't prepare ahead of time."

≠ atone [ətóun] v. 속죄(贖罪)하다

☐ sound [saund]

n. 소리 v. 들리다 a. 건전(健全)한, 푹 잠든 ad. 푹 잠들어

ex. "어떤 **소리**가 들리고 있**소**. 어쨌든 이**리** 와 보시오."

MP3 "A **sound** is heard. Come here in any case."

- soundproof [sáundpruːf] a. 방음(防音)의
- infrasound [ínfrəsàund] n. 초저주파음(超低周波音)
- acoustic(al) [əkúːstik(əl)] a. 소리의, 음향(音響)의, 청각(聽覺)의

≠ beep [biːp] n. 삐 소리, 경적(警笛) 소리 v. 삐 소리를 내다, 경적을 울리다

- honk [haŋk] n. 경적 소리 v. 경적을 울리다
- horn [hɔːrn] n. 뿔, 뿔피리, 경적
- air horn (압축 공기로 작동하는) 경적
- plop [plap] n. 퐁당 소리 v. 퐁당 하고 떨어지다, 쿵 하고 놓다

☐ sovereignty [sávərənti]

n. 주권(主權), 통치권(統治權)

ex. "**주**의하시오, **권**력자가 **주권**을 다른 나라들에게 팔아먹을지도 모르니."

MP3 "Be careful in case a man of power hands over the **sovereignty** of the nation to other countries."

- sovereign [sávərin] a. 주권의, 독립된 n. 주권자

☐ sow [sou]

v. sow - sowed - sown/sowed (씨를) 뿌리다, 심다

ex. "우리가 **뿌린** 씨에서 **다 뿌리**가 난**다**." "앗, 그렇군요."

MP3 "The seeds that we **sowed** are taking root." "Oh, I see."

- seed [siːd] n. 씨앗, 씨, 종자 v. 씨앗을 뿌리다, 씨가 맺다

☐ space [speis]

n. 공간(空間), 우주, 장소, 시간

ex. "너의 **공**들이, **간**단히 말해서, **공간**을 너무 차지해."

MP3 "Your balls, in short, take up too much **space**."

- space probe 무인 우주탐사기(機)
- space shuttle 우주 왕복선(往復船)
- shuttle [ʃʌ́tl] n. 정기적으로 왕복하는 교통수단 v. 왕복하다
- spacecraft [spéiskræft] n. 우주선
- spaceship [spéisʃip] n. 우주선
- spacious [spéiʃəs] a. 공간이 넓은, 널찍한
- spatially [spéiʃəli] ad. 공간적으로

≠ ply [plai] v. 다니다, 왕복하다

S

☐ spare [spɛər]

a. 여분(餘分)의 **n.** 여분 **v.** (시간을) 할애(割愛)하다, 떼어 주다, 아끼다

ex. "우리의 **아**이들을 혼내는 우리에게 **끼라**고. 몽둥이를 **아끼면** 아이를 망친다니까."

MP3 "Join us to scold our children. **Spare** the rod and spoil the child."

∮ redundant [ridʌ́ndənt] **a.** 여분의, 과잉(過剩)의, 해고된, 불필요한
• redundancy [ridʌ́ndənsi] **n.** 여분, 과잉, 해고, 쓸데없는 반복(反復), 중복(重複)

☐ sparrow [spǽrou]

n. 참새

ex. "그건 **참 새**로운 **참새**다."

MP3 "It is a really new **sparrow**."

∮ chirp [tʃəːrp] **v.** 짹짹 울다, 재잘거리다
• Clark's nutcracker [klɑ́ːrks nʌ́trǽkər] **n.** 캐나다 산갈가마귀

☐ sparse [spɑːrs]

a. 성긴, 드문드문한

ex. **드**넓은 공간에 **문드**러진 **문**들이 **드문드문** 있었다.

MP3 Decomposed doors were **sparse** here and there over the wide space.

☐ speak [spiːk]

v. speak - spoke - spoken 말하다, 이야기하다, 연설(演說)하다

ex. 우리는 영문학을 전공했다. 영어로만 **말하는** 회의를 우리는 주**말**까지 계속**하다**가 끝냈다.

MP3 We specialized in English literature. The meeting, held through the weekend, where we should **speak** only English came to an end.

• speaker [spíːkər] **n.** 말하는 사람, 화자, 연설가, 의장(議長), 스피커
• speech [spiːtʃ] **n.** 말하기, 연설, 말, 언어 능력
• misspeak [misspíːk] **v.** misspeak - misspoke - misspoken 잘못 말하다, 부정확하게 말하다
∮ spokesperson [spóukspə̀ːrsn] **n.** 대변인(代辯人)
• spokesman [spóuksmən] **n.** 남성 대변인
• spokeswoman [spóukswùmən] **n.** 여성 대변인

☐ special [spéʃəl]

a. 특별한 **n.** 특별한 것

ex. "**특**이한 **별 한** 개가 **특별한** 것이지. 그 별은 바로 너야."

MP3 "An extraordinary star is something **special**. The star is you."

• specially [spéʃəli] **ad.** 특별히
• specialist [spéʃəlist] **n.** 전문가(專門家), 전문의
• specialize [spéʃəlàiz] **v.** (in) 전문화하다, 전공(專攻)하다

☐ specific [spəsífik]

a. 특정(特定)한, 특유(特有)한, 구체적(具體的)인

ex. "**특정한** 주제는 **특**히 **정**(情)과 **한**(恨)이다."

MP3 "**Specific** themes are especially about affection and resentment."

• specifically [spəsífikəli] **ad.** 특정하게, 특유하게, 구체적으로
• non-specific [nɑ̀nspəsífik] **a.** 불특정한, 비특이성(非特異性)의

☐ spectacle [spéktəkl]

n. 굉장한 경관, 장관(壯觀), 구경거리

ex. **장관**(長官)은 그 **장관**에 감탄했다.

MP3 The minister admired the **spectacle**.

• spectacles [spéktəkəlz] **n.** 안경
• spectacular [spektǽkjulər] **a.** 장관인, 화려(華麗)한

☐ spectator [spékteitər]

n. 관중, 관객, 구경꾼

ex. "**구경꾼**들이 뭘 보고 있나?" "그들은 38구경 권총을 **구경**하고 있**군**."

MP3 "What are the **spectators** watching?" "They are looking on a 38-caliber revolver."

- spectate [spékteit] **v.** 관전(觀戰)하다, 구경하다

≠ bystander [báistæ̀ndər] **n.** 구경꾼

☐ spell [spel]

v. spell - spelled/spelt - spelled/spelt 철자(綴字)하다 **n.** 주문(呪文), 마법, 한동안

ex. "**철**저하게 글**자**의 **철자**에 신경써라."

MP3 "Take care of the **spelling** of a word thoroughly."

- spelling [spéliŋ] **n.** 철자, 철자법, 맞춤법
- spelling bee 단어 철자 맞히기 대회
- misspell [misspél] **v.** misspell - misspelled/misspelt - misspelled/misspelt 철자를 틀리다
- misspelling [misspéliŋ] **n.** 틀린 철자, 잘못 철자함

☐ spend [spend]

v. spend - spent - spent 소비(消費)하다, (돈을) 지출(支出)하다, (시간을) 보내다

ex. 그들은 자신들의 여가(餘暇) 시간에 가위바위**보**를 **내며** 시간을 **보낸다**.

MP3 They are **spending** time playing rock-paper-scissors in their free time.

- spending [spéndiŋ] **n.** 지출, 소비
- misspend [misspénd] **v.** misspend - misspent - misspent 허비하다, 낭비(浪費)하다, 잘못 사용하다
- overspend [òuvərspénd] **v.** overspend - overspent - overspent (돈을) 너무 많이 쓰다

≠ killing time 심심풀이, 시간 때우기

☐ spice [spais]

n. 양념, 향신료(香辛料) **v.** 양념을 넣다, 향신료를 곁들이다

ex. 서**양** 요리를 하고 있는 **그녀**, 엄청 **양념**을 넣는다.

MP3 She is cooking Western food, adding too much **spice**.

- spicy [spáisi] **a.** 양념 맛이 강한, 매운, 매콤한

≠ cinnamon [sínəmən] **n.** 계피

- gravy [gréivi] **n.** (육즙을 이용해 만든) 소스, 육즙·밀가루·우유로 만든 소스
- mustard [mʌ́stərd] **n.** 겨자, 겨자색
- pepper [pépər] **n.** 후추, 고추 **v.** 후추를 치다
- condiment [kɑ́ndəmənt] **n.** 양념, 향신료, 조미료, 소스
- seasoning [síːzəniŋ] **n.** 양념, 조미료
- season [síːzn] **n.** 계절(季節), 시즌 **v.** 양념하다
- sauce [sɔːs] **n.** 소스

☐ spill [spil]

v. spill - spilled/spilt - spilled/spilt 엎지르다, 흘리다, 쏟다 **n.** 엎지른 액체, 유출(流出)

ex. "**엎지른** 우유 때문에 울**다**니 쓸모**없지**. 너는 목만 마**르지**."

MP3 "It is no use crying over **spilt** milk. You'll only get thirsty."

≠ splash [splæʃ] **v.** 물을 튀기다, 첨벙거리다 **n.** 텀벙하기, 첨벙 소리

- slosh [slɑʃ] **v.** 철벅철벅 튀다
- spray [sprei] **v.** (분무기로) 뿌리다 **n.** 물보라, 분무, 분무기(噴霧器), 스프레이

☐ spin [spin]

v. spin - spun - spun 돌다, 돌리다, 실을 잣다, 회전(回轉)하다, 회전시키다 **n.** 회전

ex. 그의 머리가 빙빙 **돌았다**. 그는 **돌다**리에 쓰러졌다.

MP3 His head was **spinning**. He fell down on the stone bridge.

≠ spin-off 스핀오프, 파생(派生) 상품, 파생물, 속편(續篇)

- spindle [spíndl] 회전축, 물레가락
- distaff and spindle 실을 감는 막대와 추
- rotate [róuteit] **v.** 회전하다, 교대하다
- rotation [routéiʃən] **n.** 회전, (지구의) 자전(自轉), 교대, 순환

S

☐ spirit [spírit]

n. 영혼(靈魂), 정신(精神), (spirits) 독한 술

ex. 그것은 **영호**에게 **온 영혼**이다.

MP3 It is the **spirit** that has come to Youngho.

- spiritual [spíritʃuəl] **a.** 영혼의, 정신의

∮ soul [soul] **n.** 영혼, 정신, 마음

- sublime [səbláim] **a.** 숭고(崇高)한

☐ spit [spit]

v. spit - spat/spit/spitted - spat/spit/spitted 침을 뱉다, 뱉다, 내뱉다 **n.** 침

ex. 누가 잘못인지 **침**착하게 엘리자**벳**은 **따**지고 나서 **침**을 **뱉었다**.

MP3 Elizabeth quietly figured out who was wrong and **spat**.

∮ saliva [səláivə] **n.** 침, 타액(唾液)

- salivate [sǽləvèit] **v.** 침을 흘리다
- salivary gland [sǽləvèri glænd] 침샘

☐ split [split]

v. split - split - split 쪼개다, 갈리다, 분열(分裂)하다 **n.** 분열, 갈라진 틈

ex. "**쪼**끄만 **개**가 **다**시 그 판자를 둘로 **쪼갰다**."

MP3 "A small dog **splits** the board into two again."

∮ crack [kræk] **v.** 갈라지다, 금가다 **n.** 갈라진 금, 틈

- cracker [krǽkər] **n.** 크래커, 비스킷
- crevasse [krəvǽs] **n.** 갈라진 틈, 균열(龜裂)
- crevice [krévis] **n.** 갈라진 틈
- cleft [kleft] **n.** 갈라진 틈
- slit [slit] **n.** 가늘고 긴 틈, 구멍 **v.** 가늘고 길게 자르다, 베다
- slot [slɑt] **n.** 가늘고 긴 구멍, 동전 투입구 **v.** 끼워 넣다

☐ spoil [spɔil]

v. spoil - spoilt/spoiled - spoilt/spoiled 망치다, 어하다, 응석을 받아주다 **n.** (spoils) 전리품(戰利品), 성과

ex. "쇠**망치**를 든 남자가 **다**시 감흥(感興)을 **망치나**?"

MP3 "Does the man taking the hammer **spoil** the fun again?"

- spoiler [spɔ́ilər] **n.** 망치는 사람, 망치는 것, 스포일러

∮ booty [bú:ti] **n.** 전리품, 노획물(鹵獲物)

- pamper [pǽmpər] **v.** 소중히 보살피다, 응석을 받아주다, 오냐오냐하다
- ruin [rú:in] **v.** 망치다, 황폐화(荒廢化)시키다 **n.** 붕괴(崩壞), 몰락(沒落), 파멸(破滅), (ruins) 폐허(廢墟), 유적(遺蹟)

☐ sponsor [spάnsər]

n. 스폰서, 후원자(後援者) **v.** 후원하다

ex. "**후**유, 너는 **원하니**, 많은 회사들이 너를 **후원하기**를?"

MP3 "Whew, do you hope that a number of firms will **sponsor** you?"

∮ backer [bǽkər] **n.** 후원자

☐ spontaneous [spɑntéiniəs]

a. 자발적(自發的)인, 자연적(自然的)인

ex. **자**신을 **발**견할 **적**에 **인**간은 **자발적인** 행동을 보인다.

MP3 Human beings show **spontaneous** actions when they discover their true selves.

- spontaneously [spɑntéiniəsli] **ad.** 자발적으로, 자연적으로
- spontaneity [spὰntəní:əti] **n.** 자발성, 자연 발생적 성질

☐ spot [spɑt]

n. 점, 얼룩, 곳, 장소, 방송 프로그램 사이에 끼워 넣는 광고 **v.** 더럽히다, 발견하다

ex. **얼**간이 브**룩**의 옷은 흙탕물 **얼룩**투성이였다.

MP3 Foolish Brooke's clothes were covered with **spots** of mud.

• spotted [spátid] **a.** 얼룩진
∮blot [blat] **n.** 얼룩, 오점(汚點) **v.** 더럽히다
• blot out 지우다
• dot [dat] **n.** 점 **v.** 점을 찍다, 산재(散在)하다
• speck [spek] **n.** 작은 얼룩, 점
• specked [spekt] **a.** 얼룩진
• speckle [spékl] **n.** 얼룩, 반점

☐ spouse [spaus, spauz]

n. 배우자(配偶者)

ex. 그 남자 **배우**(俳優)는 **자**신의 **배우자**를 주시하고 있었다.

MP3 The actor kept an eye on his **spouse**.

• espouse [ispáuz] **v.** (정치적으로) 지지하다
∮partner [pá:rtnər] **n.** 파트너, 배우자, 동료(同僚), 상대방 **v.** 짝을 짓다

☐ spread [spred]

v. spread - spread - spread 퍼지다, 퍼뜨리다, 펴다, 펼치다 **n.** 퍼짐, 확산(擴散), 전파

ex. 그가 100**퍼**센트 **진다**는 소문이 **퍼진다**.

MP3 The rumor is **spreading** that he will certainly lose.

• overspread [òuvərspréd] **v.** overspread - overspread - overspread 온통 뒤덮다
∮diffuse [difjú:z] **v.** 퍼지다, 확산하다, 확산시키다, 분산시키다
• diffusion [difjú:ʒən] **n.** 확산, 보급(普及), 전파(傳播)
• dissemination [disèmənéiʃən] **n.** 보급, 유포(流布)

☐ spring [spriŋ]

n. 봄, 샘물, 용수철 **v.** spring - sprang/sprung - sprung 튀다, 튀어 나오다

ex. "넌 뭘 **봄**?" "난 **봄**을 **봄**."

MP3 "What are you seeing?" "I'm seeing **spring**."

∮pop-up 툭 튀어나오는

☐ spur [spə:r]

n. 박차(拍車), 자극(刺戟), 자극제 **v.** 박차를 가하다, 자극하다

ex. **박차**를 가하자 **박** 씨가 탄 말은 숨**차**게 질주한다.

MP3 **Spurred**, the horse Mr. Park is riding is running out of breath.

• stimulate [stímjulèit] **v.** 자극하다, 흥미를 돋우다
• stimulus [stímjuləs] **n.** (**pl.** stimuli [stímjəlài]) 자극, 자극제

☐ square [skwɛər]

n. 정사각형, 제곱, 광장(廣場) **a.** 정사각형의, 제곱의 **v.** 정사각형으로 만들다, 제곱하다

ex. 그 **광장**은 **광**활(廣闊)한 **장**소다.

MP3 The **square** is a broad place.

• squared [skwɛərd] **a.** 네모로 나뉜, 모눈 표시를 한, 네모진, 제곱한
∮rectangle [réktæŋgl] **n.** 직사각형
• rectangular [rektǽŋgjulər] **a.** 직사각형의, 직각의
• quadrangle [kwádræŋgl] **n.** 사각형, (대학 건물의) 사각형 안뜰
• diagonal [daiǽgənl] **a.** 대각선의 **n.** 대각선
• diagonally [daiǽgənəli] **ad.** 대각선으로, 비스듬하게
• trapezoid [trǽpəzɔ̀id] **n.** 사다리꼴
• pentagon [péntəgàn] **n.** 오각형, (미국의) 국방부
• hexagon [héksəgən] **n.** 육각형

☐ stable [stéibl]

a. 안정적인 **n.** 마구간

ex. "마음의 **안정**을 위해 우리는 무엇을 할지 **안 정**하면 안 된다."

MP3 "For the **stable** state of mind, we should necessarily decide what to do."

• stableboy [stéiblbɔ̀i] **n.** (소년)마부
• stability [stəbíləti] **n.** 안정성
• unstable [ʌnstéibəl] **a.** 불안정한
• instability [ìnstəbíləti] **n.** 불안정
∮stall [stɔ:l] **n.** 마구간, 외양간, 가판대 **v.** 교착(膠着) 상태에 빠지다, 교착 상태에 빠뜨리다

S

☐ **stage** [steidʒ]
n. 단계(段階), 무대(舞臺) **v.** 무대에 올리다

ex. 혜주에게는 아**무데**나 다 **무대**였다.

MP3 Hyejoo's **stage** is everywhere.

∮phase [feiz] **n.** 단계, 국면(局面) **v.** 단계적으로 하다
- proscenium [prousíːniəm] **n.** 앞 무대

☐ **stain** [stein]
n. 얼룩, 오점 **v.** 더럽히다

ex. "**얼**간이 브**룩**이 그녀의 블라우스에 생긴 **얼룩**을 제거했나요?"

MP3 "Did Foolish Brooke remove **stains** on her blouse?"

- stainless [stéinlis] **a.** 얼룩지지 않은, 녹슬지 않는

∮smear [smiər] **n.** 얼룩, (정치적) 중상모략(中傷謀略) **v.** 더럽히다, 마구 바르다
- smudge [smʌdʒ] **n.** 얼룩 **v.** 얼룩을 남기다
- tarnish [táːrniʃ] **v.** 변색시키다, (명성, 평판을) 더럽히다

☐ **stair** [stɛər]
n. 계단(階段)

ex. "**계단**에서 구르지 않게 걸을 때 **계**속 **단**단히 주의해."

MP3 "Keep paying close attention to your footsteps not to fall down the **stairs**."

- stairway [stɛ́ərwèi] **n.** 계단
- stairwell [stɛ́ərwèl] **n.** 계단을 포함한 건물의 수직 공간

☐ **stand** [stænd]
v. stand - stood - stood 서다, 참다 **n.** 입장, 태도

ex. 개 한 마리가 **서다**앙(=서당) 앞에 **서다**. 그 개는 가능성이 있다.

MP3 A dog **stands** in front of a seodang. The dog **stands** a chance.

- stance [stæns] **n.** (선) 자세, 입장, 태도

☐ **standard** [stǽndərd]
n. 표준(標準), 기준(基準) **a.** 표준의, 보통의

ex. 자신의 **기준**을 낮추**기**가 **준**기의 목표다.

MP3 Joonki's aim is to lower his **standard**.

- standardize [stǽndərdàiz] **v.** 표준화하다
- substandard [sʌbstǽndərd] **a.** 표준 이하의, 수준 미달(未達)의

∮IPK 국제 킬로그램 표준기(International Prototype kilogram)

☐ **state** [steit]
n. 상태, 국가, 주(州) **a.** 국가의, 주(州)의 **v.** 명백하게 진술하다

ex. **상태**의 정신 **상태**는 혼란스러워 보인다.

MP3 Sangtae appears to be in a confused **state** of mind.

- state-of-the-art [stèitəvðiáːrt] **a.** 최첨단(最尖端)의, 최신식의, 최고 수준의
- state meet 주(州) 대회
- statement [stéitmənt] **n.** 진술, 성명, 성명서(聲明書), 명세서(明細書)
- statesman [stéitsmən] **n.** 정치인, 정치가
- overstate [òuvərstéit] **v.** 실제보다 부풀려 말하다
- understate [ʌndərstéit] **v.** 실제보다 줄여서 말하다

∮federal [fédərəl] **a.** 연방(聯邦)의, 연방 정부의
- federation [fèdəréiʃən] **n.** 연합, 동맹, (여러 주나 국가로 이루어진) 연방

☐ **static** [stǽtik]
a. 정적(靜的)인 **n.** 정전기(靜電氣), 잡음(雜音)

ex. 그들의 소극성은 **정적**인 사회의 **정적**(靜寂)을 상징(象徵)한다.

MP3 Their inactivity stands for the silence in a **static** society.

- static electricity 정전기

∮dynamic [dainǽmik] **a.** 동적인, 역동적(力動的)인
- hydrodynamic [hàidroudainǽmik] **a.** 유체 역학(流體力學)의
- dynamics [dainǽmiks] **n.** 역학

☐ station [stéiʃən]

n. 역(驛), 정거장, 장소 **v.** 주둔(駐屯)하다, 배치(配置)하다

ex. 지하철 **역**도 **역**시(亦是) **역**이다.

MP3 A subway **station** is also a **station**.

- stationary [stéiʃənèri] **a.** 움직이지 않는

≠ stationery [stéiʃənèri] **n.** 문방구(文房具), 편지지

☐ statistics [stətístiks]

n. (단수) 통계학(統計學), (복수) 통계

ex. 그는 이 **통계**를 근거로 보**통 계**획을 짠다.

MP3 He usually plans based on these **statistics**.

- stats [stæts] **n.** 통계
- statistic [stətístik] **n.** 통계량, 통계치
- statistical [stətístikəl] **a.** 통계의, 통계적인

☐ status [stéitəs]

n. 지위(地位), 신분, 상태, 상황

ex. "그녀의 사회적 **지위**는 **지**(='저'의 사투리)보다 **위**여유."

MP3 "Her social **status** is higher than mine."

- status quo [stéitəs kwou] **n.** 현 상태, 현재 상태, 현재의 상황

≠ position [pəzíʃən] **n.** 위치, 지위, 입장, 자리, 자세 **v.** 위치에 두다, 자리를 잡다

- rank [ræŋk] **n.** 등급, 계급, 지위, 줄 **v.** 등급을 매기다, 정렬(整列)시키다
- ranking [rǽŋkiŋ] **n.** 순위 **a.** 상위의, 고위의

☐ stay [stei]

v. 머무르다 **n.** 머무름

ex. "**뭐**? **물**? 우리 집에 **다** 있다." "그럼 나는 너의 집에 **머무르**고 싶**다**."

MP3 "What? Water? We have it all." "Then I feel like **staying** at your place."

≠ linger [líŋgər] **v.** 오래 남아있다, 오래 머물다

☐ steady [stédi]

a. 꾸준한, 확고(確固)한

ex. "규칙(規則)을 네가 자**꾸 준**수(遵守)하지 않으면 너는 **꾸준**히 성장하기 어렵다."

MP3 "If you don't observe the rules again and again, you will not show a **steady** growth."

- steadily [stédili] **ad.** 꾸준히, 확고하게
- unsteady [ʌnstédi] **a.** 불안정한, 흔들리는

≠ slog [slɑg] **v.** 열심히 해 오다, 강타(强打)하다 **n.** 강타, 고투(苦鬪)

☐ steal [stiːl]

v. steal - stole - stolen 훔치다, 도둑질하다, 몰래 움직이다, 도루(盜壘)하다

ex. 도둑은 물건을 **훔치다**가 살금살금 다가가서 **훔**볼트 씨를 밀**쳤다**.

MP3 The thief sneaked up on Humboldt and pushed him when he was **stealing** things.

- stealing [stíːliŋ] **n.** 도둑질, 절도(竊盜), (stealings) 장물(贓物)

≠ thief [θiːf] **n.** 도둑, 절도범

- theft [θeft] **n.** 절도(죄), 도둑질
- thieve [θiːv] **v.** 훔치다, 도둑질하다
- thievish [θíːviʃ] **a.** 훔치는 버릇이 있는, 도벽(盜癖)이 있는
- sack [sæk] **n.** 부대(負袋), 봉지, 해고, 약탈(掠奪) **v.** 해고하다, 약탈하다
- sneak [sniːk] **v.** 몰래 움직이다 **a.** 기습적(奇襲的)인, 느닷없는
- sneaky [sníːki] **a.** 몰래 하는, 교활한, 비열한

☐ step [step]

n. 걸음, 단계, 계단, 조치(措置)

ex. 그녀는 조치들을 취했다. 그녀는 **걸** 그룹에서 **음**악의 첫**걸음**을 내딛었다.

MP3 She took **steps**. She took the first **step** toward music in a girl group.

≠ stepparent [stéppɛərənt] **n.** 의붓 부모

- stepfather [stépfɑ̀ːðər] **n.** 의붓아버지, 새아버지
- stepmother [stépmʌ̀ðər] **n.** 의붓어머니, 새어머니

☐ sterile [stéril]

a. 불임(不妊)의, 불모의, 살균(殺菌)한, 소독(消毒)한, 무익한

ex. 그 여성은 **불**행히도 **임**신할 수 없다. 그녀는 **불임**이다.

MP3 The woman is unfortunately unable to get pregnant. She is **sterile**.

- sterilize [stérəlàiz] **v.** 살균하다, 소독하다, 불임하게 하다
- sterilized [stérəlàizd] 살균한, 소독한
- ∮ antiseptic [æ̀ntəséptik] **a.** 살균 성분이 있는 **n.** 소독제, 방부제(防腐劑)

☐ stick [stik]

v. stick - stuck - stuck 찌르다, 붙이다 **n.** 막대기, 채

ex. 그들은 자신들의 피**붙이**를 찾는**다**는 전단지를 **붙이다**가 피**붙이**를 찾았**다**.

MP3 When they were **sticking** posters to look for their family and relatives, they found them.

- sticky [stíki] **a.** 끈적끈적한
- ∮ cling [kliŋ] **v.** cling - clung - clung (to) 들러붙다, 매달리다
- paste [peist] **v.** (풀로) 붙이다 **n.** 풀, 반죽
- slime [slaim] **n.** (끈끈한) 점액(粘液)
- cane [kein] **n.** (대나무 등의) 줄기, 지팡이
- prick [prik] **v.** (찔러서) 구멍을 내다

☐ still [stil]

ad. 아직도, 여전히, 그럼에도, 더더욱 **a.** 정지한, 고요한

ex. "넌 **아직도** 거짓말하고 있구나. 영순**아**, 정**직도** 중요하단다."

MP3 "You are **still** lying. Yeongsoon, honesty is also important."

- still life 정물화

☐ sting [stiŋ]

v. sting - stung - stung 쏘다, 찌르다

ex. 아이는 **쏘다**니다 벌에 **쏘**였**다**.

MP3 While going around, the child got **stung** by a bee.

- stinger [stíŋər] **n.** 침
- stingy[1] [stíŋi] **a.** 쏘는, 찌르는
- stingy[2] [stíndʒi] **a.** 인색(吝嗇)한, 구두쇠의
- ∮ tingle [tíŋgl] **v.** 따끔거리다, 얼얼하다, 울렁울렁하다 **n.** 따끔거림, 흥분, 설렘
- tingling [tíŋgliŋ] **n.** 따끔따끔함, 얼얼함

☐ stir [stəːr]

v. 젓다, 휘젓다, 동요(動搖)시키다 **n.** 휘젓기, 동요

ex. 찬**휘**가 **젓**가락으로 **다**시 국물을 **휘젓**고 있**다**.

MP3 Chanhwi is **stirring** the broth again with chopsticks.

☐ stock [stɑk]

n. 재고(在庫), 저장, 주식, 증권, 가축(家畜) **v.** 들여놓다, 갖추다

ex. 그는 **주**말에 **식**사도 거르고 **주식** 시장에서 1센트라도 돈을 벌려고 애썼다.

MP3 Missing meals over the weekend, he tried to make money, even to earn a cent, on the **stock** market.

- livestock [láivstɑ̀k] **n.** 가축
- stockpile [stɑ́kpàil] **n.** 비축량(備蓄量) **v.** 비축하다
- ∮ stocking [stɑ́kiŋ] **n.** (stockings) 스타킹, 긴 양말

☐ stomach [stʌ́mək]

n. 위(胃), 배

ex. 모유 수유(母乳授乳)하는 자기 엄마 **배**를 **베**고 여자 아기는 누워 있다.

MP3 A baby is lying on her nursing mom's **stomach** as a pillow.

- stomachache [stʌ́məkèik] **n.** 복통(腹痛)

• stomach ulcer [stʌ́mək ʌ́lsər] **n.** 위궤양(胃潰瘍)
∮abdomen [ǽbdəmən] **n.** 복부, 배, (곤충의) 복부
• belly [béli] **n.** 배
• belly dance 벨리 댄스
• navel [néivəl] **n.** 배꼽
• spleen [spliːn] **n.** 비장(脾臟), 지라

☐ stone [stoun]

n. 돌, 돌멩이

ex. 갓 **돌** 지난 아기가 **돌**에 걸려 넘어졌다.

MP3 A baby, just over a year old, fell over a **stone**.

• stone mason [stóun mèisn] **n.** 석공(石工)
• the Stone Age 석기 시대
∮pebble [pébl] **n.** 조약돌, 자갈
• flint [flint] **n.** 부싯돌
• catapult [kǽtəpʌlt] **n.** 투석기(投石器), 새총
• Paleolithic [pèiliəlíθik] **a.** 구석기 시대의
• Paleolithic Age 구석기 시대
• Neolithic [niːəlíθik] **a.** 신석기 시대의
• Neolithic Age 신석기 시대

☐ store [stɔːr]

n. 가게, 백화점(百貨店), 저장(貯藏) **v.** 저장하다

ex. "너 **가게 가게**? 그 품목은 재고(在庫)가 없을지도 몰라."

MP3 "Are you going to the **store**? The item may be out of stock."

• storage [stɔ́ːridʒ] **n.** 저장, 보관, 저장소, 창고(倉庫)
• storehouse [stɔ́rhàus] **n.** 저장소, 보고(寶庫)
∮repository [ripázətɔ̀ːri] 저장소, 보고(寶庫)
• silo [sáilou] **n.** 사일로, (곡식이나 무기) 저장고

☐ storm [stɔːrm]

n. 폭풍, 폭풍우(暴風雨) **v.** 폭풍우가 몰아치다, 급습(急襲)하다

ex. 한 **폭**(幅)의 그림에 담은 **풍**경(風景)은 **폭풍**우였다.

MP3 The scene in a picture was a **storm**.

∮hurricane [hə́ːrəkèin] **n.** 허리케인, 대폭풍
• tempest [témpist] **n.** (사나운) 폭풍우
• typhoon [taifúːn] **n.** 태풍(颱風)
• raid [reid] **n.** 급습, 습격 **v.** 급습하다, 습격하다

☐ story [stɔ́ːri]

n. 이야기, (건물의) 층(層)

ex. "이층집의 비극**이야**, 내가 **기**억하는 **이야기**는."

MP3 "The **story** I remember is a tragedy in a two-**story** house."

∮tale [teil] **n.** 이야기, 소설, 설화
• fairy tale 동화
• fairy [fέəri] **n.** 요정(妖精)
• gnome [noum] **n.** 땅속 요정
• hobbit [hábit] **n.** 난쟁이 요정 (Tolkien 작품에 나오는 등장인물)
• epic [épik] **n.** 서사시(敍事詩) **a.** 서사시의
• floor [flɔːr] **n.** 바닥, (건물의) 층

☐ strain [strein]

v. 긴장(緊張)시키다, 잡아당기다 **n.** 긴장, 종족, 변종(變種)

ex. **긴** 시간 동안 **장**난꾸러기는 **긴장**하고 있었다.

MP3 The little demon has been **strained** for a long time.

• strained [streind] **a.** 긴장된

☐ strange [streindʒ]

a. 이상(異常)한, 낯선

ex. "시인 **이상**? 그는 **한**마디로 '**이상한**' 사람이지!"

MP3 "A poet named Lee Sang? He is a '**strange**' man in a word!"

• stranger [stréindʒər] **n.** 낯선 사람
∮bizarre [bizáːr] **a.** 기묘한, 기괴(奇怪)한, 매우 이상한
• grotesque [groutésk] **a.** 기괴한 **n.** 기괴한 것
• grotesquely [groutéskli] **ad.** 기괴하게, 우스꽝스럽게
• eccentric [ikséntrik] **a.** 기이한, 별난 **n.** 괴짜
• queer [kwiər] **a.** 괴상한

S

• outlandish [autlǽndiʃ] **a.** 이상한, 기이한

☐ strategy [strǽtədʒi]

n. 전략(戰略)

ex. "형세를 뒤집을 **전략**을 마련하여 **절**실(切實)하게 정면으로 공**략**하라."

MP3 "Develop a **strategy** to turn the tables and take the bull by the horns desperately."

≠ tactic [tǽktik] **n.** 전략, 전술(戰術), 병법
• tactical [tǽktikəl] **a.** 전술의, 전략적인
• tactics [tǽktiks] **n.** 전술, 용병술, 작전 행동
• maneuver [mənúːvər] **n.** 움직임, 책략(策略), 작전(作戰) 행동, 기동(機動) 훈련 **v.** 책략을 쓰다
• outmaneuver [àutmənúvər] **v.** ~에게 이기다, ~에게 책략으로 이기다

☐ street [striːt]

n. 거리, …가(街), 도로

ex. 넓어지는 그 **거리**를 지나는 건 그녀가 **거리**끼는 일이다.

MP3 She hesitates to walk through the **street** that opens out.

≠ avenue [ǽvənjùː] **n.** …가(街), 거리, 길

☐ stress [stres]

n. 스트레스, 긴장, 압박(壓迫), 강조, 강세 **v.** 스트레스를 주다, 강조하다

ex. 건물 **앞**에 있는 **박** 씨가 **압박**을 받고 있다.

MP3 Mr. Park who is in front of the building is under **stress**.

≠ intonation [ìntənéiʃən] **n.** 억양(抑揚)

☐ stretch [stretʃ]

v. 잡아당기다, 늘이다, 뻗다 **n.** 잡아당김, 늘임, 뻗음, 스트레칭

ex. 그는 **느리게** 근육을 **늘인다**.

MP3 He slowly **stretches** muscles.

☐ strict [strikt]

a. 엄격(嚴格)한, 엄한, 엄밀(嚴密)한

ex. **엄격한** 부모가 **엄**청 **격**(激)**한** 목소리를 냈다.

MP3 A **strict** parent spoke furiously.

≠ rigorous [rígərəs] **a.** 엄격한, 혹독(酷毒)한
• rigorously [rígərəsli] **ad.** 엄격히, 혹독하게
• rigor [rígər] **n.** 엄함, 엄격함, 고됨

☐ stride [straid]

v. stride - strode - stridden 성큼성큼 걷다 **n.** 큰 걸음

ex. 고**성**이 **큼**지막하게 들리고 괴**성**이 **큼**지막하게 들리는 와중(渦中)에도 그는 **성큼성큼** 걷는다. 그의 상태는 본궤도(本軌道)에 올라와 있다.

MP3 While loud voices are heard and loud screams are heard, he is **striding**. He is hitting his **stride**.

☐ strike [straik]

v. strike - struck - struck/stricken 치다, 파업(罷業)하다 **n.** 치기, 파업

ex. "너는 남들을 **치**려**다**가 네가 다**친다**."

MP3 "If you are to **strike** others, you'll be hurt."

• stricken [stríkən] **a.** 시달리는
• striker [stráikər] **n.** 파업하는 사람, 공격수

☐ strive [straiv]

v. strive - strove - striven 분투(奮鬪)하다, 노력하다, 애쓰다

ex. "**애써서** 이 **애**가 우정에 관하여 글 **썼어**."

MP3 "This child **strove** to write about friendship."

☐ stroke [strouk]

n. 타격(打擊), 수영법, 뇌졸중(腦卒中), 글자의 획, 쓰다듬

기 v. 쓰다듬다, 어루만지다

ex. "(**탁!**) **역**시 멋진 **타격**이군. 당신이 그들을 한 방에 때려눕혔군."

MP3 "(Bang!) As expected, what a wonderful **stroke**! You knocked them down at a **stroke**."

∮pat [pæt] v. 쓰다듬다, 토닥거리다 n. 쓰다듬기, 토닥임

☐ stroll [stroul]

v. (한가로이) 거닐다, 산책(散策)하다, 유랑(流浪)하다 n. 산책

ex. 공원을 **거닐다**가 그녀가 하는 **건** 멍 때리는 **일**인 것 같**다**.

MP3 While **strolling** at the park, she looks empty.

- strolling [stróuliŋ] a. 순회(巡廻) 공연하는, 떠도는
- stroller [stróulər] n. 유모차 (baby stroller)

∮buggy [bʌ́gi] n. 유모차, (말 한 필이 끄는) 마차
- chariot [ʧǽriət] (고대의) 전차, 이륜마차(二輪馬車)

☐ strong [strɔːŋ]

a. 강한, 강력한, 튼튼한

ex. "**강한** 소년이 **강조한** 것은 무엇이었나?"

MP3 "What did the **strong** boy emphasize?"

- strength [streŋθ] n. 힘, 강점, 강도
- strengthen [stréŋθən] v. 강화하다, 강화되다

∮sturdy [stə́ːrdi] a. 튼튼한, 견고한
- might [mait] n. 힘, 세력 aux. …일지도 모른다
- mighty [máiti] a. 강력한
- mightiness [máitinis] n. 강력

☐ structure [strʌ́kʧər]

n. 구조(構造), 구조물 v. 구조화하다, 구성하다

ex. "**구조**가 잘 짜여진 입**구죠**. 작은 돌들로 **구**성되어 있**죠**."

MP3 "It is a well **structured** entrance. It is made up of small stones."

- structural [strʌ́kʧərəl] a. 구조적인
- structurally [strʌ́kʧərəli] ad. 구조적으로

∮frame [freim] n. 틀, 뼈대, 테 v. 틀을 짜다
- framework [fréimwə̀rk] n. 뼈대, 체계

☐ struggle [strʌgl]

v. 애를 바득바득 쓰다, 분투(奮鬪)하다, 투쟁(鬪爭)하다

ex. 옥**분**이는 **투**정부리지 않고 수입과 지출을 맞추기 위하여 **분투**한다.

MP3 Okbun, not complaining, is **struggling** to make ends meet.

☐ stubborn [stʌ́bərn]

a. 고집(固執) 센, 고집스러운 완고(頑固)한

ex. 그녀는 **고집 센** 아이하**고 집**에서 밤을 **샌**다.

MP3 She stays up all night with a **stubborn** child at home.

∮obstinate [ɑ́bstənət] a. 완고한, 고집 센

☐ study [stʌ́di]

v. 공부(工夫)하다, 연구(硏究)하다 n. 공부, 연구, 서재

ex. "너는 **공부**하러 학교에 가니? 아니면 너는 **공**허(空虛)하고 **부**질없이 학교 건물에 가니?"

MP3 "Do you go to school to **study**? Or do you go to the school emptily and uselessly?"

∮research [ríːsəːrʧ] n. 연구, 조사 v. [risə́ːrʧ] 연구하다, 조사하다

☐ stupid [stjúːpid]

a. 어리석은 n. 바보

ex. **얼**른 **이**효**석은** 그가 **어리석은** 짓을 못하게 막았다.

MP3 Lee Hyoseok quickly kept him from doing anything **stupid**.

S

≠ silly [síli] a. 어리석은
• folly [fάli] n. 어리석은 행위
• nonsense [nάnsens] n. 터무니없는 생각, 허튼소리

☐ subject [sʌ́bdʒikt]

n. 주제, 과목, 피실험자(被實驗者), 실험 대상자, 취재 대상 a. 지배를 받는, 종속(從屬)되는 v. [səbdʒékt] 종속시키다

ex. "이번 **주, 제 주제**는 '우정'입니다. 당신이 그것을 승인해 주신다면요."

MP3 "My **subject** is 'friendship' this week. It is **subject** to your approval."

≠ theme [θiːm] n. 주제, 테마

☐ submerge [səbmə́ːrdʒ]

v. 잠수(潛水)시키다, 잠수하다, (물에) 잠그다

ex. 소년은 **잠**시(暫時) **수**면 아래로 **잠수**했다.

MP3 The boy **submerged** below the water for a while.

• submergence [səbmə́ːrdʒəns] n. 잠수, 침수(沈水)
≠ submarine [sʌbməríːn] n. 잠수함
• periscope [pérəskòup] n. 잠망경(潛望鏡)

☐ submit [səbmít]

v. 제출(提出)하다, 제시하다, 굴복(屈服)하다, 복종(服從)하다

ex. "이것은 제가 어**제** 모임에 **출**석해서 **제출**한 서류입니다."

MP3 "This is the document that I **submitted** when I attended the meeting yesterday."

• submission [səbmíʃən] n. 제출, 제시, 굴복, 복종
• submissive [səbmísiv] a. 복종적인

☐ subordinate [səbɔ́ːrdənət]

a. 부수적(附隨的)인, 종속하는 n. 부하 직원, 부하, 하급자

ex. 자신의 주인에게 **종속**하는 사내**종**이 **속**히 움직인다.

MP3 A servant who is **subordinate** to his master moves fast.

☐ subscribe [səbskráib]

v. 구독(購讀)하다, 가입하다, 기부하다

ex. 실질적으로 **구**백 명의 **독**자들이 그 잡지를 **구독**한다.

MP3 Nine hundred readers **subscribe** to the magazine in substance.

• subscriber [səbskráibər] n. 구독자, 가입자, 기부자
• subscription [səbskrípʃən] n. 구독(료), 가입, 기부(금)

☐ substance [sʌ́bstəns]

n. 물질, 실체, 핵심, 본질

ex. "이 **물질**은 **물**론 **질**이 좋다."

MP3 "This **substance** is, of course, of good quality."

• substantial [səbstǽnʃəl] a. 실질적(實質的)인, 상당한
• substantially [səbstǽnʃəli] ad. 실질적으로, 상당히

☐ substitute [sʌ́bstətjùːt]

v. 대체(代替)하다, 대신하다, 치환(置換)하다 n. 대체물, 대체자

ex. "그는 **대체**당하고 나서 국**대 체**면이 말이 아니었다."

MP3 "After he was **substituted**, he lost his face as a national team member."

• substitution [sʌ̀bstətjúːʃən] n. 대체, 대신, 치환
• substitutive [sʌ́bstitjùːtiv] a. 대체하는, 대신하는, 치환하는
≠ transposition [trænspəzíʃən] n. 치환, 전치(轉置)

☐ subway [sʌ́bwèi]

n. 지하철

ex. "나는 **지하철**을 타**지**. **하**루하루, **철**이 바뀌어도."

MP3 "I take the **subway**, from day to day, every season."

☐ succeed [səksíːd]

v. (in) 성공(成功)하다, (to) 계승(繼承)하다

ex. "**성공하**려**면 성**의껏 **공부하라**. 컴퓨터 게임에 푹 빠져 살지 말고."

MP3 "Study wholeheartedly in order to **succeed**. Do not be absorbed in computer games."

- succeeding [səksíːdiŋ] **a.** 다음의
- succession [səkséʃən] **n.** 계승, 연속
- successive [səksésiv] **a.** 연속적인, 계승하는
- successor [səksésər] **n.** 계승자
- success [səksés] **n.** 성공
- successful [səksésfəl] **a.** 성공적인, 성공한
- unsuccessful [ʌ̀nsəksésfəl] **a.** 성공하지 못한

☐ suddenly [sʌ́dnli]

ad. 갑자기

ex. 남자는 **갑자기** 여성으로 둔**갑**(遁甲)한 **자기**의 모습에 당황했다.

MP3 The man was embarrassed because he **suddenly** turned into a woman.

- sudden [sʌ́dn] **a.** 갑작스러운
≒ abrupt [əbrʌ́pt] **a.** 돌연한, 갑작스러운
- abruptly [əbrʌ́ptli] **ad.** 돌연히, 갑작스럽게

☐ suffer [sʌ́fər]

v. 괴로워하다, 고통(苦痛)받다, 악화되다

ex. **괴**물은 외**로워**서 **괴로워**했다.

MP3 The monster **suffered** from loneliness.

- suffering [sʌ́fəriŋ] **n.** 괴로움, 고통

☐ sufficient [səfiʃənt]

a. 충분한

ex. "대**충** 너의 **분한** 마음을 추스려라. 너는 **충분한** 휴식이 필요하다."

MP3 "Calm down your anger roughly. You should take **sufficient** rest."

- insufficient [insəfiʃənt] **a.** 불충분한, 부족한

☐ suggest [sədʒést]

v. 제안(提案)하다, 암시(暗示)하다

ex. 이웃들은 형**제**들이 집**안**에서 화목해야 한다고 **제안**했다.

MP3 Neighbors **suggested** that the brothers should keep a harmonious relationship in the house.

- suggestion [sədʒéstʃən] **n.** 제안, 암시, 연상
- suggestive [sədʒéstiv] **a.** 암시적인, 색정(色情)을 자극하는

☐ suicide [sjúːəsàid]

n. 자살(自殺)

ex. "소문으로는 **그자**가 **살**해된 게 아니라 **자살**한 거라고 합디다."

MP3 "Rumors have it that he did commit **suicide**, not being murdered."

☐ suit [suːt]

n. 정장(正裝), 의복, 소송(訴訟) **v.** 어울리다, 맞다, 맞추다

ex. "우리가 종을 **어**떻게 **울려야** 그녀와 **어울릴까**?"

MP3 "How should we ring the bell to **suit** her?"

- suitable [súːtəbl] **a.** 어울리는, 알맞은, 적당한
- suitor [súːtər] **n.** 구혼자(求婚者)
- sue [suː] **v.** 고소(告訴)하다, 소송을 제기하다
≠ out-of-sync [áutəvsíŋk] **a.** 맞지 않는

☐ summary [sʌ́məri]

n. 요약(要約), 개요(槪要) **a.** 요약한, 간략(簡略)한, 약식

S

(略式)의, 즉결(卽決)의

ex. "그게 요 약(藥)의 요약이요?"

MP3 "Is it a **summary** of this medicine?"

- summarize [sʌ́məràiz] v. 요약하다

∮sum [sʌm] n. 총계(總計), 총합, 액수, 금액 v. 총계를 내다, 요약하다

☐ summer [sʌ́mər]

n. 여름

ex. "몇 월이 **여름**을 염?" 가을이 묻는다. "6월이 더운 **여름**날을 **열음**." **여름**이 답한다.

MP3 "What month opens **summer**?" Gaeul asks. "June opens hot **summer** days." Yeoreum answers.

☐ sun [sʌn]

n. 해, 태양(太陽), 햇볕 v. 햇볕을 쬐다

ex. **태양**의 **태양**(態樣)이 나날이 변하고 있다.

MP3 The appearance of the **sun** is changing day by day.

- sunny [sʌ́ni] a. 햇살이 내리쬐는, 화창한, 명랑(明朗)한
- sunlight [sʌ́nlàit] n. 햇빛
- sunshine [sʌ́nʃàin] n. 햇빛, 행복의 근원
- sunrise [sʌ́nràiz] n. 일출, 해돋이
- sunset [sʌ́nsèt] n. 일몰, 해넘이
- sunglasses [sʌ́nglæsiz] n. 선글라스, 색안경
- sunblock [sʌ́nblɑ̀ːk] n. 자외선 차단(遮斷) 크림
- sunscreen [sʌ́nskriːn] n. 자외선 차단제
- sunburn [sʌ́nbə̀rn] v. sunburn - sunburned/sunburnt - sunburned/sunburnt 볕에 타다, 볕에 태우다 n. 햇볕에 심하게 탐
- sunbath [sʌ́nbæ̀θ] n. 일광욕(日光浴)
- suntan [sʌ́ntæn] n. 햇볕에 탐

∮tan [tæn] v. 햇볕에 태우다, (가죽을) 무두질하다 n. 황갈색 a. 황갈색의

- solar [sóulər] a. 태양의
- solar collector 태양열 집열기(集熱機)

☐ superb [supə́ːrb]

a. 훌륭한, 최고의

ex. 그 **훌륭한** 코미디언은 기존 코미디언들을 **훌**쩍 뛰어넘을 정도로 시**늉**을 더 잘**한**다.

MP3 The **superb** comedian makes a much better pretense than any other existing comedian.

☐ superficial [sùːpərfíʃəl]

a. 표면적(表面的)인, 피상적(皮相的)인

ex. "당신은 현실을 도**피**(逃避)하시네요. **상**당히 **적**당(適當)하지 않은 행동들은 **피상적**일 위험까지 있어요."

MP3 "You are escaping from reality. Such unreasonable actions will run the risk of being **superficial**."

- superficies [sùːpərfíʃiìːz] n. 표면, 외면

☐ superior [suːpíəriər]

a. 우월(優越)한 n. 우위에 있는 사람

ex. "**우**리에게는 우리의 경쟁자들보다 **월**등하다고 할 만**한** 한 가지 **우월한** 장점이 있다."

MP3 "We have one advantage with which we are much **superior** to our competitors."

- superiority [suːpìəriɔ́ːrəti] n. 우월
- superiority complex 우월감, 우월 의식

☐ superstition [sùːpərstíʃən]

n. 미신(迷信)

ex. **미신**에 따르면, **미**모(美貌)의 여**신**(女神)이 존재한다.

MP3 According to **superstition**, there exists a beautiful goddess.

• superstitious [sù:pərstíʃəs] a. 미신적인, 미신을 믿는
⊄ shaman [ʃɑ́:mən] n. 무당, 주술사(呪術師)
• trance [træns] n. 영매(靈媒), 최면 상태, 무아지경, 비몽사몽

☐ supervise [sú:pərvàiz]

v. 감독(監督)하다, 관리(管理)하다

ex. "그가 **갑**니다. **독하게** 그 부서를 **감독하라**."

MP3 "He is going to strictly **supervise** the department."

• supervisor [sú:pərvàizər] n. 감독관, 관리자, 지도 교수
• supervision [sù:pərvíʒən] n. 감독, 관리
⊄ superintend [su:pərinténd] v. 감독하다, 지휘(指揮)하다
• superintendent [sù:pərinténdənt] n. 감독관, 관리자
• oversee [òuvərsí] v. oversee - oversaw - overseen 감독하다
• overseer [oúvərsiər] n. 감독, 감독관

☐ supplement [sʌ́pləmənt]

n. 보충(補充), 보충하는 것, 보충제 v. 보충하다

ex. "**보**세요! **충**분한 잠을 자고, 당신의 체력을 **보충**하세요!"

MP3 "Look! Get enough sleep and **supplement** your physical strength!"

• supplementary [sʌ̀pləméntəri] a. 보충의
⊄ replenish [ripléniʃ] v. 보충하다, 다시 채우다
• ancillary [ǽnsəlèri] a. 보조(補助)의, 부차적인
• subsidiary [səbsídièri] a. 부수적인, 보조의 n. 자회사(子會社)
• subsidiarily [səbsídièrili] ad. 부수적으로
• subsidize [sʌ́bsədàiz] v. 보조금을 주다
• subsidy [sʌ́bsədi] n. 보조금

☐ supply [səplái]

n. 공급(供給), 공급 물품 v. 공급하다

ex. 그들은 그들의 **공급** 물품이 떨어질까 봐 마음이 **공**연히 **급**하다. 그러한 **공급** 물품이 없다면 그들은 곤란할 것이다.

MP3 They are unnecessarily nervous for fear that their **supplies** may not hold out. They will have a hard time in defect of such **supplies**.

⊄ rationing [rǽʃəniŋ] n. 배분, 배급제(配給制)
• irrigate [írəgèit] v. 관개(灌漑)하다, 물을 대다, 물을 공급하다
• irrigation [irəgéiʃən] n. 관개

☐ support [səpɔ́:rt]

v. 지지(支持)하다, 후원(後援)하다, 부양(扶養)하다 n. 지지, 후원, 부양

ex. 그 팀이 **지**고 또 **지**더라도 그들은 그 팀을 **지지**한다.

MP3 They **support** the team even if the team loses again and again.

• supporter [səpɔ́:rtər] n. 지지자, 후원자
⊄ endorse [indɔ́:rs] v. (공개적으로) 지지하다
• endorsement [indɔ́:rsmənt] n. (공개적인) 지지, (유명인의) 상품 보증 선전
• patron [péitrən] 후원자, 단골 고객
• patronage [péitrənidʒ] n. 보호, 후원, 찬조(贊助), 단골 거래
• patronize [péitrənàiz] v. 생색(生色)내다, 후원하다
• patronizing [péitrənàiziŋ] a. 생색내는

☐ suppose [səpóuz]

v. 가정(假定)하다, 상정(想定)하다, 추정(推定)하다

ex. "네가 항**상 정해**진 일만 한다고 **상정해** 봐. 물론 내가 알기로는 너의 일은 그렇지 않겠지만 말이야."

MP3 "**Suppose** you always work according to routine. Of course, I know you don't in your line of work."

• supposition [sʌpəzíʃən] n. 가정, 상정, 추정

☐ suppress [səprés]

v. 억압(抑壓)하다, 진압(鎭壓)하다, 은폐(隱蔽)하다

ex. "그들은 폭동(暴動)을 **진압**했지, 비**인**간적으로, **압**도적(壓倒的)으로."

MP3 "They **suppressed** the riot inhumanely and overwhelmingly."

- suppression [səpréʃən] **n.** 억압, 진압, 은폐
- suppressive [səprésiv] **a.** 억압하는, 진압하는, 은폐하는

ⓡ repress [riprés] **v.** 억압하다, 억누르다, 진압하다
- repression [ripréʃən] **n.** 진압, 탄압(彈壓), (욕구의) 억압

☐ supreme [suprí:m]

a. 최고(最高)의

ex. **최** 씨는 **고의**적(故意的)으로 **최고의** 통치자를 비난했다.

MP3 Mr. Choi deliberately accused the **supreme** ruler.

- supremacy [suprémәsi] **n.** 우위(優位), 패권(覇權)

ⓡ supreme commander 최고 사령관
- Supreme Court 대법원, 최고 법원, 연방 대법원

☐ sure [ʃuər]

a. 확신(確信)하는, 확실(確實)한

ex. "슈프림 피자를 먹으러 **확 신**이 나타날 거라고 난 **확신**해."

MP3 "I'm **sure** that God will suddenly come to eat a supreme pizza."

- surely [ʃúərli] **ad.** 확실히, 틀림없이
- ensure [inʃúər] **v.** 보장(保障)하다
- assure [əʃúər] **v.** 보장하다, 장담(壯談)하다, 확인하다
- assurance [əʃúərəns] **v.** 보장, 장담, 확인
- reassure [rìəʃúr] **v.** 안심시키다
- reassurance [rìəʃúrəns] **n.** 안심시키기
- insure [inʃúər] **v.** 보험(保險)에 들다
- insurance [inʃúərəns] **n.** 보험, 보험금, 보험료

☐ surface [sə́:rfis]

n. 표면(表面) **v.** 표면화하다

ex. "그 **표면**을 네가 **표**현(表現)하**면**?"

MP3 "What if you express the **surface**?"

ⓡ crust [krʌst] **n.** (빵) 껍질, (지구의) 지각(地殼)
- encrust [inkrʌ́st] **v.** 외피(外皮)를 형성하다

☐ surgery [sə́:rdʒəri]

n. 외과, 수술(手術)

ex. **수술** 후에 의식을 회복한 후 그녀는 **수**줍게 **술**을 마셨다.

MP3 After coming around from the **surgery**, she shyly drank alcohol.

- surgeon [sə́:rdʒən] **n.** 외과 의사

☐ surplus [sə́:rplʌs]

n. 잉여(剩餘), 흑자(黑字) **a.** 잉여의

ex. "**잉여**의 **잉**어는 **여**기에 있습니다."

MP3 "Here are **surplus** carp."

ⓡ deficit [défəsit] **n.** 부족, 결손(缺損), 결핍(缺乏), 적자(赤字)

☐ surprise [sərpráiz]

v. 놀라게 하다 **n.** 놀라움

ex. "아**놀**드가 뭐**라**고 해?" "**게**임을 **하자**며 그가 우리를 **놀라게 하네**."

MP3 "What did Arnold say?" "He **surprised** us by saying he wanted to play a game."

- surprised [sərpráizd] **a.** 놀란
- surprising [sərpráiziŋ] **a.** 놀라게 하는, 놀라운
- surprisingly [sərpráiziŋli] **ad.** 놀랍게도

ⓡ stun [stʌn] **v.** 놀라게 하다, 기절(氣絶)시키다
- stunning [stʌ́niŋ] **a.** 깜짝 놀랄 만한, 매우 아름다운
- startle [stá:rtl] **v.** 깜짝 놀라게 하다
- startling [stá:rtliŋ] **a.** 깜짝 놀랄, 놀라운

☐ surrender [səréndər]

v. 항복(降伏)하다, 넘겨주다, 포기(抛棄)하다 **n.** 항복, 인도(引渡), 포기

ex. "**항복**한 이후로 나는 **항**상(恒常) 복수

(復讐)를 꿈꿔 왔다."

MP3 "Since I **surrendered**, I have always dreamed of vengeance."

≠ relinquish [rilíŋkwiʃ] v. 포기하다, 내주다, 저버리다

☐ surround [səráund]

v. 둘러싸다

ex. 서**둘러** 짐을 **싸던** 남자는 사람들에게 **둘러싸**였다.

MP3 The man who was hastily packing up was **surrounded** with people.

- surrounding [səráundiŋ] a. 둘러싸는, 주위(周圍)의 n. (surroundings) 환경(環境)

≠ besiege [bisíːdʒ] v. 포위(包圍)하다, 둘러싸다

- encircle [insə́ːrkl] v. 둘러싸다, 일주(一周)하다

☐ surveillance [sərvéiləns]

n. 감시(監視), 관찰, 감독

ex. "우리는 용의자들을 **감시**하고 있네. 그 녀석들은 **감**옥(監獄)에 갈 **시**간이 된 놈들이야."

MP3 "We are keeping the suspects under **surveillance**. It is time for them to go to jail."

☐ survive [sərváiv]

v. 살아남다, 생존(生存)하다, …보다 오래 살다

ex. 사고에서 **생존**한 여성은 **생**명의 **존**엄성(尊嚴性)을 깨달았다.

MP3 A woman who **survived** from the accident realized the sanctity of life.

- survivor [sərváivər] n. 살아남은 사람, 생존자
- survival [sərváivəl] n. 살아남기, 생존, 유물
- survival of the fittest 적자생존(適者生存)

≠ predator [prédətər] n. 포식자(捕食者), 약탈자(掠奪者)

- predatory [prédətɔ̀ːri] a. 포식성의, 약탈하는

☐ suspect [səspékt]

v. 의심(疑心)하다 n. [sʌ́spekt] 용의자(容疑者)

ex. 수**용의 자**식이 **용의자**다. 그 아들은 도둑질했다는 의심을 받고 있다.

MP3 Sooyong's child is a **suspect**. The son is **suspected** of theft.

- suspicion [səspíʃən] n. 의심
- suspicious [səspíʃəs] a. 의심스러운, 수상(殊常)한

☐ suspend [səspénd]

v. 매달다, 유예(猶豫)하다, 유보(留保)하다, 정학(停學)시키다, 정직(停職)시키다

ex. "내가 그 이**유**(理由)를 **보**고(報告)받을 때까지 나는 나의 판단을 **유보**하겠다."

MP3 "I will **suspend** my judgment until I receive a report on the reason."

- suspense [səspéns] n. 긴장감(緊張感), 조마조마함
- suspension [səspénʃən] n. 매닮, 유예, 유보, 정학, 정직
- suspension foot bridge 보행자용 현수교(懸垂橋)

☐ sustain [səstéin]

v. 지속(持續)하다, 지탱(支撑)하다

ex. "너의 자존심을 억누르고 **지**금(只今) **속**(速)히 생명을 **지속**할 방법을 찾아라!"

MP3 "Swallow your pride and find the way to **sustain** life right now!"

- sustainable [səstéinəbl] a. 지속 가능한
- sustainability [səstèinəbíləti] n. 지속 가능성
- sustained [səstéind] a. 지속된, 지속적인
- sustenance [sʌ́stənəns] n. 지속, 음식물, 자양물(滋養物)

☐ swallow [swálou]

v. 삼키다, 감내(堪耐)하다, 억누르다, 참다 n. 제비

ex. "**삼**손은 들은 대로 시**키**면 **다** 하니까 그에게 남은 음식 다 **삼키라**고 해."

MP3 "As Samson does whatever he is

S

told to do, let him **swallow** all the food that's left over."

∮gulp [gʌlp] **v.** 꿀꺽꿀꺽 삼키다, 벌컥벌컥 마시다 (숨을), 깊이[크게] 들이마시다

☐ swamp [swɑmp]

n. 늪, 습지(濕地) **v.** 잠기게 하다

ex. "**늪**지의 물이 **늡**니다."

MP3 "The amount of water in the **swamp** is increasing."

- marsh [mɑːrʃ] **n.** 늪, 습지
- marshy [mɑ́ːrʃi] **a.** 늪의, 습한

∮mire [maiər] **n.** 늪, 진흙탕, 수렁

- quagmire [kwǽgmàiər] **n.** 수렁, 진창

☐ swan [swɑn]

n. 백조(白鳥)

ex. "**백조**는 **백**색이**죠**."

MP3 "A **swan** is white."

∮crane [krein] **n.** 두루미, 학(鶴), 크레인, 기중기

☐ swear [swɛər]

v. swear - swore - sworn 욕(辱)하다, 맹세하다 **n.** 욕(설)

ex. "전 그 집에 들를 거예요. 전 **욕**하고 싶어**요**, **옥**희에게요."

MP3 "I will swing by the house. I want to curse and **swear** at Okhee."

∮curse [kəːrs] **n.** 욕설, 저주(詛呪) **v.** 욕하다, 저주하다

☐ sweat [swet]

n. 땀 **v.** 땀을 흘리다

ex. 그들은 **땀**을 흘리며 돈을 **땀**.

MP3 **Sweating**, they have won money.

- sweating [swétiŋ] **n.** 땀내기, 발한(發汗)
- sweater [swétər] **n.** 스웨터

∮cardigan [kɑ́ːrdigən] **n.** 카디건

☐ sweep [swiːp]

v. sweep - swept - swept 쓸다, 털다, 휩쓸다 **n.** 쓸기

ex. "바닥을 **쓸다** 나는 **쓸**쓸하**다**."

MP3 "**Sweeping** the floor, I feel lonely."

- sweeper [swíːpər] **n.** 청소부, 청소기
- sweeping [swíːpiŋ] **a.** 휩쓰는, 전면적(全面的)인, 광범위(廣範圍)한

∮broom [bruːm] **n.** 빗자루, 비

- push broom 긴 자루가 달린 비

☐ sweet [swiːt]

a. 달콤한, 단 **n.** 단 것

ex. "**달**링과 **콤**퓨따(=컴퓨터)로 몇몇 **달콤**한 대화를!"

MP3 "Some **sweet** talking with my darling on the computer!"

- jelly [dʒéli] **n.** 젤리
- gelatin [dʒélətn] **n.** 젤라틴, 정제한 아교
- juice [dʒuːs] **n.** 주스, 즙(汁)
- juicy [dʒúːsi] **a.** 즙이 많은
- sherbet [ʃə́ːrbit] **n.** 셔벗, 과즙으로 만든 빙과
- sugar [ʃúgər] **n.** 설탕, 당분 **v.** 설탕을 넣다
- grape sugar 포도당
- sundae [sʌ́ndei] **n.** 시럽, 과일 등을 얹은 아이스크림
- tart [tɑːrt] **n.** 타르트
- treacle [tríːkl] **n.** 당밀, 달콤한 것

∮sweetheart [swíːthɑ̀ːrt] **n.** 애인, 연인, 여보, 당신, 자기

- darling [dɑ́ːrliŋ] **n.** 가장 사랑하는 사람, 사랑받는 사람, 여보, 자기

☐ swell [swel]

v. swell - swelled - swollen/swelled 부풀다, 붓다, 팽창(膨脹)하다, 팽창시키다 **n.** 팽창

ex. 그의 배가 점점 **부풀어 부**자는 **푸**념하며 **울**었**다**.

MP3 The rich man grumbled and cried because his stomach gradually **swelled** up.

∮distend [disténd] **v.** 부풀다, 팽창하다, 팽창시키다

- blister [blístər] **n.** 물집, 수포(水泡)

☐ swim [swim]

v. swim - swam - swum 수영(水泳)하다, 헤엄치다 **n.** 수영, 헤엄

ex. "**해**맑게 우리 **엄**마가 비키니 입고 **헤엄**치러 가셔. 우리 할머니는 스쿠버 다이빙 하러 가셔."

MP3 "My mom in a bikini goes **swimming** innocently. My grandma goes scuba diving."

- swimsuit [swímsù:t] **n.** 수영복
- swim bladder (물고기의) 부레 (bladder)
- ∮ dive [daiv] **v.** dive - dived/dove - dived 다이빙하다, 잠수(潛水)하다 **n.** 다이빙, 잠수
- snorkel [snɔ́:rkəl] **n.** 스노클(잠수용 호흡 기구)
- pool [pu:l] **n.** 수영장, 작은 못, 웅덩이, 포켓볼

☐ swing [swiŋ]

v. swing - swung - swung 흔들다, 흔들리다, 휘두르다, 빙글 돌다, 방향을 바꾸다 **n.** 스윙, 그네

ex. 거친 **스윙** 후 그는 **스스로 윙**크했다.

MP3 After a wild **swing**, he winked himself.

- ∮ sway [swei] **v.** 흔들다, 흔들리다 **n.** 흔들림, 지배, 장악(掌握)

☐ symbol [símbəl]

n. 상징(象徵), 기호(記號), 부호(符號)

ex. **상**처(傷處)로 **징**그러운 얼굴은 순수(純粹)의 **상징**이었다.

MP3 An ugly face with a scar was a **symbol** of purity.

- symbolic [simbɑ́lik] **a.** 상징하는, 상징적인
- symbolize [símbəlàiz] **v.** 상징하다, 기호화하다
- ∮ emblem [émbləm] **n.** (국가나 조직을 나타내는) 상징
- emblematic [èmbləmǽtik] **a.** 상징적인, 전형적(典型的)인
- emoticon [imóutikɑ̀n] **n.** 이모티콘
- iconic [aikɑ́nik] **a.** 상징이 되는, 우상(偶像)의
- emblazon [imbléizn] **v.** (상징이나 로고를) 선명(鮮明)히 새기다

☐ symmetry [símətri]

n. 대칭(對稱), 균형(均衡)

ex. 완벽한 **대칭**을 이룬 거대한 건물에 **대**한 **칭**송(稱頌)이 자자하다.

MP3 The grand building that has perfect **symmetry** has won wide admiration.

- asymmetry [eisímətri] **n.** 비대칭, 불균형

☐ sympathy [símpəθi]

n. 동정(同情), 동정심, 공감(共感), 동의

ex. "**동정**(動靜)을 살펴보니 우리는 상황이 **심**각하다는 걸 알았다. 우리는 그들에게 **동정심**이 생긴다." "가난한 사람들을 위해 모금하자."

MP3 "After examining the situation, we found it serious. So we have **sympathy** for them." "Let's collect money in behalf of the poor."

- sympathetic [sìmpəθétik] **a.** 동정적인, 공감하는, 동의하는
- sympathize [símpəθàiz] **v.** 동정하다, 공감하다, 동의하다
- ∮ antipathy [æntípəθi] **n.** 반감(反感), 악감정
- compassion [kəmpǽʃən] **n.** 동정, 연민(憐憫)
- compassionate [kəmpǽʃənət] **a.** 동정하는, 연민 어린
- empathy [émpəθi] **n.** 공감, 감정 이입(感情移入)
- empathize [émpəθàiz] **v.** 공감하다
- empathetic [èmpəθétik] **a.** 공감할 수 있는, 감정 이입의
- empathic [empǽθik] **a.** 감정 이입의

☐ symptom [símptəm]

n. 증상(症狀), 증세(症勢), 징후(徵候), 조짐(兆朕)

ex. 그들의 **증상**이 악화된다. **증**가(增加)하는 바이러스로 **상**황(狀況)이 좋지 않다.

MP3 Their **symptoms** get worse. The situation is bad with increased virus

S

activity.

∮ sequela [sikwíːlə] n. (pl. sequelae [sikwíːliː]) 후유증(後遺症)

☐ synthetic [sinθétik]

a. 종합(綜合)의, 합성(合成)의

ex. "하루 종일 취**합**(聚合)한 **성**과(成果)가 뭐요?" "**합성** 섬유(纖維)요."

MP3 "What were gathered all day long?" "**Synthetic** fibers."

- synthetic pesticide 합성 살충제
- synthesis [sínθəsis] n. 종합, 합성
- synthesize [sínθəsàiz] v. 종합하다, 합성하다
- synthesizer [sínθəsàizər] n. 신시사이저

☐ system [sístəm]

n. 시스템, 체계(體系), 조직(組織)

ex. 스위스에서 전**체**적으로, **계**속적(繼續的)으로 **체계**가 새 단장(丹粧)하고 있다.

MP3 The **system** is given a makeover totally and continuously in Switzerland.

- systematic [sìstəmǽtik] a. 체계적인, 조직적인

T

☐ table [téibl]

n. 테이블, 탁자, 표, 목록

ex. "**테이블** 위에 **테입**(=테이프)을 놓아라."

MP3 "Put the tape on the **table**."

- table of contents (책 등의) 목차, 차례

☐ tag [tæg]

n. 꼬리표, 태그

ex. 그 옷은 **꼬리표**가 떨어진 **꼴이 표**가 난다.

MP3 The clothes stand out whose **tag** has fallen off.

☐ tail [teil]

n. 꼬리, 끝 v. (꼬리, 끝)을 자르다, 미행하다

ex. "**꼬리**의 **꼴이** 말이 아니야."

MP3 "The **tail** looks too bad."

- tailor [téilər] n. 재단사(裁斷師) v. 맞추다, 조정(調整)하다
- entail [intéil] v. 수반(隨伴)하다, 내포(內包)하다, 함의(含意)하다, 의미하다

☐ take [teik]

v. take - took - taken 취(取)하다, 가져가다, 데려 가다, 받다, 겪다, (시간이) 걸리다 n. (1회분의) 촬영

ex. **걸리**버가 이 일을 **다** 끝내는 데 한 시간 **걸린다**.

MP3 It **takes** an hour for Gulliver to finish this work.

- retake [riːtéik] v. retake - retook - retaken 탈환하다, 재시험을 치르다

☐ talk [tɔːk]

v. 말하다 n. 이야기, 대화, 회담(會談)

ex. "**말하지 말**고 조용**하라**."

MP3 "Stop **talking** and be quiet."

- talkative [tɔ́ːkətiv] a. 수다스러운

☐ taste [teist]

v. 맛보다, 맛이 나다 n. 맛, 미각(味覺)

ex. "**맞**아, 이 **맛**이야."

MP3 "It **tastes** good exactly as I expected."

• taste bud 미뢰(味蕾, 혀의 미각기관), (혀의) 미각 돌기
• tasteless [téistlis] a. 맛이 없는
• tasty [téisti] a. 맛있는
ℊ delicious [dilíʃəs] a. (아주) 맛있는, 아주 즐거운
• tangy [tǽŋi] a. 톡 쏘는, 짜릿한

☐ tax [tæks]

n. 세금(稅金) v. 과세(課稅)하다

ex. **세** 개의 **금**고에 대한 **세금**이 부과될 것이다.

MP3 The **tax** on three safes will be imposed.

• tax evasion 탈세(脫稅)
ℊ tariff [tǽrif] n. 관세(關稅)
• ratable [réitəbl] a. 과세할 수 있는, 평가할 수 있는

☐ tea [tiː]

n. 차(茶)

ex. "**차**후에 **차**나 한 잔 하러 들르시게."

MP3 "Come over for **tea** later."

☐ teach [tiːʧ]

v. teach - taught - taught 가르치다

ex. **가르**시아가 어떻게 탁구를 **치는**지 **가르친다**.

MP3 Garcia **teaches** how to play table tennis.

• teacher [tíːʧər] n. 교사, 선생
• misteach [mistíːtʃ] v. misteach - mistaught - mistaught 잘못 가르치다
ℊ pedagogy [pédəgòudʒi] n. 교수법(敎授法), 교육학(敎育學)

☐ tear[1] [tɛər]

v. tear - tore - torn 찢다, 뜯다, 떼다

ex. 구**찌** 가방들이 **있었다**. 미친 여자가 그 가방들을 다 **찢었다**.

MP3 There were Gucci bags. A crazy woman completely **tore** the bags apart.

ℊ rend [rend] v. rend - rent - rent 찢다, 찢어발기다

☐ tear[2] [tiər] n. 눈물

ex. **눈물**이 나오는 **눈**은 우**물**.

MP3 The eyes that shed **tears** are the wells.

• teardrop [tíərdràp] n. 눈물방울

☐ technology [teknάlədʒi]

n. 과학 기술(科學技術), 컴퓨터 기술

ex. "**과학 기술**의 발전**과 대학**의 역할에 대하여 **기술**(記述)하시오."

MP3 "Describe the advancements of **technology** and the roles of university."

• technological [tèknəlάdʒikəl] a. 과학 기술의, 컴퓨터 기술의
• technical [téknikəl] a. 기술의, 기법의, 전문적인
• technique [tekníːk] n. 기술, 기법
• technician [tekníʃən] n. 기술자, 기교가
• tech-savvy 기술 사용이 능숙한, 기술에 정통한
ℊ savvy [sǽvi] n. 요령, 지식 a. 사리(事理)에 밝은, 어떤 것을 다룰 줄 아는

☐ television [téləvìʒən]

n. TV, 텔레비전

ex. 호**텔**에서, **레**스토랑에서, **비**행기에서, **전**철에서 사람들은 **텔레비전**을 튼다.

MP3 People turn the **television** on at a hotel, in the restaurant, on the plane, and on the subway.

ℊ radio [réidiòu] n. 라디오, 무선, 무전 v. 무선을 보내다
• remote control [rimòut kəntróul] n. 리모콘, 원격조종
• remote [rimóut] a. (거리상) 외딴, 외진, (시간상) 먼
• telethon [téləθὰn] n. (자선기금 모금을 위한) 장시

간의 텔레비전 방송
• telegraph [téligræf] n. 전신(電信) v. 전보(電報)를 치다
• telegram [téligræm] n. 전보, 전신

☐ tell [tel]

v. tell - told - told 말하다, 시키다, 식별(識別)하다

ex. "내가 너에게 거짓**말하지 말**라고 **하**잖**니**. 만일 네가 계속 거짓**말하면** 너는 머지않아 큰코다쳐."

MP3 "I told you not to **tell** a lie. If you keep lying, you will meet disaster before long."

• retell [ritél] v. retell - retold - retold 다시 말하다, 바꾸어 말하다
• teller [télər] n. 금전 출납 직원
ⓢ ATM 현금 자동 입출금기 (Automated Teller Machine)

☐ temper [témpər]

n. 성질, 화, 기분 v. 완화(緩和)하다, 누그러뜨리다, 경감(輕減)하다

ex. "내가 보니까 너 또 화를 내는구나. 너의 **성질**을 다스려라, 그러면 너는 너의 **성**취를 **질**질 끌지 않을 것이다." "제가 가끔 곧잘 화를 냅니다. 제게 욱하는 **성질**이 있어서요. 제가 화를 참아보겠습니다."

MP3 "I see you lose your **temper** again. Control your **temper**, and you will achieve your goal without delay." "I am bad-**tempered** at times. I'm so hot-**tempered**. I will try to keep my **temper**."

• temperament [témpərəmənt] n. 기질(氣質)
• temperamental [tèmpərəméntl] a. 기질적인
• temperamentally [tèmpərəméntli] ad. 기질적으로

☐ temperature [témpərətʃər]

n. 온도(溫度), 기온, 체온

ex. 오리**온도 온도** 변화의 조짐(兆朕)을 보인다.

MP3 Orion also gives an indication of changes in **temperature**.

ⓢ centigrade [séntəgrèid] a. 100도로 눈금이 나뉜, 섭씨 온도의 n. 섭씨 온도
• Celsius [sélsiəs] a. 섭씨의 n. 섭씨
• Fahrenheit [fǽrənhàit] a. 화씨의 n. 화씨
• hypothermia [hàipəθə́ːrmiə] n. 저체온(증)
• hypothermic [hàipəθə́ːrmik] a. 저체온증의
• hypothermic shock 저체온증
• hyperthermia [hàipərθə́ːrmiə] n. 고체온(증)

☐ temporary [témpərèri]

a. 일시적(一時的)인, 임시(臨時)의

ex. "**일**본인이 **시적**(詩的)**인** 감정을 포착했는데 그건 **일시적인** 기분이었어."

MP3 "A Japanese captured a poetic feeling, which was a **temporary** mood."

• temporarily [tèmpərérəli] ad. 일시적으로, 임시로
ⓢ transient [trǽnʃənt] a. 일시적인, 순간적인

☐ temptation [temptéiʃən]

n. 유혹(誘惑)

ex. "**유**의(留意)해서 **혹**시(或是)라도 **유혹**에 굴복하지 마라."

MP3 "Be careful not to give in to **temptation** just in case."

• tempt [tempt] v. 유혹하다, 꾀다
ⓢ entice [intáis] v. 꾀다, 유혹하다, 유도하다, 부추기다

☐ tend [tend]

v. 경향(傾向)이 있다, 돌보다

ex. 인생 **경**기(競技)에서 그녀는 **향**후(向後) 이용할 수 있는 건 무엇이든 이용하려는 **경향**을 보인다.

MP3 She henceforth **tends** to take advantage of anything available in the game of life.

- tendency [téndənsi] n. 경향
- tendance [téndəns] n. 돌보기

∮ trend [trend] n. 경향, 동향, 추세
- propensity [prəpénsəti] n. (행동의) 성향, 경향

☐ tense [tens]

a. 긴장(緊張)한, 팽팽한 v. 긴장시키다, 긴장하다 n. 시제

ex. "그는 **긴장**하긴 했어. 그래서 그는 행동이 마치 **장**님 같았어."

MP3 "He was **tense** and hence behaved as if he were a blind man."

- tension [ténʃən] n. 긴장, 팽팽함
- hypertension [hàipərténʃən] n. 과도한 긴장, 고혈압(高血壓)

☐ term [təːrm]

n. 기간, 임기, 학기, 기한, 조건, 용어(用語), 관계

ex. "방송**용**으로 **어**울리는 **용어**를 쓰세용."

MP3 "Use the **terms** that are suitable for broadcast."

- short-term 단기적인
- long-term 장기적인

∮ terminology [tə̀ːrmənálədʒi] n. 전문 용어
- jargon [dʒáːrgən] n. (못마땅한 뉘앙스로) 전문어, 전문 용어, 허튼소리

☐ terrace [térəs]

n. 테라스

ex. 그들은 **테라스**에서 **테**이프를 틀고 **라스**트 댄스를 춘다.

MP3 Playing a tape, they are dancing the last dance on the **terrace**.

☐ terrain [təréin]

n. 지형(地形), 지세, 지역

ex. 조**지 형**(兄)이 조사한 **지형**은 험하다.

MP3 The **terrain** brother George investigated is rough.

- all-terrain 어떤 (험한) 지형에도 적응하는

∮ terrestrial [təréstriəl] a. 육지의, 육생(陸生)의, 지구의

☐ territorial [tèrətɔ́ːriəl]

a. 영토(領土)의, 텃세를 부리는

ex. **영토** 분쟁이 **영** 마음에 들지 않는 **토**르는 로키를 만날 예정이다.

MP3 Thor who doesn't like the **territorial** disputes at all is going to meet Loki.

- territorial waters 영해
- territory [térətɔ̀ːri] n. 영토, 영역

∮ domain [douméin] n. 분야, 영역, 범위, 영토

☐ terror [térər]

n. 테러, 공포(恐怖)

ex. 그는 그들을 **태**우**러** 가며 **테러** 가능성을 염두에 두고 있었다.

MP3 He had in mind the possibility of **terror** when he was going to pick them up.

- terrorist [térərist] n. 테러리스트, 테러범
- terrorism [térərizm] n. 테러리즘

☐ testimony [téstəmòuni]

n. (법정에서의) 증언(證言), 증거(證據)

ex. **증**발(蒸發)한 피의자가 **언**제 목격되었는지에 관한 그녀의 **증언**은 결정적(決定的)이다.

MP3 Her **testimony** about when the suspect who had disappeared was witnessed is crucial.

- testimonial [tèstəmóuniəl] n. 증거, 증명서, 추천장

∮ testify [téstəfài] v. 증언하다, 증명하다
- attest [ətést] v. (법정에서) 증언하다, 증명하다, (to) ~을 입증하다

T

☐ theology [θiάlədʒi]

n. 신학(神學)

ex. "이 교수님은 **신학**을 연구하**신 학**자이십니다."

MP3 "This professor is a scholar who studies **theology**."

- theological [θìːəlάdʒikəl] **a.** 신학의
- theologian [θìːəlóudʒən] **n.** 신학자

☐ theory [θíːəri]

n. 이론(理論)

ex. "**이** 논의**론** 우린 이 **이론**을 증명할 수 없겠다."

MP3 "We cannot prove this **theory** through this discussion."

- theoretical [θìːərétikəl] **a.** 이론적인, 이론상의
- theoretically [θìːərétikəli] **ad.** 이론적으로
- theorize [θíːəràiz] **v.** 이론화하다
- theorem [θíːərəm] **n.** 정리(定理)

☐ thermometer [θərmάmitə(r)]

n. 온도계, 체온계

ex. "그녀의 체**온도** 떨어지고 **계**시니? 그것을 **온도계**로 재 보거라!"

MP3 "Is her body temperature also dropping? Measure it with a **thermometer**!"

∮ thermal [θə́ːrməl] **a.** 열의, 온도의 **n.** 상승 온난 기류
- thermos [θə́ːrməs] **n.** 보온병
- thermostat [θə́ːrməstæt] **n.** 자동 온도 조절 장치

☐ thick [θik]

a. 두꺼운, (농도가) 진한, 걸쭉한

ex. **두꺼운** 책을 본 **두** 학생은 불을 **꺼**버렸다. 그것은 그들에게 미**운** 책이었다.

MP3 Two students turned off the light when they saw the **thick** book, which they didn't like.

- thicken [θíkən] **v.** 진하게 하다, 두껍게 하다

∮ curdle [kə́ːrdl] **v.** 응고(凝固)시키다
- thin [θin] **a.** 마른, 얇은, 묽은
- slender [sléndər] **a.** (호감이 가는) 호리호리한, 날씬한
- slim [slim] **a.** (호감이 가는) 날씬한, 희박한

☐ think [θiŋk]

v. think - thought - thought 생각하다

ex. 윤아의 친구들은 그녀의 **생**일에 **각**각 뭘 **할지 생각한다**.

MP3 Each of Yoonah's friends is **thinking** about what to do on her birthday.

- thought [θɔːt] **n.** 생각, 사상
- thought provoking 생각을 불러일으키는
- forethought [fɔ́rθɔ̀t] **n.** 사전에 심사숙고(深思熟考)함
- thoughtful [θɔ́ːtfəl] **a.** 생각에 잠긴, 사려 깊은, 배려심이 있는
- outthink [àutθíŋk] **v.** outthink - outthought - outthought …보다 생각이 뛰어나다

∮ reckon [rékən] **v.** 생각하다, 계산하다

☐ thirsty [θə́ːrsti]

a. 목마른, 갈증(渴症)이 나는, 갈망(渴望)하는

ex. **목**이 **마른** 남자가 **목마른** 것처럼 보인다.

MP3 A man who has a thin neck seems **thirsty**.

- thirst [θəːrst] **n.** 갈증, 갈망

∮ quench [kwentʃ] **v.** (갈증을) 해소(解消)시키다, (타는) 불을 끄다

☐ thorn [θɔːrn]

n. (장미 등의) 가시

ex. 장미의 **가시**가 무서운 남자가 **가시**다.

MP3 A man who is afraid of the **thorns** roses have has gone.

- thorny [θɔ́ːrni] **a.** 가시가 많은, 골치 아픈

□ thorough [θə́ːrou]

a. 철저(徹底)한, 완전한

ex. "**철**학(哲學)은 **저한**테 **철저한** 도전을 하게 합니다."

MP3 "Philosophy makes me face a **thorough** challenge."

- thoroughly [θə́ːrouli] 철저히, 완전히

□ thousand [θáuzənd]

n. 1000, 천(千) **a.** 1000의

ex. "**천천**히 **천**까지 세라."

MP3 "Count to **thousand** slowly."

- hundred [hʌ́ndrəd] **n.** 100, 백(百) **a.** 100의

∉ millennium [mileníəm] **n.** 천년

□ thread [θred]

n. 실 **v.** (실을) 꿰다

ex. "바늘에 실을 **꽤** 너는 잘 **꿰는**구나!"

MP3 "You are really good at **threading** a needle!"

∉ stitch [stitʃ] **n.** 바늘땀 **v.** 꿰매다

- string [striŋ] **n.** 끈, 줄 **v.** string - strung - strung 끈을 꿰다, 줄을 매다
- lint [lint] **n.** 실밥, 실보무라지
- fiber [fáibər] **n.** 섬유
- loom [luːm] **n.** 직조기, 베틀 **v.** 어렴풋이 나타나다
- looming [lúmiŋ] **a.** 어렴풋이 나타나는

□ threaten [θrétn]

v. 위협(威脅)하다, 협박(脅迫)하다

ex. "나에 대해 좋게 좀 말해주시죠. 내게 **협**조(協助)하시죠, **박** 선생." "자네 지금 날 **협박**하는 건가?" "제때 일을 해야 한단 소리죠."

MP3 "Please put in a good word for me. Play ball with me, Mr. Park." "Are you **threatening** me now?" "A stitch in time saves nine."

- threat [θret] **n.** 위협, 협박

∉ menace [ménis] **n.** 위협, 협박 **v.** 위협하다, 협박하다

- intimidate [intímədèit] **v.** 위협하다, 겁을 주다
- intimidating [intímədèitiŋ] **a.** 위협적인, 겁을 주는

□ thrifty [θrífti]

a. 검소(儉素)한, 절약(節約)하는, 알뜰한

ex. **검소**한 사람들이 **검**역**소**(檢疫所)에서 보인다.

MP3 **Thrifty** people are seen at a quarantine station.

- thrift [θrift] **n.** 검소, 절약, 알뜰

∉ frugal [frúːgəl] **a.** 검소한, 절약하는

- frugality [fruːgǽləti] **n.** 검소, 절약

□ throb [θrɑb]

v. 고동치다, 욱신거리다, 욱신욱신 쑤시다, 자꾸 쑤시듯 아프다 **n.** 고동, 욱신거림

ex. **욱**해서 **시인**과 싸우고 나서 나는 온몸이 **욱신욱신**했다.

MP3 After fighting with the poet in a fit of rage, my whole body was **throbbing** with pain.

□ through [θruː]

prep. …을 통하여, 내내 **ad.** 관통(貫通)하여, 줄곧

ex. "**통**(桶)을 **하여**튼 **통하여** 지나가라."

MP3 "Pass, at any rate, **through** the barrel."

- throughout [θruːáut] **prep.** 도처(到處)에, 내내 **ad.** 구석구석

∉ penetrate [pénətrèit] **v.** 통과하다, 관통하다, 꿰뚫다, 침투하다

- penetration [pènətréiʃən] **n.** 관통, 침투
- pierce [piərs] **v.** 관통하다, 구멍을 뚫다

□ throw [θrou]

v. throw - threw - thrown 던지다 **n.** 던지기

ex. 조니가 돌을 **던지니** 자던 **지니**의 머리에

T

맞았다. 그들은 절교(絶交)했다.

MP3 Johnny **threw** a stone, which hit sleeping Jinny on the head. They were through with each other.

- outthrow [àutθróu] v. outthrow - outthrew - outthrown …보다 멀리(정확히) 던지다
- overthrow [òuvərθróu] v. overthrow - overthrew - overthrown 전복(顚覆)하다, 타도(打倒)하다 n. [óuvərθròu] 전복, 타도

≠ overturn [òuvərtə́rn] v. 뒤집다, 뒤엎다

- fling [fliŋ] v. fling - flung - flung 내던지다
- sling [sliŋ] v. sling - slung - slung 휙 던지다, 느슨하게 매달다 n. 팔걸이 붕대, 아기 포대
- mud-slinging [mʌ́dslìŋiŋ] n. 인신공격(人身攻擊), 비방(誹謗)

□ ticket [tíkit]

n. 티켓, 표, 입장권(入場券), 딱지

ex. "네가 내게 **입장**을 **권**(勸)해도, 내가 **입장권**을 구할 수 있어야 말이지."

MP3 "Though you encourage me to enter, I can't get hold of **tickets**."

≠ scalper [skǽlpər] n. 암표상(暗票商)

□ tide [taid]

n. 조수(潮水), 밀물과 썰물

ex. **조수**와 함께 온 **죠스**가 물을 빨아들였다.

MP3 Jaws coming with the **tide** sucked in water.

- Time and tide wait for no man. 세월은 사람을 기다리지 않는다.
- tidal [táidl] a. 조수(潮水)의

□ tidy [táidi]

a. 정리된, 정돈(整頓)된, 단정한 v. 정리하다, 정돈하다

ex. "네가 **정돈된** 책상에서 일하면 너에게 **정**말 **돈**이 **된**다. 그러니 책상을 어지럽히지 마라."

MP3 "You can really make money if you work at a **tidy** desk. Therefore, don't mess up the desk."

- untidy [əntáidi] a. 지저분한, 단정치 못한, 어수선한

≠ neat [ni:t] a. 단정한, 정돈된, 깔끔한, 말쑥한

□ tie [tai]

v. 매다, 묶다, 동점이 되다 n. 유대(紐帶), 구속(拘束), 동점

ex. 그는 **묵**묵히 책들**을 묶**었**다**.

MP3 He silently **tied** the books.

- untie [ʌntái] v. 끄르다, 풀다

≠ gird [gə:rd] v. gird - girt/girded - girt/girded 둘러싸다, 묶다

□ tiger [táigər]

n. 호랑이

ex. "난 민**호랑 이 호랑이** 탈 거야." **호랑이**를 고꾸라뜨리고 수현이 말했다.

MP3 "I'll ride on this **tiger** with Minho." Soohyun said after he brought down the **tiger**.

≠ leopard [lépərd] n. 표범

□ tight [tait]

a. 꽉 끼는, 꽉 조이는, 빡빡한, 팽팽한

ex. **꽉 조이는** 청바지를 **꽉** 참고 **조이는** 입고 있다.

MP3 Joey is patiently wearing a **tight** pair of jeans.

- tightly [táitli] ad. 꽉, 단단히
- tighten [táitn] v. 꽉 조이다, 팽팽하게 하다

□ time [taim]

n. 시간 v. 시간을 맞추다, 시간을 재다

ex. "나는 두 **시**까지 거기에 **간**다. 나는 제 **시간**에 맞게 갈 수 있다."

MP3 "I'll be there by 2 o'clock. I can make it in **time**."

• timely [táimli] a. 적시의, 시기적절한
• timetable [táimtèibəl] n. 시간표
∉ temporal [témpərəl] a. 시간의, 시간에 제한된, 현세의, 속세의
• temporalize [témpərəlàiz] v. 시간적으로 한정하다, 세속화하다

☐ timid [tímid]

a. 소심(小心)한

ex. "너 지금 무슨 **소**리야? 그렇게 **심**(甚)**한** 말 하지 마! 내가 얼마나 **소심한**지 넌 모르지?" "내가 너에게 심한 소릴 해서 미안해."

MP3 "What are you talking about? Never say such harsh things! Don't you know how **timid** I am?" "I'm sorry I was harsh on you."

• timidly [tímidli] ad. 소심하게

☐ tip [tip]

n. 팁, (뾰족한) 끝, 사례금, 비결 v. 기울다

ex. **끝**내 나의 혀**끝**에서 맴도는 말이 결국 나왔다.

MP3 A word that was on the **tip** of my tongue came out after all.

• tip forward 앞으로 기울다

☐ title [táitl]

n. 표제(標題), 제목(題目), 타이틀, 선수권 v. 제목을 붙이다

ex. "**제목**은 '**제 목**'입니다."

MP3 The **title** is 'My Neck'.

☐ toilet [tɔ́ilit]

n. 변기(便器), 변기통, 화장실

ex. **변**장(變裝)하**기** 위해 화장하는 매기 요원은 **변기**에 앉아 있다.

MP3 Agent Maggie is sitting on the **toilet** who is putting on her makeup to disguise herself.

∉ lavatory [lǽvətɔ̀ːri] n. 변기, 화장실
• septic tank [séptik tæŋk] 정화조(淨化槽)

☐ tolerance [tálərəns]

n. 관용(寬容), 용인(容認), 내성(耐性)

ex. "우리에게 **관**리(官吏)의 비리를 **용**납(容納)할 **관용**은 없다."

MP3 "We have zero **tolerance** on corruption by public officials."

• tolerable [tálərəbl] a. 참을 수 있는, 용인할 만한
• tolerate [tálərèit] v. 참다, 용인하다, 내성이 있다
• tolerant [tálərənt] a. 관대한, 내성이 있는
• intolerable [intálərəbl] a. 참을 수 없는
• intolerance [intálərəns] n. 불관용, 편협성, 참지 못함

☐ tombstone [túːmstòun]

n. 묘석(墓石), 묘비(墓碑)

ex. **묘**순은 애**석**(哀惜)하게도 **묘석**의 글씨를 알아보지 못했다.

MP3 Regretfully, Myosoon couldn't make out the letters on the **tombstone**.

• tomb [tuːm] n. 무덤

☐ tomorrow [təmárou]

n. ad. 내일

ex. "지금 하는 **내 일**은 오늘로 끝낼 거야. 나는 그것을 **내일**로 미루지 않을 거야."

MP3 "I'll finish what I'm doing by today. I will not put it off until **tomorrow**."

☐ tone [toun]

n. 톤, 말투, 어조(語調), 음색, 색조, 성조

ex. "이 단**어조**." 신중한 **어조**로 그가 말했다.

MP3 "This word." He said in measured

T

tones.

- tonal [tóunl] **a.** 음조의, 색조의
- tonal language 성조 언어
- atonal [eitóunl] **a.** 무조의, 장조나 단조 등의 조를 따르지 않는

☐ tool [tuːl]

n. 도구(道具), 연장, 앞잡이, 꼭두각시

ex. "툴툴대지 마. 너의 **도구도 구**형(球形)이잖아. 그건 여기에 쓰일 **도구**들이랑은 달라."

MP3 "Don't grumble. Your **tool** is also round in shape. It differs from the **tools** to use here."

∮ gadget [gǽdʒit] **n.** (쓸모 있는 작은) 장치(裝置), 도구

☐ tooth [tuːθ]

n. (**pl.** teeth [tiːθ]) 이빨, 치아(齒牙)

ex. 치과에서 **치아**를 검사받으며 또**치**가 **'아~'** 그녀의 입을 벌린다.

MP3 'Ah~', Ddochi whose **teeth** are examined at the dentist's is opening her mouth.

- toothache [túːθeik] **n.** 치통, 이앓이

∮ gargle [gɑ́ːrgl] **v.** 양치질하다, 입안을 헹구다 **n.** 양치질, 입안을 헹구는 소리
- fluoride [flúəràid] **n.** (충치 방지) 플루오린 화합물
- fang [fæŋ] **n.** 엄니, 송곳니
- incisor [insáizər] **n.** 앞니

☐ top [tɑp]

n. 맨 위, 꼭대기 **a.** 맨 위의

ex. 모퉁이의 건물 **맨 위**에 스파이더**맨**이 **위**치(位置)한다.

MP3 Spider-Man is seated on **top** of the building on the corner.

∮ peak [piːk] **n.** 절정, 정점 **v.** 절정에 달하다
- summit [sʌ́mit] **n.** (산의) 정상, 정상 회담

☐ topic [tɑ́pik]

n. 주제(主題), 화제(話題)

ex. "**화**요일까지 **제**가 그 **화제**에 대해 입장을 정하겠습니다."

MP3 "I will take a position on the **topic** by Tuesday."

☐ torrent [tɔ́ːrənt]

n. 급류(急流)

ex. 내가 **급**히 물**류**(物流) 창고로 가는데 **급류**처럼 억수같이 비가 내렸다.

MP3 The rain came down in **torrents** when I hurriedly went to the warehouse.

☐ torture [tɔ́ːrtʃər]

n. 고문(拷問) **v.** 고문하다

ex. 때때로 그들은 그를 **고문하고** 질**문**(質問)했다.

MP3 They **tortured** him and asked questions at times.

- torturous [tɔ́ːrtʃərəs] **a.** 고문의

∮ torment [tɔ́ːrment] **n.** 고통 **v.** 고통을 주다

☐ total [tóutl]

a. 전체의, 총계의, 총액의 **n.** 전체, 총계, 총액 **v.** 전체 …이다, 총 …이다

ex. "**총**(銃)의 가격이 **총**(總) 얼마냐?"

MP3 "What is the **total** price of the guns?"

- totally [tóutəli] **ad.** 전적으로, 완전히

∮ aggregate [ǽgrigət] **a.** 합계의, 총계의, 집합의 **n.** 총계, 집합체
- gross [grous] **a.** 총(總)-, 역겨운

☐ touch [tʌtʃ]

v. 만지다, 접촉(接觸)하다, 감동시키다 **n.** 만지기, 접촉,

연락

ex. "내가 너에게 **접**때부터 재**촉**했잖아, 그랑 **접촉**하라고."

MP3 "I've urged you to get in **touch** with him since a few days ago."

- touching [tʌ́tʃiŋ] a. 감동을 주는
- touched [tʌtʃt] a. 감동을 받은

≠ tangible [tǽndʒəbl] a. 실체가 있는, 확실한, 유형의, 만질 수 있는

- tangibly [tǽndʒəbli] ad. 만져서 알 수 있게, 명백히
- intangible [intǽndʒəbl] a. 만질 수 없는, 무형의

□ tourist [túərist]

n. 관광객(觀光客)

ex. **관광객**들은 가격 면에서 여**관**(旅館) **광**고(廣告)를 **객**관적으로 보아야 한다.

MP3 **Tourists** should see hotel advertisements objectively in terms of price.

- tour [tuər] n. 관광, 순회(巡廻) v. 관광하다, 순회하다
- tourism [túərizm] n. 관광업

□ toy [tɔi]

n. 장난감

ex. **장난감**을 잃어버린 **장**미는 **난감**(難堪)하다.

MP3 Jangmi is at a loss because she has lost her **toy**.

≠ doll [dɑl] n. 인형

□ track [træk]

n. 트랙, 자국, 선로(線路) v. 추적(追跡)하다, 발자국을 남기다

ex. 우리는 동물들의 **자국**을 찾**자**는 형**국**(形局)에 있었다.

MP3 We were in the situation where we should find out the animals' **tracks**.

- track meet 육상 경기 대회

≠ trace [treis] v. 추적하다, (선을) 긋다 n. 자취, 소량

- trajectory [trədʒéktəri] n. 이동 경로, 궤도, 궤적, 탄도
- path [pæθ] n. 경로, 길, 방향

□ tradition [trədíʃən]

n. 전통(傳統)

ex. "**전**승(傳承)되는 일반적 **통**념(通念)이나 **전통**을 **전 통** 모르겠어요."

MP3 "I cannot understand either conventional wisdom or **traditions** that have been passed down at all."

- traditional [trədíʃənl] a. 전통의, 전통적인

≠ conventional [kənvénʃənl] 인습적(因襲的)인, 관습적인

- convention [kənvénʃən] n. 관습, 인습, 협의회, 협약, 협정

□ traffic [trǽfik]

n. 교통(交通), 교통량, 불법 거래

ex. 동작 대**교**(大橋)로 **통**하는 길의 **교통**이 지연되고 있다. 도로가 차들로 막혔다. 차들이 대서서 꼬리에 꼬리를 문다.

MP3 **Traffic** on the way into Dongjak daegyo is held up. The road is jammed up with cars. Cars are crawling along bumper-to-bumper.

≠ jam [dʒæm] n. 잼, 혼잡, 교통 체증 v. 밀어넣다, 움직이지 못하게 하다, 움직이지 못하다

□ tragedy [trǽdʒədi]

n. 비극(悲劇)

ex. "그 **비극**에서 그들이 **비**참(悲慘)해질 거야, 궁**극**적(窮極的)으로."

MP3 "In the **tragedy**, they will become miserable in the end."

- tragic [trǽdʒik] a. 비극적인

T

☐ train [trein]

n. 기차, 열차 **v.** 훈련(訓練)하다

ex. 태**훈**이는 일**련**의 **훈련**을 받는다.

MP3 Taehoon is in a series of **training** sessions.

- trainman [treinmən] **n.** 열차 승무원
- cross-training [krɔ́(:)stréiniŋ] **n.** 여러 가지 운동을 조합하여 행하는 훈련법

ɕ drill [dril] **n.** 드릴, (반복) 훈련 **v.** (드릴로) 뚫다, (반복적으로) 훈련시키다

- platform [plǽtfɔːrm] **n.** (기차역의) 승강장, 플랫폼, 연단, 강단
- podium [póudiəm] **n.** 연단, 지휘대
- rail [reil] **n.** (철도의) 레일, 철도, 난간
- railroad [réilròud] **n.** 철도, 선로
- derail [diːréil] **v.** 탈선하다, 탈선시키다, 벗어나게 하다

☐ transcend [trænsénd]

v. 초월(超越)하다

ex. "우리가 여러분을 **초**대합니다, **월**드컵으로, 국경을 **초월**한 축제로."

MP3 "We invite you to the World Cup, the festival that **transcends** national borders."

- transcendent [trænséndənt] 초월한, 초월적인, 뛰어난
- transcendence [trænséndəns] **n.** 초월

☐ transfer [trænsfə́ːr]

v. 옮기다, 이적(移籍)하다, 갈아타다 **n.** [trǽnsfər] 이동, 이적, 환승

ex. "그가 **옴**. 우린 그를 **기다**림." "그가 우리 팀으로 **옮기다**니 놀라움."

MP3 "He will come. We are waiting for him." "It's surprising for him to **transfer** to our team."

☐ transform [trænsfɔ́rm]

v. 변형(變形)하다, 탈바꿈시키다

ex. "**변** 선생이 그의 **형**(兄)의 삶을 **변형**시켰지."

MP3 "Mr. Byun **transformed** his brother's life."

- transformer [trænsfɔ́rmər] **n.** 변압기, 변신 로봇
- transformation [trӕnsfərméiʃən] **n.** 변형, 탈바꿈, 변신, 변화

ɕ metamorphosis [mètəmɔ́ːrfəsis] **n.** 탈바꿈, 변신

☐ transit [trǽnzit]

n. 운송, 수송, 교통, 통과 **v.** 통과하다

ex. 무거**운 송**아지가 **운송** 중이었다.

MP3 A heavy calf was in **transit**.

☐ transition [trænzíʃən]

n. 변천, 이행(移行), 전환, 과도기(過渡期)

ex. 우리에게는 전통**과도** 단절하는 **기**나긴 **과도기**에 있다.

MP3 We are in a long **transition** in which we also break with tradition.

☐ translate [trænsléit, trænzléit]

v. 번역(飜譯)하다

ex. "이**번**에도 **역**시 이디시어로 이 뒤의 시를 어서 **번역**해 봐."

MP3 "Come on. This time again **translate** this later poem into Yiddish."

- translation [trænsléiʃən, trænzléiʃən] **n.** 번역
- translator [trænsléitər, trænzléitər] **n.** 번역가

ɕ Yiddish [jídiʃ] **n.** 이디시어(독일어·히브리어 등의 혼성 언어)

- dub [dʌb] **v.** 다른 나라 말로 재녹음하다

☐ transmit [trænzmít]

v. 전송하다, 전염시키다

ex. "제때에 파일을 **전송**하지 못해서 **전** 정말 죄**송**해요."

MP3 "I'm so sorry not to have **transmitted** the file in time."

- transmission [trænzmíʃən] **n.** 전송, 전파, 전염
- transmissible [trænzmísəbl] **a.** 전송할 수 있는, 전염성의
- transmissive [trænzmísiv] **a.** 전송하는

□ transparent [trænspέərənt]

a. 투명(透明)한, 속 보이는

ex. "송전탑 위에서 **투명** 인간은 **한** 번도 **투명한** 옷을 입지 않는다."

MP3 "An invisible man never wears **transparent** clothes on the transmission tower."

- transparency [trænspέərənsi] **n.** 투명성

ƒ translucent [trænslúːsnt] **a.** 반투명한

- opaque [oupéik] **a.** 불투명한

□ transport [trænspɔ́ːrt]

v. 수송(輸送)하다, 운송하다 **n.** [trǽnspɔːrt] 수송, 운송, 교통

ex. **수송**할 **수**(數)많은 **송**판(松板)들이 있다.

MP3 There are a lot of pine boards to **transport**.

- transportation [trænspərtéiʃən] **n.** 수송, 운송, 교통

ƒ haul [hɔːl] **v.** 끌어당기다, 운반하다 **n.** 끌기, 운반, 수송

- long-haul 장거리 수송의, 장거리 비행의

□ trap [træp]

n. 덫, 올가미, 함정(陷穽) **v.** 함정에 빠뜨리다, 가두다

ex. 사람들은 **덧**없이 같은 일을 반복하는 **덫**에 빠진다.

MP3 People fall into the **trap** of doing the same thing in vain.

ƒ lasso [lǽsou] **n.** 올가미, 올가미 밧줄

- pitfall [pítfɔl] **n.** 함정, (보이지 않는) 위험
- pit [pit] **n.** 참호(塹壕), 구덩이, 구멍, 웅덩이
- snare [snεər] **n.** 덫 **v.** 덫으로 잡다

□ trash [træʃ]

n. 쓰레기

ex. 그녀는 **쓰레기**를 **쓸**데없이 만드는 **애기**들(=아기들)과 함께 있다.

MP3 She is with babies who are producing **trash** uselessly.

- rubbish [rʌ́biʃ] **n.** 쓰레기 **v.** 헐뜯다
- garbage [gάːrbidʒ] **n.** 쓰레기
- junk [dʒʌŋk] **n.** 쓰레기, 쓸모없는 물건
- junk food 정크 푸드(패스트푸드 등 즉석 식품)
- bin [bin] **n.** 쓰레기통
- dumpster [dʌ́mstər] **n.** 대형 쓰레기 수거함
- dump [dʌmp] **v.** (쓰레기를) 버리다, 털썩 떨어뜨리다, 投賣(투매)하다 **n.** 쓰레기장
- landfill [lǽndfil] **n.** 쓰레기 매립지(埋立地)
- litter [lítər] **n.** 쓰레기 **v.** 어지르다

ƒ clutter [klʌ́tər] **n.** 혼란, 어수선함 **v.** 어지럽히다

- mess [mes] **n.** 엉망 **v.** 엉망으로 만들다
- messy [mési] **a.** 어질러진, 엉망인, 지저분한

□ trauma [tráumə]

n. 정신적 충격, 정신적 외상(外傷), 트라우마

ex. "**틀**림없이 내 **아우**는 **마**지막에 **트라우마**를 극복할 거야."

MP3 "Certainly in the end my younger brother will get over the **trauma**."

- traumatic [trəmǽtik] **a.** 충격적인
- PTSD 외상 후 스트레스 장애 (Post Traumatic Stress Disorder)

□ travel [trǽvəl]

v. 여행(旅行)하다 **n.** 여행

ex. "도보로 세계 **여행**하며 나는 **여**름에 **행**복(幸福)해."

MP3 "I am happy in summer, **traveling** around the world on foot."

☐ treat [triːt]

v. 대하다, 다루다, 처리하다, 치료하다, 한턱내다 **n.** 한턱

ex. "너는 너의 아이들을 잘 **대해야**지 그 아이들을 학**대**(虐待)**해서**는 안 된다."

MP3 "You should **treat** your children well and should not maltreat them."

- treatment [tríːtmənt] **n.** 처리, 대우, 치료
- treatable [tríːtəbl] **a.** 처리할 수 있는, 치료할 수 있는
- maltreat [mæltríːt] **v.** 학대하다, 혹사하다

ℊ therapy [θérəpi] 치료, 요법
- therapeutic [θèrəpjúːtik] **a.** 치료의, 치유의

☐ treaty [tríːti]

n. 조약(條約), 협정

ex. "그들은 **조**급(躁急)하지 않아. 그래서 **약**간(若干) 늦게 **조약**이 시행될 예정이다."

MP3 "They take their time and therefore the **treaty** is expected to go into effect a little later"

☐ tree [triː]

n. 나무

ex. "**남**들은 **우**리를 부러워하지." **나무**는 말한다.

MP3 "They envy us." A **tree** says.

- treetop [tríːtɔ̀p] **n.** 나무 꼭대기, 우듬지

ℊ mangrove [mǽŋgròuv] **n.** 맹그로브(강가나 늪지에서 자라는 열대 나무)
- maple [méipl] **n.** 단풍나무
- mulberry tree [mʌ́lbèri triː] 뽕나무
- sap [sæp] **n.** 수액(樹液)
- sapling [sǽpliŋ] 묘목, 어린나무
- seedling [síːdliŋ] **n.** 묘목
- stump [stʌmp] **n.** 그루터기

☐ tremble [trémbl]

v. 떨다 **n.** 떨림, 전율

ex. 그는 나무에서 **떨**어질까 봐 **다**리를 **떨**었**다**.

MP3 His legs **trembled** for fear that he might fall from the tree.

ℊ tremulous [trémjuləs] **a.** 떨리는, 떠는
- shiver [ʃívər] **v.** 떨다
- shudder [ʃʌ́dər] **v.** 떨다, 몸서리치다, 전율하다 **n.** 떪, 몸서리, 전율(戰慄)

☐ tribe [traib]

n. 부족(部族), 종족(種族)

ex. !Kung족(族)으로 불리는 **부족**에게 천연자원이 **부족**(不足)하다.

MP3 The **tribe** called !Kung lacks natural resources.

- tribal [tráibl] **a.** 부족의, 종족의

ℊ pygmy [pígmi] **n.** 피그미 족

☐ tribute [tríbjuːt]

n. 찬사(讚辭), 감사, 존경(尊敬), 경의(敬意), 공물(貢物)

ex. "그분들에게 **경의**를 표하라. 존**경의** 마음으로 그렇게 해라."

MP3 "Pay a **tribute** to them. Do it respectfully."

☐ trick [trik]

n. 속임수, 묘책(妙策), 책략(策略) **v.** 속이다

ex. "**속임수**를 쓰고 있**소**, **김수**현 씨?"

MP3 "Kim Soohyun, are you playing **tricks**?"

- tricky [tríki] **a.** 교묘한, 까다로운

ℊ gull [gʌ́l] **v.** 속이다 **n.** 갈매기
- gullible [gʌ́ləbl] **a.** 잘 속아 넘어가는
- artifice [ɑ́ːrtəfis] **n.** 책략

☐ trifle [tráifl]

n. 시시한 일, 하찮은 일, 하찮은 물건 **v.** (with) 하찮게 다루다

ex. "**시**(詩)? **시**? 네가 **한 일**이 고작 시를 짓는 일이라고? 참 **시시한 일**이구나!"

MP3 "A poem? A poem? Have you written just a poem? What a **trifle**!"

- trifling [tráifliŋ] a. 사소한, 하찮은

☐ trip [trip]

n. (짧은) 여행 v. 발이 걸려 넘어지다

ex. "난 **여**자 친구랑 **행**복하게 **여행**하고 싶다."

MP3 "I want to take a **trip** happily with a girlfriend."

cf falter [fɔ́:ltər] v. 비틀거리다, 불안정해지다, (말을) 더듬다
- stumble [stʌ́mbl] v. 걸려 넘어지다, 비틀거리다, 말을 더듬다
- stumble upon 우연히 방문하다
- stammer [stǽmər] v. 말을 더듬다 n. 말더듬
- stutter [stʌ́tər] v. 더듬거리며 말하다
- stutterer [slʌ́tərər] n. 말더듬이

☐ trivial [tríviəl]

a. 사소(些少)한, 하찮은

ex. "**사**! **소 한** 마리를 사! 이건 **사소한** 일이 아니야."

MP3 "Buy a cow! This is not a **trivial** matter."

- trivia [tríviə] n. 하찮은 것들, 사소한 것들

cf petty [péti] a. 하찮은, 옹졸(壅拙)한

☐ troop [tru:p]

n. 군대, 병력, 무리

ex. **군데군데** 우리의 **군대**는 후퇴했다.

MP3 Our **troops** fell back here and there.

- paratroops [pérətrùps] n. 낙하산 부대원들

☐ trouble [trʌ́bl]

n. 곤란(困難), 곤경(困境), 수고, 문제 v. 괴롭히다, 수고롭다

ex. 말썽을 부리다가 **곤란**에 빠져 남자아이는 **골난** 모양이다.

MP3 A boy got angry because he got in **trouble** while he was stirring up **trouble**.

- troublesome [trʌ́blsəm] a. 곤란한, 귀찮은

cf hassle [hǽsl] n. 번거로움, 말다툼
- nuisance [njú:sns] n. 골칫거리, 성가신 일

☐ truck [trʌk]

n. 트럭, 화물차

ex. "그들은 **트럭**에 치였음이 **틀**림없어. **억**수로(='굉장히'의 사투리) 재수가 없었어."

MP3 "They must have been run over by a **truck**. They were very unlucky."

☐ trust [trʌst]

v. 믿다, 신뢰(信賴)하다 n. 신뢰, 신탁 (재산)

ex. "**신뢰**를 얻기란 힘든 법이다. **실**제(實際)로 고래(古來)로 고**뢔**(=그래)."

MP3 "**Trust** has been hard to come by. Actually, it has been since ancient times."

- trusting [trʌ́stiŋ] a. (남을 잘) 믿는, 신뢰하는
- trustworthy [trʌ́stwə̀rði] a. 믿을 수 있는, 신뢰할 수 있는
- entrust [intrʌ́st] v. 맡기다, 위임하다, 위탁(委託)하다
- distrust [distrʌ́st] n. 불신 v. 불신하다
- mistrust [mistrʌ́st] v. 불신하다 n. 불신

☐ truth [tru:θ]

n. 진실

ex. **진실**의 **진**한 **실**타래가 엮인다.

MP3 The dark threads of the **truth** are woven.

- truthful [trú:θfəl] a. 진실한, 정직한
- true [tru:] a. 진실한
- untrue [ʌntrú] a. 진실하지 않은

T

☐ try [trai]

v. 노력하다, 시도(試圖)하다, 해보다, 심리(審理)하다 n. 노력, 시도

ex. 나무에 올라가려는 **시도**를 제**시도** 한다.

MP3 Jessie is also **trying** to climb the tree.

- trial [tráiəl] n. 시도, 실험, 시련(試鍊), 재판
- trial and error 시행착오

∮endeavor [indévər] v. (아주 열심히) 노력하다 n. 노력, 시도

☐ tuition [tjuːíʃən]

n. 수업료(授業料), 등록금, 수업

ex. "**수업료**란 네가 어쩔 **수 없**이 내는 **요**금(料金)이다."

MP3 "**Tuition** is a fee that you should reluctantly pay."

☐ tune [tjuːn]

n. 곡, 곡조(曲調), 선율(旋律) v. 조율(調律)하다, (주파수·채널을) 맞추다

ex. "이 **곡조**는 제 귀에 익은 **곡**이죠."

MP3 "This **tune** is a familiar one to me."

- attune [ətjúːn] v. 맞추다

∮melody [mélədi] n. 멜로디, 선율

☐ turn [təːrn]

v. 돌리다, 돌다, 바꾸다, 변하다 n. 돎, 전환, 차례(次例)

ex. 그들은 **차례**를 **차례**대로 읽었다.

MP3 They read the table of contents in **turn**.

- turnover [tə́rnòuvər] n. 이직률(移職率), 생산량

☐ twin [twin]

n. 쌍둥이, 쌍생아(雙生兒)

ex. **쌍둥이** 배 한 **쌍**이 **둥**둥 **이** 시각에 물 위에서 떠다닌다.

MP3 A pair of **twin** ships are floating on the water at this time.

- identical twins [aidéntikəl twinz] n. 일란성(一卵性) 쌍둥이, 일란성 쌍생아
- fraternal twins [frətə́ːrnl twinz] n. 이란성(二卵性) 쌍둥이, 이란성 쌍생아

∮triplet [tríplit] n. 세 쌍둥이 중의 한 명

- quadruplet [kwɑdrúːplit] n. 네쌍둥이 중의 한 명

☐ twist [twist]

v. 비틀다, 비틀리다, 꼬다, 꼬이다, 왜곡(歪曲)하다 n. 비틀기, 꼬기, 왜곡

ex. "**꼬인** 마음으로 비**꼬**는 **인**간에게 무엇이 전환점(轉換點)일까?"

MP3 "What is the turning point to a cynical man with a **twisted** mind?"

- twisted [twístid] a. 왜곡된, 뒤틀린, 일그러진, 비뚤어진

∮tweak [twiːk] v. 살짝 변화를 주다, 홱 비틀다, 홱 잡아당기다 n. 비틀기, 꼬집기, 조정, 개조

- twitch [twitʃ] v. 경련하다, 씰룩거리다, 홱 잡아당기다 v. 경련, 씰룩거림, 갑작스러운 움직임
- sprain [sprein] v. (발목 등을) 삐다, 접지르다 n. 염좌
- intertwine [intərtwáin] v. 뒤얽히다

☐ type [taip]

n. 유형(類型), 종류 v. 타자(打字)하다

ex. "**유**방 **형**, 댁은 뭐**유**, 혈액**형**이?" "난 특이한 **유형**이야."

MP3 "Yubang brother, what is your blood **type**?" "It is a singular **type**."

∮genre [ʒɑ́ːnrə] n. (예술 작품의) 장르, 유형

☐ typical [típikəl]

a. 전형적(典型的)인

ex. "**전 형**(兄)의 **적**(敵)**인** 사람이에요. **전형적인** 형제간의 불화(不和)죠."

MP3 "I am an enemy of my brother. It is the **typical** conflict between brothers."

U

☐ ubiquitous [juːbíkwətəs]

a. 어디에나 존재하는, 편재(遍在)하는, 아주 흔한

ex. 신은 말한다. "**어디에 나 존재하냐**고? 난 **어디에나 존재하지**."

MP3 God says, "Where do I exist? I am **ubiquitous**."

☐ UFO [júːefóu, júːfou]

n. (Unidentified Flying Object) 미확인 비행 물체

ex. 영**미**가 **확인**하고 싶은 **비행 물체**는 **미확인 비행 물체**다.

MP3 The flying object that Yeongmi wants to identify is a **UFO**.

☐ ugly [ʌ́gli]

a. 못생긴, 추(醜)한

ex. **못생긴 못**(=연못)이 **생긴** 땅 자체는 **못생긴** 건 아니다.

MP3 The land where an **ugly** pond is formed is not **ugly** itself.

≠ hideous [hídiəs] **a.** 흉측(凶測)한, 끔찍한

☐ ultimate [ʌ́ltəmət]

a. 궁극적(窮極的)인, 최후의, 극단의, 최대의

ex. 그들은 **궁**(宮)에서 **극적**(劇的)**인** 만남을 이루는 것을 **궁극적인** 목적으로 삼았다.

MP3 Their **ultimate** goal is to meet dramatically at the palace.

• ultimately [ʌ́ltəmətli] **ad.** 궁극적으로
≠ ultimatum [ʌltəméitəm] **n.** 최후통첩(最後通牒)

☐ ultrasound [ʌ́ltrəsàund]

n. 초음파(超音波), 초음파 검사

ex. "**초음파**가 거기에 닿는데 몇 **초**?" "**음, 파**악하기 힘들군."

MP3 "How many seconds does it take for **ultrasound** to reach there?" "Um, it's difficult to figure out."

☐ ultraviolet [ʌ̀ltrəváiələt]

n. (UV) 자외선(紫外線) **a.** 자외선의

ex. "안에서 **자**는 걸 내가 **왜 선**택했냐면 **자외선**을 차단하기 위해서야."

MP3 "The reason why I choose to sleep inside is to block **ultraviolet** rays."

≠ infrared [ìnfrəréd] **a.** 적외선(赤外線)의 **n.** 적외선

☐ umbrella [ʌmbrélə]

n. 우산(雨傘)

ex. 관**우**가 **산 우산**은 비쌌다.

MP3 The **umbrella** that Gwanwoo bought was expensive.

≠ parachute [pǽrəʃùːt] **n.** 낙하산(落下傘) **v.** 낙하산을 타고 내려오다
• parasol [pǽrəsɔ̀ːl] **n.** 파라솔, 여성용 양산

☐ umpire [ʌ́mpaiər]

n. (야구, 테니스, 탁구, 배구 경기 등의) 심판(審判) **v.** 심판을 보다

ex. 이번 플레이오프에서 **심판**의 한**심**한 **판**단에 사람들은 분노했다.

MP3 A pitiful judgement of an **umpire** made people furious this post season.

☐ unanimous [juːnǽnəməs]

a. 만장일치(滿場一致)의

ex. 만 명이 낸 카드 **만 장**이 **일치**한다. 그것들은 **만장일치**다.

MP3 Ten thousand cards that ten

thousand people put forward match one another. They are **unanimous**.

- unanimously [juːnǽnəməsli] **ad.** 만장일치로
- unanimity [jùːnənímәti] **n.** 만장일치

☐ uncertain [ʌnsә́rtәn]

a. 불확실한, 확신이 없는

ex. 바람에 깜박이는 **불**처럼 **확실한** 미래가 없는 **불확실한** 상황이다.

MP3 It is an **uncertain** situation where there is no certain future just like flickering fire in the wind.

- uncertainty [ʌnsә́rtәnti] **n.** 불확실성
- certain [sә́ːrtn] **a.** 확실한, 확신하는, 어떤, 특정한
- certainty [sә́ːrtnti] **n.** 확실성
- certainly [sә́ːrtnli] **ad.** 확실히

ⓢ contingent [kәntíndʒәnt] **a.** 불확정적인, 의존하는, ~여하에 달린

- contingency [kәntíndʒәnsi] **n.** 비상사태, 만일의 사태, 우발사고, 불확실성

☐ uncle [ʌ́ŋkl]

n. 삼촌, 고모부, 이모부, 아저씨

ex. "난 **삼촌**이랑 **삶**. 우린 **촌**에 삶."

MP3 "I live with my **uncle**. We live in a countryside."

☐ undergo [ʌ̀ndәrgóu]

v. undergo - underwent - undergone 겪다, 경험(經驗)하다

ex. **겨**우 발등의 불을 **끄**는 삶을 스테파**니**가 **겪으니** 그녀는 기분이 좋지 않다.

MP3 As Stephanie **undergoes** hardship, managing to look after herself, she feels uncomfortable.

☐ underground [ʌ́ndәrgraund]

a. 지하의 **ad.** 지하에

ex. "우리는 **지하**로 내려가**지**. 우리는 **하**강하고 있지."

MP3 "We are going **underground**. We are descending."

ⓢ subterranean [sʌbtәréiniәn] **a.** 지하의 **n.** 지하 동굴

☐ undermine [ʌ̀ndәrmáin]

v. …의 아래를 파내다, 약화(弱化)시키다, 훼손(毀損)하다

ex. "**약**간 더 **화**를 **식혀**라. 그렇지 않으면 비록 너의 주장이 옳더라도 너의 설득력을 **약화시킬** 거다."

MP3 "Calm down a little more, or your arguments that are convincing will be **undermined** even if the arguments hold good."

- mine [main] **n.** 나의 것, 광산(鑛山) **v.** 채굴(採掘)하다
- mining [máiniŋ] **n.** 채굴, 채광, 광업

ⓢ ore [ɔːr] **n.** 광석

- lode [loud] **n.** 광맥

☐ underneath [ʌndәrníːθ]

prep. …의 밑에, …의 아래에 **ad.** 밑에, 아래에

ex. 책상의 **밑에** 장**미 테**두리가 보인다.

MP3 A rose border is seen **underneath** the desk.

☐ understand [ʌndәrstǽnd]

v. understand - understood - understood 이해(理解)하다

ex. "너는 방정식의 **이 해**(解)를 **이해**하니?"

MP3 "Do you **understand** this solution of the equation?"

- understandable [ʌndәrstǽndәbl] **a.** 이해할 수 있는
- understanding [ʌndәrstǽndiŋ] **n.** 이해, 합의 **a.** 이해심 있는
- misunderstand [misʌndәrstǽnd] **v.** misunderstand - misunderstood - misunderstood 오해(誤解)하다

• misunderstanding [mìsʌndərstǽndiŋ] **n.** 오해, 불화

☐ understudy [ʌ́ndərstʌ̀di]

n. 대역 (배우) **v.** 대역을 하다

ex. 역**대**급 선수 **역**할을 맡은 **대역** 배우가 유명해졌다.

MP3 An **understudy** who played a role of an all-time player became famous.

☐ undertake [ʌ̀ndərtéik]

v. undertake - undertook - undertaken 떠맡다, 착수(着手)하다, 보증하다

ex. "요즈음 저 소년이 **떠**?" "**맞다**, 걔가 그 역을 **떠맡다**니 떠서 그런 거였어."

MP3 "Is that boy popular nowadays?" "Yes, that's right. That's the reason why he **undertakes** the role."

• undertaking [ʌndərtéikiŋ] **n.** 떠맡은 일, 보증, 약속

☐ underwater [ʌ́ndərwɔːtər]

a. 수중(水中)의, 물속의 **ad.** 수중에서, 물속에서

ex. 그 지역에서 철**수**(撤收) **중의** 사람들이 지난 **수중의** 경로는 좁았다.

MP3 The **underwater** path was narrow through which they withdrew from the area.

☐ underworld [ʌ́ndərwə̀rld]

n. 지하 세계, 하층 사회, 암흑가(暗黑街), 저승

ex. **암흑가**는 **암**담한 **흑**색을 **가**진 세계다.

MP3 An **underworld** is the world whose color is black, which is gloomy.

☐ undo [ʌndú]

v. undo - undid - undone 원상태로 돌리다, 무효로 하다, 취소하다, 망치다, 풀다, 끄르다

ex. 우리가 우리의 병원을 평소의 병**원 상태로 돌리면** 우리는 상황을 **원상태로 돌리는** 게 가능하다.

MP3 If we recover the system of our hospital to normal, we can **undo** the situation.

• undoing [ʌndúiŋ] **n.** 원상태로 돌리기, 취소, 망친 원인, 끄르기

☐ uniform [júːnəfɔ̀ːrm]

n. 제복, 교복 **a.** 획일적인, 한결같은

ex. "우리 학**교 복**장은 **교복**이야."

MP3 "We wear school **uniforms**."

☐ unify [júːnəfài]

v. 통합하다, 통일하다

ex. "네가 그들을 **통합**하기를 원한다고? 그 사람들은 도**통 합**칠 생각이 없어!"

MP3 "Do you want to **unify** them? They are certainly unwilling to join together!"

• unification [jùːnəfikéiʃən] **n.** 통합, 통일
• reunification [rijunəfəkéiʃən] **n.** 재통합, 재통일

☐ union [júːnjən]

n. 연합, 조합, 결합, (the Union) 학생 회관

ex. **조합**들의 **조합**이 그 상황을 처리했다.

MP3 The combination of the **unions** dealt with the situation.

☐ unique [juːníːk]

a. 고유(固有)한, 독특(獨特)한

ex. 우리는 각자 **고유한** 재능을 갖**고 유한**한 인생을 산다.

MP3 Each of us lives a limited life with a

U

unique talent.

☐ unit [jú:nit]

n. 구성단위(構成單位), 단위

ex. 사회 집**단의** 구성**단위**로서 개인은 여겨진다.

MP3 An individual is regarded as a **unit** of the social group.

ꟁ modular [mádʒulər] **a.** 모듈식의(여러 개의 개별 단위로 되어 있는)

☐ unite [ju:náit]

v. 연합하다, 결합하다, 통합하다

ex. 집단들이 **연합한다**. 그들은 돌**연 합한다**.

MP3 Groups are **uniting**. Suddenly they are joining together.

- united [ju:náitid] **a.** 연합된, 단결된
- unity [jú:nəti] **n.** 통일, 통일성, 통일체

☐ universal [jù:nəvə́:rsəl]

a. 보편적(普遍的)인, 우주의

ex. 이 지역에서는 도**보**(徒步)가 **편**(便)하다는 생각이 **보편**적이다.

MP3 It is a **universal** idea in this area that walking is convenient.

☐ universe [jú:nəvə̀:rs]

n. 우주(宇宙)

ex. "와우, **우**리의 **주**제가 **우주**네."

MP3 "Wow, our topic is the **universe**."

☐ university [jù:nəvə́:rsəti]

n. 대학

ex. "그들은 **대학**에서 뭐 한**대**?" "그들은 **학**문한대."

MP3 "What are they doing at **university**?" "They are studying."

☐ unleash [ʌnlí:ʃ]

v. 묶었던 가죽끈을 끄르다, 구속(拘束)을 풀다, 촉발하다, 야기하다

ex. "여성들의 **구속을 풀어 구**시대에서 쌓인 그녀들의 **속을 풀어** 주어라."

MP3 "**Unleash** women so that they can relieve stress from the old days."

- leash [li:ʃ] **n.** 가죽끈, 구속 **v.** 가죽끈으로 묶다, 구속하다

☐ unless [ənlés]

conj. 만일 …가 아니라면, …가 아닌 한

ex. "우리가 밖에 있는 게 **아니라면** 집**안이라면** 냄새가 가득할 텐데."

MP3 "**Unless** we are outside, the smell of noodles will fill the air in the house."

☐ unprecedented [ʌnprésidentid]

a. 전례(前例) 없는

ex. "그는 **전**혀 **예**의가 **없다**! 그건 **전례 없는** 무례함이다!"

MP3 "He is absolutely impolite! It is an **unprecedented** rudeness!"

- unprecedentedly [ʌnprésidentidli] **ad.** 전례없이
- precedent [prisí:dənt] **a.** 앞서는 **n.** [présədənt] 전례, 선례
- precede [prisí:d] **v.** 앞서다, 우선하다
- precedence [présədəns] **n.** 우선, 우위

ꟁ antecedent [æntəsí:dnt] **n.** 선례, 전례, 선조, 선행사

- antedate [ǽntidèit] **v.** 선행하다, 앞서다, 날짜를 앞당기다

☐ unravel [ʌnrǽvəl]

v. (헝클어진 것을) 풀다, 풀리다

ex. 실을 **풀지** 못해 **풀**이 죽은 아이가 바늘

을 가지고 있었**다**.

MP3 A downcast child who was unable to **unravel** the string had a needle.

• ravel [rǽvəl] v. 헝클어뜨리다
• ravel out 풀다

☐ until [əntíl]

conj. prep. (=till [til]) …까지, …할 때까지

ex. "늦게**까지** 밤 **까지** 마."

MP3 "Don't crack chestnuts **until** late."

☐ upcoming [ʌ́pkʌ̀miŋ]

a. 다가오는

ex. 게**다가 오는** 주말에는 **다가오는** 경기가 있다.

MP3 Furthermore, there is an **upcoming** game this weekend.

≠ forthcoming [fɔ:rθkʌ́miŋ] a. 다가오는

☐ update [ʌpdéit]

v. 갱신(更新)하다 n. [ʌ́pdeit] 갱신

ex. 6개까지 프로그램을 **갱신**하기로 고**갱**은 **신**중(愼重)히 결정했다.

MP3 Gauguin carefully decided to **update** the program up to six.

≠ up-to-date 최신의

☐ upper [ʌ́pər]

a. 위의, 위쪽의

ex. 그는 **위**(胃)의 **위**가 아팠다.

MP3 He felt a pain in the **upper** stomach.

• upper class [ʌpər klǽs] n. 상류 계층, 상류 사회 a. 상류 계층의, 상류 사회의
≠ uppercase 대문자
• lowercase 소문자

☐ upright [ʌ́pràit]

a. 똑바른, 수직(垂直)의, 곧추선, 꼿꼿한

ex. "**똑바른** 자세로 서서 **똑**똑히 **바**라보는 눈으**로** 버텨라!"

MP3 "Hold out standing **upright** with piercing eyes!"

≠ erect [irékt] a. 똑바로 선, 직립(直立)한 v. (똑바로) 세우다, 설립하다
• erection [irékʃən] n. 직립, 설립, (생리적) 발기

☐ upset [ʌpsét]

v. upset - upset - upset 뒤엎다, 속을 뒤집다 a. [ʌ́pset] 뒤집힌, 속상한

ex. 그에게 **속은 뒤 집은** 카드로 그녀는 **속**이 **뒤집힌** 상태였다.

MP3 She was **upset** to pick up the card after he deceived her.

≠ shock [ʃɑk] v. 충격을 주다 n. 충격, 쇼크

☐ upside [ʌ́psàid]

n. 위쪽, 좋은 점, 상승세

ex. 소녀는 **조금 운 점**의 **좋은 점**을 보았다.

MP3 The girl saw the **upside** of a little crying.

• upside down 거꾸로
• downside [dáunsàid] n. 아래쪽, 불리한 면, 하락세

☐ upstairs [ʌpstɛ́ərz]

ad. 위층으로, 위층에서, 2층으로, 2층에서 n. 위층, 2층

ex. "**위 층**계로 **위층**으로 걸어 올라가라."

MP3 "Go **upstairs** by walking up the stairs."

• downstairs [dàunstɛ́ərz] ad. 아래층으로, 아래층에서 n. 아래층, 1층

☐ uptight [ʌptáit]

a. 긴장(緊張)한, 초조(焦燥)한, 뻣뻣한

ex. 그는 **뻣뻣**해서 도움의 손길을 **뻗**지 않았고 우리는 그 문제를 미룰 수밖에 없었다. 그리고 우리는 **뻗**었다.

MP3 He was **uptight**, not extending a helping hand, so we couldn't help holding the matter over. And we were worn out.

☐ urban [ə́ːrbən]

a. 도시의

ex. 수철이**도 시의**원을 따라 **도시의** 생활을 했다.

MP3 Soochul also followed the city council member and lived an **urban** life.

- urban homesteading [ə́ːrbən hóumstèdiŋ] **n.** 도시의 고유지 불하(拂下), 도시 정주(定住) 장려
- urbanized [ə́ːrbənàizd] **a.** 도시화된

∮ suburban [səbə́ːrbən] **a.** 교외(郊外)의
- suburb [sʌ́bəːrb] **n.** 교외
- outskirt [áutskə̀rt] **n.** (outskirts) 변두리, 교외
- skirt [skəːrt] **n.** 스커트, 치마 **v.** 가장자리를 둘러가다

☐ urgent [ə́ːrdʒənt]

a. 긴급한, 촉박(促迫)한

ex. "뭐하**긴**, **급한** 대로 난 그걸 막으려고 **긴급한** 조치를 하고 있지." "그렇게 하는 것이 긴 안목으로 봐도 괜찮을까?"

MP3 "What am I doing? I am taking **urgent** measures against it as it is pressing." "Will it be OK in the long run?"

- urgently [ə́ːrdʒəntli] **ad.** 긴급하게
- urgency [ə́ːrdʒənsi] **n.** 긴급, 촉박, 절박
- urge [əːrdʒ] **v.** 촉구(促求)하다, 재촉하다

∮ exigency [éksədʒənsi] **n.** 긴급, 긴급 사태

☐ urine [júərin]

n. 소변(小便), 오줌

ex. 그녀는 그에게 **오줌**을 누라고 재촉한다. "네가 **오줌**을 참고 **오**면 누가 뭐 **줌**? 아무것도 안 줌!"

MP3 She urged him to pee. "Retaining your **urine** is worth nothing!"

∮ fecal [fíːkəl] **a.** 배설물(排泄物)의
- defecation [dèfikéiʃən] **n.** 배변
- diarrhea [dàiəríːə] **n.** 설사(泄瀉)

☐ use [juːz]

v. 이용(利用)하다, 쓰다 **n.** [juːs] 이용, 사용

ex. "**이 용**(龍)을 **이용**해라."

MP3 "**Use** this dragon."

- reuse [riːjúːz] **v.** 재사용하다
- usage [júːsidʒ] **n.** 사용, 사용법, 관습
- useful [júːsfəl] **a.** 쓸모 있는, 유용한
- useless [júːslis] **a.** 쓸모없는, 무용한
- overuse [òuvərjúːz] **v.** 과도하게 쓰다

☐ used [juːst]

v. (to) …하곤 했다 **a.** 익숙한, [juzd] 중고(中古)의

ex. 그 아이는 체력을 다 **쓰곤 곤**히 자**곤** 했다.

MP3 The child, having **used** up his strength, **used** to fall fast asleep.

∮ recycle [riːsáikl] **v.** 재활용(再活用)하다
- recycling [risáikəliŋ] **n.** 재활용
- recyclable [riːsáikləbl] **a.** 재활용할 수 있는
- secondhand [sékəndhæ̀nd] **a.** 중고의, 간접의 **ad.** 중고로, 고물로, 간접으로
- secondhand car 중고차
- secondhand smoke 간접흡연(間接吸煙)

☐ usher [ʌ́ʃər]

n. 안내원(案內員) **v.** 안내하다

ex. "**안내원**이 돈을 **안 내**, 일 **원**도."

MP3 "The **usher** doesn't pay any money."

- usher in ~이 시작되게 하다

☐ usual [júːʒuəl]

a. 보통(普通)의, 평소(平素)의

ex. 정**보 통**신(情報通信)이 우리의 **보통**의 일상이 되었다.

MP3 Information and communications have become our **usual** routine.

- usually [júːʒuəli] **ad.** 보통, 평소에
- unusual [ənjúʒùəl] **a.** 보통이 아닌, 특이한
- unusually [ənjúʒùəli] **ad.** 보통이 아닐 정도로

☐ utensil [juːténsəl]

n. 가정용품, 용구, 도구

ex. "엄마**가 정**말 **용**쓰는 **품**목이 부엌에서 쓰는 **가정용품**이야."

MP3 "What mom strives for are kitchen **utensils**."

☐ utility [juːtíləti]

n. 유용(有用), 유용성, 효용, 공익사업

ex. 그것은 주**유**(注油)**용**으로 **유용**성이 크다. 그밖에는 그것은 쓸모가 없다.

MP3 It has a high **utility** for refueling. Otherwise it is of no **utility**.

- utilitarian [jùːtilətéəriən] **a.** 실용적인, 공리적인 **n.** 공리주의자

☐ utility pole [juːtíləti poul]

n. 전봇대

ex. **전봇대 전**(前)에 로**봇**이 **대**기한다.

MP3 A robot is standing by in front of the **utility pole**.

☐ utilize [júːtəlàiz]

v. 활용(活用)하다, 이용하다

ex. "**활**을 극도로 그것의 **용**도대로 **활용**해."

MP3 "**Utilize** the bow to the utmost the way it is supposed to be used."

- utilization [juːtəlizéiʃən] **n.** 활용, 이용
- ≠leverage [lévəridʒ] **v.** 이용하다 **n.** 영향력
- lever [lévər] **n.** 지레, 지렛대 **v.** 지렛대로 움직이다

☐ utmost [ʌ́tmòust]

a. 극도의, 최대의, 최고의 **n.** 최대한도

ex. "**극도의** 중요성으로 따지면 북**극도 의**미가 있지."

MP3 "The North Pole should also be considered as a matter of the **utmost** importance."

☐ utter [ʌ́tər]

v. 입으로 소리를 내다 **a.** 완전한

ex. "**완**다 앞에서 **전 한**마디로 글자 그대로 **완전한** 바보입니다."

MP3 "In a word, I am an **utter** fool to the letter in front of Wanda."

- utterance [ʌ́tərəns] **n.** 발언(發言)
- utterly [ʌ́tərli] **ad.** 완전히

V

☐ vacant [véikənt]

a. 비어 있는

ex. "우리가 마실 수 있는 **비어**(=맥주) **있는** 데가 **비어 있다**."

MP3 "The place where we can drink beer is **vacant**."

- vacancy [véikənsi] **n.** 비어 있는 자리, 명함, 얼빠짐

V

□ vacation [veikéiʃən]

n. 방학(放學), 휴가

ex. "**방학**이란?" "해**방**(解放)! **학**교(學校)로부터 해방!"

MP3 "What is the **vacation**?"
"Liberation! Liberation from school!"

- vacate [véikeit] **v.** 비우다, 떠나다

□ vaccinate [væksənèit]

v. 백신을 접종(接種)하다

ex. "이태**백**, 너 **신**났구나. **백신** 맞고 신났어."

MP3 "Lee Taebaek, you are excited to be **vaccinated**."

- vaccine [væksíːn] **n.** 백신

□ vacuum [vǽkjuəm]

n. 진공(眞空) **v.** 진공청소기로 청소하다

ex. 너의 마음이 무너**진 공**간은 **진공** 상태다.

MP3 The space where you are frustrated is in a **vacuum** state.

- vacuum cleaner [vǽkjuəm klíːnər] **n.** 진공청소기
- vacuumize [vǽkjuəmàiz] **v.** 진공화하다, 진공청소기로 청소하다

≠ vacuous [vǽkjuəs] **a.** 공허한, 얼빠진
- ex vacuo [eks vǽkjuou] 무(無)에서의

□ vague [veig]

a. 불분명한, 모호(模糊)한, 어렴풋한

ex. "모야 **모**(=뭐야, 뭐)?" "**호**호…" **한**마디 대답도 없이 그는 **모호한** 웃음만 지었다.

MP3 "What is it? What?" "Ho, ho…" Without answering a word, he laughed in a **vague** manner.

- vaguely [véigli] **ad.** 불분명하게, 모호하게, 어렴풋이
- vagueness [véignis] **n.** 모호함

≠ faint [feint] **a.** 희미한 **v.** 기절하다 **n.** 기절
- faintly [féintli] **ad.** 희미하게, 가냘프게

□ vain [vein]

a. 헛된, 헛수고의, 허영심(虛榮心)이나 자만심(自慢心)이 강한

ex. 그들은 **헛**간에서 **된**통 **헛된** 노력을 했다. 톰은 그들을 비웃었다.

MP3 All their efforts in a barn were severely in **vain**. Tom laughed at them.

- vainly [véinli] **ad.** 헛되이, 뽐내며

≠ futile [fjúːtl] **a.** 헛된, 효과 없는

□ valiant [vǽljənt]

a. 용맹(勇猛)한, 용감(勇敢)한

ex. "지**용**, **맹한** 표정으로 너는 **용맹한** 전사로구나."

MP3 "Jiyong, with a blank look on your face, you are a **valiant** fighter."

- valor [vǽlər] **n.** 용맹, 싸울 때 용감함

□ valid [vǽlid]

a. 타당(妥當)한, 정당한, 유효한

ex. 가타부**타 당한** 사람이 **타당한** 근거를 댔다.

MP3 The victim provided a **valid** reason while discussing what is right and what is wrong.

- validity [vəlídəti] **n.** 타당성, 정당성, 유효성
- validate [vǽlədèit] **v.** 입증하다, 인증하다, 효력을 인정하다
- invalid [ínvəlid] **a.** 무효의, 효력 없는 **n.** (자립하기 어려운) 병약자

≠ tried-and-true 유효성이 증명된

□ valley [vǽli]

n. 골짜기, 계곡(溪谷)

ex. 산들의 세**계**(世界)에 **곡**선(曲線)으로 이

루어진 **계곡**들이 있다.
MP3 There are **valleys** that form curves in the world of mountains.

- vale [veil] **n.** (valley의 문학적 표현) 골짜기, 계곡
- ∮ canyon [kǽnjən] **n.** 협곡(峽谷)

□ value [vǽljuː]

n. 가치 **v.** 가치 있게 평가하다, 평가하다

ex. 물가**가 치**솟으면서 많은 물건들의 **가치**가 높아졌다.
MP3 Soaring prices resulted in the higher **value** of many things.

- valuable [vǽljuəbl] **a.** 가치 있는, 귀중한, 값비싼
- invaluable [invǽljuəbl] **a.** (가치를 평가할 수 없을 정도로) 아주 귀중한
- valueless [vǽljuːlis] **a.** 가치 없는, 무가치한
- devaluation [diːvæljuéiʃən] **n.** 가치의 떨어짐, 평가 절하
- ∮ ambivalent [æmbívələnt] **a.** 양면 가치의, 상반되는 감정이 공존하는

□ vanish [vǽniʃ]

v. 사라지다

ex. "**살아**! 나는 지**지** 않겠**다**! 흔적도 없이 **사라져라**, 살아!" 어느 다이어터의 외침.
MP3 "Fat! I will not lose! The fat shall **vanish** into thin air!" A dieter cries.

- ∮ fade [feid] **v.** (서서히) 사라지다, (색이) 바래다

□ vanity [vǽnəti]

n. 허영심(虛榮心), 자만심(自慢心), 헛됨, 공허(空虛)

ex. "**허허, 영심**이의 **허영심**이 대단해!"
MP3 "Well, Youngsim is full of **vanity**!"

□ vanquish [vǽŋkwiʃ]

v. 정복(征服)하다, 이기다

ex. **정복**된 사람들은 **정**말 **복**잡(複雜)한 심정이었다.
MP3 The **vanquished** people had really mixed feelings.

□ vantage [vǽntidʒ]

n. 유리(有利)함, 우세(優勢)함

ex. **유리**가 자신의 **유리**한 위치에서 그들 모두를 본다.
MP3 Yuri sees them all from her **vantage** point.

- vantage point [vǽntidʒ pɔint] **n.** 관망(觀望)하기에 좋은 위치, 유리한 위치, 관점
- ∮ preponderance [pripándərəns] **n.** 우세, 우위

□ vapor [véipər]

n. 증기(蒸氣), 수증기 **v.** 증발(蒸發)하다, 증발시키다

ex. **증기**도 공기 **중 기**체다.
MP3 **Vapor** is a gas in the air, too.

- vaporize [véipəràiz] **v.** 증발하다, 기화하다, 증발시키다, 기화시키다
- evaporate [ivǽpərèit] **v.** 증발하다, 증발시키다, 사라지다
- evaporation [ivæpəréiʃən] **n.** 증발, 소멸
- ∮ dissipate [dísəpèit] **v.** (열을) 발산하다, 흩뜨리다, 소멸하다

□ variable [vɛ́əriəbl]

a. 변하기 쉬운, 가변적인 **n.** 변수(變數), 변인(變因)

ex. **변**(邊)에 **수**없이 많은 **변수**들이 있다.
MP3 There are a large number of **variables** along the side.

- ∮ variance [vɛ́əriəns] **n.** 가변성, 변화, 분산, 불일치

□ various [vɛ́əriəs]

a. 다양한

ex. "나는 먹는**다**. **양 한** 종류만 먹는다. 그래서 내게는 **다양한** 메뉴는 아니다."
MP3 "I eat only mutton. It is only one kind. So, I don't have **various** kinds of

V

menu."

- variety [vəráiəti] **n.** 다양성, 종류
- variation [vɛəriéiʃən] **n.** 변화, 차이, 변주
- vary [vέəri] **v.** 다양하다, 다르다, 다양하게 하다, 바꾸다

□ varnish [vάːrniʃ]

n. 니스, 광택제(光澤劑) **v.** 니스 칠을 하다

ex. "**니**(='너'의 사투리) **쓰**는 게 **니스**니?"

MP3 "Is it the **varnish** that you are applying?"

∮lacquer [lǽkər] **n.** 래커(도료의 일종), 칠
- lacquer tree 옻나무

□ vase [veis]

n. 꽃병(甁)

ex. **꽃병**에 꽂힌 **꽃**이 **병**(病)들어 있다.

MP3 The flowers in the **vase** are sick.

□ vast [væst]

a. 방대(尨大)한, 막대(莫大)한

ex. 그 부모가 아이를 **막 대**(對)**한**다, **막대한** 시간 동안.

MP3 The parents have treated their child badly for a **vast** amount of time.

□ vector [véktər]

n. (수학) 벡터, 병균을 매개하는 곤충(동물)

ex. 그는 수학 **벡터** 영역을 **백** 점을 맞은 **터**라 기분이 아주 좋았다.

MP3 He felt so good because he got a perfect score in a **vector** test of mathematics.

- vectored 곤충(동물) 매개의

□ vegetable [védʒətəbl]

n. 채소, 야채

ex. "이건 **채소야**, **채소**."

MP3 "This is a **vegetable**. It is a **vegetable**."

- vegetarian [vèdʒətέəriən] **n.** 채식주의자
- vegetarianism [vèdʒətέəriənizm] **n.** 채식주의
- vegan [víːgən] **n.** 극단적 채식주의자
- vegetation [vèdʒətéiʃən] **n.** 초목, 식물, 식물의 생장

∮onion [ʌ́njən] **n.** 양파
- garlic [gάːrlik] **n.** 마늘
- potato [pətéitou] **n.** 감자
- tuber [tjúːbər] **n.** (감자 등의) 덩이줄기
- radish [rǽdiʃ] **n.** 무
- lettuce [létis] **n.** 상추, 양상추
- spinach [spínitʃ] **n.** 시금치

□ vehicle [víːikl]

n. 차량, 탈것, 매체, 수단

ex. "저 **차량**들 봐. **차** (수)**량**이 어마어마하구나."

MP3 "Look at those **vehicles**. The number of **vehicles** is enormous."

∮passenger [pǽsəndʒər] **n.** 승객

□ vein [vein]

n. 정맥(靜脈), 잎맥, 광맥

ex. 베인 **정맥**은 **정**말 **맥**이 없다.

MP3 The **vein** that is cut is really lifeless.

□ velocity [vəlάsəti]

n. 속도(速度)

ex. "차의 **속도**가 빠르니 내 **속도** 뒤집혀."

MP3 "As the vehicle moves at high **velocities**, I feel sick to my stomach."

∮speed [spiːd] **n.** 속도 **v.** speed - sped/speeded - sped/speeded 속도를 내다

- speeder [spíːdər] **n.** 과속 운전자
- speedometer [spidάmitər] **n.** 속도계
- infiltrometer [infiltrάmətər] **n.** (농업) 흡수(吸水) 속도계
- tempo [témpou] **n.** 속도, (음악) 템포

☐ velum [víːləm]

n. 여린입천장

ex. **여린입천장**은 가**녀린 입천장**이다.

MP3 A **velum** is a soft palate.

☐ vendor [véndər]

n. 노점상(露店商), 행상인(行商人)

ex. **노점상**의 얼굴은 **노**여움으로 **점**점 **상**기(上氣)되었다.

MP3 The **vendor** gradually got red in the face with anger.

- vend [vend] **v.** 돌아다니며 팔다, (길에서) 팔다
- vending machine [véndiŋ məʃíːn] **n.** 자동판매기
- ≠ peddler [pédlər] **n.** 행상인

☐ vengeance [véndʒəns]

n. 복수(復讐)

ex. "**복수**(複數)의 사람들에게 **복수**할 거야."

MP3 "I will take **vengeance** on more than one person."

- avenge [əvéndʒ] **v.** 복수하다
- revenge [rivéndʒ] **n.** 보복(報復), 복수 **v.** (피해자 자신이) 복수하다

☐ venom [vénəm]

n. (독사, 벌, 전갈 따위의) 독액(毒液). 독, 독설, 악의

ex. 이것은 소**독액**(消毒液)으로서의 **독액**이다.

MP3 This is **venom** as an antiseptic solution.

☐ ventilate [véntəlèit]

v. 환기(換氣)하다, 통풍(通風)하다

ex. "방을 **환기**해서 **환**영해, (방에 들어와서 돌아다니는) 신선한 **기**체를."

MP3 "**Ventilate** the room and let fresh air come into and move around the room."

- ventilation [vèntəléiʃən] **n.** 환기, 통풍
- vent [vent] **n.** 통풍구 **v.** (감정을) 배출하다, 터뜨리다

☐ venture [véntʃər]

v. 모험(冒險)하다, 위험을 무릅쓰다 **v.** 모험, 모험적 사업

ex. 준**모**, **험**한 늪 속으로 **모험**했다, 마구잡이로 하면서.

MP3 Junmo **ventured** into the dangerous swamps, drawing a bow at a **venture**.

- venturous [véntʃərəs] **a.** 모험심이 강한

☐ Venus [víːnəs]

n. 비너스, 금성(金星)

ex. "**금성** 착륙, 우리가 지**금 성**공(成功)?"

MP3 "Can we succeed in landing on **Venus** now?"

☐ verbal [vəːrbəl]

a. 말의, 언어의, 언어적인, 구두(口頭)의

ex. **마리**는 **말의** 기술이 훌륭하다.

MP3 Marie has good **verbal** skills.

- nonverbal [nɑnvə́rbəl] **a.** 비언어적인, 말로 하지 않는
- verb [vəːrb] **n.** 동사
- verbally [vəːrbəli] **ad.** 말로, 구두로

☐ verdict [vəːrdikt]

n. 평결(評決), 결정, 의견

V

ex. 배심원의 **평결**은 공**평**(公平)하게 **결**정 되어야 한다.

MP3 The **verdict** of the jury should be reached fairly.

☐ verge [vəːrdʒ]

n. 가장자리 v. 근접하다

ex. "나에게는 방의 **가장자리**가 **가장** 좋은 **자리**다."

MP3 "The **verge** of the room is the best place for me."

∮ brink [briŋk] n. 가장자리, 직전
• fringe [frindʒ] n. 가장자리

☐ verify [vérəfài]

v. 검증(檢證)하다, 입증(立證)하다, 확인(確認)하다

ex. "나는 진실을 나의 **입**으로 **증**명**하겠다**. 나는 진실을 **입증하겠다**."

MP3 "I will prove the truth with my mouth. I will **verify** the truth."

• verification [vèrəfikéiʃən] n. 검증, 입증, 확인
∮ veritable [vérətəbl] a. 진정한

☐ vermin [vəːrmin]

n. 해충(害蟲), (가축 등에) 해를 끼치는 동물

ex. "농작물에 **해**를 끼치기 **충**분(充分)한 **해충**을 대대적으로 제거하라."

MP3 "Kill off plenty of **vermin** that are harmful to crops."

∮ pest [pest] n. 해충, 유해 동물, 성가신 아이

☐ versatile [vəːrsətl]

a. 다재다능(多才多能)한, 용도가 다양한

ex. "재**다**! **재다**! 능력이 **다재다능**한 저 남자아이다!"

MP3 "There he is! It's he! It is that child who is **versatile**!"

☐ verse [vəːrs]

n. 시, 운문(韻文)

ex. '**운 문**(門)'이 **운문**으로 쓰여 있다.

MP3 'A crying door' is written in **verse**.

☐ versed [vəːrst]

a. 정통(精通)한, 아주 잘 아는

ex. 그녀는 **정**치(政治)와 **통**계(統計)에 **정통**하다.

MP3 She is well **versed** in politics and statistics.

☐ version [vəːrʒən]

n. 버전, …판(版)

ex. "실**버**, **전** 실버 **버전**이 더 좋아요."

MP3 "Silver, I prefer the silver **version**."

☐ versus [vəːrsəs]

prep. (vs or vs.) …대(對), …와 대비되어

ex. 연세**대 대** 고려**대**.

MP3 Yonsei university **versus** Korea university.

☐ vertebrate [vəːrtəbrət]

n. 척추(脊椎)동물

ex. 그 **척추동물**은 무**척 추**운 곳에 사는 **동물**이다. 그것은 멸종 직전에 있다.

MP3 The animal which is a **vertebrate** lives in a very cold place. It is on the verge of extinction.

• invertebrate [invəːrtəbrət] n. 무척추동물
∮ spine [spain] n. 척추, 등뼈, 가시털

☐ vertex [və́ːrteks]

n. (**pl.** vertexes, vertices [vártisìːz]) 꼭짓점, 정점(頂點)

ex. "**꼭짓점**을 **꼭** 출발 **지점**으로 삼아라."

MP3 "Be sure to regard the **vertex** as a starting point."

☐ vertical [və́ːrtikəl]

a. 수직의 **n.** 수직선, 수직면

ex. "**수직**선(垂直線)의 **수**(數), 네가 **직**접(直接) 세어 보아라."

MP3 "Count the number of the **vertical** lines. Do it yourself."

☐ very [véri]

ad. 매우 **a.** 바로 그

ex. "요약하면 **바로크** 음악이 **바로 그** 예술이다."

MP3 "To sum up, Baroque music is the **very** art."

☐ vessel [vésəl]

n. (거대한) 선박(船舶), 용기(容器), 그릇, 혈관, 물관

ex. **선박**이 수평**선**(水平線) **밖**으로 나온다.

MP3 A **vessel** is rising from the horizon.

ℊ capillary [kǽpəlèri] **n.** 모세관(毛細管), 모세 혈관
- tube [tjuːb] **n.** 관(管)
- pipe [paip] **n.** 관(管), 파이프
- funnel [fʌ́nl] **n.** 깔때기

☐ vest [vest]

n. 조끼 **v.** 부여(附與)하다, 귀속(歸屬)되다

ex. "**조끼**가 **조**금 꽉 **끼**는데."

MP3 "The **vest** is a little tight."

☐ vestige [véstidʒ]

n. 흔적(痕迹), 자취, 유물

ex. 고대의 **흔**한 도**적**(盜賊)들이 남긴 **흔적**을 수메르 사람들이 보았다.

MP3 The **vestiges** of ancient common thieves were seen by the Sumerians.

☐ vet [vet]

n. 수의사(獸醫師) (=veterinarian [vètərənέəriən])

ex. 꽤 여러 명인 복**수**(複數)**의 사**람들이 있다. 그들은 모두 **수의사**다.

MP3 There are quite a few people, who are all **vets**.

☐ veteran [vétərən]

n. 베테랑, 노련(老鍊)한 사람, 참전(參戰) 용사, 퇴역(退役) 군인

ex. **베티랑 베테랑**이 있다.

MP3 There are Betty and a **veteran**.

☐ vex [veks]

v. 짜증나게 하다

ex. "아유, **짜**! 나 **증**말(='정말'의 사투리) **짜증나**."

MP3 "Oh my God, it tastes too salty! I'm really **vexed**."

- vexation [vekséiʃən] **n.** 짜증, 짜증나게 하는 것

☐ via [váiə, víːə]

prep. …을 경유하여, …을 매개로

ex. "문**경**, **유**성을 **경유**하여 거기로 가자."

MP3 "Let's go there **via** Mungyeong and Yuseong."

V

☐ viable [váiəbl]

a. 실행 가능한, 생존 가능한, 성장 가능한

ex. "우리가 잠**실행 가능**(=가는) **한** 열차를 타믄(=타면) 이긋(='이것'의 사투리)은 **실행 가능한** 계획잉겨(=이다)."

MP3 "If we take a train for Jamsil, this will be a **viable** plan."

☐ vibrate [váibreit]

v. 진동(振動)하다, 진동시키다

ex. 도시에서 떨어**진 동**네가 **진동**했다.

MP3 The small town away from the city **vibrated**.

- vibration [vaibréiʃən] **n.** 진동
- vibrator [váibrèitər] **n.** 진동기
- vibrant [váibrənt] **a.** 진동하는, 활기찬, 활력이 넘치는, 강렬한

☐ vice [vais]

n. 악(惡), 악덕 **a.** 부(副)-, 대리의

ex. 그 부통령은 **악**당으로서 끔찍한 **악**덕을 지녔다.

MP3 The **vice**-president had a terrible **vice** as a scoundrel.

- vicious [víʃəs] **a.** 사악한, 악독한, 심한

☐ vice versa [váisə vəːrsə]

ad. 역(逆)도 또한 그렇게, 반대도 역시 마찬가지로

ex. "엠**마**가 듣고 싶은 건 그의 **찬가**(讚歌)**지**. 역도 **마찬가지**지."

MP3 It is his anthem that Emma wants to hear, and **vice versa**. (= and it is Emma's anthem that he wants to hear.)

☐ vicissitudes [visísətjùːdz]

n. 파란만장(波瀾萬丈), 흥망성쇠(興亡盛衰), 변천(變遷)

ex. 경험을 고려하면 **파란만장**한 인생은 **파란** 파도**만**큼 **장**난스럽다.

MP3 In view of the experience, the **vicissitudes** of life are as naughty as the blue waves.

☐ victim [víktim]

n. 피해자(被害者), 희생자(犧牲者), 제물(祭物)

ex. **피해자**가 가해자(加害者)를 아슬아슬하게 **피해 자**신(自身)의 집으로 들어갔다.

MP3 The **victim** went into his house to escape from the attacker by inches.

- victimize [víktəmàiz] **v.** 피해자로 만들다, 희생시키다

cf casualty [kǽʒuəlti] **n.** 피해자, 사상자

☐ victory [víktəri]

n. 승리(勝利)

ex. "1**승**! **리**얼리(=정말로) 어려웠던 연패(連敗) 끝에 드디어 **승리**!"

MP3 "A win! A **victory** after a long losing streak that was really hard!"

- victor [víktər] **n.** 승리자
- victorious [viktɔ́ːriəs] **a.** 승리한

cf triumph [tráiəmf] **n.** 승리, 승리한 기쁨, 대성공
- triumphant [traiʌ́mfənt] **a.** 승리한, 의기양양한

☐ vie [vai]

v. 다투다, 경쟁(競爭)하다

ex. 그들이 서로 (내가) 넘버원이**다**, (네가) (넘버)**투다** 하며 **다투다**.

MP3 They are **vying** with each other for No.1.

☐ **view** [vjuː]

n. 견해, 관점, 눈에 보이는 범위, 전망(展望) **v.** 보다, 여기다, 생각하다

ex. "새로운 **견해**로 무언가를 발**견해!**"

MP3 "Find out something with a new **view**!"

- viewer [vjúːər] **n.** 보는 사람, 시청자
- viewpoint [vjúpɔint] **n.** 관점, 견해, 시각
- preview [príːvjùː] **n.** 시사회, 미리 보기 **v.** 시연을 보다, 시연을 보이다
- review [rivjúː] **n.** 논평, 재검토, 복습 **v.** 논평하다, 재검토하다, 복습하다
- overview [óuvərvjù] **n.** 개관, 개요

≠ outlook [áutlùk] **n.** 전망, 관점, 감시, 경계

☐ **vigilance** [vídʒələns]

n. 경계(警戒)

ex. **경계**를 서고 있는 군인들은 **경계**선(境界線)에서 **경계**를 늦추지 않는다.

MP3 Soldiers who are standing on the outlook don't relax their **vigilance** near the border line.

- vigilant [vídʒələnt] **a.** 경계하는

☐ **vigor** [vígər]

n. 정력(精力), 활력, 활기

ex. "그의 생**활**? **기**운 넘쳐! 그는 **활기**차!"

MP3 "His life? Very cheerful! He is full of **vigor**!"

- vigorous [vígərəs] **a.** 정력적인, 활발한, 활기찬
- vigorously [vígərəsli] **ad.** 정력적으로, 활발하게, 활기차게
- invigorate [invígərèit] **v.** 기운을 돋우다, 활성화하다
- invigorating [invígərèitiŋ] **a.** 기운을 돋우는

☐ **vile** [vail]

a. 비열(卑劣)한, 매우 불쾌(不快)한

ex. "용**비**, 자네는 **열한** 가지 **비열한** 속임수를 썼군."

MP3 "Yongbi, you played eleven **vile** tricks."

≠ abject [ǽbdʒekt] **a.** 비열한, 비참한

- nasty [nǽsti] **a.** 아주 불쾌한, 끔찍한, 고약한

☐ **village** [vílidʒ]

n. 마을, 마을 사람들

ex. "가지 **마**, **을**지로 옆의 **마을**로는 가지 마. 대신에 우리 집에 들러."

MP3 "Don't go to the **village** next to Euljiro. Instead, drop by my house."

☐ **vine** [vain]

n. 포도나무, 덩굴 식물

ex. "**포도**? **나 무**척 좋아해!" **포도나무**를 본 아이가 말했다.

MP3 "Grapes? I love them so much!" A child who saw the **vine** said.

≠ creeping plant 덩굴 식물

- tendril [téndril] **n.** (식물의) 덩굴손

☐ **vinegar** [vínəgər]

n. 식초(食醋)

ex. **식초**를 삼키고 **식**식거리는 **초**등학생은 그녀의 아들이다.

MP3 An elementary school student is his son who is making a hissing noise after swallowing **vinegar**.

☐ **viola** [vióulə]

n. 비올라

ex. "올리**비**아, **올라**가서 **비올라** 연주하게."

MP3 "Olivia, go up and play the **viola**."

V

☐ violate [váiəlèit]

v. 위반하다, 어기다, 침해하다

ex. "네가 규칙을 **어기는** 행동을 했**어**? **기어**! 그게 벌이야."

MP3 "Have you **violated** the rule? Crawl! It is the punishment."

- violation [vàiəléiʃən] **n.** 위반, 침해

☐ violent [váiələnt]

a. 폭력적(暴力的)인, 사나운

ex. "**폭력적**이지 말고 **폭력**의 **적**(敵)인 비폭력을 행사하라. 폭력에서 벗어나라."

MP3 "Don't be **violent**. Be the enemy of **violence**, which is nonviolence. Break free from the **violence**."

- violently [váiələntli] **n.** 폭력적으로, 사납게
- violence [váiələns] **n.** 폭력, 폭행, 치열함, 사나움

cf. hotbed [hátbèd] **n.** (범죄나 폭력의) 온상

☐ violet [váiəlit]

n. 제비꽃, 보라색

ex. "**보라**, **보라**색을 **보라**!"

MP3 "Bora, look at the **violet** color!"

☐ violin [vàiəlín]

n. 바이올린

ex. 여행지 목록에 두**바이**를 **올린** 사람이 **바이올린**을 연주한다.

MP3 The person who added Dubai on the list of travel destinations plays the **violin**.

- violinist [vàiəlínist] **n.** 바이올린 연주자

☐ virtual [və́:rtʃuəl]

a. (실제와 매우 근접한 모양) 사실상의, 가상(假想)의

ex. 컴퓨터로 **그가 상**상한 **가상** 현실이 현실이 된다.

MP3 The **virtual** reality that his imagination creates becomes reality through computer software.

- virtual water 공산품 · 농축산물의 제조 · 재배에 드는 물
- virtually [və́:rtʃuəli] **ad.** 사실상, 가상으로

cf. cyberspace [sáibərspèis] **n.** 가상 현실

☐ virtue [və́:rtʃu:]

n. 선(善), 미덕, 장점

ex. "**선**이 우**선**(優先)이야. 나의 경험에서 우러나온 나의 생각이야."

MP3 "**Virtue** is a priority. I get the idea by **virtue** of my experience."

- virtuous [və́:rtʃuəs] **a.** 덕이 있는, 도덕적인

☐ virtuoso [və̀:rtʃuóusou]

n. 대가(大家), 거장(巨匠)

ex. "**거 장**난 아니게 연주하는 그는 피아노의 **거장**이로구만."

MP3 "He is a piano **virtuoso** who plays the instrument fantastically."

☐ virus [váiərəs]

n. 바이러스, 병원체(病原體)

ex. "**봐, 이** 플**러스**된 **바이러스**를 봐."

MP3 "Look at these **viruses** that are added."

- viral [váiərəl] **a.** 바이러스성의, 입소문이 나는
- viral marketing 입소문을 활용한 마케팅

☐ visa [ví:zə]

n. 비자

ex. "유**비**, **자**네의 **비자**를 신청하게."

MP3 "Yubi, apply for your **visa**."

☐ visible [vízəbl]

a. 눈에 보이는, 가시적인, 눈에 띄는

ex. "당신의 **눈에 보이는** 것은?" "고양이가 똥 **누네. 보이는** 게 그거네."

MP3 "What is **visible** to your eyes?" "A cat is pooping. That is what is seen."

- visible light 가시광선
- invisible [invízəbl] **a.** 눈에 보이지 않는
- invisible man 투명 인간
- invisibility [invìzəbíləti] **n.** 눈에 보이지 않음, 불가시성(不可視性)

☐ vision [víʒən]

n. 시력, 미래상, 환상

ex. "너는 눈이 좋잖아. 너의 그 좋은 **시력**으로 현**실 역**시 바라봐라."

MP3 "You have good **vision**, which could also help you see your reality."

- visionary [víʒənèri] **a.** 앞일을 내다보는 안목을 지닌, 환상의

✐ bifocal vision 이중 초점 시력

- bifocals [baifóukəlz] **n.** (원근 겸용의) 이중 초점 안경
- nearsighted [níərsàitid] **a.** 근시안(近視眼)의
- far-sighted 선견지명(先見之明)이 있는, 원시안(遠視眼)의

☐ visit [vízit]

v. 방문(訪問)하다 **n.** 방문

ex. 그는 **방문**한 집의 **방문**(房門)을 연다.

MP3 He is opening the door of the room in the house that he is **visiting**.

- revisit [rivízit] **v.** 다시 방문하다, 다시 논의하다, 다시 검토하다

☐ vista [vístə]

n. 경치(景致), 풍경, 전망

ex. "아름다운 **경치**에서 **경**(黥)**치**게 하지 마."

MP3 "Don't spoil everything at a beautiful **vista**."

☐ visual [víʒuəl]

a. 시각(視角)의, 시각적인

ex. 사람들이 그것을 주**시**하는 **각**도에 따라 **시각** 효과가 다르다.

MP3 **Visual** effects depend on the angles from which people keep their eyes on it.

- visualize [víʒuəlàiz] **v.** 시각화하다, 상상하다

☐ vital [váitl]

a. 생명(生命)의, 아주 중요한

ex. "이 학**생, 명의**(名醫)를 만나야 자신의 **생명의** 기운을 되찾을 수 있네."

MP3 "This student should meet a renowned doctor in order to regain his **vital** energy."

- vital signs 생명 징후(徵候)
- vitality [vaitǽləti] **n.** 생명력, 활력
- vitalize [váitəlàiz] **v.** 생기를 불어넣다

✐ imperative [impérətiv] **a.** 대단히 중요한, 반드시 해야 하는, 명령의 **n.** 의무, 명령

☐ vitamin [váitəmin]

n. 비타민

ex. 그는 **비타민** 함유 음료를 **비**커에 **타**서 (그 비커를) **민**다.

MP3 He pours the **vitamin** drinks in a beaker and pushes it.

☐ vivacious [vivéiʃəs]

a. 쾌활한, 명랑한

ex. **명랑**한 청**명 낭**자가 그네를 타고 있다.

MP3 A **vivacious** young girl, Cheongmyeong, is sitting on a swing.

V

☐ vivid [vívid]

a. 생생한, 선명(鮮明)한

ex. "학**생**, **생**각해봐, 올 **한** 해 동안의 **생생한** 기억들을."

MP3 "Hey, student, bring back **vivid** memories of this year."

∮ graphic [grǽfik] **a.** 그래픽의, 도표의, (불쾌하게) 생생한 **n.** 그래픽
- graphics [grǽfiks] **n.** (컴퓨터) 그래픽스, 제도법(製圖法)

☐ vocabulary [voukǽbjulèri]

n. 어휘(語彙), 용어, 단어

ex. "**어**," **휘**파람을 불며 그는 말했다. "**어휘**량이 너무 많네!"

MP3 "Ah," He whistled and said, "what an extensive **vocabulary**!"

∮ lexicon [léksəkàn] **n.** 어휘 목록, (라틴어 등의) 사전
- homonym [hámənim] **n.** 동음이의어(同音異議語), 동형이의어(同形異義語)
- idiom [ídiəm] **n.** 관용구, 숙어(熟語)
- phrase [freiz] **n.** 구(句), 구절 **v.** 표현하다
- phrase book (여행객을 위한) 상용 회화집(會話集)
- phrasal [fréizəl] **a.** 구(句)의, 구로 된
- prefix [príːfiks] **n.** 접두사
- suffix [sʌ́fiks] **n.** 접미사

☐ vocation [voukéiʃən]

n. 직업, 천직(天職), 소명, 소명감

ex. "나의 **천직**은 **천**(千)개의 **직**업보다 낫다."

MP3 "My **vocation** is better than a thousand jobs."

- vocational [voukéiʃənl] **a.** 직업의

☐ vogue [voug]

n. 유행(流行), 인기(人氣)

ex. "흰색이 **유행**하면**유**, 지는(='저는'의 사투리) **행**복할 거여유."

MP3 "If white is in **vogue**, I will be happy."

☐ voice [vɔis]

n. 목소리, 발언권(發言權) **v.** 목소리를 내다

ex. "그녀의 **목소리**는 **모**(=뭐)··· **옥소리**(=옥같이 아름다운 소리)지."

MP3 "Her **voice** is beautifully trembling, anyway."

- vocal [vóukəl] **a.** 목소리의, 강한 목소리를 내는 **n.** 보컬
- vocal cords 성대

☐ void [vɔid]

a. 빈, 공허한, 무효(無效)의 **n.** 빈 공간, 공허함 **v.** 무효화하다

ex. "그 계약은 **무효**다. **무**슨 **효**력도 없단 소리다."

MP3 "The contract is **void**. That means it is of no effect."

∮ empty [émpti] **a.** 빈, 비어 있는 **v.** 비우다
- hollow [hálou] **a.** 속이 빈, 움푹 들어간 **n.** 움푹 들어간 구멍

☐ volatile [válətil]

a. 휘발성(揮發性)의, 변덕스러운, 불안정한

ex. **휘발성** 물질은 **휘**익 기체로 **발**산되는 **성**질의 물질이다.

MP3 A **volatile** substance is easily evaporated.

☐ volcano [vɑlkéinou]

n. (**pl.** volcanoes, volcanos) 화산(火山)

ex. 운동**화 산** 민지가 **화산** 근처를 지나갔다.

MP3 Minji who bought a pair of sneakers passed close by the **volcano**.

- volcanic [vɑlkǽnik] **a.** 화산의
- volcanic eruption 화산 폭발

∮erupt [irʌ́pt] v.(화산, 용암 등이) 분출하다, 폭발하다, 솟아나다
• eruption [irʌ́pʃən] n.(화산) 폭발, 분출

☐ volleyball [válibɔ̀ːl]

n. 배구, 발리볼

ex. **발리**섬에서 **볼 발리볼** 경기를 보며 그는 TV의 소리를 높였다. 그러나 그의 아내는 그가 소리를 낮추기를 원했다.

MP3 Watching a **volleyball** game in Bali, he turned up the volume on TV. But his wife wanted him to turn down the volume.

∮spike [spaik] n. 스파이크, 못, 뾰족한 것, 전기 신호 v. 스파이크하다, 못을 박다
• toss [tɔːs] v.(가볍게) 던지다 n.(동전) 던지기

☐ volume [váljuːm]

n. 부피, 용량, 양, 음량, 책, 권

ex. 피**부**(皮膚) 속 **피**의 **부피**가 측정된다.

MP3 The **volume** of blood under the skin is measured.

∮bulky [bʌlki] a. 부피가 큰, 덩치가 큰
• bulk [bʌlk] n. 크기, 부피 v. 커지다, 크게 하다
• size [saiz] n. 크기, 규모, 치수, 사이즈
• sizeable [sáizəbl] a. 꽤 큰, 상당히 큰

☐ voluntary [váləntèri]

a. 자발적(自發的)인

ex. "**자, 발! 저 긴** 발! **자발적인** 움직임을 보이는 저 두 발!"

MP3 "There, feet! Those long feet! Those two feet that show **voluntary** movement!"

• voluntarily [vàləntérəli] ad. 자발적으로

☐ volunteer [vàləntíər]

n. 자원봉사자(自願奉事者), 자원병 v. 자원하다

ex. "**자**, 네가 **원하는** 곳에 **자원해라**."

MP3 "There, **volunteer** anywhere you want."

☐ vomit [vámit]

v. 게우다, 구토(嘔吐)하다 n. 구토한 내용물

ex. "너 뭐하**게**? **우니**? 아니면 **게우니**?" "저 토할 거 같아요."

MP3 "What are you doing? Are you crying or are you **vomiting**?" "I feel like throwing up."

∮nausea [nɔ́ːziə] 메스꺼움, 구역질, 욕지기

☐ vote [vout]

n. 투표(投票) v. 투표하다

ex. **투표** 전**투**. 기**표**소(記票所) 근처에서 일단 표정부터 사람들은 전투 정신을 드러낸다. 그들은 **투표**한다. 그 후보자에게 찬성 **투표**하는 것은 다른 후보자들에게 반대 **투표**하는 것을 의미한다.

MP3 **Voting** battle. First of all, people's looks reveal battle mind around the **voting** booths. They cast a ballot. **Voting** for the candidate means **voting** against other candidates.

• voter [vóutər] n. 투표하는 사람
∮ballot [bǽlət] n. 투표용지, 총 투표수, 무기명 투표 v. 무기명으로 투표하다
• ballot box 투표함, 투표 제도
• absentee ballot 부재자 투표(용지)
• poll [poul] n. 여론 조사, 투표, 투표수
• suffrage [sʌ́fridʒ] n. 투표권, 참정권
• suffragette [sʌfrədʒét] n. 여성 참정권론자

☐ vow [vau]

n. 맹세 v. 맹세하다

ex. "**맹**하니 있지 말고 **세**수하고 **맹세**해라."

MP3 "Don't be dense. Wash your face

V

and take a **vow**."

☐ vowel [váuəl]

n. 모음(母音)

ex. "난 지금 **모음 모음**."

MP3 "I'm gathering **vowels** now."

ⓡ consonant [kάnsənənt] **n.** 자음(子音)
• syllable [síləbl] **n.** 음절

☐ voyage [vɔ́iidʒ]

n. (오랜) 항해(航海), 여행 **v.** (오래) 항해하다, 여행하다

ex. "오늘 우리가 출**항해**. 그것은 새로운 **항해**야."

MP3 "We will set sail today. It is a new **voyage**."

☐ vulgar [vʌ́lgər]

a. 저속(低俗)한, 상스러운, 서민의

ex. "**저 속**(屬)**한** 곳이 **저속한** 집단이에요."

MP3 "I belong to a **vulgar** group."

• vulgarization [vʌ̀lgərəzéiʃən] **n.** 상스럽게 함, 저속화
ⓡ foul [faul] **a.** 더러운, 역겨운, 상스러운 **n.** 반칙 **v.** 반칙하다

☐ vulnerable [vʌ́lnərəbl]

a. 상처(傷處)받기 쉬운, 비난받기 쉬운, 취약(脆弱)한

ex. 술에 **취약한** 여자가 **취**(醉)해서 **약한** 모습을 보였다.

MP3 A woman who was **vulnerable** to alcohol was drunk and looked weak.

• vulnerability [vʌ̀lnərəbíləti] **n.** 상처받기 쉬움, 취약성
• invulnerable [invʌ́lnərəbl] **a.** 상처받지 않는
ⓡ susceptible [səséptəbl] **a.** (병에) 걸리기 쉬운, 취약한, 쉽게 영향을 받는
• susceptibility [səsèptəbíləti] **n.** 취약성, 감염되기 쉬움, 영향받기 쉬움

W

☐ wag [wæg]

v. (꼬리 등을) 흔들다

ex. "개는 꼬리를 **흔**히 **들어**서 **흔들어**."

MP3 "Dogs usually raise and **wag** their tails."

☐ wage [weidʒ]

n. 임금(賃金), 품삯 **v.** (전쟁, 캠페인 등을) 벌이다

ex. "**임금**님도 낮은 **임금**을 받고 살아봤어야 했어."

MP3 "A king should also have been on a low **wage**."

ⓡ salary [sǽləri] **n.** 봉급(俸給), 급여(給與)
• salary cap 연봉 상한제도

☐ wail [weil]

v. 울부짖다, 통곡(痛哭)하다, 불평하다 **n.** 울부짖음, 통곡

ex. "그녀가 한바탕 **울어**. **부**르르 떨면서 개가 **짖어**대는 것처럼 그녀는 **울부짖어**."

MP3 "She has a crying jag. Trembling, she **wails** as if a dog is barking."

• wailful [wéilfəl] **a.** 비탄에 빠진
• bewail [biwéil] **v.** 몹시 슬퍼하다, 비통(悲痛)하다

☐ waist [weist]

n. 허리

ex. "**허리** 업(=서둘러라)! 너는 너의 **허리**살을 빼야지!" "내가 내 **허리**의 군살을 빼라고?"

MP3 "Hurry up! You should lose weight around your **waist**!" "Should I get rid of my love handles?"

☐ wait [weit]

v. 기다리다 **n.** 기다림

ex. "내가 너를 **기다리다** 허탕친 곳은 거**기 그 다리다**."

MP3 "That is the very bridge where I **waited** for you, but in vain."

- await [əwéit] **v.** …을 기다리다

☐ wake [weik]

v. wake - woke - woken 깨다, 깨우다 **n.** 항적(航跡), 배의 자취

ex. 그는 잠이 **깨서** 무언가 **깨다**알음(=깨달음)을 얻었다.

MP3 He **woke** up and realized something.

☐ walk [wɔːk]

v. 걷다, 산책(散策)하다, 산책시키다 **n.** 산책

ex. 그는 **산 책**을 읽으며 쉬지 않고 **산책**했다.

MP3 He **walked** on and on, reading the book he had bought.

∉ hike [haik] **v.** 도보 여행하다 **n.** 도보 여행
- march [mɑːrʧ] **v.** 행진하다, 행군하다 **n.** 행진, 행군
- parade [pəréid] **n.** 퍼레이드, (가두) 행진, 열병식 **v.** 퍼레이드를 하다, 행진하다
- hobble [hábl] **v.** 발을 절다, 절뚝거리다
- limp [limp] **v.** 절뚝거리다 **a.** 축 늘어진
- lame [leim] **a.** 절름발이의, 절뚝거리는, 설득력이 없는
- shuffle [ʃʌ́fl] **v.** 발을 질질 끌며 걷다, 섞다 **n.** 발을 질질 끌며 걷기, 섞기
- stagger [stǽgər] **v.** 비틀거리며 걷다, 서로 엇갈리게 하다
- staggering [stǽgəriŋ] **a.** 비틀거리는, 비틀거리게 하는, 엄청난

☐ wall [wɔːl]

n. 벽(壁), 담 **v.** 벽으로 싸다, 담으로 막다

ex. "이 세상의 **벽**이 허물어지는 개**벽**(開闢)이 이루어질 수 있을까?"

MP3 "Will a new world begin to tear down the **wall** in this world?"

∉ dam [dæm] **n.** 댐, 둑 **v.** 댐을 짓다, 둑으로 막다

☐ wallet [wálit]

n. 지갑(紙匣), 서류 가방

ex. "나는 **지갑**을 받았**지**. **갑**자기 선물로 말이야."

MP3 "I unexpectedly received a **wallet** as a gift."

☐ walnut [wɔ́ːlnʌt]

n. 호두

ex. "**호호, 두** 개의 **호두**를 내가 받았네."

MP3 "Ho, ho, I've received two **walnuts**."

☐ walrus [wɔ́ːlrəs]

n. 바다코끼리

ex. "**받아, 코끼리**가 아니고 **바다코끼리**를."

MP3 "Receive not an elephant but a **walrus**."

☐ wander [wándər]

v. 방랑(放浪)하다, 거닐다

ex. "**거**기를 **닐**이 **다 거닐다**가 돌아왔다."

MP3 "Neil has **wandered** all over the place."

- wanderer [wándərər] **n.** 방랑자

∉ bum [bʌm] **n.** 부랑자(浮浪者)
- nomad [nóumæd] **n.** 유목민(遊牧民)
- roam [roum] **v.** 배회하다, 방랑하다
- roaming service 로밍 서비스
- rove [rouv] **v.** 방랑하다, 두리번거리다

W

☐ wane [wein]

v. (달이) 이울다, 이지러지다, 약해지다

ex. "달이 **이지러지는 이 질**(質), 내겐 **어지럽구나**."

MP3 "The moon is **waning**. This quality makes me feel dizzy."

☐ want [wɑnt, wɔːnt]

v. 원하다, 필요하다 **n.** 결핍(缺乏), 부족

ex. "나는 우리 사랑이 영**원하기**를 **원한다**."

MP3 "I **want** our love to last forever."

☐ war [wɔːr]

n. 전쟁(戰爭)

ex. "**전 쟁**취(爭取)할 거예요, 자유를." **전쟁**을 치르던 시민이 말했다.

MP3 "I will win my freedom." A citizen said, who has been at **war**.

- warfare [wɔ́ːrfɛər] **n.** 전쟁 상태, 전투 행위
- warlike [wɔ́rlaik] **a.** 호전적인, 전쟁의
- warship [wɔ́ːrʃip] **n.** 전함, 군함
- postwar [pòustwɔ́r] **a.** 전후(戰後)의

☐ ward [wɔːrd]

n. 병동(病棟), 피보호자, 피후견인

ex. **병**자들이 **동**그란 **병동**에 수용(收容)되었다.

MP3 The patients were committed to a round **ward**.

- geriatric ward 노인 병동
- geriatric [dʒèriǽtrik] **a.** 노인(병)의

☐ wardrobe [wɔ́ːrdroub]

n. 옷장, 의상(衣裳)

ex. "난 **옷**을 **장**만해서 그 옷을 **옷장**에 넣어 놓았어."

MP3 "I bought the clothes and put them in a **wardrobe**."

☐ ware [wɛər]

n. 제품, 용품

ex. 어**제 품**목에 유리 **제품**이 있었다.

MP3 The glass**ware** was included in the item list yesterday.

☐ warehouse [wérhaus]

n. 창고(倉庫)

ex. "**창고**에 가서 반**창고**(絆瘡膏) 가져와."

MP3 "Go get a band-aid in the **warehouse**."

☐ warm-hearted [wɔ́ːrmhɑ́rtid]

a. 마음이 따뜻한, 인정 많은

ex. "저는 그분들이 **인정** 많은 사람들임을 **인정**합니다."

MP3 "I admit that they are **warm-hearted** people."

- warm [wɔːrm] **a.** 따뜻한 **v.** 따뜻하게 하다, 따뜻해지다
- lukewarm [lùːkwɔ́ːrm] **a.** 미지근한, 미온적인

≠ mild [maild] **a.** 온화한, 가벼운

☐ warn [wɔːrn]

v. 경고(警告)하다

ex. 사람들이 **경고했다**, 아스라엘 **경**(卿)에게. "당신 성희롱(性戲弄)으로 **고소**(告訴)당**하기** 싫으면 조심해."

MP3 People **warned** Lord Asriel, "You should be careful if you don't want to be accused of sexual harrassment."

- forewarn [fɔrwɔ́rn] **v.** 경고하다, 주의를 주다
- warning [wɔ́ːrniŋ] **n.** 경고

☐ warped [wɔːrpt]

a. 뒤틀린, 휜, 비뚤어진

ex. "**비**로 **뚫어진**(=뚫린) 창문 탓에 나는 **비뚤어진** 마음을 먹었어."

MP3 "I had a **warped** mind owing to the window whose holes were made by the rain."

- warp [wɔːrp] **v.** 휘게 하다, 뒤틀리게 하다, 비뚤어지게 하다

☐ warrant [wɔ́ːrənt]

n. 영장(令狀), 보증, 보증서, (정당성의) 근거, 이유 **v.** 정당성을 인정하다, 보증하다, 보장하다

ex. 그 수**영장**(水泳場)을 수색(搜索)하라는 **영장**이 발부되었다.

MP3 A **warrant** was issued to search the swimming pool.

- warranty [wɔ́ːrənti] **n.** 품질 보증서
- unwarranted [ʌnwɔ́rəntid] **a.** 보증되지 않은, 부당한
- unwarrantedly [ʌnwɔ́rəntidli] **a.** 보증되지 않고, 부당하게

∮ guarantee [gærəntíː] **v.** 보증하다, 보장하다 **n.** 보증, 보장, 담보
- guaranteed 보장된

☐ warrior [wɔ́ːriər]

n. 전사(戰士)

ex. 무명(無名)의 **전사**들이 **전사**(戰死)했다.

MP3 The unknown **warriors** were killed in the war.

☐ wary [wέəri]

a. 경계(警戒)하는, 조심하는, 조심성 있는

ex. 군인들은 **경**황(景況)이 없었지만 그들은 **계**속(繼續) 적을 **경계**했다.

MP3 Soldiers kept **wary** eyes on the enemy, although they were too busy.

∮ beware [biwέər] **v.** 조심하다, 주의하다

☐ wash [wɑʃ]

v. 씻다, 세탁(洗濯)하다 **n.** 씻기, 세탁

ex. **싯다**르타가 자신의 얼굴을 **씻다**가 무언가 깨달았다.

MP3 Siddhartha realized something when he was **washing** his face.

∮ soap [soup] **n.** 비누 **v.** 비누칠하다
- detergent [ditə́ːrdʒənt] **n.** 세제 **a.** 세척의, 깨끗이 씻어내는
- detergency [ditə́ːrdʒənsi] **n.** 세척성, 정화력
- deterge [ditə́ːrdʒ] **v.** 씻어내다, 깨끗이 하다

☐ wasp [wɑsp]

n. 말벌

ex. **말벌**이 무서워 **말**이 **벌**벌 떤다.

MP3 The horse that is scared of a **wasp** is trembling.

∮ bee [biː] **n.** 벌, 꿀벌
- swarm [swɔːrm] **n.** 벌떼, 무리, 떼 **v.** 떼를 지어 다니다

☐ waste [weist]

v. 낭비(浪費)하다 **n.** 낭비, 쓰레기

ex. "어쩌**나**, **앙**, **비**싼 나의 시간을 내가 **낭비**했어."

MP3 "Good heavens, ah, I **wasted** my expensive time."

- wasteful [wéistfəl] **a.** 낭비적인, 헛되이 소모하는

∮ extravagant [ikstrǽvəgənt] **a.** 낭비하는, 사치(奢侈)스러운
- extravagance [ikstrǽvəgəns] **n.** 낭비, 사치, 터무니없는 생각
- prodigal [prάdigəl] **a.** 낭비하는, 방탕(放蕩)한

☐ watch [wɑʧ]

v. 보다, 주시하다, 감시하다 **n.** 주시, 감시, 시계

ex. 아이는 평소**보다** 많이 TV를 **보다**가 숙

W

제를 못 했다.

MP3 The child couldn't do his homework because he **watched** TV more than usual.

- watchful [wɑ́tʃfəl] **a.** 눈을 떼지 않는, 주의 깊은, 경계하는

☐ water [wɔ́ːtər]

n. 물 **v.** 물을 주다, 침을 흘리다

ex. "너는 무엇을 이 **물**과 **물물**교환(物物交換)을 할래?"

MP3 "What will you barter for this **water**?"

- watercolor [wɔ́tərkʌ̀lər] **n.** 수채화 그림물감, 수채화
- water-resistant [wɔ́ːtərrizìstənt] **a.** 내수성(耐水性)의
- water slide [wɔ́tər slàid] **n.** (놀이공원의) 물 미끄럼틀

☐ waterfall [wɔ́tərfɔ̀l]

n. 폭포(瀑布)

ex. **폭포** 소리가 **폭**발(爆發)하는 **포**탄(砲彈) 같다.

MP3 The **waterfall** sounds like exploding shells.

∮ cascade [kæskéid] **n.** 작은 폭포 **v.** 폭포처럼 떨어지다
- cataract [kǽtərækt] **n.** 큰 폭포, 백내장

☐ watermelon [wɔ́tərmèlən]

n. 수박

ex. **수박**을 본 예시로는 박**수**, **박**수 치며 좋아했다. "난 **수박**을 사랑할 **수밖**에 없어!"

MP3 Seeing a **watermelon**, Yeshiro kept clapping her hands with joy. "I can't help falling in love with the **watermelon**!"

∮ melon [mélən] n. 멜론

☐ waterproof [wɔ́tərprùf]

a. 방수(防水)의 **n.** 방수복 **v.** 방수 처리를 하다

ex. "**방수**복은 소**방수**(消防手)에게 필요하지 않아."

MP3 "Fire fighters don't need **waterproofs**."

☐ watershed [wɔ́tərʃèd]

n. 분수령(分水嶺)

ex. "여러**분**의 **수령**(守令)님이 개과천선하셨죠. 그것이 **분수령**이 되는 사건이었습죠."

MP3 "Your regional leader became a new person, which was a **watershed**."

∮ fountain [fáuntən] **n.** 분수(噴水), 원천
- fount [faunt] **n.** 샘, 원천, 기원

☐ wave [weiv]

n. 파도, 물결, 파동, 파장 **v.** 흔들다, 흔들리다

ex. "**파도**를 **파도** 소용없다. 차라리 너는 **파도**타기를 하는 게 낫다."

MP3 "It is of no use digging the **waves**. You'd better ride the surf."

∮ surf [səːrf] n (밀려오는 큰) 파도 **v.** 파도타기를 하다, (인터넷) 서핑하다
- turbulence [tə́ːrbjuləns] **n.** (물결의) 휘몰아침, 난기류(亂氣流), 격동

☐ wax [wæks]

n. 밀랍, 왁스 **v.** (달이) 차다, (점점) 커지다

ex. "달이 **차고** 내 가슴이 감정에 겨워 벅**차다**."

MP3 "With the moon **waxing**, my heart overflowed with emotion."

- wax tablet **n.** 밀랍을 칠한 서자판(書字板)

∮ tablet [tǽblit] **n.** 정제(錠劑) 약, 평판(平板), 명판(名板)

☐ way out [wéiaut]

n. 출구, 탈출구(脫出口)

ex. 비행기 **탈 출구**가 **탈출구**다.

MP3 The airplane door is the **way out**.

∮exit [éksit, égzit] **n.** 출구 **v.** 나가다

☐ weak [wiːk]

a. 약한

ex. "우리의 **약한** 자식에게 보**약 한** 첩 먹이자."

MP3 "Let's feed our **weak** child with herbs as medicine."

- weaken [wíːkən] **v.** 약화시키다, 약화되다
- weakness [wíːknis] **n.** 약함, 약점(弱點)

∮abate [əbéit] **v.** 감소시키다, 약화시키다, 완화시키다

- abatement [əbéitmənt] **n.** 감소, 약화, 완화
- attrition [ətríʃən] **n.** (적의 세력을 약화시키는) 소모
- debilitation [dibilətéiʃən] **n.** 건강 악화, 쇠약
- feeble [fíːbl] **a.** 연약한, 허약한
- frail [freil] **a.** (늙거나 병으로) 허약한
- tenuous [ténjuəs] **a.** 미약한

☐ wealth [welθ]

n. 부, 재산, 부유함, 풍부한 양

ex. "**재 산** 거 봐. 잰 **재산** 많은 남자인가 봐."

MP3 "Look at what that guy has bought. He must be a man of considerable **wealth**."

- wealthy [wélθi] **a.** 부유한, 재력이 있는

∮rich [ritʃ] **a.** 부자의, 부유한, 풍부한

- richness [rítʃnis] **n.** 풍부함, 풍요로움
- enrich [inrítʃ] **v.** 부유하게 하다, 풍부하게 하다
- enrichment [inrítʃmənt] **n.** 풍부하게 함
- affluent [ǽfluənt] **a.** 부유한, 풍부한
- bounty [báunti] **n.** 풍요로움, 포상금
- ostentatious [àstəntéiʃəs] **a.** (과시적인 뉘앙스로) 대단히 비싼, 과시적인

☐ wean [wiːn]

v. 젖을 떼다, 이유(離乳)시키다

ex. "(젖을) **저 줄 때** 잘 먹었어야지. 이제 **젖을 떼**서 넌 (젖을) 먹을 일이 없을 거야."

MP3 "You should have eaten well when you were breastfed. From now on, you will be **weaned** and you are no longer breastfed."

☐ weapon [wépən]

n. 무기

ex. 그의 **무기**는 이**무기**다.

MP3 His **weapon** is a python.

∮missile [mísəl] **n.** 미사일, 던지는 무기

☐ wear [wɛər]

v. wear - wore - worn 입다, 착용하다, 닳게 하다, 닳다 **n.** 의복, 닳음, 마모(磨耗)

ex. "**입 다**물고 네 옷을 **입어**!"

MP3 "Be quiet and **wear** your clothes!"

- outwear [àutwɛ́ər] **v.** outwear - outwore - outworn …보다 오래 입다, 입어서 낡게 하다
- worn-out [wɔ́ːrnáut] **a.** 닳아 해진, 녹초가 된

∮ragged [rǽgid] **a.** 누더기의, (옷이) 낡고 찢어진

- rag [ræg] **n.** 누더기
- shabby [ʃǽbi] **a.** (옷이) 해진, 낡은, 허름한
- tatter [tǽtər] **n.** (tatters) 넝마, 누더기
- tatty [tǽti] **a.** 누더기의, 넝마의

☐ weary [wíəri]

a. 지친, 피곤한, 지루한, 싫증난 **v.** 지치다, 지치게 하다, 싫증나게 하다

ex. "학생들에게 사**실 증**상이 있지. 그게 뭐냐면 학생들은 뭐든 쉽게 **싫증**이 나지."

MP3 "Students have a symptom. That is, students easily get **weary** of anything."

∮tired [taiərd] **a.** 피곤한, 싫증난

W

• tiredness [táiərdnis] n. 피로, 권태

☐ weasel [wízl]

n. 족제비

ex. 그의 가**족** 중에 **제비**족이 있다. 그는 **족제비** 같은 남자다.

MP3 There is a gigolo in his family. He is a man like a **weasel**.

☐ weather [wéðər]

n. 날씨, 일기 v. (비바람 등에) 변색되다, 풍화(風化)시키다, (어려움 등을) 견디다

ex. 그는 **날씨**가 좋은 **날 씨**익 웃었다.

MP3 He grinned when he had good **weather**.

• weathering [wéðəriŋ] n. 풍화 작용
• weather vane [wéðər vèin] n. 풍향계 (vane)
∮erode [iróud] v. (비바람에) 침식하다, 침식되다, 부식하다
• erosion [iróuʒən] n. 침식, 부식
• erosive [iróusiv] a. 침식적인, 부식성의
• meteorology [mìːtiərάlədʒi] n. 기상학
• meteorologist [mìːtiərάlədʒist] n. 기상학자

☐ weave [wiːv]

v. weave - wove - woven 짜다, 엮다 n. 짜기, 엮인 것

ex. "네 눈에 그 옷감에 있는 구멍 보**여**? **끼**워, 바늘에 실을! 그리**고** …" 이렇게 옷감이 **엮이고** 옷이 만들어진다.

MP3 "Can you see the holes in the cloth? Thread a needle! And …" In this way, the cloth is **woven** and the clothes are made.

• woven [wóuvən] a. (실로) 짠
• interweave [ìntərwív] v. interweave - interwove - interwoven (털 실 끈 등을) 섞어 짜다
∮fabric [fǽbrik] n. 직물(織物), 구조
• fabricate [fǽbrikèit] v. 제작하다, 조작하다
• tapestry [tǽpəstri] n. 색색의 실로 수놓은 장식 걸개, 태피스트리
• textile [tékstail] n. 직물, 옷감
• texture [tékstʃər] n. 직물의 감촉, 질감
• knit [nit] v. knit - knit/knitted - knit/knitted (실로 옷감 등을) 뜨다, 짜다 n. 니트, 뜨개질한 옷

☐ web [web]

n. 거미줄, 망(網)

ex. **검**(劍)들**이 줄**지어 **거미줄**에 걸렸다.

MP3 One after another, swords were caught in a **web**.

• website [wbsait] n. 웹사이트
∮spider [spáidər] n. 거미
• net [net] n. 네트, 그물, 그물망, 망사 a. 순(純)-

☐ wedding [wédiŋ]

n. 결혼, 결혼식(結婚式)

ex. "**결혼**? 식상(食傷)한 **결혼**식을 하는 그 **결혼**?"

MP3 "A **wedding**? The **wedding** that is an extremely ordinary ceremony?"

• wed [wed] v. wed - wed/wedded - wed/wedded 결혼하다
∮bouquet [boukéi] n. 부케, 꽃다발

☐ Wednesday [wénzdei, wénzdi]

n. 수요일(水曜日)

ex. "**수요일**에 **수요**(需要)를 **일**일이 확인해."

MP3 "Check the demand one by one on **Wednesday**."

∮Sunday [sʌ́ndei, sʌ́ndi] n. 일요일
• Monday [mʌ́ndei, mʌ́ndi] n. 월요일
• Tuesday [tjúːzdei, tjúːzdi] n. 화요일
• Thursday [θə́ːrzdei, θə́ːrzdi] n. 목요일
• Friday [fráidei, fráidi] n. 금요일 Saturday [sǽtərdèi, sǽtərdi] n. 토요일

☐ weed [wiːd]

n. 잡초(雜草) v. 잡초를 뽑다

ex. "**잡**아, **초**록색(草綠色) 풀을. **잡초**니까

뽑아."
MP3 "Grasp the green grasses. Pluck them out as they are **weeds**."

- seaweed [síwid] **n.** 해초
∮kelp [kelp] **n.** 켈프(다시마 등 해초의 일종)
- hoe [hou] **n.** (잡초를 제거할 때 쓰는 자루가 긴) 괭이

☐ weekend [wíkènd]

n. 주말(週末)

ex. "이제부터 나는 **주말**에는 음**주**(飮酒) **말**고 금**주**(禁酒)!" "정**말**? 내가 그거 매주 확인할 거야."
MP3 "From now on, I will not drink alcohol on **weekends**!" "Really? I will check it on a weekly basis."

- weekday [wíkdei] **n.** 평일
- week [wiːk] **n.** 주, 일주일
- weekly [wíːkli] **a.** 매주의 **n.** 주간지

☐ weep [wiːp]

v. weep - wept - wept 울다, 눈물을 흘리다

ex. **눈**이 녹아 **물이 흐르듯** 하경은 **눈물을 흘린다**.
MP3 As if the water from melting snow flows, Hakyung is **weeping**.

∮sob [sɑb] **v.** 흐느끼다, 흐느껴 울다

☐ weigh [wei]

v. 무게가 나가다, 무게를 재다, 저울질하다

ex. **무게가** 많이 **나가는** 충무 **게가 나간다**.
MP3 Chungmu crab that **weighs** a lot is going out.

- outweigh [àutwéi] **v.** …보다 중요하다, …보다 무겁다

☐ weight [weit]

n. 무게, 추, 역기, 중요성, 영향력

ex. 그는 운동하는 친구들과 **엮이**면서 **역기** 운동을 많이 한다.
MP3 Mixing with friends who exercise, he does a lot of **weight** training.

- overweight [òuvərwéit] **n.** 과체중 **a.** 과체중의, 중량 초과의
∮heavy [hévi] **a.** 무거운
- heavily [hévili] **ad.** 무겁게, 심하게
- ounce [auns] **n.** 온스(≒28그램, 무게 단위)

☐ weird [wiərd]

a. 기이(奇異)한, 기묘(奇妙)한, 기괴(奇怪)한

ex. 여**기 이 한** 사람이 **기이한** 현상을 경험했다.
MP3 Here is the person who experienced a **weird** phenomenon.

- weirdo [wíərdou] **n.** 괴짜, 별난 사람

☐ welcome [wélkəm]

v. 환영(歡迎)하다 **a.** 환영받는 **n.** 환영 **interj.** 환영합니다

ex. "너라면 **환영**(幻影)이라도 우리는 **환영**이야."
MP3 "We would **welcome** you even if you were a phantom."

☐ welfare [wélfɛər]

n. 복지(福祉), 후생(厚生), 안녕(安寧)

ex. "우리의 **복지** 국가의 행**복**(幸福), **지금**(只今) 누리세요."
MP3 "Now, enjoy the happiness that our **welfare** state produces."

☐ well [wel]

ad. 잘, 꽤 **a.** 건강한, 좋은

ex. "나는 오늘밤 **잘 잘** 거야."
MP3 "I will sleep **well** tonight."

W

- well-being [wèlbíːiŋ] n. 복지, 안녕, 행복
- well-crafted [welkrǽftid] a. 정교하게 만든, 잘 짜여진
- well-earned [weláːrnd] a. 충분히 받을 만한, 노력한 결과에 알맞는, 자업자득의
- well-known [welnóun] a. 잘 알려진, 유명한
- well-preserved [welprizə́ːrvd] a. 잘 보존된, 젊어 보이는
- well-rounded [welráundid] a. 통통한, 균형 잡힌

☐ western [wéstərn]

a. 서쪽의, (Western) 서양(西洋)의 n. 서부 영화

ex. **서 양**은 **서양** 음악을 듣는다, **서양**의 공기를 빨아들이며.

MP3 Miss Seo is listening to **Western** music, soaking up the **Western** atmosphere.

- west [west] n. 서쪽
- occidental [ɑ̀ksədéntl] a. 서양의, 서양인의 n. 서양인, 서양사람

∉ eastern [íːstərn] a. 동쪽의, east [iːst] n. 동쪽
- southern [sʌ́ðərn] a. 남쪽의, south [sauθ] n. 남쪽
- northern [nɔ́ːrðərn] a. 북쪽의, north [nɔːrθ] n. 북쪽

☐ wet [wet]

a. 젖은, 비가 오는 v. 적시다

ex. "난 소**젖은 젖은** 옷을 입고 짜야지."

MP3 "I will milk the cows in **wet** clothes."

- wetland [wétlənd] n. 습지(濕地), 습지대

∉ dip [dip] v. (살짝) 담그다 n. 살짝 담그기, 멱감기
- drench [drentʃ] v. 흠뻑 적시다
- soak [souk] v. 담그다, (흠뻑) 적시다 n. 담그기

☐ whale [weil]

n. 고래

ex. **고래**(古來)로 **고래** 싸움에 새우등 터지는 일들이 있었다.

MP3 From ancient times there have been accidents where the weak like shrimps got hurt by the stronger like **whales**.

∉ dolphin [dálfin] n. 돌고래
- harpoon [hɑːrpúːn] n. (고래 등을 잡는 무기인) 작살
- shark [ʃɑːrk] n. 상어
- remora [rémərə] n. 빨판상어
- sperm whale 향유고래
- sperm [spəːrm] n. 정액, 정자

☐ wheat [wiːt]

n. 밀

ex. **밀**레의 '이삭 줍는 여인들'은 **밀**밭을 배경으로 한다.

MP3 The background of Millet's 'The Gleaners' is a **wheat** field.

∉ flour [fláuər] n. 밀가루 v. 밀가루를 바르다
- dough [dou] n. 밀가루 반죽
- doughnut [dóunət] n. 도넛
- rye [rai] n. 호밀

☐ wheel [wiːl]

n. 바퀴, 자동차의 핸들

ex. 그것은 **바퀴**벌레가 박힌 **바퀴**다.

MP3 It is the **wheel** on which a cockroach is stuck.

∉ helm [helm] n. 배의 키, 조타(操舵) 장치
- at the helm 실권을 가진
- axle [ǽksl] n. (바퀴의) 굴대, 차축

☐ whereas [wɛəræ̀z]

conj. (…에) 반하여, 반면에

ex. 그는 일을 시작도 안 했는데 **반하여** 그녀는 이미 그 일을 절**반 하**고 있는 **여**자였다.

MP3 He didn't even start the work **whereas** she already did half of the work.

☐ whether [wéðər]

conj. …인지 아닌지, …이든 아니든

ex. "우리가 학교 안**인지 아닌지** 나는 모르겠다. 우리가 학교 안**이든 아니든** 나는 상관없다."

MP3 "I don't know **whether** or not we are inside the school. I don't care **whether** we are inside the school or not."

☐ whim [wim]

n. 일시적(一時的)인 기분, 즉흥적 충동(衝動), 변덕(變德)

ex. "5월 5**일**, 나는 **시적**(詩的)**인** 기분이 들었어. 내게 그건 **일시적인** 기분이겠지만."

MP3 "On May 5th, I had poetic feelings. Maybe I felt so on a **whim**."

- whimsical [wímzikəl] **a.** 독특한, 기발한, 변덕스러운

≠ capricious [kəpríʃəs] **a.** 변덕스러운, 변화가 심한

☐ whine [wain]

v. 징징거리다, 낑낑거리다

ex. **징**하다, **징**해! (=징그럽다, 징그러워!) **거리**를 걷는 내내 **징징거리는** 아이였다.

MP3 It is disgusting! The child kept **whining** while walking on the streets.

- whiny [wáini] **a.** 징징거리는, 투덜대는

☐ whip [hwip]

v. 채찍질하다, 휙 움직이다 **n.** 채찍, 채찍질

ex. 그들은 머리**채**를 거칠게 붙잡혔지만 **찍**소리도 못 했다. 그리고 그들은 **채찍**질을 당했다.

MP3 Though their hair was violently pulled, they couldn't even complain. And they were **whipped**.

☐ whirl [wəːrl]

v. 빙빙 돌다, 소용돌이치다, 소용돌이치게 하다 **n.** 소용돌이, 빙빙 돌기

ex. **소용돌이**를 피하려고 해봤자 **소용**없다며 그는 고개를 **도리도리** 흔들었다.

MP3 He shook his head, saying that it would be useless to try to escape from the **whirl**.

- whirlpool [wə́ːrlpùːl] **n.** 소용돌이

☐ whisker [wískər]

n. (고양이 등의) 수염, (남자의) 구레나룻

ex. "난 이 귀여운 고양이에게 상장 **수여**. **엄**청 그 고양이 **수염**까지 귀여워."

MP3 "I give a certificate to this pretty cat. Even its **whiskers** are pretty."

≠ beard [biərd] **n.** 턱수염

- mustache [mʌ́stæʃ] **n.** 콧수염, 코밑수염

☐ whisper [hwíspər]

v. 속삭이다 **n.** 속삭임, 소문

ex. 그녀는 혼자 **속삭이며** 자신의 슬픔을 **속**으로 **삭인다**.

MP3 She **whispers** to herself and swallows her sorrow.

≠ murmur [mə́ːrmə(r)] **v.** 속삭이다, 중얼거리다, (시냇물 등이) 졸졸 흐르다 **n.** 속삭임, 중얼거림, (시냇물 등의) 졸졸 소리

- mumble [mʌ́mbl] **v.** 중얼거리다 **n.** 중얼거림
- mutter [mʌ́tər] **v.** 중얼거리다, 투덜대다 **n.** 중얼거림, 투덜댐

☐ whistle [wísl]

n. 호루라기, 호각(號角), 휘파람 **v.** 호루라기를 불다, 휘파람을 불다

ex. **휘**익 부는 마**파람**을 맞으며 선원은 **휘파람**을 불었다.

MP3 The sailor **whistled** facing the

south wind that blew suddenly.

☐ whole [houl]

a. 전체(全體)의, 전부의 **n.** 전체, 전부

ex. **전채**(前菜) 요리가 **전체**적으로 맛있다.

MP3 As a **whole**, the appetizers are delicious.

- whole milk **n.** 전유(全乳)

cf. holistic [hòulístik] **a.** 전체론적인

- entire [intáiər] **a.** 전체의, 완전한
- entire estate 전 재산
- entirely [intáiərli] **ad.** 전적으로, 완전히

☐ wholeheartedly [hòulhάrtidli]

ad. 진심으로, 전적(全的)으로

ex. "**전** 당신의 **적**(敵)이지만 당신에게 **전적**으로 동의합니다."

MP3 "Although I'm your enemy, I **wholeheartedly** agree with you."

- wholehearted [hòulhɑ:rtid] **a.** 진심인, 전적인

☐ wholesale [hóulsèil]

a. 도매(都賣)의, 대량의 **ad.** 도매로, 대량으로 **n.** 도매 **v.** 도매하다

ex. **도매도 매**우 싸다. 그래서 그들은 대량으로 물건을 산다.

MP3 **Wholesale** prices are very low, too. So, they buy things in bulk.

- wholesaler [hóulsèilər] **n.** 도매상인, 도매업자

cf. retail [rí:teil] **n.** 소매(小賣) **a.** 소매의 **ad.** 소매로 **v.** 소매하다, 소매되다

- retailer [rí:teilər] **n.** 소매상인, 소매업자

☐ wholesome [hóulsəm]

a. 건강(健康)에 좋은, 건전한

ex. 아버지가 아들인 왕**건**에게 말했다, "건, **강**(江)**에 좋은** 고기가 있다. **건강에 좋은** 고기다."

MP3 The father said to his son, Wang Geon, "Geon, there is a good fish in the river. It is a **wholesome** fish."

☐ whomp [wɑmp]

v. 찰싹(꽝) 때리다, 결정적으로 패배시키다

ex. 괴한은 순**찰**관들 모두를 **싹 찰싹** 때렸다.

MP3 The assailant **whomped** all the patrolmen.

☐ wick [wik]

n. (양초의) 심지 **v.** (모세관 작용으로) 수분을 흡수하거나 배출하다

ex. "**심지**는 양초의 중**심**에 있**지**."

MP3 "There is a **wick** in the center of a candle."

☐ wicked [wíkid]

a. 사악한, 짓궂은

ex. 용**사**, **악한**의 **사악한** 만행(蠻行)에 분노한다.

MP3 A hero resents the villain for doing the **wicked** deed.

☐ widespread [wáidspred]

a. 널리 퍼진, 광범위(廣範圍)한

ex. "**광**현, 평**범**한 사람들이 너를 **위한 광범위한** 지지를 보냈어."

MP3 "Kwanghyun, ordinary people gave **widespread** support to you."

☐ widow [wídou]

n. 과부(寡婦)

ex. 그 **과부**는 정신적으로 **과부**하(過負荷)가 걸렸다.

MP3 The **widow** was mentally overloaded.

• widowed [wídoud] a. 과부가 된, 홀아비가 된
• widower [wídouər] n. 홀아비

☐ width [widθ]

n. 너비, 폭

ex. "저 건**너 비**어 있는 곳의 **너비**가 얼마나?"

MP3 "What is the **width** of that empty place over there?"

• wide [waid] a. 넓은, 폭넓은 ad. 넓게, 활짝
≠ narrow [nǽrou] a. 좁은

☐ wield [wiːld]

v. (무기 등을) 잘 다루다, 휘두르다, (힘이나 권력 등을) 행사하다

ex. 그는 그의 어깨에 **휘**익 망토를 **두르고** 검을 **휘두른다**.

MP3 He quickly drapes a cloak around his shoulders and **wields** a sword.

☐ wife [waif]

n. 아내

ex. "나의 **아내**는 **안에** 있어."

MP3 "My **wife** stays indoors."

☐ wig [wig]

n. 가발

ex. "너의 아버지**가 발**견했던 것은?" "**가발**!"

MP3 "What did your father find?" "A **wig**!"

☐ wiggle [wígl]

v. 꼼지락거리다, 꿈틀거리다, 씰룩거리다 n. 꼼지락거리기, 꿈틀거리기, 씰룩거리기

ex. 그는 **꼼**짝 못했고, **질**끈 자신의 두 눈을 감았고, 발**악**(發惡)하듯이 자기 발가락만 **꼼지락**거렸다.

MP3 He came to a standstill, closed his eyes tightly, and **wiggled** his toes desperately.

• wiggly [wígli] a. 꼼지락거리는, 꿈틀거리는, 씰룩거리는

☐ wild [waild]

a. 야생(野生)의, 야만적인, 사나운, 무모(無謀)한 n. 야생 상태, 야생의 자연, 황야

ex. "**야**, 넌 **생**각나니, 그 **야생**의 동물이?"

MP3 "Hey, do you remember the **wild** animal?"

• wildflower [wáildflàuər] n. 야생화, 들꽃
• wildlife [wáildlàif] n. 야생 동물, 야생 동식물, 야생 생물
• wilderness [wíldərnis] n. 황야, 황무지
• wilderness preserve [wíldərnis prizə́ːrv] n. 야생 보호 구역
• wildness [wáildnis] n. 야생, 황폐, 야만

☐ will [wəl, wil]

aux. (미래, 의지 등) …할 것이다 n. 의지(意志), 유언장(遺言狀)

ex. "너**의 지**금 **의지**는 강하다."

MP3 "Your **will** is strong now."

• ill will 악의, 적의

☐ willing [wíliŋ]

a. 기꺼이 하는, 자발적인

ex. "나는 **기꺼이** 여**기**서 **꺼이**꺼이 울 수 있다."

MP3 "I am **willing** to cry loudly here."

• willingly [wíliŋli] ad. 기꺼이
• willingness [wíliŋnis] n. 기꺼이 하는 마음
• unwilling [ʌnwíliŋ] a. 내키지 않는, 꺼리는
• unwillingly [ənwíliŋli] ad. 마지못해
• unwillingness [ənwíliŋnis] n. 꺼리는 마음

W

☐ win [win]

v. win - won - won 이기다, 쟁취(爭取)하다, 획득하다 **n.** 승리

ex. 한신**이 기어다**닌 이유는 압도적(壓倒的)으로 **이기기** 위해서였다.

MP3 The reason why Han sin crawled around was that he wanted to **win** by a landslide.

- winner [wínər] **n.** 우승자(優勝者), 수상자(受賞者)

∮ champion [tʃǽmpiən] **n.** 챔피언, 우승자, 옹호자(擁護者), 대변자(代辯者)

☐ wind[1] [wind]

n. 바람 **v.** 숨을 못 쉬게 하다

ex. "나의 **바람**은 시원한 **바람**처럼 사는 삶이다."

MP3 "I wish I could live like cool **wind**."

- windy [wíndi] **a.** 강한 바람이 부는, 바람이 많이 부는
- wind shear [wíndʃiər] **n.** 갑자기 방향이 바뀌는 돌풍
- windshield [wíndʃiːld] **n.** 자동차 앞 유리, (오토바이 등의) 바람막이 창

∮ gale [geil] **n.** 강풍(强風), 폭소(爆笑)

- gust [gʌst] **n.** 돌풍(突風) **v.** (돌풍이) 불다
- tornado watch [tɔːrnéidou watʃ] **n.** 회오리바람 경보

☐ wind[2] [waind]

v. wind - wound - wound 감다, 돌리다, 휘감기다

ex. 그녀는 눈을 **감고** 실패에 실을 **감는다**.

MP3 She is **winding** thread on a reel, with her eyes closed.

- interwind [intərwáind] **v.** interwind - interwound - interwound 한데 얽다, 한데 감다
- unwind [ʌnwáind] **v.** unwind - unwound - unwound 감은 것을 풀다, 긴장을 풀다

∮ coil [kɔil] **n.** 코일, (여러 겹으로 감은) 고리, 사리 **v.** (여러 겹으로) 감다, 똘똘 감다

- in coils 똘똘 감겨서

☐ windmill [wíndmil]

n. 풍차(風車)

ex. 태**풍**(颱風)에 **차**례(次例)대로 **풍차**가 돈다.

MP3 The typhoon made the **windmills** turn one by one.

- mill [mil] **n.** 방앗간, 제분소 **v.** 제분하다, 맷돌로 갈다
- millstone [mílstòun] **n.** 맷돌

☐ window [wíndou]

n. 창문(窓門), 창

ex. **창**(槍)이 **문**과 **창문**을 뚫었다.

MP3 A spear went through the door and the **window**.

∮ glaze [gleiz] **v.** 판유리를 끼우다, (눈이) 게슴츠레하다, 광택제를 바르다 **n.** 광택제

☐ wine [wain]

n. 포도주, 와인

ex. "**포도주와 인**절미를 우리가 함께 시식할까?"

MP3 "Can we taste **wine** and injeolmi together?"

- winery [wáinəri] **n.** 포도주 양조장

☐ wing [wiŋ]

n. 날개

ex. "하늘을 **날 개**야. **날개** 달린 개야."

MP3 "It is the dog that will fly in the sky. The dog has **wings**."

- winged [wiŋd] **a.** 날개 달린, 날개가 있는

∮ flap [flæp] **v.** (날개를) 퍼덕거리다 **n.** 퍼덕거림, 덮개

- flutter [flʌ́tər] **v.** (날개나 깃발 등이) 펄럭이다

☐ winter [wíntər]

n. 겨울

ex. "올**겨울**에도 나는 **겨우 울**지 않고 있어."

MP3 "I manage to fight back my tears this **winter** as usual."

• overwinter [òuvərwíntər] v. 겨울을 나다

wipe [waip]

v. 닦다, 문질러 훔치다, 닦아내다, 지우다, 없애다

ex. 그는 우리에게 창문을 **닦다**가 쉬지 말라고 **닦다**알(=닦달)했다. 우리는 창문의 더러운 흔적들을 완전히 없애야 했다.

MP3 He urged us to **wipe** the window without rest. We had to **wipe** out the marks on the window.

• wipe off 닦다, 닦아 없애다
• windshield wiper [wíndʃi:ld wáipər] n. 자동차 앞의 유리 닦개
≠ erase [iréis] v. 지우다, 문질러 없애다
• eraser [iréisər] n. 지우개
• erasure [iréiʃər] n. 삭제, 말소

wire [waiər]

n. 철사, 전선 v. 배선하다, 도청 장치를 설치하다

ex. "당신이 **철사**를 사면 당신은 (그 안에 든) **철**도 **사**신 거예요."

MP3 "If you buy a **wire**, what you also buy are pieces of iron that are in the **wire**."

• wired [waiərd] a. 유선의, 인터넷을 애용하는
• wireless [wáiərlis] a. 무선의 n. 무선 장치
≠ cable [kéibl] n. 케이블, 굵은 철제 밧줄, 전선

wisdom [wízdəm]

n. 지혜(智慧)

ex. **지혜**는 무엇이 바른**지 혜**안(慧眼)으로 파악하는 **지혜**의 소유자다.

MP3 Jihye has the **wisdom** that understands what is right with a keen insight.

• wisdom tooth [wízdəmtu:θ] n. 사랑니
• wise [waiz] a. 지혜로운
• wisely [wáizli] ad. 지혜롭게
≠ judicious [dʒu:díʃəs] a. 분별력 있는, 신중한
• sage [seidʒ] n. 현자, 현인, 현명한 사람 a. 현명한

wish [wiʃ]

v. 바라다, 기원(祈願)하다 n. 바람, 소원, 기원

ex. "이게 그녀가 **바라는 바란다**."

MP3 "It is said that this is what she **wishes**."

wit [wit]

n. 재치(才致), 기지(機智)

ex. 그는 그의 경쟁자들을 **제치**는 **재치**가 탁월하다.

MP3 He has the **wit** to beat his competitors, which is excellent.

• witty [wíti] a. 재치 있는, 기지가 돋보이는
≠ quip [kwip] n. 재치 있는 말, 발뺌, 핑계
• tact [tækt] n. 재치, 요령(要領), 눈치
• tactful [tæktfəl] a. 재치 있는, 요령 있는, 눈치 빠른
• tactless [tæktlis] a. 재치 없는, 요령 없는, 눈치 없는

witch [witʃ]

n. 마녀(魔女)

ex. "샌드위치를 먹고 싶은 **마녀**가 등장하다니 이게 얼마**마녀**(='얼마 만이야'의 사투리)."

MP3 "It's been a long time since a **witch** who would like a sandwich appeared."

• bewitch [biwítʃ] v. 매혹(魅惑)하다

withdraw [wiðdrɔ́: wiθdrɔ́:]

v. withdraw - withdrew - withdrawn 물러나다, 빼내다, 철수(撤收)하다, 철회(撤回)하다, 취소(取消)하다, 인출(引出)하다

ex. "**철회**할 내용이 담긴 서류**철**, **회**의장에 가져와."

W

MP3 "Bring to the conference hall the files whose contents are to be **withdrawn**."

- withdrawal [wiðdrɔ́ːəl wiθdrɔ́ːl] **n.** 철회, 취소, 인출, 금단(禁斷) 현상

∮ overdraw [òuvərdrɔ́] **v.** overdraw - overdrew - overdrawn (예금보다) 초과인출하다

- deposit [dipázit] **n.** 예금, 보증금, (광물의) 매장층 **v.** 예금하다, 맡기다, (특정한 장소에) 두다, 퇴적시키다

☐ wither [wíðər]

v. 시들다, 시들게 하다

ex. "**시드니**의 꽃이 **시드니**…"

MP3 "The flowers in Sidney **wither**, and …"

∮ languish [lǽŋgwiʃ] **v.** 시들해지다, 괴로운 생활을 하다

☐ withhold [wiðhóuld, wiθhóuld]

v. withhold - withheld - withheld 주지 않다, 주지 않고 보류(保留)하다, 억제(抑制)하다

ex. 의자를 **주지 않고 주지**(住持=승려)는 **앉**아 있었**다**.

MP3 The chief monk was sitting on a chair, **withholding** the chair.

∮ forbear [fɔːrbέər] **v.** forbear - forbore - forborne 참다, 삼가다, 억제하다

- shelve [ʃelv] **v.** 보류하다, 선반에 얹다

☐ within [wiðín, wiθín]

prep. … 이내에, 안쪽에, 내부에 **ad.** 내부에서

ex. 5분 **이내**에 길동**이 내** 앞에 나타났다.

MP3 Gildong showed up in front of me **within** 5 minutes.

☐ without [wiðáut, wiθáut]

prep. … 없이

ex. "난 너 **없이** 못 살아. 내 **업**(業)**이** 사랑이야."

MP3 "I can't live **without** you. My vocation is love."

☐ withstand [wiðstǽnd, wiθstǽnd]

v. withstand - withstood - withstood 견디다, 참다, 이겨내다

ex. "**견**우, **디어** 마이 프렌드, 나는 네가 스트레스를 잘 **견디어** 내길 바라."

MP3 "Gyeonwoo, dear my friend, I hope that you will **withstand** the stress well."

☐ witness [wítnis]

v. 목격(目擊)하다, 증언하다, 증명하다 **n.** 목격자, 증인, 증거

ex. 그가 그녀의 **목**을 **격하게** 붙잡았다. 우리는 그 장면을 **목격했다**.

MP3 He wildly seized her by the neck. We **witnessed** the scene.

☐ wizard [wízərd]

n. 마법사(魔法師), 귀재(鬼才), 대가(大家)

ex. "까불지 **마! 법사**(法師)님은 **마법사**란 말이야."

MP3 "Stop acting up! The monk is a **wizard**."

☐ wobble [wábl]

v. 흔들리다, 비틀거리다 **n.** 흔들림

ex. **흔**히 **들리는 흔들리는** 소리가 들린다.

MP3 A **wobbling** sound that is usually heard is heard.

☐ woe [wou]

n. 비통(悲痛), 비애(悲哀), 고민

ex. "요즘 **비**너스, 우리에게 **통** 안 보이던데 무슨 일 있나?" "그에 관한 **비통**한 이야기가 있네."

MP3 "Nowadays nobody among us can see Venus. What's the matter?" "There is a tale of **woe** about it."

- woeful [wóufəl] **a.** 비통한, 한심(寒心)한

☐ wolf [wulf]

n. 늑대, 이리

ex. 어**느** 날, 이윽고 **때**가 되었다. **늑대**의 자손인 남자가 나타났다.

MP3 One day, the time finally came. A man who was descended from the **wolf** appeared.

∉ raccoon [rækúːn] **n.** (미국)너구리

☐ woman [wúmən]

n. (**pl.** women [wímin]) 여자, 여성

ex. "어**여**(='어서'의 사투리) **자**라." **여자**는 남자에게 말했다.

MP3 "You should go to bed without delay." The **woman** said to the man.

☐ womb [wuːm]

n. 자궁(子宮)

ex. "**자궁**이 뭐야?" 남**자**, **궁**금하다.

MP3 "What is a **womb**?" The man is curious.

- enwomb [inwúːm] **v.** 태내(胎內)에 베다, 깊숙이 파묻다

☐ wonder [wʌ́ndər]

v. 궁금하다, 놀라다 **n.** 경이(驚異)로움, 불가사의(不可思議)

ex. "내가 무얼 하**궁**(=하고) 내가 무얼 **금하**지잉?" 나는 **궁금하다**.

MP3 I **wonder**, "What should I do? What should I control?"

∉ phenomenal [finámənl] **a.** 경이적인
- phenomenally [finámənli] **ad.** 경이적으로
- phenomenon [finámənàn] **n.** (**pl.** phenomena [finámənə]) 현상(現象), 천재, 경이로운 것

☐ wonderful [wʌ́ndərfəl]

a. 경이(驚異)로운, 대단히 멋진

ex. 사람들은 말했다, 노스 **경**에게. "**이**(利)로운 것보다 **경이로운** 것에 신경쓰시지?"

MP3 People said to Lord North, "How about taking more care of **wonderful** things rather than profitable things?"

∉ splendid [spléndid] **a.** 아주 좋은

☐ wood [wud]

n. 나무, 목재(木材)

ex. "어머**나**, 이거 **무**슨 **나무**야?"

MP3 "Dear me, what **wood** is this?"

- wooden [wúdn] **a.** 나무로 된, 목재의, 경직된, 어색한
- woodland [wúdlənd] **n.** 삼림 지대 **a.** 삼림 지대의

∉ woodchuck [wúdtʃʌk] **n.** 마멋(다람쥣과의 짐승)
- timber [tímbər] **n.** 목재, (목재가 되는) 수목
- lumber [lʌ́mbər] **n.** 목재 **v.** (육중한 몸으로) 느릿느릿 움직이다
- lumbering [lʌ́mbəriŋ] **a.** 느릿느릿 움직이는
- mahogany [məhágəni] **n.** 마호가니(적갈색 열대산 목재)

☐ word [wəːrd]

n. 단어(單語), 낱말, 말

ex. "너는 말을 되도록 삼가라. **단**, '**어**머니'란 **단어**를 너는 써도 된다."

MP3 "You should be discreet in **words** as much as possible. One of the

W

conditions is that you can use the **word**, 'mother'."

ꟁ semantics [simǽntiks] **n.** (언어학의 일종인) 의미론
• semantically [simǽntikəli] **ad.** 의미적으로

☐ work [wəːrk]

v. 일하다, 기능대로 작동하다 **n.** 일, 작품

ex. "안**일**(安逸)**하게 일하지** 마! 네가 한 약속을 어기지 마!"

MP3 "Don't **work** idly! Don't break your word!"

• workable [wə́ːrkəbl] **a.** 실행 가능한, 이용 가능한
• workout [wə́ːrkàut] **n.** 운동
• working couple 맞벌이 부부
• workforce [wə́ːrkfɔːrs] **n.** 노동력, 노동 인구
• worker [wə́ːrkər] **n.** 일꾼, 노동자, 근로자
• workload [wə́ːrkloud] **n.** 업무량, 작업량
• workplace [wə́ːrkplèis] **n.** 직장
• workshop [wə́ːrkʃɑ̀p] **n.** 워크숍, 작업장
• workweek [wə́ːrkwìk] **n.** 주당 근로시간

☐ workaholic [wə̀ːrkəhɔ́ːlik]

n. 일벌레, 일에 중독(中毒)된 사람

ex. "일! 일! 일! 맙소사! 너는 **일벌레**로 1**일** 얼마 **벌래**?"

MP3 "Work! Work! Work! Oh, my God! How much do you earn a day as a **workaholic**?"

☐ world [wəːrld]

n. 세계(世界), 세상

ex. "이 **세계**에서 우리가 2**세 계**획(計劃)을 세우기는 힘들어."

MP3 "It is difficult to plan how many children we will have in this **world**."

• worldwide [wə̀rldwáid] **a.** 전 세계적인 **ad.** 전 세계적으로

☐ worldly [wə́ːrldli]

a. 세속적(世俗的)인

ex. "가**세**. **속**(速)히 **저 긴 세속적인** 무리들로부터 벗어나세."

MP3 "Let's go. Let's get out of those long **worldly** groups as fast as possible."

ꟁ mundane [mʌndéin] **a.** 세속의, 보통의, (못마땅할 정도로) 평범한
• secular [sékjulər] **a.** 세속적인

☐ worm [wəːrm]

n. 벌레

ex. "누가 너에게 **벌**떡 일어나**래**?" "여기 **벌레**가 있단 말이에요!"

MP3 "Who told you to jump up?" "Here is a **worm**!"

ꟁ centipede [séntəpìːd] **n.** 지네
• roundworm [ráundwərm] **n.** 선형동물, 회충

☐ worry [wə́ːri]

v. 걱정하다, 걱정하게 하다, 성가시게 하다 **n.** 걱정, 걱정거리

ex. "놀부 마누라는 도구 선정(選定)을 **걱정**해, 그녀가 흥부 때릴 주**걱**, **정**하기 어렵다며."

MP3 "Nolbu's wife **worries** about tool selection. It is difficult for her to choose a rice paddle with which to hit Heungbu."

• worried [wə́ːrid] **a.** 걱정하는
• worrying [wə́ːriiŋ] **a.** 걱정스러운

☐ worsen [wə́ːrsn]

v. 악화(惡化)되다, 악화시키다

ex. "**악**! 나 **화**가 나. 사태가 **악화**되니 말이야."

MP3 "Ah! I get angry because things have **worsened**."

∮aggravate [ǽgrəvèit] **v.** 악화시키다
- degenerate [didʒénərèit] **v.** 악화되다 **a.** 타락(墮落)한, 퇴폐적(頹廢的)인
- degeneration [didʒènəréiʃən] **n.** 악화, 타락
- deteriorate [ditíəriərèit] **v.** 악화되다
- deterioration [ditìəriəréiʃən] **n.** 악화, (품질의) 저하, 노화
- deteriorative [ditíəriərèitiv] **a.** 악화되는
- exacerbate [igzǽsərbèit] **v.** 악화시키다

☐ worship [wə́ːrʃip]

n. 예배(禮拜), 숭배(崇拜) **v.** 예배하다, 숭배하다

ex. "사람들이 **숭배**했수, **웅**장한 **배**신을?"

MP3 "Did people **worship** the grand betrayal?"

∮idol [áidl] **n.** 우상, 맹목적 숭배의 대상

☐ worst [wəːrst]

a. 가장 나쁜, 최악의 **ad.** 가장 나쁘게, 최악으로

ex. "**가장 나** 이**쁘게** 보이고 싶었는데, 실상 난 **가장 나쁘게** 보이고 말았어."

MP3 "I wanted to look my best, but in reality I looked the **worst**."

☐ worth [wəːrθ]

a. 가치(價値)가 있는 **n.** 가치, 값어치

ex. 그 집은 주목할 만하다. 그것은 **같이** 투자(投資)할 **가치**가 있는 집이다.

MP3 The house is worthy of notice. It is **worth** investing together in the house.

- worthless [wə́ːrθlis] **a.** 가치 없는, 쓸모없는
- worthwhile [wə̀rθwáil] **a.** 가치 있는
- worthy [wə́ːrði] **a.** 가치 있는, …을 받을 만한

☐ wound [wuːnd]

n. 상처, 부상(負傷) **v.** wound - wounded - wounded 상처를 입히다, 부상을 입히다

ex. 용사에게 **부상**은 **부상**(副賞)이었다. 위험을 감수할 만했다.

MP3 To the warrior, the **wound** was an additional prize. It was worthwhile to take a risk.

- wounded [wúːndid] **a.** 부상을 당한, 상처를 입은

∮injure [índʒər] **v.** 부상을 입히다, 해치다
- injury [índʒəri] **n.** 부상, 상처
- injurious [indʒúəriəs] **a.** 해로운
- triage [tríːɑːʒ] **n.** 부상자 분류

☐ wrap [ræp]

v. 싸다, 포장(包裝)하다, 두르다 **n.** 포장지, 랩

ex. "원, 투, 쓰리, **포**. **장**하다, 네가 네 박스다 **포장**했구나."

MP3 "One, two, three, four. Attaboy, you've **wrapped** all four boxes."

∮pack [pæk] **v.** (짐을) 싸다, 꾸리다, 포장하다 **n.** 꾸러미, 묶음, 팩, 집단, 무리
- package [pǽkidʒ] **n.** 소포, 꾸러미, 패키지, 포장된 물건 **v.** 포장하다
- parcel [pɑ́ːrsəl] **n.** 소포, 꾸러미, (토지의) 구획

☐ wrath [ræθ]

n. 분노(憤怒), 노여움, 천벌

ex. "그**분**, **노**코멘트는 **분노**의 표시야."

MP3 "No comment means the expression of his **wrath**."

☐ wreath [riːθ]

n. 화환(花環), 화관(花冠)

ex. "**화환**으로 **화**안(=환)하네, **환**해."

MP3 "It is bright, really bright with the **wreath**."

☐ wreck [rek]

n. 난파(難破), 충돌 사고, 망가진 것, 망가진 사람 **v.** 난파시키다, 망가뜨리다

W

ex. "**난파**선에서 **난 파**손(破損)된 물건이야."
MP3 "I am a damaged item from the **wrecked** ship."

- wreckage [rékidʒ] **n.** 난파, 잔해

☐ wrench [rentʃ]

v. 비틀다, 삐다, 뒤틀다 **n.** 렌치, 스패너, 비틀기, 뒤틀기

ex. 그는 **비틀**비틀하**다**가 문을 확 **비틀**어 열었**다**.
MP3 With faltering steps, he **wrenched** the door open.

☐ wrestle [résl]

v. 씨름하다, 레슬링을 하다

ex. **시름시름** 앓는 남자아이가 그 문제와 **씨름**을 한다.
MP3 The boy who has been sick for a long time is **wrestling** with the problem.

- wrestling [résliŋ] **n.** 레슬링
- arm wrestling 팔씨름

ℊ tackle [tǽkl] **v.** 태클하다, (문제를 해결하려는 노력으로서) 씨름하다 **n.** 태클

☐ wretched [rétʃid]

a. 비참한, 가엾은

ex. "저 아이는 이제 어디로 **가여**(=가요)?" "**워**매(감탄사, 사투리), **가여워**라!"
MP3 "Where is the child going to stay from now on?" "Oh, my god, what a **wretched** child!"

- wretch [retʃ] **n.** 비참한 사람, 가엾은 사람

☐ wriggle [rígl]

v. 꿈틀거리다 **n.** 꿈틀거림

ex. **꿈**꾸며 그는 자신의 방에 **틀**어박혀서 그 문제를 해결하기 위해 **꿈틀**거리고 있었다.
MP3 Dreaming, he shut himself in his room and **wriggled** to tackle the problem.

☐ wring [riŋ]

v. wring - wrung - wrung 짜다, 짜내다, 비틀다

ex. "**짠**! 내가 꼭 **짠** 옷이야."
MP3 "Ta-da! I've **wrung** the clothes dry."

☐ wrinkle [ríŋkl]

n. 주름, 주름살 **v.** 주름잡다, 주름지다

ex. "나는 얼굴에 있는 **주름살** 좀 **줄음**(=줄어들면) **살**겠네."
MP3 "I wish **wrinkles** in the face were ironed out a little."

ℊ frown [fraun] **v.** (눈살을) 찌푸리다, (얼굴을) 찡그리다 **n.** 찌푸린 얼굴, 우거지상

☐ wrist [rist]

n. 손목, 팔목

ex. "**손**, **목**적이 뭐야?" 손 씨의 **손목**을 붙잡으며 그는 물었다.
MP3 "Son, what's your purpose?" He asked Mr. Son, grabbing his **wrist**.

☐ write [rait]

v. write - wrote - written 쓰다, 집필(執筆)하다

ex. 이 책은 그의 쓰디**쓴** 경험을 **쓴** 책이다.
MP3 This book is **written** from his bitter experience.

- written [rítn] **a.** 글로 쓰인, 서면의
- rewrite [riːráit] **v.** rewrite - rewrote - rewritten 다시(고쳐) 쓰다

• overwrite [òuvərráit] v. overwrite - overwrote - overwritten 겹쳐 쓰다, (컴퓨터) 덮어 쓰다
∮ transcribe [trænskráib] v. (말 등을) 글로 옮기다, 옮겨 쓰다, 필사(筆寫)하다
• transcription [trænskrípʃən] n. 글로 옮김, 필사

☐ wrong [rɔ́ːŋ]

a. 잘못된, 틀린, 나쁜

ex. "**잘못된** 대답을 하고 너는 **잘**도 **못된** 짓을 하는구나. 다시 해라. 바르게 해라."

MP3 "After giving the **wrong** answer, you are easily getting into mischief. Do it over and do it right."

X

☐ xenophobia [zènəfóubiə]

n. 외국인 공포증(恐怖症), 외국인 혐오증(嫌惡症)

ex. 그녀는 **외국인**이 만든 **공포** 영화를 보던 중에 **외국인 공포증**이 생겼다.

MP3 She began to have **xenophobia** while watching a horror movie made by a foreigner.

• xenophobic [znəfɑ́bik] a. 외국인 공포증의, 외국인 혐오증의

☐ xylophone [záiləfòun]

n. 실로폰

ex. "**실**(實)**로** 너의 **폰**의 벨소리가 **실로폰** 소리구나."

MP3 "Really the ringtone of your phone is the sound of the **xylophone**."

Y

☐ yacht [jɑt]

n. 요트

ex. "**요 트**인 바다에서 우리 **요트** 탈까?"

MP3 "Shall we go on a **yacht** in this open ocean?"

☐ yard [jɑːrd]

n. 야드(길이 단위, 3피트), 마당, 활대(돛 위에 가로 댄 나무)

ex. "**야**, 드넓은 **마당**이다!"

MP3 "Wow, what a broad **yard**!"

∮ atrium [éitriəm] n. 안마당

☐ yawn [jɔːn]

v. 하품하다, 크게 틈이 벌어지다 n. 하품

ex. "**하**아…" 그녀의 엄마 **품**에 안겨 아기가 **하품**한다.

MP3 "Hah…" A baby is **yawning** in her mother's arms.

☐ year [jiər]

n. 해, 연(년), …살(세), 학년

ex. "네가 **해**마다 **해**야 할 일을 **해**! 너는 일의 기본을 잘 알아야 **해**."

MP3 "Do what you should do **year** after **year**! You should be familiar with the nuts and bolts of the work."

∮ decade [dékeid] n. 10년
• month [mʌnθ] n. 달, 개월
• monthly [mʌ́nθli] a. 매달의, ad. 매달, 다달이

☐ yearn [jəːrn]

v. 갈망(渴望)하다, 그리워하다

ex. "나는 여기서 **나갈 망**상(妄想)을 **해**. 그

X Y

정도로 나는 여기서 나가기를 **갈망해.**"

MP3 "I'm deluded into escaping from this place. I **yearn** to escape from this place so much."

☐ yeast [jiːst]

n. 효모(酵母), 누룩

ex. "내가 그 발**효** **모**양을 보니 나는 그게 무슨 **효모**인지 알겠구나."

MP3 "I know what **yeast** it is as I see the shape of the fermentation."

≠ leaven [lévən] **n.** 효모

☐ yell [jel]

v. 소리치다, 고함(高喊)치다 **n.** 고함, 외침 소리

ex. 학생들이 **고함**친다. "고! 고! **고!**" **함**성이 울려 퍼진다.

MP3 Students are **yelling**. "Go! Go! Go!" **Yells** are heard through the air.

☐ yesterday [jéstərdèi, jéstərdi]

ad. n. 어제

ex. "**어**, **제**가 **어제** 실수했어요."

MP3 "Ah, I made a mistake **yesterday**."

☐ yet [jet]

ad. 아직 **conj.** 그렇지만

ex. "원석**아**, 네가 그걸 **직**접 해야지! 너 그거 **아직** 안 했어?"

MP3 "Wonseok, do it yourself! Haven't you done it **yet**?"

☐ yield [jiːld]

v. 산출(産出)하다, 낳다, 양도(讓渡)하다, 양보(讓步)하다, 굴복(屈服)하다 **n.** 산출량, 수확물

ex. "우리의 **산출**물 갖고 태백**산** **출**발!"

MP3 "Let's go down Mount Taebaek with our **yields**!"

≠ output [áutpùt] **n.** 산출, 산출량, 출력(出力) **v.** 출력하다

• input [ínpùt] **n.** 입력(入力) **v.** 입력하다

☐ yin and yang [jin ən jaːŋ]

n. 음양(陰陽)

ex. "**음**, **양**지 바른 곳에서 **음양**의 신비를 생각해 보자. 우리 이성(異性)의 유혹에 빠지지 말자."

MP3 "Um, let's think over the mystery of **yin and yang** at the sunny place. Let's not yield to the temptation of the other sex."

☐ yogurt [jóugərt]

n. 요구르트

ex. "저의 **요구** 사항은 타**르트**와 **요구르트**입니다."

MP3 "What I ask for are tart and **yogurt**."

☐ youth [juːθ]

n. 젊음, 청춘(青春), 젊은이, 청년

ex. "카가와 유와 그녀의 친구들이 춤을 엄**청** **춘**다고? 그들은 **청춘**이구나!"

MP3 "Do Yu Kagawa and her friends dance a lot? They are in their **youth**!"

• young [jʌŋ] **a.** 젊은, 어린 **n.** 젊은이들, 동물의 새끼

≠ lad [læd] **n.** 사내아이, 청년

Z

☐ **zeal** [ziːl]
n. 열성(熱誠), 열의(熱意)
ex. 학생들 **열의**(=열에) 아홉은 그들의 숙제에 **열의**를 보인다.
MP3 Nine out of ten students show **zeal** for their homework.

- zealot [zélət] **n.** 열성분자, 광신자
- zealous [zéləs] **a.** 열성적인, 열렬한

☐ **zebra** [zíːbrə]
n. 얼룩말
ex. "내가 보니까 쌩**얼루**(='로'의 사투리) **욱**이랑 **말**이 나왔는데 그 말은 **얼룩말**이었어."
MP3 "A horse came out with Uk whose naked face I could see. It was a **zebra**."

☐ **zenith** [zéːniθ]
n. 천정(天頂), 절정(絶頂)
ex. "당신은 **절정**인 **절**(=저를) **정**말 모르시겠어요?"
MP3 "Don't you really know me at my **zenith**?"

≠ acme [ǽkmi] **n.** 절정, 정점(頂點)
- climax [kláimæks] **n.** 클라이맥스, 절정
- culmination [kʌ̀lmənéiʃən] **n.** 정점, 최고점
- pinnacle [pínəkl] 정점, 절정

☐ **zip** [zip]
n. 지퍼 **v.** 지퍼로 잠그다
ex. "너의 **지퍼** 열렸나 **짚어** 봐."
MP3 "Check whether your **zip** is undone."

☐ **zombie** [zάmbi]
n. 좀비
ex. "**좀비**, **좀 비**켜!"
MP3 "Hey, **zombie**, clear the way, please!"

☐ **zone** [zoun]
n. 지대(地帶), 지구, 구역, 지역 **v.** 지대로 정하다, 구역으로 나누다
ex. "그 **지대**에 명**지대**가 있어."
MP3 "Myongji University is located in the **zone**."

☐ **zoo** [zuː]
n. 동물원(動物園)
ex. "너는 **동물 원**해? 그러면 우리 **동물원**으로 가자!"
MP3 "Do you want animals? Then, let's go to the **zoo**!"

- zoology [zouάlədʒi] **n.** 동물학
- zoological [zòuəlάdʒikəl] **a.** 동물학의

Z

불규칙 동사

A

arise - arose - arisen
abide - abode/abided - abode/abided
awake - awoke - awoken/awaked

B

be(am·are·is) - was·were - been
bear - bore - born/borne *cf.* bore - bored - bored
beat - beat - beaten
become - became - become
befall - befell - befallen
begin - began - begun
behold - beheld - beheld *cf.* beholden
bend - bent - bent
bereave - bereaved/bereft - bereaved/bereft
bet - bet - bet
bid[1] - bid/bade - bid/bidden *cf.* bid[2] - bid - bid
bind - bound - bound *cf.* bound - bounded - bounded
bite - bit - bitten
bleed - bled - bled
blend - blended/blent - blended/blent
bless - blessed/blest - blessed/blest
blow - blew - blown/blowed
break - broke - broken
breed - bred - bred
bring - brought - brought
broadcast - broadcast/broadcasted - broadcast/broadcasted
build - built - built
burn - burned/burnt - burned/burnt
burst - burst - burst
buy - bought - bought

C

cast - cast - cast
catch - caught - caught
choose - chose - chosen
cling - clung - clung
come - came - come
cost - cost/costed - cost/costed
creep - crept - crept
cut - cut - cut

D

deal - dealt - dealt
dig - dug - dug
do·does - did - done
draw - drew - drawn
dream - dreamed/dreamt - dreamed/dreamt
drink - drank - drunk *cf.* drunken
drive - drove - driven *cf.* drove
dive - dived/dove - dived
dwell - dwelt/dwelled - dwelt/dwelled

E

eat - ate - eaten

F

fall - fell - fallen *cf.* fell - felled - felled
feed - fed - fed
feel - felt - felt
fight - fought - fought
find - found - found *cf.* found - founded - founded
flee - fled - fled
fling - flung - flung
fly - flew/flied - flown/flied
forbear - forbore - forborne
forbid - forbade/forbad - forbidden
forecast - forecast/forecasted - forecast/forecasted
foresee - foresaw - foreseen
foretell - foretold - foretold
forget - forgot - forgotten
forgive - forgave - forgiven
forgo - forwent - forgone
forsake - forsook - forsaken
freeze - froze - frozen

G

gainsay - gainsaid - gainsaid

get - got - got/gotten
gild - gilded/gilt - gilded/gilt
gird - girt/girded - girt/girded
give - gave - given
gnaw - gnawed - gnawed/gnawn
go - went - gone
grave - graved - graved/graven
grind - ground - ground *cf.* ground - grounded - grounded
grow - grew - grown

H

hamstring - hamstrung - hamstrung
hang - hung - hung *cf.* hang - hanged - hanged
have·has - had - had
hear - heard - heard
heave - heaved/hove - heaved/hove
hide - hid/hided - hidden/hid
hit - hit - hit
hold - held - held
hurt - hurt - hurt

I

inlay - inlaid - inlaid
interlay - interlaid - interlaid
interweave - interwove - interwoven
interwind - interwound - interwound

K

keep - kept - kept
kneel - knelt/kneeled - knelt/kneeled
know - knew - known
knit - knit/knitted - knit/knitted

L

lay - laid - laid
lead - led - led
lean - leaned/leant - leaned/leant
leap - leaped/leapt - leaped/leapt
learn - learned/learnt - learned/learnt
leave - left - left
lend - lent - lent
let - let - let
lie - lay - lain *cf.* lie - lied - lied
lose - lost - lost
light - lighted/lit - lighted/lit

M

make - made - made
mean - meant - meant
meet - met - met
misbecome - misbecame - misbecome
mischoose - mischose - mischosen
misdeal - misdealt - misdealt
misdo - misdid - misdone
misgive - misgave - misgiven
mishear - misheard - misheard
mislay - mislaid - mislaid
mislead - misled - misled
misread - misread - misread
misspeak - misspoke - misspoken
misspell - misspelled/misspelt - misspelled/misspelt
misspend - misspent - misspent
mistake - mistook - mistaken
misteach - mistaught - mistaught
misunderstand - misunderstood - misunderstood
mow - mowed - mowed/mown

O

offset - offset - offset
outbid - outbid - outbid
outbreed - outbred - outbred
outdo - outdid - outdone
outgrow - outgrew - outgrown
outride - outrode - outridden
outrun - outran - outrun
outsell - outsold - outsold
outshine - outshone - outshone
outsing - outsang - outsung
outsit - outsat - outsat
outspeak - outspoke - outspoken
outthink - outthought - outthought
outthrow - outthrew - outthrown
outwear - outwore - outworn

overbear - overbore - overborn
overbid - overbid - overbid
overblow - overblew - overblown
overbuild - overbuilt - overbuilt
overbuy - overbought - overbought
overcast - overcast - overcast
overcome - overcame - overcome
overdo - overdid - overdone
overdraw - overdrew - overdrawn
overdrink - overdrank - overdrunk
overeat - overate - overeaten
overfeed - overfed - overfed
overfly - overflew - overflown
overgrow - overgrew - overgrown
overhang - overhung - overhung
overhear - overheard - overheard
overlay - overlaid - overlaid
overpay - overpaid - overpaid
override - overrode - overridden
overrun - overran - overrun
oversee - oversaw - overseen
oversell - oversold - oversold
overshoot - overshot - overshot
oversleep - overslept - overslept
overspend - overspent - overspent
overspread - overspread - overspread
overtake - overtook - overtaken
overthrow - overthrew - overthrown
overwork - overworked/overwrought - overworked/overwrought
overwrite - overwrote - overwritten

P

pay - paid/payed - paid/payed
put - put - put
partake - partook - partaken
plead - pleaded/pled - pleaded/pled
prepay - prepaid - prepaid
prove - proved - proved/proven

Q

quit - quitted/quit - quitted/quit

R

read - read - read
rebind - rebound - rebound *cf.* rebound - rebounded - rebounded
rebuild - rebuilt - rebuilt
redo - redid - redone
remake - remade - remade
rend - rent - rent *cf.* rent - rented - rented
repay - repaid - repaid
reread - reread - reread
rerun - reran - rerun
resell - resold - resold
reset - reset - reset
retake - retook - retaken
retell - retold - retold
rewrite - rewrote - rewritten
rid - rid - rid
ride - rode - ridden
ring - rang - rung
rise - rose - risen
run - ran - run

S

say - said - said
saw - sawed - sawn/sawed
see - saw - seen
seek - sought - sought
sell - sold - sold
send - sent - sent
set - set - set
sew - sewed - sewn/sewed
shed - shed - shed
shake - shook - shaken
shave - shaved - shaven
shear - sheared - sheared/shorn
shine - shone/shined - shone/shined
shoot - shot - shot
show - showed - shown
shoe - shod - shod
shrink - shrank/shrunk - shrunk/shrunken
shut - shut - shut
simulcast - simulcast - simulcast
sing - sang - sung
sink - sank/sunk - sunk/sunken

sit - sat - sat
slay - slew - slain
sleep - slept - slept
slide - slid - slid
sling - slung - slung
slink - slunk - slunk
smell - smelled/smelt - smelled/smelt
sow - sowed - sown/sowed
spell - spelled/spelt - spelled/spelt
split - split - split
speak - spoke - spoken
speed - sped/speeded - sped/speeded
spend - spent - spent
spill - spilled/spilt - spilled/spilt
spin - spun - spun
spit - spat/spit/spitted - spat/spit/spitted
spoil - spoilt/spoiled - spoilt/spoiled
spread - spread - spread
spring - sprang/sprung - sprung
stand - stood - stood
steal - stole - stolen
stick - stuck - stuck
sting - stung - stung
strike - struck - struck/stricken
stink - stank/stunk - stunk
strew - strewed - strewed/strewn
stride - strode - stridden
string - strung - strung
strive - strove - striven
sublet - sublet - sublet
sunburn - sunburned/sunburnt - sunburned/sunburnt
swear - swore - sworn
sweep - swept - swept
swell - swelled - swollen/swelled
swim - swam - swum
swing - swung - swung

T

take - took - taken
teach - taught - taught
tear - tore - torn
tell - told - told
think - thought - thought
throw - threw - thrown
tread - trod - trodden/trod
thrust - thrust - thrust

U

unbend - unbent - unbent
unbind - unbound - unbound
undo - undid - undone
unwind - unwound - unwound
undercut - undercut - undercut
underfeed - underfed - underfed
undergo - underwent - undergone
underlie - underlay - underlain
underpay - underpaid - underpaid
undersell - undersold - undersold
undershoot - undershot - undershot
understand - understood - understood
undertake - undertook - undertaken
upset - upset - upset

W

wake - woke/waked - woken/waked
wear - wore - worn
weave - wove - woven
wed - wed/wedded - wed/wedded
weep - wept - wept
win - won - won
wind - wound - wound *cf.* wound - wounded - wounded
withdraw - withdrew - withdrawn
withhold - withheld - withheld
withstand - withstood - withstood
wring - wrung - wrung
write - wrote - written

| 에필로그 |

영어 학습의 습관 혁명을 일으켜라!

Education is what survives
when what has been learned is forgotten.
— Burrhus Frederic Skinner

교육이란 배우고 나서 배운 것을 다 잊고 '남는 무엇'이다.

스키너란 분이 말씀하셨던 이 명언이 시사하는 바와 같이, 이 아재샘 보카 책으로 영어 낱말들을 배우고 나서 여기 나온 아재샘 문장들을 다 잊어도 괜찮다. 이 책을 보고 나서 너희들의 마음속에 '남는 무엇'이 영어 단어를 대하는 '좋은 습관'이라면 말이다.

그 좋은 습관은 바로:

① 문장 외워!
② 단어장 작성해!
③ 연상해!

이 세 가지 좋은 습관을 이 책을 볼 학생 독자들에게 숙제로 남기면서, '습관 혁명을 일으켜라!'고 외치면서 길고도 길었던 아재샘 보카의 집필을 마무리하도록 하겠다.

아재샘의 보카를 나눠주고 싶어요 ♬♪

아재샘처럼 웃으면서 배워요 ♬♪

오우 아재샘

너랑 나랑 행복케 함께하고 싶어요 ♬♪

보케라면 역시 아재샘 ♬♪

듣다보면 외워지는 2656 아재샘 보카

초판 1쇄 발행 2022년 7월 25일

지은이 불량교생

펴낸이 김왕기
편집부 원선화, 김한솔
디자인 푸른영토 디자인실

펴낸곳 **푸른e미디어**
주소 경기도 고양시 일산동구 장항동 865 코오롱레이크폴리스1차 A동 908호
전화 (대표)031-925-2327, 070-7477-0386~9 · 팩스 | 031-925-2328
등록번호 제2005-24호(2005년 4월 15일)
홈페이지 www.blueterritory.com
전자우편 book@blueterritory.com

ISBN 979-11-88287-34-5 13740

푸른e미디어는 (주)푸른영의 임프린트입니다.